HANDSCHIN · MUSIKGESCHICHTE

JACQUES HANDSCHIN

MUSIKGESCHICHTE
im Überblick

HEINRICHSHOFEN'S VERLAG
WILHELMSHAVEN

HERAUSGEGEBEN VON DR. PHIL. FRANZ BRENN †

Die vorliegende Auflage ist ein unveränderter Nachdruck der zweiten, ergänzten Auflage von 1964. Das neue Nachwort stammt von Professor Dr. Hans Oesch, Basel; die auf den neuesten Stand gebrachte Bibliographie von Dr. Klaus-Jürgen Sachs, Erlangen.

CIP-Kurztitelaufnahme der Deutschen Bibliothek

Handschin, Jacques:
Musikgeschichte im Überblick / Jacques Handschin.
[Hrsg. von Franz Brenn]. — 4. Aufl. —
Wilhelmshaven : Heinrichshofen, 1982.
ISBN 3-7959-0321-1

DEM GEDÄCHTNIS MEINER ELTERN

INHALTSVERZEICHNIS

7

VERZEICHNIS DER VERWENDETEN ABKÜRZUNGEN

AdlH. = Handbuch der Musikgeschichte, herausgegeben von G. Adler, 2. Auflage, 1930.

AM. = Archiv für Musikwissenschaft..

CMM. = Corpus Mensurabilis Musicae, herausgegeben von A. Carapetyan, seit 1947.

CS. = Scriptorum de musica medii aevi novam seriem ... edidit E. de Coussemaker, 1864–76 (seither Neudrucke).

DDT. = Denkmäler deutscher Tonkunst.

DTO. = Denkmäler der Tonkunst in Österreich.

EBe. = A. Einstein, Beispielsammlung zur Musikgeschichte, 4. Auflage, 1930.

GM. = J. Wolf, Geschichte der Mensuralnotation, 1904; Neudruck 1964.

GS. = Scriptores ecclesiastici de musica ... a M. Gerberto, 1784 (seither Neudrucke).

HdbN. = J. Wolf, Handbuch der Notationskunde, I. Teil, 1913; Neudruck 1963.

Hommel = E. Hommel, Untersuchungen zur hebräischen Lautlehre, I, 1917 (= Beiträge zur Wissenschaft vom Alten Testament, XXIII).

LR. = Repertorium organorum recentioris et motetorum vetustissimi stili, herausgegeben von F. Ludwig, Band I, 1910.

Marbach = C. Marbach, Carmina scripturarum, 1907; Neudruck 1963.

PL. = Patrologia latina.

PM. = Paléographie musicale.

Quasten = J. Quasten, Musik und Gesang in den Kulten der heidnischen Antike und christlichen Frühzeit, 1930 (= Liturgiegeschichtliche Quellen und Forschungen, Heft 25).

R = G. Raynaud, Bibliographie des chansonniers français des XIIIe et XIV^c siècles, 1884.

RiBe. = H. Riemann, Musikgeschichte in Beispielen, 1911–1912.

Samm. = Sammelbände der Internationalen Musikgesellschaft.

SBe. = A. Schering, Geschichte der Musik in Beispielen, 1931.

SJb. = Schweizerisches Jahrbuch für Musikwissenschaft.

ZM. = Zeitschrift für Musikwissenschaft.

NB. In der Bibliographie ist A. = Auflage.

VORWORT

Die Aufgabe, die ein allgemeiner Überblick über die Musikgeschichte zu lösen hat, ist eine vielfältige.

Einerseits muß er dem Studium an der Universität und dem Unterricht an der Musikschule dienen können. Von dieser Seite kam mir ein spezieller Anstoß zur Abfassung dieses Überblicks, da ich an der Universität auf die für mich paradoxe Tatsache stieß, daß Kandidaten, die über ein erhebliches Spezialwissen verfügten, versagten, wenn es galt, über allgemeinere Zusammenhänge Auskunft zu geben.

Zweitens muß er in der Lage sein, als eigentliche Einführung für jemanden zu dienen, der sich nicht speziell mit dem Gegenstand, bzw. mit Teilgebieten daraus, befaßt hat. Er muß also legitime Fragestellungen von seiten des musikalisch interessierten und des denkenden Lesers überhaupt beantworten können.

Drittens sollte ein solcher Versuch doch auch — da das Gebiet der Wissenschaft immer im Flusse begriffen, nie endgültig auskristallisiert ist — dem Fachmann Anregungen für ein in sich zusammenhängendes Gerüste musikgeschichtlicher Schau unterbreiten: sind doch allgemeine Musikgeschichte und Spezialforschung in höherem Maße voneinander gegenseitig abhängig, als man meist glaubt (in diesem Sinne kann ich auch nicht der manchmal geäußerten Meinung zustimmen, wonach die Abfassung eines allgemeinen Überblicks zwecklos wäre, solange nicht alle Spezialgebiete vollständig durchforscht sind).

Von jedem dieser drei Gesichtspunkte aus erscheint es mir überflüssig, daß die Darstellung eine solche Unmenge von Daten und Einzelheiten enthält, wie man sie sonst in zusammenfassenden Musikgeschichten (oder sagen wir: in den seriöseren unter diesen) findet. Ein Mehr an solchen Einzelheiten findet der geneigte Leser am Schluß in der Zeittafel, die ich diesem Werk beigebe, um seine Benützung bequemer zu gestalten.

Ich bin mir dessen bewußt, daß der heutige Leser bei gewissen Stellen dieses Buches, die die Bewertung eines von ihm geliebten Meisters zu berühren scheinen, einen Stoß empfinden kann. Er möge aber bedenken, daß es nicht das gleiche ist, aus der Perspektive dessen, was einem vertraut ist,

11

einen Ausblick zu suchen oder das Ganze zu überblicken. Selbstverständlich hätte ich solche Stellen «ad usum Delphini» ausglätten können, doch sehe ich es für unnötig an. Ich wiederhole: dieses Buch ist für jedermann bestimmt, doch bedeutet dies nicht, daß es sich den Meinungen oder Sympathien jedes Musikliebhabers anpassen muß.

Beiläufig gesagt, möchte ich demjenigen Leser, der weniger wissenschaftlich als musikalisch interessiert ist, empfehlen, zunächst die ersten Kapitel dieses Buches zu überschlagen, da es sich hier einerseits um theoretische Erörterungen handelt, die ihm unnötig erscheinen können, anderseits um Gegenstände, zu denen er von Hause aus kein inneres Verhältnis hat.

Indem ich alles weitere dem Urteil anderer überlasse, muß ich indessen noch auf die Frage der Illustrierung eines musikgeschichtlichen Überblicks durch Beispiele eingehen.

Es ist klar, daß in der Musikgeschichte das Wissen durch die Anschauung ergänzt werden muß, ja daß es nur im Zusammenhang mit dieser von Wert ist. Nun konnte man ehemals in weitgehendem Maße auf die Aktivität des Lesers abstellen, welcher die nötige Zeit finden würde, um sich das Anschauungsmaterial zu verschaffen, ja welcher sich überhaupt nicht ohne die Grundlage einer genügenden Anschauung um das Wissen bemühen würde. Aber heute ist es üblich, es dem Leser bequem zu machen; außerdem muß auch berücksichtigt werden, daß das Beschaffen der Beispiele für die ältere und älteste Musikgeschichte ihm nicht leicht fallen würde. So stellt sich die Frage einer engeren Verbindung zwischen musikgeschichtlicher Darstellung und Anschauungsmaterial. Dieses Problem ist wohl nur dann wirklich zu lösen, wenn man der Musikgeschichte einen besonderen Beispielband beigibt; denn es ist klar, daß Fragmente aus Musikstücken, wie man sie im Text unterbringen kann, etwas Unbefriedigendes haben und nicht Beispiele im vollen Sinne sind.

In der folgenden Darstellung ließ sich gleichwohl auf ein paar fragmentarische Beispiele nicht verzichten. Solche mußten wenigstens für die alte Musik angeführt werden, da für dieses wohl jedem Leser mehr oder weniger fremde Gebiet eine sei es auch nur notdürftige Veranschaulichung notwendig war.

Für die spätere Zeit, vom 15. Jahrhundert an, stellen wir vorläufig auf die bekannten Beispielsammlungen von H. Riemann (1911—1912) und A. Schering (1931) ab, die, mögen sie auch im Buchhandel nicht mehr erhältlich sein, doch in den Bibliotheken vorhanden sind. Während diese Sammlungen für die ältere Musik sowohl karg als dilettantisch sind, enthalten sie vom 15. Jahrhundert an ein reiches Material. Allerdings müssen für die «intermediäre» Zeit, das 15. und 16. Jahrhundert, noch starke Vorbehalte gemacht werden, speziell was die — doch so wichtige — Frage der Textlegung betrifft. In geradezu anstößiger Weise werden hier Stimmen, die im Original mit Text versehen sind, ohne solchen abgedruckt und als instrumental bezeichnet, bloß weil sie dem Sangbarkeitsbegriff der Herausgeber nicht entsprechen; dasselbe geschieht aber auch mit Tonreihen, die im Original über einer einzigen Silbe stehen (also zunächst als Melismen aufzufassen sind) und die von den Herausgebern kurzerhand als instrumentale Zwischenspiele hingestellt werden. Außerdem sind die

Texte ohne ersichtlichen Grund manchmal über, manchmal zwischen, manchmal unter den Stimmen gedruckt, so daß man nicht einmal immer weiß, wie es der Herausgeber meint. Gewiß verträgt die Textlegung des Originals in manchen Fällen ein Zurechtrücken, eine Ergänzung oder sogar ein Weglassen; doch müssen dem Benützer hierüber wahrheitsgemäße Angaben gemacht werden. Man kann sich also, was das 15. und 16. Jahrhundert betrifft, im Rahmen dieser beiden Sammlungen ganz nur an diejenigen Stücke halten, welche in allen Stimmen mit Text versehen sind (oder diejenigen, bei denen Riemann anmerkt «a cappella»), sowie an die offenkundig instrumentalen Spielstücke. Ja sogar was die spätere Zeit betrifft, ist in diesen beiden Sammlungen keineswegs alles, wie man es wünschen möchte; so fehlt z. B. bei Basso-continuo-Aussetzungen die originale Baßbezifferung: bei Riemann durchweg und bei Schering teilweise (siehe SBe. 229).

Außer diesen beiden bekanntesten Sammlungen besitzen wir die kleine von A. Einstein, die 1930 in 4. Auflage erschien, und die 1926 von J. Wolf unter dem Titel «Sing- und Spielmusik aus älterer Zeit» herausgegebene. Die letztere ist recht reichhaltig und, was das Verhältnis zwischen Musik und Text betrifft, jedenfalls zuverlässiger als die von Riemann und Schering. Und doch ist es fraglich, wieweit man sie wirklich als Illustration zur Musikgeschichte ansehen kann: nicht nur, weil sie einen begrenzten Zeitabschnitt umfaßt (vom Ende des 13. bis zum Anfang des 17. Jahrhunderts — die Epoche der «Mensuralnotation»), sondern weil sie nicht das historisch Wichtige in den Vordergrund stellt (man sehe nur, mit welchen verhältnismäßig «peripheren» Werken Dufay, Josquin oder H. Schütz vertreten ist). Es kam dem Herausgeber offenbar darauf an, ein ausgedehntes Material an «Sing- und Spielmusik» bereitzustellen und dabei — was an sich lobenswert ist — möglichst viel an unveröffentlichtem und schwer zugänglichem Stoff zu bieten. Indessen besteht noch ein Grund, weshalb diese Sammlung nicht als eigentliche Chrestomathie dienen kann (und deshalb ist sie wohl auch nicht ihrem eigentlichen Wert entsprechend bekannt geworden): dies ist das Fehlen jeder erläuternden Anmerkung, welche sei es auch nur den Titel eines Stücks erklären oder uns mitteilen würde, wie es überliefert ist (ob in Form der Tabulatur oder in Stimmen). Was soll der Leser mit Überschriften wie «Unschuldiger Ritter» oder «Caminata» anfangen? Teilweise sind die Titel auch falsch, wie bei Nr. 1 («Antiphona») und 3 («Hymnus» — eine Überschrift, die zu Nr. 11 bis 13 gehört hätte).

Neuerdings ist wieder eine umfassende Sammlung auf den Plan getreten in Gestalt der «Historical Anthology of Music» von A. T. Davison und W. Apel, von der vorläufig der 1. Band (1946), umfassend das Altertum, das Mittelalter und die Renaissance, vorliegt. Vor denjenigen von Riemann und Schering zeichnet sich diese durch stärkere Berücksichtigung des Mittelalters aus; auch ist sie, was die Renaissancezeit betrifft, nicht durch jene «Instrumental-Hypothese» belastet. Immerhin bleibt auch hier bezüglich der Textlegung weitgehend unklar, wie es denn gemeint ist, da der z w i s c h e n zwei Notensystemen gedruckte Text in manchen Fällen für alle Stimmen und in manchen nur für das obere System gilt. Das einzig Richtige wäre, den Text u n t e r die Stimmen, zu denen er gehört, zu setzen, wobei der unter die unterste gesetzte (wie es auch die alte Zeit meinte) für alle Stimmen gilt (und so verfahren die Herausgeber in einzelnen Fällen); selbstverständlich würde dies nicht ausschließen, daß bei Zusammendrängung mehrerer Stimmen in einem System der Text teilweise ü b e r eine Stimme gesetzt sein kann, sofern dabei keine Mißverständnisse entstehen.

Nicht verständlich ist mir ferner die große Ängstlichkeit in bezug auf die Akzidenzien (d. h. die Erhöhung der 7. Stufe als Leitton in der Kadenz, usw.), obgleich sie in der Vorrede motiviert wird; das Setzen von Akzidenzien ü b e r der Note ist ja keine Fälschung, da solche Zeichen als Vorschlag des Herausgebers gelten; und so fragt man sich, weshalb z. B. Nr. 61 in dieser Hinsicht sparsamer bedacht ist als Nr. 65. Und noch eine Einzelheit: wir verstehen zwar, daß man neuerdings der Bequemlichkeit des Lesers zuliebe auf die alten Schlüssel verzichtet, und hierbei hilft uns weitgehend der oktavversetzte Violinschlüssel, dieser «moderne Tenorschlüssel»; aber vernünftigerweise setzt die Anwendung des letzteren voraus, daß er nicht gleichzeitig mit dem untransponierten Violinschlüssel gebraucht wird, da wir sonst in Verwirrung geraten bzw. doch wieder zur Transposition gezwungen sind (und zu einer solchen, die nicht die «Würde» des Transponierens in den alten Schlüsseln hat!).

Schließlich sei eine Anthologie erwähnt, die mir während der Drucklegung dieses Werkes dank der Freundlichkeit des Herrn Herausgebers zugeht: «A zenetörténet antologiaja» von Dénes von Bartha (Budapest, 1948). Leider sind die Erläuterungen auf Ungarisch abgefaßt, und in den Überschriften herrscht ein gewisses Sprachdurcheinander, auch ließe sich, wie üblich, zu den Beispielen für die alte Zeit manches bemerken; jedenfalls ist es aber eine für das 16. und 17. Jahrhundert ausgezeichnete reichhaltige Sammlung.

Indessen wird der geneigte Leser vielleicht erwarten, daß ich mich noch zur Frage der heute so beliebten Schallplatten — also «historische» Platten, solche mit alter Musik — äußere. Hier habe ich nicht viel zu sagen. Ich muß gestehen, daß ich im allgemeinen nicht ein Freund dieser verantwortungslosen Art des Musizierens bin, bei der man nur «auf den Knopf zu drücken» braucht. Dabei verkenne ich einen gewissen Wert nicht, den Schallplatten im Unterricht haben mögen; doch bin ich anderseits sehr beeindruckt durch die geradezu anstößige Art der Interpretation, wie sie manchmal sogar auf von renommierten Musikhistorikern oder berühmten Dirigenten gezeichneten Platten festgehalten sind. Man müßte also, wenn man überhaupt hiervon reden will, zuerst einmal die Böcke von den Schafen zu sondern suchen — ein Unternehmen, auf das ich mit Vergnügen verzichte.

Von den der folgenden Darstellung eingefügten kleinen Beispielen gilt durchweg mit Ausnahme des ersten und des letzten, daß sie im oktavtransponierten Violinschlüssel stehen.

Nicht unterlassen sei, Herrn Kollegen F. Brenn für seine ausgezeichnete Beratung und dem Verleger Herrn R. Räber für seine Loyalität und Ritterlichkeit zu danken.

* * *

Man gestatte mir an diesem Ort noch eine kleine Berichtigung zu meinem soeben erschienenen Buch «Der Toncharakter», genauer: zur Beischrift unter dem das Buch schmückenden Bild, die nicht auf mich zurückgeht. Es handelt sich nicht um eine Illustration zu Platos «Timäus», sondern um eine Darstellung des Schöpfungsgedankens, die sich allerdings mit Platos Lehre berührt. In erster Linie dürfte der mittelalterliche Künstler an Weisheit 11, 22 «Aber du hast alles geordnet mit Maß, Zahl und Gewicht» gedacht haben. Die Musik, dargestellt durch den vom Schöpfer angeblasenen Aulos, ist einerseits die Verlebendigung von «Maß, Zahl und Gewicht», anderseits ein Symbol des lebendigen Logos, Christus (vgl. unten S. 90).

14

I. ÜBER PERIODENEINTEILUNG IN DER MUSIKGESCHICHTE

a) Die quantitative Verteilung der Perioden

Zunächst muß ich — auf die Gefahr hin, der Äußerlichkeit und Pedanterie geziehen zu werden — die Frage stellen, wieviel Raum wir den verschiedenen Zeitabschnitten der Musikgeschichte relativ zuzubilligen haben. Diese Äußerlichkeit hängt nämlich mit etwas Nichtäußerlichem, mit der Idee einer o b j e k t i v e n M u s i k g e s c h i c h t e zusammen.

Wir nehmen den üblichen Fall eines musikgeschichtlichen Kompendiums. Meist handelt es sich um einen Verfasser, der besonders im 17. und 18., allenfalls auch im 16. Jahrhundert zu Hause ist, und so kommt es, daß diese uns an sich näherliegenden Epochen in der Darstellung stark in den Vordergrund treten. Kann man dies aber objektiv nennen, und liegt darin nicht eher die vorgefaßte Meinung, daß, was uns äußerlich und innerlich näher liegt, darum auch das Höherstehende, größerer Aufmerksamkeit Würdige ist? Vom Standpunkt des Musikliebhabers, der es im Konzertsaal und im Hause nur mit der Musik der späteren Jahrhunderte zu tun hat, könnte man dies zwar gelten lassen; aber ein historischer Standpunkt ist es nicht. Warum sollte es sich nur in der Musikgeschichte anders verhalten als in anderen Abteilungen der Geschichte, wo man niemals einen Cäsar, Homer oder Johannes Erigena als nebensächlich behandeln wird? Warum sollte nur sie den Anschein erwecken, daß sie jenem Irrglauben des 19. (und teilweise schon des 18.) Jahrhunderts folgt, demzufolge es im Laufe der Zeiten «immer besser» geworden ist? Es haben sich doch sogar im 19. Jahrhundert Denker gefunden, die sich von solchen Meinungen distanzierten. Victor Hugo war gewiß ein Mann seiner Zeit, und doch hat er in einem Kapitel seines «Shakespeare» das «Immer besser» wenigstens für den Bereich der Kunst als Illusion hingestellt: dies gelte für die Wissenschaft, in der Kunst dagegen könne es sich nur um ein «Immer anders» handeln («Ces génies qu'on ne dépasse point, on peut les égaler. Comment? En étant autre»); beiläufig gesagt, müssen wir uns fragen, ob das «Immer besser» auch nur für die Wissenschaft gilt und nicht nur für das Materialmäßige, Technische an der Wissenschaft. Auch Graf Leo Tolstoj war sicher durch gewisse Ideen des 19. Jahrhunderts genügend

15

beeinflußt, und doch hat er sich ausdrücklich dagegen gewehrt, an ein «Gesetz des Fortschritts» zu glauben, welches nur auf einen kleinen Ausschnitt aus der Menschheit und insbesondere nicht auf die Masse der orientalischen Völker anwendbar wäre. Können wir, indem wir Kirchenbauten aus alter Zeit betrachten, wirklich das Gefühl haben, daß unsere Zeit Höherwertiges hervorzubringen vermöchte? Doch warum sollte gerade die Musik jener Zeit nicht auf der gleichen Höhe gestanden haben? Man spricht zwar gern von der Musik als der jüngsten unter den Künsten, als der, die sich zuletzt «entwickelt» habe; doch ist dies eine schöne Phrase, die wir dem feuilletonistischen Sprachgebrauch überlassen dürfen.

*　*
*

Objektiverweise müssen wir von der Annahme ausgehen, jede Epoche verdiene unsere Beachtung im gleichen Maße. Es mag sein, daß wir dann Verfalls- und Blütezeiten unterscheiden werden, doch dürfen wir nicht von vornherein davon ausgehen; und auch Verfallszeiten haben ihre historische Bedeutung. Kurz, es handelt sich um dieselbe Haltung, die man auch im Leben Menschen gegenüber einnehmen muß, die uns unsympathisch, uninteressant erscheinen mögen und die doch, wenn wir uns aufmerksam mit ihnen befassen, vieles Bemerkenswerte und für uns Aktuelle aufweisen können.

Ich kann hier nicht umhin, der Doktrin eines bedeutenden Psychologen zu gedenken, die mir immer wieder in der Kunstgeschichte anwendbar erscheint. Ich meine Theodor Lipps und seine Lehre von der «psychischen Kraft» oder «Aufmerksamkeit», die wir als eine begrenzte, mehr oder weniger konstante Größe auf Grund der Tatsache der «Enge des Bewußtseins» anzusehen hätten. Eine unabweisliche Folgerung, die wir aus dieser Lehre ziehen müssen, ist, daß man von keiner fortschreitenden «Vervollkommnung» sprechen kann; es handelt sich immer nur darum, daß die schöpferische Kraft sich einer anderen Richtung zuwendet; die eine Seite des ästhetischen Vermögens wird stärker betont, aber in demselben Verhältnis muß auch eine andere Seite zurücktreten oder sogar verkümmern.

Es ist sehr möglich, daß wir bei all diesen Überlegungen doch nicht zu einem eigentlichen (inneren) Verständnis der gegebenen Kunsterscheinung kommen werden. Ja im Grunde ist dies sogar natürlich angesichts der Verschiedenheit der ästhetischen Veranlagungen, und objektiverweise ergibt dies weder einen Grund zur Herabsetzung jener Kunsterscheinung, noch einen Grund des Tadels für uns. Wir brauchen also nicht in jenen Angstsnobismus zu flüchten, der sich einredet, etwas zu verstehen, was man in Wirklichkeit nicht versteht und nicht verstehen kann. In solchen Fällen können wir höchstens unser Augenmerk auf die Frage richten, welches denn die Eigenheiten der Apperzeption des Menschen jener Zeit, welches überhaupt seine psychischen Eigenheiten sein mußten, damit er sich einer solchen Art Kunst gegenüber im Zustand der Korrespondenz befinden konnte. Hier wird also eine Musik, die uns nicht unmittelbar einleuchtet, Anlaß zu weiter ausgreifenden Fragestellungen als eine, die uns näher liegt.

Doch ist nicht zu übersehen, daß hier auch ein spezielles, ein sozusagen professionelles Anliegen der Wissenschaft zur Geltung kommt. Die unserem Verständnis, d. h. die uns zeitlich ferner liegenden Kunsterscheinungen sind ja zugleich diejenigen, die rein wissenschaftlich — d. h. ihrer Tatsächlichkeit und ihren Zusammenhängen nach — weniger erforscht sind. Und nun ist doch wohl klar, daß vom Standpunkt des Wissenstriebes aus dem, was erst noch aufzuhellen ist, eine besondere Aktualität zukommt. Die Wissenschaft ist ja nicht nur eine Vorratskammer, sondern sie ist eine Arbeitsstätte voller Probleme. Und hier kann wiederum ein Überblick über die Musikgeschichte objektiverweise nicht nur ein Überblick über das bereits Erworbene sein, sondern er muß gleichzeitig sehen lassen und sogar hervorheben, was noch zu tun ist: das Erworbene steht nur dann im richtigen Licht, wenn es neben das noch zu Erwerbende gestellt wird; dem letzteren kann man nur im Licht des ersteren nachspüren.

* * *

Dies alles hängt mit der Frage der quantitativen Verteilung zusammen. Daß man, wie es gern geschieht, das mehr oder weniger Bekannte breittritt und über das andere leicht hinweghuscht, führt zur Unklarheit und ergibt eine gefälschte Perspektive: selbstverständlich sind auch in bezug auf die weniger erforschten Gebiete immer einige Einzelheiten, einige Namen bekannt, und indem man dies mit gelehrter Miene vor den Leser stellt, a l s o b man es im Zusammenhang erfaßt hätte, nimmt der gedankenlose Leser es für die Sache selbst; der nachdenkende aber sieht, daß man ihm einen Stein anstelle eines Brotes geboten hat, und er gelangt oft zum Schluß, daß sogar wissenschaftliche Spezialabhandlungen klarer sind als kurzgefaßte, angeblich allgemeinverständliche Darstellungen. Es müßte sich also, wie es scheint, von selbst ein Gleichgewicht zwischen solchen Teilen einer Gesamtdarstellung ergeben, in denen man sich eher der Lücken unseres Wissens bewußt wird, und solchen, in denen man sich eher des Erworbenen erfreuen kann.

Nach dem Gesagten sollte es nicht exorbitant erscheinen, wenn wir grundsätzlich dem einen Jahrhundert der Musikgeschichte so viel Platz einräumen würden wie dem anderen. Immerhin will ich nicht so «unmenschlich» vorgehen. Ich glaube, daß wir das Musikliebhabertum, welches uns zu den nächstgelegenen Epochen der Musikgeschichte hinzieht, doch auch als einen positiven Faktor bewerten müssen, wenn es auch nicht ein eigentlich wissenschaftlicher Faktor ist. Es ist ein Moment der Verlebendigung, eines, das die Anteilnahme an der Sache aktiviert. Und die innere Anteilnahme müssen wir auch vom wissenschaftlichen Standpunkt aus schätzen. Wenigstens sehen wir, daß die musikgeschichtliche Disziplin im 19. und 20. Jahrhundert dadurch angetrieben worden ist; denn indem sie sich erst auf naheliegende Gegenstände wie Beethoven und Mozart konzentrierte und dann zu Bach, Palestrina und noch älteren Erscheinungen überging, bewegte sie sich parallel mit einer Ausdehnung des rein musikalischen Interesses. Auf der anderen Seite sehen wir, daß manchmal musikwissenschaftliche Unternehmungen, die ohne jenes innere Verhältnis, wenn auch mit rabbinischem Scharfsinn, durchgeführt wurden, in die Irre geführt haben. So scheint sich eine «prästabilierte Harmonie» zwischen den beiden Faktoren abzuzeichnen.

Und das Fazit: wir beharren nicht auf dem rigorosen Gleichmaß der quantitativen Verteilung und wollen, so wie wir es können, zwischen Wissenstrieb und sachlicher Anteilnahme vermitteln.

b) Periodeneinteilung nach Merkmalen aus andern Kunstgebieten

Doch nun haben wir uns mit der Frage der Periodeneinteilung zu befassen.

Im Vordergrund steht hier neuerdings die Mode, kunstgeschichtliche Periodenbezeichnungen in die Musikgeschichte einzuführen. Diese Mode hat sich erst in unserem 20. Jahrhundert verbreitet, und zwar in Deutschland, sowie anderwärts unter deutschem Einfluß (neuerdings fällt uns dies teilweise in Amerika auf, das infolge der Kriegsereignisse in etwas überstürzter Weise in den Besitz eines zwar vielversprechenden, aber, seiner Herkunft entsprechend, vorläufig stark örtlich und zeitlich charakterisierten Komplexes von Musikwissenschaft gelangt ist). Wir wollen zugeben, daß sich darin ein verständliches synthetisches Bedürfnis kundgibt; doch liegt darin anderseits eine große Unklarheit.

Eine gewisse Zweideutigkeit besteht schon insofern, als man z. B. mit «Barockmusik» bald nur die Musik der Barockzeit, genauer: die Musik der

Zeit der Barockkunst, bald aber etwas durch seinen Namen wesensmäßig Bestimmtes meint; oder vielmehr: man jongliert zwischen den beiden Möglichkeiten, indem man zumeist nach der der Wesensbestimmung wenigstens «schielt».

Richtig ist zunächst, daß wir Musik und Epoche in eine Beziehung zueinander setzen auf Grund der Annahme, daß jeder Art Musik eine Art Mensch — die Leute sagen: ein «Geist» — entspricht (allerdings wird diese Voraussetzung oft gerade von denjenigen vergessen, welche die «Barockmusik» zum Gegenstand der Schwärmerei machen und sich in den Gedanken hineinsteigern, sie würden zu «Barockmusikern», indem sie gegen die «Romantik» vom Leder ziehen und den Metronom zum Ideal ihrer Rhythmik machen). Richtig ist, daß wir ohne den Begriff einer historischen Epoche nicht auskommen. Doch muß man mit diesem Begriff vorsichtig umgehen. Es geht ja darum, daß wir eine historische Epoche hypostasieren, ihr eine Persönlichkeit zuschreiben. Dies heißt aber, daß wir Physiognomonik treiben. Oder will man dafür modernere Ausdrücke wie «Typologie», «Charakterologie» brauchen? Der Fall der alten Lavaterschen Physiognomonik erscheint mir klarer als diese modernen Versuche, weil sich an ihm die Begrenztheit des Unternehmens für alle gezeigt hat. Eine solche Substanz oder Person kann man zwar charakterisieren, aber man kann sie nicht in einen Begriff fassen.

Wir fragen noch einmal: wer will sich unterfangen, mit dem Finger den «Geist» zu berühren, der einer Epoche von oben eingepflanzt ist? Dies übersteigt offenbar unsere Fähigkeiten. Wir können nicht mehr als das m u s i - k a l i s c h e Bild einer Epoche zeichnen und dabei die Zusammenhänge ahnen, welche zwischen Musik und bildender Kunst bestehen und welche durch die dazwischenstehende geheimnisvolle Persönlichkeit der Epoche vermittelt werden. Zu glauben, daß man diese wissenschaftlich greifen könnte, ist Überheblichkeit. Im Bereich des Feststellbaren wird uns die die verschiedenen Gebiete des menschlichen Schaffens verbindende «höhere Formel» nicht aufgehen, werden wir immer wieder darauf stoßen, daß jedes Kulturgebiet seine eigenen Voraussetzungen, seine eigenen Traditionen und seine eigene Art der Trägheit in bezug auf die dahinterstehende «Person» hat, daß sich also diese Persönlichkeit auf den verschiedenen Gebieten in verschiedener Weise äußert, weshalb auch die historischen Einschnitte innerhalb der verschiedenen Gebiete nie ganz zusammenfallen.

Sagen wir es anders. Da wir eine bestimmte Art Mensch nicht begrifflich definieren können, dürfen wir auch nicht von einem solchen, mehr oder weniger vorgefaßten Begriff ausgehen, sondern der uns vorgezeichnete Weg ist, von dem besonderen

Gebiet, das wir studieren, auszugehen und von da aus jener Vorstellung nahe zu kommen. Zwar war es derselbe Mensch des *x*ten Jahrhunderts, der die musikalischen Erzeugnisse der Zeit hörte und ihre Bildwerke sah, aber darum ist doch auf jedem Gebiet der Verlauf der Dinge ein eigener: die bildende Kunst einer gegebenen Zeit ist nicht n u r der «Ausdruck» eines «Geistes», sondern sie ist a u c h das sich logisch an die Kunst der vorhergegangenen Epoche Anschließende, und da eben der Verlauf auf den verschiedenen Gebieten ein eigengesetzlicher ist, können wir nicht annehmen, daß die Änderung auf dem einen Gebiet immer mit der auf dem anderen zusammenfällt, da auf dem einen der Stil der vorhergehenden Zeit ein größeres Beharrungsvermögen aufweisen kann als auf dem anderen. Aber auch jene Wechselbeziehung von Menschenart und künstlerischem Stil im allgemeinen dürfen wir nicht zu handgreiflich, nicht zu psychologisch nehmen (wie wenn ein gegebener Mensch ein Gefühl hat und dieses durch eine Gebärde ausdrückt). Wir müssen sie eher philosophisch nehmen, wie wenn die beiden Dinge durch eine Art Prädestination verbunden wären, nicht in dem Sinne, daß wir, wenn wir den Menschen einer Epoche «geistig», als «Wesen» rekonstruiert hätten, dann notwendigerweise auch den damaligen künstlerischen Stil als Resultat erhalten müßten.

Diese aus Deutschland gekommene Mode, im Rahmen der Geschichte voreilig Kulturphilosophie zu treiben, wurzelt vielleicht letzten Endes im Bankrott der systematischen Philosophie, der nach irgendeinem E r s a t z verlangte (Dilthey; in weniger konstruktiver, naiverer Art hat sich diese Richtung z. B. bei K. Joël geltend gemacht, der in seinen «Wandlungen der Weltanschauung» durch Aneinanderreihung von Einzelheiten aus verschiedenen Gebieten eine Art «biographie romancée» des europäischen Geistes zu schreiben unternahm). Anderseits ist es auch eine gewisse Ungeduld, die sich darin ausdrückt, die Ungeduld, über das nun einmal gegebene Spezialfach mit seinen gegebenen Methoden hinauszukommen, und das Fehlen einer die Begrenztheit der Wissenschaft anerkennenden Bescheidung — welches seinerseits darauf deutet, daß gewisse metaphysische Bedürfnisse nicht den ihnen angemessenen Ausweg fanden. Und die große w i s s e n s c h a f t - l i c h e Gefahr bei alledem ist, daß dieses Haschen nach der Synthese auf Kosten der Präzision und Sorgfalt geht, daß man von diesem Standpunkt aus allzuleicht über Wissenslücken hinweggeht.

* *
*

Indem wir an spezielle Bezeichnungen wie «Musikbarock» oder «Barockmusik» denken, erinnern wir uns gewisser Polemiken zwischen Musikhistorikern, bei denen der eine behauptete, dies oder jenes sei «bereits» Barock, der andere, es sei es «noch nicht» — und doch konnte weder das eine noch das andere bewiesen werden. Der Verfasser einer zusammenfassenden Musikgeschichte hat die Möglichkeit solcher Divergenzen schon im voraus eskomptiert, indem er in seinem Vorwort die durch solche Etiketten bezeichneten Perioden als einander kräftig überschneidend hinstellte: demnach soll die «Gotik» bis etwa 1550 gehen, die «Renaissance» von 1450 bis 1600, das «Frühbarock» von 1550 bis 1650, das «Hochbarock» von 1650 bis 1750, das «Rokoko» von 1700 bis 1800, die «Wiener Klassik» von 1750 bis 1850, die «Romantik» von 1800 bis 1900, der «Impressionismus» von 1850 an usw.

Auf wie schwankendem Boden man steht, indem man das «Barock» zu einer umfassenden «geistesgeschichtlichen» Kategorie macht, sehen wir schon daraus, daß man hier mit beinahe gleichem Recht zwei einander entgegengesetzte Meinungen vertreten kann: a) das Barock bedeute im Verhältnis zur Renaissance eine verstärkte Verweltlichung, eine potenzierte «Humanisierung», b) es bedeute eine Rückwendung zum Religiösen. Mit Recht konstatiert L. Schrade (ZM. XVI, 4), daß es kaum zwei identische «Wertungen und Lösungen des Renaissance-Barock-Problems» gibt. Leider ist er aber nicht wie wir der Meinung, daß dies an der Problemstellung selbst liegt, sondern er glaubt, es komme nur auf eine im Vergleich zu bisher richtigere Beantwortung an (der Beitrag, den seine lesenswerte Abhandlung in dieser Richtung bietet, ist die Hypostasierung einer recht nebelhaften «Maniera» als eines Mitteldings zwischen «Renaissance» und «Barock» im 16. Jahrhundert; amerikanische Autoren operieren neuerdings gern mit der «Gegenreformation» als geistesgeschichtlicher Rubrik; wäre es aber nicht besser, man stände überhaupt diesen Tendenzen kritischer gegenüber?).

Manche wiederum sagen sich: wenn schon, dann schon, und sie ziehen fröhlich die fünf Begriffspaare heran, in denen der Kunsthistoriker H. Wölfflin seine Gegenüberstellung von Renaissance und Barock auseinandergefaltet hat (Linear — Malerisch, Flächenhaft — Tiefenhaft, geschlossene — offene Form, Vielheitlichkeit — Einheitlichkeit, absolute — relative Klarheit), ohne sich zu fragen, ob dies auch nur für die Kunstwissenschaft sicher gilt; und nun sehen sie, ob es «geht», dies auf die Musik jener Zeit anzuwenden (nicht wahr, bei der Vielheitlichkeit und Einheitlichkeit «geht» es: die Vielheit der Kirchentonarten und die Einheitlichkeit des Dur-Moll? leider haben wir nur die Qual der Wahl: warum nicht ebenso gut die Vielheit der Polyphonie und die Einheit der Akkordik? bei der «geschlossenen» und «offenen Form» scheint es zu hapern, da im 17. Jahrhundert tonal und thematisch mehr Geschlossenheit zu konstatieren ist als in der des 16.; aber «wo ein Wille ist, findet sich ein Weg»). Jedenfalls sehen wir, ob wir nun die Periodengrenzen oder die konstitutiven Merkmale ins Auge fassen, daß der

«Barock»-Begriff in einem der Musik fremden Milieu geformt und geschliffen wurde, und dies tritt besonders da hervor, wo wir zu Unterteilungen wie «Frühbarock», «mittleres Barock» oder «Spätbarock» übergehen.

Wieder andere gehen über diesen Rahmen hinaus, indem sie in Renaissance und Barock «Grundhaltungen» sehen wollen, die allgemein, d. h. auch außerhalb jener beiden konkreten Epochen anwendbar sind. Hier aber geraten wir in offenkundige Konkurrenz mit dem Begriffspaar Klassik-Romantik, das denn doch in der Musikgeschichte schon länger und fester eingewurzelt ist (aber immerhin gleichfalls nicht auf absolute Geltung Anspruch erheben kann). In der Tat wird uns neuerdings gerade von den Anhängern solcher Anschauungen der Begriff der Klassik aus der Musikgeschichte wegeskamotiert, indem am Endpunkt des Barocks, um 1750, bereits die Romantik einsetzen soll. Aber wenn wir das Barock zum Widerpart der Romantik machen (während es nach der älteren Ansicht eher ein Analogon dazu ist, gemäß der Proportion

$$\frac{\text{Klassik}}{\text{Romantik}} = \frac{\text{Renaissance}}{\text{Barock,}}$$

ist ja der eigentliche Gegenpart zum Barock, die Renaissance, gegenstandslos geworden, ebenso wie die Klassik, die eigentliche Folie zur Romantik.

Dies alles erscheint uns wie ein anregendes Spiel des Geistes, ja es gehört bis zu einem gewissen Grade zur Kunst der musikgeschichtlichen Darstellung, der ein Beigeschmack von Literatur nicht zu schaden braucht. Wir sind auch keineswegs dagegen, daß man die Gotik, die Romanik oder das Barock heranzieht, um etwas, das die Musik jener Zeit betrifft, durch einen Vergleich zu illustrieren. Nur wollen wir darin nicht eine wissenschaftliche Aussage sehen.

Vom Standpunkt der professionellen Würde des Musikhistorikers wäre ferner zu fragen, wodurch er es eigentlich verdient hat, seine Minderwertigkeit im Verhältnis zum Kunsthistoriker anerkennen zu müssen, indem er von diesem Begriffe wie «Barock» und «Gotik» entlehnt. Wenn wir, wie es mir als möglich erscheint, die der Epoche des Barocks ungefähr entsprechende musikgeschichtliche Epoche nach musikalischen Merkmalen etwa die Zeit des «konzertierenden Stils» nennen (vgl. unten 286), warum sollen wir dann nicht mit dem gleichen Recht verlangen können, daß der Kunsthistoriker von «konzertierender» Malerei, Plastik oder Architektur spricht?

Indessen wird man mir vielleicht vorhalten, daß ich, wenn ich Romanik, Gotik und Barock verwerfe, konsequenterweise auch Klassik und Romantik ablehnen muß. Hierauf antwortete ich, daß ich Romanik, Gotik und Barock nicht absolut verwerfe, aber auch Klassik und Romantik nicht absolut gelten lasse. Immerhin besteht zwischen den beiden Gruppen von Bezeichnungen eine Abstufung insofern, als die ersteren rein aus der Kunstgeschichte herbeigeholt sind, und dies erst neuerdings, während die anderen, die wohl der Literatur entstammen, eine allgemeinere Geltung haben und älteren Datums sind.

*　*
*

Was die «Romantik» betrifft, möchte ich mich hier nur noch, obgleich dies eigentlich der folgenden Darstellung vorgreift, gegen zwei abusive zeitliche Erweiterungen dieses Begriffes wenden, die man hat einführen wollen. Zuerst war es die Erstreckung der musikalischen Romantik über die Zeit der eigentlichen, der literarischen Romantik, d. h. über die Mitte des 19. Jahrhunderts und bis zum Jahrhundertende, also unter Einschließung von Wagner und Brahms. Ohne leugnen zu wollen, daß Wagner, Liszt und sogar Brahms als Romantiker begonnen haben, glaube ich doch, daß wir auch musikalisch sagen dürfen, die Romantik habe sich früh verbraucht. Ein Schumann und Chopin sind vielleicht nur deshalb ganz als Romantiker anzusehen, weil ihre Lebenskraft früh aufgezehrt war. Die Romantik hat für mich etwas Träumerisches, Zartes; die blaue Blume ist ihr Symbol, eine gewisse Schwäche gegenüber der Wirklichkeit des Lebens ihr Merkmal. Demgegenüber scheint mir die Haltung von Berlioz in der zweiten Jahrhunderthälfte, also in seiner letzten Lebenszeit, bereits klassizistisch; die Musik von Wagner hat etwas handfest Sinnliches, auch geht Wagner schon zu einer Systematik über, die das All als All vor uns ausbreitet und es nicht mehr, wie der Romantiker, in der flüchtigen Einzelerscheinung erlebt; Brahms ist, abgesehen von seiner Jugendperiode, ein Klassizist, bei dem die romantische Haltung wie eine Art Konvention erhalten geblieben ist; Liszt aber, der Interessanteste unter ihnen, ist einerseits der Vorläufer der «neuen» Musik der Jahrhundertwende, anderseits ist der Strom seines Fühlens jetzt in eine positive religiöse Sphäre eingemündet. Doch wohlverstanden: daß die zweite Hälfte des 19. Jahrhunderts nicht mehr «Romantik» ist, ist für mich nicht eine Frage der Wissenschaft, sondern eine Frage des Gefühls oder (um mich «romanischer» auszudrücken) des guten Geschmacks.

Dann aber hat man, wie gesagt, die Romantik schon in der Mitte des 18. Jahrhunderts wollen beginnen lassen, da die Musik der zweiten Hälfte dieses Jahrhunderts eben gefühlsmäßiger sei als die der ersten. Hier protestiere ich noch entschiedener; wie mir scheint, wird hier klar, daß es nicht angeht, eine komplexe historische Erscheinung wie «Romantik» auf einen einfachen Begriff wie «gefühlsmäßig» (oder etwas Ähnliches) zu reduzieren. Außerdem entschwindet, wie wir bereits sahen, bei solcher Ausdehnung der Romantik nach rückwärts ihr Gegenpol, die Klassik, während sie doch nur als Folie zur Klassik ihren Sinn hat.

c) Musikgeschichtliche Periodeneinteilung

Und doch bleibt, nachdem wir vor einem unvorsichtigen Hereintragen von Etiketten aus anderen Kulturgebieten gewarnt haben, das Problem der Periodenabgrenzung nach wie vor bestehen, ja sogar das Problem einer zusammenfassenden Bezeichnung dieser Perioden. Wir sind uns wohl darin einig, daß beides in erster Linie auf Grund von musikalischen Merkmalen vor sich gehen soll.

Man hat innerhalb der Musikgeschichte schon seit längerer Zeit Daten, bezüglich deren eine gewisse Übereinstimmung besteht in dem Sinn, daß sie wie Wende- oder Wechselpunkte angesehen werden. Denken wir an die Zeit um 1600, dann an die um 1750; ja man könnte vielleicht, indem man hinter 1600 zurückgeht, von anderthalb zu anderthalb Jahrhunderten ähnliche Wechselpunkte finden: um 1450, um 1300, um 1150. Indessen ergibt sich die Relativität solcher Gliederungen schon daraus, daß die Merkmale, die in der einen Periode deutlich hervortreten, sich immer auch in die vorhergehende zurück- und in die jüngere vorwärtsverfolgen lassen, nur daß sie dort weniger hervortreten. Dies zeigt, daß, wenn wir auch eine Periodeneinteilung zu unserer Bequemlichkeit benützen, wir nicht zusehr darauf pochen dürfen, da wir sonst dem Schematismus verfallen. Der wirkliche Verlauf ist, daß Wechsel und Beharren ständig nebeneinander stehen. Und der Wechsel erfolgt in Wirklichkeit nicht in so spektakulärer Weise, wie es unserem Bedürfnis als Zuschauer entspricht; sogar ein scheinbar dramatisches Ereignis reift nur allmählich heran. Wenn sich in der Musikgeschichte ein rhythmusähnlicher Ablauf feststellen läßt, dann nur in dem Sinne, daß auf die Verfestigung, die zunehmende Ausarbeitung und vielseitige Ausprägung eines Kunstideals eine Periode folgt, in der man sich dadurch eingeengt fühlt und bei einem anderen Punkt neu ansetzt (vgl. unten 221 und 273 ff.), doch überschneiden sich die beiden Prozesse fortwährend.

So müssen wir die Gliederung der historischen Zeit, so die historische Zeit selbst relativieren. Es sind immer gleichzeitig die beharrenden und die auf eine Änderung hindrängenden Kräfte am Werk (wobei die letzteren sei es nur eine weitere Entfaltung in der gleichen Richtung betreiben oder auf eine Richtungsänderung aus sind). Das wirklichkeitsgetreue Bild der historischen Epoche hat eine Art Tiefendimension, indem nicht nur verschiedene Länder gleichzeitig einen verschiedenen Zustand der Musik vertreten, sondern innerhalb jedes Landes verschiedene Kreise musikalisch auf einer verschiedenen Stufe stehen. Denken wir nur, in welch verschiedene Perioden der Musikgeschichte uns das weist, was wir heute in einem protestantischen Festgottesdienst oder auch in einem katholischen nebeneinander hören: da ist der «Choral», da ist Bach und Palestrina, dazu alles mögliche Neuere und sogar Moderne (allerdings ist heute, bei weitgehender Abwesenheit eines eigentlichen Zeitstils, jene Tiefengliederung bis in das Extrem gesteigert). Außerdem hat jede Epoche auch noch ihr relatives «Volkslied». Hierbei ist nicht einmal gesagt, daß das innerlich Bedeutende immer mit dem zusammenfällt, was zur nächsten Periode hin vorwärts drängt; es kann sein, daß dasjenige, was ein ausgesprochenes Beharrungsvermögen zu verkörpern schien, zwar nicht in der nächstfolgenden, aber in der übernächsten Periode wieder sehr aktuell wird. Was der eigentliche und endgültige Beitrag einer Epoche zur Gesamtgeschichte ist, wird man erst am Ende der Zeiten wissen.

All dem gegenüber gibt es eine Betrachtungsweise, die man als linear bezeichnen könnte: dies ist, wenn man innerhalb jeder Epoche (und innerhalb jedes Landes) in den Vordergrund stellt, was «an der Spitze der Entwicklung» zu stehen scheint. Doch ist dies unverkennbar eine Vereinfachung der Wirklichkeit. Ich will hier nicht darauf eingehen, daß eine solche Vereinfachung oft ideologisch ausgeschmückt wird, indem man mit einem gewissen Pathos heraushebt, was «bereits» auf die folgende Zeit vorausdeutet. Nehmen wir die Tatsache als solche: für derartige Vereinfachungen besteht zweifellos ein vernünftiger Grund, dies ist die Ökonomie der Betrachtung. Nur dürfen wir nicht vergessen, daß dieselben der Bequemlichkeit wegen da sind und daß, was wir als die Epoche charakterisierend herausgreifen, immer bis zu einem gewissen Grade auf einer Konvention beruht.

* *
*

So muß hier wieder vor Schematismus gewarnt werden, oder wenigstens muß uns, wenn wir aus Gründen der leichteren Überblickbarkeit das Schema zulassen, bewußt bleiben, daß wir uns im Bereich des Relativen befinden. Ist aber in dieser Weise die historische Zeit und ihre Gliederung relativiert, so müssen wir sagen, daß es rein wissenschaftlich nicht viel verschlägt, wenn wir die Gliederung einfach nach Jahrhunderten, oder nach Halbjahrhunderten, oder bei dichterer Gliederung nach Jahrzehnten vornehmen — da es Schubfächer nun einmal geben muß. Verfährt man rein mechanisch nach der Hundertzahl, so ist man wenigstens sicher, daß man nicht eingebildeten Götzen opfern wird. Die andere Methode wird es sein, wenn wir die Dinge rein empirisch so ordnen, wie sie uns zusammen zu gehören scheinen, ohne uns aber etwas Besonderes darauf einzubilden.

Ich möchte damit sagen, daß Fragen der Periodisierung nur sekundär ein Teil unserer Aufgabe sind und daß sie eher zur Darstellung als zur dargestellten Sache gehören. Wir haben vor allem auf die vor uns stehende Erscheinung zu achten, dies aber wiederum nicht so, daß wir uns ganz an sie verlieren und darüber nichts anderes sehen, wie es eine andere moderne Richtung gewollt hat, sondern wir haben gleichzeitig das Gewebe der sachlichen Zusammenhänge zwischen den Erscheinungen vor uns zu sehen; diese Zusammenhänge aber erschöpfen sich nicht in der Verknüpfung von Ursache und Wirkung, wie es wieder andere meinen, sondern es handelt sich um ein Gewebe von Beziehungen in einem allgemeineren Sinn: so wie es etwa in einem Kunstwerk der Fall ist, nur daß in unserem Fall die Beziehungen objektiv in den Dingen selbst begründet sein müssen.

Im ganzen wollen wir mit Aristoxenus sagen: man möge von unserer Wissenschaft nicht zuviel und nicht zuwenig erwarten. Wir lesen in den Fragmenten dieses Denkers (nach Marquards Übersetzung S. 45—47): «Vielleicht ist es besser, die Art der Abhandlung vorher durchzugehen, damit wir gleichsam in der Vorauskenntnis des Weges und im Bewußtsein, an welcher Station wir sind, leichter die Reise machen und nicht, ohne es zu merken, eine falsche Meinung von der Sache fassen. So erging es, wie Aristoteles immer erzählte, den meisten von denen, welche bei Plato die Vorlesung über das Gute hörten. Jeder nämlich sei mit der Voraussetzung gekommen, er werde irgendeines von diesen sogenannten menschlichen Gütern, z. B. Reichtum, Gesundheit, Kraft, überhaupt irgendeine außerordentliche Glückseligkeit erlangen; als nun aber die Erörterungen über Mathematik und Zahlen und Geometrie und Astronomie, und daß die Grenze ein Gut ist, zum Vorschein kamen, da trat ihnen, dünkt mich, etwas sehr Unerwartetes entgegen, und die einen vernachlässigten allmählich den Gegenstand, die anderen tadelten ihn. Warum nun? Sie kannten ihn nicht vorher, sondern kamen wie die Wortstreiter von Profession auf den bloßen Namen hin mit offenem Munde hinzu; wenn aber jemand, dünkt mich, im voraus das Ganze auseinandergesetzt hätte, so würde der künftige Zuhörer es kennengelernt haben und, wenn es ihm gefallen hätte, bei seinem gefaßten Vorsatze geblieben sein» (hier müssen wir einfügen, daß der Zusammenhang zwischen den Zahlenverhältnissen und dem Guten nach Plato darin besteht, daß jene das Symbol einer Weltordnung sind, die Natur und Seele verknüpft, und daß sie auch dem Schönen in der Wahrnehmung zugrunde liegen, wobei all dies auf ein hinter der Weltordnung stehendes absolutes Gutes deutet). «Aristoteles selbst gab also aus den genannten Gründen seinen künftigen Zuhörern immer eine Einleitung über Gegenstand und Art der Abhandlung. Besser erscheint es aber auch uns, . . . daß eine allgemeine Kenntnis vorangehe. Denn es wird bisweilen nach beiden Seiten hin gefehlt: die einen nämlich setzen unter der Wissenschaft etwas Gewaltiges voraus und einige sogar, daß wenn sie Harmonik gehört haben, sie nicht nur Musiker, sondern auch an Charakter würden besser werden, . . . die anderen aber wiederum setzen nur etwas Unbedeutendes voraus, kommen aber herzu, weil sie nicht ganz ohne Kenntnis von der Sache bleiben wollen. Keines von beiden aber ist richtig; denn weder ist die Wissenschaft in ihrem jetzigen Zustande zu verachten, . . . noch so vortrefflich, daß sie an sich für alles genügte, wie einige wähnen.»

Die angeführten Worte des Aristoxenus mögen auch uns als Entschuldigung für die voranstehenden Erörterungen dienen. Was aber die konkrete Abgrenzung und Rubrizierung der musikgeschichtlichen Perioden betrifft, so sei einfach auf den nachfolgenden Versuch verwiesen.

II. HISTORISCHE ÜBERLEGUNGEN

a) Vorbemerkung

Der Rationalismus des 18. und 19. Jahrhunderts neigte dazu, die Kultur (oder die Kulturen) des Altertums und des Mittelalters als eine primitive Vorstufe zur Gegenwart anzusehen. Ein französischer Moralist, Joubert, hat dies in die kurze Formel gekleidet: «Les sauvages sont l'antiquité moderne», und dann finden wir diesen Gedanken auch bei Schiller: die «Wilden», d. h. das, was wir als Unkultur ansehen, wären ein Rest, der sich aus der ältesten Zeit bis auf uns erhalten hat. Nur dem «klassischen» Altertum wurde eine Art Ausnahmestellung eingeräumt, denn in bezug auf dieses gewann der Begriff eines «Kindheitsalters der Menschheit» einen ausgesprochen idealisierenden Beigeschmack.

In Wirklichkeit kann niemand, der z. B. die griechische oder römische Kultur aufmerksam betrachtet, von einem Kindheitsalter sprechen. Wir haben eher den Eindruck reifer, teilweise überreifer Erfahrung. Und dies ist kein Wunder, setzt doch die griechische Kultur orientalische Kulturen voraus, die wir bis in das 4. Jahrtausend v. Chr. verfolgen können. Aber auch diese vier Jahrtausende vor Christus sind nur ein kleiner Ausschnitt aus einem kulturgeschichtlichen Verlauf, der von der Erschaffung des Menschen an Dutzende oder sogar Hunderte von Jahrtausenden gedauert hatte. So fällt Christi Geburt in eine Zeit, in der die Menschheitskultur schon die vielfältigsten Entwicklungen durchgemacht hatte, eine Zeit, die viel eher ein Greisenalter als ein Kindheitsalter darstellt.

Und gewiß war die Menschheit damals auch in musikalischer Hinsicht schon reich an Erfahrungen. Wir wissen zwar wenig davon, und je weiter wir zurückgehen, um so weniger. Hier kommt es darauf an, daß wir das Wenige, das wir wissen, nicht direkt an unserer Musik messen, in welchem Fall eben das Fragmentarische der Überlieferung durch optische Täuschung den Eindruck des Primitiven erweckt, sondern wir müssen dieses Wenige in Gedanken gegen den Hintergrund einer vorausgehenden uralten Musikerfahrung halten. Wie schon gesagt, kann nur ein intensives Unshineindenken uns davor bewahren, Dinge, die uns fremd sind und die wir nicht verstehen, für tieferstehend anzusehen; gerade letzteres ist ein «primitiver» Standpunkt, etwa dem Standpunkt desjenigen vergleichbar, dem alle chinesischen Gesichter gleich erscheinen, weil er nur darin geübt ist, europäische Gesichter zu unterscheiden.

Ebenso dürfen wir uns auch nicht einbilden, daß wir musikempfindlicher wären als die Alten, oder daß die Musik in unserem Leben einen höheren Rang einnähme als bei anderen Völkern: schon die Orpheus-Legende belehrt uns hier eines Besseren, und wir können heute noch sehen, wie stark Orientalen durch eine Musik ergriffen werden, die zu unserem Erstaunen weitgehend ohne die «starken» Mittel der unseren auskommt. Denker wie Plato und Aristoteles belehren uns darüber, welche Stellung die Musik im geistigen Leben der Antike einnahm; die pythagoreische Denkweise, der Plato nahesteht, verknüpft die Musik sogar in spezieller Weise mit dem Leben des Geistes: ihr zufolge ist die Musik als eine Manifestation der Zahl mit der vom Schöpfer gesetzten Weltordnung verbunden und beinahe identisch; die Keime dieser Lehre begegnen uns aber schon im alten Mesopotamien, Ägypten und China.

Also: wieweit eine alte Musikkultur wirklich «primitiv» (d. h. dürftig in ihren Ausdrucksmitteln) sei, dies kann im gegebenen Fall nur durch eingehendes Studium, nicht nach dem oberflächlichen Eindruck entschieden werden.

b) Die «Anfänge der Musik»

Die Frage, wann die Musik eigentlich angefangen hat und wie die Menschen darauf gekommen sind, haben sich schon viele vorgelegt. Neuzeitliche Gelehrte haben sie, wie nicht anders zu erwarten, im positivistischen Sinn beantworten wollen. So meinte der eine (Spencer), die Musik sei aus der Sprache hervorgegangen. Aber was beweist, daß die Sprache älter sei als die Musik? Ein anderer (Darwin) erinnerte sich dessen, daß bei den Vögeln der Gesang als geschlechtlicher Lockruf dient (er dachte vielleicht auch daran, daß noch heute Tenöre mit schönen Stimmen auf Frauen bezaubernd wirken), und so war für ihn ausgemacht, daß dies die Wurzel der Musik sein müsse; daß bei den Menschen in Wirklichkeit Gesang mit erotischer Zweckbestimmung — oder Gesang als erotisches Ausdrucksmittel — gerade nicht im Bereich der primitivsten Kulturen zu finden ist, darüber setzte er sich hinweg. Ein wirtschaftlich orientierter Gelehrter (Büchner) meinte, die Musik müsse zu dem Zweck entstanden sein, um bei gemeinsamer Arbeit die Anstrengung rhythmisch zu koordinieren und zu erleichtern; aber warum finden wir dann bei primitiveren Völkern die Musik viel eher mit Magie, also mit etwas der Religion Ähnlichem, als mit der Arbeit verknüpft?

Ich muß gestehen, daß mir hier die Anschauung des Altertums viel besser zusagt. Demnach hätte die Musik von jeher bestanden als Teil des Weltenplans: dies wäre die Musik als metaphysische Substanz, die Musik im Inneren der Welt, gewissermaßen die Weltseele. Die irdische Musik aber wäre in dem Augenblick entdeckt worden, wo ein mythischer Mensch oder Halbgott mit dem Fuß an die ausgetrockneten Überreste einer Schildkröte stieß, in denen sich eine Sehne über den Schild spannte; im Grunde aber sei diese Musik nur eine Nachahmung jener himmlischen, an die sich der Mensch unbewußt erinnert fühle, wenn er die irdische höre. Jedenfalls hat diese antike Interpretation, obgleich sie legendär eingekleidet ist, vor jenen pseudowissenschaftlichen Theorien einen doppelten Vorzug: 1. sie geht von einem präzisen Begriff der Musik aus, indem sie den musikalischen Ton voraussetzt (der, wie wir wissen, physikalisch durch gleichmäßige periodische Schwingungen innerhalb eines gewissen Frequenzbereichs bedingt ist), und hiermit setzt sie nicht, wie die neuzeitlichen Gelehrten, i r g e n d e i n Merkmal der Musik, sondern das k o n s t i t u t i v e Merkmal; 2. sie ist in realer Weise auf den Menschen bezogen, genauer: den musikalischen oder zur Aufnahme der Musik bereiten Menschen, welcher (und hier führt die Pythagoras-Legende jene Hermes-Legende weiter) sogleich dazu übergeht, den einen Ton mit dem anderen in bezug auf äußere und innere Unterschiede (Tonhöhe und Tonverwandtschaft) zu vergleichen, mit anderen Worten: hätte nur ein Tier jene Schildkrötensehne berührt, so wäre dies noch nicht Musik gewesen. Interessant ist auch, daß nach der Auffassung der Alten der eigentliche Prototyp der Musik die instrumentale und nicht der Gesang ist

Nach allem sehen wir keinen Grund für die oft und schlagwortähnlich wiederholte Ansicht, die Musik sei die jüngste unter den Künsten. Wie ist es nur zu diesem Gerede gekommen? Ein Grund dafür könnte darin gesehen werden, daß die Musik, wie wir gleich sehen werden, die flüchtigste unter den Künsten ist, insofern als wir von ihr nicht so weit zurückreichende Denkmäler besitzen wie von den anderen. Ein weiterer Grund ist wohl, daß die innere Aufnahme eines Musikwerks stärker als die eines Bildwerks von subjektiv-historischen Voraussetzungen abhängig ist und also eine Musik, die nur einige Jahrhunderte zurückliegt, uns bereits fremd und folglich «barbarisch» erscheinen kann. Vielleicht ist hier auch noch dies anzuführen, daß der in der Ideengeschichte des 19. Jahrhunderts sehr einflußreiche Victor Hugo einmal in einem Gedicht en toutes lettres ausgesprochen hat, die Musik sei erst im 16. Jahrhundert mit Palestrina geboren worden — was offenbar ein Widerhall der in Paris um 1830 von sich reden machenden Palestrina-Renaissance war.

c) Unsere Quellen

Die direkten Quellen, aus denen wir unsere Kenntnis der Musik des Altertums schöpfen können, fließen spärlich. Aus der Zeit vor Christi Geburt ist uns an aufgezeichneter (notierter) Musik nichts erhalten als ein kleines Fragment aus dem Euripides und größere Teile einiger Hymnen aus Delphi; und auch diese Reste geben uns noch nicht ein volles Bild der musikalischen Wirklichkeit, da sie zwar die Gesangsmelodie überliefern, aber nicht die Instrumentalbegleitung dazu, welche offenbar nach gewissen Traditionen mehr oder weniger improvisatorisch ausgeführt wurde.

Gewiß ist vieles an notierter Musik aus dem Altertum verlorengegangen. Und doch können wir es nicht diesem Umstand allein zuschreiben, daß uns so wenig erhalten ist. Offenbar gehörte es zur antiken Musikpraxis, daß relativ viel weniger Musik aufgezeichnet, relativ viel mehr durch mündliche oder handwerkliche Tradition übermittelt wurde als bei uns; auch wurde gewiß der Improvisation (wenigstens bei der Ausgestaltung eines gegebenen melodischen Gerüstes zum Musikstück) mehr Raum gelassen.

Wir müssen uns vergegenwärtigen, daß lange nicht alle Völker des Altertums eine Notenschrift besaßen. Es liegen keine Hinweise darauf vor, daß man eine solche in Ägypten oder Mesopotamien gekannt hätte (die Hypothese einer babylonischen Notenschrift hat sich als Irrtum erwiesen). Und doch handelt es sich zweifellos um «Hochkulturen», die auch in der Musik ihren Mann gestellt haben müssen; deutet doch sogar in der griechischen Musik und Musikanschauung einiges auf den Einfluß dieser alten Kulturen.

Der Schluß, den wir ziehen müssen, ist, daß ein hoher Stand der Musik und der Besitz einer Tonschrift nicht ohne weiteres einander gleichgesetzt werden darf. Ja wenn wir es genauer überlegen, müssen wir sagen, daß ohne Notenschrift auszukommen unter Umständen sogar in höherem Maße ein Merkmal der Musikerschaft ist, als der Gebrauch einer solchen: denn bei gleicher Leistung muß selbstverständlich der Musiker, der sich auf keine Noten stützt, viel mehr im Kopfe haben als der andere.

Doch wie in bezug auf Vorhandensein und Nichtvorhandensein einer Notenschrift, müssen wir diese Überlegung auch anstellen, wenn es sich um die Abstufung zwischen einer präziseren und einer weniger genauen Notation handelt. Auch hier folgt daraus, daß unsere heutige Notenschrift besonders genau ist und dem Ausführenden wenig Freiheit läßt, noch nicht, daß unsere Musiker die besten sein müssen. Denken wir nur an die Zeit des «konzertierenden Stils», wo einerseits die sogenannten Vortragsbezeichnungen nur selten und spärlich angewendet wurden, anderseits die aufgezeichnete Melodielinie in manchen Fällen nur eine Unterlage war, die der Sänger oder Geiger auszuzieren hatte (eine Praxis, die sich innerhalb der italienischen Gesangskunst noch im 19. Jahrhundert behauptete). Gehen wir in die Renaissancezeit zurück, so fehlen uns die Angaben des Zeitmaßes, ja auch die Wahl der ausführenden Instrumente ist vielfach nicht vorgeschrieben, und in manchen Fällen ist nicht einmal klar, ob vokale oder instrumentale Ausführung verlangt ist. Das Mittelalter läßt uns in seinen «Neumen» bekanntlich meist Hinweise auf den Rhythmus (d. h. die relative Wertgeltung der Noten) vermissen, ja zu einem erheblichen Teil geben diese Neumen sogar die relativen Tonhöhen nur ungefähr an (letzteres hat, wie ich an anderer Stelle ausführte, Vertreter der modernen «vergleichenden Musikwissenschaft» zu der grotesken Annahme veranlaßt, daß, wie diese Neumen die Melodiebewegung nur ungefähr angaben, so auch die Sänger des hl. Gregor mehr oder weniger nur das Auf und Ab der Melodie reproduzierten, d. h. kein genaues Tonbewußtsein hatten — während sie im Gegenteil Tonsystem und Tonleitern viel besser präsent haben mußten als jemand, der nach präzisen Tonzeichen singt). Die altgriechischen Tonzeichen geben die Tonhöhen zwar genau an, doch lassen sie in der Regel wiederum die rhythmischen Hinweise vermissen, und sie überliefern, wie gesagt, nur die Gesangsmelodie, aber nicht die Begleitung dazu.

Auch die exotische Musik unserer Tage kommt noch weitgehend ohne jegliche Tonzeichen aus, und wo sie vorhanden sind, spielen sie nur eine untergeordnete Rolle. So ist z. B. auf Bali eine Tonschrift zwar bekannt, aber sie fixiert nur eine Folge von «Grundnoten»; der Musiker hat diese im Kopf und baut darüber in halb traditioneller, halb improvisatorischer Weise das lebendige Musikstück auf, ja es kann sogar ein ganzes Orchester sein, in welchem die Musiker auf dieser Grundlage spielen und mit verteilten Rollen das Orchesterstück aufbauen (eine Praxis, deren Nachhall unser Jazz perpetuiert).

*　*　*

Dies alles zeigt — oder bestätigt —, daß die Musik die flüchtigste der Künste ist; ihre Spuren verwehen am leichtesten, und es ist schmerzlich, jener alten Hochkulturen zu gedenken, aus denen kein Klang zu uns gekommen ist.

Oder sollte sich etwa doch, eben dank der mündlichen Überlieferung und einer manchenorts sehr traditionellen Haltung, ein Nachklang aus dem Altertum erhalten haben? Indem wir uns die historischen Verhältnisse vergegenwärtigen, erscheint es nicht ausgeschlossen, daß wenigstens aus der griechischen Welt bis in das Mittelalter und durch dieses hindurch bis auf unsere Zeit Melodien weitergelebt haben; auch in China und anderen orientalischen Ländern könnten sich Nachklänge aus dem Altertum erhalten haben. Doch müssen wir gestehen, daß wir, um so weit ausgreifende Fragen in ernsterer Weise zu behandeln, heute noch nicht genügend gerüstet sind: hierzu bedarf es einer Synthese von Musikgeschichte und musikalischer Völkerkunde, die uns heute erst nur vorschweben kann.

So können wir, die wir es mit der flüchtigsten der Künste zu tun haben, die Kunstgeschichte nur beneiden, die als Archäologie mit dem Spaten die antiken Kunstwerke an das Tageslicht fördert.

Immerhin wollen wir nicht vergessen, daß wir für diesen Nachteil eine Kompensation besitzen, denn außer den Resten antiker Notation gibt es noch andere Quellen, die uns über den Zustand der Musik in jener Zeit Auskunft geben: indirekte, aber doch recht ergiebige Quellen; da sind zahlreiche und prächtige Darstellungen von musikalischen Szenen und Musikinstrumenten in der bildenden Kunst; da sind die reichlichen Erwähnungen musikalischer Dinge in der Literatur, wie in der Dichtung, so in der Prosa; und da sind Spezialabhandlungen griechisch-römischer, teilweise auch altchinesischer Herkunft, die uns in bezug auf Fragen der Musiktheorie und Musiktechnik unterrichten. Auf den ersten Blick möchte es zwar scheinen, daß dies alles nicht soviel wert ist wie ein wirklicher Ton, der auf einem wirklichen Instrument der alten Zeit zu uns herübergekommen wäre. Doch dürfen wir jene Dinge nicht gering schätzen. Denn gerade als Musikhistoriker müssen wir, wie wir es schon im 1. Kapitel andeuteten, sagen, daß jede Musikart irgendwie auf eine Menschenart abgestimmt ist; und dies bedeutet, daß, wenn wir sogar jenen zu uns herübergetragenen Klang besäßen, wir doch über das Wesen dieser Musik nicht orientiert wären, wenn wir nicht das Entsprechende, nämlich den dazu gehörigen Menschen, vor uns stellen und verstehen könnten. Es ist dasselbe, was uns heute mit exotischer Musik begegnet, die wir vielfach auf Schallplatten vor uns haben und die wir doch nicht «haben»: wir haben sie eigentlich nur soweit, wie wir uns in den betreffenden Menschen hineinzuversetzen, wie wir mit ihm zu leben vermögen. Mit anderen Worten: für den Historiker ist die Musikanschauung, die Musikauffassung einer Epoche ebenso wichtig wie der reale Klang. Es könnte sein, daß ein realer Klang in zwei Kulturkreisen in ziemlich ähnlicher Form auftritt, aber dabei eine sehr verschiedene ästhetische Bedeutung hat.

Dies ist eben die «Kompensation» im Verhältnis zur Kunstgeschichte, die ich meinte: es scheint ja, daß die Musik immer eine größere Rolle im menschlichen Leben gespielt hat als die bildende Kunst, und so fließen auch diese «indirekten» Quellen für die Musik viel reichlicher. Zum mindesten ist die Musik immer enger mit dem geistigen Leben und dem Denken verknüpft gewesen als die bildende Kunst. Hier müssen wir bedenken, daß, während das optische Ding offen vor uns steht, die Musik, da sie ein Vorgang ist, weniger greifbar erscheint, und dazu ist sie ein Vorgang, der auf einen dahinterstehenden, nicht wahrnehmbaren Vorgang zurückdeutet: in diesem Sinne fordert sie schon an sich das Denken heraus, und so verstehen wir die bekannte Verknüpfung, vermöge deren die Musik immer bei den Philosophen und die Philosophie bei den Musikern in Gunst gestanden hat.

Wir sehen also: die Quellen der Musikgeschichte liegen mehr als die der Kunstgeschichte im Allgemeingeistigen. Und hier denken wir daran, daß für die Griechen die Musik nicht nur eine «Techne» (Kunst im handwerklichen Sinn) war, wie die bildende Kunst, sondern gleichzeitig ein Ausgangspunkt des Denkens, eine geistige, sogar eine wissenschaftliche Disziplin wie die Sternkunde, die Geometrie und die Arithmetik. Aber auch das Handwerkliche, Technische der Musik hat zu allen Zeiten viel mehr als das der bildenden Kunst nach einer begrifflichen Systemisierung gedrängt, offenbar weil es selbst schon ein System (Tonsystem, System der rhythmischen Werte) voraussetzt: dies ist die sogenannte «Musiktheorie».

Naturgemäß wenden wir uns diesen indirekten, «peripheren» Quellen besonders da zu, wo die direkten so spärlich fließen, wie im Fall der antiken Musik. Doch sei darum nicht übersehen, daß jene auch da ihre Bedeutung bewahren, wo es am konkreten Material nicht fehlt. Man kann z. B. die Musik des 16. oder die des 18. Jahrhunderts nicht in umfassender Weise studieren, ohne an Hand der literarischen Quellen zu prüfen, was die Musik jener Zeit von der Seite des Menschen und im Sinne seiner Auffassung bedeutete. Und dementsprechend wird für die heutige junge Generation, die mit der Musik des 19. Jahrhunderts nicht mehr so selbstverständlich verbunden ist, das Schrifttum dieses Jahrhunderts mehr und mehr eine ergänzende Quelle zur Musikgeschichte darstellen. Die Quellen aus der bildenden Kunst aber ergeben uns vor allem Hinweise darauf, wie man in Wirklichkeit musiziert hat: auf die «Aufführungspraxis».

III. MESOPOTAMIEN UND ÄGYPTEN

a) Mesopotamien

Reste von aus Knochen hergestellten Pfeifen mit Tonlöchern gehen, wie es scheint, bis in die spät-paläolithische (spät-steinzeitliche) Epoche zurück. Man hat solche in Europa und anderwärts gefunden. Indessen lassen wir diese «vorgeschichtlichen» Zeiten beiseite, und wenden wir uns Kulturen zu, die man heute als «Hochkulturen» bezeichnet.

Wie wir schon hervorhoben, sind die letzten sechs Jahrtausende, d. h. die Zeit, in bezug auf welche eine historische Überlieferung vorliegt, ein verhältnismäßig sehr kurzer Teil der Geschichte des Menschengeschlechts. Innerhalb dieses Zeitraums aber brauchen wir nicht lange zu warten, bis wir den ältesten musikgeschichtlichen Zeugen begegnen (ich verweise hier auf den 1940 erschienenen 1. Band der zusammenfassenden «Altertumskunde des Zweistromlandes» von V. Christian sowie auf «Ur Excavations», eine Publikation, deren 2. Band L. C. Woolley 1934 und deren 3. Band L. Legrain 1936 besorgte).

Auf Fragmenten einer steinernen Schale aus Adab, die wir bei Christian, T. 270, in Photographie (und in E. J. Banks' Werk über Bismaya in Nachzeichnung) sehen, ist eine Musikszene dargestellt. Es sind zwei verschiedene Formen eines l e i e r ä h n l i c h e n Instruments, die eine 7saitig und die andere 5saitig, welche die Spieler waagrecht tragen, indem sie den Resonanzkasten gegen die Brust lehnen; auch Sänger sind dabei, und der den Spielern Zugewandte ist vielleicht der Dirigent. Klarer tritt uns die Form der Leier in Resten von Originalen und in Abbildungen entgegen, die in Ur gefunden wurden (Reste und Rekonstruktionen: Ur Exc. II pl. 75—76, 100, 105—107 und 111—119; 111 ist = Christian T. 246, 112 = Christian T. 247; Bilder in eingelegter Arbeit: Ur Exc. II pl. 91 und 105 = Christian T 201,1, von uns reproduziert in diesem Bande, Tafel Ia, sowie Christian 280,1; Bilder auf Rollsiegeln: Ur Exc. II pl. 193,21 und 194,22; Siegelabdruck: Ur Exc. III Nr. 372). Diesem Material nach zu urteilen, hatte die Leier auf der einen Seite ein breites Joch, an dem die Saiten befestigt waren, auf der anderen den Resonanzkasten, der aber nicht der Breite des Joches ent-

35

sprach, so daß das Ganze die Form eines Trapezes hatte — aber nicht eines gleichseitigen, denn der eine Seitenarm war weniger geneigt als der andere. Charakteristisch ist, daß die Saiten nicht symmetrisch vom Joch auf den Resonanzkasten (bzw. auf die Mitte desselben) zulaufen, sondern näher zur einen Seite liegen: und zwar ist es die dem Spieler zugewandte Seite, insofern nämlich nach den Darstellungen aus Ur das Instrument nicht eine flach horizontale, sondern eine senkrechte Stellung hatte: sei es, daß der Spieler es vor sich trug, oder daß es auf dem Boden stand und der Spieler daneben saß oder kauerte, oder daß es von zwei Knaben aufrecht getragen wurde und der Spieler danebenstand. Der Resonanzkörper hat meist die stilisierte Form eines Rindskörpers und ist mit einem Rindskopf geschmückt. Die unsymmetrische Lage der Saiten und die aufrechte Stellung des Instruments erinnert eher an die Harfe. Doch ist es wieder leier- und nicht harfenmäßig, daß die Saiten nicht am obern Rand des Resonanzkastens befestigt sind, sondern noch ein Stück weg über diesen hinweglaufen; auf dem einen Bild ist deutlich zu sehen, daß sie über einen Steg laufen, der sie festhält. Dazu ist noch das Relief einer Säule aus Lagasch zu fügen (Christian T. 426,3). Hatte das Instrument auf dem zuerst genannten Bild 7 und 5 Saiten, so sind es auf den Abbildungen aus Ur zweimal 5 Saiten und je einmal anscheinend 4, 6, 8 und 11 (11 zeigt auch das Relief aus Lagasch), die Reste von Originalen dagegen deuten auf 11 (allenfalls auch 10 und in einem fraglichen Fall 8); wie mir scheint, muß uns die relativ kleine Saitenzahl der Bilder in bezug auf diese vorsichtig machen, d. h. vermuten lassen, daß die Künstler aus technischen Gründen die Saitenzahl manchmal vermindert haben.

Doch steht in ältester Zeit neben der Leier auch die H a r f e, die in Ur wiederum durch Abbildungen und Reste von Originalen vertreten ist (Reste und Rekonstruktionen: Ur Exc. II pl. 104 und 108—110, wobei 109 = Christian T. 245, ferner die Figur Ur Exc. II S. 167; Rollsiegel: ebenda pl. 193,18 = Christian T. 239,7; Siegelabdrucke: Ur Exc. III Nr. 169 = Christian T. 232,1, 369, 371, 373, 384 = Christian T. 232,6 = unser Textbild; außerdem Reliefs, die nicht aus Ur, sondern aus Chafadschi stammen: Christian T. 273,1 und 274,1, davon das erstere auch Ur Exc. II. pl. 181 a). Unter einer Harfe verstehen wir ein Instrument mit nur einem Seitenarm, der entweder im Winkel zum Resonanzkasten verläuft (Winkelharfe) oder bogenförmig aus ihm herauswächst (Bogenharfe), indem die Saiten transversal vom einen zum anderen verlaufen, also ausgesprochen ungleich lang sind. Hier treten die beiden Formen auf, ja sogar eine Zwischenform, bei der der Seitenarm im abgerundeten Winkel zum Resonanzkasten verläuft. Die beiden Originale aus Ur weisen 11 und 15 Saiten auf, die Abbildungen wiederum weniger: 3, 4 oder höchstens 5.

Alle diese Darstellungen und Funde stammen aus der s u m e r i s c h e n Zeit Mesopotamiens, sie gehören also jenem rätselhaften, nichtsemitischen Volk an, das hierauf von den Akkadern und anderen Völkern (den späteren «Babyloniern») unterworfen wurde, aber diesen seine Kultur übermittelte. Die Chronologie Mesopotamiens scheint noch strittig zu sein. Man hat die Vase aus Adab mit der 7- und der 5saitigen Leier für das älteste der erhaltenen Musikzeugnisse angesehen, doch dürfte dieser Vorzug eher den in Ur Exc. III veröffentlichten Siegelabdrucken aus Ur zukommen, deren einen wir im Textbild reproduzieren. Die letzteren gehören gewiß noch in das 4. Jahrtausend v. Chr., die Vase aus Adab und die Reliefs aus Chafadschi vielleicht in die Zeit um 3000. Die übrigen Funde aus Ur sind wahrscheinlich jünger. Zwar stammen sie nach Woolley noch aus dem 4. Jahrtausend, doch ist dies von andern bestritten worden, und so setzen wir sie vorsichtiger in die erste Hälfte des 3. Jahrtausends; das Relief aus Lagasch dagegen dürfte bereits aus der Zeit nach 2500 stammen. Es ist eigenartig, daß die Spezialisten nicht nur in bezug auf die zeitliche Bestimmung, sondern sogar in bezug auf die Zuweisung der Dinge an bestimmte Schichten verschiedener Meinung sind, da z. B. Legrain die Vase aus Adab der Dschemdet-Nasr-Periode zuweist, Christian dagegen dem, was er als Lagaschstufe bezeichnet.

Zum Bild Ur Exc. II pl. 105 = Christian T. 280,1 ist noch zu bemerken, daß es selbst von einer Leier stammt, d. h. an der schmalen Vorderfront einer solchen, unter dem Rindskopf als Schmuck angebracht war. Es zeigt uns in vier untereinandergesetzten Platten groteske Tierszenen: Tiere, die menschliche Verrichtungen versehen. Nach der plausiblen Vermutung des einen Spezialisten sind nicht sosehr Tiere, wie als Tiere verkleidete Menschen dargestellt, was ein entfernter Vorläufer des mittelalterlichen «Mummenschanzes» wäre; ein anderer Spezialist möchte eher an Tierfabeln denken. Wie es sich diesbezüglich mit der älteren Darstellung auf unserem Textbild verhält, bleibe dahingestellt.

Wenn man der sumerischen Kultur auch die Laute zugeschrieben hat, scheint dies auf einem Irrtum zu beruhen; die betreffenden Bilder dürften einer späteren Periode angehören. Doch sind für die sumerische Zeit noch a n d e r e I n s t r u m e n t e bezeugt. In Ur wurden die Reste eines silbernen Blasinstruments mit zwei dünnen silbernen Rohren gefunden; wahrscheinlich handelt es sich um eine Doppeloboe (den Vorläufer des griechischen «Aulos»); nach Woolley (Ur Exc. II 259) hatte wahrscheinlich jedes Rohr 5 Löcher (Christian 247 meint, nur das eine habe 5 Löcher gehabt); bildlich kommt das Instrument einmal bei der Darstellung eines blutigen Tieropfers vor (The Antiquaries Journal V pl. 74, 1). Dann ein merkwürdiges Instrument: Klangstäbe bzw. -platten, von gebogener Form aus Kupfer, die gewöhnlich paarweise vorkommen (Ur Exc. II 127 f. und pl. 193,21, pl. 194,22, Ur. Exc. III Nr. 384 = unser Textbild, ferner Christian T. 223, 1—3). Der Stock, den das kleine Tier auf unserem Textbild hält, war nach Christian 247 vielleicht ein Rohr, das «durch Aufstoßen auf den Boden zum Tönen gebracht» wurde. Der sitzende kleine Schakal auf dem Bild aus Ur (Ur Exc. II pl. 105) rührt mit der einen Hand ein unbestimmbares, flach auf seinen Knien liegendes Instrument, mit der anderen ein Sistrum, jenes auf ägyptischen Darstellungen häufig vorkommende Rasselinstrument. Nicht zu vergessen sind schließlich die Trommeln: wir sehen Tamburine in der Hand von Tänzerinnen sowie eine beinahe mannshohe Trommel, die manchmal von zweien geschlagen wird (s. Christian 247 und 380 und die entsprechenden Tafeln).

Die Chronologie des Zweistromlandes ist, wie gesagt, etwas schwankend. Mit einer gewissen Vereinfachung dürfen wir vielleicht ansetzen: etwa von 2400—1600 die «babylonische» Periode, von 1100 die «assyrische» — wobei dazwischen das Land durch die vom Westen eindringenden, wiederum nichtsemitischen Hethiter überschwemmt wurde.

Auf hethitischen und vielleicht auf babylonischen Darstellungen begegnet uns mehrfach die L a u t e in der langgestreckten, schmalen Form, wie sie später die Pandura (der persisch-arabische «Tanbur») aufweist («Langhalslaute»). Auf einem aus dem 8. Jahrh. v. Chr., also aus der assyrischen Periode stammenden Relief (s. «Königliche Museen in Berlin, Mitteilungen aus den orientalischen Sammlungen», H. XIV, T. 62 und S. 355—357 im Text von F. von Luschan) sehen wir 4 Musiker, 2 mit Tamburins und 2 mit neuen, verschiedenen L e i e r f o r m e n: die eine ist normal symmetrisch mit senkrechten Seitenarmen, bei der anderen steht der Tragbalken nicht parallel, sondern schräg zum Resonanzkasten, so daß die Saitenlängen ausgesprochen abnehmen; die erstere hat 6, die andere 12 Saiten, doch ist bemerkenswert, daß von Luschan am gleichen Fundort den aus derselben Zeit stammenden, aus Knochen geschnitzten Steg einer Leier fand, die 26 Saiten hatte. Neben jener Darstellung wurden Fragmente einer weiteren gefunden, wo 2 Musiker auf Doppeloboen spielend dargestellt sind: also eine einheitliche Gruppe von 6 Musikern. Wie von Luschan bemerkt, handelt es sich um uniformierte Hofmusiker, und besonders interessant erscheint mir, daß, wie er aus dem Vorhandensein von Farbresten schließt, der Gewandsaum der Musiker mit 4 Farben, die periodisch wiederkehrten, bemalt war: die Zahl 4 ist ja die der kosmischen Elemente und gleichzeitig eine musiktheoretische Zahl, die der Tonqualitäten im Tetrachord. Auf einer anderen, wohl späteren Darstellung aus assyrischer Zeit sehen wir die W i n k e l h a r f e mehr oder weniger horizontal getragen, wie auf jenem Vasenbild aus Adab die Leier.

* * *

Daß sich die Musik in Mesopotamien hoher Schätzung erfreute, zeigt schon die teilweise außerordentliche künstlerische Ausstattung der Instrumente, dann auch der hohe Rang, den die Musiker in der menschlichen Stufenordnung einnahmen. Rotteten die Assyrer ein besiegtes Volk aus, so ließen sie die Musiker am Leben. Ein im Britischen Museum aufbewahrtes Relief zeigt, wie nach der Unterwerfung des elamitischen Reiches in der Mitte des 7. Jahrhunderts die Hofmusiker aus Susa dem assyrischen Feldherrn entgegenmarschieren, darunter 7 Harfner (es handelt sich um aufrecht getragene Winkelharfen mit zahlreichen Saiten).

Begründete Annahmen dafür, welcher Art die Musik im alten Mesopotamien gewesen sei, lassen sich schwer aufstellen. Man hat zwar aus der Anordnung der Finger der Harfner auf jenem Relief des 7. Jahrhunderts die gezupften Töne und Intervalle erschließen wollen, doch geht dies (vgl. unten) wohl über den Bereich des wissenschaftlich Beweisbaren hinaus. Immerhin kann man eines mit vernünftiger Wahrscheinlichkeit annehmen: daß auf jenen Saiteninstrumenten, und besonders den saitenreicheren, auch Doppelgriffe, Zweiklänge gezupft wurden; die Annahme ist schon an sich naheliegend und wird dadurch bekräftigt, daß auf jenem Relief — wie auch schon auf dem Bild Ur Exc. II pl. 105 — deutlich zu sehen ist, wie der Spieler mit beiden Händen verschiedene Saiten berührt. Aber auch die Doppeloboe mit ihrem zweifachen Rohr wird Zweiklänge produziert haben: teilweise vielleicht nach der Art eines «Borduns», indem das eine Rohr einen Ton aushielt und das andere dazu eine Melodie ausführte.

Kehren wir noch einmal zu jenem Vasenbild aus Adab, dem mit der 7-saitigen und der 5saitigen Leier, zurück. Man hat sich hier an Heptatonik (= Diatonik) und Pentatonik erinnert gefühlt, die beiden weltbeherrschenden — auch heute noch weltbeherrschenden — Tonsysteme, von denen das eine der Tonfolge der weißen Tasten auf unserem Klavier entspricht (je 3 und 2 Ganztonintervalle, dazwischen je ein Halbton), das letztere der Folge der schwarzen Tasten (je zwei Ganztöne und einer, dazwischen je eine kleine Terz) — selbstverständlich unabhängig von einer absoluten Höhe, auf die wir den zum Ausgangspunkt genommenen Ton (und damit das ganze System) setzen. Doch müssen wir sagen, daß es nicht wahrscheinlich ist, daß zwei verschiedene Musiksysteme zusammen verwendet wurden; auch würde die Saitenzahl nur unter der Voraussetzung auf diese Systeme deuten, daß die 7 bzw. 5 Saiten den Tonvorrat innerhalb einer Oktave darstellen, was eine willkürliche Annahme ist. Oder soll man aus der geringen Saitenzahl überhaupt die Annahme ableiten, daß es sich um großstufige Leitern handelte, also eher um die pentatonische? Aber dies beruht wiederum auf einer unbewiesenen Voraussetzung: daß die gespielte Melodie einen größeren Tonumfang hatte. Wir müssen ferner daran erinnern, daß in sumerischer Zeit auch Instrumente mit zahlreicheren Saiten belegt sind und die Zahl der Saiten auf den Bildern im Verhältnis zur Wirklichkeit verkürzt zu sein scheint; vielleicht hängt die Verschiedenheit der Saitenzahlen auf unserem Bilde einfach damit zusammen, daß dem Künstler für das erste der beiden Instrumente ein breiterer Raum zur Verfügung stand. Aber auch wenn die Instrumente wirklich nur eine geringe Zahl von Saiten hatten, konnten diese, falls sie (s. oben) noch ein Stück weit über den Resonanzkasten liefen, verkürzt werden und je verschiedene Töne ergeben.

Überwiegend findet man unter Musikhistorikern freilich eine andere Meinung vertreten: von jenen beiden Grundsystemen sei das pentatonische das ältere und das diatonische (heptatonische) das jüngere, und im alten Mesopotamien habe a l s o das erstere geherrscht — aber diese Annahme ist sicher zu einem erheblichen Teil eine Nachwirkung des naiven Fortschrittsglaubens aus dem 19. Jahrhundert, demzufolge das (mit dem Feineren und Vollkommeneren identifizierte) Kompliziertere immer das Spätere gewesen sein müsse. Sogar wenn wir eine solche Annahme im Prinzip zulassen würden,

40

würde nichts beweisen, daß die sumerische Zeit am Anfang dieser «Entwicklung» steht. Im Gegensatz zu dieser vorgefaßten Meinung, die Musik der Sumerer müsse pentatonisch gewesen sein, scheint mir ein Text aus der Gudea-Zeit (also der späteren sumerischen Zeit) sogar direkt auf Heptatonik zu deuten. Ich meine jenen Text, der eine Göttin als die «Zahlenkundige» zitiert und von ihr sagt, daß sie «das Rohr der sieben Zahlen im Munde hat». Zwar ist hier wiederum daraus, daß es sich um ein Rohr mit sieben Zahlen ($=$ Tönen) — oder vielleicht auch um ein Instrument mit sieben Pfeifen, eine Panspfeife? — handelt, nicht zwingend auf Heptatonik zu schließen; immerhin liegt hier, wo Töne und Zahlen in Beziehung zu einander gesetzt sind, doch wohl ein musiktheoretischer Gedanke, der Gedanke eines Tonsystems vor, und dies gibt uns einen gewissen Grund, an «sieben Töne je Oktave», d. h. an Heptatonik zu denken.

Die Meinung, das p e n t a t o n i s c h e System sei durchweg das ältere, ist besonders von H. Riemann verfochten worden (im 1. Teil seines «Handbuchs der Musikgeschichte» und am Anfang seiner «Folkloristischen Tonalitätsstudien»). Er zieht hier eine bekannte, auf Olympus bezügliche Stelle aus Plutarchs Musiktraktat und eine unbeachtete aus Aristoxenus für seine Theorie heran, doch muß er selbst zugeben, daß Plutarch etwas anderes sagt, und die Stelle aus Aristoxenus kann ebenso gut irgend etwas anderes bedeuten.

Seriöser sind die Gründe, die C. Sachs in zwei Aufsätzen in der J.-Wolf-Festschrift und in der ZM. VI ins Feld führt, doch fühlen wir uns auch hier mehr zum Nachdenken angeregt als überzeugt. Im ersteren geht der Verfasser von jenem assyrischen Relief des 7. Jahrhunderts aus; und daraus, daß hier die beiden Hände der Harfner je die 5. und 8., die 8. und 13., 13. und 18., 13. und 13., 15. und 18., 15. und 18., 10. und 13. Saite berühren, schließt er auf Zweiklänge, welche bei pentatonischer Saitenstimmung und unter der Voraussetzung, die 1. Saite stelle den Grundton des Systems dar (also das *c* in der Reihe *c d e g a*), ein plausibles Resultat ergeben (im gegebenen Fall einen Akkord aus lauter *a* und *e*), während das Resultat bei diatonischer Stimmung viel weniger einleuchtend wäre. Wir geben gern zu, daß es sich wahrscheinlich um Zweiklänge handelt, obgleich auch dies nicht ganz sicher ist, doch was die Bevorzugung bestimmter Saiten und Saitenabstände betrifft, so ist zunächst zu bemerken, daß die stark bevorzugte 18. Saite die letzte ist, während allerdings die Bevorzugung der 13. auffällig bleibt. Das häufige Vorkommen von Saitenabständen wie 3 und 5 kann leicht optisch erklärt werden, da in diesem Fall beide Hände merklich und doch nicht zu sehr voneinander abstehen. Nicht plausibel ist, daß in einem Fall beide Hände die gleiche Saite zupfen sollen; auch sollte man meinen, daß bei wirklich genauer Darstellung nicht bald die linke, bald die rechte Hand die kürzere der Saiten zupfen würde (d. h. dem Körper des Spielers näher wäre). In anderen Harfendarstellungen aus Mesopotamien und Ägypten, die der Verfasser heranzieht, sind die Saitenabstände vorzugsweise 2 und 3. Nun ergeben die Abstände 2, 3 und 5 bei pentatonischer Stimmung die große Terz oder die Quarte — die Quinte oder kleine

Sext — die Oktave, bei diatonischer die (große oder kleine) Terz — die Quarte — die (große oder kleine) Sext, und dies spräche, da Quarte, Quinte und Oktav nun einmal die alten Hauptkonsonanzen sind, eher für pentatonische Stimmung als für diatonische. Immerhin kommt auch hier der die Genauigkeit der Darstellung unter Zweifel stellende Einklang vor; ferner ist im Auge zu behalten, daß der Herr Verfasser überall den Daumen als den zupfenden Finger ansieht, und sogar in diesem Fall könnte man teilweise anders zählen als er. Auch würde, falls pentatonische Instrumentenstimmung erwiesen wäre, dies nicht eo ipso pentatonische Musik bedeuten, denn es muß immer in Betracht gezogen werden, wieweit Saitenverkürzung möglich und üblich war. Für letzteres tritt der Herr Verfasser in nachdrücklicher Weise gerade in seinem zweiten Aufsatz ein, und zwar nicht nur in bezug auf die griechische Leier, sondern sogar die Harfe (allerdings nicht die altorientalische, sondern die alte europäische).

Im letzteren Aufsatz bildet die griechische Instrumentalnotenschrift den Gegenstand der Untersuchung. Daß der zweitoberste Ton im Tetrachord «Zeigefinger» hieß und daß die Töne *f* und *c* (oder nach der Auffassung, die ich bevorzugen würde, *e* und *h*) als einzige der diatonischen Leiter ein doppeltes Zeichen haben, ist dem Herrn Verfasser Indiz dafür, daß bei den Griechen Saitenverkürzung traditionell und daß in der klassischen Zeit die Leierstimmung pentatonisch war: eine scharfsinnige Untersuchung, in deren Verlauf aber Phasen sind, bei welchen man auch anders vorgehen könnte. Daß *e* und *h* ein doppeltes Zeichen haben, erklärt sich für mich einfach daraus, daß die griechische Notenschrift (und zwar die vokale wie die instrumentale) Triaden (Gruppen von 3 Zeichen) für die unterhalb der 7 Töne *f, e, d, c, h, a, g* liegenden Halbtöne ansetzt (man sehe Riemanns Musiklexikon, 11. A., 656 f.), d. h. daraus, daß über *e* und *h* Halbtöne vorliegen — also gerade aus der diatonischen (oder sogar «enharmonischen») Grundlage der griechischen Notenschrift. Ferner wollen wir uns auch hier, und hier besonders, vor einer konkretistischen Identifizierung von Tonsystem und Instrumentalstimmung hüten. Eine allzu ausschließliche Betrachtung des ersteren unter dem Gesichtspunkt der Gegebenheiten des Leierspiels würde auch der Tatsache nicht gerecht, daß bei den Griechen neben der Leier der Aulos eine große Rolle spielte.

Aber auch in sich ist das Verhältnis von Pentatonik und Heptatonik nicht so einfach zu definieren, wie man gewöhnlich denkt. Gerade weil die Heptatonik zwei Töne des Quintenzirkels mehr umfaßt als die Pentatonik, und weil dies die beiden äußersten auf beiden Seiten sind, gehört es sogar zum Wesen der Heptatonik, daß in ihr diese beiden Töne, *h* und *f,* eine weniger «stabile» Stellung einnehmen; die Abgrenzung zwischen einer Pentatonik, innerhalb deren zwei Zusatztöne (chinesisch «Pien») eine sekundäre Rolle spielen, und einer Heptatonik, durch die die Pentatonik mehr oder weniger «durchscheint», ist nicht ganz einfach. Hier sind auch musikpsychologische Fragen berührt. Und was das historische Verhältnis zwischen den beiden betrifft, so muß man sich wiederum vor dem allzu beliebten «Entwicklungs»-Schematismus hüten; innerhalb der antiken Musikreste sind jedenfalls die späten Mesomedes-Hymnen — wenn schon — eher pentatonisch als die «delphischen» Hymnen; und im «gregorianischen» Gesang sind die sogen. «germanischen» Varianten, die gern den Halbton durch die kleine Terz ersetzen, wohl die späteren (vgl. unten 126).

Eine andere Vorstellung, an die das Nebeneinander eines 7- und eines 5-saitigen Instruments auf jenem Vasenbild könnte denken lassen, ist die der

S p h ä r e n h a r m o n i e, welche Töne mit Planeten in Beziehung setzt — zählte man doch bekanntlich anfangs 5 und dann 7 Planeten. Doch ist es wiederum nicht wahrscheinlich, daß zwei Systeme der Sphärenharmonie gleichzeitig gegolten haben sollten.

Man hat neuerdings in weitgehendem Maße Tonsysteme und Tonleitern, also etwas Musiktheoretisches und gleichzeitig etwas Musikpsychologisches, durch den Einfluß kosmologischer, überhaupt nichtmusikalischer Vorstellungen erklären wollen. Wie die Zahl der Töne pro Oktave (5 oder 7) ein Abbild der Planetenzahl sein sollte, so sollten anderseits die Tonabstände (Intervalle) das Resultat einer geometrisch normierten Streckenteilung auf Saite oder Rohr sein. Man habe also auf den Instrumenten Zahlen und Zahlenverhältnisse verwirklicht, die dann durch «Gewohnheit» begonnen hätten, den Leuten als naturgegeben zu erscheinen.

Nun will ich nicht bestreiten, daß vielleicht die Saitenzahl durch außermusikalische Vorstellungen beeinflußt sein konnte. Wir konstatieren ja auch, daß die Zahl der Tempelmusiker auf alten Darstellungen mit 7 bemessen ist (wie die Sängerzahl an der römischen Schola cantorum nach den ältesten Quellen!). Und es ist sehr wahrscheinlich, daß die Rindsköpfe und anderen Tierbilder, mit denen die Leiern in Ur versehen waren, eine «apotropische» Bedeutung hatten, wie denn auch die Musik selbst weitgehend als Mittel zur Abwehr der Dämonen angesehen wurde. Aber wie gesagt, ist die Saitenzahl noch nicht das Tonsystem, und auch die Wirklichkeitstreue der Saitenzahlen auf Abbildungen ist Zweifeln unterworfen. Ich könnte mir wohl vorstellen, daß die sakralen Zahlen 7 und 5 auf jenem alten Bilde zwar Sache des Bildes, aber nicht der Originale sind. Vor allem aber wollen wir die musikpsychologische Veranlagung nicht aus dem Auge verlieren, kraft deren der Mensch, soweit wir zu sehen vermögen, immer und überall die einen Intervalle als vor den anderen bevorzugt angesehen hat.

Was zunächst die Tonzahl pro Oktave betrifft, so müssen wir uns vor Augen halten, daß sowohl die Fünfzahl wie die Siebenzahl eine natürliche musikalische Grundlage hat, d. h. eine, die auf spontane Reaktionen der musikalischen Natur des Menschen zurückgeht. Bauen wir ein Tonsystem auf der denkbar gegebensten Grundlage, d. h. über der Quinte als dem nach der Oktave nächstliegenden Tonverhältnis auf, so ergibt sich eine Reihe von «Tonqualitäten», die, symmetrisch auf einen Mittelpunkt bezogen, in einleuchtender Weise diesen fünftönigen und diesen siebentönigen Ausschnitt ergeben:

$$\ldots f\ c\ g\ d\ a\ e\ h\ \ldots$$

d. h. ein fünf- oder ein siebentöniges System, das, in den Rahmen einer Oktave versetzt, die pentatonische oder die heptatonische Reihe ist. Dies sind, wie gesagt, zwei Grundformen eines Tonsystems — wobei wir aber praktisch und historisch im Auge behalten müssen, daß es außer den beiden «Normalformen» f-g-a-h-c-d-e und c-d-e-g-a auch mannigfache chromatisch abgewandelte («gefärbte») Formen annehmen kann, vielfach solche Intervalle verwendend, wie sie auf unserem Klavier gar nicht vorkommen (ob man dann diese Abwandlungen, die mitunter sehr «kapriziöse» Formen annehmen, noch als pentatonisch und heptatonisch bezeichnet, ist eine Frage

43

der Terminologie; ich für meine Person sehe es für besser an, diese Namen als nicht nur eine Stufenzahl, sondern etwas Qualitatives bezeichnend zu brauchen, d. h. das Wort «pentatonisch» im Sinne der «normalen» Pentatonik — eines Ausschnitts aus dem Quintenzirkel, der Ganzton- und Kleinterzabstände ergibt — und «heptatonisch» in entsprechender Weise).

Doch wie gesagt, wollen diese positivistischen Theorien nicht nur die Zahl der Töne pro Oktave, sondern auch die Intervalle und den Leiterbau von außermusikalischen Ausgangspunkten her erklären, insbesondere durch die auf Saiten und Rohre angewandte geometrische Streckenteilung: man habe hier auf abergläubischer (zahlenspekulativer) Grundlage solche Verhältnisse wie 2 : 1, 3 : 2 angewendet, und daraus seien dann der Menschheit durch den fortdauernden Gebrauch Intervalle wie die Oktave (die dem Längenverhältnis 2 : 1 entspricht), die Quinte (3 : 2), die Quarte (4 : 3) als bevorzugte erwachsen. Hier wird übersehen, daß einem musikalischen Intervall ein Verhältnis von Schwingungsfrequenzen zugrunde liegt, welche unser Wahrnehmungsapparat auf geheimnisvolle Weise ganz unabhängig von der Feststellung der Streckenverhältnisse abschätzt und wertet. Auch Ptolemäus sagt es ja (I 10), daß die Wahrnehmung es «geradezu herausschreit», wenn sie bei einer Saitenteilung im Verhältnis von 3 : 2 auf die Quinte stößt. Die für das Denken des Altertums, ja überhaupt für das menschliche Denken wichtige, dem Pythagoras zugeschriebene, aber in Wirklichkeit gewiß viel ältere Entdeckung, daß den musikalisch nächstliegenden Intervallen die arithmetisch nächstliegende Streckenteilung auf der Saite entspricht, würde ja keinen Sinn haben, wenn die musikalische Bevorzugtheit jener Intervalle nur dadurch zu erklären wäre, daß dieselben gewohnheitsmäßig auf Saitenteilungen beruhen, welche ihrerseits auf geometrische Prädilektionen zurückgehen.

Die Tatsache, daß auf Instrumenten manchmal geometrische Teilungspunkte vorkommen, die keinem «normalen» Intervall entsprechen, bestreiten wir nicht. Doch müssen wir, damit dies in der richtigen Perspektive stehe, hervorheben: a) das Maßgebende sind nicht die auf Instrumenten vorhandenen Streckenteilungen, sondern die Skalen des wirklichen musikalischen Gebrauchs, welche sich den ersteren gegenüber wie eine Auslese verhalten; b) wo auf solcher Grundlage «nicht-normale», d. h. außerhalb des Quintenzirkels stehende Intervalle wirklich zur Verwendung gelangen, da werden wir zunächst an die Vertretung eines «normalen» Intervalls im Sinne der Chromatik zu denken haben. Mit einem Wort: die Vorstellung, wie wenn der Mensch von vornherein eine musikalische «tabula rasa» gewesen wäre, die sich jeder beliebigen Anordnung von Tönen gewohnheitsmäßig anpassen konnte, erscheint uns, wie so vieles an der modernen «Wissenschaftlichkeit», als Mechanistik, d. h. als Cartesianismus in einer groben Abart, mit anderen Worten: als verwandt mit der physiologischen Lehre von den «bedingten» (besser: gekoppelten) «Reflexen».

b) Ägypten

Ein anderes Land des alten Orients, mit dem wir uns zu befassen haben, ist Ägypten, das Nil-Land, mit dem die alten Griechen bekanntlich direkte Beziehungen unterhalten haben. Die Geschichte dieses Landes gliedert man (mit Divergenzen im einzelnen) nach folgenden Perioden: Altes Reich etwa 3200—2270, gefolgt von einer Zeit der Wirren; Mittleres Reich etwa 2100 bis 1700, gefolgt von einer Zeit der Fremdherrschaft (die «Hyksos»); Neues Reich von 1555 an, gleichfalls von etwa 1100 an übergehend in eine Zeit der Fremdherrschaft, innerhalb deren sich aber die saïtische Periode, so bezeichnet nach der aus Saïs stammenden Dynastie (633—525), als Zeit der Selbständigkeit und der Blüte heraushebt.

Auch hier müssen wir aus den bildlichen Darstellungen schon für die Zeit des Alten Reiches eine sehr entwickelte Musikpflege annehmen. Auf einem Relief, das von etwa 2600 v. Chr. stammen dürfte (also mit den Funden aus Ur ungefähr gleichzeitig ist) und das wir als Tafel II reproduzieren, sehen wir ein ganzes Instrumentenensemble: eine Längsflöte (ähnlich derjenigen, die noch heute von koptischen Hirten gespielt wird), eine Doppelklarinette (noch heute in Ägypten als «Zummarah» bekannt, das Gegenstück zur mesopotamischen Doppeloboe und zum Aulos; daß bei der heutigen Zummarah die beiden Rohre nicht zur Erzeugung von Zweiklängen benützt werden, sondern für ein Unisono mit Schwebungen, würde durchaus nicht beweisen, daß dies auch im Altertum so gewesen sein muß; eine «Weiterentwicklung» von der Mehrstimmigkeit zur Einstimmigkeit ist historisch nicht weniger plausibel als das Umgekehrte), sowie die Bogenharfe, hier mit nur 7 Saiten (ein Abkömmling dieser Harfenart ist noch heute bei Negern zu finden). Unter diese 3 Instrumentisten sind 4 Sänger gemischt, so daß wir wieder auf die geheiligte Zahl 7 kommen; dabei scheint eine Einteilung in Untergruppen vorzuliegen, indem je ein Sänger mit dem Flötisten und dem Doppelklarinettenspieler und zwei mit dem Harfner zusammengehören. Auch im unteren Feld sind es 7 Figuren — 5 Tänzerinnen und zwei den Tanz durch Händeklatschen begleitende Männer. Sehr eigenartig ist die Handhaltung der 4 Sänger: die rechte Hand ist in die Höhe erhoben, wobei Daumen und Zeigefinger zusammengehalten und die übrigen Finger emporgestreckt sind. Maspero in seinem «Musée égyptien», dem wir diese Tafel entnehmen (I pl. XXVI), faßt diese Handhaltung als ein Schnalzen mit den Fingern auf. Ich würde mich — ohne mich selbstverständlich auf eine Deutung der dem Bild beigegebenen Hieroglyphen einzulassen, von denen die eine eben einen Unterarm mit Hand darstellt — eher fragen, ob die rechte Hand nicht die Tonbewegungen der Melodie nachzeichnete (etwas, das später teilweise als «Cheironomie» bezeichnet worden ist). Noch eigenartiger ist, daß der erste Sänger die linke Hand über die Wange und das Ohr legt (nach Maspero schlägt er gegen sein linkes Ohr —?); ob hierbei eine besondere, gepreßte Klangfarbe erzielt werden sollte, oder ob es sich nur darum handelt, daß der

Sänger bei an die Wange gehaltener Hand den Gesang physiologisch intensiver erlebt, wissen wir nicht; interessant ist jedenfalls, daß bei den Beduinen heute noch vielfach mit an die Wange gelegter Hand gesungen wird; ja auch Sammler des russischen Bauernliedes am Anfang unseres Jahrhunderts haben berichtet, daß es in diesem Kreise als für das Singen günstig angesehen wird, wenn man die Hand an das Ohr legt. Dagegen ist nach Darstellungen aus dem alten Mesopotamien die typische Handhaltung beim Singen, daß die Sängerin die Hände über der Brust gekreuzt hält, oder aber die Hände werden rhythmisch zusammengeschlagen (Ur Excavations II 273 und 357—339).

In der Zeit des Mittleren Reiches erlebte Ägypten, wie wir wiederum den Bildwerken entnehmen können, eine wahre Invasion asiatischer Musik. Hierbei wurde durch Nomaden aus Syrien die Leier eingeführt. Am Ende des Mittleren Reiches erlebte Ägypten sogar die politische Invasion dieser Nomaden. Mit der Befreiung des Landes von den «Hyksos» = Räubern (1555) beginnt die Periode des Neuen Reiches. Hier kehrten sich die politischen Machtverhältnisse um, die Ägypter eroberten ihrerseits Syrien — aber die musikalischen Einflüsse aus jenem Lande scheinen darum nur stärker geworden zu sein. Statt der Längsflöte und der Doppelklarinette erscheint jetzt die Doppeloboe; die beiden ersteren Instrumente verschwinden aber darum nicht aus Ägypten, sondern sie sinken aus dem Bereich der «höheren» Musik in den der «Volksmusik» herab. Die alte Bogenharfe wird zwar aus jenem Bereich nicht verdrängt — offenbar war sie stark mit dem Kultus verwachsen —, immerhin hat ihre Saitenzahl gegen früher zugenommen, und daneben finden wir jetzt auch die Winkelharfe. Auch der Langhalslaute begegnen wir in Ägypten in der Zeit des Neuen Reiches, sowie dem Psalterium, worunter wir ein Instrument mit über einen viereckigen Resonanzkasten gespannten Saiten verstehen.

Wenn wir auch wiederum über die Musik kaum etwas aussagen können, so zeigt doch schon das Instrumentarium, daß die Musik jetzt erheblich volltönender gewesen sein muß wie im Alten Reich: die Doppeloboe hat einen durchdringenderen Ton als die Doppelklarinette, und die alte Bogenharfe mit ihrem schmächtigen Resonanzkörper muß zarter getönt haben als die Winkelharfe.

Nachdem, wie gesagt, wiederum verschiedene Fremdherrschaften über das Land gekommen waren, zuletzt die der Assyrer, bedeutete die Zeit der saïtischen Dynastie (663—525) eine letzte Wiederherstellung. In dieser Zeit machte Ägypten eine ausgesprochene Reaktion gegen den asiatischen Musikrausch durch. Die Tendenz war, alles Fremde, das in die Kultur des Landes eingedrungen war, wieder auszumerzen. Wie es scheint, wurden jetzt unter dem Mittleren und dem Neuen Reich eingedrungene Instrumente aus dem Tempeldienst verbannt. Sowohl Herodot als Plato, die allerdings Ägypten in einer späteren Zeit gekannt haben, berichten uns, daß dort nur mehr einheimische Melodien gesungen werden durften. Und der nationale Purismus ist gleichzeitig ein ethischer: diesen Gewährsmännern zufolge durfte bei den Ägyptern nur eine solche Musik ausgeübt werden, die als gut, d. h. zur Bändigung der Leidenschaften geeignet erschien, und keine neue Musik als nur eine solche, die mit den anerkannten Mustern übereinstimmte. Ja, man kam auf den Gedanken, die Musikausübung im nationalen Interesse durch die Priester überwachen zu lassen. Auch die bildende Kunst dieser ägyptischen Spätzeit bekundet ja eine antikisierende Tendenz. Und nun das Bemerkenswerte: die großen konservativen (oder restaurativen) Denker des Griechentums, vor allem Plato, stellen jene einschränkenden Tendenzen in der Musik immer wieder als nachahmenswert hin, indem sie versuchen, sie auf ihr Land anzuwenden; so knüpft der griechische Konservatismus an eine ägyptische Enttäuschung an. Wenn wir sehen, daß Plato gegen die saitenreichen Instrumente eingestellt ist, welche reichliche Modulationen in andere Tonarten gestatten, so müssen wir uns sagen, daß auch diese Tendenz vielleicht auf das saïtische Ägypten zurückgeht.

a) Die Musikanschauung

Indem wir uns der griechischen Antike zuwenden, müssen wir etwas weiter ausgreifen. Wir besitzen hier vereinzelte musikalische Denkmäler, wir besitzen ein ausgedehntes Schrifttum über Musik, das teilweise auch dem gedanklichen Inhalt nach bedeutend ist, und angesichts dieses Materials können wir uns «in concreto» die Frage vorlegen, die wir im ersten Kapitel andeuteten, als wir die Korrelation zwischen Musikart und Menschenart hervorhoben. In diesem Sinne fragen wir uns: welches war der Standpunkt des antiken Menschen gegenüber der Musik?

Wir müssen uns vor allem die E m p f ä n g l i c h k e i t des antiken Menschen für Musik als sehr groß vorstellen. Es ist ein Grad der Musikempfänglichkeit, wie wir ihn heute teilweise bei Orientalen finden. Die Macht der Musik kann bis zur Aufgabe des eigenen Willens, bis zur Ekstase gehen. Dabei werden solche Wirkungen, wie wir schon im zweiten Kapitel vermerkten, mit Mitteln erzielt, die uns harmlos, dürftig erscheinen, mit einer homophonen Musik ohne großen Klangaufwand, einer Musik, die nur durch fein abgestufte melodische und rhythmische Mittel wirkt: ein Beweis dafür, daß die starken Reizmittel und die Massenwirkungen unserer Musik eigentlich eine gewisse Dickfelligkeit von unserer Seite voraussetzen.

Mit der musikalischen Beeindruckbarkeit hängt beim Orientalen der Glaube an eine magische Kraft der Musik zusammen. Und etwas Ähnliches finden wir auch bei den Griechen. Wir denken hier einerseits an Legenden wie die, wonach Orpheus durch Gesang wilde Tiere bezwungen habe, oder daß Terpander und Thaletas Sparta durch Musik von Seuche und Revolution befreit hätten, dann aber die auch von bedeutenden Denkern ernst genommene Lehre, wonach die Musik den menschlichen Charakter mitgestaltet, d. h. die Menschen besser oder schlechter machen kann; und so erscheint die Musik nicht nur als eine ästhetische Angelegenheit, sondern als eine ethische und politische, weshalb sie denn überwacht und reglementiert werden muß, damit ihre positiven Wirkungen für das allgemeine Beste verwertet und die schlimmen verhütet werden. Die Anknüpfung an das, was wir über das

Ägypten der saïtischen Periode hörten, springt in die Augen. Auch der Widerstand, der sich gelegentlich gegen die allmähliche Zunahme der Saitenzahl an der Kithara geregt hat, hängt mit diesen «ethischen» Erwägungen zusammen, da eben die größere Saitenzahl größere Möglichkeiten des Übergangs in andere Tonarten eröffnete und so die «Buntheit» der Musik förderte. So gibt es eine alte Überlieferung, wonach die spartanischen Ephoren, als Timotheus von Milet der Kithara eine Saite hinzufügt und die Musik dadurch «vielfältiger» gemacht hatte, diese Saite kurzerhand wieder entfernen ließen, da jene vielfältige Musik die Knaben statt zur Tugend und Bescheidenheit zur Üppigkeit verleiten könne.

Die Wurzel dieser musikalischen «E t h o s l e h r e», deren Darstellung in der Popularphilosophie des Altertums uns allerdings etwas kraß anmutet, die aber bei Denkern wie Plato und Aristoteles in viel relativierterer und distanzierterer Art behandelt wird, ist offenbar der Gedanke, daß wie das menschliche Handeln, so auch die Musik Bewegung ist und daher das eine auf das andere abfärben kann: so, wenn man eine Musik ausübt oder hört, die das Gepräge von seelischen Bewegungen einer bestimmten Art trägt. Oder sagen wir es anders: es handelt sich um eine wechselseitige Z u o r d - n u n g mit dem Nebengedanken, daß diese Zuordnung nicht willkürlich gesetzt ist, sondern mit dem Wesen des beiderseitigen Dinges zusammenhängt, so daß das eine immer in gewissem Maße das andere mit sich zieht.

Nun ist es die Z a h l, die hinter der musikalischen wie der physischen Bewegung steht, ja als Prinzip steht die Zahl dem Griechen auch hinter der seelischen Bewegung. Die Verhältnisse zwischen den Dingen werden auf Verhältnisse zwischen den Zahlen zurückgeführt. Dabei handelt es sich aber nicht nur um Größenverhältnisse, sondern um Strukturverhältnisse: 4 : 3 ist im Vergleich zu 5 : 4 nicht sosehr das größere als das einfachere Verhältnis; auch die Zahl selbst ist ja dem Griechen nicht nur Größenmaß, sondern Strukturanzeiger, entsprechend ihrem Aufbau aus Addenden und besonders dem Aufbau aus Faktoren (so ist z. B. 6 sowohl eine «dreieckige» Zahl in diesem Sinne .∙.∙. , wie eine «oblonge», d. h. rechteckige im Sinne von ∶ ∶). Wir befinden uns hier im Bereich der «pythagoreischen» Weltanschauung, die ja nicht nur die eigentlichen Pythagoreer in ihren Bann zog, sondern für die gesamte Antike bezeichnend ist, obgleich sich immer wieder Opposition gegen sie erhoben hat; nicht nur Plato steht dieser Anschauung nahe — ja im Grunde gibt er ihr nur einen neuen, sehr persönlichen und ästhetischen Ausdruck —, sondern auch Aristoteles ist von ihrem Einfluß nicht frei, obgleich er gelegentlich gegen die «Pythagoreer» polemisiert. Dieser Lehre gemäß steht die Zahl als Prinzip wie hinter dem Weltganzen, so hinter der einzelnen Seele; und immer wieder kehrt man zur Tonbewegung als der frappantesten Versinnlichung der Zahl zurück, zur Konsonanz als einer sinnlichen Offenbarung des Zahlenverhältnisses. Die Zahl ist also kosmisches Prinzip und Lebensprinzip, letzteres insofern, als die Welt, wie jedes einzelne Wesen, nur vermöge der ihm innewohnenden H a r m o n i e wirklich Leben hat, die Harmonie (das Zusammenpassen) aber durch das Zahlenverhältnis definiert wird. So ist die Zahl auch dasjenige, was bei der gegenseitigen Zuordnung von Dingen aus verschiedenen Lebensgebieten als gemeinsame Unterlage dient. Man sieht, in wie hohem Maße diese Weltanschauung nicht nur eine mathematische, sondern eine «musikalische» ist.

b) Grundlagen der griechischen Musik

Das Gesagte möge zur Charakterisierung des musikalischen Standpunktes des antiken Menschen nach der weltanschaulichen Seite dienen. Doch sind auch musikalisch konkretere Dinge ins Auge zu fassen.

Schon die bloße Tatsache, daß die antike Musik grundsätzlich einstimmig ist — Zweiklänge wurden zwar angewendet, doch spielten sie nur eine sekundäre Rolle —, erheischt von unserer Seite ein gewisses Umdenken, eine Umstellung. Wir müssen uns vergegenwärtigen, daß die uns vertraute Anschauung, wonach die eigentliche Musik erst bei der Mehrstimmigkeit und Akkordik beginnt, nur Sache unseres Kulturkreises und nicht mehr als einige Jahrhunderte alt ist. Erst etwa vom 15. Jahrhundert an, und nur im Westen, nahm die Meinung überhand, daß Kunstmusik nur mehrstimmig sein könne, so daß man die Einstimmigkeit von da an der «Volksmusik» zuordnete; noch im 13. Jahrhundert war sogar in Westeuropa die Einstimmigkeit neben der Mehrstimmigkeit gleichberechtigt (ich erinnere an den Minnesang), und im früheren Mittelalter stand die Einstimmigkeit im Vordergrund.

Wenn man nun annehmen wollte, die einstimmige Musik sei im Verhältnis zur mehrstimmigen generell das «Primitivere», so wäre dies sehr neuzeitlich und unhistorisch gedacht. Der Verlauf der Dinge ist vielmehr der, daß sich die Aufmerksamkeit immer anderen S e i t e n der Kunst zuwendet, und so wird die Kunst, indem sie in der einen Hinsicht reicher wird, gleichzeitig in anderer Hinsicht dürftiger. Wir müssen immer wieder an die Lehre des Psychologen Th. Lipps von der Begrenztheit der «psychischen Kraft» oder Aufmerksamkeit denken: indem an der Kunst die eine Seite in den Vordergrund tritt, schärft sich unsere Wahrnehmung für diese Seite, während sie gleichzeitig für andere Seiten stumpfer wird. Etwas anderes hat es nie gegeben und wird es bis zur Vollendung der Zeiten auch nicht geben; die «Musik schlechthin» kann es, wie die absoluten Dinge überhaupt, nur im Himmelreich geben; was uns als Vollendung erscheint, ist immer nur die Vollendung im Sinne des e i n e n Kunstideals, welches uns für die Vollendung an sich einsteht; diese letztere liegt wie ein Postulat in unserer Natur, die mit ihren Postulaten immer wieder in den Bereich des Transzendenten hinüberdeutet.

Musikalisch, d. h. ästhetisch, und historisch können wir angesichts jenes Gegensatzes zwischen einer Musikanschauung, die auf die Einstimmigkeit abstellt, und einer auf der Mehrstimmigkeit basierenden nur dies fragen: welches sind die Seiten der Musik, die in der Einstimmigkeit eher zur Entfaltung kommen als in der Mehrstimmigkeit?

Zunächst ist es offenbar die «Melodie», denn eine «Begleitung» oder «zweite Stimme» lenkt unsere Apperzeption in gewissem Maße von der Melodie ab. Insbesondere zeigt sich, daß überall, wo die Musik grundsätzlich einstimmig ist, die Vielfalt der Intervallgrößen (also der relativen Tonhöhen) größer ist, als wo die Mehrstimmigkeit das Bild beherrscht. Wir denken hier an unsere heutigen Tasteninstrumente, mit denen wir glücklicher- oder unglücklicherweise soweit sind, alle Intervallgrößen innerhalb der Oktave auf 12 feste, untereinander kommensurable Abstände reduziert zu haben; zwar umfassen diese Instrumente nicht den ganzen Bestand der bei uns praktisch gebrauchten Intervalle, aber ihr Intervallbestand ist für unsere gesamte Praxis typisch. So entfaltet sich die Mannigfaltigkeit der Tonabstände, der «Intonation», in der Einstimmigkeit leichter als in der Mehrstimmigkeit; dies ist eigentlich selbstverständlich.

Aber obgleich grundsätzlich einstimmig, obgleich über eine viel größere Mannigfaltigkeit an Intervallen verfügend, ist die Musik für den Griechen doch wesentlich «Harmonie», d. h. Zusammenpassen. Und zwar versteht er die Harmonie sowohl als äußere Wohlabgestuftheit, als quantitatives Aufeinander-Abgestimmtsein der kleineren und größeren Tonabstände, wie als ein inneres Zusammenpassen. Die Griechen selbst sagen, daß Musik erst da vorliegt, wo die «Konsonanz» gegeben ist, auf griechisch die «Symphonie», was buchstäblich den Zusammenklang bedeutet. Wie haben wir dies zu verstehen?

Offenbar müssen wir den Begriff der Konsonanz oder Symphonie nicht nur konkret als Zusammenklang nehmen, nicht einmal nur qualitativ im Sinne des guten Zusammenklangs, sondern als ein solches inneres Tonverhältnis, das als ausgezeichnet oder besonders einleuchtend erscheint und

51

das sich als solches beim Zusammenklingen nur in besonders eklatanter Weise b e w ä h r t; auf eine derartige Auffassung deuten in der Tat die antiken Konsonanzdefinitionen, und zu diesem allgemeineren, höheren Konsonanzbegriff müssen vielleicht auch wir zurückkehren, da das Betrachten der Konsonanz vom bloßen Standpunkt des Zusammenklangs in eine Sackgasse zu führen scheint (wissenschaftlich und ästhetisch). Nun verhält es sich, wie schon erwähnt, so, daß uns Intervalle zwischen Tönen, deren Schwingungsfrequenzen in den einfachsten Verhältnissen stehen ($1:2$, $2:3$, $3:4$ usw.), besonders einleuchtend, verwandtschaftlich, kompatibel oder «konsonant» erscheinen, und dies haben auch schon die Griechen gewußt (sie haben allerdings meist mit dem umgekehrt Proportionalen der Schwingungszahlen, den Saitenlängen exemplifiziert, aber zum mindesten geahnt, daß sich beides reziprok verhält).

Und nun das für uns Wesentliche: diese innerlich, d. h. den Zahlenverhältnissen nach bevorzugten Intervalle mögen sich zwar besonders eindrücklich im Zusammenklang bewähren, aber sie treten auch in der Aufeinanderfolge der Töne zutage. Dies zeigt sich darin, daß Töne im Quarten-, Quintenund Oktavverhältnis als Gerüsttöne den Ablauf einer Melodie und die Konstitution einer Tonleiter beherrschen, auch wo gar keine Zusammenklänge angewendet werden. So ist es zu verstehen, daß auch bei den Griechen der Begriff der Konsonanz im Mittelpunkt der Musiktheorie steht. Sogar sie, und gerade sie, die sie auf dem Boden der einstimmigen Melodie stehen, sind weit davon entfernt, das Ideal gewisser primitivitätslüsterner Musiktheoretiker unserer Zeit zu verwirklichen, die vom reinen melodischen Drang, von linear-kinetischer Energie mit einer gewissen Animosität gegen das die «Freiheit» beeinträchtigende Element der harmonischen Stützung sprechen (vielleicht ist ihnen die schematisch-formelhafte Anwendung des harmonischen Elements in der neueren mehrstimmigen Musik zum Ekel geworden, und nun wollen sie das Kind mit dem Bade ausschütten). In Wirklichkeit hat sich eine «linear-kinetische» Energie in der Musik nie anders verwirklicht, als daß innerhalb der Bewegung die harmonischen Stützpunkte — sowie andere von diesen Stützpunkten abgeleitete feste Stufen — als Gliederer und Ordner der Bewegung dastehen, welch letztere o h n e diese Gliederungspunkte nicht einmal als Bewegung wirklich zur Geltung kommt. Mit anderen Worten: ein indeterminiertes Rutschen ist keine musikalische Bewegung. So enthält die Melodie die Harmonie bereits in sich, Melodie im vollen Sinne setzt die Harmonie voraus, wobei sich aber die Harmonie durchaus nicht in dem handgreiflichen Sinn als Akkordik zu verwirklichen braucht, wie es in der neuzeitlichen Musik der Fall ist.

Doch nun eine kleine Einschränkung des Prinzips der Harmonik in der Melodik, wie sie sich naturgemäß aus der Sache ergibt: zwar ist unter den drei Hauptkonsonanzen die Oktave die einleuchtendste, die glatteste und die einheitlichste (eben entsprechend der nicht zu übertreffenden Einfachheit des Zahlenverhältnisses 1 : 2), und doch kommt diese grundsätzliche Vorherrschaft der Oktave in der Einstimmigkeit nicht entsprechend zur Geltung; der Grund ist, daß die Oktave einen sehr großen Tonabstand darstellt, für die reine Melodik beinahe einen übermäßigen Tonabstand. So steht denn in den Systemen reiner Melodik — und insbesondere bei den Griechen — gerade das kleinste jener drei einleuchtenden Intervalle, die Q u a r t e, im Vordergrund als der erste Stützpunkt, auf den die Melodiebewegung stößt. Sie ist der Markstein des ersten Bereiches, welcher ein gewissermaßen in sich geschlossenes Ganzes darstellt und innerhalb dessen wir uns nun umsehen müssen.

Wir sahen vorhin, wie durch Staffelung (Übereinanderlegung) der Quinte ein System von Tonqualitäten oder Toncharakteren entsteht, das als ein pentatonisches oder ein heptatonisches abgegrenzt wird (statt in der einen Richtung Quinten aneinander zu fügen, könnten wir in der anderen Richtung Quarten aufreihen, da die Quarte auf Grund der Oktaväquivalenz das Umgekehrte der Quinte ist); wir sahen auch, wie ein solches System «normaler» Toncharaktere chromatisch variiert oder übermalt sein kann. Jenes war sozusagen der p r i n z i p i e l l e Weg, der, auf der Konsonanz fußend, die Intervalle nach der Zahl der von ihnen vorausgesetzten Quintschritte abstuft (in diesem Sinn repräsentiert die Quinte einen Quintschritt, also einen geringen inneren oder Charakterabstand, die große Sekunde 2 Quintschritte, einen größeren inneren Abstand, usw.). Demgegenüber geht die griechische Musiktheorie, eben als eine Melodielehre, p r a k t i s c h vor, indem sie sich an die (melodisch) erste der Konsonanzen, die Quarte heftet und die beiden Grenzpunkte dieses Intervalls sowie den durch sie abgesteckten Raum mit einer gewissen Einseitigkeit betrachtet: sie stellt die Eckpunkte der Quarte wie etwas grundsätzlich Festes und, was dazwischen liegt, wie etwas grundsätzlich Variables hin. Immerhin ist in Wirklichkeit auch für den Griechen der Gegensatz zwischen den Eck- und den Zwischentönen der Quarte nicht ein so absoluter; dies ergibt sich daraus, daß 1. zwischen den Ecktönen der Quarte nicht unbestimmt viele, sondern eben zwei Zwischentöne vorausgesetzt sind, was auf Heptatonik deutet, 2. nach den Griechen selbst die «Diatonik», d. h. die auf dem Quintenzirkel beruhende Siebenstufigkeit, das älteste und nächstliegende unter den Tonsystemen ist, diese aber ergibt für die Quarte die Teilung in zwei Ganztöne und ein Restintervall als grundlegend (auch Plato im «Timäus», wo er den Aufbau des Weltprinzips oder der Weltseele durch den Demiurgen verdeutlichen will, hebt ausdrücklich hervor, daß innerhalb der Quart zwei Ganztöne zu 8 : 9 eingefügt werden, was das entsprechend komplizierte Restintervall 243 : 256 ergibt; das erstere entspricht zwei, das letztere fünf Quintschritten, da $243 = 3^5$). So haben wir eben diese, dem Quintenzirkel entsprechende Quartenfüllung als «normal» anzusehen, die übrigen, sehr vielgestaltigen Teilungen, die die Griechen in diesem Rahmen vornahmen, aber als chromatische (färbende) Abwandlungen (über die spezielle Bedeutung von «chromatisch» und «enharmonisch» in der griechischen Terminologie s. unten).

*   *
 *

Indessen kehren wir zu der von uns gestellten Frage zurück: welche Seiten der Musik in der Einstimmigkeit mehr zur Geltung kommen als in der Mehrstimmigkeit. Neben der Melodik ist es in zweiter Linie der R h y t h - m u s. Es ist nicht Zufall, daß schon in den frühesten mittelalterlichen Berichten über Mehrstimmigkeit festgestellt wird, daß diese Musikart zu einem langsamen und bedächtigen Vortrag tendiert. Sogar in unserer heutigen, auf der Mehrstimmigkeit als Grundvoraussetzung aufgebauten Musik können wir noch beobachten, daß sich rhythmisches Leben sowohl quantitativ (im Sinne maximaler Geschwindigkeiten) als qualitativ (im Sinne der rhythmischen Prägnanz) besonders da entfaltet, wo das Stimmengewebe oder die Akkordmasse verhältnismäßig leicht ist; weder Bach noch Reger sind exquisite Rhythmiker. Nun sind wir über das Wesen des Rhythmus in der griechischen Musik, der eng mit der Metrik der Verse zusammenhing, noch wenig im klaren. Doch können wir nicht daran zweifeln, daß er vielgestaltiger und flexibler war als der Rhythmus der neuzeitlichen Musik (vgl. unten 70—72).

Die dritte Seite der Musik, auf die es hier ankommt, ist die F o r m. Die musikalische Form, deren Stützpunkte die Wiederholungen, die veränderten Wiederholungen, der Gegensatz, sowie die den Gang der Handlung gliedernden Einschnitte sind, dies alles präsentiert sich in der «reinsten» Gestalt in der Melodie, die das «zeichnerische» Element in der Musik darstellt. Auch hier könnten wir zur Neuzeit abschweifen und z.B. feststellen, daß innerhalb des 18. Jahrhunderts Mozart und die Italiener in höherem Maße Formkünstler, Künstler der plastischen Gestalt sind als Bach. Als Beispiel einer offenbar sehr ausführlichen konkreten Form der griechischen Musik nennen wir den Wettkampf-Nomos; es ist uns allerdings leider kein Exemplar eines solchen erhalten, doch geben (wie wir gleich sehen werden) die Beschreibungen einen ungefähren Begriff davon.

Es versteht sich, daß, wenn wir hier von Rhythmus und Form sprechen, wir nicht nur an das Musikstück denken, sondern an die Fähigkeit des Hörers, das, was der Künstler gesehen hat, wahrzunehmen. Es deutet manches darauf, daß das griechische Publikum bei einem musikalischen Wettkampf tatsächlich in der Lage war, einen rhythmischen Verstoß oder einen Verstoß gegen eine formale Norm als verletzend zu empfinden.

Schließlich ist noch ein Element zu erwähnen, das in einer auf die Einstimmigkeit ausgerichteten Musikpraxis stärker zur Geltung kommt als in der Mehrstimmigkeit, das I m p r o v i s a t o r i s c h e, welches unleugbar für die Musik eine besondere Art der Belebtheit bedeutet. Wir erwähnten schon, daß in den wenigen Beispielen notierter Musik, die wir aus dem Altertum besitzen, nur die Gesangsmelodie und nicht die Begleitung aufgezeichnet ist; und diese konnte, wie einer unten anzuführenden Plato-Stelle zu entnehmen ist, einen recht bunten Charakter haben. Ob etwa auch der Sänger die vom «Poeten», d. h. dem Dichter-Komponisten vorgeschriebene Melodie auszierte, wissen wir nicht. Jedenfalls können wir wohl eines sagen: ein im Rahmen der reinen Melodik geschultes Ohr ist viel eher als eines, das an die Mehrstimmigkeit gewöhnt ist, imstande, bei sogar weitgehender Ornamentik die von dieser überlagerte Melodiegrundlage zu erkennen.

c) Gattungen der griechischen Musik

Überblicken wir nun kurz die Gattungen der griechischen Musik.

I. Die vornehmste Gattung war die K i t h a r o d i e = solistischer Gesang zur Kithara (oder Lyra; über diese beiden Unterarten der griechischen Leier s. unten). Hierbei begleitete sich der Sänger in der Regel selbst. Wie es scheint, wurde die Begleitung abgestuft; während des Singens zupfte der Sänger die Saiten mit den Fingern der linken Hand, bei den Zwischenspielen dagegen fuhr er mit der mit dem Plectrum bewaffneten rechten Hand darüber, was einen weit helleren Klang gab. Schon der Odysse zufolge wird diese Musikgattung durch Berufssänger, die «Aöden», vertreten. Das Repertoire dieser Sänger bildeten erst Fragmente aus dem Epos, denen sie jeweilen ein «Proömium» vorausschickten. Dabei scheint das letztere der eigentlich künstlerische Teil ihrer Leistung gewesen zu sein. Denn das Absingen von Teilen des Epos konnte kaum anders erfolgen, als indem den Versen (Hexameter) eine oder einige wenige sich wiederholende Melodien untergelegt wurden, die man dem wechselnden Rhythmus der Hexameter anpaßte. Das Proömium dagegen war ein Götterhymnus, dessen Text zwar gleichfalls hexametrisch, dessen musikalische Einkleidung aber wahrscheinlich viel reicher war. Und nun vollzieht sich (etwa zu Beginn des 7. Jahrhunderts) zwischen Proömium und Epos eine Scheidung: das Epos hört auf, gesungen zu werden, es wird nur noch rezitiert und fällt nunmehr dem «Rhapsoden» zu; der Kunstsänger dagegen (der Kitharode) bildet die Formen, die er im Proömium gepflegt hatte, nun erst recht aus, und daraus wird der kitharodische «Nomos». Dieses letztere Wort, das eigentlich «Gesetz» bedeutet, weist darauf, daß es sich um eine durch Tradition geheiligte Form handelte. So stellte der kitharodische Nomos, wie ihn Terpander und Arion im 7. Jahrhundert pflegten, einen Götterhymnus dar, und gleichzeitig war er ein musikalisches Prunkstück: er war Gegenstand des Wettkampfes bei den großen nationalen Spielen, den pythischen und den anderen. Der formale Aufbau des Nomos war streng normiert und bedingte sieben Teile: «Anfang», «nach dem Anfang», «Zuwendung», «nach der Zuwendung», «Nabel», «Sieg», «Ausgang». Die Blütezeit dieser großen dichterisch-musikalischen Form dauerte etwa vom Beginn des 7. bis zum Beginn des 3. Jahrhunderts v. Chr. Wir können hier eine ältere Periode unterscheiden, innerhalb deren im Nomos noch, wie im Proömium, der Hexameter herrschte, und eine jüngere, während deren hier andere, der eigentlichen Lyrik entlehnte Versmaße eindrangen. Es hatte sich nämlich ungefähr in derselben Zeit, als sich das Proömium als Nomos vom Epos abtrennte, oder bald darauf, eine eigentliche Lyrik entwickelt (Alcäus, Sappho — die «lesbische» Schule), die ihre eigenen Versmaße pflegte. Dies stellt also neben dem Nomos den a n d e r e n Zweig der antiken Kitharodie dar; und diese Richtung erhielt sich bis in die nachklassische Zeit des Griechentums, als der Wettkampfnomos bereits ausgestorben war; man könnte sagen, daß sie sich in der horazischen Dichtung fortsetzt, doch ist diese nicht mehr zum Singen bestimmt.

II. A u l o d i e ist solistischer Gesang zum Aulos, der grie· hischen, aber schon im alten Orient bekannten Doppeloboe. Da der Aulos ein Blasinstrument ist, bedarf es zur Aulodie zweier Ausführender. Die Griechen selbst fanden, daß die Aulosbegleitung geeignet ist, die Mängel einer Singstimme, aber auch diese selbst zuzudecken. Auch diese Gattung lieferte Wettkampfstücke, «Nomen», die anfangs hexametrisch waren und dann zu mannigfaltigeren Rhythmen übergingen. Einen anderen Anwendungsbereich bot der Aulodie die antike Tragödie. Hatte in den Wettkampfspielen die Kitharodie das Übergewicht über die Aulodie, so war es bei der Tragödie umgekehrt, da die ersteren mit dem Apollokult, die Tragödie dagegen ursprünglich mit dem Dionysuskult zusammenhing; denn die Kithara galt als das Instrument Apolls und das eigentlich griechische, der Aulos dagegen als dionysisch und gleichzeitig asiatisch — womit gleichzeitig auch die verschiedene Einordnung der beiden Instrumente in bezug auf das «Ethos» gegeben war: das erstere repräsentierte den männlichen Ernst, das letztere den ausschweifenden Enthusiasmus.

III. und IV. A u l e t i k ist das reine Aulosspiel, K i t h a r i s t i k das Spiel auf der Kithara. Hatte die Kitharodie den Vorrang vor der Aulodie, so fiel im Rahmen des bloßen Instrumentenspiels umgekehrt der Kitharistik neben der Auletik nur eine bescheidene Rolle zu. Die Griechen führten die Auletik auf den Phrygier Olympus zurück. Der Anwendungsbereich der Aulosmusik war sehr ausgedehnt: sie erklang beim Kultus, bei Trauerfeierlichkeiten, bei Hochzeiten, als Zwischenspiel in der Tragödie, sowie als Begleitung zu Prozessionen und zum Tanz. Beiläufig gesagt, nahm in spätantiker Zeit die neuerfundene Orgel dem Aulos einen Teil seiner Funktionen ab, so das Spiel bei den Hochzeitszeremonien (vgl. unten 92 f.). Und nun das musikgeschichtlich Bemerkenswerte: jene alttraditionelle Kunstform des «Nomos» fand auch im reinen Aulosspiel (und in der Kitharistik) Anwendung. Dies deutet darauf, daß im Begriff des Nomos für den Griechen auch rein musikalische Formmerkmale steckten; und in diesem Sinne fühlen wir uns an die Parallele zwischen der g e s u n g e n e n Sequenz und der g e s p i e l t e n Estampie, diesen zwei musikalischen Großformen des Mittelalters, erinnert; ja es könnten sich von hier auch Ausblicke auf den Vorgänger des Nomos, das Proömium, eröffnen, welches vielleicht auch schon in rein instrumentales Gegenstück oder Ersatzstück hatte (merkwürdigerweise finden sich Anzeichen, die auf das Vorhandensein eines instrumentalen Analogons deuten, auch beim Proömium des byzantinischen Solohymnus, des Kontakions). Doch blieb die Verbindung zwischen dem auletischen (oder kitharistischen) Nomos und dem mit Instrumentalbegleitung gesungenen auch insofern gewahrt, als der erstere bei den Wettspielen vielfach als P r o g r a m m -Musik auftrat; und wie der kitharodische Nomos sich gern als Lobpreisung Apolls darstellte, so nahm auch der auletische gern einen Gegenstand aus der Apollolegende, z. B. Apolls Kampf mit dem Drachen, zum Thema.

V. Waren die bisher aufgezählten Gattungen der griechischen Musik solistisch, so haben wir nunmehr noch das chorische Singen zu erwähnen, und zwar zunächst die Chorlyrik. Die Blütezeit dieser Gattung fällt in das 7.—5. Jahrhundert, ihre Vertreter sind Alkman, Bacchylides und Pindar: Dichter, die gewiß auch Komponisten waren, von deren Werk aber leider nur der textliche und nicht der musikalische Teil erhalten ist — und dies hat zur Folge, daß gewiße Fragen der rhythmischen Gestaltung, zu deren Lösung die Musik das ihrige beitragen müßte, uns vielleicht für immer verschlossen bleiben werden. Solche Chorlieder wurden selbstverständlich gleichfalls begleitet, sei es vom Aulos oder von der Kithara oder von beiden zusammen; den «A-cappella»-Gesang scheint man in Griechenland wenig gepflegt zu haben. Diese Chorlieder klassifizierte man entweder nach den Göttern, zu deren Ehren sie erklangen (der Päan besang Apollo, der Dithyrambus Dionysus), oder nach den Anlässen, zu denen sie gehörten: Prozessionslied, Klagelied, Hochzeitslied, Tafellied, Siegeslied. Die typische Form des lyrischen Chorliedes ist *a a b a a b* . . .: auf eine Strophe folgt also eine gleichgebaute «Antistrophe» und eine anders gebaute «Epodos», und diese Dreiheit ist nach Belieben vervielfältigt. Beiläufig gesagt, herrschte bei den Griechen die Meinung, die Tragödie sei aus dem Dithyrambus, dem Dionysushymnus, hervorgegangen, indem dem Chor ein Sprecher entgegengestellt worden wäre, der sich erst nur erzählend, dann auch darstellend betätigt hätte. Ob dies so war, ist zweifelhaft; es könnte ein Ausfluß der schon bei den Griechen beliebten rationalistischen Geschichtserklärung sein. Tatsache ist, daß sich der Dithyrambus innerhalb der Chorlyrik durch seinen stürmischen Charakter heraushob und daß man hier von einem gewissen Zeitpunkt an dem Chor einen Sprecher gegenüberzustellen begann; in der Musik scheint hier die Lautmalerei eine große Rolle gespielt zu haben.

VI. Von der Chorlyrik ist nur ein Schritt zu den Chorgesängen der Tragödie, da diese nicht dramatischen, sondern betrachtend-lyrischen Charakter haben und nicht in die Handlung verflochten sind: es sind die musikalischen Teile eines im übrigen zum größten Teil gesprochenen Dramas. Diese Gesänge wurden vom Chor nicht auf der Bühne, sondern in einem Raum vor der Bühne, der «Orchestra», gesungen, selbstverständlich mit Instrumentalbegleitung. «Orchestra» bedeutete den Tanzraum, und so wurden diese Gesänge mit gemessenen Tanzbewegungen vorgetragen. Der Bau derselben ist «antistrophisch», aber meist in anderer Weise als im Bereich der Chorlyrik: die «Epodos» bleibt weg, und das Schema ist *a a b b c c* . . .: also «fortschreitende Wiederholung», wie bei der mittelalterlichen Sequenz (zwar können wir nicht sicher sagen, daß auch die Melodie, wie der Versbau, diesem Schema folgte, doch ist es wahrscheinlich). In der älteren Tragödie

(Aeschylus, 525—456, und Sophokles, 496—406, in seiner früheren Periode) war dies also das musikalische Rückgrat des Stücks; der Dialog war gesprochen, und die Solisten betätigten sich musikalisch nur im Wechselgesang mit dem Chor (Kommos), sowie melodramatisch mit Aulosbegleitung (Parakatabase). In der späteren Tragödie (Euripides, 485—406, und der spätere Sophokles) dagegen kehrt sich das Verhältnis um; Euripides war hier der Neuerer, der den älteren Sophokles mitriß: er ließ den Chorpart zurücktreten und führte dafür eigentliche S o l o g e s ä n g e ein, Arien und Duette, wie wir es nennen würden. Diese neuen Sologesänge sind ihrem Text nach teilweise strophisch, teilweise ohne Strophenform, also im letzteren Fall wohl «durchkomponiert», und gerade mit Gesängen der letzteren Art erregte Euripides besonderes Aufsehen. Den Beschreibungen zufolge (erhalten ist nur ein winziges Fragment eines euripideischen Chorlieds) müssen wir annehmen, daß Euripides' Musik nicht mehr den feierlichen Charakter wie die des Aeschylus hatte, daß sie sich nicht im Rahmen einer allgemeinen Idee hielt, sondern darauf ausging, dem Wechsel des psychischen Geschehens und dem Fluß der Stimmungen zu folgen. Dazu paßt von der textinhaltlichen Seite, daß in der euripideischen Tragödie das religiöse Moment abgeschwächt ist und das menschlich-leidenschaftliche in den Vordergrund tritt. Musikalisch spielte hierbei, wie es scheint, die «Enharmonik», dieses exzentrische Tongeschlecht, das wir noch berühren werden, eine große Rolle. Rein klanglich genommen, müssen diese Sologesänge der späteren Tragödie zur Aulodie gerechnet werden.

VII. Wir könnten in diesem Zusammenhang noch die attische K o m ö - d i e des 5. Jahrhunderts nennen, deren Hauptvertreter Aristophanes ist. Ihrem musikalischen Aufbau nach entsprach sie ungefähr der Tragödie, aber selbstverständlich nicht dem musikalischen Charakter nach: die Chöre waren viel belebter, die Sologesänge nicht anspruchsvolle Arien wie bei Euripides, sondern Liedchen oder Arietten; ein musikalischer Hauptteil der Komödie war die «Parabase», eine Art Intermezzo, das vom Chor gesungene, von Solisten gesprochene und von Solisten melodramatisch zur Aulosbegleitung gesprochene Partien umfaßte. Die neue Komödie des Menander (um 300 v. Chr.) enthielt keine gesungenen Teile mehr, sondern an Musik nur Zwischenspiele.

VIII. Als letzte Gattung könnte man die P a n t o m i m e anfügen, die aber eine Angelegenheit des nachchristlichen Altertums ist und sich in Alexandrien sowie besonders in Rom entfaltete. Die Pantomime ist eine Tanzhandlung darstellenden Charakters, ein Ballett, wie wir es nennen würden, doch wirkte dabei auch der Chor mit. Wie es scheint, sind hier zum erstenmal größere Instrumentalensembles, also etwas unserem Orchester Ähnliches, in Aktion getreten.

* * *

Auf die M u s i k i n s t r u m e n t e der griechischen Antike brauchen wir nicht speziell einzugehen, da wir einiges Hierhergehörige bereits im Vorübergehen erwähnt haben. Wir wollen nur auf einige bildliche Darstellungen hinweisen. Ein Vasenbild (s. Tafel III b) zeigt drei der Musen drei verschiedene Saiteninstrumente spielend, die Winkelharfe und die zwei Formen der griechischen Leier: die Lyra, deren Resonanzkörper aus dem Schild einer Schildkröte gebildet ist, und die Kithara, das eigentlich repräsentative Instrument der griechischen Musik. In der letzteren ist der Resonanzkasten von Holz. Er hat einen größeren Umfang angenommen, indem er gleichzeitig die beiden Seitenarme einbezog; es ist klar, daß die Kithara dergestalt über eine größere Klangfülle verfügte als die Lyra. (Wir sehen, daß die altsumerische Leier zwischen Kithara und Lyra in der Mitte stand: ihr Resonanzkasten entspricht dem unteren Teil der Kithara, aber die Seitenarme sind nicht eine Fortsetzung davon.) Auf zahlreichen Bildern sehen wir den Aulos mit den zwei auseinander gehenden Rohren im Munde des Spielers; dieses Instrument galt den Griechen als Repräsentant aufreizender asiatischer Musik. Ein besonders interessantes Bild, das bereits aus römischer Zeit stammt und sich im Museum in Neapel befindet, stellt einen «tour de force» dar: eine Künstlerin spielt zum baßen Erstaunen der Hörer mit der einen Hand eine große Leier und mit der anderen ein kleines Saiteninstrument, das der Form nach an die ägyptische Bogenharfe erinnert.

Nun widmen wir noch der Anwendung der M e h r s t i m m i g k e i t im Altertum eine kurze Überlegung. Hier handelt es sich um eine Frage, die schon im 18. Jahrhundert von Musikhistorikern und Philologen eifrig diskutiert worden ist, ja sie wird es noch heute. Leider hat es dabei viel Konfusion gegeben, da man nicht von vornherein darüber einig war, was man unter Mehrstimmigkeit verstehen wollte. Diejenigen, welche die Existenz einer solchen im Altertum verneinten, betonten immer wieder, von einer Mehrstimmigkeit «nach unserer Art» oder «in unserem Sinne» könne keine Rede sein, womit sie nur offene Türen einrannten, da es sich doch vernünftigerweise nicht darum handeln kann, der Antike unsere Art Mehrstimmigkeit zuzuschreiben, ebensowenig wie unsere Art Musik überhaupt. Wir kommen hier nicht zur Klarheit, wenn wir nicht den Begriff der Mehrstimmigkeit in einem zugleich allgemeineren und präzisen Sinne nehmen, als «Anwendung anderer Zusammenklänge als die Oktave, verbunden mit einer Unterscheidung dieser Zusammenklänge».

Die mancherlei Hinweise, die wir für die Existenz einer Mehrstimmigkeit in diesem Sinne besitzen, brauchen wir hier nicht anzuführen. Nur auf einen derselben wollen wir eingehen, weil sich daran ein in der Musikgeschichte verbreiteter irrtümlicher Gebrauch des Wortes «Heterophonie» (wörtlich = Andersstimmigkeit) geheftet hat. Es handelt sich um diejenige Stelle in Platos «Gesetzen» (812 D), wo die kunstmäßige Kitharodie beschrieben wird; und zwar geht diese Art Kitharodie nach Plato über das hinaus, was man die Knaben im Interesse einer guten Erziehung lehren soll (dies liegt im Sinne jener von uns erwähnten «restriktiven» Tendenzen). Im Musikunterricht solle, so meint Plato, wie der Schüler, so der Lehrer den Gesang der Deutlichkeit wegen nur im Einklang begleiten; man solle auf die Heterophonie und die Buntheit verzichten (wie sie sonst von Berufskünstlern angewandt wird), wobei das Instrument eine andere Melodie spiele als die vom Komponisten geschaffene Gesangsmelodie, und wobei der Dichte der Weitabständigkeit (d. h. wohl: kleinen Intervallen große), der Langsamkeit die Raschheit (d. h. wohl: die Raschheit der kleinen Noten in der Begleitung), dem Tiefen das Hohe konsonant gegenübergestellt werde, usw.

An diese anschauliche Beschreibung einer kunstmäßigen Kitharabegleitung hat sich der verdiente Erforscher der musikalischen Völkerkunde C. Stumpf erinnert gefühlt, als er das siamesische Orchesterspiel studierte, bei dem das Zusammenwirken der Instrumente darauf beruht, daß sie alle im Grunde dieselbe Melodie spielen, sei es im Einklang oder in der Oktave, aber dabei die Melodie dem Charakter jedes Instruments entsprechend ausziern, so daß gleichzeitig die Melodie in verschiedenen Variationen erklingt. Und so hat Stumpf das Wort «Heterophonie» für dieses verzierte Unisono in Anspruch genommen. Nun ist zwar richtig, daß sich diese Praxis mit dem von Plato gezeichneten Bild berührt, insofern als Plato von der rhythmischen Belebtheit der Begleitung spricht; doch kann kein Zweifel sein, daß der grundsätzliche Ausgangspunkt bei Plato nicht der verzierte Einklang ist, sondern der konsonante Zweiklang, zu dem die Auszierungen treten, und daß bei ihm das Wort «Heterophonie» auf die Zweiklänge zu beziehen ist — was ganz logisch erscheint, da «Heterophonie» wörtlich eben die Andersstimmigkeit bedeutet.

Seine Verbreitung unter den über Musik Schreibenden verdankt der Ausdruck «Heterophonie» allerdings nicht sosehr dem Spezialisten Stumpf wie dem Popularisator G. Adler, der in einem besonderen Aufsatz den Terminus aufgriff und weiter verunklärte. Wir tun wohl am besten, das Wort «Heterophonie» wie aus der Musikgeschichte, so aus der «vergleichenden Musikwissenschaft» auszumerzen. Beiläufig gesagt, zeigt der Fall, wie dieser letztere Wissenszweig auf Grund von einleuchtend erscheinenden «rapprochements» zwischen Exotischem und Historischem in die Versuchung kommt, die Musikgeschichte voreilig belehren zu wollen. Und wenn dies bei einem unbestechlichen Wissenschafter wie Stumpf geschehen konnte, so dürfen wir selbstverständlich von anderen nichts Besseres erwarten (wir werden noch sehen, wie man uns von dieser Seite her die Anfänge des gregorianischen Gesanges beleuchten will, unten 128).

Soweit wir sehen, erstreckte sich der Gebrauch von Zweiklängen (abgesehen von der Oktave) im Altertum nur auf das Instrumentenspiel und die Begleitung zum Gesang, nicht auf das Zusammensingen. Im letzteren Bereich scheint die Mehrstimmigkeit erst in der Spätantike bezeugt zu sein (vgl. unten 98 und 94).

d) Tonsystem und Leitern

Wir müssen nun dazu übergehen, auf Grund des reichen musiktheoretischen Schrifttums der Griechen ihr T o n s y s t e m zu betrachten, da, was die Griechen darüber lehren, für das Mittelalter, ja für die gesamte Folgezeit wichtig geworden ist. Zwar hat sich die Musik, haben sich teilweise auch die Leitern von der Antike zum Mittelalter geändert; aber die technischen Begriffe, mit denen diese Dinge betrachtet wurden, verdankte das Mittelalter zum großen Teil den Griechen, ja bis zu einem gewissen Grade müssen wir dies auch noch von uns sagen.

Wie wir es bereits sagten, betrachtet die griechische Musiktheorie den Aufbau des Tonsystems und der Melodie unter dem Aspekt der K o n s o n a n z.

Als Grundform des Tonsystems erscheint eine 2-Oktaven-Tonleiter, die diatonisch von *A* bis *a'* reicht. Dies wäre nach unserer Auffassung eine Moll-Tonleiter, doch hat sie folgende Gliederung:

Dabei haben wir im Auge zu behalten, daß für den Griechen die a b s t e i g e n d e Bewegungsrichtung die naheliegende ist; als «hinzugenommener» Ton («Proslambanomenos») steht nicht der oberste, sondern der unterste da. Wir dürfen ferner nicht glauben, daß damit eine Reihe von fixen («absoluten») Tonhöhen gemeint ist, die, wie bei uns, von einem *a'* mit 435 oder 440 Schwingungen in der Sekunde ausgeht. Das Wesentliche ist diese Tonleiter als F o r m, ihr Aufbau aus Ganz- und Halbtönen, etwas, das auf verschiedene akustische Tonhöhen versetzt («transponiert») werden kann. Doch bevor wir von dieser Versetzung sprechen, sehen wir uns noch die Gliederung der obigen Leiter an.

Diese Gliederung beruht auf dem Prinzip der Konsonanz. Unter den Konsonanzen ist, wie wir sahen, die Oktave (entsprechend dem Verhältnis 1 : 2) die einleuchtendste, die Quart dagegen (4 : 3) ist unter den konstruktiv grundlegenden Konsonanzen die kleinste. Als eine melodisch orientierte Musiktheorie stellt die griechische, wie wir es erklärten, die Quarte in den Vordergrund; und dem entspricht auch die Benennung der Töne in obiger Leiter, denn sie benennen sich als Glieder von 4-Ton-Reihen oder Tetrachorden («Tetrachord» bedeutet buchstäblich «Viersaiter»): des «obersten» (damit ist das unserer Anschauung nach unterste gemeint, *H—e*), des «mittleren» *(e—a)*, des «abgetrennten» *(h—e')* und des «hinausragenden» *(e'—a')*. So heißt z. B. *a'* «die letzte der Hinausragenden», *e'* «die letzte der Abgetrennten», *H* «die oberste der Obersten». *A* heißt, wie erwähnt, «der Hinzugenommene»; und auch *a* hat einen für sich stehenden Namen, obgleich es eigentlich «die letzte der Mittleren» heißen könnte; es heißt schlechthin «die Mittlere», «Mese». Wie wir sehen, prägt sich in diesem System der Namengebung die Oktavwiederholung nicht aus; es wäre aber töricht, darum anzunehmen, daß der Grieche, wenn direkt vor die Oktave gestellt, sie nicht als die einleuchtendste Konsonanz wahrgenommen hätte.

Es deutet manches darauf, daß in der griechischen Auffassung der Ton *a,* die «Mese», eine Rolle spielte, die man einigermaßen mit der des Tons *c* in unserem System vergleichen kann: des Tons *c,* der für uns Grundton der Normalform einer Leiter, des Dur, ist und dadurch zu einem zentralen Bezugspunkt des ganzen Systems wird (wir sprechen selbstverständlich wiederum nicht vom absoluten *c,* sondern vom relativen, d. h. dem Ton, der z. B. bei Vorzeichnung von vier Bes als *as* geschrieben wird). Immerhin ist die Analogie zwischen dem neuzeitlichen *c* und dem antiken *a* nicht vollständig. Zunächst ist eine griechische Tonart nicht ein räumlich unabgegrenzter Komplex wie das moderne Dur und Moll, das sich nur an seinem Grundton und dessen Oktavwiederholungen orientiert, sondern es ist ein Ausschnitt aus der Gesamtreihe, in erster Linie ein Oktavausschnitt oder eine «Oktavgattung» (es leuchtet ein, daß es deren in der obigen 2-Oktaven-Skala sieben gibt, und zwar wenn wir von oben beginnen: *a—a'*, *g—g'*, *f—f'*, *e—e'*, *d—d'*, *c—c'*, *H—h*, dazu kommt als achte *A—a*, die aber eine Wiederholung der ersten ist); zweitens ist bei den Griechen zwar die eine der «Oktavgattungen», *e—e'*, bevorzugt (das «Dorische»), doch nimmt sie nicht eine so einseitig herrschende Stellung ein wie in der neuzeitlichen Musik die Dur-Tonart; drittens fügt sich die Mese *a* in jene bevorzugte Oktavgattung nicht, wie wir erwarten würden, als unterer Grenzton, sondern als Mittelton, eine Quart über dem unteren und eine Quint unter dem oberen Grenzton; viertens hat auch in diesem Rahmen das *a* nicht die einseitig dominierende — ich würde sagen: die tyrannische — Stellung, wie in unserem Dur das *c;* und letztlich deutet noch dies auf eine von der unseren abweichende, d. h. eben auf eine melodische Auffassung, daß während bei uns der Ton *c* indistinkt mit seinen Oktavwiederholungen die Herrschaft ausübt, es sich bei den Griechen eben um dieses, das kleine *a* handelt, den Mittelpunkt sei es der abgegrenzten Oktave *e—e'* oder des 2-Oktaven-Systems *A—a'*.

* *
*

Doch ist vor allem die Form der Quarte, des T e t r a c h o r d s, zu beachten. Hier werden, analog den Oktavengattungen, im Rahmen des Diatonischen drei «Quartengattungen» unterschieden, je nachdem der Halbton unten, in der Mitte oder oben liegt. Dabei sahen die Griechen offenbar jene als naheliegend und normal an, bei der sich der Halbton unten befindet, während wir es umgekehrt empfinden. Im Rahmen der rein melodischen Anschauung sind die Quartengattungen sogar wichtiger als die Oktavgattungen, weil der konkrete melodische Gang, das Motiv, sich viel eher im kleineren Rahmen abspielt als im größeren. Die beiden Aspekte treten jedoch notwendigerweise in Beziehung zueinander, indem z. B. für die «dorische» Oktavgattung diejenige Teilung die normale ist, welche zwei Quarten mit Halbton unten nebeneinander stellt: *e—a, h—e'*.

Doch kommt für den Griechen, indem er sich an die Quarte heftet, nicht nur diese dreifache Möglichkeit einer diatonischen Gliederung in Frage. Hier zeigt sich, daß ihn etwas anderes noch mehr interessiert. Nehmen wir von jenen drei Formen die im griechischen Sinn normale, die mit dem Halbton unten (wir haben zwar kein Zeugnis dafür, daß diese Quartengattung von den Griechen als «dorisch» bezeichnet worden wäre, doch dürfen wir sie vielleicht doch so bezeichnen): und nun gelangen wir v o n h i e r a u s zu weiteren Quartenteilungen, die mit dieser «dorischen» das Prinzip gemein haben, daß das kleinste Intervall unten und das größte oben liegen soll; hierbei wird dieses Prinzip noch überbetont sein, da in der Regel das Halbtonintervall unten verkleinert und der Ganzton oben vergrößert sein wird. Es handelt sich hier um die «C h r o m a t i k» und die «E n h a r m o n i k» (beides im griechischen Sinn des Wortes). Als «chromatische» Form des Tetrachords gilt diejenige, die oben eine kleine Terz und unten zwei Halbtöne setzt (z. B. *a — ges* oder *fis — f — e),* als «enharmonisch» die, welche oben eine große Terz und unten zwei Vierteltöne setzt (z. B. *a — f —* Zwischenton von *f* und *e — e).* «Diatonisch», «Chromatisch» und «Enharmonisch» sind die drei Ton-«Geschlechter» (genera), wenn man will, «Quartenarten»; jedenfalls sind sie nicht zu verwechseln mit den drei «Quartengattungen», die man erhält, indem man im Rahmen der diatonischen Leiter bald von *e,* bald von *d* und bald von *c* ausgeht.

Dies alles erscheint uns sehr fremd, und wir können es uns kaum anders zurechtlegen, als indem wir vom diatonischen dorischen Tetrachord ausgehen und jene beiden anderen Formen als Unterstreichungen in jenem gegebenen melodischen Tendenz auffassen. Doch vielleicht war dies mehr oder weniger auch die griechische Auffassung; darauf deutet z. B., daß die Griechen oft die diatonische Teilung als die älteste bezeichnen und von der großen Schwierigkeit der enharmonischen sprechen, sowie daß die Enharmonik notorisch nur kurze Zeit im Gebrauch geblieben ist. Sagen wir also: es handelt sich um «Färbungen» oder «Akzentuierungen» des diatonischen Tetrachords *a g f e* (oder *e d c h),* und zwar um solche, bei denen die Ecktöne als extrem fest und die Zwischentöne als extrem variabel behandelt sind.

Indessen ist unsere Darstellung noch lange nicht vollständig: was hier schematisch als Dreiheit der Tongeschlechter hingestellt wurde, war in Wirklichkeit eine sehr große Vielfalt von Färbungen; und innerhalb dieser Vielfalt bedeutete jene «enharmonische» Form mit den zwei Vierteltönen unten durchaus den Extremfall. Nachdem die Enharmonik außer Übung gekommen war, blieb immer noch eine Vielfalt von Färbungen im Gebrauch, welche weniger weit gingen. Nach Ptolemäus (I 16) wäre bei den zu seiner Zeit (im 2. Jahrhundert n. Chr.) noch gebräuchlichen Quartenteilungen das Maximum für das oberste Intervall das Verhältnis 7 : 6 gewesen, was nicht einmal der kleinen Terz (6 : 5) entspricht; hier hätten sich die beiden unteren Intervalle in den vergrößerten Ganzton 8 : 7 zu teilen gehabt. Interessant ist, daß die Griechen hierbei das Gefühl hatten, daß je größer das oberste Intervall ist (und je weniger also für die beiden unteren übrig bleibt), um so «weicher» der Eindruck wäre. Offenbar haben diesen vielfältigen «Färbungen» gegenüber jene drei «Geschlechter» als Grundtypen zu gelten. Und es ist wahrscheinlich, daß innerhalb des gegebenen Geschlechts die Wahl der Färbung dem Ausführenden überlassen war: wiederum ein Merkmal der großen Freiheit, die der Ausführende dem Melodieoriginal gegenüber hatte.

Beizufügen ist noch, daß die in dieser Weise vermannigfaltigte Quart selbstverständlich auch in jene fundamentale 2-Oktaven-Tonleiter eingefügt wurde, anstelle oder in Vertretung des dorischen Tetrachords: die Geschlechter und Färbungen wurden auf die Gesamttonleiter angewandt. Dabei gilt theoretisch, daß innerhalb der Leiter alle

Quarten einander gleichgebaut sein müssen, d. h. es muß immer der n-te Ton der einen Quart mit dem n-ten Ton der folgenden Quart entweder eine reine Quart oder eine reine Quinte bilden: so wenigstens nach Aristoxenus; praktisch aber wurden, wie wir an unserem Beispiel sehen werden, auch verschieden gebaute Quarten nebeneinander gestellt; und Ptolemäus sieht diesen Fall auch theoretisch vor.

Nun könnte man noch die Frage stellen, ob diese Abstufung der Geschlechter und Färbungen wirklich nur auf das dorische Tetrachord, d. h. nur mit der Tendenz zur Verlegung des kleinsten Intervalls nach unten angewandt wurde, warum denn die Ersetzung der absteigenden Ganzton-Halbton-Folge durch zwei Halbtöne (oder zwei Vierteltöne) nur im Rahmen der Quarte *a—e* stattfinden sollte, warum sie nicht auch *g f e d* in *fis f e cis* (und entsprechend mit Vierteltönen) sowie *f e d c* in *f e cis c* (und entsprechend mit Vierteltönen) verwandeln konnte. Es liegen in der Tat Hinweise darauf vor, daß dies theoretisch ins Auge gefaßt worden ist. Aber praktisch bzw. musikalisch wird es kaum in Betracht gekommen sein. Denn hiermit wären offenbar variable Töne zu Quart-Ecktönen gemacht, während diesen die Festigkeit wesentlich zukommt. Allem zufolge waren es praktisch und historisch zwei Welten, zwei Arten der Melodik und zwei Geschmacksausprägungen: entweder blieb man im Rahmen des Diatonischen, in welchem Fall man die Mannigfaltigkeit hauptsächlich in den «Gattungen» oder Umkehrungen suchte, oder man erfreute sich an jenen weitgehenden Färbungen, und dann hatte man die diatonische dorische Quarte mehr oder weniger bewußt zum Ausgangspunkt.

*   *
*

Doch kehren wir zu jener 2-Oktaven-Grundtonleiter zurück. Wir haben noch ein Detail an derselben zu erwähnen, das uns den Weg zur T r a n s p o s i t i o n weisen wird. Die Griechen kannten nämlich neben der ein heptatonischen Form jener Leiter noch eine, die zwischen die beiden mittleren Tetrachorde *a g f e* und *e' d' c' h* das ebenso gebaute *d' c' b a* fügte; dieses hatte mit dem ersten jener beiden den Ton *a* gemein und mit dem zweiten die Töne *d' c'* — nur daß diese Töne hier eine andere Stellung oder melodische Funktion hatten (auf griechisch «Dynamis» = Macht, Fähigkeit). Chromatik (= Färbung) ist dies nicht, da es hier nicht sosehr auf die Ersetzung des *h* durch *b* ankommt, wie auf eine Versetzung des Systems, vermöge deren jetzt die gleiche melodische Funktion oder Qualität auf eine andere Tonhöhe fällt (und umgekehrt die gleiche Tonhöhe eine andere Qualität repräsentiert). Die Systemtransposition, wenn im Rahmen des musikalischen Geschehens angewandt, ist aber Modulation; und so nannten denn die Griechen diese erweiterte Form des 2-Oktaven-Systems «modulierend» («metabolon»), während das eingefügte Tetrachord «synemmenon» hieß (= das der Zusammengefügten, im Gegensatz zu dem der «Abgetrennten»).

Hier ist also schon im Rahmen der Grundtonleiter selbst Modulation vorgesehen: offenbar handelt es sich um diejenige Modulation, die den Griechen als die nächstliegende erschien. Hier tritt wiederum der Unterschied der Auffassung zutage: wie uns der Aufstieg natürlicher erscheint und von den drei Quartengattungen die mit dem Halbton in der Höhe, den Griechen dagegen das Umgekehrte, so erweist sich hier für sie die Modulation in die Unterquinte als nächstliegend, während es für uns die in die Oberquinte (die «Dominante») ist.

Indessen sind die Griechen in der Transposition noch viel weiter gegangen, indem sie das ganze 2-Oktaven-System auf verschiedene Tonhöhen versetzten. Allerdings könnte es hierbei als Inkonsequenz erscheinen, daß man das System mit Einschluß des Tetrachords «synemmenon» transponierte, welches bereits eine Modulation bedeutete; doch hat sich z. B. Ptolemäus gegen diese Inkonsequenz gewandt.

Und nun noch eine grundsätzliche Erwägung anläßlich der Systemtransposition.

Die Systemtransposition bedeutet entweder das Modulieren innerhalb einer Melodie, indem in interessanter Weise der Charakter des (auf gleicher Höhe stehenden) Tons verändert wird, man vergleiche z. B. in dieser mittelalterlichen Sequenzmelodie den Charakter der als g und f geschriebenen Töne vor und nach dem Eintritt des Erniedrigungszeichens:

Oder es handelt sich darum, daß eine Melodie, die erst in der einen Tonhöhe gespielt wurde, nun auf eine andere gesetzt wird. Das erstere ist eine real musikalische Angelegenheit, das letztere eine «akustische». Wir halten die beiden Dinge terminologisch auseinander, indem wir das eine Modulation und das andere Transposition nennen.

Nun stellen wir uns vor, die griechische Antike würde nur den Gesang gekannt, die griechische Musiktheorie nur diesen berücksichtigt haben, wie es im Umkreis der christlichen Kirchenmusik im früheren Mittelalter der Fall war. Dann würde sich die Frage der Transposition eigentlich gar nicht stellen; man würde einfach in der Tonlage singen, wie sie der Stimme angemessen ist, ohne sich darum zu kümmern, ob oder um wieviel es höher oder tiefer ist als eine durch Konvention gesetzte akustische Normallage. Aber die griechische Musik war in weitgehendem Maße Instrumentalmusik, und so mußte auf der Kithara die eine Lokalisierung des Tonsystems (die in unserem Sinn «vorzeichenlose», die auf den «weißen Tasten») als normal und die übrigen im Verhältnis dazu als transponiert gelten — wenn auch die Verknüpfung zwischen der Normallage und einer festen akustischen Höhe nicht so exakt gewesen sein wird wie bei uns, die wir die Schwingungsfrequenzen abzählen können.

Doch ist im Zusammenhang mit den Transpositionen des 2-Oktaven-Systems noch eines wichtigen, ja grundlegenden Tatbestandes zu gedenken. So wie Ptolemäus die Transpositionen entwickelt — und dies ist vielleicht der ursprüngliche, von Ptolemäus wiederhergestellte Sachverhalt —, besteht eine wesensmäßige Verknüpfung zwischen Transpositionen und Oktavgattungen, und zwar in folgender Weise. Verwirklichen wir die sieben Oktavgattungen innerhalb der mittleren Oktave des als fest, d. h. untransponiert genommenen 2-Oktaven-Systems, e—e', und verwirklichen wir sie in der Reihenfolge, wie sie innerhalb des untransponierten Systems, von oben begonnen, nebeneinander stehen: die a-Oktave, die g-Oktave, usw. bis zur h-Oktave (vgl. oben 63). Dies bedeutet nach unserer Ausdrucksweise, daß wir in der Oktave e—e' erst ein Kreuz, dann 3 Kreuze, 5 Kreuze, dann (für die e-Oktave) kein Vorzeichen, dann 2 Kreuze, dann 4 Kreuze, dann ein Be setzen müssen. So trifft der Ton, der seiner melodischen Funktion oder Qualität nach der Mese a entspricht (die «dynamische Mese»),

66

im ersten Fall auf *e*, im zweiten auf *fis*, dann auf *gis*, dann (ohne Vorzeichen) auf *a*, dann auf *h*, *cis* und *d:* eine Anordnung, die der Reihe der im untransponierten System nebeneinander stehenden Oktavgattungen *(a, g, f, e, d, c, h)* genau umgekehrt entspricht; denn die Folge *e fis gis a h cis d* würde, wenn ihrerseits in das untransponierte System versetzt, *g a h c d e f* bedeuten.

Und nun das für uns Verwirrende, das, was immer wieder zu einem Stein des Anstoßes geworden ist. Die Griechen verwenden für die Transpositionen Namen, die von griechischen Stämmen oder Nachbarvölkern entlehnt sind, sofern sie aber auch die Oktavgattungen mit solchen Namen versehen, sind es die der in jener Weise mit ihnen verbundenen Transpositionen, also:

hypodorisch	hieß die Transposition mit Proslambanomenos auf *E*					und die *a*-Oktave				
hypophrygisch	»	»	»	»	»	» *Fis*	»	»	*g-*	»
hypolydisch	»	»	»	»	»	» *Gis*	»	»	*f-*	»
dorisch	»	»	»	»	»	» *A*	»	»	*e-*	»
phrygisch	»	»	»	»	»	» *H*	»	»	*d-*	»
lydisch	»	»	»	»	»	» *cis*	»	»	*c-*	»
mixolydisch	»	»	»	»	»	» *d*	»	»	*h-*	»

Ich bemerke nochmals: die Transposition auf *E* setzt 1 Kreuz voraus, die auf *Fis* 3 Kreuze, die auf *Gis* 5 Kreuze, die untransponierte Form auf *A* kein Vorzeichen, die Transposition auf *H* 2 Kreuze, die auf *cis* 4 Kreuze und die auf *d* ein Be. Zur Illustrierung und zum Vergleich führe ich die als Oktavgattungen dargestellten mittelalterlichen Kirchentonleitern an, auf die man gleichfalls jene griechischen Namen angewendet hat:

a-Oktave	—	Grundton *d*	—	Hypodorisch	
h- »	—	» *e*	—	Hypophrygisch	
c- »	—	» *f*	—	Hypolydisch	Plagal
d- »	—	» *g*	—	Hypomixolydisch	
d- »	—	» *d*	—	Dorisch	
e- »	—	» *e*	—	Phrygisch	
f- »	—	» *f*	—	Lydisch	Authentisch
g- »	—	» *g*	—	Mixolydisch	

— wobei aber zu bemerken ist, daß die «Oktavgattungen» der Kirchentöne sich teilweise dadurch modifizieren, daß auch in diesem Tonsystem das *b* alternativ neben dem *h* steht.

Wie man sieht, hat das Mittelalter, indem es den auf *e* basierenden Kirchenton als phrygisch, den auf *d* als dorisch und den auf *c* als lydisch bezeichnete, nicht die Reihenfolge der antiken Oktavgattungen, sondern die der Transpositionen zum Ausgangspunkt genommen, denn die im gleichen System nebeneinanderstehenden Oktavgattungen müßten, von unten nach oben genommen, vielmehr Lydisch, Phrygisch, Dorisch heißen. Daß das Mittelalter aber Dorisch nicht auf *A*, sondern auf *d* und Phrygisch nicht auf *H*, sondern auf *e* setzte, hierfür scheint ein besonderer Umstand verantwortlich zu sein: daß nämlich bei Boetius, der die antike Theorie dem Mittelalter tradierte, eine Quartenverschiebung eingetreten ist, derzufolge die Reihe der Proslambanomenoi auf *A* bis *g*, statt auf *E* bis *d* fällt (oder wenigstens kann man Boetius so verstehen!).

Noch etwas ist hervorzuheben: die Griechen dachten sich jene Transpositionen nach Quinten (oder Quarten) gestaffelt, d. h. sie waren sich dessen bewußt, daß Systeme im Quint- oder Quartabstand einander nächstverwandt sind, daß hiernach der Ganztonabstand rangiert, welcher zwei Elementarschritte voraussetzt usw. (analog wie in unserem Quintenzyklus der Tonarten oder in dem der «Toncharaktere»), vgl. Ptolemäus II 10. Daß Aristoxenus bis zu 13 Transpositionen ging, welche räumlich nach Halbtönen gestaffelt waren, daß andere sogar bis zu 15 gingen, sei nur beiläufig erwähnt.

Die Tatsache, daß in der Reihe der Transpositionstöne drei, deren Namen mit «hypo» (= unter) gebildet sind, je eine Quart tiefer liegen als die entsprechenden anderen, hat teilweise zur Vermutung geführt, das Ursprüngliche seien die Transpositionstöne in ihrer räumlichen Staffelung, und die Oktavgattungen seien von ihnen abgeleitet gewesen. Auf der anderen Seite hat man umgekehrt die Tatsache, daß im griechischen 2-Oktaven-System der tiefste Ton (abgesehen vom «hinzugenommenen» *A*) «die Oberste der Obersten» und das Tetrachord von *e* bis *H* das «der Obersten» hieß, dadurch erklären wollen, daß der Leierspieler sein Instrument geneigt hielt und hierbei die dem tiefsten Ton entsprechende Saite zu oberst lag. Weder das eine noch das andere überzeugt mich. «Hypodorisch» usw. ist im Sinne der griechischen Sprache durchaus nicht «Unterdorisch», sondern «ein wenig Dorisch», d. h. qualitativ und nicht räumlich zu verstehen (übrigens wären, sogar wenn jene Namen von Hause aus zu den Transpositionstönen gehörten und von da auf die Oktavgattungen übertragen wurden, damit noch nicht die ersteren als das Ursprüngliche erwiesen). Die Leierhaltung auf den Bildern aber ist lange nicht in der Weise geneigt, daß man die eine Saite als oberste ansehen muß, auch ist nicht bewiesen, daß dies die dem tiefsten Ton entsprechende Saite gewesen sein müsse. Ich glaube, daß die Präpositionen *hyper* und *hypo* (über und unter, übrigens die erstere ursprünglich ein Komparativ der letzteren), sofern musikalisch verwendet, von Hause aus nicht räumlich zu verstehen sind, sondern daß *hyper* in erster Linie auf den höheren Rang, die größere Wichtigkeit deutet (diese kam in der Tat nach alter Auffassung dem tieferen Ton zu), während *hypo*, wie gesagt, in der Zusammensetzung mit Adjektiven dem Weniger-von-einer-Eigenschaft-Haben entspricht (und *hyper* etwa «überaus» bedeutet). Die Griechen haben nicht «umgekehrt wie wir, den tieferen Ton als höher empfunden», sondern ihnen lag überhaupt die Assoziation der Tongrade mit der Vorstellung von Hoch und Tief fern (sie stellten ja «spitze, scharfe» und «schwere» Töne einander gegenüber). In der späten Antike freilich macht sich teilweise doch die der unseren gemäße Anschauung geltend, d. h. die Auffassung von *hyper* und *hypo* im Sinne des Tonhöheren und Tontieferen.

*   *
*

Im ganzen stehen innerhalb der griechischen Musiktheorie zwei Prinzipien nebeneinander: das der gestaltmäßigen Anordnung der Töne, wie man es sich hauptsächlich im Rahmen der Quart, aber auch der Oktave vergegenwärtigte; und die Versetzung einer als typisch, als Tonsystem genommenen Leiter auf verschiedene Höhenstufen. Dies ist ein Theoriegebäude, das man als Ganzes nur bewundern kann.

Die griechische N o t e n s c h r i f t haben wir bereits oben, im Zusammenhang mit der Frage der Pentatonik in der altorientalischen Musik, vorgreifend berührt.

Die Griechen besaßen zwei Zeichensysteme, deren eines als Instrumental-, das andere als Vokalnotation angesehen wird. Es ist eine Zeichengebung, um deren Enträtselung sich in der ersten Hälfte des 17. Jahrhunderts G. B. Doni und vor 100 Jahren F. Bellermann und K. Fortlage verdient gemacht haben; Einzelheiten daran sind aber heute noch kontrovers.

e) Beispiele; der Rhythmus

Nun müssen wir, um nicht im Bereich des Theoretischen zu bleiben, ein Beispiel. vor unsere Augen stellen. Wir sind in der glücklichen Lage, einen Hymnus mit Noten aus Delphi zu besitzen, der zwar nicht aus der klassischen Zeit, aber doch aus dem 2. Jahrhundert v. Chr. stammt. Er ist freilich nicht vollständig erhalten, der Schluß fehlt. Es ist ein Hymnus, wie er vom Chor gesungen wurde, allerdings jetzt nicht mehr wie in der klassischen Zeit von einem aus Bürgern bestehenden Chor, einem «Gesangverein», sondern von Berufssängern. Beim Singen wurde getanzt. Wir haben uns außerdem eine Begleitung von Aulos und Kithara vorzustellen, welche sich gewiß nicht mit unisoner Verdoppelung der Melodie begnügten und ferner bei den Einschnitten Zwischenspiele ausführten.

Hier folge eine Stelle aus dem ersten und zwei Stellen aus dem zweiten Teil:

Der erste und dritte Teil des Hymnus ist diatonisch, der zweite «chromatisch» (einige Forscher haben hier sogar an «Enharmonik» gedacht, was aber nicht wahrscheinlich ist). Es liegt diejenige Systemtransposition vor, welche die Mese auf c setzt. Gelegentlich ist d («dynamisch» b) durch des («dynamisch» b) ersetzt, was den Übergang in das Tetrachord «synemmenon» bedeutet (Systemversetzung nach der Oberquart). Eine Oktavgattung ist nicht streng eingehalten, immerhin hebt sich die e-Oktave (mit drei b auf g transponiert) heraus, also die von den Griechen bevorzugte «dorische» Oktavgattung. Die «dynamische Mese» c (das a der untransponierten Leiter) bildet mehr oder weniger den Gravitationspunkt der Melodie, aber die Abschlüsse treffen eher auf den unteren Grenzpunkt der Oktave, die «Hypate» = Oberste; wir würden, selbstverständlich unsachgemäß, von Moll-Tonika und Halbschluß auf der Dominante sprechen. Im wesentlichen fügen sich hier die beiden dorischen Tetrachorde *g as b c* und *d es f g* aneinander. Doch wird im unteren der Ton *b* gar nicht berührt, und dies ist bemerkenswert. Die Folge *c as g* (oder untransponiert *a f e)* wurde nach Plutarch vom legendären Auleten Olympus bevorzugt, und aus ihr wäre durch Teilung des unteren Halbtons die «Enharmonik» entstanden (eine historische Hypothese, die nicht sehr plausibel ist). Diese Folge macht, indem sie zwischen die Ecktöne der Quarte nur einen Ton setzt, aus dem Tetrachord ein Trichord; sie gehört also eigentlich in den Bereich der Fünftönigkeit, aber nicht der normalen Pentatonik, die die Quarte als Ganzton und kleine Terz teilt, sondern sie ergibt die Teilung in Halbton und große Terz — wie es heute besonders die japanische Musik gern übt.

In dem sich heraushebenden Mittelteil des Hymnus ist die «Chromatik» in einer Weise angewandt, die nicht ganz der Theorie entspricht. Theoriegemäß wären die zwei «chromatischen» Tetrachorde in dieser Weise zu verbinden: *g as a c des d f.* Anstelle von *a* steht aber *h,* und so ergibt sich die nicht vorschriftsmäßige Reihe von drei Halbtönen *h c des d;* außerdem ist das obere *g* manchmal zu *ges* erniedrigt, was nicht «Chromatik», sondern eine vorübergehende Modulation in das um einen Ganzton tiefere System bedeutet.

Im ganzen finden wir, obgleich unsere Melodie nicht schematisch im Einklang mit den Lehren der Theorie verläuft, doch hier wie dort die gleichen Grundsätze angewandt: als Stütztöne treten solche hervor, die im konsonanten Verhältnis, insbesondere im Quartverhältnis zueinander stehen.

Wir haben den Text unserer Zitate in lateinischen Buchstaben transkribiert, indem wir aber die griechischen Akzente darüber setzten. Hier wird dem geneigten Leser auffallen, daß wo der Acutus («accent aigu» im Französischen) steht, die Melodie im allgemeinen den relativ hohen Ton aufweist, und auf den Circumflexus treffen meist zwei absteigende Töne. Dies ist nicht Zufall, sondern es hängt mit der Eigenart des griechischen Gesanges und der Sprache zusammen. Wir müssen uns vergegenwärtigen, daß der griechische Akzent schon in der gesprochenen Rede nicht sosehr die relative Tonstärke, wie die relative Tonhöhe anzeigt, daß also die Sprache schon in sich etwas vom Gesang hat; und daher mußte es dem Griechen natürlich erscheinen, daß auch beim eigentlichen Gesang, der mit festen Intervallen operiert, nicht zu sehr gegen den in den Worten selbst liegenden melodischen Tonfall verstoßen wurde. Diese Erscheinung finden wir heute noch in der Sprache und im Gesang außereuropäischer Völker, wie den Chinesen. (In späterer Zeit, wo anstelle des melodischen Akzents im Griechischen, wie im Lateinischen, der dynamische oder «expiratorische» oder Druck-Akzent getreten ist, also im Mittelalter, können wir beobachten, daß eine gewisse Tendenz besteht, die in d i e s e m Sinn betonte Silbe im Gesang mit dem höheren Ton zu verbinden; man sehe die gregorianischen Lektions-, Orations- und Psalmtöne; doch ist hier die Verbindung der beiden Elemente nicht mehr so intim wie dort.)

In unserem Hymnus ist der fünfzeitige, der sogenannte «kretische» Takt durchgeführt. Seine Grundform ist die Folge: Länge, Kürze, Länge, wobei die Länge das Doppelte der Kürze gilt. Wir sehen aber, daß die Länge häufig in zwei Noten und zwei Silben aufgelöst ist. Im Verhältnis zum Rhythmus, den wir für ein Pindarsches

Chorlied oder für ein Stück lesbischer Kitharodie angesichts der dort angewandten Mischung verschiedener Versfüße anzunehmen haben, ist der Rhythmus in unserem Stück einfach und einförmig.

* * *

In diesem Zusammenhang werfen wir noch einen Blick auf die antike Rhythmus-lehre. Charakteristisch für sie ist die enge Verknüpfung mit der Metrik, d. h. der Lehre von den Versmaßen. Die musikalischen Taktarten haben bei den Griechen ihre Namen von den Versfüßen, so daß nicht immer leicht zu erkennen ist, wovon die Rede ist. Die vier einfachsten Formen von Versfüßen sind: Jambus = kurz lang, Trochäus = lang kurz, Daktylus = lang kurz kurz, Anapäst = kurz kurz lang; und da, wie gesagt, die Länge das Doppelte der Kürze ist, gelten die beiden ersteren als dreizeitig, die beiden letzten als vierzeitig (Maßeinheit ist die kurze Silbe, die als «erste Zeit» oder «Urzeit» gilt). So ist der Fuß, wenn regelmäßig wiederholt, dem analog, was wir unter Takt verstehen.

Immerhin dürfen wir die bei uns gewohnten Betonungsverhältnisse hier nicht ohne weiteres als gegeben ansehen. Wir nehmen den Takt als mit der Akzentuierung verbunden, d. h. die Betonung als an den «guten Taktteil» gebunden, dort aber haben wir es mit einer vom Fußtakt unabhängigen Silbenbetonung zu tun, die 1. an sich schwach, 2. weitgehend mit dem melodischen Akzent verknüpft war. Also fragen wir: was hatte denn bei den Griechen der Takt, wie er durch die Aufeinanderfolge der Füße gegeben ist, für eine reale Bedeutung? Wahrscheinlich war er nur M a ß w e r k. Und doch weiß man anderseits, daß bei den Griechen der Takt gestampft wurde, daß der eine Teil des Taktes (Fußes) «Thesis» = Aufsetzen, Senkung, der andere «Ar-sis» = Aufheben, Hebung hieß, was eben auf das Heben und Senken des den Takt markierenden Fußes deutet. Und hier wieder etwas, das uns irre machen kann: während die jüngeren griechischen Grammatiker die Senkung bei Trochäus und Daktylus an den Anfang und bei Jambus und Anapäst an den Schluß setzen, also die Senkung auf die Länge fallen lassen, war für die älteren Grammatiker i m m e r der erste Teil des Fußes Hebung. Vielleicht deutet dies darauf, daß man in späterer Zeit schon einigermaßen wie wir empfand, die wir geneigt sind, Jambus und Anapäst als «auftaktig», mit Betonung auf dem 2. bzw. 3. Element aufzufassen. Jedenfalls aber — mag nun bei den Griechen eine durch den Takt oder Fuß bedingte Betonung statt-gefunden haben oder nicht — kann sie nur minim gewesen sein im Verhältnis zur melodischen Betonung, die ihrerseits mit einem schwachen Druck verknüpft war. Wir müssen offenbar den Fußtakt in erster Linie als eine l o g i s c h zusammengehörige Gruppe ansehen, und Arsis und Thesis als den suspendierenden und den abschließen-den Teil einer zeitlichen Zusammengehörigkeit. So stehen wir vor der uns paradox erscheinenden Tatsache, daß wo der Takt gestampft wurde, er sich im Klingen selbst kaum konkretisierte, während in der neuen Musik das Taktschlagen unhörbar wurde, die Musik aber stampfen lernte; und in diesem Zusammenhang erinnern wir uns, daß es ja auch noch in der Palestrina-Zeit das eigentliche Taktschlagen gab, wo doch die Musik gleichfalls nicht einer ausgesprochenen taktischen Betonung huldigte (daß eine solche immerhin wenigstens psychisch vorhanden war, ergibt sich daraus, daß sonst der Unterschied zwischen Vorhalts- und Durchgangsdissonanz nicht zur Geltung gekom-men wäre). Es ist, wie wenn das eine das andere kompensieren würde, d. h. die laute Taktbezeichnung da eintreten muß, wo sie nicht in der Musik selbst liegt. Wir müssen also zwischen «lauter Messung» und eigentlicher Betonung unterscheiden, obgleich es uns natürlich scheint, daß die Betonung mit der Messung zusammenfällt. So sind denn Arsis und Thesis, Hebung und Senkung in der neuzeitlichen Verslehre mit Betonung verknüpft, und es wird gewünscht, daß die betonte Silbe am Taktanfang steht. In der deutschen Verslehre erlangen die Begriffe «Hebung» und «Senkung» übrigens die umgekehrte Bedeutung als die, die sich bei den späteren griechischen Grammatikern ankündigte, denn hier ist Hebung die betonte Silbe.

Wie die Sprachmelodie für die gesungene Melodie mehr oder weniger maßgebend war, so war es der Rhythmus des gesprochenen Textes für den gesungenen, aber wiederum mit Freiheiten. Wir wollen selbstverständlich nicht annehmen, daß beim Sprechen die lange Silbe genau das Doppelte der kurzen war. Aber bei der gesanglichen Einkleidung galt dies zunächst als das Normale. Dann aber macht sich die Selbständigkeit der Musik geltend: wir finden bei antiken Rhetoren die ausdrückliche Angabe, daß sich der Gesang nicht immer an die Silbenlängen und -kürzen halten muß; und hierbei wird unterschieden zwischen dem «Metrum» als dem sich aus der Sprache ergebenden Gesetz und dem «Rhythmus» als dem musikalischen, wobei der letztere die Zeiten nach seinem Belieben modeln und sogar aus der kurzen Zeit (d. h. der kurzen Silbe) eine lange machen darf und umgekehrt. Da nun aber doch die musikalische Rhythmuslehre anhand der Versfüße entwickelt wird, ergeben sich im einzelnen ziemlich undurchsichtige Verhältnisse. Wir können uns also, was z. B. Pindar betrifft, von der eigentlichen Rhythmik, wie sie sich im gesungenen Vortrag abwickelte, nur ein unvollkommenes Bild machen, weil die musikalische Einkleidung jener Chorlieder restlos verlorengegangen ist (die Melodie, die zum Teil einer Pindarschen Ode überliefert ist, ist wahrscheinlich von einem Humanisten gefälscht; sie ist nicht vor dem 17. Jahrhundert nachweisbar).

V. CHINA UND INDIEN

a) China

Bevor wir zur Geschichte der christlichen Zeit übergehen, müssen wir jenen zwei nationalen Kulturgemeinschaften des alten Orients, die wir dem alten Griechenland voranstellten, wenigstens noch zwei weitere anreihen, China und Indien. Zum Unterschied vom alten Mesopotamien und Ägypten ist sowohl die Kultur Chinas als diejenige Indiens eine solche, die sich kontinuierlich bis in unsere Zeit fortgesetzt hat.

C h i n a hat trotz allen Invasionen, die es durchmachte, seinen Bestand als Volk und als Staat bis in die neueste Zeit bewahrt. In unserem Jahrhundert widerfuhr ihm allerdings etwas, das für seine Kultur gefährlicher werden könnte als alle jene Invasionen: es erfuhr die Einwirkung gewisser ihm wesensfremder westeuropäischer Tendenzen und Ideen, und seither befindet es sich in der größten seiner Krisen. Lassen wir einen möglichst farblosen Zeugen, ein Lexikon sprechen: «Jadis l'un des empires les plus anciens du monde, la Chine est devenue une république en 1912; mais, depuis cette époque, les rivalités entre la Chine du Sud et la Chine du Nord, la lutte entre le communisme et le banditisme, la guerre contre le Japon, la sécession de la Mongolie, puis de la Mandchourie, ont rendu difficile l'établissement d'un gouvernement stable.» Hier ist der Nachdruck auf die politische Seite der Sache gelegt; indessen liegt die Hauptgefahr in der Zersetzung der chinesischen Kultur.

Wir besitzen, was die chinesische Musik betrifft, ein reiches Schrifttum: da sind Musiktraktate, die mindestens bis in die Zeit des europäischen Mittelalters zurückgehen, sowie schon aus der Zeit vor Christus stammende philosophische und kosmologische Abhandlungen, die weitgehend auf die Musik Bezug nehmen (es ist das Verdienst der Abhandlung von M. Courant in Lavignacs «Encyclopédie de la musique», sich in hohem Maße auf diese Quellen zu stützen und einen Überblick über sie zu geben).

Was uns bei diesem musikalischen Schrifttum besonders beeindruckt, ist, daß es lange nicht in dem Maße, wie wir erwarten würden, auf die konkrete Musik Bezug nimmt, sondern die Musikbetrachtung mit der Weltbetrachtung, also der Kosmologie und Philosophie, verknüpft; wir fühlen uns hier an den griechischen Pythagoreismus und seine mesopotamischen Affinitäten erinnert. Aber nicht nur in der theoretischen Betrachtung wird die hörbare Musik mit der unhörbaren verbunden; auch die praktische Musikausübung war in China bis in die Neuzeit hinein stark mit «abergläubischen», symbolhaften Vorstellungen verknüpft.

So lesen wir z. B. (nach Courant S. 205): «Les sons clairs et distincts représentent le Ciel, les sons amples et forts représentent la Terre; la succession des mouvements de la danse représente les quatre saisons . . . La musique, c'est l'harmonie du Ciel et de la Terre; les rites, c'est la hiérarchie du Ciel et de la Terre. La musique tire du Ciel son principe d'efficacité; les rites prennent à la Terre leur vertu qui règle . . . L'un des termes (der Himmel) étant mouvement, l'autre (die Erde) repos, il en dérive ce qui est entre le Ciel et la Terre. C'est pourquoi les hommes saints se sont bornés à parler des rites et de la musique.» Ebenda 206: «Au solstice d'hiver . . . la musique s'accorde haut, l'ombre du gnomon atteint le maximum» (und umgekehrt bei der Sommersonnenwende). Oder wie es Courant ausdrückt: da die Musik nach dieser Auffassung ein Ausdruck der Naturharmonien ist, ist sie auch ein Ausdruck der geistigen Kräfte, die gleichfalls zum Weltganzen gehören, sie geht aus ihnen hervor und ihrerseits kann sie sie regeln. Auf S. 206 f. bringt Courant Auszüge aus einem mindestens in das 2. Jahrhundert v. Chr. zurückgehenden Traktat, welcher die Beziehungen zwischen Tönen, Instrumenten, Melodien und Gedichten einerseits, seelischen, sozialen und politischen Dingen anderseits behandelt: der Grundton stellt den Herrscher dar, die Sekunde die Minister, die Terz das Volk, die Quinte die öffentlichen Dienste und die Sexte die materiellen Güter; und nun wird aufgezählt, welcher Schaden entsteht, wenn jede dieser Tonstufen gestört ist; «si les cing degrés sont tous troublés, les rangs empiètent les uns sur les autres, c'est ce qu'on appelle insolence; s'il en est ainsi, la perte du royaume arrivera en moins d'un jour». Weiter lesen wir in diesem Traktat: «Celui qui chante se rend droit et déploie son action morale; quand il s'est mis lui-même en mouvement, le Ciel et la Terre lui répondent, les quatre saisons sont en harmonie, les étoiles et les astres sont bien réglés, tous les êtres sont entretenus en vie. La musique est ce qui unifie, les rites sont ce qui différencie; par l'union il y a amitié mutuelle; par la différence il y a respect mutuel. Quand la musique prédomine, il y a négligence; quand les rites prédominent, il y a séparation . . . D'après la loi immanente du Ciel et de la Terre, si le froid et le chaud ne viennent pas en leur temps, il y a des maladies; si le vent et la pluie ne sont pas mesurés, il y a des famines. Les instructions du prince

74

sont le froid et le chaud pour le peuple; si les instructions ne viennent pas en leur temps, cela nuit aux gens. Les actes du prince sont le vent et la pluie pour le peuple; si les actes ne sont pas mesurés, ils sont sans effet. Ainsi, les anciens rois faisaient de la musique un moyen pour modeler leur gouvernement; si elle était bonne, les actions du peuple imitaient la vertu du prince. Les anciens rois . . . fixèrent par les lyu (das auf der Rohrabmessung beruhende Tonsystem) les proportions du petit et du grand . . . Ils firent que les rapports des parents proches et éloignés, des nobles et des vils, des anciens et des cadets, des hommes et des femmes prissent tous forme visible dans la musique . . . Une musique avec des sons larges tolère les projets criminels; avec des sons resserrés elle fait penser aux désirs égoïstes (ob hier nicht eher weite und enge Intervalle als Töne gemeint sind?) . . . Quand l'esprit d'opposition se manifeste, la musique débauchée se produit . . . quand l'esprit de conformité se manifeste, la musique harmonieuse se produit. Ainsi se répondent la voix qui entonne le chant et les voix qui accompagnent (die Konsonanz!) . . . Quand la musique exerce son action, . . . l'Empire est totalement en paix.» Courant (208) bemerkt hierzu, daß dies zwar für uns Metaphysik, für den Chinesen aber ursprünglich und teilweise noch jetzt (1913) der Ausdruck realer Beziehungen sei.

Da nach diesen Anschauungen der Kaiser Mittler zwischen Himmel und Erde ist, anderseits aber auch die Musik zwischen Himmel und Erde vermittelt, verstehen wir die wehmütigen Worte eines jüngeren Sinologen, wonach mit dem politischen Umsturz in China eigentlich auch die Musik tot ist, wie das Leben überhaupt seine ordnende Achse verloren hat. Von jenem festen Gefüge ist nur noch der alte Familienkult übriggeblieben, der allerdings eine starke zusammenhaltende Kraft ausüben soll. Auch die chinesische Musik steht heute als eine Ruine vor uns, immerhin eine Ruine, die zum mindesten noch einen ehrfürchtigen Schauer zu erwecken vermag.

* *
*

Als Beispiel chinesischer Melodik diene uns dieser Anfang eines buddhistischen Tempelgesangs (nach R. Lachmann, Musik des Orients. N. 3):

Wie man sieht, ist es ausgesprochene Pentatonik, wobei aber zu den fünf Tönen *f g a c d* noch *e* als melodisch senkundäre Nebennote tritt. Es ist interessant zu vermerken, daß man in Japan und Korea diese Art Pentatonik teilweise geschärft hat, indem man die Quarte statt durch Ganzton und kleine Terz durch Halbton und große Terz teilte («Halbton-Pentatonik»); das Trichord *a f e* oder *e c h* spielt übrigens, wie wir sahen, auch in der antiken griechischen Musik eine gewisse Rolle.

Doch nun noch etwas die Praxis der chinesischen Musik Betreffendes. Ihr Rhythmus ist gemessen, gleichmäßig und weitgehend «quadratisch» (d. h. nach der Formel 2×2 gegliedert). Indessen wird die Melodie, besonders beim Instrumentenspiel, nicht in dieser schlichten Weise vorgetragen. Man hat eine Grundmelodie vor sich, die in gleichmäßig langen Tönen einherschreitet, und nun werden diese Töne in den verschiedenen Instrumenten in verschiedener Weise in kleine Noten aufgelöst. Schon alte Traktate geben hierfür Formeln an, die allerdings einen recht schematischen Eindruck machen. Die Praxis aber verfährt, indem sie dieses Prinzip zugrunde legt, künstlerischer und freier. Um sich davon ein Bild zu machen, greife man zu einem Aufsatz von E. von Hornbostel im AM I: hier hat man nebeneinander die nach dem Phonogramm angefertigte Transkription des Stücks, wie es ein blinder Gitarrist spielte, und die Notation des Melodieskeletts, wie sie von demselben diktiert wurde: ein eindrucksvolles Beispiel souveräner, d. h. nicht rein reproduktiver Musikübung.

Nun müssen wir wiederum Fragen des T o n s y s t e m s nachgehen.

In der chinesischen Überlieferung ist viel die Rede von der akustischen Bestimmung des Grundtons, der «die gelbe Glocke» (hwang-tschong) heißt. Indessen handelt es sich hier nicht um eine Angelegenheit oder eine Anforderung des «absoluten Gehörs»; denn dieses ist nur die Fähigkeit der Erinnerung an eine bestimmte Tonhöhe; und es besteht kein innerer Grund, einen Ton von 366 Schwingungen pro Sekunde als im Vergleich zu einem anderen mit 357 Schwingungen bevorzugt anzusehen. Es ist lediglich eine Angelegenheit der «Maßnorm», d. h. ein Ausfluß des Bedürfnisses, das akustische Maß mit dem optischen in Übereinstimmung zu bringen, und dies, indem man von einer Norm ausgeht, die mit einem sakralen Charakter umkleidet ist.

Es handelt sich um ein gedecktes Bambusrohr von 1 Fuß Länge. Allerdings gibt es in der chinesischen Überlieferung mehr als 20 verschiedene Fußmaße, die ziemlich weitgehend variieren, wie dies ja auch in Europa im Mittelalter und bis in die Neuzeit der Fall gewesen ist. Die Überlieferung lautet, ein sagenhafter Kaiser habe diese Maßnorm festgestellt, indem er Diener in ein Tal im Westen des Reiches schickte (dies könnte auf Verbindungen mit dem westlichen Asien deuten), welche dort das betreffende Rohr schnitten. Und nun sah man es für so wichtig an, dieses richtige und naturgegebene Maß zu besitzen, daß man glaubte, daß, wenn es im Staatsleben schief gehe, dies nur daran liege, daß die Maßnorm nicht die richtige wäre. So erklärt es sich auch, daß man bei Einschnitten in der Geschichte des Reiches, wie sie durch einen Wechsel der Dynastie bezeichnet wurden, immer von neuem versuchte, die ursprüngliche Maßnorm jenes sagenhaften Kaisers wieder festzustellen; man hat also immer wieder gewechselt, aber nur in der Absicht, das ursprüngliche Maß wieder einzuführen.

Nun lesen wir schon in einem Text aus dem 3. Jahrhundert v. Chr., daß von diesem Grundton aus die übrigen Töne nach dem Prinzip der Quintengeneration gewonnen werden, indem man abwechselnd um eine Quint aufsteigt und um eine Quart absteigt, und zwar werden hierbei die Verhältnisse der Rohrlängen angegeben als $1 \times {}^2/_3 \times {}^4/_3 \; (= {}^8/_9) \times {}^2/_3 \; (= {}^{16}/_{27}) \times {}^2/_3 \; (= {}^{64}/_{81})$ usw. Die so gewonnene Reihe absoluter Tonhöhen waren die *lü* oder *lyu* (= das Gesetz). Schreiben wir den Anfangston konventionell als *f,* so erhalten wir diese Reihe von Quinttönen:

	c	d	e		fis	gis	ais
f	g		a		h	cis	dis

wonach der 13. Ton *(eis)* u n g e f ä h r wieder mit dem ersten bzw. mit dessen Oktave übereinstimmt. Daß die Übereinstimmung nicht genau sein kann, ergibt sich daraus, daß wir bei Potenzierung von ${}^2/_3$ oder ${}^4/_3$ niemals zu einer ganzen Zahl gelangen: auf diesem Wege erhalten wir eine Oktave, die etwas zu groß ist, und dies haben auch die Chinesen frühzeitig gemerkt (das Überragen beträgt ungefähr ${}^1/_8$-Ton, das «pythagoreische Komma»; durch unsere «gleichschwebende Temperatur» verkleinern wir die reine Quinte um etwa ${}^1/_{100}$ des Ganztons, um nach 12 Quintschritten die reine Oktave zu erhalten).

Indessen ist dieser theoretischen Rechnung noch eine physikalische Bemerkung anzufügen: bei Abtragung von ${}^2/_3$ der Rohrlänge ergibt sich die genaue Quinte (d. h. das Schwingungszahlverhältnis ${}^3/_2$) nur unter der Voraussetzung, daß gleichzeitig der Durchmesser in einem ganz bestimmten Verhältnis verändert wird; denn die Tonhöhe einer Pfeife (die Schwingungsfrequenz) bemißt sich nicht durch ihre reine Länge, sondern durch die Länge mit einem Zusatz, der vom Pfeifendurchmesser abhängt, und so wird bei gleichem Durchmesser das Längenverhältnis ${}^2/_3$ eine Quinte ergeben, die etwas zu klein ist. Dies ist das Problem der «Mündungskorrektion».

Indessen scheint es, daß wir für die Zeit, da sich die Chinesen ernstlich bemühten, den Ausgleich oder die «Temperatur» zu berechnen, mit dieser Komplikation nicht zu rechnen haben, da sie inzwischen dazu übergegangen waren, statt mit Rohrlängen mit S a i t e n längen zu operieren. Auf diesem Wege kamen sie nach verschiedenen Versuchen schon im 16. Jahrhundert zur Berechnung der «gleichschwebenden» Temperatur, die jede Quinte um ein Minimes verkürzt, also ein Jahrhundert bevor in Deutschland Werckmeister die Oktavzwölftel zum Postulat machte.

Zu unserer Enttäuschung müssen wir aber konstatieren, daß während in Europa diese Berechnung von der Praxis gierig aufgegriffen wurde, sie in China reine Theorie blieb. Der Grund ist leicht einzusehen: die gleichschwebende Temperatur ist eine wirkliche Notwendigkeit nur, wo die Musik essentiell mehrstimmig ist und dabei alle Tonarten (Transpositionen) gleichmäßig benützen will; in der Einstimmigkeit kann man sich sehr gut durch empirischen Ausgleich einzelner Intervalle nach dem Gehör behelfen.

Doch wäre man in China nur bei dieser Empirie geblieben! Die letzte Dynastie sah sich im Jahre 1712 bemüßigt, ein künstlich ausgedachtes System zu proklamieren, das zwar in seiner Weise einen Ausgleich zwischen Quinte und Oktave anstrebte, aber 14 Töne in der Oktave statuierte, von denen indessen nur 12 anerkannt wurden. Das Resultat dieser Leistung eines Musiktheoretikers war, daß solche Abweichungen von der reinen Stimmung eintraten, die auch einem nicht übermäßig feinen Gehör störend auffallen (s. Courant S. 92 und 112). Immerhin ist diese gewaltsame Neuerung in der Praxis keineswegs allgemein durchgeführt worden.

Die absolute Höhe des Ausgangstons, der einer Rohrlänge von 1 Fuß entspricht, hat, wie gesagt, musikalisch keine Bedeutung; immerhin müssen wir diese Frage ins Auge fassen, weil sich eine sehr kühne und weit ausgreifende Hypothese daran geknüpft hat. Ich meine die «B l a s q u i n t e n t h e o r i e» E. von Hornbostels.

Während heute in der Praxis der chinesischen Musik im allgemeinen ein Ton in der Höhe unseres *e'* als Ausgangspunkt oder «Kammerton» gilt, der einer gedeckten Rohrlänge von etwa 260 mm entspricht (was aber nicht hindert, daß auf dem klassischen chinesischen Saiteninstrument, der Khin genannten Gelehrtenzither, der Kammerton ungefähr eine kleine Terz höher ist), geht Hornbostel von einer doppelten Voraussetzung aus: a) er meint, daß unter den vielen historisch aufeinanderfolgenden chinesischen Fußmaßen das zu 230 mm ein besonders altes und wichtiges gewesen sei; er vermag seine Wichtigkeit allerdings nicht aus der chinesischen Überlieferung zu belegen, meint aber, Zusammenhänge zwischen diesem Maß und altsumerischen wie auch altperuanischen Maßen zu finden, indem diese in einfachen Verhältnissen zu jenem stehen sollen; b) anderseits nimmt er an, daß jenes Rohr von 230 mm als Panpfeifenrohr von normaler Weite einen Ton von 366 Schwingungen ergeben haben müsse (ungefähr unser *fis'*). Und nun greift Hornbostel mit einer weiteren Hypothese ein: man habe ursprünglich gar nicht nach Rohrlängen gemessen, sondern man sei von solchen Quinten ausgegangen, wie man sie durch Überblasen erhalte; beim gedeckten Rohr ist ja der erste Oberton die Duodezime, die, in die untere Oktave versetzt, die Quinte ist; und hier behauptet Hornbostel, diese Überblasquinte sei kleiner als die reine Quinte, und zwar um etwa ⅛-Ton. Er findet, daß z. B. der oberste Ton auf heutigen brasilianischen Panpfeifen genau eine Blasquarte (eine um ⅛-Ton vergrößerte Quarte) über dem von ihm angenommenen Ton mit 366 Schwingungen stehe. So bildet er mit diesem als Ausgangston einen «Blasquintenzirkel», der nach 23 Schritten beinahe genau auf eine Oktave des Ausgangstons fällt, und dessen 23 Töne, wenn durch Oktavversetzung alle in den Raum einer Oktave gestellt, ziemlich gleichmäßig um ungefähr ¼-Ton voneinander abstehen. Und nun findet Hornbostel weithin in der Welt absolute Tonhöhen, die diesem auf dem Ton 366 basierten Zirkel entnommen sind. Seine Hypothese ist also: erst sei der Blasquintenzirkel mit dem Ton 366 als Ausgangspunkt da gewesen, und von China, wenn nicht gar aus einem Urzentrum menschlicher Kultur, habe sich dieser Zirkel über die ganze Welt verbreitet; erst später sei man auf Grund der Saitenteilungen zur reinen Quinte übergegangen.

Es ist klar, daß, wenn diese Hypothese zutrifft, wir sie der Größe des Problems nach als die wichtigste unter allen musikwissenschaftlichen Leistungen ansehen müssen. Doch steht sie auf schwachen Füßen. Ein Mitglied des Musikwissenschaftlichen Seminars der Universität Basel hat durch physikalische Messungen gefunden, daß ein Rohr von 230 mm Länge nicht einen Ton von 366, sondern von etwa 357 Schwingungen ergibt, und daß — was schon von vornherein wahrscheinlich war — von einer durchgehenden Vertiefung der durch Überblasen gewonnenen Quinte keine Rede sein kann. Außerdem ist Hornbostel — wie gleichfalls bei dieser Gelegenheit vermerkt wurde — einer Selbsttäuschung erlegen, indem er Töne seines Zirkels über die ganze Welt verstreut fand, denn bei der Engmaschigkeit seines Zirkels, dessen Töne um je ¼-Ton voneinander abstehen, wird jede beliebige Tonhöhe einem Ton des Zirkels mit der Genauigkeit von mindestens ⅛-Ton entsprechen. Auch die Genauigkeit von Hornbostels Messungen, für die er seinen Taschentonometer benützte, ist Zweifeln unterworfen. Überhaupt hat er sich nie die Mühe genommen, seine Hypothese in klarer Form — d. h. unter klarer Scheidung zwischen faktischen Befunden (Messungen) und hypothetischer Konstruktion — vor den Leser zu stellen, so daß dieser durch intuitive oder exakte Wahrscheinlichkeitsrechnungen ihre Plausibilität hätte abschätzen können. Wir lassen gerne gelten, daß sakrale Längenmaße von Volk zu Volk übernommen wurden, doch bietet das, was Hornbostel in dieser Richtung beibringt, keine genügende Grundlage für seine Hypothese. Daß aber absolute Tonhöhen vermöge der bloßen E r i n n e r u n g mit solcher Genauigkeit von Volk zu Volk und von Jahrtausend zu Jahrtausend gewandert wären, ist eine unmögliche Annahme. Sollte es sich bewahrheiten, daß sich in gewissen Kulturkreisen eine vertiefte Quinte besonders bemerkbar macht, so ist jedenfalls die Annahme, daß es sich um eine Rohrlängenabtragung im Verhältnis von ²/₃ bei konstantem Durchmesser unter Außerachtlassung der «Mündungskorrektion» (s. oben) gehandelt habe, akustisch plausibler als die einer Vertiefung infolge Überblasens. Im ganzen ist diese Hypothese wohl das nicht zu überbietende Erzeugnis einer positivistischen Denkweise, die die spontane psychische Reaktion auf die den einfachen Frequenzverhältnissen entsprechende Konsonanz unterschätzt und das Musikalische durch greifbare außermusikalische Faktoren mit Zuhilfenahme des Gewohnheitsfaktors erklären will.

* * *

Indessen betrifft, was wir bisher von den chinesischen Lü (und im Anschluß daran vom Blasquintenzirkel) gesagt haben, immer noch nicht die m u s i k a l i s c h e T o n l e i t e r, sondern nur die akustische; es betrifft den Tonvorrat, wie er auf Instrumenten vorhanden ist («Materialtonleiter»), aber nicht die Leiter, wie sie etwa einer Melodie zugrunde liegt und wie sie eine Auswahl unter den Tönen der Materialleiter voraussetzt. Die Chinesen selbst haben diese Begriffe klar unterschieden: sie kennen schon in vorchristlicher Zeit neben den absoluten Lü auch die relativen. Dieser aber sind nur fünf: die chinesische Pentatonik. Immerhin haben auch noch zwei sekundäre Töne, die sogenannten «Pien», Anerkennung gefunden. Wenn es nun in der chinesischen Überlieferung heißt, daß die fünf relativen Lü den ersten unter den 12 absoluten Lü entsprechen, und wenn es heißt, daß die fünf relativen auf alle 12 Stufen der absoluten Lü-Reihe versetzt werden können, so ist wohl klar, daß man in China die eigentlichen Tonqualitäten, welche auf der Stellung der Töne in der Quintenreihe beruhen, von den reinen Tonhöhen unterschieden hat.

So können wir die musikalische Tonleiter der Chinesen als eine ansehen, welche als Haupttöne f g a c d und als Nebentöne e und h umfaßt; allerdings tritt gelegentlich auch eine Auffassung zutage, derzufolge die Haupttöne als c d e g a und die Nebentöne als f und h anzusehen wären (dies immer im Sinne relativer und nicht absoluter

Tonhöhen genommen). Jedenfalls ergibt die chinesische Pentatonik fünf Gattungen oder Ausschnitte: *c d e g a (c), d e g a c (d), e g a c d (e), g a c d e (g)* und *a c d e g (a),* wobei außerdem wieder jeder der fünf Töne melodisch den Grundton, das Zentrum, bilden kann.

Wir sehen, daß die chinesische Tonleiter auf der gleichen Grundlage beruht wie die griechische, nur daß der Ausschnitt aus dem Quintenzirkel hier ein fünfstufiger und dort ein siebenstufiger ist, sowie daß dort die Quarte mit ihren Zwischentönen zum Gegenstand besonderer chromatischer Experimente wird. Auch in bezug auf das Transpositionswesen besteht grundsätzliche Übereinstimmung.

Wir müssen sagen, daß die chinesische Pentatonik wenigstens uns einen klaren, innerlich ruhigen Eindruck macht, da ihr innerlich intensivstes Intervall die große Terz ist, welche nur fünf Quintschritten entspricht, und da ihr so intensive Intervalle wie der Halbton (6 Quintschritte) und der Tritonus (7) fehlen — wenn wir von den «Pien» absehen.

b) Indien

In bezug auf Indien wollen wir uns kurz fassen. Hier liegt gleichfalls, aber nicht in dem Umfang wie in China, ein musikalisches Schrifttum vor, das in diesem Fall bis in die ersten Jahrhunderte unserer Zeitrechnung zurückreicht. Das Verhältnis zwischen «Materialleiter» und musikalischer Leiter ist recht weitschichtig, aber logisch gestaffelt (ich folge hier einem vorzüglichen Kenner der Materie, Dr. A. A. Bake, der in seiner Dissertation von 1930 einen etwa aus dem 16. Jahrhundert stammenden, aber älteres Gut verwertenden Traktat herausgab und mich auch mündlich freundlichst belehrte). Zunächst ist die Oktave auf Grund von noch nicht ganz durchsichtigen Erwägungen, aber jedenfalls im Zusammenhang mit einer Saitenteilung in einfachen Verhältnissen in 22 kleine Intervalle *(sruti)* zerlegt, die untereinander nicht gleich sind. Auf dieser Grundlage erheben sich zwei (oder drei) siebentönige Leitertypen *(grama),* die wir als diatonisch mit chromatischen Varianten auffassen können, und über diesen wiederum die Oktavausschnitte oder Oktavgattungen *(muchrana);* im erwähnten Traktat heißt es sehr schön, die *gramas* seien die «Wohnorte» der *muchranas.* Und nun die musikalische Leiter im vollen Sinne: diese entscheidet sich einerseits für die Fünf-, Sechs- oder Siebentönigkeit (also für die allfällige Weglassung eines oder zweier Töne — die Pentatonik erscheint demnach als Resultat eines Ausfalls), anderseits setzt sie den Anfangston, den Endton und den am häufigsten gebrauchten Ton (wir könnten sagen: den melodischen Grundton) fest. Dies ist der *raga:* ein in spezieller Weise determinierter «Modus». Bei der Verknüpfung zwischen Musikanschauung und einer philosophisch orientierten Kosmologie, wie sie auch in Indien gegeben ist, beim Hang der Alten und der Orientalen zur Symbolik ist es beinahe selbstverständlich, daß solche Ragas bestimmten Tageszeiten usw. zugeordnet werden.

Eine Raga ist also nicht, wie man es manchmal sagt, ein «Melodiemodell»: wenn auch dem Begriff der Melodie schon einigermaßen nahekommend, ist er doch eine Angelegenheit «rationaler» theoretischer Besinnung — was freilich nicht ausschließt, daß er durch poetische Schilderungen und sogar durch Personifikationen charakterisiert wird. Wir sehen hier wieder: der Konkretismus hervorragender Vertreter der «vergleichenden Musikwissenschaft» wie E. von Hornbostel und R. Lachmann, dem naive oder sensationslüsterne Musikhistoriker gefolgt sind (und mit dem ich mich in «Der Toncharakter» mühsam auseinanderzusetzen hatte), hat uns teilweise geradezu ein Zerrbild orientalischer Musikauffassung gegeben.

Wie man sieht, haben wir, indem wir solche Großreiche wie China und Indien einbezogen, bereits den historischen — oder chronologischen — Rahmen unserer Darstellung gesprengt, wir sind bis zur Gegenwart herabgestiegen; und der Grund dafür ist eigentlich nur unsere Unwissenheit: wir wissen in der Tat noch zu wenig von der Musik und der musikalischen Überlieferung dieser Länder, um deutlich das, was die Musik der Gegenwart ist und was die der Vergangenheit sein könnte, auseinanderzuhalten. Doch angenommen sogar, wir wären diesbezüglich viel besser unterrichtet, als wie wir es sind, so käme eine chronologische Aufstellung des musikalischen Verlaufs in jenen Ländern in strenger Parallele zum zeitlichen Ablauf der europäischen Musikgeschichte aus einem anderen Grund nicht in Frage, denn es besteht für uns, wenigstens vorläufig, keine historische Beziehung zwischen dem, was sich im 16. Jahrhundert musikalisch in China, und dem, was sich in Italien und Deutschland abspielte. Wir können also noch keine musikalische Weltgeschichte aufbauen, die rein zeitlich fortschreiten und unter jedem Zeitpunkt alle Länder betrachten würde, oder anders ausgedrückt: der Begriff der historischen Zeit ist für uns vorläufig auf Europa, ja sogar hauptsächlich auf Westeuropa beschränkt. Doch wenn wir es genauer überlegen, verhält es sich auch in der Kulturgeschichte im allgemeinen nicht anders, ja bis zu einem gewissen Grade auch innerhalb der eigentlichen (der politischen) Geschichte, obgleich diese schon seit längerer Zeit den Begriff der «Weltgeschichte» braucht und es mehr oder weniger versucht, damit auch Ernst zu machen. Der Begriff der historischen Zeit verwirklicht sich also nicht — noch nicht — in seinem vollen Umfang.

Das Verhalten der Musikwissenschaft ist hier — wenigstens bisher — dieses, daß sie neben der sich auf Europa konzentrierenden Musik g e s c h i c h t e die außereuropäische Musik im Rahmen der m u s i k a l i s c h e n E t h n o - l o g i e betrachtet, wie ja auch die Kulturwissenschaft Kulturgeschichte und Völkerkunde in diesem Sinne nebeneinander stellt. Beiläufig gesagt, ist mir die Bezeichnung des betreffenden Zweiges der Musikwissenschaft als musikalische Ethnologie oder musikalische Völkerkunde sympathischer als der Name einer «vergleichenden Musikwissenschaft», denn dieser klingt etwas großsprecherisch: wie wenn es nur in diesem und nicht in jedem anderen Wissenszweig auf das Vergleichen ankäme.

Es mag demgemäß inkonsequent erscheinen, wenn wir Mesopotamien und Ägypten doch in die Musikgeschichte einbeziehen; wir tun dies einfach deswegen, weil diese Kulturbereiche so ganz der Vergangenheit angehören; außerdem wissen wir von den Fäden, die das alte Griechenland mit Ägypten und Vorderasien verbanden, und schließlich ist alles Mittelmeerische im weiteren Sinne europäisch. Doch zeigt sich bei näherem Zusehen, daß es hier noch Zwischennuancen gibt. Wir haben auch China und Indien in unsere Darstellung einbezogen, die hier eine Mittelstellung einnehmen, insofern als ihre Musik wie in die Geschichte, so in die Gegenwart hineinreicht. Und die Abstufung kann noch weiter gehen: die Kultur Chinas wird man angesichts der reichen historischen Überlieferung dieses Landes nicht in dem Maße als Gegenstand der Völkerkunde ansehen wie die Indonesiens, und die von Indonesien, das doch auch eine historische Überlieferung hat, wird man immerhin eher in den Aspekt der Kulturgeschichte stellen als die der Südseeinseln, usw.

So ist es offenkundig die einmal zu erreichende Grenze der wissenschaftlichen Entwicklung, daß die Völkerkunde mit der Kulturgeschichte verschmilzt und die musikalische Ethnologie mit der Musikgeschichte. Aber so weit sind wir heute noch nicht, besonders auf dem musikalischen Gebiet. Hier ist der Begriff der historischen Zeit vorläufig notwendigerweise verengert, und es wird, was die außereuropäische Musik betrifft, noch vieler Studien bedürfen, bis wir sie, oder genauer: die außereuropäischen Musiken erfassen können in ihrer Eigenart als etwas von unserer Musik Verschiedenes und gleichzeitig doch mit ihr Verbundenes. Wir sagen also realistisch, daß sich unsere Musikwissenschaft vorläufig in begründeter Weise in einen historischen und einen ethnographischen Zweig scheidet, wobei jeder dieser Zweige mehr oder weniger mit seinen eigenen Methoden arbeitet (ich spreche nicht davon, daß wir außer diesen beiden speziellen Zweigen noch einen allgemeinen besitzen, die Musikpsychologie, die von ihrem Standort aus in mancher Beziehung zwischen Musikgeschichte und Musikethnologie vermittelt).

Es wäre zwecklos, eine Synthese forcieren zu wollen, die sich erst allmählich anbahnen kann. Zwar hat sich die Tatsache, daß jene beiden Gebiete der Musikwissenschaft irgendwie konvergieren, schon mehrfach geltend gemacht. Aber gleichzeitig hat sich auch immer gezeigt, daß hier Eilfertigkeit schadet. Ich meine nicht einmal sosehr den Versuch einer Synthese, der neuerdings am Problem der Mehrstimmigkeit unternommen wurde und der an

der Mangelhaftigkeit der Vorarbeiten wie an der Unklarheit der Begriffs-
bildung gescheitert ist, sondern dies, daß sich ausgesprochene Vertreter
der musikalischen Ethnologie manchmal in dilettantischer (vom Standpunkt
der Musikgeschichte aus dilettantischer) Weise in die Musikgeschichte hin-
eingemengt haben, indem sie ungeklärte Fragen der europäischen Antike
oder des Mittelalters durch den Hinweis auf Verhältnisse der außereuropäischen Musik ohne weiteres «erklären» wollten (s. oben 61).

*   *
*

Und doch bleibt, wenn wir uns auch vor den «rapprochements faciles»
hüten müssen, bestehen, daß es sich hier wie dort um Kulturphänomene handelt, die irgendwie doch einmal in Zusammenhang miteinander gebracht
werden müssen. Die Musikgeschichte bedarf der musikalischen Völkerkunde,
wie die letztere der ersteren. Sie ergänzen sich, und sie werden einmal ineinander sein.

Wir zitierten oben 28 den von einem Rationalisten des 18. Jahrhunderts
verkündeten Satz «Les sauvages sont l'antiquité moderne» als Äußerung
einer beschränkt-überheblichen Denkweise; der Autor hat nicht einmal die
später vorgenommene relative Unterscheidung außereuropäischer «Kultur»-
und «Natur»-Völker im Auge gehabt, für ihn waren die Chinesen in gleicher
Weise «Wilde» wie die Indianer; demgegenüber könnte man etwa die
sachliche Art anführen, in der Herodot oder Plato von den Sitten und Anschauungen der Ägypter gesprochen haben, oder wie der syrische Gnostiker
Bardesanes um 200 «über die Gesetze in verschiedenen Ländern» spricht.
Indessen kommt es in unserem Zusammenhang nicht sosehr auf die Überheblichkeit an, die in jenem Ausspruch liegt, als darauf, daß er eine grobe
Akkaparierung der Ethnologie für die Geschichte bedeutet. Und doch müssen
wir jenen Satz im Rahmen des neuzeitlichen wissenschaftlichen Denkens
als bedeutsam ansehen, denn er ist ein erster Ansatzpunkt für eine Besinnung,
welche Außereuropäisches und Europäisches in eine reale Beziehung zueinander setzt. Am E n d e dieser Entwicklung erwartet uns, wie gesagt, das Zu-
sammenfließen von Musikgeschichte und Musikethnologie; dann wird die
historische Zeit um den geographischen Raum bereichert sein.

Dann wird, wie wir es uns vielleicht weiter ausmalen dürfen, die Musikgeschichte wohl jener vulgären «Dynamik» entkleidet sein, mit der man sie
im 19. Jahrhundert zu umkleiden liebte: der Dynamik des ständigen Fortschreitens zum Besseren, ja auch nur des Fortschreitens als solchen. Wie wir
oben 25 hervorhoben, können wir uns sogar im europäischen Rahmen

nicht darauf beschränken, innerhalb jeder Zeit nur das Wirken der «an der Spitze Stehenden», genauer: das, was auf die unmittelbar folgende Zeit vorausdeutet, als wichtig anzusehen; die Berücksichtigung alles dessen, was eine Epoche mit der vorhergehenden verknüpft, gibt dem Bild die «Tiefendimension»; und dazu käme dann noch die Breitendimension im Sinne der Einbeziehung des Außereuropäischen. Die musikalische Völkerkunde ihrerseits wird sich in wachsendem Umfang den Zeitbegriff einbeziehen. Welches dann im Verfolg dieser beiderseitigen Entwicklung die F o r m unserer Kulturbetrachtung sein wird, vermögen wir heute nicht zu sagen. Vielleicht wird sich, indem sich die Zeit einerseits und der Raum anderseits bereichert, verwässert und auflöst, um so mehr der Bedarf nach einer leitenden Idee einstellen (die aber dann notwendigerweise nur eine transzendente sein kann).

Indessen steht es uns nicht an, Zukunftsbilder in einem derart breiten Maßstab auszumalen. Was betont werden sollte, war nur, daß beim gegebenen Nebeneinanderbestehen von Musikgeschichte und musikalischer Völkerkunde, die je ihre Eigenart haben, doch auch eine innere Beziehung, ein Konvergieren der beiden gegeben ist, welches allmählich zu tiefgreifenden Änderungen im beiderseitigen Bestand führen muß.

* *
*

Doch überlegen wir: ein ähnliches Verhältnis wie zwischen Musikgeschichte und Musikethnologie, nur im kleinerem Ausmaß, besteht schon seit längerer Zeit zwischen Musikgeschichte und musikalischer V o l k s - k u n d e, sowie dementsprechend zwischen Kulturgeschichte und Volkskunde im allgemeinen: der Volkskunde, die die bäuerliche Kultur unserer europäischen Länder und Völker behandelt (während die Völkerkunde es s o - w o h l mit der ländlichen w i e der städtischen Kultur der außereuropäischen Länder zu tun hat). Schon die Volkskunde ist etwas, das der Kulturgeschichte als von einem anderen Gesichtspunkt ausgehend entgegentritt, auch sie verleiht in ihrer Weise dem Zeitbegriff (dem des Aufeinanderfolgens der historischen Epochen) eine Tiefendimension (eine neue Art Tiefendimension neben der oben 85 erwähnten). Auch hier zeichnet sich das gegenseitige Konvergieren ab, insofern als wir die «Volksmusik» zeitlich zergliedern und anderseits jeder historischen Epoche ihre «Volksmusik» eingliedern. Und doch sind wir sogar hier noch lange nicht so weit, daß das eine in das andere einmünden könnte: wie die oder jene Eigenheit einer «Volksmelodie» historisch einzuordnen ist oder welche Art «Volkslied» wir in einer gebenen Zeit in einem Lande vorauszusetzen haben, vermögen wir noch lange nicht zu sagen, ja die bloße Stellung der Frage erscheint vielfach als verfrüht. Und so ist uns vorläufig auch die musikalische Volkskunde (das musikalische «Folklore») ein Gebiet für sich, welches zunächst im eigenen Zusammenhang durchforscht werden muß.

Doch wohlverstanden: ich denke nicht daran, der «Volkskunde» einen gleichen Rang einzuräumen wie der «Völkerkunde», d. h. den einer selbständigen Ergänzung der Kulturgeschichte. Für mich hat diese grundsätzliche Abtrennung der Betrachtung der ländlichen Kulturschichten von der der städtischen Schichten sogar etwas Bedenkliches. Daß hier der Begriff des «Volkes» so eng gefaßt, d. h. nur auf einen Teil des Volkes angewendet wird, und daß man meint, die Kultur des «einfachen» Mannes als etwas Besonderes unter einem besonseren Aspekt studieren zu müssen, ist doch wohl die Konsequenz jenes spezifischen «Volks»begriffes, wie ihn die Romantik aufgebracht hat und wie er teilweise schon in der «Aufklärung» wurzelt. Gewiß ist es interessant zu konstatieren, wie sich in dieser Schicht ein größeres Beharrungsvermögen bekundet als in der anderen: aber das Beharren ist im Grunde eine historische Kategorie, und es ist in der Wirklichkeit sehr vielfältig abgestuft. Musikalisch hat jenes Gebiet den Vorzug, daß wir hier an einem leicht zu überblickenden Material sehen können, wie sich Melodien im mündlichen Gebrauch abschleifen: aber im Grunde ist dies nur ein Spezialfall des «Lebens» einer Melodie.

a) Der Geist des spätantiken Heidentums

Wir äußerten bereits die Meinung (oben 28), daß der kulturelle Zustand der Menschheit — oder, wenn man will, der biologische Zustand der Menschheit als Lebewesen — um die Zeit von Christi Geburt viel weniger mit dem Kindheitsalter als mit dem Greisenalter zu vergleichen ist. Es ist möglich, daß die historische Wissenschaft, je mehr sie sich in ihren Stoff vertieft, um so mehr inne wird, daß im rein kulturellen Sinne damals schon alles gesagt war, daß, wenn hierauf etwas grundsätzlich Neues eingetreten ist, dann nur in bezug auf das außerhalb des normalen historischen Verlaufes stehende Verhältnis der Menschheit zum Transzendenten, und daß alles, was nach Christi Geburt folgte, nur unter den Gesichtspunkt einer Auseinandersetzung zwischen der neuen r e l i g i ö s e n Wahrheit einerseits und dem aufgehäuften Schatz an k u l t u r e l l e r Tradition, an weltlicher und heidnischer Weisheit und Schönheit anderseits fällt. So wäre mit diesem Schlußakt die menschliche Geschichte über sich erhoben, indem es sich nicht um eine reine Fortsetzung des Alten, nicht um eine weitere Äufnung rein kultureller Schätze handelt. Eine solche Anschauung mag im Verhältnis zu dem, was in christlicher Zeit künstlerisch geleistet worden ist, äußerst ungerecht erscheinen. Aber, wie gesagt, das Schlußurteil ist erst am Ende der Zeiten möglich.

Immerhin dürfen wir, auch wenn wir eine derartige Auffassung der Geschichte heranreifen sehen, den normalen Boden der wissenschaftlichen Arbeit nicht verlassen. Wir können ja überzeugt sein, daß, wenn jenes richtig ist, die historische Wissenschaft von selbst, aus ihren eigenen Voraussetzungen darauf hinausführen wird. Wir treiben also keine «Zukunftswissenschaft», sondern eine reale und konkrete. Ja wir wollen sie von allen nichtwissenschaftlichen Vorurteilen noch freier halten als diejenigen, die, ohne sich darüber Rechenschaft abzugeben, ihr wesensfremde Bestandteile beimischen wie die bekannte Fortschrittsideologie, die doch nur ein voreiliges Hineinziehen des die Geschichte Transzendierenden in die Geschichte ist. Jenes muß, wenn es wirklich hinter der Geschichte steht, seine Gegenwart unwiderleglich manifestieren unter der Voraussetzung, daß der Historiker seine Arbeit sachlich verrichtet.

* * *

Wir haben es also mit dem Geschehen in christlicher Zeit zu tun.

Wenn, wie wir glauben, der Historiker im allgemeinen gleich großen Zeiträumen das gleiche Maß von Aufmerksamkeit widmen muß — denn Zeiten, die uns ferner liegen, bieten nur um so mehr an historischen Problemen —, so können wir doch das 1., 2. und 3. Jahrhundert unserer Zeitrechnung nicht ganz auf den gleichen Fuß setzen wie z. B. das 16., 17. und 18., denn von jenen wissen wir zunächst zu wenig, um sie so ins Verhältnis zueinander zu setzen, wie diese. Wir behandeln also die ersten drei Jahrhunderte zusammenfassend.

Das, was in dieser Zeit vor sich geht, ist leicht auf eine Formel gebracht. Auf der einen Seite ist es die Spätzeit der antiken Kultur, und gleichzeitig baut sich in den Katakomben die Grundlage einer neuen Welt auf; es ist der Gegensatz der gealterten antiken Welt und der wie aus einem Senfkorn im Verborgenen heranwachsenden neuen.

Wie man weiß, hat es zwischen den beiden tragische Konflikte gegeben. Diese wären an sich nicht notwendig gewesen, denn der Christ ist entsprechend dem Wort des Apostels Paulus von der Untertanenschaft gegen die Obrigkeit kein Revolutionär, wenigstens kein politischer. Zwar bedeutete der römische Kaiserkult eine gefährliche Klippe; aber wenn die Juden diese Klippe umfahren konnten, hätte sich für die Christen mit ihrer transzendenteren Religion erst recht ein Weg müssen finden lassen. Wie es scheint, hing es in hohem Maße vom Geschick und Takt des örtlichen Vertreters der kaiserlichen Macht ab, die Christen vor den Gewissenskonflikt zu stellen oder ihn ihnen zu ersparen; doch traten hier komplizierend Denunziationen ein, auf die die römischen Quellen deuten. Zusammenfassend können wir dazu wohl nur sagen, daß sich das vergossene Zeugenblut als die Basis erwies, auf der die Kirche in die Geschichte hineinwuchs.

* * *

Doch neben dem Gegensatz zwischen Heidentum und Christentum gab es damals einen Gegensatz innerhalb des Heidentums, der zwar nicht ebenso tief, aber in gewissem Betracht noch krasser war. Auf der einen Seite entfaltet sich die antike Kultur jetzt in ihrem vollen äußeren Prunk, einem Prunk, wie ihn das alte Griechenland nicht gekannt hatte. Anderseits aber macht sich gerade in diesen drei letzten Jahrhunderten antik-heidnischer Kultur ein ausgesprochen weltflüchtiger Zug bemerkbar, eine grandiose Melancholie, die sich von der Schönheit der natürlichen Welt wie von der Schönheit des Menschenwerkes abkehrt und in diesem Sinne weit über die christliche Lehre hinausgeht: die drei Denkrichtungen, die in dieser Zeit innerhalb des Heidentums im Vordergrund stehen, sind solche, die ältere spiritualistische Systeme des griechischen Denkens aufgreifen und sie eben nach der Seite des Weltflüchtigen akzentuieren.

Da ist einmal die Neuauflage des S t o i z i s m u s, der jetzt besonders dies betont, daß die Einzelerscheinung, so bedeutend sie auch erscheinen mag, im Grunde nichts ist, daß es nur auf die namenlose Natur, das All ankommt, aus dem das einzelne hervorgegangen ist und in das es wieder zurückkehren muß; diese Richtung vertritt z. B. Seneca, der Zeitgenosse Christi. Das andere ist der P l a t o n i s m u s, der jetzt als «Neuplatonismus» eine neue Form annimmt und in erster Linie durch Plotin (3. Jahrhundert) vertreten ist. Der Gedanke Platos, daß das Lebensprinzip ein Geistiges ist (und auch Aristoteles hatte dem in seiner Weise beigepflichtet), erfährt hier eine extreme Zuspitzung und führt zu einem ausgesprochen feindseligen Verhalten gegen die sichtbare sinnliche Welt (zwar hatte dies auch bei Plato im «Phädo» angeklungen, aber im «Timäus» stand Plato nicht mehr auf diesem Standpunkt). Der Mensch muß demnach reiner Theologe werden in dem Sinne, daß er sein ganzes Trachten auf das Durchmessen der Zwischenstufen richtet, die ihn vom höchsten und geistigsten Wesen scheiden: auf jene überirdische Leiter, die zum Himmel und darüber hinaus in das Reich der Ideen führt. Das dritte ist der P y t h a g o r e i s m u s, der von jeher als Kern der Dinge die Zahl ansah und so in der Welt wie im Menschen, im Makrokosmos wie im Mikrokosmos, ein gegliedertes mathematisches System erblickte. Jetzt ist es der Neupythagoreismus: hier wird die Zahlenspekulation bis ins Abstruse gesteigert, es entfaltet sich auf dieser Grundlage ein wirklicher Aberglaube, man schreibt den Zahlen, und besonders gewissen Zahlen, geheime wirkende Kräfte zu, über die man magisch gebieten könne. Allerdings fehlt es auch in der vulgären Fassung des N e u p l a t o n i s m u s nicht am Aberglauben, indem man sinnliche Dinge, z. B. die Vokale, nicht nur als Symbole für die überirdischen wirkenden Kräfte nimmt, sondern darüber hinaus als Dinge, durch die man auf jene Dämonen wirken kann.

Im Zusammenhang der Musikanschauung ist für uns besonders der N e u p y t h a g o r e i s m u s wichtig, denn die Vertreter desselben illustrieren ihre Lehre von der Zahl als dem die Dinge durchdringenden Wesen besonders durch die Rolle, welche die Zahl in der Musik spielt, sowohl im Melodisch-Harmonischen (die Entsprechung zwischen Zahlenverhältnissen

und Intervallen) als im Rhythmischen. Und so kommt es, daß die pythago-
raisierenden Denker zur Musiktheorie und die Musiktheoretiker mehr oder
weniger zur pythagoreischen Richtung neigen.

Diese weltverächterische Tendenz, diese Abwendung von der Pracht der
Natur und Kultur, die einst gerade dem Griechentum aufgegangen war, kann
man einerseits ansehen als etwas, das in der Richtung auf die Annahme des
Christentums hin konvergiert, anderseits aber geht diese Weltabkehr so weit,
daß sie durch das Christentum sogar teilweise zurückgebunden, auf ihr rich-
tiges Maß geführt werden muß. Denn gerade vom neuen Standpunkt aus hat
man keinen Grund, sich an der Schönheit der Natur oder an den Werken
des menschlichen Geistes, die beide im Grunde auf Gottes Schöpfertum
zurückgehen, n i c h t zu erfreuen, sofern man sich dadurch nur nicht von
diesem Urquell des Seins ablenken läßt.

Allerdings ist wie dem Christentum, so dem spiritualistischen Heidentum
eines gemeinsam, die Idee des Aufstiegs vom Menschen zum höchsten Wesen.
Aber im platonisch-pythagoreischen Sinne kann der Aufstieg nur streng im
Sinne jener Stufenleiter der Ideen vor sich gehen, kann zwischen dem höchsten Punkt und dem tiefsten nur durch alle Mittelglieder hindurch kommu-
niziert werden — während nach der neuen Auffassung der Mensch direkt
im Kindesverhältnis zu Gott steht: dies ist der Sinn der oft (sogar von
Theologen) mißverstandenen polemischen Worte des Apostels Paulus, daß
uns weder Engel noch Fürstentümer noch Gewalten von der Liebe Gottes
scheiden können, die in Christus ist: mit den Fürstentümern und Gewalten
sind ja überirdische Prinzipien der Philosophie, nicht irdische Dinge gemeint.

So hat das Christentum, obgleich es in seiner Weise die Idee einer überirdischen Heimat betont, sich von gewissen spiritualistischen Übertreibungen
des späten Heidentums ferngehalten. Übertreibungen im spiritualistischen
Sinne gehen ja manchmal mit Übertreibungen nach der entgegengesetzten
Seite Hand in Hand. Man lese diesbezüglich beim Kirchenvater Irenäus nach,
was er über die Vertreter der Gnosis im 2. Jahrhundert schreibt — die Gnosis
ist bekanntlich eine Denkform, die christliche mit heidnischen, besonders
spätplatonischen Gedanken durcheinander mischt —, die Gnostiker, die teilweise den Grundsatz verkündeten: man gebe dem Geist, was des Geistes ist,
und dem Fleisch, was des Fleisches ist; auch gilt ja in diesem Kreis die etwas
verfängliche Lehre von der Notwendigkeit der «Peira», d. h. der schmerz-
lichen Erfahrung der Sünde: «les extrêmes se touchent.»

Obgleich kunstgeschichtlich nicht gebildet, möchte ich beiläufig noch
bemerken, daß mir etwas von jener Weltflucht auch in der bildenden Kunst
des späten Heidentums zum Ausdruck zu kommen scheint. Wir haben zwar

auf der einen Seite Kaiserstatuen, die die Traditionen der griechischen Kunst weiterführen. Aber anderseits sehen wir im Bereich der Plastik, und besonders der Reliefplastik, auch jenen Verfall oder angeblichen Verfall, der sich im Verlust der klassischen Schönheit, Proportioniertheit und Lebendigkeit, im Überhandnehmen von Starrheit und Schwerfälligkeit äußert. Hätten wirklich die Künstler jener Zeit nicht in den Bahnen ihrer Vorgänger verbleiben können, wenn sie es gewollt hätten? Die Wendung, die die Plastik damals wenigstens zu einem Teil nahm, ist in gewissem Sinn auch eine Rückwendung zum Geist der vorklassischen griechischen Kunst, sowie zu dem der asiatischen und ägyptischen; und wie man jene Kunststile im Verhältnis zum klassischen griechischen wohl nicht als bloßes Unvermögen erklären kann, so wird es wohl auch nicht angehen, diese Eigenheiten der spätantiken Kunst nur im Sinne des Verfalls zu verstehen. Man ist jetzt offenbar nicht mehr, wie früher, auf die Schönheit des menschlichen Körpers gerichtet, sondern man nimmt ihn als Repräsentanten einer hinter dem Sichtbaren stehenden, hierarchisch geordneten geistigen Welt — einer Welt, die, da nicht durch die christliche Liebe verklärt, etwas Angsterregendes haben mußte. Die Tendenz ist also, wenn man will, antihumanistisch. Und mit ihr hängt offenbar auch der Geist und die Formen der Kaiserverehrung zusammen, wie sie damals in Rom eingeführt wurden. Sie haben etwas Pompöses und gleichzeitig etwas Antihumanistisches, indem der Mensch wie Staub vor einem ihn überragenden Prinzip auf dem Boden liegt. Es ist bekannt — und es ist bezeichnend —, daß diese Art der Kaiserverehrung in Rom auf Grund orientalischer Vorbilder, besonders des persischen, eingeführt wurde. Indessen sprachen wir von der Plastik, und hier will ich noch erwähnen, daß jetzt im Relief die menschliche Figur nur noch als Vorderansicht gezeigt wird, also frontal, was wiederum auf die Vorstellung der Repräsentation und Transzendenz deutet.

Im ganzen muß man sich fragen, ob nicht eine gewisse Vorgefaßtheit darin liegt, wenn man diese Zeit am Ideal der «klassischen» griechischen Zeit mißt. Vielleicht sprechen wir, statt von Verfall, besser «kulturbiologisch» von Greisenalter und Erstarrung. Hat aber nicht auch das Greisenalter in seiner Art etwas vor den anderen voraus?

b) Die Musik

Indem wir uns der Musik zuwenden, müssen wir wiederum den Trennungsstrich ziehen zwischen den zwei Welten, der offiziellen heidnischen und der unterirdischen christlichen. Wir haben es zunächst mit der Musik im ersteren Kreise zu tun.

Melodisch - harmonisch und rhythmisch gilt hier dasselbe System, das wir als der griechischen Antike eigentümlich kennenlernten — nur daß jetzt gewisse überspitzte Arten der Quartenteilung, besonders die enharmonische mit ihren Unterarten, außer Gebrauch gekommen sind. Im Bereich zwischen «Diatonisch» und «Chromatisch» besteht die Vielfalt der «Färbungen» zwar weiter (vgl. oben 64), doch scheint das Schwergewicht jetzt weniger in diesen Feinheiten zu liegen, als in den Quarten- und Oktaven-gattungen im Rahmen der Diatonik. Es scheint, daß die normale, d. h. quintenmäßig aufgebaute diatonische Leiter wieder stärker in den Vorder-grund tritt, sie, innerhalb deren die Mannigfaltigkeit von der verschiedenen Lage der Halbtöne in den verschiedenen Quarten- und Oktavgattungen abhängt.

Zu den verschiedenen Musikgattungen, die die Antike kannte, ge-sellt sich in dieser Zeit, wie schon oben 59 erwähnt, die Pantomime — ein Ballett, dessen Sujet der Mythologie entnommen wurde, was aber nicht hin-derte, daß das Sujet in recht derber Weise behandelt sein konnte; wir ver-merkten schon, daß hier, im Gegensatz zum alten Griechenland, ein größerer Instrumentalkörper beteiligt ist, der geradezu zum Orchester in unserem Sinne anschwillt.

Als etwas Neues haben wir ferner die Verbreitung der Orgel zu er-wähnen (zunächst in der Form der «Wasserorgel», bei der das Wasser im Luftreservoir die Rolle des Druckregulators spielt). Erfunden wurde dieses Instrument allerdings schon im 3. Jahrhundert v. Chr. in Alexandrien, seine allgemeine Beliebtheit datiert aber erst aus der christlichen Zeit. Die Orgel spielte im Zirkus eine große Rolle, wo sie sich als selbständiger Faktor an den Wettkämpfen beteiligte; wir sehen gelegentlich einen Organisten mit dem Siegerkranz dargestellt, und Kaiser Nero selbst hatte die Absicht, sich den Organistenlorbeer zu holen. Interessant ist, daß wir die Orgel auf bild-lichen Darstellungen manchmal mit einem langen gewundenen Horn zusam-menspielen sehen; gelegentlich steht auch ein Sänger vor der Orgel.

Die Anfänge dieses Instruments, das vom 9. Jahrhundert an in die Kirche einzudringen begann — aber nur im Abendland, nicht im Osten —, sind also sehr profane. Es ist ein komisches Mißverständnis, daß man später die heilige Cäcilie zur Orgelspielerin und damit zur Schutzpatronin der Kirchen-musik machte: sie, die in ihrem Leben nur in eine feindliche Berührung mit der Orgel kam. Die der Lebensbeschreibung der Heiligen entnommene Phrase «Zum Klang der Orgel sang Cäcilie (im Herzen) zu Gott» (Cantantibus organis Caecilia Domino decantabat), die heute noch als Antiphone gesungen wird, bedeutet in Wirklichkeit nicht, was man hineinlegt, sondern nur, daß bei der Hochzeitsfeier der Heiligen, die von ihren Eltern gegen ihren Willen angesetzt worden war, die Orgel erklang (als ein Nachfolger des Aulos, vgl. oben 57), und daß die Heilige t r o t z d e m zu Gott betete, er möchte ihr Herz unbefleckt erhalten.

Man hört, daß im Musikleben der Kaiserstadt s y r i s c h e Musiker und Musikerinnen eine große Rolle spielten; nach der syrischen Oboe, der Ambubah, hießen die Musikerinnen, die darauf spielten, «ambubajae». Anscheinend war Syrien überhaupt im Altertum ein unerschöpfliches Reservoir an musikalischen Kräften, denn auch im alten Griechenland hört man viel von syrischen Sklaven und Sklavinnen mit ihren Musikinstrumenten. Wir werden weiterhin sehen, daß Syrien auch in der Frühzeit des christlichen Kirchengesanges eine wichtige Rolle spielt. Doch haben wir leider nicht genügend Anhaltspunkte, um uns ein Bild von den Eigentümlichkeiten der syrischen Musik in dieser Zeit zu machen.

Wie üppig es in klanglicher Hinsicht zugegangen ist, sehen wir aus der Beschreibung des M u s i k b e t r i e b s i n e i n e m r ö m i s c h e n T h e a t e r im 84. Brief Senecas. Hier wird zur Illustrierung des stoischen Gedankens von der Einheit in der Vielheit und vom Aufgehen des einzelnen im Ganzen das Beispiel des Chores angeführt: die eine Stimme ist hoch, die andere tief, eine dritte steht in der Mitte; zu den Männern gesellen sich die Frauen, die Aulos mischen sich hinein, und indem die einzelnen Stimmen (Töne) verlorengehen, kommen sie doch in der Gesamtheit zur Wirkung; in den jetzigen Theatern finde man mehr Sänger als ehemals Zuschauer, und dazu kämen die Instrumentisten; indem alle Gänge von Sängern angefüllt seien und der Zuschauerraum durch Blechmusik umgürtet sei (wir denken an das «Requiem» von Berlioz!), indem von der Bühne her alle Arten von Aulos und von «Organa» (Orgeln? oder überhaupt Instrumente?) zusammentönen, ergebe sich aus Verschiedenem e i n Gesamtklang. Und aus Vitruv, dem Verfasser einer Abhandlung über Architektur, in der auch die Orgel behandelt ist, wissen wir, daß man manchmal in Theatern erzene Resonatoren einbaute, die, auf die Haupttöne der Melodie abgestimmt, diese mit besonderem Nachdruck und in einer besonderen klanglichen Perspektive hervortreten ließen.

Der Wortlaut der zitierten Stelle aus Seneca läßt uns unwillkürlich an M e h r s t i m m i g k e i t denken (zur Frage der antiken Mehrstimmigkeit vgl. oben 60—62). Es scheint klar, daß hier vom Gebrauch verschiedener Tonhöhen in der Gleichzeitigkeit, also von Zusammenklängen die Rede ist, denn mit den verschiedenen Tonhöhen sind offenbar solche gemeint, die sich auf die verschiedenen Ausführenden verteilen, nicht solche, die in der Melodie hintereinander ertönen. Allerdings könnten mit den hohen, mittleren und tiefen Stimmen solche gemeint sein, die im Oktavabstand stehen, also eine Melodie, die in drei verschiedenen Oktavlagen ertönen würde. Doch erscheint dies nicht naheliegend, da es einen allzu großen Tonraum voraussetzen würde und da die Oktave mit ihrer leeren Identität vielleicht auch weniger geeignet ist, den Gedanken vom Verschmelzen der Vielheit zu einem Ganzen zu illustrieren, als eine andere Tonzusammenstellung. Aber auch wenn unsere Vermutung zutrifft, bleiben immer noch Fragen offen: sangen also die Männer und Frauen in parallelen Oktaven, während die Instrumente Quarten und Quinten einfügten? war vielleicht, was die Frauen sangen, eine auszierende Oktavreplik des Männergesanges (vg. oben 61)? In diesen beiden Fällen könnten wir noch nicht von eigentlich mehrstimmigem Zusammen s i n g e n sprechen. Oder bestanden zwischen dem Männer- und Frauenpart noch andere konsonante Tonverhältnisse? Sind schließlich mit der «dritten Stimme» eben die sich dazwischen einfügenden Aulos gemeint, oder sind es drei gesungene Stimmen, zu denen sich noch die Aulos gesellen? (Letzteres scheint eigentlich eher gemeint zu sein.)

Was wir an musikalischen D e n k m ä l e r n aus der heidnischen Spätantike besitzen, ist nicht viel: das Seikilos-Epitaph und die Hymnen des Mesomedes. Das erstere ist eine in Stein gemeißelte Grabschrift, die uns einlädt, uns angesichts der Kürze des Lebens nicht übermäßigem Kummer hinzugeben. Analysiert man die Melodie, so tritt einem die (transponierte) d-Oktave entgegen, die «phrygische» Oktavgattung nach antiker Benennung. Dabei präsentiert sich die Quarte über dem unteren Grenzton als Hauptton und jener als Schlußton — Verhältnisse, wie wir sie im delphischen Hymnus antrafen. Indessen liegt hier reine Diatonik vor, nicht Chromatik. Ferner beobachten wir, daß die Gliederung nach Quarten (Tetrachorden) hier weniger hervortritt als dort (sofern es sich aber doch um das Tetrachord handelt, ist es dasjenige mit dem Halbton in der Mitte); eher tritt die Quinte in den Vordergrund. Hier diese Melodie:

Auch in den Hymnen des Mesomedes können wir beobachten, daß innerhalb der modalen Oktav eher der Quintkomplex als der Quartkomplex hervortritt, und damit macht sich, da die Quinte im Gegensatz zur Quarte eine symmetrische Teilung zuläßt, etwas «Dreiklangmäßiges» geltend. Man möchte sich fragen, ob darin ein Niederschlag «orientalischer» (syrischer) Musikauffassung in der Spätantike zu erblicken ist. Die Melodik dieser Hymnen erscheint im übrigen etwas wässerig. Die tonale Einfachheit, d. h. den Verzicht auf Modulation (Systemwechsel) verstehen wir eher beim kurzen Seikilos-Liedchen als hier; ob hier eine archaisierende Absicht vorliegt?

Erwähnen wir nur noch, daß uns die Spätantike auf dem Gebiet der M u s i k t h e o r i e bedeutende Leistungen hinterlassen hat. Darunter sind Abhandlungen von so hervorragenden Geistern wie dem Astronomen Claudius Ptolemäus (2. Jahrhundert) und dem Philosophen Porphyrius (3. Jahrhundert).

c) Die christliche Welt und die Musik

Indem wir uns nun der christlichen Welt zuwenden — dieser Welt, die damals äußerlich nur eine Sekte darstellte —, und indem wir uns fragen, welche Art Musik hier getrieben wurde, müssen wir etwas aussprechen, das eine Selbstverständlichkeit ist: die Christen waren nicht vom Himmel herabgefallene Wesen, sondern Menschen ihrer Zeit, die sich kulturell, also auch musikalisch nicht anders ausdrücken konnten als in den Formen ihrer Zeit und Umgebung. Die Annahme, daß das Singen der Christen musikalisch im Synagogalen gewurzelt haben müsse, w e i l die christliche Religion aus Palästina kam, würde bedeuten, daß die Missionare des 1. Jahrhunderts ebenso geschmacklos verfuhren wie gewisse Missionare des 19. Jahrhunderts, welche vermeinten, den Negern unbedingt auch die protestantischen Choräle beibringen zu müssen. Diese Annahme wird bereits durch die christliche Katakombenkunst widerlegt, die in ihren Formen durchaus spätantik ist und sich von der heidnischen nur geistig unterscheidet. Außerdem werden wir sehen, daß die Missionierung der damaligen Kulturwelt nicht von Jerusalem, sondern von Antiochien aus erfolgte.

Aus derselben Voraussetzung heraus hat man auch angenommen, im Rahmen des Singens der Christen habe immer wieder eine Beeinflussung des Westens durch den Osten stattgefunden, w e i l das Christentum sich zuerst im Orient ausgebreitet habe. Aber davon kann wiederum nur insoweit die Rede sein, wie das gesamte Mittelmeerbecken damals eine kulturelle Einheit unter der Vorherrschaft seines östlichen Teils bildete. Eine solche Vorherrschaft müssen wir in der Tat bis zu einem gewissen Grade gelten lassen, indem z. B. die griechische Sprache damals in Rom zur feineren Kultur gehörte, nicht etwa die lateinische in Alexandrien oder Antiochien. Immerhin besaß die Kultur im westlichen Mittelmeerbecken — Italien, das nördliche Afrika, Spanien, wozu sich noch Gallien gesellte — doch auch ihre Unabhängigkeitsmerkmale. Da war zunächst die lateinische Sprache, die als Bindeglied diente und sich dann in die verschiedenen romanischen Sprachen verzweigte. Auch die bildende Kunst Roms ist, obgleich an der griechischen geschult, nicht eine bloße Kopie jener, sondern sie weist eigene Züge auf. Bezüglich der Musik vermögen wir vorläufig nichts Gewisses auszusagen. Wir müssen annehmen, daß auf diesem Gebiet sowohl die Einheit des mittelmeerischen Kulturkomplexes zur Geltung kam, als auch regionale Unterschiede. Die Frage der Übernahme kirchlicher Melodien aus dem einen Bereich in den anderen darf unter diesen Umständen nicht so leichthin beantwortet werden, wie es meist geschieht (vgl. unten 113).

Als Menschen ihrer Zeit und Umgebung mußten sich die Christen also der damals gegebenen Ausdrucksformen bedienen. Die Frage war allerdings, wieweit sie überhaupt den Ausdrucksformen der Kultur zugewandt waren. Wenigstens in der ersten Zeit mußte das Erlebnis der Transzendenz für sie alle übrigen Dinge in eine eigentümliche Ferne rücken. Immerhin mußten sie bald lernen, sich unter dem Aspekt jener Transzendenz auch irdisch einzurichten. Hier aber war das Gegebene eine Synthese zwischen dem Kulturwert als solchem und dem höheren Hintergrund, gegen den nun alles gestellt wurde. Beides konnte verbunden werden durch die Auffassung, wonach alle irdische Schönheit das Durchscheinen einer höheren bedeutet. Mit einer solchen Auffassung begegnete man im Grunde den größten Geistern des Heidentums (Plato), nur daß jetzt das dahinter stehende Höhere etwas persönlich Lebendiges war statt einer Abstraktion (vgl. oben 90).

Die Christen konnten jedenfalls, sofern sie Musik erlernten, keine andere erlernen als die, die es in der spätantiken Welt gab. Sie werden Gastmähler in heidnischen Häusern besucht haben, bei denen sich die Kitharoden der Zeit und andere Künstler produzierten, ja sie werden sogar Theater besucht haben. Man könnte zwar viele Aussprüche der Kirchenväter anführen, die sich gegen die Teilnahme an solchen Vergnügungen richten: aber gerade die persistente Wiederkehr dieser Stimmen zeigt, daß sie nicht oder nicht allgemein befolgt wurden. Der Grund für solche Verbote ist leicht ersichtlich: die Lieder, die bei Gastmählern im privaten Kreis ertönten, verherrlichten Dionysus (Bacchus), und auch die Tragödie war mit der griechisch-römischen

Mythologie verknüpft. Außer diesen spezifisch heidnischen Verknüpfungen war es aber die Üppigkeit der optischen und akustischen Eindrücke an und für sich, die vom kirchlichen Standpunkt aus Bedenken erwecken mußte, weil sie eine Ablenkung vom Trachten nach dem inneren Heil befürchten ließ.

So waren die Christen in einer zwiespältigen Lage, da sie einerseits nicht außerhalb der sie umgebenden Musik stehen, anderseits den Erscheinungsweisen dieser Musik nicht ohne Skrupeln gegenüberstehen konnten. Der Ausgleich, die mittlere Linie, auf der sich das Verhältnis einigermaßen stabilisierte — aber nicht ohne «écarts» nach beiden Seiten —, war der, daß man sich darauf einigte, aus der umgebenden Kultur nur das Würdigere, Edlere anzunehmen (also notwendigerweise dasjenige, was schon die Heiden als solches ansahen): eine Lösung, die durchaus der Vernunft entsprach.

* *
*

Indessen müssen wir hier noch eine Abstufung vornehmen: die zwischen der Musik, welche die Christen im geselligen Kreise pflegen konnten, und derjenigen, welche im Gottesdienst zur Anwendung gelangen konnte. Für die M u s i k   i m   g e s e l l i g e n   K r e i s gilt wohl der Ausspruch des Clemens von Alexandrien (Anfang des 3. Jahrhunderts): «Wenn du zur Kithara oder Lyra singen willst, so trifft dich kein Tadel, denn damit tust du nur, was der gerechte, Gott wohlgefällige König der Hebräer (David) tat.» Ist hier die Kithara oder Lyra zugelassen, so ist wohl implicite der Aulos (die antike Doppeloboe) prohibiert, und dies entspricht der Tatsache, daß auch bei den Heiden Kithara und Lyra, als dem Apoll geweihte Instrumente, für ernster und würdiger galten als der dem Dionysus geweihte Aulos. Als ein Beispiel solcher christlicher Kitharodie (aber nicht des Kirchengesanges) hat wohl der Hymnus zu gelten, dessen Schlußteil uns auf einem aus dem 3. Jahrhundert stammenden Papyrus aus Oxyrhynchus in Ägypten erhalten ist. Die letzte Phrase lautet:

Der Hymnus ist also diatonisch, wie das Seikilos-Lied und die Mesomedes-Hymnen, er hält sich aber im *g*-Modus, welcher der «hypophrygischen» Oktavgattung der Alten entspricht, und dies bedeutet, daß die Quartengattung mit dem Halbton oben bevorzugt ist.

Doch nun das G o t t e s d i e n s t l i c h e. Hier waren von vornherein und konsequent die Instrumente ausgeschlossen: offenbar aus dem Gefühl heraus, daß Instrumentalmusik an sich im Verhältnis zum Gesang in gewissem Sinne Üppigkeit und Luxus ist (eine Auffassung, die gelegentlich auch bei griechischen Denkern anklingt), dann wohl als Abgrenzung gegen den heidnischen Kult, bei dem besonders der Aulos eine Rolle spielte, und schließlich deshalb, weil im unbegleiteten Gesang das Wort, auf das es der Kirche ankommt, besser zur Geltung kommt als im begleiteten. Wir müssen hier hervorheben, daß die östliche christliche Kirche, die orthodoxe (d. h. die griechische, russische usw.), diesem Verbot bis heute treu geblieben ist, während sich im Westen vom 9. Jahrhundert an die Orgel in die Kirche einschlich, dann auch andere Instrumente (nur die Sixtinische Kapelle ist heute noch ohne Orgel!); und gerade die Orgel mußte (vgl. oben 92) den Christen in den ersten Jahrhunderten in besonderem Maße ein Ärgernis sein. Ferner scheint sich zu ergeben, daß im gottesdienstlichen Gesang der Christen die Mehrstimmigkeit prohibiert, also das Unisono (bzw. der Oktavengesang, wenn es sich um Männer und Frauen oder Knaben handelte) vorgeschrieben war (s. Quasten 91 ff.): ebenfalls etwas, das wir verstehen können, da die Mehrstimmigkeit etwas Klangschwelgerisches an sich hat (schon Plato an der oben 61 behandelten Stelle will ja, daß bei der Erziehung des bürgerlichen Knaben der Gesanglehrer nicht in Konsonanzen, sondern nur im Einklang auf der Kithara begleitet). Beiläufig gesagt, ist gerade die Vorschrift, sich im Gesang der Mehrstimmigkeit zu enthalten, ein Indiz dafür, daß damals die Mehrstimmigkeit auch im Bereich des Gesanges bekannt war (vgl. oben 62).

Immerhin dürfen wir uns die Trennung zwischen dem häuslichen und dem gottesdienstlichen Gesang nicht als scharf und fest vorstellen, da manches darauf deutet, daß man auch im Hause sang, was man im Gottesdienst gehört oder mitgesungen hatte. Es war eher nur eine Abstufung in dem Sinne, daß im häuslichen Gebrauch eine Annäherung an die heidnische Musikpraxis weniger Bedenken verursachte und die Melodieauslese weniger streng war. Im Rahmen des Gottesdienstlichen jedenfalls kamen nur Melodien — oder ein Melodiestil — in Frage, wie sie dem gegebenen Milieu im Sinne einer Auswahl a) des «Würdigeren», b) des Schlichteren entlehnt waren.

Die oft wiederholte und sogar als Gewißheit hingestellte Hypothese, die Melodien der christlichen Kirche seien ursprünglich s y n a g o g a l, pflegt man durch den Hinweis darauf zu stützen, daß sich zwischen synagogalen Melodien, wie sie an gewissen

Orten (sei es in Damaskus, sei es im Yemen) gesungen werden, und «gregorianischen» gelegentlich Berührungen finden. Hier müssen wir aber zwei Fragen stellen: a) womit sich denn wahrscheinlich machen läßt, daß sich Melodien innerhalb einzelner Synagogen ohne schriftliche Aufzeichnung zwei Jahrtausende lang erhielten, b) ob es nicht von vornherein wahrscheinlich ist, daß sich bei gleicher Grundvoraussetzung — «modale» Melodik innerhalb des Diatonischen — zwischen zwei größeren Melodiebeständen ein gewisses Maß von Berührungen ergeben muß.

Doch das für uns Wesentliche ist die historische Situation. Auf der einen Seite müssen wir uns vergegenwärtigen, daß die Kultur Palästinas schon zur Zeit der Makkabäer im 2. Jahrhundert v. Chr., so sehr hellenisiert war, daß dies bei manchen Juden Ärgernis erregte. Die eine musiktheoretisch interessante Bibelstelle — sie steht in der apokryphen «Weisheit Salomons» XIX 17 f. — klingt durchaus an Dinge an, wie wir sie bei griechischen Musikdenkern finden (s. «Der Toncharakter» S. 350). Wir müssen uns sogar fragen, ob es sich mit der Kultur des jüdischen Volkes nicht schon immer so verhielt wie in der Zeit der Zerstreuung, wo man national ein Jude und kulturell der Angehörige eines anderen Volkes war: ein Hebraist wie A. Jeremias hat die These vertreten, daß die alte israelitische Kultur in ihren weltlichen Beziehungen und in ihrer Symbolik von Babylonien abhing, während die eigentliche Religion Israels eine Neuschöpfung war. In diesem Zusammenhang müßten wir also fragen, ob, falls Melodien aus der Synagoge in die Kirche übernommen wurden, dieselben als ursprünglich jüdisch angesehen werden können.

Auf der anderen Seite müssen wir annehmen, daß der synagogale Gesang bis zur Zerstörung des Jerusalemer Tempels im Jahre 70 in der alten Pracht, d. h. unter Zuziehung von Instrumenten ausgeübt wurde, wie es mit der Musik im heidnischen Kult der Fall war, und so kam wenigstens eine unveränderte Übernahme nicht in Frage. Im Jahre 70 war ja die erste Periode der Missionierung schon vorübergegangen, da der hl. Paulus den Märtyrertod anscheinend noch vor der neronischen Christenverfolgung von 64 erlitt. Und was die Zeit von 70 an betrifft, so haben wir zunächst von der jüdischen Seite ins Auge zu fassen, daß es den Juden in der Zerstreuung religiös verboten war, sich mit Musik abzugeben: ein Verbot, das selbstverständlich «cum grano salis» zu nehmen ist, das aber doch wenigstens seine innere Bedeutung hatte. Antwortete nicht ein persischer Weiser des 3. Jahrhunderts, als er gefragt wurde, warum es den Juden in der Zerstreuung nicht gestattet wäre, Musik auszuüben, indem er aus Hosea IX 1 die Worte «Freue dich nicht, Israel, bis zum Frohlocken unter den Völkern» zitierte (Hommel 145)? So war also mindestens von 70 an der jüdische Bereich nicht einer, der sich für musikalische Entlehnungen darbot, und außerdem kam hier von der christlichen Seite in Frage, daß in christlichen Augen die Weltgeschichte durch die Zerstörung der Stadt und des Tempels im Jahre 70 «dem jüdischen Kult das Todesurteil gesprochen» hatte (Lietzmann).

Doch das Wesentliche ist, daß die Missionierung der damaligen Kulturwelt nicht Sache der judenchristlichen Gemeinde in Jerusalem war, sondern vom Heidenchristentum ausging, das in Antiochien seinen Sitz hatte; und bemerkenswerterweise hatte es dort seinen Sitz, schon bevor der hl. Paulus als Bekehrter dorthin kam, lange bevor er auf seine Missionsreisen auszog. Auch war nicht die jüdische (aramäische), sondern die griechische Sprache die der Missionierung, wie sie auch die Sprache des Neuen Testaments war. Gerade der größte der Missionare, der hl. Paulus, war der eigentliche Gegenspieler des Judenchristentums, obgleich er von Geburt Jude war (er war sogar

Rabbiner gewesen und hatte als solcher die Christen «verfolgt»); niemand hat mit derselben Energie wie er die Freiheit des Christen vom jüdischen «Gesetz» proklamiert. Im übrigen stammte Paulus aus Kleinasien, und er war mit griechischer Geistesbildung durchaus vertraut; ja er zeigt sich in seinen Schriften sogar mit dem hellenistischen Musikdenken vertraut (s. Hommel S. XXII). So verwirklicht schon er in seiner Person jene Verbindung zwischen hellenistischer Kultur und Transzendierung dieser Kultur, wie sie für die ganze christliche Entwicklung der ersten Jahrhunderte bezeichnend ist.

Die langjährige Verbindung zwischen dem größten der Missionare und Antiochien erscheint in unserem Zusammenhang ferner deswegen wichtig, weil Antiochien — damals die dritte Hauptstadt des römischen Reiches nach Rom und Alexandrien —, wie wir sehen werden, in der Geschichte des christlichen Kirchengesanges eine überragende Rolle gespielt haben muß. Und Antiochien war, da in W e s t syrien gelegen, eine Stadt von griechischer Kultur und Sprache.

d) Psalmodie und Hymnodie

Wenn wir fragen, w a s im christlichen Gottesdienst gesungen wurde — und dasselbe Material wurde wenigstens teilweise in den Hausgebrauch übernommen —, wenden wir uns wiederum in erster Linie an den hl. Paulus, der den Adressaten seiner Briefe mehrfach das Singen von «Psalmen, Hymnen und geistlichen Liedern» (psalmoi, hymnoi kai odai pneumatikai) empfiehlt. Leider ist dies für uns nicht sehr deutlich, da wir anderwärts sehen, daß biblische Psalmen als Hymnen bezeichnet werden und neugedichtete Gesänge als Psalmen. Immerhin werden wir doch annehmen müssen, daß jene drei Ausdrücke gesamthaft biblische Psalmen und neugedichtete Gesänge umfassen; und dies sind für alle Zukunft die zwei Hauptkomplexe gottesdienstlichen Gesanges geblieben: die «P s a l m o d i e» (der Psalmengesang) und die «H y m n o d i e» (der Gesang neugedichteter Texte) (von theologischer Seite wird die Stelle in dem Sinne interpretiert, daß mit der Nennung von Psalmen und Hymnen außer den «geistlichen Gesängen» die eigentlichen Psalmen und die übrigen biblischen Lobgesänge, die «Cantica» auseinander gehalten werden sollen, doch ist es zweifelhaft, ob hier eine so spezielle Unterscheidung gemeint sein kann).

Was die P s a l m e n betrifft, so konnte man entweder ganze Psalmen herabsingen oder nur einzelne Verse, man konnte auch (wie es später besonders im Orient bezeugt ist) Komplexe von eigens ausgewählten Psalmversen zusammenstellen. War es ein ganzer Psalm, so ist es naheliegend anzunehmen, daß man die Verse zu einer und derselben Melodieformel absang, die aber so flexibel sein mußte, daß man sie der verschiedenen Silbenzahl anpassen

konnte; dies bedeutet, daß im Inneren der Melodieformel eine Tonwiederholung vorgesehen war, die mehr oder weniger ausgedehnt werden konnte:
das Prinzip der «Psalmodie» im engeren Sinne.

Was die G e s ä n g e m i t n e u g e s c h a f f e n e n T e x t e n betrifft, so
scheint zunächst, bevor man an regelmäßige Verse dachte, eine Art poetischer,
rhythmisch gegliederter Prosa gepflegt worden zu sein. Von dieser Art ist
z. B. das «Gloria in excelsis», die sogenannte «große Doxologie» (= Lobpreisung), deren Worte sich an die des Engelgesanges bei Christi Geburt
«Ehre sei Gott in der Höhe, und Friede auf Erden, und den Menschen ein
Wohlgefallen» schließen; dieser Text in seiner griechischen Fassung stammt
in der Tat aus unserer Periode. Warum wohl, wenigstens soweit wir sehen
können, in dieser Zeit nur Texte in Frage kamen, die der damaligen Zeit als
Prosa erschienen? Der Grund könnte sein, daß Verse damals notwendigerweise nur auf dem Boden der antiken Metrik stehen konnten, diese aber erschien damals als etwas einigermaßen Gelehrtes, Exklusives. Wir müssen ja
im Auge behalten, daß in jenen drei Jahrhunderten die Sprache, die griechische wie die lateinische, eine rhythmische Umwandlung durchmachte, indem anstatt des tonischen Akzentes (desjenigen, der die Silben nach der
Tonhöhe unterscheidet) und anstelle der Unterscheidung von Kürzen und
Längen die dynamische, intensitätsmäßige, «expiratorische» Betonung trat. In
diesem Sinne mußte eine metrische Dichtung als eher für den häuslichen
wie für den gottesdienstlichen Gebrauch geeignet erscheinen. Erst Ambrosius mit seinem Hymnus durchbrach diesen Bann, doch wählte er hierfür,
wie wir sehen werden, die denkbar einfachste unter den metrischen Bau-
formen.

*　*
*

Was nun die Art betrifft, in der diese Gesänge vorgetragen wurden, so
waren es gewiß schon in unserer Zeitperiode die beiden «klassischen» Arten
des liturgischen Vortrags, die r e s p o n s o r i s c h e und die a n t i p h o n i -
s c h e. Bei der ersteren findet Wechsel zwischen Vorsänger und Chor, bei
der letzteren Wechsel zwischen zwei Chorhälften statt. Auf letzteres deutet
bereits der Bericht, den Plinius der Jüngere als Legat von Bithynien an den
Kaiser Trajan sandte, um von ihm Anweisungen für sein Verhalten gegen
die Christen zu erbitten; demnach versammelten sich diese bei Tagesanbruch,
um Christus als Gott w e c h s e l w e i s e ein Lied («carmen») zu singen
(man hat ohne genügenden Grund angenommen, dies sei bereits das «Gloria
in excelsis» gewesen, immerhin war es vielleicht ein Gesang in der Art
desselben). Eine Stelle im Buch des Kirchenvaters Tertullian über die Ehe

(aus dem Anfang des 3. Jahrhunderts) zeigt uns die Übertragung der Wechselchörigkeit in den Hausgebrauch: Tertullian stellt hier als Muster zwei Ehegatten hin, die «untereinander» Psalmen und Hymnen singen und darin wetteifern.

Fragen wir sodann nach der musikalischen Form im engeren Sinne, so können wir nur dies sagen: der responsoriale Vortrag deutet auf eine Wiederholungsform mit Refrain, bei der die solistischen Partien mit wechselndem Text zu der gleichen Melodie gesungen und die chorischen als melodisch u n d textlich gleichbleibender «Rundreim» eingefügt werden, der antiphonische Vortrag dagegen sei es auf eine einfache Wiederholungsform (lauter Teile mit verschiedenem Text und der gleichen Melodie, abwechselnd von den zwei Chorhälften gesungen) oder auf die «progressive Wiederholung» (der erste Teil von der einen Chorhälfte und der zweite von der anderen zur gleichen Melodie gesungen, der dritte wieder von der ersten, aber mit neuer Melodie, und mit derselben Melodie der vierte von der anderen Chorhälfte, usw., also nach dem Schema *aa bb* . . .); oder aber der antiphonische Vortrag konnte sich mit dem refrainmäßigen verbinden (die «Verse» abwechselnd von den beiden Chorhälften zu derselben Melodie gesungen und dazwischen vom Gesamtchor ein Refrain gefügt). Etwas Bestimmteres über die Anwendung der Formprinzipien in dieser Zeit wissen wir leider nicht.

Wir vermögen nicht einmal zu sagen, wie sich jene beiden Arten des Vortrags, die responsorische und die antiphonische, auf die beiden Grundkomplexe des gottesdienstlichen Gesanges, den Psalmengesang (Psalmodie) und die neugedichteten Gesänge (Hymnodie) verteilten. Mit einem gewissen Grad von Plausibilität können wir indessen annehmen, daß die responsorische Art eher mit der Psalmodie und die antiphonische eher mit der Hymnodie zusammenging (und hier dürfen wir uns vielleicht erinnern, daß antiphonischer Vortrag bereits in der griechischen Tragödie auf die Dichtung angewendet wurde).

In bezug auf den melodischen Charakter dieser Gesänge müssen wir an eine Stelle bei Clemens von Alexandrien denken, der den Christen nachdrücklich vom chromatischen Tongeschlecht, als einem weichlichen, abrät und innerhalb des diatonischen besonders die dorische Tonart empfiehlt. Damit stellt sich Clemens durchaus auf den Boden dessen, was schon die heidnische Antike als das Schlichtere, Männlichere, Erhabenere, Ernstere angesehen hatte.

So kommen wir wiederum zum Schluß, daß die Musik der Christen sich der Musik der Zeit einfügte und gleichzeitig eine Sichtung darstellte, die mit einem gewissen Verzicht verbunden war. Die höhere Weihe erhielt ihre Musik, wie ihre Katakombenkunst, durch den Inhalt, der sich in ihr ausprägte; und eben dieser Inhalt erforderte, daß sich die Kunst nicht alles erlauben durfte, was sie in anderem Zusammenhang getan hätte.

Bezüglich der Termini «antiphonisch» (antiphonal) und «responsorisch» (responsorial) wäre noch folgendes zu bemerken. Mit «antiphonisch» = gegenstimmig bezeichnete man ursprünglich neben dem Wechselgesang zweier Chorhälften auch den von Solist und Chor, der dann im Abendland als «responsorisch» bezeichnet wurde. Wir müssen ja bedenken, daß «responsorisch» = antwortmäßig eigentlich nur die lateinische Übersetzung von «antiphonisch» ist. In diesem weiteren Sinne finden wir letzteres Wort wenigstens im Orient gebraucht (was aber für uns kein Grund ist, vom traditionellen abendländischen Sprachgebrauch abzugehen).

Allerdings hat man noch eine andere Ableitung des Terminus «antiphonisch» an den Haaren herbeiziehen wollen. Wir finden nämlich bei spätantiken Musiktheoretikern gelegentlich die Oktave als «antiphonisches» Intervall bezeichnet (was psychologisch verständlich ist, da zwei Oktavtöne so recht einander «gegenüber»-liegen), und so hätte man eine Gesangsweise, bei der Männer auf der einen Seite, Frauen oder Knaben auf der anderen einander antworteten, als antiphonisch bezeichnet, weil die Beantwortung in der Oktave erfolgte: wie wenn der Wechselgesang sich nur in verschiedenen Stimmgattungen abgespielt hätte, wie wenn die Kirchenväter auf eine speziell musiktheoretische Terminologie erpicht gewesen wären, und wie wenn nicht sogar dem musikalischen Menschen bei der Wiederholung des Männergesanges durch Knaben eher die Übereinstimmung als der Abstand auffallen würde!

a) Die kirchlichen Verhältnisse

Nun haben wir es mit der geschichtlichen Wende zu tun, die das 4. Jahrhundert darstellt. Jetzt tritt die christliche Kirche nach drei Jahrhunderten, während derer sie immer wieder Verfolgungen ausgesetzt war, in das helle Licht der Geschichte. Konstantin der Große gab ihr im Edikt von Mailand 313 die Freiheit und Gleichberechtigung, und hierauf trat er ihr selbst bei. Unter ihm wurde die christliche Kirche zwar noch nicht zur Staatsreligion, aber zur bevorzugten Religion.

Lesen wir eine Darstellung wie die in J. Burckhardts Buch «Das Zeitalter Konstantins des Großen», so sehen wir, bis zu welchen abstrusen Formen inzwischen die heidnische Religion gelangt war. Die weltflüchtigen Tendenzen, die wir oben hervorhoben, führten Fanatiker bis zur Selbstverstümmelung. Hier bietet das Christentum, das die Welt als Gottes Schöpfung sah, geradezu einen Ausweg; es vermeidet wie die Unterordnung unter das Sinnliche, so die extreme Weltverneinung. Es war aber, wie man sagen könnte, auch in anderer Hinsicht eine weltgeschichtliche Fügung, daß die christliche Kirche gerade in diesem Augenblick unter den besonderen Schutz des römischen Staates gestellt wurde; denn es war die Zeit, wo bereits die «Barbaren» an die Pforten des Reiches pochten, welche es dann vollständig überfluten sollten, und hätte da nicht die Christianisierung dieser Völker eingesetzt, so wäre von der Kultur und Rechtsordnung der alten Welt nichts übriggeblieben.

Immerhin dürfen wir den Prozeß nicht so utilitaristisch ansehen, wie wenn es die R e c h t f e r t i g u n g des Sieges der Kirche gewesen wäre, daß nunmehr gegen Auswüchse des Aberglaubens radikal, d. h. von innen heraus vorgegangen werden konnte, oder daß in bezug auf die Vernichtung von Kulturwerten vieles verhütet wurde. Der Sieg der Kirche war ein Ereignis, das seine Bedeutung in sich selbst hatte und auch ohne jene Nebenfolgen als das bisher größte Ereignis der nachchristlichen Zeit betrachtet werden muß.

Leider ist jener utilitaristische Standpunkt der von J. Burckhardt, der Konstantins «ewigen Ruhmestitel» darin sieht, daß die von ihm begünstigte Christianisierung des Reiches entscheidend für die «Kontinuität» der Kultur gewesen sei. Und so hat Burckhardt auch die Persönlichkeit Konstantins rationalistisch mißdeutet als die eines «eiskalten» Rechners, was durch die neuere Geschichtsforschung richtiggestellt worden ist. Immerhin ist Burckhardts Konstantin-Buch als wissenschaftliche Leistung hochzuschätzen; ich ziehe es jedenfalls seiner «Kultur der Renaissance in Italien» vor, in der er in hohem Maße der Anziehungskraft des Schlagworts erlegen ist (was aber gerade der Grund war, warum dieses und nicht jenes Buch Burckhardt berühmt machen sollte: das Schlagwort war ein «zeitgemäßes»).

Selbstverständlich bedeutete der Sieg der christlichen Kirche nicht, daß nun auf Erden alles anders geworden wäre, denn gesiegt hatte nur die irdische Kirche (hinter der allerdings die himmlische steht). Was mit jenem Ereignis gegeben war, war, konkret gesprochen, nur, daß nunmehr im römischen Reich jeder einzelne vor das neue Licht der Wahrheit gestellt war und seine Stellung dazu beziehen konnte. Die Kirche war in die Lage versetzt, das, was sie hütete, den Völkern des Reiches darzubieten. Und nun erhob sich für sie erst recht die Frage ihrer Stellung zur Kultur, zum Denken und Gestalten der Zeit. Jetzt konnte es nicht mehr genügen, daß man nur Formen der weltlichen Kultur übernahm, nachdem man sie einer Sichtung unterworfen hatte und sie im neuen Sinne verwendete. Jetzt mußte sich die Kirche diese Dinge assimilieren. Es kam auf eine Ausrichtung der Kultur nach der Kirche an, wie wenn die erstere ganz von selbst in die letztere einmünden würde. Und dies war logisch, da im Sinn des christlichen Glaubens alle Natur und Kultur, so schön sie sein mag, noch etwas Höheres über sich hat und, wenn richtig verstanden, auf jenes hindeuten muß (eigentlich schon ein platonischer Gedanke, nur daß bei Plato jenes Höhere im Bereich der Abstraktion geblieben war).

Dies ist etwa die Stellung der Kirchenväter des 4. Jahrhunderts zur Kultur. So besaßen denn auch die hll. Basilius, Gregor von Nazianz und Gregor von Nyssa die volle literarisch-rhetorische Bildung ihrer Zeit, wie im lateinischen Kreis ihr jüngerer Zeitgenosse, der hl. Augustin (allerdings vertritt dieser im Verhältnis zu den griechischen Vätern eine etwas «bilderstürmerische» Note, insofern als er z. B. der Entfaltung musikalischer Schönheit im Gottesdienst nicht ohne Skrupeln gegenübersteht und die Frömmigkeit ganz auf das Höherstreben der Einzelseele gründen will: er steht also nicht mehr oder nur teilweise auf dem Boden jener Mensch, Welt und Gott verbindenden Objektivität, in der sich die griechischen Kirchenväter mit der Antike begegneten).

Indessen kam es hier nicht nur auf die Denker höchsten Ranges an. Die Kirche war ein Organismus, der sich im Leben und unter dem Volk im breiteren Sinne zu behaupten hatte. Hier kommt es auch auf Sinnfälligkeit an. Um dem breiten Kreis der Gläubigen (und auch der Ungläubigen) so recht zu vergegenwärtigen, wie erhaben die Majestät Gottes und Christi ist, werden nunmehr Formen der Adoration, wie sie am römischen Hof die überragende Macht des Kaisers versinnbildlichten, in die Liturgie übernommen als Versinnbildlichung der Macht der himmlischen Majestät (ja teilweise werden solche Formen der Devotion sogar auf die Spitzen der Geistlichkeit übertragen): Formen, die übrigens schon von Hause aus etwas Hieratisches hatten, waren sie doch von Rom aus dem Orient übernommen worden. Selbstverständlich äußert sich darin auch etwas wie ein Gefühl des Triumphes über den nach der langwährenden Verfolgung errungenen Sieg der Kirche, der als Sieg Christi oder wenigstens als Vorankündigung des Sieges Christi aufgefaßt wurde. In den folgenden Jahrhunderten wird gerade hier ein bezeichnender Gegensatz in die Erscheinung treten: in Byzanz behält die Kaisermacht etwas von der hieratischen Verehrung aus der römischen Zeit bei, doch ist auch die konträre Ergänzung dazu im christlichen Sinne gegeben durch die Adoration, die der Kaiser der himmlischen Majestät darbringt; diesen Gedanken drücken Darstellungen des vor Christus auf dem Boden liegenden Kaisers aus; im Abendland dagegen ist der Kaiser, wenn auch einige symbolische Formen der Verehrung aus dem Osten nachgeahmt werden, doch wesentlich der aus dem germanischen Stammesfürstentum hervorgegangene Häuptling, jene Adoration aber beansprucht hauptsächlich der nunmehr auch als politischer Machthaber auftretende römische Bischof: i h m muß seiner Auffassung nach auch der gekrönte Herrscher die Proskynese darbringen, während sich in Byzanz der Parallelismus der beiden Gewalten in der zeremoniellen Umarmung zwischen Kaiser und Patriarch ausdrückt.

*　*
*

Von nun an bewegt sich das Leben der Menschheit also im Wechselspiel zwischen dem Weltlichen und dem Kirchlichen; das wissenschaftliche und das künstlerische Leben steht, ebenso wie das alltägliche, zwischen diesen beiden Polen. Die Kirche mit ihrer Lehre vertritt, wenn auch nur in menschlicher Weise, das Absolute. Und so muß alle Kunst, alles Denken gerade da, wo es sich zum höchsten Punkt erheben will, nicht nur geistig in die Betrachtung des Absoluten einmünden, sondern auch an die irdische Vertretung desselben stoßen (daß irgendwie Kunst und Wissenschaft nicht in sich selbst ihren letzten Gehalt finden, daß sie über sich selbst hinausweisen und zu einer festen Verankerung streben, dies haben ja in ihrer Weise auch gewisse Irrlehren des 19. Jahrhunderts betont: aber mit umgekehrtem Vorzeichen, unter Zurückgehen auf das Tiefere statt auf das Höhere). Damit ist nicht gesagt, daß z. B. von zwei Künstlern derjenige, der sich in den Dienst der Kirche stellt, der größere sein muß. Doch besteht jetzt ein nachdrücklicher äußerer Hinweis auf das über allem Menschlichen stehende Höhere.

Demgemäß sucht die Kirche, das menschliche Leben zu erfassen und zu durchdringen. Und ein besonderes Augenmerk muß sie der intellektuellen, d. h. der wissenschaftlichen und künstlerischen Betätigung der Menschheit zuwenden. Dies nicht deswegen, weil von ihrem Standpunkt aus der Gelehrte oder Künstler an sich mehr bedeutet als jeder Mensch, der sich in den Schwierigkeiten des Lebens zu bewähren hat. Nein, sie muß es deswegen tun, weil innerhalb des Menschenwerkes jener Art Betätigung eine besondere Bedeutsamkeit zukommt, insofern als sie in besonderer Weise auf Übermittlung an andere gerichtet ist und die Beeinflussung anderer zur Folge hat. Eben weil die Kirche jetzt als greifbares Symbol des Höchsten in der Welt steht, muß sie beanspruchen, daß das Beste der Werke der menschlichen Kultur dem Höchsten zu Füßen gelegt wird, und zwar, wenn möglich, durch ihre Vermittlung. Sie muß darauf sehen, daß von jenem intellektuellen Leben aus zu dem von ihr vertretenen inneren Leben ein selbstverständlicher Anschluß besteht; und dies um so mehr, weil jene intellektuelle Schicht menschlicher Betätigung, als ein in gewissem Sinne r e l a t i v Höheres, deswegen auch die Gefahr mit sich bringt, daß es für das a b s o l u t Höhere genommen wird — eine Verwechslung, die bei anderen Arten menschlicher Betätigung weniger zu befürchten ist.

* * *

Doch nun trat das Tragische ein, daß die Kirche, kaum daß sie von der Verfolgung durch den Staat befreit war, eine neue Art Anfechtung durchmachen mußte: die Glaubenskämpfe in ihrem Inneren, d. h. Auseinandersetzungen über die genauere Definition ihres Glaubens — Kämpfe, die sich allerdings teilweise schon in der Zeit der Verfolgung bemerkbar gemacht hatten. Es handelte sich hauptsächlich um die Frage des Verhältnisses zwischen menschlicher und göttlicher Natur in der Person Christi: die Arianer überbetonten die erstere, die Monophysiten die letztere, wogegen das Konzil von Chalcedon 451 mit der Bekräftigung des «unvermischten» Nebeneinanders der beiden Naturen das Gleichgewicht wiederherstellte — was indessen, wie man weiß, weitere Glaubenskämpfe nicht ausschloß: die Kirche ist ja nicht das Himmelreich selbst. Von diesen inneren Auseinandersetzungen aber ist die mit dem Arianismus, welche das 4. Jahrhundert füllt, für uns musikgeschichtlich von besonderer Bedeutung; denn die Arianer waren im

Interesse der Propagierung ihrer Dogmen auf dem Gebiet der Hymnodie sehr aktiv — was dann wiederum von den Orthodoxen im Interesse ihrer Lehre nachgeahmt wurde.

b) Der Kirchengesang

Fragen wir, welches die Quellen sind, die uns in bezug auf die Musik des 4. Jahrhunderts Aufschluß geben können, so müssen wir zunächst feststellen, daß wir nunmehr bis mindestens in das 8. Jahrhundert ohne direkte Zeugen bleiben. Gesänge mit Tonzeichen sind aus dieser ganzen Zeit nicht überliefert, und auch aus dem 8. und 9. Jahrhundert nur in sehr geringer Zahl (zur Notenschrift s. unten 143). Unsere Quellen sind also indirekte, besonders literarische, und hier stehen die K i r c h e n v ä t e r an erster Stelle. Diese kommen in der Tat oft auf den Kirchengesang zu sprechen, wenn auch das, was sie sagen, nicht immer leicht zu deuten ist. Es kommt ihnen ja nicht darauf an, in ihren Schriften, die der Theologie dienen, die Musik als solche zu behandeln. Sie berühren die Musik nur, insofern sie in den Brennpunkt der kirchlichen Interessen tritt; und dies tut die Musik im 4. Jahrhundert gerade im Zusammenhang mit den Glaubenskämpfen.

* * *

Indem wir uns zunächst dem O s t e n zuwenden, erinnern wir an eine alte Überlieferung, wonach der hl. Ignatius von Antiochien (um 100) einst die Engel sah, welche die hl. Dreieinigkeit im Wechselchor feierten, und hierauf führte er diese Gesangsweise in seiner Kirche ein. Die Nachricht klingt legendär, und leider ersehen wir nicht, ob sie sich auf Psalmodie oder Hymnodie beziehen soll. Immerhin hat sie einige plausible Züge: da ist zunächst die Lokalisierung des Ereignisses in Antiochien und die Verknüpfung desselben mit dem Lob der D r e i e i n i g k e i t (wie wir gleich sehen werden, hatte die «kleine Doxologie» oder Lobpreisung der Dreieinigkeit, die im 4. Jahrhundert sowohl beim Hymnen- als beim Psalmengesang als Abschluß diente, bei den Rechtgläubigen und bei den Arianern eine verschiedene Fassung, entsprechend der Glaubenslehre der einen und der anderen).

Unter den historischer klingenden Nachrichten erwähnen wir die in Theodorets Kirchengeschichte (II 19), die sich auf zwei Kirchenmänner in Antiochien in der Mitte des 4. Jahrhunderts, Flavian und Diodor, bezieht: sie hätten «als erste die Chöre der Psallierenden in zwei Teile geteilt und sie gelehrt, die davidische Melodie (die Psalmen) wechselweise zu singen». Es erscheint durchaus möglich, diese Stelle mit der oben 101 nach dem Plinius-Brief zitierten in Einklang zu bringen in dem Sinne, daß die Wechselchörigkeit, die man erst bei Gesängen mit neugeschaffenen Texten angewendet hatte, nunmehr auf das Absingen der Psalmen übertragen wurde. In der PM. VI, 19 f., wird diese Nachricht (durch Dom Cagin) in dankenswerter Weise mit anderen aus syrischen Quellen in Beziehung gesetzt. Da heißt es, Flavian und Diodor hätten diese Art Psalmodie von den Syrern (etwa = den Mönchen?) übernommen und in die griechische Sprache übertragen; dazu die Angabe, daß während die Arianer die Doxologie als «Ehre dem Vater d u r c h den Sohn i m heiligen Geist» sangen, Flavian als erster «Ehre dem Vater u n d dem Sohn u n d dem heiligen Geist» singen ließ. Dom Cagin weist mit Recht darauf hin, daß die Bekämpfung der arianischen Doxologie das eigentliche Motiv Flavians gewesen sein könnte — in der Tat, warum sollte ein Kirchenmann einer Gesangsform sonst einen solchen Wert beilegen? —, doch ist es wohl übertrieben, wenn er anzunehmen scheint, die betreffende Gesangsart habe bei den Orthodoxen bereits bestanden und Flavian habe n u r die gegen die Arianer gerichtete Doxologie eingefügt.

Daß der in diesem Zusammenhang um die Mitte des 4. Jahrhunderts eingeführte antiphonische Psalmengesang aber nicht nur die Doxologie, sondern auch den Kehrvers (das, was man später «die Antiphone» genannt hat) kannte, ergibt sich aus Stellen bei den Kirchenhistorikern Theodoret (III 6) und Sozomenus (V 19), die sich wiederum auf Antiochien und eine nur wenig spätere Zeit beziehen (vgl. PM. VI 22). Kaiser Julian der Abtrünnige (361—363) verlangte, daß die Christen die Gebeine des hl. Babylas an eine andere Stelle überführten. Dies taten sie, aber im Zuge sangen sie «die davidische Melodie (Psalmen), indem sie bei jedem Kolon (Vers) dazu ertönen ließen: Es mögen sich schämen alle, die das Schnitzwerk anbeten und sich der Götterbilder rühmen» (gleichfalls ein Psalmvers); «es begannen aber mit den Psalmen diejenigen, welche sie genau kannten, und die ganze Menge ließ hierauf (jenen Refrain) im Zusammenklang erschallen» (vgl. unten 111 die «einträchtigen Brüder» nach Augustin).

Ist das westsyrische Antiochien eine «Griechenstadt», so haben wir anderseits auch wichtige Nachrichten über das syrischsprechende Ostsyrien. Hier ist es der in Edessa lebende hl. E p h r e m (ca. 306—373), der auf dem Gebiet der Hymnodie Großes schuf; er dichtete und sang «Madrashe», Sologesänge von strophischer Form, in denen dem Chor der Refrain zufiel. Auch hier ist die Bekämpfung von Häresien ein Motiv des Sängers: und er bekämpft sie mit ihren eigenen Waffen. Theodoret erzählt (IV 29): «Harmonius, der Sohn des Bardesanes, hatte einst gewisse Oden gemacht; der Süße der Melodie mischte er den Irrglauben bei, und indem er damit die Hörer ergötzte, riß er sie in das Verderben; Ephrem nun nahm die Harmonie des Melos von da und mischte den wahren Glauben dazu; so bot er ihnen ein sowohl süßes als nützliches Arzneimittel». Und Sozomenus (III 16): Harmonius, der Sohn des Bardesanes, «soll, da er der griechischen Bildung teilhaftig war, als erster der vaterländischen (syrischen) Sprache Metren und musikalische Nomen (Mustermelodien) untergelegt und diese seine Schöpfungen den Chören übergeben haben; so singen auch jetzt die Syrer vielfach, indem sie (dank Ephrem) zwar nicht die Texte des Harmonius, aber seine Melodien brauchen. Harmonius war nämlich von der Irrlehre seines Vaters nicht frei, . . . diese seine Texte setzte er zur Lyra (oder: unter die Lyra), und so verband er jene Dogmen mit dem vaterländischen Wort; da nun Ephrem sah, daß sich die Syrer von der Schönheit der Worte und dem Rhythmus der Melodie bezaubern ließen . . ., ließ er, o b g l e i c h der griechischen Bildung nicht teilhaftig, es sich angelegen sein, von den Metren des Harmonius Besitz zu ergreifen; und er sang zu jenen Melodien einen anderen Text». Wir können dies kaum anders verstehen, als daß Ephrem die metrischen Formen und Melodien seines Vorgängers für seine Dichtungen benützte. Außerdem verfuhr er insofern im Sinne der Kirche, als er das, was vorher Gesang zur Lyra, also Kitharodie gewesen war, in reine Gesangsmusik verwandelte.

Von überragender Wichtigkeit ist für uns, hier bestätigt zu sehen, daß auch dieser Hintersyrier von den Formen der hellenischen Kultur zehrt. Im übrigen hat seine hymnodische Tätigkeit den Verlauf der Dinge im Abendland nicht oder wenigstens nicht direkt beeinflußt. Sie leitet uns eher zur Tätigkeit des großen griechischen Dichtersängers Romanus (am Anfang des 6. Jahrhunderts) fort, obgleich auch hier der Einfluß Ephrems nicht übertrieben werden darf.

* * *

Wir müssen uns nunmehr dem A b e n d l a n d zuwenden, und hier beschränken wir uns auf Zeugnisse des hl. A u g u s t i n u s (354—430). Im Verlauf der Erinnerungen, die uns Augustin in seinen «Confessiones» bietet, erzählt er (X 33): «Manchmal hätte ich Lust, daß all die Melodien süßer Gesänge, mit denen man Davids Psalter schmückt, meinen Ohren und denen der Kirche fernbleiben möchten; in solchen Momenten erscheint mir ungefährlicher, was ich oft vom Bischof Athanasius von Alexandrien erzählen hörte, nämlich daß er den Lektor (Lektor ist hier soviel wie Sänger) beim Psalm mit so mäßiger Stimmbewegung singen ließ, daß er eher zu rezitieren als zu singen schien. Aber auf der anderen Seite gedenke ich auch meiner Tränen, die mir der Kirchengesang in der ersten Zeit nach der Wiedergewinnung meines Glaubens entlockte; und ich erinnere mich, daß ich auch jetzt noch nicht eigentlich durch den Gesang bewegt bin, sondern durch das, was (wovon) gesungen wird, indem es mit flüssiger Stimme und zusammenstimmender Melodie ertönt; und dann muß ich doch wieder den großen Nutzen dieser Einrichtung anerkennen.» Wir können wohl nicht anders, als dies auf kunstvolle Solopsalmodie zu beziehen. Sagen wir aber «kunstvoll», so bedeutet dies «melismatisch ausgeschmückt» (d. h. nicht «syllabisch», jeder Silbe nicht nur eine Note gönnend), sagen wir aber dies, so ist die selbstverständliche Voraussetzung wohl, daß nicht ein ganzer Psalm gesungen wird, sondern nur einige Verse. Da Augustin diese Gesangsweise nicht als Neueinführung hinstellt, sondern eher als einen Normalzustand (von dem sich die durch den hl. Athanasius verordnete Zurückhaltung als ein Sonderfall abhob), so können wir es also nicht als wahrscheinlich ansehen, daß, wie man manchmal vermutet hat, der melismatische Gesang in der Kirche erst durch allmähliche Ausschmückung eines einfachen, syllabischen oder psalmodierenden Melodieoriginals entstanden wäre. Wir bestreiten nicht, das zu Augustins Zeit auch das solistisch-responsorische Absingen eines ganzen Psalms geübt wurde; aber daneben muß es auch die Varietät gegeben haben, die die musikalische Materie auf Kosten der textlichen zur Entfaltung brachte (und hier konnte dann auch der Chorteil nicht Sache der Gemeinde, sondern nur einer kleinen Sängergruppe sein — oder aber solche kleinere Komplexe von Psalmversen wurden rein solistisch gesungen, wie der römische Tractus).

Mehr Anlaß zur Diskussion bietet eine andere Stelle aus denselben «Confessiones» (IX 6—7): «Wieviel habe ich geweint bei deinen (den dir geweihten) Hymnen und Cantica, da die Stimmen deiner süßklingenden Kirche mich so heftig bewegten! . . . Es war nicht lange her, daß die Mailänder Kirche diese Art Tröstung und Ermahnung eingeführt hatte, unter großem Eifer der im Gesang und in den Herzen einträchtigen Brüder. Es war nämlich ein Jahr oder etwas mehr her, seitdem Justina (die arianische Kaiserin) . . . Ambrosius verfolgte . . . Das fromme Volk übernachtete in der Kirche . . . Damals (386) wurde es eingeführt, daß nach der Gepflogenheit des Ostens Hymnen und Psalmen gesungen wurden, auf daß das Volk nicht im Übermaß der Trauer schwach werde.» Und Ambrosius' Biograph Paulin bemerkt zu diesem Vorgang: «Damals begann man, A n t i p h o n e n, Hymnen und Vigilien (= Nachtwachen-Gottesdienst) zu feiern», was sich dann im ganzen Abendland verbreitet habe.

Hier darf man doch wohl die Worte «Hymnen und Psalmen» distinkt auf Hymnodie und Psalmodie beziehen, und wir wollen beachten, daß dem Wort «Psalmen» bei Augustin das Wort «Antiphonen» bei Paulin entspricht. Was wir unter den H y m n e n zu verstehen haben, ist klar und zur Genüge belegt: es ist der lateinische Hymnus des hl. Ambrosius (340—397). Diese Gattung des Kirchengesanges ist noch heute im Gebrauch, und darunter sind Texte, die sicher auf Ambrosius zurückgehen; von den Melodien dagegen können wir nur sagen, daß einige derselben diejenigen sein k ö n n - t e n, welche jener Heilige mit den Texten verband. Die Form der Texte ist zwar metrisch (quantitierend), indessen ist es eine relativ einfache Form (viel einfacher jedenfalls als die der nicht quantitierenden syrischen Solohymnen des hl. Ephrem, und erst recht einfacher als die griechischen Solohymnen des hl. Romanus); die Strophe besteht nur aus vier jambischen Achtsilbern. Als Schlußstrophe dient dem Hymnus eine in dieselbe metrische Form umgegossene «kleine Doxologie» (man hat zwar angenommen, die Doxologie sei den ambrosianischen Hymnen erst nachträglich angefügt worden, doch widerspricht dem ein Ausspruch von Ambrosius selbst, Contra Auxentium, 34); wahrscheinlich haben wir uns vorzustellen, daß die Strophen wechselweise von zwei Halbchören und die Doxologie vom Gesamtchor oder genauer: von der Gemeinde gesungen wurde.

Das andere, was Augustin meint, ist doch wohl die wechselchörige («antiphonische») Psalmodie. Indessen müssen wir uns vergegenwärtigen, daß eine ganze Gemeinde nicht imstande ist, Psalmen auswendig herunterzusingen, oder nur ausnahmsweise: der wechselweise Vortrag der Psalmverse fällt offenbar einer Elite zu, wie wir dasselbe wohl auch vom wechselweisen Vortrag der Hymnenstrophen anzunehmen haben (vgl. Augustins Ausdruck von den «einträchtigen Brüdern»). Doch wird auch der Reihe der Psalmverse am Schluß die «kleine Doxologie», das «Gloria patri» angefügt, und zwar ist es hier die authentische Doxologie in der Prosaform, die — wenigstens nach dem, was wir aus späterer Zeit wissen — in zwei Teile zerlegt wurde, wobei jeder Teil als Psalmvers behandelt, d. h. zur Melodie eines solchen gesungen wurde. Es wäre nicht unplausibel anzunehmen, daß in diesen Anfangszeiten der «Antiphonie» die Doxologie am Schluß von der Gemeinde im Wechselchor gesungen wurde, legten doch die Kirchenväter Wert darauf, dieses Glaubensbekenntnis möglichst oft der Gemeinde in den Mund zu legen. Doch bleibt noch die Frage des Refrains, d. h. derjenigen Einfügung in die wechselchörige Psalmodie, die dem Ganzen vorangestellt und dann nach jedem Vers oder nach einer Versgruppe wiederholt wurde, derjenigen, die später speziell als «Antiphone» bezeichnet wurde (ihr Text, ein entweder dem gleichen Psalm oder einem anderen Psalm oder überhaupt der Bibel entnommener, oder ein von anderswo entlehnter oder sogar eigens verfaßter Spruch, dient im allgemeinen der Tendenz, den Psalmvortrag in gedankliche Verbindung mit dem gerade gefeierten Fest zu bringen): diesen Refrain müssen wir uns wohl von den beiden (Elite-)Halbchören zusammen gesungen denken, wenn nicht von der ganzen Gemeinde. Immerhin ist es nicht sicher, ob dieser Refrain — der wohl aus der Solopsalmodie stammte — damals schon in der wechselchörigen Psalmodie seinen Platz fand. Jedenfalls sehen wir, daß sich für den Gesamtvortrag ein reich gegliedertes Schema ergibt, eines, das wohl dazu angetan ist, die Gemeinde zu aktivieren und ihr doch nicht übermäßig viel zuzumuten.

Und nun die vielberufenen Worte «more orientalium partium» (oben: «nach der Gepflogenheit des Ostens»), die man meist zu extensiv ausgelegt hat, wie wenn hier von der Übernahme orientalischer Melodien die Rede wäre (und zwar sei es für die Hymnen des Ambrosius oder für die Psalmtöne oder die Antiphonen oder für alles) — während es sich offenbar nur um die Übernahme eines B r a u c h e s handelt, was «cum grano salis» auch richtig sein wird.

Die Annahme, daß Augustin hier Melodien im Auge hat, ist schon an und für sich unwahrscheinlich. Von Melodien spricht er in einem viel alltäglicheren Zusammenhang. Ich meine die Stelle *De ordine* I 8, wo er erzählt, wie sein junger Freund Licentius den Psalmvers «Deus virtutum, converte nos . . .» (Ps. LXXIX 8) oft sang, dessen Melodie er eben gelernt hatte, wobei ihm diese Melodie gerade als eine ungewohnte (für ihn neue) besonders gefiel; da der Jüngling in seinem Eifer diesen Psalmvers sogar in der Latrine sang, hatte sich diesbezüglich unter den Hausgenossen eine Diskussion entsponnen.

Wenn wir fragen, welche Art Psalmvers in dieser Weise mit einer Melodie fest verbunden sein konnte — und mit einer offenbar prägnanten Melodie —, dann müssen wir sagen, daß es sich aller Wahrscheinlichkeit nach um einen Refrain handelte, wie ihn die Gemeinde — oder jedenfalls ein Chor — bei der Psalmodie erschallen ließ, und zwar wohl eher bei der solistisch-responsorischen Psalmodie als der chorischen, die damals in Italien eben erst eingeführt wurde. Eigentümlicherweise ist der betreffende Psalmvers (nach Marbach) in der römischen Liturgie nicht vertreten, wohl aber in der ambrosianischen (s. P. M. VI 202), aber nicht als ein zwischen die Psalmodie einzufügender Ruf, sondern in der Form eines «Psalmellus», oder um uns «römisch» auszudrücken, eines Responsoriums, das hinter einer Lesung der Vesper steht: also als ein Stück geschmückten Solo- oder responsorischen Gesanges (zum Versus hat dieser Psalmellus den zweiten Vers desselben Psalms). Offenbar hatte Licentius diesen Vers mit der Melodie beim Gottesdienst gehört oder bei einer kirchlichen Unterweisung gelernt. Wir wollen uns erinnern, daß Augustin und Licentius damals (386—387) noch nicht getauft, aber auf dem besten Wege dazu waren.

In diesem Zusammenhang ist noch anzuführen, daß Augustin in den *Confessiones* (IX 4) der damals auf dem Lande mit seiner Mutter und Licentius verlebten Zeit gedenkt als einer, in der er zur Erbauung viel Psalmen sang. Und gleichzeitig war es eine, in der die Freunde auch die überkommene weltliche Kultur pflegten. Damals schrieb Augustin im wesentlichen philosophisch orientierte Werke wie *Contra Academicos* und *De ordine,* in denen er den weltlichen Künsten und Wissenschaften gegenüber eine unbefangene Stellung einnahm, im Gegensatz zur gequälten Stellungnahme seiner späteren Zeit. In *De ordine* I 8 erzählt er ferner, daß sie sich täglich vor dem Abendessen ein halbes Buch aus Virgil anhörten. Was dagegen Licentius betrifft, so entfaltete derselbe junge Mann, der sich am Singen eines neugelernten kirchlichen Refrains nicht genug tun konnte, einen besonderen Eifer in der weltlichen metrischen Verskunst, so daß Augustin fürchtete, die Poesie lenke ihn von der Philosophie (d. h. der Betrachtung der unvergänglichen Wahrheiten) ab. Insbesondere arbeitete Licentius an einer neuen poetischen Version der tragischen Geschichte von Pyramus und Thisbe, und aus diesem Anlaß sagt ihm Augustin *(De ordine* I 3): «Es erregt mich, daß du deinen Versen in jeglicher Art Metren singend und heulend nachhängst; diese Verse könnten zwischen dir und der Wahrheit eine schrecklichere Mauer aufrichten als die, die deine Liebenden trennte» — was doch darauf deutet, daß sich der junge Dichter seine Verse vorsang (das bloße Wort «singend» könnte zwar rhetorisch gemeint sein, aber «heulend» klingt konkreter). Und nun schlägt auch Augustin die Brücke vom Weltlichen zum Geistlichen oder wenigstens zum Geistigen, indem er *(De ordine* I 8) zu Licentius sagt: er möchte, daß die innere Bewegung, die dort mit der Darstellung niederer Leidenschaften verbunden ist, von Licentius nun auch auf die Darstellung jener reinen Liebe verwendet werde, in der sich die gebildete und tugendhafte Seele durch die Philosophie mit dem Geist verbindet. — Licentius begegnet uns dann wieder 395, als er an Augustin ein Gedicht richtete: er studiere eben Varros Werk über die freien Künste, worin ihm der Teil über Musik Schwierigkeiten bereite, und so möge Augustin ihm sein Werk über Musik schicken (s. Augustin, Epistola XXVI); Augustin, der den begabten und gebildeten Mann offenbar gerne in den kirchlichen Dienst gezogen hätte, zeigt sich betrübt, daß er zu heiraten und eine weltliche Karriere einzuschlagen gedenkt; von da an hören wir nichts mehr von Licentius.

Was sich aus diesen Zusammenhängen ergibt, ist, daß auch das Melodische an jenen in den *Confessiones* IX 7 erwähnten Gesängen, das wie ein Selbstverständliches gar nicht berührt wird, im Rahmen der damaligen Kultur seinen natürlichen Platz eingenommen haben wird. Welches war aber der engere Bereich der antiken Musik, auf dem der christliche Kirchengesang am ehesten basierte? Es könnte ein Bereich aus dem Gebiet der Kitharodie gewesen sein, da diese als verhältnismäßig noble Musikgattung galt. Immerhin mußte hier das Instrument wegfallen, und indem der Gesang ganz auf sich gestellt war, mußte dies mehr auch auf die Melodik abfärben. Ferner dienten hier einem Großteil des Gesungenen Psalmentexte als Unterlage, und auch sofern es nichtbiblische Texte waren, waren es — mit Ausnahme des ambrosianischen Hymnus — rhythmisch akzentuierende Prosatexte, so daß auch in dieser Hinsicht eine Adaptation stattzufinden hatte. So hatten die kirchlichen Gesangsmeister jener Zeit, über deren Tätigkeit kaum etwas überliefert ist, bei der Übertragung von Melodien oder Melodiestilen aus dem weltlichen in das kirchliche Gebiet Gelegenheit genug, einen schöpferischen Geschmack zu betätigen.

Vergleichen wir das gregorianische (und das ambrosianische) Melodienrepertoire, wie wir es etwa seit dem 9. Jahrhundert ins Auge fassen können, mit den paar spätantiken Melodieresten (Seikilos-Lied, Mesomedes-Hymnen, christlicher Hymnus aus Oxyrhynchus), so können wir, wenn wir die durch die Natur gegebenen Verhältnisse berücksichtigen, nicht sagen, daß das eine vom anderen «toto caelo» verschieden ist. Wenn, wie schon bemerkt, die gregorianisch-ambrosianische Tonart eher den Grundton zum Unterscheidungsmerkmal macht und weniger den so oder anders gegliederten Quarten- und Oktavenausschnitt, so mag dies eben mit den speziellen Voraussetzungen einer reinen Gesangsmusik zusammenhängen. Diese ist naturgemäß weniger räumlich orientiert als eine instrumentale oder instrumentengestützte Melodik; sie ist also in höherem Maße dazu prädisponiert, sich um beherrschende Haupttöne zu gruppieren, d. h. das qualitative Moment zu betonen; und eben dies ist vielleicht die Grundlage jenes Systems der vier Haupt- und Grundtöne im spätantik-mittelalterlichen Kirchengesang. Wir wollen nicht unterlassen zu erwähnen, daß die älteste Erwähnung einer quantitativen Tonviertheit als Grundlage der Musik in eine alexandrinische Umgebung weist (vgl. «Der Toncharakter», S. 320); dann ist im 9. Jahrhundert die «Musica Enchiriadis» ein extremer Vertreter dieses Prinzips; vgl. ferner oben S. 39.

Doch kehren wir noch für einen Augenblick zu jenem Zeugnis Augustins bezüglich der antiphonischen Psalmodie zurück. Wir müssen hier noch eine Unterscheidung ins Auge fassen. Jener Bericht betrifft eine Gemeinde- oder Weltkirche. Innerhalb der Klöster waren die Voraussetzungen anders: hier konnte jene Wechselchörigkeit bei den Hymnen und den Psalmen mehr oder weniger vom gesamten Mönchschor geleistet werden, d. h. jene Scheidung zwischen der Gemeinde und einer Elite (die «fratres concinentes», gewissermaßen ein «Gesangverein») fiel weg, denn dem Mönch war die Liturgie Haupttätigkeit, er wurde im Hinblick darauf geschult, und im Prinzip kannte er den Psalter auswendig. Nun wissen wir, daß im Abendland Mönchtum und Klosterwesen im 4. Jahrhundert eine große Ausbreitung fand, wobei der christliche Osten in hohem Maße das Vorbild lieferte. Es ist sehr gut möglich, daß die Antiphonie — ich meine die antiphonische Psalmodie — eben in den Klöstern aufkam und von da aus in die Weltkirchen übertragen wurde, möglich auch, daß sie im Abendland in Klöstern bekannt war, bevor sie von Ambrosius in das Gemeindeleben eingeführt wurde.

*　*
*

Es ist, wie wir sahen, wahrscheinlich, daß die Übertragung der antiphonischen Psalmodie in das Gemeindeleben mit dem Hin und Her der Glaubenskämpfe zusammenhing, und auch die Hymnodie wurde dadurch aktiviert. Vielleicht hätten wir über das Aufkommen dieser Arten des Kirchengesanges nie eine Nachricht erhalten, wenn sie nicht damals in jenem kirchengeschichtlichen Zusammenhang aktualisiert worden wären.

Die weltliche Musik steht, wie gesagt, von nun an für viele Jahrhunderte hinter der geistlichen zurück; und doch existiert sie. Der fahrende Musiker der Völkerwanderungszeit hat gewiß viele Traditionen des Musikers der römischen Zeit in das Mittelalter hinübergetragen. Angesichts des von uns hervorgehobenen Verhältnisses zwischen höherer Bildung und Kirche ist zwar die Verbindung zwischen weltlicher Musik und höherer Bildung gelockert, und dies ist ein Umstand, der für jede Kunst von Bedeutung ist. Doch hindert dies nicht, daß sie trotzdem ein hohes professionelles Niveau bewahren konnte. Ja es schließt nicht aus, daß Elemente der profanen, der Spielmannsmusik in den kirchlichen Gebrauch eindringen konnten. Im Grunde sind ja beide, die weltliche und die kirchliche Musik, immer ein Kind ihrer Zeit, müssen sie als durch manche Fäden miteinander verbunden gedacht werden — obgleich der kirchlichen Kunst durch kirchliche Erwägungen und Maßnahmen ein besonderes Beharrungsvermögen, eine Art Zeitdiskrepanz auferlegt sein kann (der Begriff des «Chorals»!).

Doch wenn auch die weltliche Musik in dem uns beschäftigenden Zeitraum zwischen Antike und Mittelalter fast ganz im Dunkel steht, indem unsere indirekten Quellen fast nur kirchliche sind, so liegen doch auch Hinweise auf eine weltliche Musikpflege vor, aus denen wir einige auswählen.

So erzählt der griechische Historiker Priskus, der als Gesandter des Kaisers bei A t t i l a († 453) weilte, daß am Abend zwei «Barbaren» (also jedenfalls Nichtgriechen) hereingeführt wurden, die kriegerische Gesänge vortrugen und damit die Anwesenden stark bewegten. Hier kann es sich wohl nur um Zweistimmigkeit oder um Wechselgesang handeln. War es aber letzteres, so müssen wir uns fragen, ob es nicht Wechselgesänge in der Form der «progressiven Wiederholung» waren (s. oben 102), da bei durchgehender strophischer Wiederholung nach dem Schema *a a a* . . . die Produktion für Kunstsänger etwas anspruchslos erscheinen konnte.

Wir erinnern ferner an die Beschreibung, die der Gallier Sidonius Apollinaris vom Leben am Hofe des Ostgotenkönigs T h e o d e r i c h († 526) gibt: «Manchmal werden, wenn auch selten, bei der Tafel Possen von Mimen zugelassen, aber so, daß keiner der Gäste durch die Bitterkeit der bissigen Zunge verletzt wird; auch hört man hier weder die Wasserorgel, noch intoniert die Gesamtheit der beiden Chorhälften unter ihrem Dirigenten das Vortragsstück; auch musiziert kein Lyraspieler, kein Aulosspieler, kein Chorleiter, keine Tympanum- oder Psalterspielerin; der König erfreut sich nur an solchem Saitenspiel, bei dem nicht weniger der den Geist erquickende innere Wert, als die das Gehör erquickende Melodie zur Geltung kommt.» Im ganzen soll hervorgehoben werden, daß Theoderich nicht ein Freund der Üppigkeit ist, und bei diesem Anlaß wird aufgezählt, was im Sinne der Zeit zur musikalischen Üppigkeit gehörte. Bezüglich der zwei Chorhälften könnte man wiederum, wie anläßlich der zwei Sänger an Attilas Hof, schwanken, ob es sich um Wechselgesang oder um Zweistimmigkeit handelte (eines von beiden muß ja vorausgesetzt sein, da sonst die Teilung des Chores keinen Sinn hätte). Liegt der Nachdruck auf «z u s a m m e n intonieren», so ist es gewiß Zweistimmigkeit. Liegt er auf «zusammen i n t o n i e r e n», so würde dies darauf deuten, daß nur der Anfangsteil des Stücks (und allenfalls der Schlußteil, wie es später bei der Sequenz bezeugt ist) von beiden Hälften und das übrige im Wechselchor gesungen wurde (und hier wäre, da es wohl eine ausgearbeitete Form war, wieder an die «progressive Wiederholung» zu denken). Jedenfalls ist bemerkenswert, daß die Zweiteilung des Chors gewissermaßen als selbstverständlich gilt.

Nun noch eine Stelle aus dem Briefwechsel von C a s s i o d o r. Dieser, der bei Theoderich Kanzler war, schrieb einmal im Auftrag desselben an Boetius, der Frankenkönig sei durch den Ruf der musikalischen Darbietungen bei Theoderichs Tafel veranlaßt worden, inständig um die Übersendung eines Kitharoden zu bitten, und so möge Boetius als Kundiger für diesen Zweck einen solchen aussuchen. Dies hindert nicht, daß Boetius um 525 auf Befehl Theoderichs unter dem Verdacht eines Einverständnisses mit dem byzantinischen Kaiserhof hingerichtet wurde. Wie bekannt, ist Boetius der Verfasser einer ausführlichen lateinischen Abhandlung über die Musik — der letzten, die das theoretische Musikwissen des Altertums zusammenfaßt; aus ihr hat das Mittelalter weitgehend geschöpft.

Wir müssen bei alledem im Auge behalten, daß Stürme, wie sie die Völkerwanderung mit sich brachte, unter Umständen gerade vom Mimen, Possenreißer und Musikanten eher als von anderen überstanden werden, da er nicht zu den Kämpfenden zählt; sogar die alten Assyrier pflegten unter den besiegten Völkern die Musiker am Leben zu lassen (vgl. oben 39). Dies ist etwas, das jedenfalls zur historischen Kontinuität auf dem Gebiet der Musik beigetragen hat.

Zum Schluß folge aus Gregor von Tours' Frankengeschichte (VIII 3) ein Bericht, der zwischen weltlicher und kirchlicher Musikübung eine Verbindungslinie zieht. Gregor spricht von einer Tafelmusik bei seinem Zeitgenossen, dem König G u n t r a m (†593). Dieser war nach Orléans gekommen und hielt ein festliches Gestmahl ab; in der Mitte des Mahls forderte er Gregor auf, er möchte denjenigen Diakonus, der am Tage vorher bei der Messe den «responsorischen Psalm» vorgetragen hatte, singen lassen (wohl eben dieses Stück); nun beginnt dieser seine Solopartie, und auf Wunsch des Königs wird angeordnet, daß alle anwesenden Priester beim Chorteil einfallen sollen, indem jedem von ihnen ein königlicher Kleriker zugewiesen wird, welcher ihm das Singen vorsagen soll (wie es bei hohen Prälaten in der Kirche zu geschehen pflegte). Vielleicht handelte es sich um das *Benedictus es*, das in der gallikanischen Messe in responsorischer Form gesungen wurde — jedenfalls aber um einen melismatisch ausgeschmückten Gesang. Es ist bemerkenswert, daß zur Tafelmusik ein derartiges Stück ausgesucht wurde; denn, wie wir anläßlich von Tropus und Sequenz sehen werden, ist der Bereich des Melismatischen sowohl derjenige, innerhalb dessen sich die Kirchensänger mit ihrer Kunst besonders hervortaten, als auch derjenige, der am ehesten für das Eindringen weltlicher Elemente anfällig war (vgl. unten 147 und 139).

X. DER ABENDLÄNDISCHE KIRCHENGESANG
BIS ZUR ZEIT DER KAROLINGISCHEN MONARCHIE

a) Liturgische und gesangliche Mannigfaltigkeit

Indem man an die Jahrhunderte vor dem Auftreten der karolingischen Monarchie denkt, verknüpft man damit gewöhnlich die Vorstellung vom «gregorianischen Choral». Wie verhält es sich damit?

Zunächst wollen wir statt von «gregorianischem Choral» in weniger mißverständlicher Weise von «römischem Kirchengesang» sprechen; hierbei bezeichnet das Wort «römisch» nunmehr nicht das Reich, sondern die Stadt, deren Bischof den Primat unter den Bischöfen des Abendlandes innehat. Das erste, was wir uns hier vergegenwärtigen müssen, ist, daß der römische Gesang damals im Abendland nicht etwas Allgemeinverbindliches, offiziell Sanktioniertes darstellte, wie heute innerhalb der katholischen Kirche der «gregorianische Choral».

* * *

Doch bevor wir vom Gesang sprechen, müssen wir das rein L i t u r g i s c h e ins Auge fassen.

Indem das Christentum dank der Mission in den verschiedenen Ländern Europas und Vorderasiens Fuß faßte, war wohl für das Gottesdienstliche eine gewisse allgemeine Einheit gegeben, die sich aber im einzelnen diversifizierte. Allmählich prägten sich nach geographischen Regionen verschiedene Typen der Liturgie heraus, die bei gemeinsamer Grundlage weitgehend differierten. Im Osten können wir als liturgische Grundtypen unterscheiden: den westsyrischen, den ostsyrischen, den ägyptischen und den kleinasiatisch-byzantinischen, im Westen den römischen und den gallikanischen, wobei zum gallikanischen Grundtyp außer der eigentlich gallikanischen Liturgie auch die mailändische (ambrosianische), die altspanische («mozarabische»), die keltische gehört. Dies alles hing mit der verwaltungsrechtlichen Organisation der Kirche zusammen, die schon im 4. Jahrhundert den Zusammenschluß der Bistümer zu Metropolien kennt; und dieser Zusammenschluß hing wieder mit den politischen und nationalen Verhältnissen zusammen. Hierbei sehen wir, daß die Metropolitanverfassung im Osten, wo die Nationen sich klarer nach Sprachen scheiden, deutlicher in die Erscheinung tritt; im Westen dagegen sehen wir dies eher in Ländern wie Frankreich und Spanien, die durch eine Monarchie einheitlich zusammengefaßt waren, auch im abseits gelegenen Nordafrika — während anderseits in Italien wie die politischen, so die kirchenrechtlichen Verhältnisse recht uneinheitlich waren: Rom beanspruchte zwar den Primat über die ganze Christenheit, stieß aber zunächst innerhalb von Italien selbst auf Widerstände (Mailand, Ravenna, Aquileja).

Jedenfalls war es aber auch Rom zunächst nur um die kirchenrechtliche Unterordnung, nicht um die liturgische Angleichung zu tun. In liturgischer Hinsicht hat es sich jahrhundertelang sehr duldsam gezeigt, was wir z. B. daraus ersehen, daß Gregor I. in einem Brief an seinen Vertreter in Südengland schrieb, er möge aus den Bräuchen verschiedener Kirchen in ein Bündel sammeln, was er als für die Angelsachsen nützlich ansehe. Die Unifizierung in bezug auf das Liturgische — und dann auch das Gesangliche — wird, wie wir sehen werden, durch die römische Kirche erst seit ihrem Bündnis mit der karolingischen Universalmonarchie systematisch betrieben (in der Neuzeit hat dann die römische Kirche, wie bekannt, im Zusammenhang mit ihrer Tendenz zur Ausbreitung in das östliche Randgebiet doch wieder «Unierte» in sich aufgenommen, welche ihren angestammten orientalischen Ritus und Gesang beibehalten durften).

Doch außer der kirchenrechtlich-liturgischen Selbständigkeit der geographischen Regionen gab es noch die der Klöster (und Orden). Diese, die sich vom 4. Jahrhundert an überall ausbreiteten und eine große Bedeutung gewannen, unterstanden nicht der bischöflichen Jurisdiktion und nahmen, wie es sich aus der Lebenseinteilung bei den Mönchen ergibt, auch liturgisch eine Sonderstellung ein: Verhältnisse, die sich für die Klöster bis auf heute erhalten haben, während von den geographischen Bereichen nur Mailand die Selbständigkeit gewahrt hat (und auch Mailand nur in liturgischer, nicht in kirchenrechtlicher Beziehung).

* * *

Das G e s a n g l i c h e müssen wir uns mehr oder weniger als eine Funktion des Liturgischen denken, obgleich es vom kirchlichen Standpunkt aus nicht die gleiche Bedeutung hatte und also auch nicht in gleichem Maße feste Normen erheischte. Schon bei der Missionierung Europas wird viel eher ein liturgisches Muster als ein melodischer Grundbestand von Land zu Land gewandert sein (vgl. oben 95 f.). Nehmen wir sogar an, daß von Antiochien, dem Zentrum der Mission aus, ein musikalisches Minimum, ein paar Grund- oder Kernmelodien mit der Mission nach Westen wanderten (vgl. oben 99), so werden diese nicht mit dem Nimbus des Obligatorischen umkleidet gewesen sein, und w e n n sie Aussicht hatten, anderwärts aufgenommen zu werden, dann nur, weil sie jenem hellenistischen Kulturboden entstammten, der der Spätantike eine gewisse allgemeine Einheit aufprägt. Es mußte in einer neugegründeten Christengemeinde jemand da sein, der den Gesang regelte, und dies konnte nur eine örtliche Kraft sein, ein im Sinne der Zeit musikalisch Erzogener. In dem Maße nun, wie sich die christlichen Institutionen verfestigten, mußte wie das Liturgische, so das Gesangliche im Rahmen der Provinz, des Landes einer einheitlichen Regelung zustreben; und hier ist es nicht anders denkbar, als daß ein musikalischer Vertrauensmann im Auftrag der kirchlichen Landesbehörde dafür zu sorgen hatte.

So steht denn (wir beschränken uns jetzt auf das Abendland) wie neben der römischen Liturgie die gallikanische, mozarabische, keltische (britisch-irische), ambrosianische und beneventanische, so neben dem römischen Gesang je die entsprechende Gesangsart. Und ferner ist im Auge zu behalten, daß auch die Klöster gesanglich ihre eigenen Bräuche hatten: so wurde z. B. der ambrosianische Hymnus in Klöstern wie Montecassino alsbald übernommen, während er in den Weltkirchen des römischen Ritus erst im 11. Jahrhundert heimisch wurde. Oder erwähnen wir Dinge aus neuester Zeit, die manchen als Kuriosa erscheinen werden: während die katholische Kirche seit Anfang unseres Jahrhunderts in der «Editio Vaticana» eine allgemein-verbindliche Fassung der Choralmelodien besitzt, welche auf Grund jahrzehntelanger Forschungen hauptsächlich durch die Benediktiner von Solesmes hergestellt wurde, benützen dieselben Benediktiner eigene Gesangbücher, in denen die Melodien im einzelnen andere Lesarten aufweisen; und neuerdings hat auch die schweizerische Kongregation des Benediktinerordens ein eigenes «Antiphonarium monasticum» herausgegeben, welches die sogen. «germanischen» Choralvarianten (s. unten 126) zur Geltung bringt.

* *
*

Das gegenseitige Verhältnis dieser verschiedenen Gesangsformen oder Repertoires, und insbesondere das Verhältnis jeder einzelnen zur römischen, ist noch lange nicht genügend studiert worden: vielleicht deswegen, weil diejenigen, welche im 19. Jahrhundert das meiste dafür getan haben, den römischen Gesang nach den ältesten erreichbaren Quellen wiederherzustellen, in erster Linie praktische Ziele verfolgten. Doch sind sich sogar die Liturgiker über das historische Verhältnis der Liturgiezweige zueinander noch nicht einig. Wenn man also manchmal der Vorstellung begegnet: es seien, wie alle jene liturgischen, so auch alle Gesangsformen von einer einzigen abzuleiten, die ursprünglich von Rom aus über das ganze Abendland verbreitet worden wäre und sich in den verschiedenen Ländern «differenziert», dabei aber gleichzeitig in Rom nachträgliche Änderungen durchgemacht hätte — so wollen wir dies, was das Liturgische betrifft, dahingestellt sein lassen und jedenfalls, was das Gesangliche betrifft, als unwahrscheinlich ansehen. Wenn wir manchmal konstatieren, daß eine ambrosianische und eine gregorianische Melodie zu demselben Text denselben Grundzug (aber in verschiedener Ausgestaltung) aufweist, dann dürfte doch gerade die Tatsache, daß es sich um verhältnismäßig wenige Fälle handelt, eher auf die Übernahme einzelner Melodien aus dem einen Repertoire in das andere, als auf eine generell gemeinsame Grundlage der beiden Repertoires deuten.

Doch nun müssen wir noch die Frage beantworten, wie weit wir überhaupt Material besitzen, um über andere Gesangsarten als die römische zu urteilen. Die einzige derselben, die noch heute in Übung ist, ist der ambrosianische Gesang in der Mailänder Diözese (und ein Bestandteil desselben, der ambrosianische Hymnus, ist, wie wir sahen, dem römischen Gesang einverleibt worden); größere Handschriften, die den Zyklus des ambrosianischen Gesanges überliefern, sind seit dem 12. Jahrhundert erhalten. Die gallikanische Liturgie und der gallikanische Gesang wurde in Frankreich gleich von den ersten Karolingern durch die römische ersetzt; und so haben wir hier nur einzelne Reste des gallikanischen Gesanges, die sich nach Einführung des römischen in die neuen Bücher hinüberretteten. Ähnlich liegen die Verhältnisse in Spanien, wo sich dieser Prozeß später, im 11. Jahrhundert, abspielte.

Ein umfassendes vergleichendes Studium der Melodien ist also noch eine Sache der Zukunft. Fassen wir vorläufig einige Fälle von ambrosianisch-gregorianischen Melodieberührungen ins Auge, d. h. Fälle, in denen eine ambrosianische und eine gregorianische Melodie bei gleichem Text dieselbe Grundlage erkennen läßt, so haben wir das Gefühl, daß die ambrosianische Melodieform die «kräftigere», die gregorianische die «glattere» ist; die letztere ist in höherem Maße darauf aus, hervorstechende Töne in der Melodie durch dazwischenliegende, also durch die schrittweise Bewegung zu verbinden.

b) Der römische Gesang

Was den römischen Gesang betrifft, so war nach einer alten, aber anscheinend nicht über die karolingische Zeit zurück zu verfolgenden Tradition

Gregor I., am Ende des 6. Jahrhunderts, sein Ordner. Und zwar handelte es sich um das sogen. Antiphonar (= Buch mit Antiphonen), welches damals die Gesänge für Messe und Nebengottesdienste (und nicht nur die antiphonischen, sondern auch die responsorischen) umfaßte — während später die Gesänge für die Messe im «Graduale» und die für die Nebengottesdienste (das Offizium) im «Antiphonar» oder «Antiphonale» versammelt wurden. Der Sinn jener «gregorianischen» Tradition ist offenbar, daß die einheitliche Form des Gesanges, die man in der karolingischen Zeit überall durchführen wollte, auf eine alte Zeit und eine hervorragende Persönlichkeit zurückgeführt wurde. In alten Handschriften begegnet man manchmal Bildern des hl. Gregor, dem eine Taube als Symbol des Heiligen Geistes ins Ohr singt und der einem Schreiben die Melodien diktiert (s. Tafel IV). Gregor I. hatte ja ein großes Prestige durch seine literarischen Werke; und im Bericht des Johannes Archicantor, den wir unten behandeln, wird eben diese seine literarische Tätigkeit auf die Inspiration des Heiligen Geistes zurückgeführt.

Wenn diese Tradition ernst zu nehmen ist, bedeutet sie, daß Gregor jenem Gesangbuch eine neue Form gab bzw. geben ließ. Dabei ist aber in jedem Fall eher an die liturgische und textliche Seite des Antiphonars zu denken als an die Melodien. Denn es ist nicht einzusehen, weshalb man die melodische Form der Gesänge als etwas so Wichtiges angesehen haben sollte, bevor eben jene Vereinheitlichungstendenzen auftraten und sich auf das Melodische ausdehnten.

Nun besitzen wir eine große Zahl alter Gesangshandschriften aus verschiedenen Ländern, welche — abgesehen von Varianten — dieselben Melodien überliefern, und wir dürfen wohl annehmen, dies sei eben der Gesang, wie er vom 8. und 9. Jahrhundert an von Rom aus energisch verbreitet wurde. Doch interessiert uns die Frage: ist dies auch dieselbe Gesangsform, welche in Rom schon im 5., 6. und 7. Jahrhundert herrschte? Wir stehen hier vor der Frage, wieweit sich innerhalb des römischen Gesanges historische Schichten unterscheiden lassen, wieweit er in seiner Geschichte Umwandlungen durchgemacht hat. Für die Zeit von 900 an liegt diese Geschichte ja offen vor uns: wir können mit Hilfe des handschriftlichen Materials verfolgen, wie zwar nicht eine grundsätzliche Umwandlung stattfand, aber neues Material dazukam, insbesondere dank der Erweiterung des Kreises der kirchlichen Feste: hierbei wurden entweder die alten Melodien mit neuen Texten versehen, oder es wurden neue Melodien geschaffen, und diese weisen nun auch stilistisch zum Teil neue Züge auf (ich denke besonders an die seit dem 10. Jahrhundert auftretenden «Reimoffizien», deren Texte teilweise die neue, rhythmisch-akzentierende Versform haben). Aber eine solche vergleichende

Untersuchung können wir leider für die Zeit, die hinter die ältesten erhaltenen Handschriften zurückgeht, nicht durchführen. Wir sind hier auf indirekte Zeugnisse angewiesen.

Das gewichtigste unter diesen ist wohl das des römischen Archicantors Johannes — also eines in Rom mit der Überwachung von Liturgie und Gesang Betrauten —, der im späten 7. Jahrhundert in päpstlicher Mission in England war und am Ende eines liturgischen Traktats, der wohl für England bestimmt ist, historische Nachrichten über die liturgische und kirchengesangliche Tätigkeit von Päpsten bringt. Hier wird eine ganze Anzahl Päpste erwähnt, die den «Jahreszyklus des Gesanges» (annalem cantum) zusammengestellt bzw. neu herausgegeben haben, und einer derselben ist Gregor; von einem anderen, Bonifaz II. (530—532), heißt es, er habe «das Lied (cantilena) des Jahreszyklus» geordnet.

Der Liturgiker Dom C. Mohlberg, dessen Verdienst es ist, dieses Zeugnis in eine neue Beleuchtung gerückt zu haben (Atti della pontificia Accademia romana di Archeologia, Serie III, Memorie, II, 272 ff.), macht mit Recht geltend, Gregor I. nehme hier keine Sonderstellung ein. Er bezieht die Zeugnisse, die vom «annalis cantus» sprechen, auf das Sakramentar, nicht das Antiphonar, also die Liturgie und nicht den Gesang (das Sakramentar ist das Buch, welches die Gebete der Messe enthält). Dafür spricht in der Tat, daß einige der Päpste, die hier in diesem Sinn angeführt werden, und darunter Gregor I., durch die Zusammenstellung bzw. Neuordnung des Sakramentars bekannt sind. Ob nun aber, wie Dom Mohlberg weiter meint, das Wort «cantilena», das auf Bonifaz II. angewandt ist, auf eine sachliche Unterscheidung gegenüber dem auf die anderen angewandten Wort «cantus» deutet, d. h. ob es die Gesangsmelodie zum Unterschied von der Liturgie kennzeichnet, ob also Bonifaz II. an die Stelle zu setzen ist, die die Tradition Gregor I. zuweist, ist eine andere Frage. Das Wort könnte auch nur zur Abwechslung neben «cantus» gebraucht worden sein. Wiederum können wir uns hier nicht vergegenwärtigen, daß die melodische Form damals vom kirchlichen Standpunkt aus als so wichtig sollte angesehen worden sein.

Selbstverständlich müssen hier noch andere Hinweise in Berücksichtigung gezogen werden, so die im sog. Liber pontificalis, dem Papstbuch, das gleichfalls alte Nachrichten, wenn auch anscheinend heterogene, überliefert (s. die Neuausgabe desselben von L. Duchesne). Hier ist von Gregor I. nur etwas die Liturgie Betreffendes und von Bonifaz II. überhaupt nichts Ähnliches gesagt. Von einigen Päpsten der zweiten Hälfte des 7. Jahrhunderts heißt es hier, sie seien im Kirchengesang besonders tüchtig gewesen, was seinerzeit den hervorragenden Musikhistoriker Gevaert bewog, die sonst Gregor I.

zugewiesene Rolle auf sie zu übertragen. Aber dies hieße die Quelle mißverstehen, denn hier soll lediglich im Sinne der Biographik die persönliche Fähigkeit eines Papstes hervorgehoben werden. Schon der kenntnisreiche ostfränkische Liturgiker Walafrid Strabo († 849), dem diese Berichte vorlagen, hat sie richtig in diesem Sinne aufgefaßt; der Tradition dagegen, wonach Gregor I. nicht nur das Sakramentar, sondern auch die Gesangsordnung redigiert habe, begegnet Walafrid mit einiger Skepsis (PL. CXIV 948 und 956; hier wird in der Tat das Gesangliche als «cantilena» dem Liturgischen gegenübergestellt, aber letzteres ist nicht mit «cantus» bezeichnet).

Schließlich ist noch zu erwähnen, daß Gregor I. selbst in einem Brief (PL. LXXVII 956) auf von ihm eingeführte, den Gesang betreffende Änderungen zu sprechen kommt — so die Ausdehnung des Allelujagesanges von der österlichen Zeit auf das ganze Jahr, aber mit Ausnahme der Fastenzeiten; aber auch dies bezieht sich nur auf die liturgische Seite des Gesangbuches.

So können wir also kaum mehr sagen, als daß die melodische Form des römischen Gesanges in den ältesten erhaltenen Handschriften diejenige ist, welche vom 8. Jahrhundert an von Rom aus verbreitet wurde. Es ist sehr möglich, daß in Rom im 6. Jahrhundert im wesentlichen dieselbe Melodieform existierte. Es ist aber auch möglich, daß eine Neuredaktion der Melodien gerade im Hinblick auf jene universalistische Ausbreitung des Gesangbuches vorgenommen wurde. Als unantastbar konnten die Melodien jedenfalls vor jener Unifizierungstendenz nicht gelten.

Man hat freilich daraus, daß im Meßantiphonar Gesänge zu solchen Festen, die im 7. Jahrhundert eingeführt wurden, zu einem großen Teil nicht eigene Melodien haben, sondern Melodien anderer Meßgesänge übernehmen, geschlossen, daß das Meßantiphonar schon vorher ein abgeschlossenes Buch mit fixiertem Melodienbestand war. Aber dieses Argument ist nicht entscheidend, da die Adaptation vorhandener Melodien auf neue Texte schon vorher geübt worden war (dies zeigt das Repertoire der Antiphonen, deren viele gemeinsame Melodien haben); und sogar wenn man es im 7. Jahrhundert bei den alten Melodien beließ, konnte der gesamte Bestand im 8. einer Neuredaktion unterworfen werden. Wir dürfen uns vom melodischen Konservatismus in Rom kein übertriebenes Bild machen, zeigen doch einige stadtrömische Gesangbücher sogar des 12. Jahrhunderts einen ganz abweichenden Melodienbestand (hier liegt wohl ein abrupter Versuch zur Geltendmachung eines Zeitgeschmacks vor). Auch ein anderes Argument, das für die Gregor-These vorgebracht wird, ist nicht entscheidend: daß nämlich die Gesänge des Meßantiphonars textlich einer Bibelversion folgen, die zu Gregors Zeit bereits im Verschwinden begriffen war. Abgesehen davon, daß diese Argumentierung die Redaktion des Meßantiphonars eher in eine ältere Zeit als die Gregors hinaufrücken würde, können wir auch nicht zugeben, daß ein treues Festhalten an einer alten Textform nur durch die Berücksichtigung einer alten Melodie zu erklären ist.

*   *
*

Wie schon angedeutet, hat der römische Gesang in der Form, wie er uns in Handschriften von der Karolingerzeit an entgegentritt, in seinem melodischen Charakter etwas sehr Ausgewogenes, sogar Nivelliertes und wenig Profiliertes. Man möchte beinahe auf restriktive Tendenzen schließen, die sich in Rom geltend gemacht haben: sei es im 8. Jahrhundert oder im 6. oder noch früher. Und hier möchte man sich weiter fragen, ob dies etwa damit zusammenhängt, daß man in Rom als dem Ort, wo das Heidentum sich besonders lange erhielt, besonders auf Diskretion und auf das Vermeiden von Anklängen an die weltliche Musik sehen mußte, um dem Heidentum nicht Anlaß zum «Lächeln» zu geben (vgl. unten 132). Die vorwaltend stufenweise Bewegung, also die Bewegung in kleinen Intervallen, läßt den gregorianischen Gesang jedenfalls wenig expansiv erscheinen. Und so erschien er offenbar auch den transalpinen Völkern, da Johannes Diaconus, der Biograph Gregors, vermerkt, jene Völker hätten die Süße des von ihnen übernommenen (des ihnen auferlegten!) gregorianischen Gesanges immer wieder verfälscht, ihre «trinkgewohnten Gurgeln» und ihre donnerähnlichen Stimmen hätten die Sanftheit jener Kantilene nicht wiedergeben können, sondern etwas dem Wagengerassel Ähnliches hervorgebracht. Man hat wohl mit Recht angenommen, daß sich dieser Tadel auf die «germanischen» Varianten bezieht, die die Melodien in der nördlichen Überlieferung zum Teil aufweisen (Intervallvergrößerungen, die gewiß auch mit mangelnder Biegsamkeit der Stimme zusammenhängen).

Der vorwiegend sanfte Charakter des römischen Gesanges in der überlieferten Form läßt sich mit Hunderten von Beispielen belegen. Wir greifen eine typische Antiphonenmelodie mit dem dazugehörigen Psalmton heraus:

De quinque pa-ni-bus et du-o-bus pisci-bus sa-ti-a-vit Do-mi-nus quinque mil-ti-a ho-minum.

Pri-mus to-nus sic in-ci-pi-tur, sic flectitur et sic medi-a-tur, atque sic fi-ni-tur. De quinque

Am Verhältnis zwischen Antiphone und Psalmton erklären wir am besten das Tonartsystem des römischen Gesanges. Es beruht auf der Achtzahl, wobei sich diese Zahl in zweierlei Art darstellt. Einerseits ist es die Achtzahl der eigentlichen Kirchentonarten, wie wir sie bereits in Anknüpfung an die antike Musiktheorie berührten (oben 67): der 1. Kirchenton hat d zum Grundton und bewegt sich etwa innerhalb der Oktave d—d', der 2. hat denselben Grundton, bewegt sich aber unge-

126

fähr innerhalb der Oktave *A—a,* und so bilden diese beiden Tonarten ein Paar, das durch den gemeinsamen Grundton verbunden, aber durch die relative Lage in bezug auf diesen unterschieden ist; analog verhalten sich der 3. und 4. Kirchenton in bezug auf den Grundton *e,* der 5. und 6. in bezug auf *f* und der 7. und 8. in bezug auf *g.* (Neben dieser Zählung nach 8 gilt allerdings auch die nach 4: hier werden die vier Paare mit den g r i e c h i s c h e n Zahlwörtern Protus, Deuterus, Tritus, Tetrardus bezeichnet, und innerhalb jedes Paares heißt die Tonart, die den Grundton unten hat, «authentisch», die, die ihn in der Mitte hat, «plagal», so daß z. B. der 6. Kirchenton mit dem Tritus plagalis zusammenfällt.) Dieser Achtzahl von Tonarten stehen nun auf der anderen Seite acht konkrete Melodieformeln, eben die Psalmtöne gegenüber. Diese sind nicht daran gebunden, je auf einem bestimmten Ton zu schließen, sondern jede von ihnen k o r r e s p o n d i e r t mit einer bestimmten Kirchentonart in der Weise, daß eine Antiphone der 1. Tonart mit dem 1. Psalmton verbunden wird (und also zu ihm paßt), wie wir es im obigen Beispiel sehen, usw.

Und diese Korrespondenz ist noch feiner ausgebaut dank den «Differenzen»: dies sind die verschiedenen Schlüsse, die ein und derselbe Psalmton aufweisen kann. In sowohl logischer als ästhetischer Art korrespondieren diese Schlüsse mit den verschiedenen Arten, wie eine Antiphone innerhalb der gegebenen Tonart b e g i n n e n kann: dies ist die melodisch wichtige Anschlußstelle. Würde also z. B. die Antiphone der 1. Tonart so beginnen:

Te - cum prin-ci - - - pi - um

so wäre der Schluß unserer Psalmformel dieser:

at - que sic fi - ni - tur.

und würde die Antiphone so beginnen:

Ve - ni - et Do - mi - nus

so wäre der Schluß der Psalmformel dieser:

at - que sic fi - ni - tur.

Man sieht, daß es hier darauf ankam, daß der Sänger wußte, zu welcher Tonart und damit auch zu welchem Psalmton die Antiphone gehörte; und hierzu kam noch die Kenntnis der Differenzen. So verstehen wir den Zweck der «Tonalien»: Verzeichnisse der Antiphonen nach Tonarten. Es kam auch vor, daß man im Gesangbuch neben der Antiphone am Rande die Tonart verzeichnete, zu der sie gehört: so schon im Meßantiphonar von Corbie, aus dem 9. Jahrhundert, wo über dem Text noch keine Neumen stehen. Schon Aurelian, der älteste der den gregorianischen Gesang ausführlich behandelnden Theoretiker, spricht im 9. Jahrhundert von den Differenzen. In diesem Zusammenhang, und nur in ihm, verstehen wir auch, daß die alte Zeit so weitgehend mit einer «undiastematischen», ungenauen Neumierung der Melodien auskam (vgl. unten 144): die Sänger hatten einen Psalmton und das Bild einer Tonart mit ihren verschiedenen Ausprägungen im Kopfe. Wir können es also nicht anerkennen, wenn ihre Kompetenz überschreitende Vertreter der «vergleichenden Musikwissenschaft» und in ihrem Gefolge naive Musikhistoriker aus der Existenz einer undiastematischen Notation (das heißt einer die relativen Tonhöhen nur ungefähr andeutenden) den abenteuerlichen Schluß ziehen, daß es den christlichen Kirchensängern bis in das 9. Jahrhundert nicht auf die Unterscheidung der Intervalle, sondern nur auf die ungefähre Bemessung des Auf und Ab der Melodie angekommen sei. Unser Standpunkt ist genau der entgegengesetzte: je ungenauer die Notierung, um so mehr müssen wir die alten Sänger ästimieren, die mit einer so rudimentären Gedächtnisbeihilfe die Melodien richtig zu singen vermochten.

So sind im System der Kirchentonarten die vier Töne (oder Tonqualitäten) *d, e, f, g* zu Tonartgrundtönen gemacht. Es liegt einerseits eine Anknüpfung an die Tonartlehre der Spätantike vor, anderseits doch auch ein selbständiges Vorgehen entsprechend der nunmehr gegebenen Beschränkung auf das rein Gesangliche (vgl. oben 115). Ihrem Wesen nach sind die Kirchentöne ungefähr mit den antiken Oktavgattungen zu vergleichen, nur daß sie viel straffer nach einem Grundton ausgerichtet sind. Und doch war bei der Aufstellung des Systems der Kirchentöne, wie wir sahen (oben 67), nicht die Reihenfolge der alten Oktavgattungen, sondern die der Transpositionen maßgebend; und hieraus ergab sich denn auch, daß, s o f e r n man die Namen «Dorisch», «Phrygisch», «Lydisch» auch im Mittelalter verwendete, die dorische Oktave nunmehr auf *d* fiel, statt wie in der Antike auf *e*.

c) Die «Schola Cantorum»

Nun haben wir logischerweise noch von dem liturgisch-musikalischen O r g a n zu sprechen, das den Päpsten zur Seite stand. Dieses Sängerkollegium war die «Schola cantorum», die nach einer nicht schlechten Überlieferung von Gregor I. begründet wurde. In Wirklichkeit handelte es sich vielleicht nur darum, daß einem Institut, das schon vorher bestanden hatte, eine festere, die endgültige Form gegeben wurde. Denn gewiß hatten den Päpsten (und anderen Kirchenhäuptern) schon früher geschulte Sänger, Männer und Knaben, zur Verfügung gestanden, und es muß auch schon früher irgendwie für ihre Ausbildung gesorgt gewesen sein. Jetzt wurde vielleicht diese Seite der Einrichtung stärker betont, was die von Gregors Biographen gebrauchte Bezeichnung «Schola cantorum» = Sängerschule erklären würde. Von nun an scheint der Begriff der Sängerschule mit dem des liturgischen Sängerchors soweit verschmolzen zu sein, daß vielfach der letztere direkt «Schola» genannt wird — und dies nicht nur in Rom.

Über die Rolle und Funktionen der römischen «Schola cantorum» unterrichten uns einige päpstliche «Ordines» (liturgische, hauptsächlich die Messe betreffende Ordnungen), welche, wie man annimmt, aus dem 8. Jahrhundert stammen und einen auf Gregors Zeit zurückgehenden Kern enthalten: ich meine die ersten der PL. LXXVIII abgedruckten «Ordines Romani». Und gleichzeitig knüpft sich an diejenigen unter ihnen, die Mabillon als den 1., 2. und 3. bezeichnete, eine interessante musikgeschichtliche Frage.

Aus ihnen ergibt sich, daß die päpstliche Sängerkapelle aus 7 Mitgliedern bestand, zu denen noch die Knaben kamen. Von jenen 7 sind die drei ersten normal als der 1., 2., 3. «der Schola» gezählt; der 4. dagegen heißt nicht nur «der 4. der Schola», sondern auch «Archiparaphonista» (was man ungefähr mit «Erz-Nebensänger» verdeutschen kann), und die drei letzten heißen «P a r a p h o n i s t e n». Nun ist «paraphonos» (= nebenstimmig) eine Bezeichnung, die gelegentlich in der griechischen Musiktheorie im Zusammenhang mit Konsonanzen vorkommt; und daraus hat man schließen wollen, in der päpstlichen Kapelle habe schon zu Gregors Zeit (die Zeitangabe müssen wir jedenfalls mit einem Fragezeichen versehen) ein guter Teil der männlichen Sänger für die Mehrstimmigkeit zur Verfügung gestanden (P. Wagner in ZM. IX).

*   *
*

Die Frage ist recht kompliziert. Es ist nämlich unter allen Musiktheoretikern nur Thrasyll (bei Theo S. 48) und der Byzantiner Michael Psellus, der die Konsonanzen Quarte und Quinte als paraphon bezeichnet — während der einzige, bei dem der Terminus sonst vorkommt, Gaudentius, nur die zwischen Konsonanz und Dissonanz in der Mitte stehenden Zusammenklänge, wie Ditonus und Tritonus, «paraphon» nennt. Bei den übrigen Theoretikern heißen die Konsonanzen normal «Symphonien», so daß man sich fragen muß, warum jene päpstlichen Sänger dann nicht eher «Symphonisten» hießen. Beim Rhetor Longinus kommt «paraphonos» allgemein für die dem Hauptton (wohl in der Gleichzeitigkeit) beigegebenen Nebentöne vor.

Um uns ein Urteil zu bilden, soweit dies möglich ist, sehen wir zunächst, was sich nach jenen Ordines über die Funktionen der Paraphonisten feststellen läßt.

Wir lesen hier zweimal (l. c. 969 und 979), daß sich die Sängerknaben in zwei Reihen aufstellen, wobei anscheinend jede Reihe von zwei Paraphonisten flankiert wird. Die beiden Stellen beziehen sich auf den Introitus: den Gesang eines Psalms mit dazwischen eingefügter «Antiphone» am Anfang der Messe (heute wird hier nur noch ein Psalmvers und dazu die «kleine Doxologie» als Psalmvers gesungen, doch wurde der Psalm vielleicht schon damals nicht ganz gesungen). Man könnte annehmen, daß die beiden Knabenchorhälften im Vortrag der Verse abwechselten und sich für die Antiphone verbanden. Hier wenigstens hatten die Paraphonisten wohl nicht für Zweistimmigkeit, sondern für Stützung des Knabenchors im Einklang bzw. in der Unteroktave zu sorgen.

Eine andere Stelle betrifft die Ostervesper (l. c. 965). Hier wird — was sonst der Messe zukommt — eine Anzahl von Allelujas mit Psalmversen gesungen. Die Beschreibung ist nicht ganz klar, vielleicht auch korrupt. Immerhin sehen wir, daß sich der «Erste», «Zweite» und «Dritte der Schola» als Solist betätigt, und zwar fällt dem Solisten das Alleluja (das hierauf vom Chor wiederholt wird) und der Versus zu (dies bestätigt die Stelle l. c. 971). Von den Paraphonisten heißt es hier mehrfach, daß sie «respondieren»; dies kann nur bedeuten, daß sie die Rolle des Chors in der responsorialen Gesangsweise übernehmen, d. h. daß sie im gegebenen Fall das Alleluja des Solisten wiederholen und nach dem Versus wiederbringen (wir können die Frage offen lassen, ob etwa, wie es später bezeugt ist, auch der Schluß des Versus vom Chor übernommen wurde). Doch sind hier außerdem auch die Knaben beteiligt. Ihnen fallen vielleicht auch Alleluja-Wiederholungen zu, jedenfalls sind ihnen aber «melodiae» zugewiesen: offenbar jene lang ausgesponnenen Tonreihen, die unter der letzten Silbe des Alleluja Platz fanden und die wir als «Sequenz» in melismatischer (untextierter) Gestalt ansehen müssen; daß nach unserer Quelle diese «Melodien» nur am Ende eines Systems von drei einem Psalm entnommenen Versen figurieren, paßt durchaus dazu, daß auch später, wo nur noch ein Psalmvers mit dem Alleluja verbunden wurde, die Sequenz erst bei der letzten Alleluja-Wiederholung angebracht wurde. Die Ostervesper wurde ja immer mit besonderem musikalischem Glanz umkleidet. Beiläufig gesagt, werden die Knaben wohl auch hier in zwei Reihen aufgestellt gewesen sein, denn die Sequenz ist diejenige Musikgattung, welche das Prinzip der «progressiven Wiederholung» (vgl. oben 102) besonders ausprägte, wobei die einander entsprechenden Formglieder von den zwei Hälften des Chores wiedergegeben wurden (wir wollen uns anläßlich der Aufstellung der Knaben in zwei Reihen auch der Chorhälften erinnern, die in alten Zeiten beim festlichen Gastmahl auftraten, s. oben 117). Eine gewisse Unklarheit unserer Quelle besteht insofern, als sie sich so ausdrückt, wie wenn dem Knabenchor auch Psalmverse zugefallen wären; eine andere Unklarheit ist, daß es teilweise so klingt, wie wenn die «Antwort» der Paraphonisten nicht direkt auf den Gesang des Solisten, sondern auf den der Knaben gefolgt wäre.

Im ganzen ergibt sich bezüglich der Paraphonisten der Eindruck, daß sie die Rolle des Chors innehaben. Hier aber müssen wir daran denken, daß nach allem, was wir vom späteren Mittelalter wissen, bei responsorialen Formen wie das Alleluja gerade nicht die chorischen, sondern die solistischen Teile vorzugsweise mehrstimmig vorgetragen wurden (sofern überhaupt die Mehrstimmigkeit gepflegt wurde). Dies paßt nicht recht zur Auffassung des Paraphonisten als eines der Mehrstimmigkeit Dienenden.

So würde die «Schola» sowohl die Solisten wie den Chor stellen, und als diesen haben wir die Paraphonisten wohl in erster Linie anzusehen. Als Chor wird die Schola durch die Knaben verstärkt.

* * *

Doch nun noch einige Überlegungen zum Terminus «Paraphonista». Dies ist die latinisierte Form des griechischen Wortes «paraphonistes», welches aber in griechischen Quellen nicht belegt ist. Sprachlich regelmäßig müßte «paraphonistes» vom Zeitwort «paraphonizo» abstammen, das aber gleichfalls nicht belegt ist, und dieses vom Eigenschaftswort «paraphonos».

Streng genommen, ist «paraphonistes» also derjenige, der sich «paraphonisch» betätigt. Aber solange wir weder für «paraphonistes» noch für «paraphonizo» einen Beleg haben, sind wir berechtigt, wenigstens mit der Möglichkeit zu rechnen, daß das Wort «paraphonista» gar nicht im griechischen Bereich gebildet wurde, sondern im lateinischen, und in diesem Fall nicht in streng regelmäßiger, sondern in dilettantischer Weise; und zwar würde ich in diesem Fall an eine gelehrte, wichtigtuerische Paraphrase zum lateinischen Wort «succentor» denken (wir werden ja sehen, daß sich wahrscheinlich auch das Wort «Tropus» ebenso zum Wort «Melodia» verhält, welches zwar auch ursprünglich griechisch, aber im Lateinischen längst heimisch geworden war).

Sachlich stimmt jedenfalls, was wir über die Paraphonisten in jenen Ordines lesen, überein mit dem, was Amalar in der ersten Hälfte des 9. Jahrhunderts von den «Succentoren» sagt (und Amalar kannte ja jene Ordines). In der Tat fällt ihm zufolge PL. CV 1274) eben die Funktion des Chors im Responsorium den Succentoren zu; hier allerdings auch das «Neuma», d. h. das Schlußmelisma des Responsoriums, das Analogon der dort von den Knaben gesungenen «Melodiae». Wenn nun Amalar sagt, das «Neuma» falle den Succentoren zu «wegen der Stärke der verbundenen Voces» (voces = Stimmen oder Töne), so könnte man, falls man von vornherein an Mehrstimmigkeit denkt, eben die «verbundenen Voces» als Indiz in diesem Sinne ansehen; doch kann dieser Ausdruck ebenso gut einfach auf die Mehrzahl der Singenden zu beziehen sein.

«Succentor» müssen wir wohl von «succino» ableiten als den, der «drunter» singt, dies aber wohl nicht in der Bedeutung von «tonlich tiefer» (was wiederum auf Mehrstimmigkeit hinausliefe), sondern von «in untergeordneter Rolle» — also der Sache nach als einen «Nebensänger» oder besser: einen «Zusänger». Dies hindert freilich nicht, daß später im Mittelalter «Succentor» nicht der «darunter Singende», sondern der Subcantor (Untercantor) ist, d. h. der unter dem Cantor Stehende, der Vertreter des Cantors in der Leitung des gesanglich-liturgischen Ablaufs — mag dies auch sprachlich nicht gerade orthodox sein. Der Unterschied zeigt sich u. a. darin, daß der Succentor im letzteren Sinne eine Einzahl und die Succentoren im obigen Sinne eine Mehrzahl sind.

Das regelmäßige griechische Äquivalent zu «Succentor» ist «hypophonetes», das vom Zeitwort «hypophoneo» abstammt; beides ist belegt, das Hauptwort interessanterweise beim hl. Ignatius von Antiochien (oder genauer gesagt: dieses Wort steht in einer Interpolation von Ignatius' Brief an die Philadelphier, die aus dem 4. Jahrhundert stammt; die Bedeutung, in der es hier steht, ist offenkundig «Sänger zweiter Klasse, Chorsänger» — also analog zu unseren «Paraphonisten»; wenn auch erst aus dem 4. Jahrhundert stammend, ist diese Stelle wohl das älteste Zeugnis dafür, daß innerhalb der kleinen Zahl der im Dienst der Kirche stehenden Berufssänger von den Solisten die ihnen Respondierenden geschieden wurden). Wir dürfen ruhig annehmen, daß dieses genaue Äquivalent zu «succentor» den Lateinern unbekannt geblieben ist, indem sie (wie ich vermute) zu der etwas kühnen Wortbildung «paraphonista» schritten. Daß es bei dieser nicht ganz auf natürlichem Wege zugegangen ist, möchte ich schon deswegen annehmen, weil die regelmäßige Ableitungslinie «paraphonistes» — «paraphonizo» — «paraphonos» auf einen «terminus technicus» zurückgehen würde, dazu auf einen in begrenztem Rahmen gebrauchten — was nicht gerade wahrscheinlich ist. Übrigens ist im Griechischen noch das Zeitwort «paraphoneo» belegt (in ähnlicher Bedeutung wie «hypophoneo», «dazurufen»), aber nicht das entsprechende Hauptwort «paraphonetes».

Sofern «paraphonista» im lateinischen Bereich noch später als in jenen römischen Ordines vorkommt, scheint es sich um einen einzelnen, nicht eine Mehrzahl zu handeln und der Cantor als kirchlicher Würdenträger (d. h. der über die Praxis der

131

Liturgie und des Gesanges Gesetzte) bzw. sein Stellvertreter, der Succentor, gemeint zu sein; auch hier wird die Freude am geheimnisvoll klingenden griechischen Wort ihre Rolle gespielt haben.

* * *

Doch genug der philologischen Erwägungen. Stellen wir noch im musikgeschichtlichen Aspekt die Frage: ist es an und für sich w a h r s c h e i n l i c h, daß man in der päpstlichen Kapelle von altersher zweistimmig gesungen habe? Hier läßt sich sowohl dafür als dagegen einiges anführen.

Wir finden bei Guido in der ersten Hälfte des 11. Jahrhunderts, also immerhin bei einem in der Materie bewanderten Autor, die Bemerkung, daß innerhalb der gregorianischen Gesänge der Tritus (d. h. der 5. und 6. Kirchenton, der *f*-Modus) deswegen bevorzugt sei, weil sich Melodien dieser Tonart am besten für das Hinzusetzen einer Gegenstimme eignen (GS. II 22); Guido sieht also die Mehrstimmigkeit als etwas im gregorianischen Gesang Altbeheimatetes an.

Auf der anderen Seite begegneten wir bereits Hinweisen auf eine reservierte Haltung der Kirche gegenüber der Mehrstimmigkeit in ältester Zeit (oben 98), und dazu paßt vielleicht auch, daß die «Musica Enchiriadis» im 9. Jahrhundert mit einer gewissen Absichtlichkeit die Eignung der Mehrstimmigkeit für das Ausschmücken der kirchlichen Melodien zu betonen scheint (GS. I 171). Jene reservierte Haltung können wir verstehen, war doch die Mehrstimmigkeit, abgesehen von ihrer Prunkhaftigkeit, auch mit der Vorstellung der Instrumentalmusik assoziiert (wie schon der Gebrauch der Bezeichnung «Organum» für mehrstimmiges Singen zeigt). Nun ist es möglich, sogar wahrscheinlich, daß mehrstimmiger Gesang in die Kirche eindrang, bevor dies die Orgel tat, da die letztere stärker mit unerwünschten Assoziationen belastet war. Immerhin mußte auch, was die Mehrstimmigkeit (wie überhaupt die reicheren Ausdrucksmittel der weltlichen Kunst) betraf, eine gewisse Vorsicht obwalten, auf daß nicht etwa noch vorhandene Heiden oder Skeptiker «einen sei es auch nur leichten Anlaß zum Lächeln» erhielten (diesen Ausdruck lesen wir in anderem Zusammenhang in einem päpstlichen Dekret vom Ende des 5. oder Anfang des 6. Jahrhunderts): also boshafte Bemerkungen, daß die Christen ästhetisch derselben Üppigkeit huldigten wie die Heiden.

Doch stellen wir die Frage in einen breiteren Aspekt. Wir müssen daran erinnern, daß die Musikwissenschaft von der Zeit der Romantik an die ausgesprochene Neigung bekundet hat anzunehmen, der mehrstimmige Gesang — das, was man im Mittelalter «Organum» nannte — habe sich vom Nordwesten, besonders von England aus über Europa ausgebreitet. Ich habe demgegenüber eher versucht, die Zusammenhänge mit der Spätantike herauszuheben. Und in diesem Sinne braucht Italien keineswegs gegen den europäischen Norden zurückzustehen — obgleich aus Britannien einige sensationelle Zeugnisse kommen wie das seit langem bekannte des Giraldus Cambrensis (das allerdings erst aus dem 12. Jahrhundert stammt) und das später bekannt gewordene Aldhelms (aus dem 7. Jahrhundert — also wohl älter als unsere Ordines); sie beziehen sich beide nicht auf kirchliche Mehrstimmigkeit. Wir sahen ja, daß mehrstimmiges Singen wahrscheinlich schon in der Spätantike als musikalischer Prunkgegenstand existierte.

* * *

Doch ziehen wir, da wir die «Schola cantorum» im Licht jener römischen Ordines betrachtet haben, nun noch eine andere Lehre aus ihrer Existenz. In ihrer Funktion als Chor entspricht die «Schola cantorum» etwa der singenden «Elite» aus der Gemeinde, der wir im Zusammenhang mit der Tätigkeit des hl. Ambrosius begegneten und die wir mit einem Gesangverein verglichen (oben 112). Dort dachten wir, entsprechend den Worten des hl. Augustin, an die Wechselchörigkeit der Psalmverse und der Hymnenstrophen. Doch ist, sobald ein geschulter kleiner Chor vorhanden ist, dies auch die Voraussetzung dafür, daß der R e f r a i n — sei es bei der solistischen, sei es bei der wechselchörigen Psalmodie — eine geschmücktere Form aufweisen kann, was dann notwendigerweise voraussetzt, daß nicht ein ganzer Psalm, sondern nur einige Psalmverse gesungen werden; dieser Refrain ist ja jetzt nicht mehr Sache der Gemeinde.

In dieser Perspektive müssen wir nun zwei Varietäten des lateinischen Kirchengesanges betrachten, die in dem uns überlieferten Repertoire eine große Rolle spielen: a) die wechselchörige Psalmodie der Messe im Introitus und in der Communio, je mit Antiphone; hier sind im heutigen Zustand die Psalmverse auf einen beschränkt (beim Introitus) oder sogar ganz weggefallen (bei der Communio), und die Antiphone (die den Namen «Introitus» bzw. «Communio» auf sich gezogen hat) weist eine ziemlich geschmückte Form auf (während im Offizium nach wie vor ganze Psalmen gesungen werden und die Antiphone im allgemeinen eine einfachere Form hat — nur daß sie jetzt nicht mehr nach jedem Psalmvers wiederholt wird); b) die responsoriale Psalmodie in der Messe (Alleluja, Graduale) und im Offizium (Responsorien); hier ist zu konstatieren, daß im erhaltenen Repertoire jene Form, bei der ein ganzer Psalm gesungen wurde, verschwunden ist; die andere Form aber besteht in der Regel nur aus zwei Teilen: einem Psalmvers (oder dem Alleluja) als Hauptteil, der erst solistisch gesungen und dann chorisch wiederholt wird, dann einem Psalmvers als Mittelteil (dem eigentlichen «Versus»), worauf der erstere wiederholt wird (beim Graduale ist übrigens auch diese Wiederholung heute weggefallen); dies ist wie im solistischen Mittelteil, so im solistisch-chorischen Hauptteil die geschmückteste Form des liturgischen Gesanges.

So ist das Verschwinden der durchgehenden responsorialen Psalmodie und die Existenz einer auslesenden und dabei geschmückten responsorialen, sowie einer auslesenden und relativ geschmückten antiphonalen Psalmodie mit dem Vorhandensein geschulter kleiner Sängerchöre in Verbindung zu setzen. Als Symbol dafür dient uns die am Ende des 6. Jahrhunderts begründete römische Schola cantorum. Immerhin sind die beiden hier ins Auge gefaßten Formen der Psalmodie gewiß nicht erst infolge der Begründung jenes Instituts entstanden, denn kleine Sängerchöre muß es schon vorher gegeben haben; bezüglich jener Art der responsorialen Psalmodie besitzen wir vielleicht einen Hinweis schon bei Augustin (s. oben 111 und vgl. oben 131).

Wie wir sehen, liegt es in dieser Linie, daß sich Responsorisches und Antiphonisches, Solistisches und Chorisches einander nähert, wenigstens im Bereich der Messe. Und hierfür mag es uns als Symbol dienen, daß in der Schola cantorum nach jenen Ordines der Chor nur aus vier Sängern bestand (wenn wir von seiner gelegentlichen Verstärkung oder Ersetzung durch die Knaben absehen).

*   *
*

Doch nun ist noch eine Kategorie des Kirchengesanges zu erwähnen, das sog. «Ordinarium» der Messe: die fünf Teile, die in jeder Messe gleich bleiben, d. h. nicht auf das gegebene Fest Bezug nehmen: *Kyrie* (eine griechische litaneiähnliche Anrufung), *Gloria in excelsis* (wie wir oben 101 sahen, ein uralter «hymnodischer» Bestandteil), *Credo* (das Glaubensbekenntnis des nicänischen Konzils), *Sanctus* mit *Benedictus* (Kombination des Engelgesanges bei Jes. VI 3 mit dem Psalmvers CXVII 26), *Agnus dei* (Anrufung Christi bei der Brotbrechung in der Kommunion). Ursprünglich waren dies Gesänge, welche teilweise dem Volk oder auch der Gesamtheit der Kleriker zukamen, weshalb sie in den ältesten Antiphonaren gar nicht verzeichnet sind. Doch gingen sie dann an die Schola über und erhielten entsprechend geschmücktere Melodien. Es ist keine Frage: die zunehmende Bedeutung des Ordinariums im späteren Mittelalter und das Zurücktreten des «Propriums» (d. h. der auf das gegebene Fest zugeschnittenen antiphonalen und responsorialen Gesänge) ist ein Beweis für das Erlahmen des kirchengesanglichen Eifers oder wenigstens für den Verfall des Interesses am einstimmigen Gesang. Später wurden die fünf Ordinariumsteile mehrstimmig vertont, sogar als (musikalische) «Messe» schlechthin bezeichnet.

Wir stehen nunmehr an der absonderlichsten Stelle unseres Überblicks. Bevor wir die westeuropäische Musikgeschichte vom Auftreten der karolingischen Monarchie, also etwa von der Mitte des 8. Jahrhunderts an betrachten, müssen wir einen Blick auf den europäischen Osten werfen, der sich jetzt mehr und mehr vom Westen absondert. Leider können wir dies aber nur im allerbescheidensten Maße tun, da eine gebührende Berücksichtigung dieses Gebiets den äußeren Rahmen, der unserer Darstellung gesteckt ist, vollständig sprengen würde. Und doch ist der Osten die eine Hälfte Europas wie der Westen, und doch ist ein bloßes Teilgebiet des osteuropäischen Kirchengesanges, der russische, an Bestand und Bedeutung nicht ärmer wie der sogenannte gregorianische.

Eigentlich reicht die gemeinsame Geschichte der osteuropäischen und der westeuropäischen Welt nur bis auf Konstantin den Großen, der seine Residenz nach Byzanz verlegte, also bis zur Zeit des Sieges der Kirche. Immerhin ist auch die darauf folgende Periode bis zum Beginn der Karolingerzeit noch eine Zeit relativer Gemeinschaft, da das griechische Kaisertum zunächst noch mit festem Fuß in Ost- und Süditalien steht. Im Lauf des 8. Jahrhunderts geht dann die byzantische Macht im Westen rapid zurück, und mit der Kaiserkrönung Karls des Großen ist die Trennung vollzogen: dem Osten steht ein geeinigter und selbständiger Westen gegenüber; das Papsttum hat die politische Unterordnung unter Byzanz gegen das Bündnis mit der karolingischen Monarchie vertauscht. Weiter geht es noch mehr auseinander: Photius als Patriarch von Konstantinopel sagt sich von der geistlichen Oberhoheit des Papstes los, 1054 wird die Kirchentrennung definitiv vollzogen, und 1071 verlieren die Griechen ihren letzten Stützpunkt in Italien, Bari.

Von der Karolingerzeit an stehen also zwei Monarchien nebeneinander, die beide Universalmonarchien sind. Und doch vertragen sie sich im Grund ausgezeichnet, und ihr Nebeneinanderbestehen gibt der europäischen Situation eine stabile, natürliche Grundlage. In ihrer Verschiedenheit ergänzen sie sich; obgleich kirchlich in Streitigkeiten verwickelt, stehen sie beide fest auf der Grundlage eines gemeinsamen Glaubens (wir fühlen uns hier an den antiken Harmoniebegriff erinnert: die Harmonie als übergeordnete, d. h. jedes der beiden Elemente transzendierende Ganzheit). Ein Skeptiker würde vielleicht sagen, daß die beiden Reiche nur deswegen nicht in Kampf miteinander verwickelt wurden, weil jedes von ihnen mit anderweitigen Sorgen vollauf beschäftigt war. Aber demgegenüber läßt sich vielleicht doch aufrechterhalten, daß bei dieser Organisation Europas weniger Gefahren für den Bestand des Ganzen gegeben waren als bei jeder anderen. Jedenfalls muß man konstatieren, daß, als dieser Zustand 1453 mit dem gänzlichen Verschwinden des einen Teils endete, damit der Aufbau Europas nicht harmonischer wurde; Moskau, das nunmehr an die Stelle von Byzanz zu treten begann, war zunächst sehr abgesondert.

Indessen ging, wie wir wissen, im 15. Jahrhundert nicht nur die Existenz eines selbständigen christlichen Ostens und damit eine politische Gegliedertheit verloren: die Renaissancezeit ist gleichzeitig diejenige, in der in Europa (in Westeuropa!) die Glaubensgrundlage eine starke Erschütterung erfuhr. Und hier scheint es uns, wie wenn ein weitgehender Parallelismus zwischen dem Bestehen jener gemeinsamen Glaubensgrundlage und jener harmonischen Gegliedertheit Europas gegeben wäre. Die Kreuzzüge, die in der Zeit der Romanik in religiöser Begeisterung begonnen werden, arten in der Zeit der Gotik in Raubzüge der Lateiner gegen die Griechen aus; und gerade die Zeit der Gotik ist bereits die einer ersten Glaubenserschütterung (in ihrer Weise deutet hierauf sogar die Begründung des Franziskaner- und Dominikanerordens, dann aber denke man an die Zustände an der päpstlichen Kurie). Ist es nicht eigentümlich, daß gerade der sogenannte gotische Stil in der Baukunst, im Gegensatz zum romanischen, sich so scharf vom byzantinischen scheidet? Im 15. Jahrhundert paart sich im Westen «Renaissancegeist» mit der Gleichgültigkeit am Schicksal des christlichen Ostens; beim berühmten Fasanenbankett, das Philipp von Burgund 1454 den Rittern vom Goldenen Vließ in Lille gab, war der Fall Konstantinopels Gegenstand ästhetischer Unterhaltung und Anlaß zu einer Fanfaronnade: nachdem alle Arten eines verfeinerten Musikgenusses zur Geltung gekommen waren, wurde auf dem Rücken eines Elefanten eine hehre Frau hereingetragen, die die Kirche von Konstantinopel darstellte, und sie sang ein von keinem Geringeren als Dufay in Musik gesetztes Klagelied mit der Bitte um Beistand; die Ritter legten lärmend ihr Gelöbnis für den Feldzug nach Konstantinopel ab, und doch wissen wir, daß er nicht einmal ernstlich vorbereitet worden ist.

Um es mit einem Wort zu sagen: der europäische Osten ist von da an mehr und mehr zum «armen Bruder» des Westens geworden; der letztere brachte in glänzender Kraftentfaltung erstaunliche Leistungen auf allen Gebieten der materiellen und intellektuellen Kultur hervor, während der erstere einem seltsam inaktiven Zustand verfiel, der im Westen (und teilweise sogar im Osten!) als Zustand der Minderwertigkeit angesehen wurde — naturgemäß, aber doch sehr zu Unrecht, gibt es doch neben einem «dynamischen» einen «statischen» Kulturtypus, und ist doch der innere Wert einer Kultur nicht nach der Zahl der des Lesens und Schreibens Kundigen zu bemessen (hat nicht schon Puschkin einmal gut beobachtende englische Reisende zitiert, die bei russischen Bauern, bei «Leibeigenen», mehr Intelligenz und Gesittung fanden als bei ihren eigenen Landsleuten?).

* *
*

Zu diesem seltsam «inaktiven» Zustand des europäischen Ostens, der bis auf Peter den Großen, also bis gegen 1700 andauerte, gehört zweierlei: das eine ist, daß die religiöse Grundlage viel intakter erhalten blieb als im Westen, womit die wesentliche Tatsache zusammenhängt, daß während im Westen in neuerer Zeit die Mehrzahl der geistig Produktiven dem Glauben irgendwie entfremdet war, wir im Osten das Gegenteil sehen; dem Osten ist ja auch die Glaubensspaltung, die der Westen im 16. Jahrhundert durchmachte, erspart geblieben; das andere ist, daß innerhalb der Kultur des Ostens die beharrenden, traditionellen Elemente im Vordergrund stehen: diejenigen, welche zur Sphäre eines vorwiegend «anonymen» Schaffens gehören. So ist denn hier das Schema von «Fortschritt» und «Entwicklung» und diejenige Betrachtungsweise, welche die Geschichte als Folge der jeweilig «an der Spitze stehenden» Aktivitäten ansieht, noch viel weniger anwendbar als im Westen (vgl. oben 24 f.): alles ist Tiefe oder Fläche, Ereignisse kommen zwar vor, aber in keineswegs umwälzender Form, das Wesentliche ist der einheitliche Verlauf, nicht die Einschnitte — woraus sich ergibt, daß, wenn man dieses Gebiet angemessen darstellen wollte, man erst recht andere Methoden als die in üblicher Weise auf den Westen angewandten brauchen müßte. Und was von Rußland gilt, gilt auch von Bulgarien, Georgien, dem bereits in Asien gelegenen Armenien und den übrigen Ländern, die sich an die byzantinische Kultur anschlossen. Allerdings war unter ihnen Rußland dasjenige, welches an die erste Stelle rückte; seine Hauptstadt Moskau war es, von der man sagte, es sei das dritte Rom und ein viertes werde es nicht geben; ihm fiel dann auch in erster Linie von der Zeit Peters an die schmerzliche Auseinandersetzung mit dem inzwischen allein für sich «fortgeschrittenen» Westen zu: mit dessen Errungenschaften und dessen Giftstoffen.

Wir haben also, wenn wir z. B. die Musik in Rußland bis zum Anfang des 18. Jahrhunderts ins Auge fassen, hauptsächlich an Kirchengesang und daneben an «Volksmusik» zu denken. Mit letzterem meine ich nicht sosehr die «Musik des einfachen Mannes», als eine dem nationalen Ganzen in selbstverständlicher Weise eigene Musik, eine, die nicht bewußt von Einzelpersönlichkeiten nach ihrer Art geformt wird, sondern in erster Linie einen gegebenen, relativ konstanten Geschmack, eine Tradition verkörpert. Und ebenso verhält es sich in den übrigen Ländern des europäischen Ostens. Vom Standpunkt der Musikgeschichte muß man allerdings bedauern, daß diese weltliche Musik nicht aufgezeichnet wurde; hier herrscht in Rußland noch im 17. Jahrhundert grundsätzlich derselbe Zustand wie in Westeuropa im Mittelalter. Was dagegen den Kirchengesang betrifft, so besitzen wir außer byzantinischen Handschriften mit Tonzeichen russische (in kirchenslawonischer oder altbulgarischer Sprache), die bis in das 11. Jahrhundert zurückreichen, sowie mindestens vom 14. Jahrhundert an armenische. Daß die russischen Neumen und die armenischen nicht dieselben sind wie die byzantinischen, zeigt, daß sich alle diese Völker zwar am Anfang kirchlich, liturgisch und kirchengesanglich an Byzanz lehnten, aber sehr bald wenigstens in gesanglicher Beziehung den Weg einer eigenen selbständigen Entwicklung einschlugen. Ein Moment, das der Vereinheitlichung des Kirchengesanges, wie sie im Westen vom 8. Jahrhundert an verwirklicht wurde, von vornherein entgegenstand, war, daß die Kirche im Osten nie eine gemeinsame liturgische Sprache (wie im Westen das Lateinische) gefordert hat. Liturgisch halten sich alle diese nationalen Kirchen, die griechische, russische, bulgarische, georgische und armenische (aber nicht die syrische und ägyptisch-koptische) im Rahmen des kappadozisch-byzantinischen Typus (vgl. oben 119).

In seiner Gesamtheit dürfte sich das Gebiet des östlichen Kirchengesanges, wenn es erst einmal besser erforscht ist, als reicher erweisen als das des abendländischen; jedenfalls ist es vielgliederiger. Dasselbe müssen wir aber auch konstatieren, indem wir innerhalb des östlichen Kirchengesanges den russischen und innerhalb des abendländischen den römischen aussondern: beim ersteren liegt eine mannigfaltigere Schichtung vor, eine Schichtung, die sich bis in das 17. Jahrhundert, also vom westlichen Standpunkt aus die «Neuzeit», fortsetzt; auch geographisch ist der erstere vielgestaltiger, da er Komplexe wie den sogenannten «bulgarischen», den sogenannten «griechischen», den «Kiewer» Gesang und andere nach russischen Örtlichkeiten benannte Varietäten umfaßt; dazu kommen ferner qualitativ geschiedene Gattungen wie der «große» und der «kleine» Gesang, die sich durch die geschmücktere oder einfachere melodische Fassung unterscheiden, der «demestische» Gesang, der besonders ausgeschmückt war und sich gleichzeitig in besonderer Weise mit der weltlichen Musik berührte (und so war es denn er, der besonders gern außer in der Kirche auch bei der fürstlichen Tafel verwendet wurde; vgl. oben 118).

Damit der geneigte Leser von dieser ihm fremden Welt einstimmiger Melodik wenigstens eine entfernte Vorstellung erhalte, sei hier ein altrussischer Psalmton zitiert (es ist dieselbe Melodie, die Rimsky-Korssakow seiner Osterouverture zugrunde gelegt hat):

* *
*

Historisch die erste Stellung gebührt indessen dem griechischen oder byzantinischen Kirchengesang. Romanus, den man als den ersten Kirchensänger aller Zeiten bezeichnet hat, pflegte in der ersten Hälfte des 6. Jahrhunderts das «Kontakion», den lang ausgebreiteten, strophischen Solohymnus mit Chorrefrain: also ein Gegenstück zum Madrasha des hl. Ephrem (s. oben 109 f.), aber in ausgearbeiteterer Form. Die Strophen, die der hl. Romanus bildet, bestehen nicht aus gleichgebauten, sondern aus verschiedenen Gliedern; immerhin sind öfters zwei aufeinanderfolgende Glieder gleichgebaut und melodisch gleich. Wenn man will, mag man sie Verse nennen, doch sind sie weder im antiken Sinn metrisch noch im neuzeitlichen Sinn Auf- und Abverse. Die Gliederung innerhalb der Strophe ist fein ausgewogen. Doch bald schon wurde dieses Wunderwerk, das Kontakion, durch eine andere, noch ausgearbeitetere Form in den Hintergrund gedrängt: den «Kanon», wie ihn Andreas von Kreta († ca. 730), der große Johannes von Damaskus († ca. 750) und dann andere pflegten. Ein Kanon ist ein System von 9 (oder 8) strophischen Liedern, das ursprünglich vom Zyklus der 9 biblischen Oden oder Lobgesänge ausgeht (einer davon ist z. B. der Lobgesang Marias, das Magnificat). Wie man annimmt, wurden anfänglich zwischen die Verse dieser biblischen Oden neugedichtete Strophen («Tropare») eingefügt, und dann wurden diese Einschubstrophen für sich gesungen, als eine nunmehr nichtbiblische Ode. Wie man sieht, ist der Ausgangspunkt des Kanons die Psalmodie, aber Psalmodie in reicherer Form, als wie sie uns im Westen begegnet: denn anstelle des zwischen die biblischen Verse eingefügten Refrains (der immer gleich bleibt), der abendländischen «Antiphone», steht eine Folge von Strophen, die zwar melodisch gleich, aber textlich verschieden sind. Dem hl. Johannes von Damaskus wird außerdem die Zusammenstellung des «Oktoechus», des Melodienbuches der griechischen Kirche, zugeschrieben. Selbstverständlich wurde neben dieser überschwenglichen Blüte der Hymnodie auch die Psalmodie gepflegt, doch ist im großen festzustellen, daß im Osten die Hymnodie das Übergewicht über die Psalmodie hat — oder, wie man im Osten sagte, die «Hymnen der neuen Gnade» über die der alten —, während umgekehrt im Abendland, trotz Tropus und Sequenz, die biblischen Psalmentexte immer den Vorrang behauptet haben. Es hat sich ja im Westen manchmal geradezu eine prohibitive Tendenz gegen neugedichtete Texte bemerkbar gemacht, die in Konzilsbeschlüssen zutage getreten ist: wie wenn man befürchtet hätte, es könne hierdurch etwas der Glaubenslehre Widersprechendes in die Kirche eingeschmuggelt werden (vgl. oben 107 f.).

Ein besonders interessantes Kapitel der Musikgeschichte ist sodann das Verhältnis der griechischen Hymnodie zur syrischen. Die letztere hat möglicherweise durch ihr Madrasha auf das Kontakion eingewirkt, aber dann jedenfalls aus der griechischen Hymnodie den Kanon übernommen.

Wenden wir uns zur w e l t l i c h e n Musik, so wäre, was Byzanz betrifft, zunächst die Hof- oder Staatshymnodie zu erwähnen, über die wir durch das Zeremonienwerk des Kaisers Konstantin VII (Porphyrogenitus, † 959) wenigstens von der äußeren und textlichen Seite gut orientiert sind (davon handelt meine 1942 als Rektoratsprogramm der Basler Universität erschienene Abhandlung «Das Zeremonienwerk Kaiser Konstantins und die sangbare Dichtung»). Es ist bezeichnend, daß diese Hofhymnodie Berührungspunkte zur kirchlichen aufweist, und so können wir sie wie ein Mittelgebiet zwischen kirchlicher und weltlicher Musik ansehen. Sie ist uns ein Zeuge dafür, daß der Kirchengesang sich nicht in Welt- und Lebensfremdheit absonderte, sondern aus dem Kontakt mit der weltlichen Musik immer neue Anregungen empfing, wie er seinerseits auf diese zurückwirkte; von einem «ne varietur» kann jedenfalls im Bereich des griechischen Kirchengesanges viel weniger gesprochen werden als in dem des lateinischen.

*　*
*

Doch müßte unser Überblick, wenn wir ihn ausführen könnten, auch davon berichten, wie die Länder des christlichen Ostens dann von anderen Völkern überflutet und unterjocht wurden, die westasiatischen durch die Araber, die südosteuropäischen durch die Türken (ja sogar Rußland zeitweilig durch die Tataren). Es ist bekannt, daß türkische Einflüsse bei den Griechen bis in den Kirchengesang eindrangen. Wir würden anderseits zu betrachten haben, wie in Rußland nach dem «Durchhauen des Fensters nach dem Westen» durch Peter den Großen eine interessante Auseinandersetzung erst mit der italienischen Musik, dann mit der deutschen erfolgte. Doch alles dies übersteigt die Möglichkeiten unserer kurzgefaßten Musikgeschichte. Zur näheren Bestimmung des Begriffes des «europäischen Ostens» wollen wir nur noch beifügen, daß wir ihn eigentlich auf asiatische und afrikanische Gebiete ausdehnen müssen, sofern es sich um mittelmeerische, und besonders insofern es sich um christliche Länder handelt: Armenien gehört dazu, ebenso Syrien, dessen Kirchengesang trotz der arabischen Herrschaft seine Eigenart teilweise bis heute bewahrt hat, sowie, was sich in Ägypten an koptischem Kirchengesang erhielt, ja auch das christliche Äthiopien. Dieser ganze große Gegenstand, der «europäische Osten», mag dereinst in einer erweiterten Neufassung dieses Überblicks Platz finden, falls ich eine solche erlebe. Dieser «leidende» Teil unseres Kulturganzen verdient unsere Aufmerksamkeit nicht weniger als der, der (wenigstens bisher) der glückliche «Tätige» war.

Bleibt also der christliche oder europäische Osten außerhalb des Kreises unserer Betrachtung, so wird man es uns um so weniger verargen können, daß wir den a r a b i s c h e n Kulturkreis und den ihm angegliederten türkischen aus dem Spiel lassen. Allerdings haben merkwürdigerweise europäische Musikhistoriker in manchen Fällen den Arabern mehr Aufmerksamkeit zugewendet als dem christlichen Osten. Wir bestreiten durchaus nicht, daß dieses Volk, welches im 7. Jahrhundert aus Arabien ausbrach und in ungeheurem Ansturm viele Länder, auch Teile von Europa, überflutete, aus Angestammtem und aus dem, was es von unterworfenen Völkern wie Perser und Griechen übernahm, eine eigene Kultur aufgebaut hat. Doch ist zum mindesten der Einfluß der Araber auf die europäische Musikgeschichte stark überschätzt worden; denken wir nur an die Theorien musikalischer Arabisten, denen zufolge bald der mittelalterliche Minnesang, bald sogar die Mensuraltheorie arabischer Herkunft sein sollte. Das einzige Sichere ist die arabische Herkunft des Wortes «Laute», welche darauf deutet, daß dieses Instrument durch die Araber, die es wahrscheinlich von den Persern übernahmen, nach dem Süden Europas gebracht wurde — was aber keineswegs ausschließt, daß dort die Laute schon in spätantiker Zeit bekannt war (dies zeigen uns Sarkophagdarstellungen in Rom und Arles). Es ist natürlich, daß die Araber, die wie ein Sturmwind durch einen großen Teil der mittelmeerischen Welt fegten, hierbei manche Elemente spätantiker Kultur aufgriffen und nach Ländern brachten, wo sie vergessen sein mochten. In diesem Sinne sind sie z. B. am Aufstieg des Aristotelismus im späteren Mittelalter beteiligt. Auch die Symbiose arabischer und europäischer Kultur, wie sie jahrhundertelang in S p a n i e n existierte, ist eine sehr bemerkenswerte Erscheinung; doch muß sie, gerade was das Musikalische betrifft, behutsam und ohne Einseitigkeit geprüft werden. U. a. müssen wir uns vor Augen halten, daß wir einer optischen Täuschung ausgesetzt sind, insofern als im Schrifttum der christlichen Völker, eben weil es kirchlich orientiert ist, Äußerungen der weltlichen Kultur an und für sich zu kurz kommen. Und wir wollen nicht vergessen, daß die Araber selbst nach ihrer Vertreibung aus Spanien in Marokko eine besonders geschätzte Kategorie ihrer Musik als granadisch oder andalusisch bezeichneten. Sehr interessante Probleme bietet schließlich die arabische M u s i k t h e o r i e, die wir schon vom 9. Jahrhundert an verfolgen können und die eine genaue Kenntnis der griechischen Theorie voraussetzt.

Im übrigen wollen wir uns erinnern, daß das Studium der arabischen Musik in der Regel nicht der Musikgeschichte, sondern der musikalischen Ethnologie zugewiesen wird — obgleich es, da wir schon aus sehr früher Zeit Berichte über diesen Gegenstand haben, ebenso gut der Musikgeschichte zugewiesen werden kann.

a) Der einstimmige Gesang

Die Zeitperiode, an die wir herantreten, ist (wie schon oben 108 vermerkt) eine solche, aus der wir Denkmäler der Notenschrift besitzen: erst nur vereinzelte, vom 10. Jahrhundert an aber in rapid zunehmender Zahl. Selbstverständlich stellt dies die Erforschung der Musikgeschichte auf eine viel sicherere Grundlage.

Immerhin sind die Tonzeichen des Mittelalters, die sog. «Neumen», nur teilweise so präzis, daß wir ihnen die genaueren Intervalle entnehmen können. Auf deutlich sichtbare (d. h. mit Tinte ausgezogene) Linien setzt man die Neumen erst seit der ersten Hälfte des 11. Jahrhunderts (Guido von Arezzo), doch werden daneben linienlose Neumen noch im 14. Jahrhundert verwendet (St. Gallen!). Unter den linienlosen Neumen wiederum unterscheidet man zwei Klassen: die «diastematischen» (tonabständigen) und «nichtdiastematischen», wobei die ersteren auch ohne Linien bzw. mit einer nur in das Pergament geritzten Linie einen hohen Grad von Präzision erreichen können. Man kann geradezu sagen, daß Handschriften mit undiastematischen Neumen eine Zwischenstufe darstellen zwischen solchen ohne Neumen (wie das Graduale von Rheinau, aus dem 8. Jahrhundert) und diastematisch notierten. Im Optimalfall sind die diastematischen Neumen so disponiert, w i e w e n n sie auf einem Liniensystem ständen. Ob nun die diastematischen oder die undiastematischen Neumen die ältesten sind, vermögen wir heute noch nicht zu sagen; vielleicht haben schon in ältesten Zeiten beide Arten nebeneinander bestanden. Doch unterscheiden sich die Neumen außerdem nach graphischen Typen: da sind die Neumen des deutschen Sprachgebiets (die man auch als «S. Galler Neumen» bezeichnet hat), die «Metzer Neumen», die «aquitanischen» (für die die Punktform charakteristisch ist), verschiedene Typen italienischer Neumen sowie die «nordfranzösischen». Im allgemeinen läßt sich sagen, daß die Neumen des deutschen Sprachgebiets undiastematisch und die Frankreichs und Italiens überwiegend diastematisch sind (ganz besonders die aquitanischen Punktneumen); doch kann an sich jeder Neumentypus diastematisch oder undiastematisch sein, und sogar bei den undiastematischsten der Neumen, den deutschen, ist noch ein diastematisches Element vorhanden, da hier wenigstens innerhalb des einzelnen Neumenzeichens, sofern es mehrere Töne umfaßt, das Auf und Ab der Tonbewegung dargestellt ist. Grundprinzip der Neumenschrift ist, daß nur solche Töne zu einer zusammengesetzten Figur oder Neume verbunden werden, die zu der gleichen Silbe des Textes gehören: die Neumenschrift ist also eine Silbenschrift, mit anderen Worten eine ausgesprochene Gesangsnotation. Die sog. «Quadratnotation», die noch heute in den Gesangbüchern der katholischen Kirche gebraucht wird, ist selbstverständlich ein Abkömmling der Neumenschrift: sie ging um 1200 aus den «nordfranzösischen« Neumen hervor. Man sehe die auf Tafel V dargestellten Neumentypen.

Um die uns zunächst befremdende Tatsache einer undiastematischen Notation zu verstehen, müssen wir zweierlei im Auge behalten: a) solche Neumen beanspruchen, da sie zwischen den Zeilen des Textes horizontal nebeneinander stehen, auf dem kostbaren Schreibmaterial der Zeit, dem Pergament, weniger Platz als die diastematischen; b) wenn man (vgl. oben 128) aus der Existenz der undiastematischen Neumen hat schließen wollen, daß es den Kirchensängern nicht auf eine Unterscheidung von Ganzton und Halbton, Sekunde und Terz ankam, so beruht dies zunächst einmal auf der unbewiesenen Voraussetzung, daß die undiastematischen Neumen die ältesten waren (dementsprechend wäre aus der Existenz von gänzlich neumenlosen Gesangbüchern zu schließen, daß die Melodie den Sängern überhaupt freigestellt war!); außerdem wird hierbei übersehen, daß die Sänger ein Tonsystem im Kopfe hatten.

* * *

Historisch ist bezüglich unserer Zeitperiode folgendes zu bemerken. Mit dem Aufkommen der karolingischen Monarchie wurde Westeuropa zur Einheit zusammengefaßt: Pipin (751—768) brachte zunächst Gallien zur politischen Einheit, und sein Sohn Karl der Große (768—814) errichtete die abendländische Universalmonarchie. Hatte sich schon Pipin mit dem Papsttum verbündet, so gewann dies Bündnis unter Karl eine besondere Bedeutung: beide Mächte, die karolingische Monarchie und das Papsttum, gingen in ihrer universalistischen Tendenz parallel, und für die erstere war die Anlehnung an Rom die Grundlage ihres Anspruches auf Beherrschung des Abendlandes. Dies war der Sinn von Karls Kaiserkrönung im Jahre 800.

Es ist verständlich, daß nunmehr die verbündeten Mächte auch in bezug auf die kirchlichen Verhältnisse Einheitlichkeit anstrebten. Der Universalismus der einen stützte den der anderen. Und so geschah es zum erstenmal in der Geschichte der Kirche, daß Liturgie und Kirchengesang eine übernationale einheitliche Regelung erfuhren; die römische Liturgie und der römische Gesang wurde anstelle der gallikanischen eingeführt, d. h. für obligatorisch erklärt, zunächst durch Pipin für Gallien, dann durch Karl für das ganze Reich. Wie durch ein Wunder blieb das Alte in Mailand bestehen.

Der Prozeß hatte etwas Gewaltsames und führte auf dem kirchengesanglichen Gebiet zu Reibungen, deren Echo zu uns gedrungen ist. Immerhin wurde das Verfahren mit den vereinigten Machtmitteln der geistlichen und der weltlichen Macht durchgedrückt, wenn auch hierbei die römische Liturgie und der römische Gesang ihrerseits einige fränkische Bestandteile aufnahmen; und dies ist bis heute die Grundlage des Zustandes in der abendländischen Kirche geblieben, abgesehen selbstverständlich von der eruptiven Durchbrechung dieser Grundlagen im Protestantismus.

Doch konnte sich das musikalische Schaffen der Zeit nicht damit abfinden, daß nunmehr in der Kirche nur ein fester Bestand von ein für allemal sanktionierten Melodien zugelassen war. Es konnte es sich nicht daran genügen lassen, lediglich auf die weltliche Musik beschränkt zu bleiben, da sich diese, was den Zusammenhang mit dem geistigen Leben der Zeit betrifft, in einer gewissen Minderwertigkeitsstellung befand. Es hat sich also den Weg in die Kirche gebahnt, oder es hat sich vielmehr hineingeschmuggelt als etwas, das von der Kirche lediglich als Ausschmückung oder Beifügung zum «gregorianischen» Gesang geduldet wurde; eine solche Ausschmückung kam selbstverständlich nicht für jeden gewöhnlichen Gottesdienst, sondern in erster Linie für die größeren Feste in Frage.

* * *

Dies ist es, was der T r o p u s und die S e q u e n z darstellt. So trat neben den uniformen, ein für allemal fixierten «gregorianischen» Gesang (der nur im Fall des Hinzukommens neuer Feste Neukompositionen verlangte) ein Komplex von Melodien, der nach Zeit und Ort verschieden sein konnte. Wir unterscheiden z. B. ein französisches und ein deutsches (oder ein west- und ostfränkisches) Sequenzenrepertoire.

Da die Sequenz ein Spezialfall des Tropus ist, bieten wir zunächst eine Definition des Tropus: es ist (entsprechend der eigentlichen Bedeutung des griechischen Wortes «tropos» als Wendung, Weise) die einem gregorianischen Choral an- oder eingefügte M e l o d i e; und zwar kann diese entweder Melisma sein, d. h. sich über e i n e r Silbe des Textes der gregorianischen Melodie abwickeln, oder sie kann syllabisch (d. h. so, daß zu jeder Note eine Silbe gehört) t e x t i e r t, mit einem neu untergelegten Text versehen sein, welcher dann selbstverständlich daran gebunden ist, sich dem Text des gregorianischen Chorals anzuschmiegen, wie es die Melodie des Tropus mit der Choralmelodie tut. Der Tropus ist also wahrhaft eine musikalische «Interpolation». Die textierte Form des Tropus wurde, der Textform entsprechend, auch als «Prosa» bezeichnet. Die Sequenz aber ist derjenige Tropus, der sich auf der Schlußsilbe des liturgischen Wortes Alleluja (welches in der Messe mit einem Psalmvers verbunden ist) einnistet. Sie ist demgemäß diejenige Art des Tropus, welche die größte Ausdehnung gewinnt und am ehesten zu einer gewissen Selbständigkeit gelangt.

Indessen müssen wir noch die übliche Definition des Tropus anführen, wie sie seinerzeit vom Mediävalisten L. Gautier gegeben wurde: «c'est l'interpolation d'un t e x t e liturgique.» Diese Definition erklärt sich durch zwei Umstände: a) der Tropus in der melismatischen Form begegnet uns hauptsächlich in der älteren Zeit, später ist es fast nur noch die textierte, syllabische Form; b) Gautier hat sich, wenn auch in sehr verdienstlicher Weise, nur mit der textlichen Seite des Tropus beschäftigt.

Allerdings müssen wir zugeben, daß auch unsere Definition des Tropus zu einer Schwierigkeit führt. Es ist ja bekannt, daß der «gregorianische» Gesang auch abgesehen hiervon Melismen enthält, z. B. das Graduale = Meßresponsorium. Wie wollen wir also entscheiden, ob ein gegebenes Melisma «gregorianisch» oder ein Tropus ist? Doch ist die Situation, in die uns diese Frage versetzt, nicht eine verzweifelte. Es handelt sich um melodisches Material, das aus verschiedenen Schichten stammt und daher stilistisch unterscheidbar ist, und außerdem dürfen wir hier in hohem Maße auf die liturgischen Gesangbücher abstellen, da das Graduale und das Antiphonale im allgemeinen nur das «gregorianische» Melodiematerial enthält und uns so das Auseinanderhalten erleichtert. In dieser Hinsicht ist das Graduale übrigens konsequenter als das Antiphonale, da die Gesänge der Messe überhaupt strenger normiert waren als die der Nebengottesdienste; und dies trifft sich für uns günstig, da die Hauptmasse jener Ad-Libitum-Interpolationen naturgemäß auf die Messe, als den Hauptgottesdienst, entfiel (so insbesondere die Sequenz). Wir müssen allerdings fernerhin zugeben, daß, nachdem das Verfahren der syllabischen Textunterlegung einmal in Aufnahme gekommen war, man gelegentlich auch gregorianische Melismen (z. B. solche von Gradualien) in dieser Weise behandelt hat («Textierungs-

Tropen»), doch sollte uns dies in unserer grundsätzlichen historischen Scheidung nicht wankend machen.

So sind Tropus und Sequenz Vertreter des Zeitgeschmacks und des Schaffens der verschiedenen europäischen Länder im Gegensatz zum gregorianischen Gesang, der zwar auch einmal einem besonderen Geschmack (dem der kirchenmusikalischen Kreise Roms in der vorkarolingischen Zeit) entsprochen hatte, dann aber zu einem «ne varietur» erklärt worden war. Doch wollen wir ausdrücklich hervorheben, daß bezüglich der genaueren örtlichen und zeitlichen Herkunft des melodischen Materials, das uns in Tropus und Sequenz erhalten ist, noch alles zu erforschen ist; sicher ist nur, daß es aus einer anderen Schicht stammt wie der gregorianische Choral. Manches deutet darauf, daß auf diesem Wege auch weltliches Melodiegut in die Kirche eingedrungen ist, so daß uns hier ein Nachhall der im übrigen verlorenen weltlichen Musik der Zeit erhalten sein könnte (und diese wiederum kann noch manches an spätantikem Spielmannsgut enthalten haben).

Die Ideenverbindung zwischen dem Weltlichen und dem Zeitgebundenen, d. h. dem zeitlich Vorübergehenden, liegt ja schon im lateinischen Wort «saeculum» («le siècle»). Ist aber nicht alles Menschliche seinem Wesen nach vorübergehend? Wir müssen demnach den Versuch, eine bestimmte Musikart zu einer überzeitlichen zu erheben (wie es von Rom aus geschah, indem man Gregor I. als durch die Taube des Heiligen Geistes inspiriert darstellte), als ein in gewissem Sinne künstliches Unternehmen ansehen — obgleich wir es anderseits verstehen können, daß man den Kirchengesang nach Möglichkeit über die Fluktuationen des Zeitgeschmacks hinausgehoben sehen wollte (vgl. oben 116).

*   *
*

Musikgeschichtlich müssen wir feststellen, daß der Tropus, so wie wir ihn auffassen, schon in jener vorkarolingischen Zeit existierte, wo die verschiedenen Liturgien und Gesangsarten gleichberechtigt nebeneinander standen — nur daß vielleicht, da damals der offizielle Melodienbestand jeder Kirche weniger fest umrissen war, auch der Unterschied zwischen dem eisernen Bestand des Gesanges und dem Tropus weniger deutlich in die Erscheinung trat. Schon damals wurden, wie wir oben 130 sahen, in Rom bei einer festlichen Gelegenheit besondere «melodiae» durch die Sängerknaben zum Vortrag gebracht: in Anknüpfung an das Alleluja, das in jenem Fall von seinem Platz in der Messe in die Vesper übertragen worden war. Wir wissen auch von «melodiae», die die Knaben im ambrosianischen Gesang dem Meßalleluja beifügten (solche Melodien sind uns im Anhang des in der PM. V und VI edierten ambrosianischen Antiphonars erhalten); und das Eigenartige ist, daß im ambrosianischen Gesang d i e s e l b e n Melodien auch Responsorien angefügt wurden (man sehe das von Magistretti herausgegebene «Manuale Ambrosianum»). Auch im gallikanischen Gesang hören wir von «manicantiones», mit denen der Knabenchor in gewissen Fällen die Matutinresponsorien ausschmückte; und es wäre möglich, daß einzelne derjenigen Responsorieneinfügungen, wie sie in bereits gregorianischen Gesangshandschriften im Frankenreich überliefert sind, noch aus dem gallikanischen Gesang stammen. Beachten wir jedenfalls, daß der Name des Dings in der vorkarolingischen Zeit nicht «Tropus», sondern «Melodia» war, und im Verhältnis zu letzterem Namen ist «Tropus» vielleicht nur eine gelehrt sein wollende Übertragung in das Griechische. Und noch dies: die textierte Form des Dings scheint vor der karolingischen Zeit unbekannt zu sein; wir haben sogar keinen Hinweis, der uns diesbezüglich über die Mitte des 9. Jahrhunderts zurückführen würde (ich meine das unten anzuführende Zeugnis Notkers).

Ein wichtiger Zeuge ist für uns der in der ersten Hälfte des 9. Jahrhunderts wirkende Liturgiker Amalar, der es als etwas Auffälliges hinstellt, nicht daß die damaligen Sänger solche Melismen den Matutinresponsorien einfügten, sondern daß sie das «dreifache Neuma» (Neuma im Sinn von Melisma), das erst im Rahmen des Johannesresponsoriums *In medio* gesungen wurde, auf das Weihnachtsresponsorium *Descendit* übertrugen, welches übrigens im gleichen Kirchenton steht (PL. CV 1274).

Indem wir nach Spuren dieser Praxis in den offiziellen Gesangshandschriften des römischen Ritus suchen, müssen wir zunächst eines der ältesten erhaltenen Meßantiphonare zitieren, das vom Mont-Blandin, welches vielleicht noch aus dem 8. Jahrhundert stammt; es ist ohne Neumen, fügt aber bei sechs unter seinen 25 Allelujaversen den Vermerk «cum sequentia» bei (s. Hesbert, Antiphonale missarum sextuplex, 199), was wir im Sinne von «melodia» verstehen müssen. Einen anderen Fall stellt jenes (nur die responsorischen Gesänge enthaltende) Meßgesangbuch von Nonantola, aus dem 12. Jahrhundert, dar, welches ausgerechnet nur beim Stephansfest das Alleluja (bei seiner Wiederholung nach dem Versus) mit einem langen, nichtgregorianischen Melisma ausziert (s. die Facsimilereproduktion dieser Seite in PM. II pl. 16); wir müssen daraus schließen, daß die Handschrift ursprünglich für eine Stephanskirche, also wohl für Bologna bestimmt war, und dieses Melisma könnte wohl noch aus der Zeit stammen, wo dort der römische Gesang noch nicht eingeführt war. Im allgemeinen sind solche Spuren aber

148

in Meßgesangbüchern sehr selten, da, wie gesagt, das Graduale in seinem Bestand viel fester abgegrenzt ist als das Antiphonale. In Exemplaren des letzteren finden wir also viel eher tropisches Material — sogar auch in textierter Form — dem Zyklus der liturgischen Gesänge eingefügt; hier weisen besonders Responsorien solche Ausschmückungen auf, indem der Anfangs- und Hauptteil eines solchen Gesanges bei seiner Wiederholung nach dem Versus ein zusätzliches Melisma oder eine «Prosa» aufweist.

In der Hauptsache sind es aber spezielle Handschriften, Tropare und Sequentiare, welche diese «Allotria» überliefern; oder aber solche Sammlungen bilden einen A n h a n g zum Graduale. Besonders viel wertvolle alte Tropare und Sequentiare enthält der Handschriftenbestand aus St. Martial in Limoges, der sich jetzt auf der Pariser Bibliothèque Nationale befindet; aber auch St. Gallen besitzt sehr schöne alte Exemplare. Es ist klar, daß für den Musikhistoriker diese verhältnismäßig wenig zahlreichen Handschriften mehr Interesse bieten als die rein liturgischen, die Antiphonalien und Gradualien, die nach Tausenden und Zehntausenden zählen. Wir wollen hier nur eine dieser Handschriften erwähnen, die zwar verhältnismäßig jung ist, aber einen Ausnahmsfall darstellt und sogar einen besonders altertümlichen Zug aufweist: Laon 263, ein Tropar des 13. Jahrhunderts. Hier ist, wie im ambrosianischen Bereich, Melodiegemeinschaft zwischen Responsoriumstropen und Sequenzen bezeugt; so hat z. B. auf Folio 93 verso das Responsorium *Lapides* als Tropus die als «Angelica» bezeichnete Sequenzmelodie. Im allgemeinen aber — und besonders, sofern es sich um die textierte Form des Tropus handelt — ist ein Tropus die Beifügung zu einem ganz bestimmten gregorianischen Choral.

* *
*

Wir müssen noch der landläufigen Meinung entgegentreten, wonach die Tropen durchaus eine Angelegenheit der Solosänger waren — wenn auch zuzugeben ist, daß sie eine Angelegenheit geschulter Sänger waren. Im allgemeinen können wir sagen, daß die Tropen zu antiphonischen (also chorischen) Gesängen solistisch waren und die zu responsorischen (d. h. in der Hauptsache solistischen) chorisch. Zu den letzteren gehören die Responsoriumstropen und die sich durch besondere Ausdehnung auszeichnenden Sequenzen. Dabei wurde hier der Tropus — besonders die Sequenz, aber teilweise auch der Responsoriumstropus — auf zwei Chorhälften verteilt, entsprechend dem Formprinzip der «progressiven Wiederholung»: jeden Absatz sang erst die eine Chorhälfte, dann die andere.

Doch müssen wir zur Vollständigkeit noch die Tropen zu den Ordinariumsgesängen (über diese s. oben 134) erwähnen. Sie sind ein zu einem Chorischen gefügtes Solistisches. Indessen ist das Verhältnis zwischen einem Ordinariumsstück und einem Tropus insofern nicht ganz dasselbe wie das zwischen einem antiphonischen Gesang und einem Tropus, als hier die «gregorianische» Melodie selbst im Verhältnis zum Tropus nicht etwas Alt-Ehrwürdiges ist, sondern aus einer historisch benachbarten Schicht stammt. Wir müssen vermerken, daß im späteren Mittelalter beinahe nur noch Ordinariumstropen gesungen wurden — bis dann im 16. Jahrhundert das Konzil von Trient alle Tropen und die Sequenzen bis auf wenige verbot.

Da ein Tropus in vielen Fällen aus kleinen Teilen besteht, die sich zwischen die Phrasen eines gregorianischen Gesanges schieben, ergibt sich eine Art musikalisches «Mosaik».

* * *

Doch nun noch einiges Speziellere über die S e q u e n z. Wie bereits gesagt, können wir ein französisches und ein deutsches, ein west- und ein ostfränkisches Sequenzenrepertoire unterscheiden. Innerhalb des ostfränkischen Kreises betätigte sich der berühmte Notker Balbulus von St. Gallen († 912) als Sequenzendichter, d. h. als einer, der Texte unter präexistente Sequenzmelodien legte. Soweit wir urteilen können, müssen wir Notker als den hervorragendsten unter den Sequenzdichtern dieser ersten Periode ansehen. Im Proömium (Vorwort) zu seiner Sequenzensammlung zeigt er sich außerdem als ehrlicher und zuverlässiger Gewährsmann, indem er sich nicht die «Erfindung» der Sequenz zuschreibt, die ihm andere zugeschrieben haben. Er bekennt im Gegenteil, er habe als Knabe M ü h e gehabt, diese langen textlosen Melodien seinem Gedächtnis einzuprägen, dann aber sei ein Flüchtling aus dem von den Normannen verwüsteten Kloster Jumièges in der Normandie nach St. Gallen gekommen (wohl in den Jahren nach 851); in dessen Antiphonar habe Notker textierte Sequenzen gesehen (wohl als Anhang!), deren textliche Form ihm zwar nicht gefiel, deren Beispiel ihn aber zu eigenen Versuchen in dieser Richtung veranlaßte. Mit einem Wort: das Dokument ist vertrauenswürdig (da ich dies schon vor manchen Jahren hervorgehoben habe — sowohl denen gegenüber, die es als gefälscht ansehen wollten, wie denen, welche daraus die «Erfindung» der Sequenz durch Notker ableiten wollten —, sehe ich es als eine besonders liebenswürdige Bestätigung an, wenn heute andere meinen, erst sie hätten die Vertrauenswürdigkeit des Dokuments dargetan).

Wie schon erwähnt, ist die Sequenz dem Alleluja bei dessen letzter Wiederholung, nach dem Psalmvers, angehängt, und ihre Form ist die der «fortschreitenden Wiederholung». Indessen wäre noch ein Zug ihres formalen Aufbaues zu vermerken. Die große, beinahe gefährliche Mannigfaltigkeit ihres Baues wird durch verschiedene Mittel doch zu größerer Einheit gebracht, und unter diesen Mitteln ist das augenfälligste, daß die melodisch voneinander abweichenden Teile gern in eine gemeinsame Schlußphrase auslaufen. Und nun etwas Bemerkenswertes: im instrumentalen Gegenstück der Sequenz, der «Estampie», auf die wir sogleich zu sprechen kommen, weist diese Schlußpartie eine besondere Ausarbeitung auf, da sie bei der Wiederholung, d. h. im Gefolge der «Nachstrophe», jeweilen anders kadenziert als bei der «Vorstrophe» — was das Schema $a+x, a+x_1, b+x, b+x_1$ usw. ergibt (s. unten 198; man kann sich vorstellen, daß im instrumentalen Bereich das Bedürfnis nach einer rein musikalischen Differenzierung der Schlüsse eher eintrat, als wo Vor- und Nachstrophe bereits durch verschiedenen Text, oder wenigstens durch das Gegeneinandersingen zweier Gruppen unterschieden waren). Das weltliche g e s u n g e n e Gegenstück der Sequenz dagegen, der «Lai» oder «Leich», zeigt manchmal Differenzierung der Kadenzen o h n e das Vorhandensein einer gemeinsamen Schlußphrase (also a, a_1, b, b_1 usw.), und anderseits ist hier manchmal die Verdoppelung durch Vervierfachung ersetzt ($a\ a\ a\ a\ b\ b\ b\ b$ usw.) — was indessen gleichfalls der Sequenz nicht fremd ist, sehen wir doch aus den Quellen, daß beim Vortrag der Sequenz manchmal jedem der paarweise zusammengehörigen Abschnitte noch die Wiederholung desselben als Melisma folgte (also: a mit dem einen Text, a als Melisma, a mit dem anderen Text, a als Melisma, usw.). Doch gab es auch noch eine andere Form, in der die Sequenz t e i l w e i s e textiert und t e i l w e i s e Melisma sein konnte; dies war, wenn ganze Absätze derselben melismatisch und nur dazwischen einzelne Absätze (oder genauer: Teile von Absätzen) mit Text gesungen wurden: also gewissermaßen textliche Einstreuungen in einer großen melismatischen Form; und dem entspricht wiederum auf der weltlichen Seite, daß uns gelegentlich ein solcher Leichvortrag beschrieben wird, bei dem der Künstler die gesungenen Teile in die auf der Harfe gespielten «hineinfliegen» ließ. Im Verhältnis zum vollständigen Text einer Sequenz bildeten solche Partien eine Art «Kern», der bei verschiedenen Volltextierungen erhalten blieb und auch für sich allein bestehen konnte.

Bezüglich der Textform ist noch zu vermerken, daß es sich angesichts der engen Anlehnung des Textes an eine gegebene Melodie selbstverständlich nicht um regelmäßige Verse handeln kann. Es ist eine silbenzählende und akzentuierende, hymnische Prosa, in der zunächst einmal die Parallelglieder (die «Versikel») einander entsprechen, aber angesichts der häufigen Wiederholung kleinerer Gruppen in der Melodie auch im Text oft gleichgebaute Kleingruppen auftreten.

Als Beispiel zitieren wir den Anfangsteil einer Sequenz, deren Text von Notker stammt; da es der Anfangsteil ist, steht er außerhalb der paarweisen Wiederholung, und er wird also von beiden Chorhälften zusammen gesungen:

Psallat ec-cle-si- a, ma-ter il- li-ba-ta et vir-go si - ne ru-ga, ho-no-rem hu-jus ec-cle-si - ae.

Die «Estampie» ist zwar erst vom 13. Jahrhundert an durch Beispiele belegt, doch gibt uns sehr zu denken, daß schon Martianus Capella am Anfang des 4. Jahrhunderts von einer Instrumentalouvertüre sagt, sie sei durch einen «modifizierten (modifizierbaren) Schluß (Schlußteil) fest zusammengefaßt» gewesen. Die deutsch-dialektische Bedeutung des Wortes «Stempeneien» als «langweilige Umstände» geht eben auf die Ausführlichkeit dieser musikalischen Form zurück. Erwähnen wir noch, daß bei der Schilderung eines besonders kunstvollen Musizierens in der spanischen Version des Alexanderromans (Poetas castellanos anteriores al siglo XV., herausgegeben von Sanchez — Pidal — Janer, 208) davon die Rede ist, daß die «Doppelteile» geeignet sind, den Kummer aus dem Herzen zu entfernen; und in einem anderen spanischen Gedicht, das aus dem 14. Jahrhundert stammt (ebenda 489), heißt es von der Harfe des Herrn Tristan, daß sie die «gedoppelten Punkte» (Absätze) ertönen ließ.

Wie in formaler Hinsicht, so bieten «Estampie» und «Lai» auch in bezug auf die Aufführungspraxis Berührungspunkte mit der Sequenz dar. Entspricht die Estampie der durchweg textlos gesungenen Sequenz und der durchweg gesungene Lai der durchweg textierten Sequenz, so konnte der Lai, wie wir literarischen Berichten entnehmen, aber auch in jener oben erwähnten Form auftreten, wo Textteile zwischen instrumentale Teile gefügt wurden; und außerdem scheint es geübt worden zu sein, daß beim Vortrag des Lai der soeben gesungene Absatz auf dem Instrument wiederholt wurde — was der melismatischen Wiederholung innerhalb der Sequenz entsprechen würde.

* * *

In den Zusammenhang der Tropen gehört schließlich auch das liturgische Drama. Es begegnet uns nämlich ein dialogischer Einleitungstropus zum Osterintroitus und ein anderer zum Weihnachtsintroitus; und gleichzeitig sehen wir, daß diese Gesänge — oder ähnliche — auch unabhängig vom Introitus, meist in erweiterter Form im Kirchenchor gesungen und sogar dramatisch dargestellt wurden. Von hier ging es dann weiter zu gesungenen kleinen Dramen, die zwar inhaltlich nicht mit der Liturgie verknüpft waren, aber gleichwohl in der Kirche aufgeführt wurden, wie das Danielspiel. Und im späteren Mittelalter haben wir es mit jener ausführlicheren Art des geistlichen Dramas zu tun, die nun nicht mehr durchweg lateinisch und auch nicht mehr durchweg gesungen, sondern teilweise gesprochen ist: dem «geistlichen Spiel» oder «Mysterium», das außerhalb der Kirche aufgeführt wurde.

b) Mehrstimmigkeit, Orgel und Musiktheorie

Indessen war in dieser Zeit auch die Mehrstimmigkeit eine der Formen, durch die der liturgische Gesang ausgeschmückt wurde: das «Organum», wie man damals den mehrstimmigen Gesang nannte. Wie der Tropus eine Ausschmückung der gregorianischen Melodien im Sinn der Horizontale, war es die Mehrstimmigkeit im Sinne der Vertikale; und wie jener, stellte diese ein Ad libitum dar. Indessen wurden nicht nur gregorianische Melodien, sondern auch solche der neueren, außergregorianischen Schicht, zum mindesten Sequenzen, mehrstimmig (genauer: zweistimmig) ausgesetzt. Dabei müssen wir uns vorstellen, daß die Mehrstimmigkeit in der Hauptsache eine Angelegenheit der Sänger, d. h. der «Aufführungspraxis» war: aufgezeichnet wurde die zur gegebenen Melodie hinzuzufügende Stimme nur selten, meist wurde sie von den Sängern, die nur die Melodie vor sich hatten, improvisiert.

Den erhaltenen Beispielen nach ist in der betrachteten Zeit die hinzugefügte Stimme Note gegen Note zur gegebenen Melodie gesetzt, und sofern die Beispiele klar lesbar sind, erweist sich die hinzugesetzte Stimme als Unterstimme. Die größte Sammlung zweistimmiger Kompositionen aus dieser Zeit ist die in dem bald nach 1000 geschriebenen Tropar von Winchester; es ist noch nicht sicher, ob die Melodie hier oben oder unten liegt. Betrachten wir die Beispiele zweistimmigen Satzes, die die «Musica Enchiriadis», ein wahrscheinlich aus dem 9. Jahrhundert stammender Traktat, bietet, so finden wir hier wie die parallele Stimmenbewegung (in Quinten oder Quarten), so die selbständige (seitliche oder entgegengesetzte) vertreten. Welche der beiden Arten die ältere ist, vermögen wir noch nicht zu sagen.

Hier folge der Anfang einer Sequenzmelodie mit hinzugefügter Unterstimme nach der Musica Enchiriadis:

Rex coe-li, do - mi - ne ma-ris un - di - so - ni.

Nicht vergessen sei sodann die Orgel, die sich in dieser Periode als ein von seiner heidnischen Vergangenheit «Gesäubertes» in die Kirche einzuschleichen beginnt. Das älteste Zeugnis scheint sich auf Irland und das Jahr 814 zu beziehen. Wie es scheint, war es eine der Funktionen der Orgel, beim Vortrag der Sequenz mitzuwirken, indem sie jeden der Absätze als ein Echo wiederholte (also das instrumentale Äquivalent der oben 151 erwähnten melismatischen Wiederholung!).

Auch hier stammt das kolossalste Beispiel aus Winchester, wo im Jahr 980 die umgebaute Kathedrale mit einer neuen Orgel eingeweiht wurde. Im Gedicht eines Zeitgenossen, das dem Ereignis gewidmet ist, wird die Orgel ausführlich erwähnt. Sie hatte 26 Bälge und 400 Pfeifen, und ihr Ton war, einem Donnergebrüll ähnlich, in der ganzen Stadt zu hören. Es war eine Doppelorgel, an der zwei Mönche «einträchtigen Herzens» zusammenspielten, vermutlich der eine die Grundmelodie und der andere die hinzugesetzte Stimme. Erinnern wir uns jener großen Sammlung zweistimmiger Stücke im Tropar von Winchester, so erscheint der Gedanke nicht unbegründet, daß wir es schon hier (wie dann im Mittelalter und in der Renaissancezeit vielfach) mit einer «sekundär instrumentalen» (oder ersatzweise instrumentalen) Wiedergabe vokaler Musik zu tun haben. Als Doppelorgel aber erinnert uns jenes Instrument an die im «Utrechter Psalter» abgebildete, und hier muß es uns besonders interessieren, daß, Kunsthistorikern zufolge, die Zeichnungen dieses Psalters wahrscheinlich im 9. Jahrhundert in der Gegend von Reims nach alexandrinischen Vorlagen angefertigt wurden.

* *

Mit der Geschichte der Musiktheorie haben wir uns eigentlich nicht zu befassen, doch muß immerhin einiges aus diesem Gebiet erwähnt werden.

Die bereits erwähnte, anonyme Musica Enchiriadis überrascht uns durch einen originellen Versuch, Tonhöhe und Tonqualität auseinander zu halten. Dabei statuiert sie nicht, wie man erwarten würde, sieben Tonqualitäten, die sich von Oktav zu Oktav wiederholen, sondern vier, die sich von Quinte zu Quinte wiederholen; wir müssen dies in dem Sinne verstehen, daß in der damals in Betracht kommenden Musik, d. h. der einstimmigen vokalen Melodik, den normalen Rahmen des melodischen Geschehens die Quarte oder Quinte bildete, und so konnte, was eine Quarte oder Quinte höher geschah, in der Tat wie eine Transposition erscheinen.

Noch ein paar Worte zur historischen Lokalisierung dieses bemerkenswerten Traktats. Während man ihn ehedem teils für jünger als Hucbald († 930 oder 932), teils für von Hucbald verfaßt, aber jünger als die notorisch von ihm stammende «Harmonica institutio» ansah, habe ich bei verschiedenen Gelegenheiten die Meinung vertreten, die Musica Enchiriadis sei älter als jener Hucbaldsche Traktat und nicht von Hucbald. Diese These ist, soweit ich sehe, von den eigentlichen Fachgenossen akzeptiert worden, während die breite Masse der Musikhistoriker immer noch mit Hucbald als Verfasser liebäugelt. Akzeptiert wurde auch meine These bezüglich einer engen Affinität zwischen der Musica Enchiriadis und dem großen Denker des 9. Jahrhunderts, Johannes Erigena. Nur teilweise akzeptiert wurde dagegen meine Annahme, daß Johannes Erigena die Musica Enchiriadis gekannt habe; teilweise wurde die Meinung geäußert, der Traktat sei umgekehrt unter Johannes' Einfluß entstanden. Ich möchte hier nicht unbedingt widersprechen, doch scheinen mir die Umstände nach wie vor eher für das erstere zu sprechen. Daß Johannes Erigena die Musica Enchiriadis gekannt habe, schließt übrigens nicht aus, daß sie erst bei seinen Lebzeiten und sogar unter seinen Augen entstanden wäre.

Einen anderen Versuch mit derselben, aber weniger klar ausgeprägten Tendenz zur Scheidung von Tonhöhe und Tonqualität bildet dann die S o l - m i s a t i o n, die man gewöhnlich dem 1050 verstorbenen Guido von Arezzo in die Schuhe schiebt, die aber wahrscheinlich von anderen, wenn auch unter Anknüpfung an guidonische Gedanken, ausgearbeitet wurde. Hier ist es die S e c h s - Ton-Gruppe *ut re mi fa sol la,* mit Halbton in der Mitte, die an verschiedenen Orten der gegebenen Leiter aufgewiesen wird: zunächst nur an zwei verschiedenen (von *c* und *g* aus), dann an dreien (auch von *f* aus, was den Ton *b* bedingt) und schließlich von weiteren Tönen der Grundtonleiter aus, was faktisch den Gebrauch alterierter Tonstufen («Musica ficta») bedeutet.

Da der Solmisation die klare Gliederung der Qualitätenreihe nach dem Prinzip der Konsonanz (Quinte, Quarte oder Oktave) fehlt, führt sie zu Unklarheiten und Widersprüchen; immerhin hat sie in der Musikerziehung der alten Zeit eine wichtige Rolle gespielt als eine Art Denkgymnastik: erst im Sinne der Aufweisung analoger Räume in der Tonleiter, dann im Sinne der Ausweitung des Tonmaterials durch die Transposition. Sie verschwand erst mit den Kirchentonarten, d. h. im 17. und frühen 18. Jahrhundert; doch sind in romanischen Ländern die von ihr eingeführten Tonsilben bis heute im Gebrauch, allerdings in einem gänzlich veränderten Sinn: sie bezeichnen jetzt die festen, konkreten Stufen der Leiter, was eigentlich die Funktion der Buchstaben *c d e f g a h* ist; in diesem Sinne sind sie (durch Hinzufügung des *si*) auf sieben erweitert und, wie in Deutschland die Tonbuchstaben, der «Diesierung» und «Bemollierung» fähig.

a) Der Conductus

Im späteren 11. Jahrhundert nimmt der Zeitgeschmack eine neue Wendung: in den Vordergrund treten Gesänge, deren Text die rhythmische Versform aufweist. In dieser Versart, die von den Philologen bald als akzentuierend, bald als silbenzählend bezeichnet wird, ist zunächst einmal der Versschluß seiner Betonung nach streng normiert, er ist «männlich» (mit Betonung schließend) oder «weiblich» (mit unbetonter Silbe endend), und der jetzt in ausgesprochener Form auftretende Reim beginnt mit der letzten betonten Silbe des Verses (genauer: mit deren Vokal); ebenso ist die Silbenzahl normiert; nicht streng normiert sind die Betonungsverhältnisse bei den dem Versschluß vorausgehenden Silben, immerhin tritt hier, was von den Philologen wohl nicht genügend gewürdigt wird, der regelmäßige Wechsel von betonten und unbetonten Silben wenigstens als Tendenz deutlich hervor (es ist also in gewissem Maße schon der neuzeitliche «Auf- und Abvers»). Und aus solchen Versen bauen sich Strophen auf, wobei selbstverständlich innerhalb der Strophe Verse von verschiedener Silbenzahl stehen können, aber doch die Tendenz zur Gleichgliederigkeit mehr hervortritt als bei der Sequenz. Wir müssen noch bemerken, daß sich diese Charakterisierung in erster Linie auf den lateinischen und romanischen Vers bezieht, der für uns ja auch in erster Linie in Frage kommt, und daß die Verhältnisse im deutschen Vers wieder anders liegen (freiere Silbenzahl, indem nicht sosehr die Silben als die Akzente gezählt werden).

Nun könnte man fragen, was denn ein solches literargeschichtliches Faktum für die Musik für eine Bedeutung haben soll. Aber Poesie ist im Sinne der Zeit Gesang, und die neue textliche Form bedeutet auch eine neue musikalische Form.

Wir haben gesehen, wie Tropus und Sequenz als Melodien «an sich» in die Kirche eindrangen — die wortlose Form erleichterte ihnen angesichts des «hymnodischen Mißtrauens» der abendländischen Kirche sogar das Eindringen — und wie sie dann mit syllabischen Texten versehen wurden; es sind Gebilde, die sich jeweilen einer gegebenen gregorianischen Melodie anschmiegten. Nun ist klar, daß ein Gesang, dessen Text aus Strophen mit rhythmischen Versen besteht, etwas viel Selbständigeres darstellt, daß er ein formal in sich zusammenhängendes Gebilde ist, welches sich nicht, wie ein Tropus, zerstückeln und so zwischen die Teile eines gregorianischen Gesanges einfügen läßt (oder man müßte schon jedesmal eine Strophe einfügen). Ferner kommt ein solches Stück in der Regel nicht durch Textierung einer präexistenten Melodie zustande — es sei denn, daß die Melodie bereits auf einen Text von einer bestimmten Strophenform zugeschnitten ist. Kurz: ein solches Stück ist bereits, was wir im neuzeitlichen Sinne L i e d nennen.

Und doch bleibt das liturgische Gesetz bestehen: innerhalb der Liturgie kann ein solches Gebilde nur eine geduldete E i n f ü g u n g sein. Aber auch hier findet man den rettenden Ausweg. Es gibt ja in der Liturgie Momente, bei denen sich eine Handlung vorbereitet; und hier konnte ein derartiges Lied als Überleitung, Einleitung zu dieser Handlung seinen Platz finden.

Speziell handelt es sich um die Lesungen oder «Lektionen» (das Evangelium in der Messe und Matutin, die Epistel in der Messe): während der Diakonus oder Subdiakonus prozessionell zum Lesepult schreitet, kann ein solcher Gesang ertönen. So ist das betreffende Lied nicht nur Überleitungs- oder Einleitungsgesang, sondern zugleich Geleitgesang, insofern damit eine liturgische Person zum Handlungsort geleitet wird. Dementsprechend heißen solche Gesänge «Conductus» (von «conducere» = geleiten); und es ist bemerkenswert, daß wir auch in einem um 1140 abgefaßten kirchlichen Spiel (dem «Daniel») Gesänge, die das Auf- und Abtreten einer handelnden Person begleiten, als Conductus bezeichnet finden. Nicht zu vergessen ist auch, daß in der byzantinischen Hofhymnodie, über die im 10. Jahrhundert Kaiser Konstantin VII. berichtet (s. oben 140), der «Apelatikos» = Abzugsgesang eine große Rolle spielte. Und das Liturgisch-Dramatische und das Höfische berührt sich im Z e r e m o n i e l l e n: im Danielspiel heißt es «Conductus der zum König kommenden Königin», «Conductus des zum König kommenden Daniel», und ebenso ist der das Evangelium verlesende Diakonus Träger einer hohen Funktion.

Aber auch dem die Nebengottesdienste abschließenden, gleichfalls vom Diakonus gesungenen *Benedicamus domino* wurde ein derartiger Einleitungsgesang vorangestellt. Dieser, der allerdings zunächst noch nicht als Conductus bezeichnet wird, läuft in seinem — gleichfalls strophisch gedichteten — Text in die liturgischen Worte *Benedicamus domino* (oder eine Abwandlung dieser Worte) aus. Solche Stücke sind sogar zahlreicher als die Conductus im eigentlichen Sinne. Nennen wir sie zunächst «Benedicamus-Paraphrasen» oder «Benedicamus-Einleitungen».

Weiter ist aber hervorzuheben, daß jetzt auch die Sequenz in die neue Formentwicklung eintritt: sie geht zur regelmäßigen Versform über, ja sogar zur Strophenform; immerhin bleibt sie musikalisch Sequenz, insofern als die Strophen nicht durchgehend, sondern nur paarweise dieselbe Melodie erhalten, so daß das alte Prinzip der «progressiven Wiederholung» aufrechterhalten bleibt. Der hervorragendste Meister dieser Sequenz neuen Stils ist Adam von St. Viktor, ein in der ersten Hälfte des 12. Jahrhunderts im Kloster St. Viktor bei Paris lebender Bretone.

* * *

Diese drei Kategorien, der Conductus im eigentlichen Sinne, die Benedicamus-Paraphrase und die Sequenz neuen Stils repräsentieren gewissermaßen die z w e i t e W e l l e eines in die Liturgie eindringenden mittelalterlichen Schaffens. Was die liturgische Stellung dieser Gesänge betrifft, so behält die Sequenz ihren alten Platz als Alleluja-Anhang in der Messe bei; ihr Zusammenhang mit einem b e s t i m m t e n Alleluja hat sich inzwischen gelockert. Die beiden ersteren Kategorien dagegen repräsentieren Einleitungen zu liturgischen F u n k t i o n e n. Wir müssen beifügen, daß hier alsbald auch solche Lieder auftreten, die, o h n e sich durch ihren Textschluß als Einleitungen zur Lesung oder zum *Benedicamus* zu erkennen zu geben, gleichwohl nur an diesen Stellen der Liturgie zur Verwendung kommen konnten: also Conductus ohne die abschließende Überleitung, Benedicamus-Einleitungen, die nicht direkt das *Benedicamus* ankündigen. Besonders der Schluß des Gottesdienstes — und hier handelt es sich ja immer hauptsächlich um Festgottesdienste — wurde als Ort für die Entfaltung musikalischer Kunst angesehen, und es scheint, daß hier gelegentlich sogar mehrere solcher Lieder abgesungen wurden.

Wie gesagt, ist die T e x t f o r m bei allen diesen Gesängen fast durchweg strophisch. Die m u s i k a l i s c h e Form bei der Sequenz ist eben die Sequenzform, während die übrigen Lieder beinahe alle auch in musikalischer Hinsicht strophisch sind, ihre Strophen also die gleiche Melodie haben; immerhin kommt es gelegentlich vor, daß sie eine besondere musikalische Entfaltung anstreben und «durchkomponiert» sind.

b) Mehrstimmigkeit

Doch nun ist zu erwähnen, daß diese drei Kategorien von Gesängen in dieser Zeit nicht nur in der einstimmigen Form vorkommen, sondern auch z w e i s t i m m i g. Es sind besonders Handschriften aus dem Kloster St. Martial in Limoges (heute in Paris befindlich), die mehrstimmige Fassungen solcher Lieder enthalten: die gleichen Handschriften, in denen solche Lieder in der einstimmigen Form stehen. Wir stehen vor der überraschenden Tatsache, daß St. Martial uns keine zweistimmigen Fassungen von g r e g o r i a n i s c h e n Melodien hinterlassen hat, doch müssen wir annehmen, daß solche improvisiert wurden.

Die Art dieser Mehrstimmigkeit zeigt etwas Neues: nicht nur, daß die Grundmelodie jetzt nicht mehr in der Oberstimme, sondern in der Unterstimme liegt, sondern hauptsächlich, daß nunmehr der Satz Note gegen Note durchbrochen ist, d. h. man setzt nach Belieben zu einer Note der gegebenen Melodie mehrere Noten der neuen Stimme. Dabei bleibt aber immer das Gesetz gewahrt, daß beide Stimmen zur Aussprache der Silben des gemeinsamen Textes gleichzeitig ansetzen.

Betrachten wir ein solches Stück, in dem die Oberstimme sich teilweise über ausgehaltenen Tönen der Unterstimme in Koloraturen ergeht, so müssen wir sagen, daß nichts auf die Durchführung eines regelmäßigen, taktischen Rhythmus deutet; es ist wahrscheinlicher, daß wir «freien Rhythmus» anzunehmen haben, mit rascherem Ablauf derjenigen Oberstimmentöne, die als Mehrzahl auf einen Unterstimmenton treffen. Die Töne der Grundmelodie sind also teilweise gedehnt: derjenige, der die Unterstimme singt, muß in diesen Fällen warten, bis der andere mit seiner Floskel zu Ende ist. Indessen kommt es vor, daß auch die Unterstimme die betreffende Silbe ausziert, d. h. Melismen bringt; und dann wird ein solches gemeinsames Melisma der beiden Stimmen meist so verlaufen, daß sie sich zunächst Note gegen Note bewegen, dann aber doch in einen Halteton der Unterstimme auslaufen. Wir dürfen wohl den Verdacht hegen, daß in solchen Fällen, oder wenigstens in einem Teil dieser Fälle, die Ausschmückung der Grundmelodie nicht bereits in der einstimmigen Fassung stand, sondern erst für und im Hinblick auf die zweistimmige Komposition vorgenommen wurde.

Hier folge, als Beispiel der ersteren Stilart, der Anfang einer weihnachtlichen *Benedicamus*-Paraphrase, welche «durchkomponiert» ist:

Jubi - le - mus,ex-ul - te - mus, in-to - ne - mus can - ti - - - - - cum.

Von unserem Standpunkt aus sind wir befremdet, daß so der kaum erst «errungene» regelmäßige Versrhythmus durch Silbendehnungen weitgehend zerstört oder wenigstens aufgehalten wird. Aber die damalige Zeit hat offenbar nicht die nackte Simplizität des Auf- und Abrhythmus gewollt, sondern das Widerspiel zwischen diesem Gleichmaß und den retardierenden Kräften. Übrigens finden sich diese melismatischen Dehnungen hauptsächlich am Anfang und Ende eines Verses oder der Strophe, so daß der Versrhythmus jedenfalls einigermaßen zur Geltung kommt und zwischen den von ihm beherrschten syllabischen Teilen und ihrem Gegenpart, den bei den Einschnitten angebrachten melismatischen Dehnungen, ein einleuchtendes Wechselspiel entsteht.

Bemerkenswert ist, daß wir in St. Martial um 1100 schon der ersten M o t e t t e begegnen, d. h. einer Komposition, deren Grundmelodie liturgisch ist, während die darüber gesetzte Oberstimme einen anderen, neugedichteten Text singt; dabei paßt es durchaus zur allgemeinen stilistischen Tendenz dieses Kreises, daß sich die Oberstimme in lebhafterer Bewegung, also unter rascherer Silbenaussprache über den Haltetönen der Unterstimme ergeht.

Die Frage, ob in diesem Kreis bereits über die Zweistimmigkeit hinausgegangen wird, ist strittig. In einer Handschrift des Wallfahrtsortes Santiago de Compostela, der musikalisch offenbar durch St. Martial beeinflußt ist, findet sich eine zweistimmige Komposition mit auszierender Oberstimme, zu der nachträglich eine dritte Stimme gefügt wurde, diese aber nicht auszierend, sondern Note gegen Note zur Unterstimme. Im Gegensatz zu F. Ludwig, der das Stück AdlH. 182 als ein dreistimmiges abdruckte (und zwar in einer unannehmbaren schematischen Rhythmisierung), nimmt P. Wagner, der es in der im Literaturverzeichnis erwähnten Publikation S. 112 abdruckte (und zwar unnötigerweise in Choralnotation), an, die nachträglich beigefügte Stimme solle nicht zur Oberstimme dazutreten, sondern sie ersetzen.

c) Minnesang

Nun fragen wir, wie bei Tropus und Sequenz, nach dem w e l t l i c h e n Gegenstück dieser liturgischen oder halbliturgischen Liedkunst. In diesem Fall ist uns das Gegenstück sogar greifbar, ja wir begegnen ihm im gleichen geographischen Raum. Limoges, das das Kloster St. Martial beherbergte, liegt in Aquitanien, also im Bereich der «Langue d'oc», dessen östlicher Teil die Provence und dessen westlicher Teil jenes Land ist. Und nun ist ein Herzog von Aquitanien, Wilhelm IX., der 1071—1127 lebte, der erste

TAFEL I

Eingelegte Arbeit von der Vorderfront einer Leier aus Ur
(siehe im Text Seite 35, 37, 38 und 40)

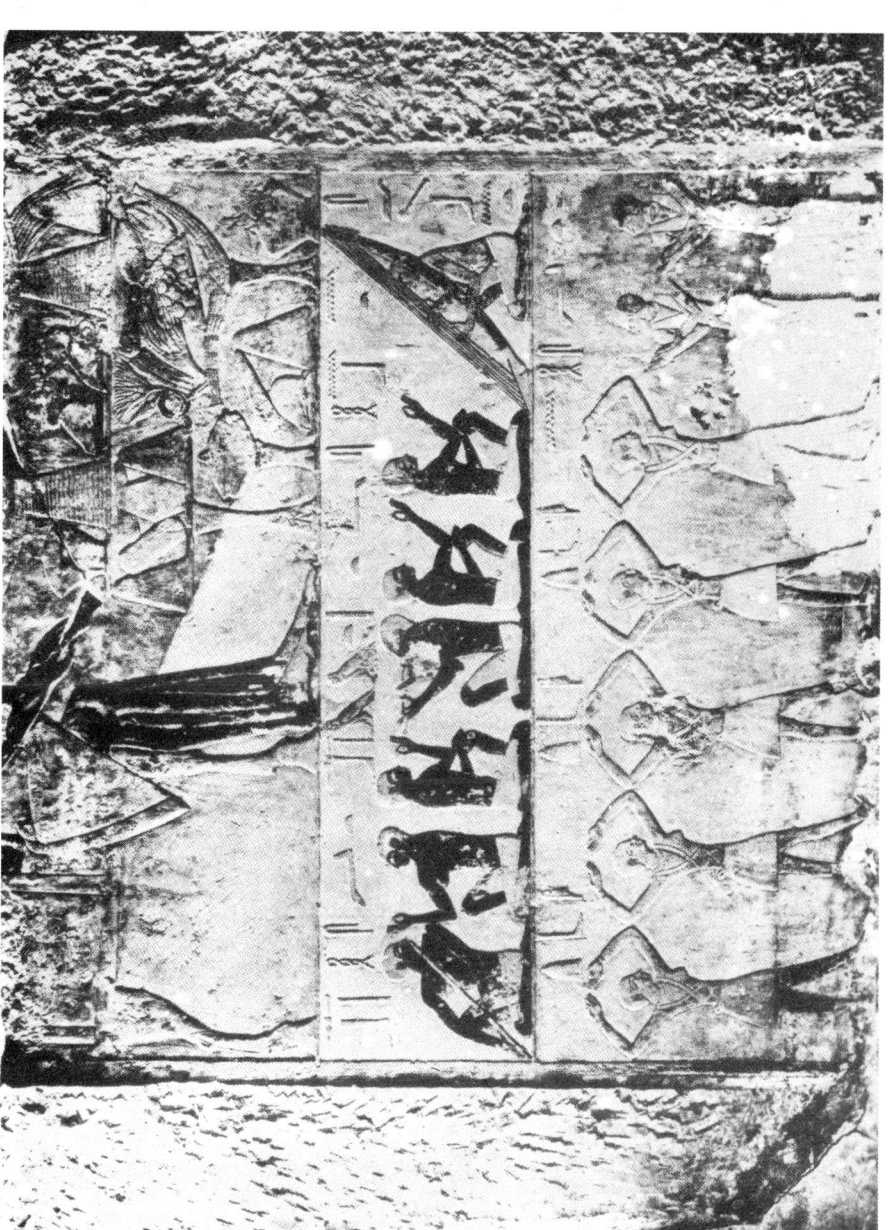

Grabmahl eines Musikliebhabers aus dem alten Ägypten
(siehe im Text Seite 45)

Bild a   Odysseus zwischen den Sirenen durchfahrend

(attisches Vasenbild aus dem 6. Jahrhundert v.Chr., nach A. Furtwängler)

Bild b   Die neun Musen (nach A. Furtwängler)

Unteritalisches Vasenvild, nach attischen Vorbildern
des 5. Jahrhunderts v.Chr. (siehe im Text Seite 60)

Der hl. Gregor, seine Gesänge diktierend
(aus dem Hartker-Antiphonar in St. Gallen; siehe im Text Seite 123)

a) süditalienisch

b) aquitanisch

Die Graduale Justus ut palma in vier Neumenschriften des 11. Jahrhunderts

(siehe im Text Seite 143 f.; zum Vergleich ziehe man die Melodie nach dem
heutigen Graduale heran; siehe auch Bild c und d auf Tafel VI)

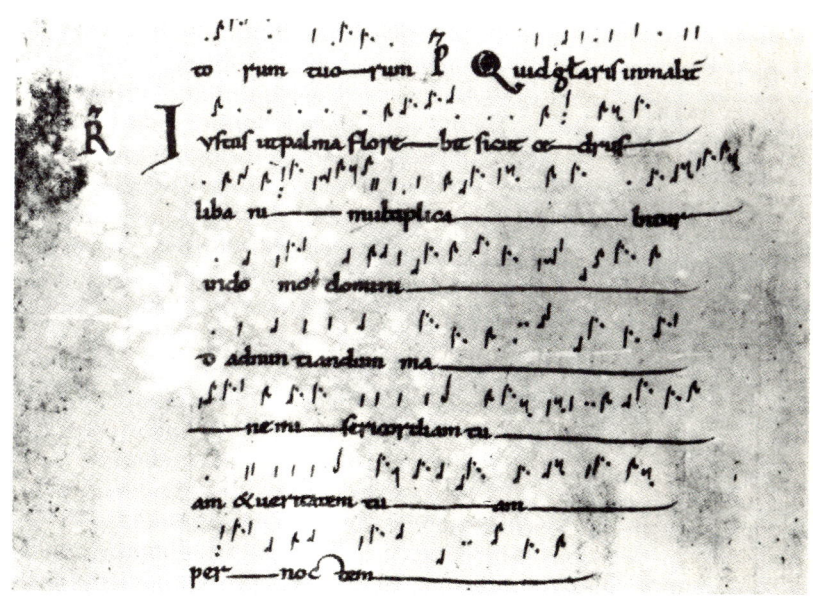

c) deutsch

d) französisch

Das Graduale Justus ut palma in vier Neumenschriften des 11. Jahrhunderts

(siehe auch Bild a und b auf Tafel V)

Lassus bei weltlichem Musizieren mit der Münchner Hofkapelle

(nach der von H. Mielich illuminierten Lassus-Handschrift in München;
siehe im Text Seite 270)

Händel, eine Oratorienaufführung leitend

Federzeichnung

Minnesänger, den wir dem Namen nach kennen. Er dichtete und sang also in der gleichen Gegend und in der gleichen Zeit, wo sich auch das lateinische geistliche Lied in der neuen Form entfaltete.

Man weiß, daß Wilhelm bereits Vorgänger hatte, doch sind ihre Namen nicht bekannt. Von ihm dagegen sind einige Liedertexte, sogar das Fragment einer dazu gehörigen Melodie erhalten. Die Minnesänger des Südens, die sich eines der Dialekte der «Langue d'oc» bedienen, heißen bekanntlich «Troubadours» (ein Name, der mit dem griechisch-lateinischen «Tropus» etwas zu tun haben könnte); und von hier ist der Minnesang dann nach dem eigentlichen Frankreich gedrungen, wo seine Vertreter «Trouvères» heißen, und gleichzeitig auch in das deutsche Sprachgebiet einschließlich der Schweiz.

Wir sehen: der Minnesang ist eine Parallelerscheinung zum lateinischen geistlichen Lied, und in der weiteren Entfaltung der beiden Komplexe zeigen sich zwischen ihnen vielfache Berührungen. Diese betreffen selbstverständlich mehr das Formale und Musikalische als den Inhalt. Es treten z. B. identische Strophenformen auf, ja gelegentlich sogar die gleichen Melodien. Nun könnte man, je nachdem zu welcher Geschichtsauffassung man neigt, zur «klassischen» oder zur «romantischen», den Minnesang vom Conductus (im breiteren Sinne) oder den Conductus vom Minnesang ableiten wollen. Doch werden wir sie wohl als parallele Erscheinungen anzusehen haben. Vielleicht war der gemeinsame Ausgangspunkt zwischen ihnen ein uns nicht mehr erhaltenes Spielmannslied, in dem ihr gemeinsames Merkmal, die regelmäßige Versform und die Strophik, schon vorher verwirklicht war.

Außer Wilhelm IX. sind zwei Vertreter der Frühzeit des Minnesangs unter den Troubadours zu nennen: Cercamon, von dem wir Liedertexte, und Marcabru, von dem wir Lieder mit Melodien besitzen. Da Marcabru um 1140 wirkte und Cercamon sein Lehrer war, dürfte letzterer wohl noch ein Zeitgenosse von Wilhelm IX. gewesen sein.

* *
*

Minnesang bedeutet Liebesgesang. In der Tat besingen die meisten Troubadour- und Trouvèrelieder die Liebe, und zwar hauptsächlich die Liebe in der bekannten höfischen Form, in der sie etwas von einer Kunst und einer Wissenschaft an sich hat. Die Frage, wo diese Art Frauendienst eigentlich herkommt, macht den Literar- und Kulturhistorikern noch heute zu schaffen; wir können ruhig annehmen, daß sie mit dem Mariendienst wenigstens etwas zu tun hat. Immerhin sei nicht übersehen, daß daneben auch — aber erzählend und scherzweise — die Liebe in einer derberen Form besungen wird, und zwar im Rahmen der «Pastourelle», die das Verhältnis des Ritters zu einem Bauern- oder Hirtenmädchen behandelt. Außerdem finden sich innerhalb des Troubadourgesanges noch Lieder, die mit der Liebe nichts zu tun haben, besonders die «Sirventes» (eigentlich «Dienstlieder»), deren Inhalt vorwiegend moralisch oder politisch ist. Ja in einer späteren Entwicklung des nordfranzösischen Trouvèregesanges haben wir es auch mit geistlichen Liedern zu tun.

Man hat beobachtet, daß Wilhelm von Aquitanien, der erste der uns namentlich bekannten Troubadours, sich in seinen erotischen Texten eher derb gibt, während jene spezifisch höfische Form der Liebe bei Cercamon und Marcabru zum Ausdruck kommt — obgleich diese letzteren keine großen Herren waren, sondern nur im Dienste solcher standen. Wir sehen, daß der Minnesang zwar eine ritterliche Standeskunst war, aber nicht nur von Angehörigen des Ritterstandes ausgeübt wurde.

Interessant ist jedenfalls, daß hier von vornherein namentlich bekannte Autoren vor uns stehen: Autoren, die sich in ihren Gedichten oft nennen und uns mit ihren persönlichen Schicksalen befassen — ganz im Gegensatz zur Anonymität der kirchlichen Kunst einschließlich des Conductus. Man hat hieraus auf Individualismus im neuzeitlichen Sinne schließen wollen, doch ist dies eine Übertreibung. Die Nennung des Verfassers ergibt sich aus der Sache selbst, da derselbe innerhalb eines bekannten Kreises von Personen, oft im Dienstverhältnis zu einer Person dieses Kreises, steht und aus diesem Verhältnis heraus dichtet.

a) Der Minnesang

Die Periode, die wir jetzt zu betrachten haben, ist einerseits durch die weitere Ausbreitung des Minnesangs, anderseits durch die der Mehrstimmigkeit gewidmete Tätigkeit der Pariser Notre-Dame-Schule charakterisiert. Innerhalb des Troubadourgesanges bildet die Tätigkeit von B e r n a r t v o n V e n t a d o r n, die in das dritte Viertel des 12. Jahrhunderts fällt, zeitlich die zweite Etappe. Sachlich, d. h. in bezug auf die musikalische Form, wird allerdings zwischen ihm und seinen Vorgängern ein deutlicher Unterschied nicht erkennbar oder nur, insofern als er ausführlichere Strophenformen kultiviert. Hier folge der Anfang von Bernarts berühmtem Lerchenlied:

Qan vei la lau-de-ta mo - - ver De ˎioi sas a - las con - - tral rai

In der Wiedergabe dieses Beispiels folge ich der Mailänder Handschrift (in anderen Quellen ist die Melodie wenigstens in den Grundzügen dieselbe). Einer taktischen Rhythmisierung enthalte ich mich. Die Strophe besteht aus acht 8silbigen «männlichen» Versen, die man als das «rhythmische» Äquivalent des «metrischen» ambrosianischen Verses ansehen kann. In Versen dieser Art ist eine Tendenz zur Regelmäßigkeit des Auf und Ab gegeben: . ′ . ′ . ′ . ′ Indessen widersetzen sich die sprachlichen Betonungen manchmal diesem Schema (man sehe die in unserem Abdruck unterstrichene Silbe). Im Grunde könnte nicht weniger gut auch das Schema . ′ . . ′ . . ′ (also dreigliederig) durchgeführt werden. Ich will nicht sagen, daß solche schwankende Betonungsverhältnisse im Text an sich ein taktisches Schema der Melodie ausschließen; später werden wir in der Motette ausgesprochen taktischen Oberstimmen begegnen, in deren Schema sich die Textbetonungen gleichfalls nicht immer fügen. Aber in unserem Fall vermag ich auch der Melodie nichts Taktisches anzufühlen. Ich empfehle also zunächst ein empirisches Sichhineinsingen in die Melodie, wobei die Berücksichtigung der verschiedenen Aspekte — 1. der Melodiebau, 2. die Textdeklamation, 3. die Unterscheidung zwischen Tönen, die als einzelne, und solchen, die in Gruppen auf die Silbe fallen, 4. doch eine gewisse Tendenz zur rhythmischen Regularisierung oder Überblickbarkeit —, wobei dies alles, gegeneinander ausgewogen, ein ästhetisch annehmbares Resultat ergeben muß. Formal zeigt sich, daß die (den Reimen nach) als *ab ab cd cd* gebaute Strophe musikalisch über dieses Wiederholungsschema hinausgeht und einen ausgesprochenen Reichtum bekundet. Schön ist, wie die Kadenztöne der Verse miteinander abwechseln, wie die Anfänge der drei ersten Versmelodien quartenmäßig gestaffelt aufsteigen, um in der vierten abzusinken, wie dann der 5., 6. und 7. Vers dem gestuften Aufstieg des 1., 2. und 3. eine relativ konstante Lage entgegenstellt, worauf der 8. Vers wieder, und besonders ausgeprägt, die Funktion des Absinkens übernimmt.

Die zeitlich dritte Gruppe der Troubadours umfaßt Sänger wie Peire Vidal, Folquet de Marseille, Raimbaut de Vaqueiras, die etwa von 1190 bis 1230 wirken; und einen späten Nachfahren fanden die Troubadours in Guiraut Riquier, dessen Tätigkeit bereits in die zweite Hälfte des 13. Jahrhunderts fällt. Im allgemeinen nimmt bei den späteren Troubadours die melismatische Ausgeziertheit der Melodien zu.

* *
*

Vom späteren 12. Jahrhundert an treten den Troubadours ihre französischen (nordfranzösischen) Kollegen, die T r o u v è r e s, zur Seite, ja die Tätigkeit der letzteren überschattet sogar die der ersteren — wenigstens im quantitativen Sinne. Hier unterscheidet man eine erste Gruppe mit Blondel de Nesles, dem Freunde von Richard Löwenherz, und dem Châtelain von Coucy, eine zweite, die sich im ersten Viertel des 13. Jahrhunderts betätigte (Gace Brulé), und eine dritte, die im zweiten Viertel des 13. Jahrhunderts wirkt (Thibaut de Champagne = Roi de Navarre usw.); dazu wiederum ein Nachfahre in der zweiten Hälfte des 13. Jahrhunderts, der bürgerliche Adam de la Hale, der nun aber auch als Komponist von dreistimmigen Rondeaux und Motetten in der Geschichte der Mehrstimmigkeit rangiert. Nordfrankreich ist ja in der von uns betrachteten Zeit der Brennpunkt der Entwicklung auf dem Gebiet der Mehrstimmigkeit; und so ist es nicht unwahrscheinlich, daß sich hier ein gewisser Einfluß der Mehrstimmigkeit im einstimmigen Lied geltend gemacht hat; anderseits aber treten im Trou-

164

vèregesang auch Einflüsse des volkstümlichen (oder spielmännischen) Tanz-liedes zutage: zwei Einflußquellen, die, obgleich sie heterogen erscheinen mögen, wenigstens in einer Hinsicht in der gleichen Richtung wirken, näm-lich zugunsten eines regelmäßigen taktischen Rhythmus.

Um die Probleme zu kennzeichnen, die sich aus gewissen Berührungen zwischen Trouvèrelied und Mehrstimmigkeit ergeben, sei der Fall des Blondelschen Liedes *L'amour dont sui espris* (R 1545) angeführt, zu dem auch eine (mit denselben Worten beginnende) geistliche Nachdichtung, ein «Contrafaktum» von Gautier de Coincy vor-handen ist (R 1546). Man hat schon vermerkt, daß die Melodie dieses Liedes mit der Grundstimme des dreistimmigen Conductus *Procurans odium* in der Florentiner Hand-schrift übereinstimmt, wobei dieser Komposition wiederum das dreistimmige *Purgator criminum* aus der Wolfenbütteler Handschrift in bezug auf die Unterstimme, aber nicht die Oberstimmen gleichkommt (Gennrich, ZM. XI 331; über die Handschriften unten). Nun würde es zunächst plausibel erscheinen, daß die einstimmige Melodie vorher existiert hat und darüber das mehrstimmige Stück komponiert wurde (vgl. Spanke im Archiv für das Studium der neueren Sprachen und Literaturen LXXXIV 216). Da aber, wie wir sehen werden, im mehrstimmigen Notre-Dame-Conductus die Grundmelodie in der Regel nicht vorher existierte, sondern im Hinblick auf das mehr-stimmige Stück geschaffen wurde, ist der umgekehrte Fall mindestens ebenso gut denkbar. In der Tat nimmt Gennrich (l. c., aber mit wenig einleuchtender Begrün-dung) an, die dreistimmige Fassung der Wolfenbütteler Handschrift sei die älteste. Ich stimme jedoch für die der Florentiner Handschrift, denn bei näherem Zusehen zeigt sich, daß hier, und nicht in Wolfenbüttel, Grundmelodie und mehrstimmige Kompo-sition wesensmäßig und unzertrennlich verbunden sind: bezeichnen wir nämlich den ersten Teil der Grundmelodie als *a b,* so haben die beiden Unterstimmen in Florenz die Fassung $\frac{b\,a}{a\,b}$, es liegt also der im Mittelalter beliebte «Stimmtausch» vor — wäh-rend die Wolfenbütteler Fassung von dieser «wunderbaren» Eigenschaft der Grund-melodie, daß ihre zweite Phrase zur ersten kontrapunktiert, nicht Gebrauch macht. Zur Vollständigkeit vermerken wir noch, daß es ferner eine zweistimmige Fassung gibt, die die zwei Unterstimmen der Fassung in Florenz mit dem Text *Procurans odium* reproduziert, und eine zweistimmige, die den Text von Gautier de Coincy hat und musikalisch den zwei Unterstimmen in Wolfenbüttel entspricht.

Ungefähr von der gleichen Zeit wie die Trouvères an tritt auch der deutsche Minnesang auf den Plan, der sich eigentümlicherweise, wenigstens in seinen Anfängen, dem Troubadourgesang ähnlicher zeigt als dem der Trouvères. Der Berühmteste ist hier der in der ersten Hälfte des 13. Jahrhunderts wirkende Walter von der Vogelweide; die pastoral-rustikale Nuance vertritt Neithart von Reuenthal.

Auch hier erlaube man uns die Erwägung eines bemerkenswerten Zusammenhangs. In der Trierer Marienklage, die in einer Handschrift des 15. Jahrhunderts steht und in Ph. Wackernagels Geschichte des deutschen Kirchenliedes II abgedruckt ist, steht ein Gesang *(Nu hebit sich groß weynen)*, der die vom Minnesänger Kürenberg (im 12. Jahrhundert) verwendete Strophenform und gleichzeitig die des Nibelungenliedes aufweist; und so erschiene es möglich, daß uns in der Melodie der Marienklage diejenige erhalten ist, zu der das «Nibelungenlied» gesungen wurde, bevor es zur Lesedichtung wurde (so A. Geering im «Mitteilungsblatt» der Schweiz. Musikforschenden Gesellschaft, Nr. 10, 1946).

b) Die Notre-Dame-Schule

Besonders erstaunlich ist in der betrachteten Zeit die Entfaltung der Mehrstimmigkeit, wie sie in erster Linie im Rahmen der Pariser Notre-Dame-Schule vor sich geht. War der Minnesang die Kunst des Ritterstandes, so ist es hier Klerikerkunst, im speziellen Fall die Kunst der im Dienste einer Kathedrale stehenden Kleriker; als mehr oder weniger verborgenes Mittelglied zwischen Trouvères- und Klerikerkunst scheint aber, wenigstens zum Teil, die Kunst des alten Spielmannes in Frage zu kommen. Wie der Spielmann, ist der Kleriker anonym, insofern er sich bei der Niederschrift seiner Werke nicht nennt. Immerhin sind uns, was die Notre-Dame-Schule betrifft, dank dem Bericht eines englischen Musikprofessors (des «Anonymus IV» bei CS. I) die Namen der beiden Hauptmeister überliefert, welche die zwei Etappen im Wirken jener Schule bezeichnen: L e o n i n, der in der zweiten Hälfte des 12. Jahrhunderts wirkte, und P e r o t i n, der um 1200 auf dem Höhepunkt seines Wirkens gestanden haben muß. Ja wir kennen durch Berichte von Zeitgenossen auch den Namen des hervorragenden Dichters, der den Komponisten von Notre Dame manche Conductustexte lieferte: dies war Philippe de Grève (✝ 1236), der als Kanzler der Pariser Kirche und Theologe eine bedeutende Rolle spielte.

Die Wirkenszeit unserer beiden Hauptmeister fällt, wie man sieht, mit dem Bau der jetzt noch stehenden Pariser Kathedrale zusammen, der 1163 begann und gegen Mitte des 13. Jahrhunderts in der Hauptsache beendet wurde. Unter den großen Handschriften, die das Schaffen der Pariser Notre-Dame-Schule überliefern, ist die als *F* bezeichnete, heute in Florenz befindliche, die älteste: sie stammt wohl noch aus der ersten Hälfte, spätestens aus der Mitte des 13. Jahrhunderts; um ein halbes Jahrhundert oder noch mehr jünger sind dann die beiden Handschriften in Wolfenbüttel, bezeichnet als *W*₁ und *W*₂, und die in Madrid *(Ma)*. *F* und *W*₂ sind sicher in Frankreich, *W*₁ in England und *Ma* in Spanien geschrieben.

Das Schaffen der Notre-Dame-Schule umfaßt immerhin auch noch einstimmige Lieder in dem Sinne, wie wir es in St. Martial sahen; aber nunmehr treten diese einstimmigen Lieder hinter denjenigen mehrstimmigen Kompositionen, welche analoge Gebilde als Grundmelodien aufweisen, zurück. Außerdem pflegt die Notre-Dame-Schule aber die «Choralbearbeitung», d. h. die mehrstimmige Komposition über einer gregorianischen Grundmelodie, die, wie wir sahen, innerhalb von St. Martial wenigstens in der schriftlichen Überlieferung kaum vertreten ist; und als dritte Kategorie der Mehrstimmigkeit gesellt sich dazu die Motette, die in St. Martial nur durch ein vereinzeltes Exemplar vertreten war, hier aber systematisch gepflegt wird, und zwar in einem neuen Sinn: als Ausschnitt aus einer «Choralbearbeitung», der eben zur Motette wird, indem die Oberstimmen einen syllabisch untergelegten Text erhalten. Alle diese drei Gattungen der Mehrstimmigkeit gehen nunmehr über die Zweistimmigkeit hinaus bis zur Drei- und Vierstimmigkeit.

c) Der Conductus

Wir beginnen mit den liedähnlichen Kompositionen als derjenigen Gattung, die sich an das Schaffen von St. Martial anschließt. Und hier müssen wir vorgreifend einen Blick auf jene einstimmigen Lieder werfen. Diese bestehen zum einen Teil — man erschrecke nicht — aus Reigenliedern, die zwar lateinisch und geistlich sind, aber die Form des nordfranzösischen volkstümlichen Tanzliedes, also einen Refrain zum Gerüst haben: wohl Lieder, wie sie die Chorknaben, die «clericuli», bei den großen Festen im Klosterhof aufführten. Diese Reigenlieder bilden in der Handschrift F ein besonderes Heft; man kann über ihre Bestimmung nicht im unklaren sein, da in der Initiale zum ersten derselben vier Chorknaben abgebildet sind, welche mit einem fünften in der Mitte einen Reigen aufführen. Die übrigen einstimmigen Lieder der Notre-Dame-Handschriften gehören in dieselbe Kategorie wie die mehrstimmigen liedähnlichen Kompositionen: sie sind «Conductus», wobei dieser Begriff, wie wir gleich sehen werden, jetzt einen weiteren Sinn erhält als im Bereich von St. Martial. Wie die Reigenlieder, weisen sie in ihrem Text die rhythmische, gereimte Versform und die strophische Gliederung auf, doch haben sie nicht den leicht fortlaufenden rhythmischen Gang wie jene, was sich schon darin zeigt, daß ihre Silben in höherem Maße mit Noten beladen sind.

Wie verhält sich nun dieser Komplex — die ein- und mehrstimmigen Lieder, aber mit Ausnahme der Reigenlieder — zu den drei Gruppen, die wir innerhalb des entsprechenden Komplexes in St. Martial unterschieden, nämlich 1. Conductus als liturgische Überleitungsgesänge, 2. *Benedicamus-*

domino-Paraphrasen, 3. Sequenzen neueren Stils? Wir konstatieren, daß die letztere Gruppe hier in Wegfall gekommen ist und nur die beiden ersteren vertreten sind. Es handelt sich also um Gesänge, die in der Liturgie wie während jener Einschnitte, so ganz besonders beim Abschluß zum Vortrag gelangen konnten. Die Textmarke, welche im letzteren Fall den Schlußgesang charakterisiert, das in die letzten Worte einbezogene *Benedicamus domino,* ist oft da, oft fehlt sie.

Indessen kommt jetzt noch eine Erweiterung dazu, die wie für das einstimmige, so das mehrstimmige Lied gilt: neben geistlichen Texten sehen wir auch weltliche, immerhin nur solche ernsteren, feierlicheren Charakters: und zwar sind es entweder Texte, die auf Staats- und höfische Ereignisse Bezug nehmen, oder moralisierende, die sog. «Rügelieder». Wir müssen daraus schließen, daß unsere Gattung bereits den Weg aus der Liturgie nicht nur in den Klosterhof (wo sie doch wohl schon in der St.-Martial-Zeit aufgetreten war), sondern auch zum Königshof gefunden hatte. So hat unsere Gattung, vom Conductus im eigentlichen Sinn und der *Benedicamus*-Paraphrase ausgehend, nun das weltliche Gebiet erfaßt, und hier berührt sie sich mit dem nichterotischen Teil des Troubadourgesanges (s. oben 162). Das Einbeziehen moralisierender Texte braucht uns nicht zu wundern, da es sich um Klerikerkunst handelt. Aber auch der Übergang in das höfische Gebiet lag nicht fern: denken wir nur an das Zeremonielle des liturgischen Geleitgesanges (oben 157) sowie ferner an jenen «Apelatikos» in der byzantinischen Hofhymnodie (oben 157).

Doch nun die Frage der T e r m i n o l o g i e. Diese ganze Kategorie von Gesängen: liturgische Überleitungs- und Schlußgesänge, geistliche Lieder, die sowohl in der Liturgie als außerhalb von ihr Platz finden konnten, und die weltlichen lateinischen Gesänge seriöseren Charakters — dies alles wird jetzt unter dem Namen C o n d u c t u s zusammengefaßt, der ursprünglich nur den liturgisch-dramatischen Überleitungs- und Geleitgesang bezeichnet hatte.

Wie gesagt, können die Gesänge dieser Kategorie von der Ein- bis zur Vierstimmigkeit gehen. Doch nun eine weitere Verschiebung innerhalb des Conductusbegriffes. Da im Notre-Dame-Schaffen der mehrstimmige Conductus das Übergewicht über den einstimmigen erlangt, wird in der Musiktheorie, wie sie etwa von der Mitte des 13. Jahrhunderts an als «Mensuraltheorie» einen neuen Aufschwung nimmt, unter Conductus im allgemeinen nur noch die mehrstimmige Form verstanden; der einstimmige Conductus verschwindet aus dem Gesichtskreis der eigentlichen Kunstmusik. Und richtig findet sich auch ein Musiktheoretiker, der (CS. I 245) dementsprechend das Wort Conductus vom «Zusammenführen» der Stimmen ableiten will. Wir könnten den Begriff des mehrstimmigen Conductus durch «K o m - position mit rhythmischem Text» wiedergeben

* *
*

Ich biete hier den Anfang eines dreistimmigen Conductus in einer Transkription, die rhythmisch ein gewisses Maß an Wahrscheinlichkeit beanspruchen kann:

Ne - mo   sa - ne spre - ve - rit   Me   mo - no - cu - lum.

Was wir an diesem Stück zunächst beachten wollen, ist die prachtvolle Gestaltung des Textes; ein Dichter, der den Troubadours in keiner Weise nachstand, ist hier am Werke. Die Worte sind auf König Philipp August von Frankreich († 1223) zu beziehen (zu meinem Erstaunen sehe ich, daß ein jüngerer Kollege sie auf den T o d des Königs beziehen will!); sie bestätigen, was auch andere Quellen berichten, daß der König einäugig war; sie bestätigen auch, daß er ein hohes Bewußtsein von seiner Macht hatte (oder wenigstens hatten es seine Zeitgenossen); in der Tat konnte Philipp August nach seinem Triumph über die Engländer bei Bouvines 1214 als Kandidat für die abendländische Universalmonarchie gelten. Wir könnten uns vorstellen, daß unser Stück bei einem öffentlichen Auftreten oder einer Schaustellung des Königs gesungen wurde, und hier fühlen wir uns wieder an Byzantinisches erinnert: an die Gesänge, die im Byzanz der Komnenenzeit bei der zeremoniellen Schaustellung des Kaisers, der «Prokypsis» ertönten — obgleich wir wissen, daß dort im Jahre 1196 die Gesandten des deutschen Kaisers, welche der Zeremonie beiwohnten, sich von dieser «Schmeichelei» empört abwandten.

Seiner musikalischen Faktur nach gehört das obige Stück freilich zu den bescheidensten innerhalb unserer Gattung: es entbehrt des Kunstschmucks der großen M e l i s m e n, es ist vorwiegend «syllabisch». Einen hochmelismatischen Conductus der Notre-Dame-Schule möge man sich ausmalen, indem man an die oben 159 f. erwähnten Melismen der St.-Martial-Kompositionen denkt; der Unterschied ist aber, daß die Melismen hier noch weiter ausgreifen und daß sie nunmehr jener dreizeitig taktischen Rhythmik unterworfen sind, wie sie für Notre Dame charakteristisch ist. Stellen wir uns ein solches Melisma vor, das z. B. dem damals besonders beliebten Rhythmus ♩ ♪|♩ ♪|♩ etc. (dem sog. 1.Modus) folgt: hier können die Stimmen im Rahmen der gegebenen Silbe ihre Perioden entweder gleichzeitig beginnen und abschließen, wobei sie mehr oder weniger Note gegen Note gesetzt sind, oder sie können verschieden lange Perioden bilden, in welchem Falle also die Ruhepunkte (Einschnitte) der einen Stimme durch die andere überbrückt werden; wahrscheinlich bedeutet ersteres das ältere, letzteres das jüngere Stadium der Melismentechnik; und am Schluß eines solchen Melismas tritt dann meist doch wieder ein Halteton der Unterstimme auf, was an die Melismentechnik von St. Martial erinnert.

Von diesen Kunstschöpfungen, den hochmelismatischen mehrstimmigen Conductus, kann man sagen, sie seien die stolzeste Einkleidung, die das mittelalterliche Dichterwort gefunden hat. Der hochmelismatische Conductus ist in den Augen jener Zeit sogar zum Repräsentanten der ganzen Gattung geworden, wie wir daraus ersehen, daß ein Theoretiker den Conductus dadurch charakterisiert, er sei «cum littera et sine» = mit Text und ohne, d. h. aus syllabischen und melismatischen Teilen zusammengesetzt. Die melismatischen Teile übertreffen manchmal die syllabischen an Umfang, und der Wille zur höchsten Kunstentfaltung äußert sich auch darin, daß die hochmelismatischen Conductus oft durchkomponiert sind, d. h. zu den aufeinander folgenden Textstrophen immer neue Musik bringen. Das größte Ausmaß erreichen die Melismen am Ende des Stücks. Weiter findet man sie am Ende von Strophen, Versgruppen und einzelnen Versen sowie bei Zäsuren. Daneben spielen Anfangsmelismen eine nicht unbedeutende Rolle. Durchweg ist zu beobachten, daß dem formal wichtigeren Einschnitt das größere Melisma entspricht, wobei häufig gerade vor einem Hauptmelisma längere Zeit hindurch Ausschmückungen unterlassen werden — eine Anordnung, die sowohl im höchsten Maße architektonisch ist, da sie den Bau des Stücks verdeutlicht, als auch dynamischen Charakter hat, indem der leichte Flug der Melismen und der schwere Schritt der syllabischen Teile wechselseitig im Verhältnis von Spannung und Lösung stehen (freilich kann es auch geschehen, daß die Silben in den rhythmischen Flug der Melismen hineingerissen werden). Außerdem können die Melismen noch einer anderen Tendenz dienen, der zur Interpretation des Textes. Es finden sich nämlich

Melismen, die nur den Zweck haben, einzelne im Zusammenhang besonders wichtige Silben zu unterstreichen, und ebenso kann die Führung der melo- dischen Linie tonmalerischen oder genauer tonsymbolischen Charakter haben. Daß daneben auch die bescheidenere, melismenlose Art des Conductus ge- pflegt wurde, sowie eine etwa in der Mitte zwischen beiden stehende Art, hängt, wie uns im 13. Jahrhundert gesagt wird, damit zusammen, daß die Komponisten auch weniger geübte Sänger bedenken wollten.

Wenn ich den (von anderen anders interpretierten) Ausdruck Francos «cum littera et sine» auf das Nebeneinander von syllabischen und melismatischen Partien im Con- ductus bezogen habe, so ist dies eine Auffassung, die in den University of California Publications in Music II 97 übernommen, dabei aber in mir nicht einleuchtender Weise auf Walter Odingtons «cum littera v e l sine» angewandt wird.

Nur noch ein Wort über das Verhältnis von Grundmelodie und mehr- stimmiger Komposition im Conductus. Wie man an unserem Beispiel sieht, kreuzt sich die Grundmelodie oft mit den Oberstimmen, und dies ist auch nicht anders möglich, da in der Notre-Dame-Mehrstimmigkeit (und dies gilt auch in der Choralbearbeitung und der Motette) die Stimmen nicht weit auseinander liegen (es ist ja Männergesang). Was das genetische Ver- hältnis der Stimmen betrifft, so heben einige Theoretiker hervor, im Con- ductus sei die Grundmelodie von demselben komponiert, der das Stück selbst schafft. Hier ist also auf den Gipfel geführt, was uns im St.-Martial-Conductus entgegentrat: daß der mehrstimmige Satz und die Grundmelodie nicht aus historisch verschiedenen Schichten stammen. Wir werden sogar über diese Feststellung hinausgehen und annehmen dürfen, daß innerhalb der Melis- men (und insbesondere derjenigen Art Melismen, wo die Stimmen mit ihren rhythmischen Perioden einander durchkreuzen) bereits das Prinzip der gleich- zeitigen Konzeption der Stimmen gilt (vgl. oben 159) — ein für das Mittel- alter neues, erst später voll zur Anwendung gelangendes Kompositions- prinzip.

d) Choralbearbeitungen

Nunmehr die «C h o r a l b e a r b e i t u n g e n», und zunächst ein Wort über diese Bezeichnung.

Diese Bezeichnung will einfach besagen, daß ein (gregorianischer) Choral hier die Grundlage bildet, wie in einem Bachschen Kantateneinleitungschor oder in einem Choralvorspiel ein (protestantischer) Choral. In der Fachliteratur werden diese Kom- positionen vielfach als «Organa» bezeichnet, was gelehrt klingt, aber etwas willkürlich

171

ist. Das Wort «organum» ist recht vieldeutig. Zunächst bedeutet es das Instrument, dann das Instrument «par excellence», die Orgel (dafür ist allerdings im Mittelalter eher die Pluralform gebräuchlich, so daß unter «organa» in erster Linie die Orgel verstanden wird); es bedeutet ferner den mehrstimmigen Gesang oder die Mehrstimmigkeit, dies aber nicht im Sinne des einzelnen Stücks, sondern als Musizierweise. Wir müssen also eigentlich sagen «ein Stück Organum», «ein Organumstück». Allerdings kann «par extension» «organum» auch im Sinne von «ein Organum» gebraucht sein. Aber der Übergang von da zur Mehrzahl «organa» = Organumstücke bedeutet bereits einen Grenzfall, der jedenfalls im Umkreis von Notre Dame nicht bezeugt ist. Wir finden im Winchester-Tropar «organa super responsoria», was aber nicht sosehr die Organumstücke als die zur Grundmelodie hinzugesetzten Stimmen bedeutet; einmal lesen wir beim Chronisten des Klosters Farfa (das auch sonst Beziehungen zu Winchester aufweist) «organa solita» im Sinne von «die gewohnten Organumgesänge» (vgl. unten 182); normalerweise aber bedeutet die Mehrzahl «organa», wie gesagt, die Orgel.

Und nun die für uns maßgebenden Theoretiker des 13. Jahrhunderts: hier ist «organum» wiederum eine Musizierweise oder Kompositionsmethode, aber nunmehr i n n e r h a l b der Mehrstimmigkeit diejenige, welche man als die altertümlichste ansah, während mit «discantus» (Auseinandergesang, Zwiegesang) die neuartige Methode bezeichnet wird — wie denn auch der Terminus «discantus» der jüngere ist; und zwar braucht man «organum» (oder «organum purum», «organum specialiter») überwiegend für die Methode der Haltetöne, «discantus» für diejenige Methode, welche die Melodietöne in der Grundstimme dichter aufeinander folgen läßt. Offenbar denken die Theoretiker hierbei hauptsächlich an die Notre-Dame-Choralbearbeitung; und da eine solche Teile von beiderlei Art umfaßt, ist sie eigentlich sowohl «Organum» als «Diskant» (aber nicht e i n Organum oder e i n Diskant); daneben wird gelegentlich vermerkt, daß die Organummethode auch in den Kompositionen mit rhythmischem Text (am Ende der großen Melismen) Platz findet. Von hier stammt unsere Bezeichnung «Orgelpunkt» («punctum» = Absatz). Eigentlich scheidet erst der um 1300 schreibende Johannes de Grocheo, der der Sache bereits innerlich ferner steht, «organum» als Kompositionsgattung (die Gattung der Choralbearbeitung) vom Conductus (indem er gleichzeitig beides unter Organum als Generalbegriff subsumiert); aber auch damit ist nicht gesagt, daß die Mehrzahl «organa», wie die von «conductus», zur Bezeichnung solcher Stücke gebraucht werden kann. Beiläufig gesagt, begegnet uns «organum» auch noch im Sinne der Unterscheidung der Zweistimmigkeit von der Drei- und Vierstimmigkeit («in organo vel triplo sive quadruplo»), doch können wir davon hier abstrahieren.

Im Bereich der «Choralbearbeitung» wurde innerhalb der Notre-Dame-Schule ein liturgischer Jahreszyklus aus zweistimmigen Kompositionen geschaffen: der berühmte «Magnus liber (= großes Buch) organi («organum» bedeutet hier wohl den mehrstimmigen Gesang überhaupt; es ist nicht wahrscheinlich, daß in der Namengebung die Tendenz zur näheren Bestimmung einer musikalischen Methode oder zur Abgrenzung der Zweistimmigkeit gegen die Drei- und Vierstimmigkeit beschlossen liegt) de gradali (d. h. Stücke für die Messe enthaltend) et de antiphonario» (mit Stücken für die

Nebengottesdienste, in erster Linie Matutin und Vesper). Sehen wir näher zu, so enthält der für die Messe bestimmte Teil des «Organumbuches» hauptsächlich Kompositionen über Gradualien und Allelujas, der für das Offizium bestimmte solche über Responsorien; und zwar sind immer nur die solistischen Teile dieser «responsorischen» Choralgattungen mehrstimmig ausgesetzt, was uns bestätigt, daß die Notre-Dame-Mehrstimmigkeit essentiell solistisch ist (vgl. Acta mus. IV 8 f.). Zwar ist der «Magnus liber» nur zweistimmig, aber in Ergänzung zu ihm fanden manche Choralmelodien auch eine drei- und vierstimmige Aussetzung.

Nun können wir (eben dank dem Bericht jenes englischen Musikprofessors, des «Anonymus IV») in der Komposition des «Magnus liber» zwei Stadien unterscheiden, von denen das eine mit dem Namen Leonins und das andere mit dem Perotins verknüpft ist. Doch um darüber urteilen zu können, müssen wir uns zunächst die Situation, die Gegebenheiten einer solchen Choralbearbeitung vergegenwärtigen.

* * *

Wie wir sahen, liegt die gegebene Choralmelodie in der Unterstimme, und diese heißt «Tenor». Wir müssen im Auge behalten, daß die gregorianische Unterlage einer solchen Komposition, d. h. eine responsorische Melodie, schon selbst recht melismatisch ist. Und hier unterscheidet der Autor der mehrstimmigen Fassung sehr sachgemäß zwischen den weniger melismatischen Partien, wo auf eine Silbe wenige Noten treffen, und den stärker ausgezierten Silben. Im ersteren Fall werden die Choralnoten in der Unterstimme mit Vorliebe stark gedehnt, während die Oberstimme eine belebte Koloratur ausführt; hier setzt sich also diejenige Richtung der St.-Martial-Schule fort, welche in Kompositionen mit rhythmischem Text den Melismen die Gestalt von Orgelpunkten gab. Dort dagegen, wo viele Noten auf die Silbe treffen, würde eine solche Ausgestaltung jeder Melodienote die Komposition im allgemeinen zu sehr in die Länge ziehen. In diesem Fall folgen die Töne der Grundstimme in der Regel dichter aufeinander, während sich die Oberstimme wiederum in belebterer Weise ergeht.

Bei alledem bildet eines den Unterschied im Vergleich zu St. Martial: die ausgesprochen ternäre Rhythmik, die sich in diesem Kreise manifestiert, und zwar in erster Linie in der Oberstimme, die ja unter allen Umständen rhythmisch belebter ist als der Tenor. Man kann diese Rhythmik die «modale» nennen, insofern als sie auf die folgenden sechs, als «modi» bezeichneten rhythmischen Formeln oder Typen basiert:

1) ♩ ♪ | 2) ♪♩ | 3) ♩· ♪♩ | 4) ♪♩ ♩· | 5) ♩· | 6) ♪♪♪ |

(wenigstens ist dies die Art, wie wir die Modi auf Grund von bereits der Mensuraltheorie entnommenen Angaben interpretieren müssen). Obgleich hier Notenwerte von drei verschiedenen Größen stehen, werden grundsätzlich doch nur zwei Werte unterschieden, die Longa und die Brevis (die Lange und die Kurze), von denen die erstere prinzipiell dreizeitig ist, aber beim Dazutreten der Brevis auf zwei Zeiten verkürzt werden kann, während die Brevis prinzipiell einzeitig ist, wobei aber, wenn zwei Breves zwischen Longae stehen, die zweite Brevis zur zweizeitigen gedehnt wird. Zur Charakterisierung dieser Rhythmik müssen wir noch etwas beifügen: es ist nicht ausgeschlossen, daß die rhythmischen Elemente jener Gruppen in kleinere Werte aufgelöst werden können — sofern nur das Element als solches und die Gruppe als solche fühlbar bleibt. Ein Merkmal dafür, daß die Note wirklich rhythmisches Element und nicht nur Auflösungsnote ist, liegt aber z. B. darin, daß wo ein Vers mit der Melodiephrase verbunden wird, eine eigene Silbe auf die Note trifft; wenn, wie es in der späteren Motette der Fall ist, in weitem Maße kleinere Noten als die «Kurze» mit Silben versehen sind, ist die «modale» Rhythmik eigentlich schon durchbrochen.

Noch ein Wort über die Notation, in der diese Kompositionen aufgezeichnet sind. Man wird erstaunt sein zu erfahren, daß die Notre-Dame-Schule ihre großen Kompositionen in einer «nichtmensuralen» Notenschrift aufzeichnete, d. h. in einer solchen, welche die proportionalen Wertverhältnisse (und in erster Linie das zwischen Longa und Brevis) n i c h t durch Unterscheidung der Notenform erkennen läßt. Die Voraussetzung dafür ist, daß über längere Strecken einer jener sechs «Modi» festgehalten wird und daß man irgendeinen Anhaltspunkt hat, um zu wissen, welcher Modus gemeint ist. Dort, wo die Melodiephrasen mit Versen verbunden sind, also in erster Linie in den Motettenoberstimmen, bietet schon die Versform ein Indiz, da z. B. die rhythmische Gruppe ′. nur zum 1. oder 2. Modus, die Folge ′ . . nur zum 3., 4. oder 5. passen kann. In den Melismen aber, aus denen die Notre-Dame-Choralbearbeitungen so gut wie ganz bestehen und in denen keine Texterung einen solchen Hinweis bietet, diente zur Bezeichnung der Rhythmen (nicht der einzelnen Notenwerte!) in sinnreicher Weise die Gruppierung der Töne in Ligaturen (= zusammengeschriebene Notengruppen): die Folge 3 + 2 + 2 + . . . deutete auf den 1. Modus, die Folge 2 + 2 + . . . + 3 auf den 2., usw. Dieses System der Notation nennen wir wohl am besten «Modalnotation», da es die modalen Rhythmen darstellt. F. Ludwig, der die Prinzipien dieser Notation klargelegt hat, bezeichnet sie leider als «Quadratnotation», was nur die äußere Form charakterisiert und auch die nichtmodale Notation des gregorianischen Chorals mitumfaßt (s. oben 144).

174

Doch kehren wir zur Tenorgestaltung zurück, und zwar zu denjenigen Teilen des Tenors, wo eine melismatische Partie des Chorals vorliegt, also die Töne nicht so zerdehnt werden können wie in den anderen. Hier treten uns zwei verschiedene Verfahrensweisen entgegen. Im einen Fall sind es teils immer noch kleinere «Orgelpunkte», teils — und hauptsächlich — gemessen einherschreitende Töne — meist je einer Longa entsprechend —, welche freie Gruppen bilden. Im anderen Fall dagegen sind die Töne zu festen, d. h. konstant wiederholten Gruppen verbunden, und dabei sind häufig die Notenwerte differenziert; solche Gruppen sind z. B.

| ♩· | ♩· | ♩· | ♪ ↱ | oder | ♩· | ♩· | ♪ ↱ | ♩· ♩· | ♩· ♪ ↱ | oder | ♩· | ♩· | ♩ ♪ | ♩ ↱ | ;

wie wir sehen, kommen neben Longae und Doppellongae auch Breves (= Kurze) vor. Außer der Gleichförmigkeit tritt hier auch die Tendenz zur «Vierhebigkeit», zum quadratischen Rhythmus zutage. Der Tenor greift also teilweise in das Gebiet jener belebteren Rhythmen ein, die sonst der Oberstimme vorbehalten sind. Dabei hebt er sich aber deutlich ab, denn es besteht der Unterschied, daß in der Oberstimme auf einem längeren Verlauf zwar ein Grundrhythmus festgehalten wird, die Periodenbildung aber frei bleibt, während im Tenor bis zum Ende des Choralmelismas unbeugsam eine rhythmische Formel durchgeführt wird. Manchmal wird das Choralmelisma im Tenor auch wiederholt, und in diesem Fall sehen wir, daß die rhythmische Formel über die Melodiewiederholung hinwegschreitet, denn hat z. B. das Choralmelisma 37 Töne und die Formel 5, so wird die Wiederholung der Melodie auf dem 3. Ton der Gruppe einsetzen — ein für unser Gefühl eigentümliches Auseinandertreten von Melodie und Rhythmus. Wie schon die Zerdehnung der Melodietöne zu Haltetönen, so erscheint uns diese maschinelle Durchführung eines rhythmischen Schemas als Malträtierung der Melodie: der Komponist verhält sich zu ihr wie zu etwas Fremdem oder Totem, zu etwas, das nur offiziell und nicht real da wäre.

Nun hat F. Ludwig, der in seinem «Repertorium organorum (zu diesem Terminus s. oben) recentioris et motetorum vetustissimi stili» einen hervorragenden «catalogue raisonné» dieses Repertoires an Choralbearbeitungen mit den von ihnen abgeleiteten Motetten gab, die schon angeführte Notiz des «Anonymus IV» mit diesem Tatbestand in der Weise vereinbart, daß die erstere Art Anordnung im allgemeinen die von Leonin und die letztere die von Perotin praktizierte war. In der Tat sagt dieser Autor (CS. I 342), Perotin habe dem Magnus liber Leonins eine neue Fassung gegeben, in der er sich als der bessere Diskantmeister, aber nicht als der bessere Organummeister zeigte (und der Unterschied zwischen Diskant und Organum im Sinne der Theoretiker ist ja, daß im Diskant beide Stimmen rhythmisch definiert sind, im Organum dagegen nur die obere, vgl. oben 172); mit anderen Worten: Perotin hat die Partien der ersteren Art «besser» ausgestattet (und, wie wir mit Ludwig beifügen können, in den Vordergrund gestellt).

Ferner hat F. Ludwig beobachtet, daß die Kompositionen des Magnus liber in der Handschrift W_1 an solchen Stellen, wo die Melodienoten dichter aufeinander folgen, vorwiegend die ältere Art Grundstimmenrhythmik aufweisen, und daß dort eine Serie von Teilkompositionen in der neueren Tenorrhythmik beigefügt ist, während in F solche Stücke bereits weitgehend in die Choralbearbeitungen eingefügt und noch viele weitere, gleichsam zur Auswahl, beigegeben sind. Ludwig hat daraus geschlossen, daß der Magnus liber in W_1 die ältere Fassung darstelle — also die leoninische —, dagegen die Teilkompositionen in W_1 und der Magnus liber in F die spätere, perotinische.

Wir können nicht anders sagen, als daß dies sehr plausibel ist. Immerhin ergäbe sich hieraus, daß Leonin doch schon in das Gebiet der festen Tenorgruppen vorgestoßen ist, da im Magnus liber in W_1 in einer Minderzahl von Fällen die einfachste Art Gruppe — die, welche drei gleiche Noten umfaßt — vertreten ist; es ist naheliegend, daß man von der freien Gruppenbildung aus zunächst zur Dreiergruppe gelangte. Auf der anderen Seite müssen wir feststellen, daß Ludwigs Auffassung mit zwei irrtümlichen Annahmen verknüpft war: 1. die Handschrift W_1 sei älter als F; 2. sie stamme, wie F, aus Frankreich — während sie in Wirklichkeit die jüngere ist und aus England stammt. Zwar braucht damit die These Ludwigs vom Verhältnis der beiden Fassungen nicht umgestürzt zu sein, denn an einem «peripheren» Ort konnte sich sehr wohl eine ältere Fassung konserviert haben, während man im Zentrum schon längst davon abgerückt war. Doch wird man unter diesen Umständen nur um so aufmerksamer beobachten müssen, ob sich die Fassung in W_1 von der in F etwa noch durch anderes unterscheidet, und ob solche Unterschiede gleichfalls in derselben Richtung deuten, nämlich daß W_1 die ältere Fassung darstellt. Eine solche Untersuchung ist noch nicht durchgeführt worden — abgesehen von einem Ansatz dazu. Es wurde nämlich von einem jüngeren Kollegen (in der ZM. XIV) beobachtet, daß in der Oberstimmenmelodik zwei Gestaltungsarten nebeneinander stehen, die eine eher freiströmend und die andere eher gegliedert, was der Betreffende wiederum mit Leonin und Perotin identifizierte — ohne aber eine ernstere Begründung dafür anzuführen, d. h. ohne festzustellen, wie sich diese beiden Arten Oberstimmengestaltung auf die erhaltenen Fassungen des Magnus liber verteilen. Ich gestehe, jene Beobachtung etwas unkritisch überschätzt zu haben (s. ebenda); ich legte mir auf Grund davon die Frage vor, ob etwa der Magnus liber von Perotin erst in bezug auf Oberstimmenmelodik und dann in bezug auf Grundstimmenrhythmik umgearbeitet worden wäre (wobei ersteres etwa die Fassung W_1 und letzteres die Fassung F wäre), was selbstverständlich nicht sehr wahrscheinlich ist. Es ist ja erst noch festzustellen, ob diese zwei Arten Oberstimmengestaltung, die oft in einer und derselben Komposition zu finden sind, wirklich aufeinanderfolgende Epochen repräsentieren und nicht einfach im Sinne der ästhetischen Mannigfaltigkeit nebeneinander stehen.

176

Wie dem nun sein mag: wir können, da W_1 die spätere Handschrift und englisch ist, nicht ganz gewiß sein, daß der Magnus liber in W_1 die leoninische Fassung darstellt. Es wäre erst noch sicherzustellen, daß hier nicht die Oberstimmenmelodik einer Umarbeitung im Sinne örtlichen Geschmacks unterworfen wurde. Aber vorläufig mag uns der Magnus liber im W_1 ruhig für die leoninische Fassung einstehen, da dies wenigstens in bezug auf die Tenorgestaltung sehr plausibel ist.

Selbstverständlich muß das Verhältnis der Handschrift W_1 zu F im ganzen neu geprüft werden auf Grund der Feststellung, daß sie die jüngere und englisch ist, eine Aufgabe, der ich mich teilweise unterzogen habe. Es begegneten mir verschiedene Fälle, in denen W_1 die spätere Version darzustellen scheint, besonders im Bereich des Conductus (vgl. oben 165); und doch dürfte, auch was die Conductus betrifft, W_1 im Vergleich zu F den älteren B e s t a n d repräsentieren (s. den Bericht über den 1. musikwissenschaftlichen Kongreß der Deutschen Musikgesellschaft in Leipzig 1925, 214 f.).

Eines der Resultate, die sich hierbei ergeben, ist, daß zwei Gruppen von Kompositionen, die W_1 enthält und die in F fehlen, wahrscheinlich englischer Herkunft und jünger als das Notre-Dame-Repertoire sind (vgl. unten 191). Ich muß noch erwähnen, daß F. Ludwig die von mir aufgestellte These von der englischen und jüngeren Provenienz der Handschrift W_1 übernahm — aber ohne es sich merken zu lassen, daß er früher das Gegenteil behauptet hatte, was eine bedauerliche Unklarheit ergibt; bei derselben Gelegenheit hat Ludwig auch die (gleichfalls von mir schon vermutete und in der Tat naheliegende) spanische Herkunft der Handschrift Ma festgestellt, die er früher gleichfalls für französisch angesehen hatte.

Welches nun auch die Kompositionsweise und die Stilarten sein mögen, die in einer Notre-Dame-Choralbearbeitung zur Anwendung gelangen, jedenfalls bietet eine solche Komposition das eigenartige Bild einer großen musikalischen Ausdehnung, über die verhältnismäßig wenige Textsilben verstreut sind und in der sich auch nicht die syllabischen «Inseln» des hochmelismatischen Conductus herausheben. Dabei treten die Textsilben immer nach der alten Regel in beiden Stimmen gleichzeitig ein (oder höchstens mit einer kleinen, durch den Gang der rhythmischen Modi veranlaßten Verschiebung). In diesem Ganzen aber heben sich die Haltetonpartien von den anderen plastisch ab; und bedenken wir, daß außerdem die chorischen Teile der responsorialen Melodie einstimmig gesungen wurden, so ergibt eine derartige Choralbearbeitung ein mannigfaltiges Gesamtbild.

Die Partien «perotinischen» Stils, d. h. die mit formelhafter Rhythmik im Tenor, wurden so beliebt, daß man sie oft mehrfach komponierte; und so sehen wir, wie schon angedeutet, im Gefolge des Magnus liber große, gleichfalls nach dem Kirchenjahr geordnete Sammlungen von T e i l k o m p o s i t i o n e n (die wohl in manchen Fällen als Ersatzteile dienten). Ich zitiere einige Takte des Melismas über *-rum* aus dem *Alleluja Pascha nostrum* (der Komponist führt hier die liturgische Melodie im Tenor zweimal durch, aber ohne Wiederholung des Textwortes).

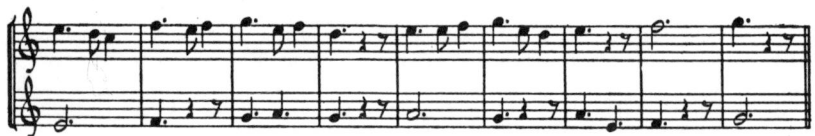

Wie schon erwähnt wurde, entstanden neben jenem «Magnus liber» auch d r e i - u n d v i e r s t i m m i g e Choralbearbeitungen. Auch in diesen Kompositionen sehen wir nebeneinander Teile, in denen der Tenor Haltetöne bildet, und solche, in denen er die Töne dichter aufeinander folgen läßt; und auch innerhalb der letzteren Teile können wir solche unterscheiden, in denen diese Töne ohne feste Gliederung aufeinander folgen, und solche, in denen sie starre Gruppen bilden — nur daß im letzteren Fall weniger differenzierte Formeln verwendet werden als bei den zweistimmigen Choralbearbeitungen und Breveswerte kaum vorkommen: offenbar war hier das Interesse des Komponisten mehr durch die Oberstimmen beansprucht, und vielleicht machte sich auch die größere «Schwerewirkung» des Oberbaues geltend.

Die zwei oder drei Oberstimmen solcher Choralbearbeitungen — besonders die der Haltetonpartien — können wir mit den zwei- oder dreistimmigen Melismen der entsprechenden Conductus vergleichen, und auch hier habe ich schon längst zwischen einer wohl älteren Stilrichtung unterschieden, in der die betreffenden Stimmen ihre Perioden parallel bilden, und einer jüngeren, in der sie eine größere Unabhängigkeit bekunden. Besonders interessant ist, daß hier, wie auch in jenen Conductusmelismen, etwas zutage tritt, das wir mit der neuzeitlich thematisch-motivischen Arbeit vergleichen können und das auf seine Weise, sogar in noch bedeutenderem Maße, schon in der alten Sequenz in die Erscheinung trat. Dabei konstatieren wir — und dies gilt wiederum auch für die Conductusmelismen —, daß, wo die Oberstimmen im Periodenbau aneinander gebunden sind, diese Durcharbeitung hauptsächlich im Rahmen der einzelnen Stimme vor sich geht, während, wo sie ihre Perioden unabhängig voneinander bilden, in ausgesprochener Weise eine motivische Verknüpfung der Stimmen untereinander zur Geltung kommt, einschließlich der Imitation und kanonischer Bildungen; hier werden wir also weitgehend an gemeinsame Konzeption der Oberstimmen (bzw. im Conductusmelisma der Stimmen schlechthin) zu denken haben. Diese Art Gestaltung begegnet uns in der Choralbearbeitung besonders über Haltetönen; wir können verstehen, daß, wo der Tenor mehr in die Bewegung eingreift, die Oberstimmen in ihrer Entfaltung nicht so unbehindert sind.

e) Die Motette

Die Motette ist im Notre-Dame-Kreis überwiegend ein Abkömmling der Choralbearbeitung. Eine Teilkomposition wie die oben zitierte wurde zur Motette, indem man der Oberstimme syllabisch einen Text unterlegte, der inhaltlich zum Text des in der Grundstimme angeführten Chorals paßte. Dieser Vorgang ist demjenigen analog, der einige Jahrhunderte früher innerhalb der einstimmigen Musik Tropen und Sequenzen hatte entstehen lassen; der Unterschied ist nur, daß jetzt entsprechend dem rhythmischen Charakter der Oberstimmen die Motette von Anfang an in Versform auftritt (und zwar sind es naturgemäß Verse von wechselnder Länge). Hier vermählen sich also jene «Modi» mit dem Versrhythmus. Der rhythmische Gegensatz zwischen Tenor und Oberstimme (oder Oberstimmen) wird gewissermaßen b e l e b t, indem letztere den ihrem Rhythmus angepaßten Text erhält; der Tenor dagegen singt nach wie vor seine in starre Rhythmen gezwungene Melodie auf wenige Silben ab; ja teilweise wird der Tenor schon in den Notre-Dame-Handschriften zur instrumentalen Stimme (dies müssen wir aus der Art schließen, in der ihm der Text untergelegt ist).

Und wie sich die Sequenz dem Alleluja gegenüber verselbständigte, so tut es die Motette der Choralbearbeitung gegenüber: sie braucht nicht mehr notwendig im Rahmen derjenigen Choralbearbeitung zu erklingen, mit der sie durch das ihr zugrunde liegende Choralfragment verbunden ist, sondern sie kann auch, wie eine geistliche Komposition schlechthin, am Ende eines Festgottesdienstes erklingen; später, in der zweiten Hälfte des 13. Jahrhunderts und weiterhin, hat die Motette in dieser Funktion den Conductus abgelöst. Ja wir sehen die Motette bereits vom geistlichen in den weltlichen Bereich hinübergreifen, wozu also das Vorhandensein eines liturgischen Melodiefragments im Tenor kein Hindernis war; und zwar sind die weltlichen Exemplare in F zunächst nur solche mit lateinischem seriösem Text (wie in der entsprechenden Abzweigung des Conductus), in W_2 dagegen geht man bis zu französischen erotischen Texten.

Außerdem emanzipiert sich die Motette auch insofern, als sie nicht mehr durch Textierung von einer Teilkomposition, einem «mehrstimmigen Melisma», abgeleitet zu sein braucht, sondern ihre musikalische Substanz kann nach dem Muster einer solchen neu geschaffen sein, indem man ein Choralbruchstück in den Tenor legt und entsprechend «zubereitet»; hier müssen wir vermerken, daß Motetten, zu denen eine melismatische Quelle nicht nachweisbar ist, schon in der ältesten Notre-Dame-Handschrift, F, vorkommen (übrigens wären nach der plausiblen Vermutung von Mme. Rokseth in «Les

179

cahiers techniques de l'art» I die überlieferten melismatischen Teilkompositionen nicht nur als Ersatzteile für Choralbearbeitungen aufzufassen, sondern sie wären wenigstens teilweise als Vorlagen für Motetten gemeint, d. h. im Hinblick auf die Textierung komponiert). Ferner geht die Motette auch eine Verbindung mit dem volkstümlichen Reigenlied ein, denn in Motettenoberstimmen mit französischem Text sind manchmal mit erheblicher kontrapunktischer Geschicklichkeit «Refrains» aus Reigenliedern eingefügt.

Wie die Choralbearbeitung und der Conductus, geht auch die Motette bis zur Drei- und Vierstimmigkeit. Und da müssen wir, wie anläßlich der Choralbearbeitung, diejenigen Fälle auseinander halten, in welchen die Oberstimmen innerhalb eines Grundrhythmus ihre Perioden gleichzeitig abgrenzen, und diejenigen, in denen sich die Periodengrenzen überschneiden. Im ersteren Fall ist es selbstverständlich, daß die Oberstimmen den gleichen Text erhalten, im anderen Fall ist es im Sinne der Zeit ebenso selbstverständlich, daß verschiedene Texte gleichzeitig gesungen werden, welche eben die sprachliche Darstellung der rhythmischen Verschiedenheit sind. Ja in einzelnen Fällen folgen die Oberstimmen sogar verschiedenen Grundrhythmen, und dann ist die Verschiedentextigkeit erst recht selbstverständlich.

So haben wir auf der einen Seite dreistimmige (und einige wenige vierstimmige) Motetten, in denen die Oberstimmen den gleichen Text simultan vortragen. Hier verhält es sich meist so, daß eine zweistimmige Teilkomposition die musikalische Quelle ist und daß man über der Oberstimme eine (oder zwei) weitere dazusetzte. Einige dieser dreistimmigen Motetten sind aber auch direkt dreistimmigen Choralbearbeitungen entnommen (d. h. sie entsprechen solchen Teilen von Choralbearbeitungen, in denen sich über rhythmisch organisiertem Tenor zwei Oberstimmen parallel bewegten). Einige wenige unter ihnen scheinen selbständig komponiert zu sein. Anderseits sind es dreistimmige «Doppelmotetten», d. h. Motetten mit zwei verschiedenen Texten in den Oberstimmen: einige wenige lateinische (in F und W_2) und eine größere Anzahl französische (in W_2). Hier treten neben die aus Teilkompositionen abgeleiteten Motetten in zunehmendem Maße neukomponierte. Die eine der lateinischen Doppelmotetten setzt über die Oberstimme der zweistimmigen Teilkomposition bereits eine weitere in einem a n d e r e n Grundrhythmus (stand jene im 1. Modus, so steht diese im 6.); und die beiden Texte behandeln das gleiche Thema von der positiven und von der negativen Seite: die Mittelstimme *(Velut stellae firmamenti)* spricht von den guten, die Oberstimme *(Hypocritae pseudopontifices)* von den schlechten Priestern; da der Rhythmus der ersteren Stimme der ruhigere, der der letzteren der hastigere ist, ergibt sich beinahe eine dramatische Wirkung.

Ja es liegt (in W_2) bereits eine französische Tripelmotette vor, also eine vierstimmige mit drei verschieden textierten Oberstimmen. W_1 enthält nur wenige Motetten, darunter keine mit verschiedenen Texten.

f) Rückblick und Ausblick

Im ganzen ist, was die Notre-Dame-Schule geleistet hat, imposant und musikgeschichtlich wichtig. Eine so formenreiche Mehrstimmigkeit hatte es vorher nicht gegeben. Rein ästhetisch aber erzeugt diese Kunst dank dem Dominieren jener dreiteiligen «modalen» Rhythmen oft den Eindruck einer tänzelnden Monotonie, und dies speziell im perotinischen Stadium, wo außerdem eine deutliche Bevorzugung der zwei- und vierschlägigen rhythmischen Perioden («Vierhebigkeit», «rhythmische Quadratur») den Eindruck einer gewissen Flachheit hervorruft.

Wichtig ist auch, daß sich jetzt das Schaffen in solchem Maße auf die Mehrstimmigkeit konzentriert. Allerdings ist immer noch, wenn wir uns einen Gottesdienst in der Pariser Notre Dame vorstellen, das meiste des Gesungenen einstimmig. Aber der Festschmuck, der das Schaffen der Zeit repräsentiert, ist beinahe nur noch mehrstimmig. Die Tropen sind im allgemeinen bereits weitgehend aus der Mode gekommen, und die Sequenz verhält sich im wesentlichen stationär.

Wie wir erwähnten, ist das Schaffen der Notre-Dame-Schule bald auch zu leistungsfähigen Kathedralchören in England und Spanien gedrungen, und wir werden sehen (unten 190 ff.), daß dort in Anknüpfung daran Neues geschaffen wurde, das teilweise wieder andere Geschmacksrichtungen ausprägte. Auf der anderen Seite kann aber auch in Frankreich selbst die Rezeption des Notre-Dame-Schaffens nur eine partielle, auf die Hauptkirchen einiger Metropolen beschränkte gewesen sein.

A u ß e r h a l b dieser, mehr oder weniger durch die Pariser Notre Dame beeinflußten oder mit ihr parallel gehenden Kreise müssen wir uns die Mehrstimmigkeit in jener Zeit als in primitiverer Weise gepflegt denken — sofern sie überhaupt gepflegt wurde —, entweder in der Art der St.-Martial-Musik oder als noch Note gegen Note setzend. Die Denkmäler sind freilich äußerst spärlich, was damit zusammenhängt, daß solche mehrstimmige Sätze meist improvisiert wurden.

Was I t a l i e n betrifft, so kann aus der Tatsache, daß die größte der Notre-Dame-Handschriften, F, sich heute in Florenz befindet, nichts geschlossen werden; sie ist französisch und weist keine Spuren des Gebrauches auf.

Dagegen besitzen wir für die Pflege der kirchlichen Mehrstimmigkeit in Italien ein anderes Zeugnis, das, wenn auch nur indirekt, von überragender Bedeutung ist. Ich meine den «Ordo officiorum» (die Dienstordnung) von Siena, der 1213 — also zur Zeit der höchsten Blüte der Pariser Notre-Dame-Schule — vom sienesischen Kanonikus Odericus zusammengestellt und von Trombelli 1766 herausgegeben wurde. Es ist dies unter allen kirchlichen Ordinalien oder Zeremonialien, die ich gesehen habe, dasjenige, in welchem der Mehrstimmigkeit der breiteste Raum zugewiesen wird (ich gedenke, diese Zeugnisse einmal im Zusammenhang zu behandeln). Die Zahl der hier als mehrstimmig («cum organo») gesungenen Stücke ist sogar weit größer als die der in Notre-Dame-Handschriften überlieferten, wenn wir nur die Choralbearbeitungen berücksichtigen und von den Conductus und Motetten abstrahieren (denn solche werden in Siena nicht erwähnt). Ferner stellen wir fest, daß sich die Mehrstimmigkeit diesem Dokument zufolge auch auf andere Kategorien des gregorianischen Gesanges als in Notre Dame erstreckt: so den Hymnus, die Antiphonie, das Ordinarium der Messe (genauer: *Kyrie, Sanctus* und *Agnus)* — was also bedeutet, daß hier die Mehrstimmigkeit nicht nur solistisch, sondern auch chorisch ist, und dies ist im Hinblick auf spätere Entwicklungen nicht unwichtig: man sehe unten 192, welch weiten Umkreis die Mehrstimmigkeit in englischen Denkmälern umfaßt (wozu wir hier beifügen wollen, daß schon in dem oben 153 erwähnten Tropar von Winchester auch Kyriesätze vorhanden sind).

Leider können wir nicht sagen, in welcher Stilart sich die in Siena gepflegte Mehrstimmigkeit hielt, ja wir wissen nicht einmal, ob es sich um schriftlich aufgezeichnete Sätze oder nur um Improvisation handelte. Auffällig — und im Einklang mit jener alten Sammlung aus Winchester — ist, daß in der Messe das Graduale n i c h t als mehrstimmig gesungen vorkommt (dies erklärt sich zweifellos durch die manchenorts belegte Anschauung, wonach das Graduale im Gegensatz zum Alleluja den Ernst, sogar die Trauer ausdrückt). In sehr vielen Fällen wird vom Responsorium nur der Versus als mehrstimmig gesungen angeführt. Eine solche liturgische Verteilung deutet wohl darauf, daß es auch stilistisch nicht eine der Pariser entsprechende Mehrstimmigkeit war.

So dürfte Italien in der Ausübung der Mehrstimmigkeit — welches auch ihre Stilmerkmale gewesen sein mögen — wenigstens quantitativ hinter anderen Ländern nicht zurückgestanden haben. Hierauf deutet auch die Notiz des Chronisten des Benediktinerklosters Farfa (Gregorio da Catina, Chronicon Farfense, II 311), welche zum Jahr 1121 beiläufig «organa solita» (= die gewohnten Organumgesänge) erwähnt.

Das älteste erhaltene Denkmal der Mehrstimmigkeit aus Italien (abgesehen von den Organum-Beispielen in Guidos «Micrologus») dürfte die von Baralli in der Rassegna gregoriana XI nach einer Handschrift des 12. Jahrhunderts veröffentlichte Benedicamus-Einleitung *Regi regum glorioso* sein. Auf die Zeit kurz vor der Mitte des 13. Jahrhunderts beziehen sich die Nachrichten in der Chronik des Franziskaners Salimbene, die von LR. 247—251 mit umfassender Gelehrsamkeit kommentiert worden sind. Dieser Gewährsmann berichtet von seinem Ordensbruder Heinrich von Pisa, von dem er während seines Aufenthalts in Siena in der Musik unterwiesen wurde, daß er verschiedene rhythmische Dichtungen und Sequenzen in Musik setzte, und zwar anscheinend meist einstimmig, aber in einem Fall dreistimmig; ferner wird von einem Frater Vita berichtet, bei dem Salimbene gleichfalls Unterricht genommen hatte und der häufig zu einstimmigen Gesängen Heinrichs eine zweite Stimme setzte. Schließlich finden wir bei jenem Anonymus IV, der uns die wertvollen Nachrichten über Meister der Notre-Dame-Schule übermittelt, eine Nachricht über das «Organisieren» der «Lombarden» (CS. I 358), zu deren Interpretation man Acta mus XV 3 vergleiche (das Wort «Organisieren» müssen wir nicht unbedingt als «Komponieren von mehrstimmigen Stücken» verstehen, es kann sich auch auf deren bloße Ausführung beziehen oder aber auf die mehrstimmige Improvisation).

Beiläufig gesagt, erwähnt jener englische Anonymus auch die Existenz von Organumbüchern in S p a n i e n (CS. I 345).

a) Der einstimmige Gesang

Von der Mitte des 13. Jahrhunderts an entfaltet sich die Musiktheorie als «Mensuraltheorie», d. h. Messungstheorie: es ist die Lehre von der Notation als Darstellung der proportionalen Notenwerte. Wie wir sahen, vermochte die Notre-Dame-Schule ihre großen Kompositionen ohne eine solche Notation aufzuzeichnen; die Voraussetzung hierfür war, daß auf längere Strecken in allen Stimmen (bzw. in allen Stimmen außer dem Tenor) an einem jener sechs Grundrhythmen oder «Modi» festgehalten wurde. Doch können sich die Rhythmen selbstverständlich mannigfacher entfalten, wenn die proportionale Wertgeltung graphisch dargestellt werden kann, und umgekehrt gibt das Bedürfnis nach der Vermannigfaltigung des Rhythmus den Antrieb zur Ausgestaltung der Notation als Mensuralnotation. Dies ist der Prozeß, der sich in der zweiten Hälfte des 13. Jahrhunderts in Nordfrankreich abspielt; und der Schauplatz dieser rhythmischen Entwicklung ist die Motette.

Bevor wir uns diesen «an der Spitze der Entwicklung» stehenden Kreisen zuwenden, haben wir indessen noch zwei Komplexe e i n s t i m m i g e n Gesanges ins Auge zu fassen, die in Italien und Spanien in der zweiten Hälfte des 13. Jahrhunderts zur Blüte gelangten: der «Laude» und der «Cantiga». War im nördlichen und im südlichen Frankreich in der ersten Jahrhunderthälfte der Minnesang noch sehr aktiv, so ist von der Mitte des Jahrhunderts an der Stern der einstimmigen Musik dort, und besonders im Norden, stark im Sinken begriffen. Im Gegensatz hierzu tritt uns jetzt in Italien und Spanien, die sich in der ersten Jahrhunderthälfte an der Entfaltung des Minnesangs kaum beteiligt hatten, je ein bedeutender Komplex einstimmiger Liedkunst entgegen: aber nicht weltlicher, sondern geistlicher. Dies sind die beiden letzten großen Komplexe einer Einstimmigkeit, die im Sinne der Zeit noch halbwegs als Kunstmusik gelten können; oder wenigstens sind es die letzten in romanischen Ländern, denn weiterhin setzt sich ein inhaltsreiches einstimmiges Liedschaffen in Deutschland, also in einer noch «beschaulicheren» Sphäre, fort.

Daß hier die kulturgeschichtliche «Beschaulichkeit» mit der Blickrichtung auf das Geistliche zusammengeht, ist nicht ohne innere Bedeutung. Frankreich (genauer: Nordfrankreich) ist ja das Land, in dem nicht nur die Gotik aufkam, sondern in dem auch besonders früh der Unglaube um sich griff. Die Existenz einer vom Volk, einschließlich der Gebildeten, getragenen religiösen Lyrik, wie sie in der zweiten Hälfte des 13. Jahrhunderts und noch im 14. die italienische Laude darstellt, war dort schon aus diesem Grunde nicht möglich; die «chanson pieuse» des Gautier de Coincy und anderer hatte dort nur einen beschränkten Nährboden.

«L a u d a» bedeutet Lobgesang. Die italienische Laude ist im eigentlichen Sinn geistliches Lied, da sie ihren Platz im wesentlichen außerhalb der Kirche oder wenigstens außerhalb der Liturgie hat. Die Ausübenden, die «Laudesi», waren in Bruderschaften organisiert. Die Lauden erklangen bei ihren Zusammenkünften sowie bei öffentlichen Prozessionen, in der Kirche dagegen wohl nur, sofern der Kirchenraum den Laudesi für ihre Versammlungen zur Verfügung gestellt war, oder dann am Ende des Gottesdienstes.

Die musikalische Form der Lauda ist meist — wenn auch wohl nicht von Hause aus — die der «Ballata», die dem französischen «Virelai» entspricht. Es ist eine Refrainform, die also den Wechsel zwischen Solist und Chor voraussetzt. Erst erklang der Refrain, die «Ripresa», vom Solisten gesungen (Teil *a*), dann wurde derselbe vom Chor wiederholt (Teil *A*); hierauf folgte die erste Strophe des Solisten mit einem bestimmten Aufbau: sie enthält erst die zwei «piedi» (Füße) oder Stollen (*b b₁*), dann die «Volta», die der Ripresa parallel geht (*a₁*) und den Chorvortrag der Ripresa (*A*) vorbereitet; letztere wird nach jeder der so gebauten Strophen wiederholt. Wir müssen beifügen, daß die Stollen (*b b₁*) manchmal doch nicht melodisch gleich sind und auch die Volta eine andere Melodie als die Ripresa aufweisen kann: der kunstfertige Sänger war naturgemäß darauf aus, melodische Wiederholungen zu variieren. Hier folge der Refrain einer Laude, deren Text wahrscheinlich von Jacopone da Todi († 1306) stammt:

Troppo perde 'l tem-po   ki   ben non t'a-ma,   Dolç' a-mor Je-su, sovr'ogn' a-mo-re.

Im gegebenen Stück hat die Volta — ein seltener Fall — sogar einen Vers mehr als die Ripresa; immerhin entsprechen ihre zwei letzten Verse weitgehend der Ripresa, so daß sie gleichsam die Ripresa mit einem Einleitungsvers darstellt. Alle Formglieder unseres Stücks (Ripresa, die Stollen, Volta) laufen in denselben Schluß aus (was an die Sequenzform erinnert). Was den Rhythmus betrifft, so ist zunächst zu bemerken, daß auch hier die Notation nicht mensural ist. In meiner Rhythmisierung fällt die Wortbetonung nicht immer mit dem «guten Taktteil» zusammen; doch braucht uns dies um so weniger zu bekümmern, als die dem «guten Taktteil» entsprechenden Betonungen damals in keiner Weise so intensiv waren wie in der neuzeitlichen Musik.

*　*
*

Das spanische Wort «C a n t i g a» entspricht dem lateinischen «canticum» (französisch «cantique») und bedeutet etwa soviel wie «feierlicher Gesang». Wir besitzen eine große Sammlung derartiger Lieder, die von Alfonso X (dem Weisen), König von Kastilien von 1252—1284, wenigstens gedichtet sind; die Melodien ließ der König wohl von Hofmusikern bereitstellen. Im Vergleich zur italienischen «Lauda» ist die «Cantiga» eine Einzelerscheinung. Es sind Marienlieder, die Marienwunder behandeln. Insofern erinnern sie an die «Miracles de Notre Dame» des Trouvères Gautier de Coincy, mit dem Unterschied indessen, daß letzteres Werk eine erzählende, also eine Lesedichtung mit lyrischen, d. h. gesungenen Einlagen ist, während die Lieder des kastilischen Königs selbst die Wunder berichten und nach jedem zehnten der erzählenden Lieder ein rein lyrisches, eine «Loora» (Lobgesang) eingefügt ist.

Der Rhythmus dieser Lieder ist vorwiegend ternär, aber manchmal auch binär. Im Rahmen des ternären Rhythmus findet oft Wechsel zwischen erstem und zweitem «Modus» statt. Dementsprechend ist auch die Notation bereits mensural. Man gewinnt den Eindruck, daß Spanien damals in höherem Maße französisch beeinflußt war als Italien; immerhin wird auch bei der «Cantiga» das Melodienmaterial in hohem Maße autochthon sein. Das Formgesetz ist in diesem Falle wiederum das der «Ballata», aber strenger eingehalten als in der «Lauda»; es kommt fast nicht vor, daß die Volta melodisch von der Ripresa abweicht.

b) Die Motette

Von dieser einstimmigen Liedkunst wenden wir uns zum entgegengesetzten Extrem, der M o t e t t e der zweiten Hälfte des 13. Jahrhunderts. Wie schon angedeutet, ist ihr Tenor (die Grundstimme mit dem liturgischen Melodiefragment) jetzt vorwiegend als instrumentale Stimme anzusehen; und dem Textinhalt nach kann die Motette ebensowohl dem weltlichen wie dem geistlichen Bereich angehören, heiter wie ernst sein. Jetzt tritt auch — obgleich keineswegs vorherrschend — jene soviel angestaunte Motettengattung auf, die uns an die Drôlerien der gotischen Kathedralen denken läßt: eine solche dreistimmige Doppelmotette, deren eine Oberstimme (meist die Mittelstimme) lateinischen geistlichen und deren andere französischen weltlichen Text aufweist.

Die Motette ist jetzt die große Mode. Man findet Gefallen daran, in den Oberstimmen gleichzeitig verschiedene Rhythmen durchzuführen, wobei sich der verschiedene Rhythmus als verschiedener Text darstellt. Der darunter liegende Tenor aber führt immer noch an einem Choralbruchstück jene starren rhythmischen Formeln durch und stellt damit für das bunte Getriebe der Oberstimmen einen rationalen Hintergrund dar. In einzelnen Fällen allerdings kann die Melodie des Tenors auch einem weltlichen Lied entnommen sein, und dann ist er meist nicht jenen starren Formeln unterworfen (ein uneigentlicher Motettentenor!), auch nicht instrumental, sondern mit dem Liedtext gesungen.

In den Oberstimmen wird das alte System der Rhythmik gewaltig ausgebaut. Dies sehen wir besonders an der obersten Stimme der jetzt überwiegend dreistimmigen Motette, die, von der Bewegung in Breven ausgehend (= 6. Modus, s. oben 174), zu immer kleineren Notenwerten übergeht und auf diese sogar eigene Silben setzt — was ihnen selbstverständlich ein größeres Gewicht verleiht, als wenn sie nur Auszierungsnoten wären.

Unter diesen Umständen können wir es leicht verstehen, daß die Mensuraltheorie der Zeit mit der Motettenkomposition Hand in Hand geht (ein Spezialforscher auf diesem Gebiet hat sogar den berühmten Theoretiker Franco von Köln als Motettenkomponisten hinstellen wollen, was mir aber wenig begründet erscheint). Über einen Komponisten vom Ende des 13. Jahrhunderts, Petrus de Cruce aus Amiens, wird berichtet, daß er auf die Brevis (also die ursprünglich einer Zählzeit entsprechende Note) bis zu sieben kleinere Notenwerten setzte, was, da theoretisch immer an der Dreiteilung festgehalten wurde, die Neunteilung der Brevis voraussetzt (also die 27-Teilung der Longa; die Quintolen und Sextolen in Ludwigs Transkription AdlH. 254 leuchten mir wenig ein). Hier der Anfang einer solchen Motette:

Wie man sieht, kann bei solchen Notenwertaufspaltungen, bei denen sogar auf den kleinsten Wert Silben treffen, eine Wiedergabe der Longa durch unsere Viertelnote nicht mehr in Frage kommen; die Longa-Brevis-Bewegung ist erheblich verlangsamt, und dementsprechend habe ich im obigen Beispiel Longa und Brevis als Halbe und Viertel transkribiert. Wenn wir bedenken, daß im Sinne der historischen Kontinuität die Brevis unserer D o p p e l g a n z e n entspricht, so ergibt sich, daß man im Verlauf der Geschichte der Mehrstimmigkeit zu immer kleineren Notenarten überge-gangen ist; sowie daß man bei der Umschrift alter Musik in unsere Noten je nach der Epoche v e r s c h i e d e n e Arten der «Verkürzung» vornehmen muß.

Indessen liegt eine Durchbrechung der alten «modalen» Rhythmik in einem noch grundsätzlicheren Sinne vor; ich meine die — allerdings vorläufig auf einzelne Fälle beschränkte — Anwendung des binären Taktes, d. h. der binären Longateilung, welche zunächst empirisch erfolgt, ohne daß die Theorie davon Notiz nähme (vgl. unten 201).

* * *

Im allgemeinen stellt die nordfranzösische Motette der Zeit eine musi-kalisch recht trockene Materie dar. Die rhythmischen Kräfte der Musik, die rhythmische «Recherche» oder Gesuchtheit sticht den melodischen Inhalt aus — eine Gefahr, der die französische Musik auch sonst nicht immer ent-gangen ist. Das geistreiche Durcheinander der Stimmen, die mit wohlberech-neten textlichen Pointen ineinander greifen, vermag uns die eigentliche Musik nicht zu ersetzen. Es waren wohl meist Dichtermusiker, welche diese Werke schufen, denn einem Dichter u n d einem Musiker wird es schwer gefallen sein, ein so präzises Zusammenspiel von Text und Musik zu er-reichen. Um dieser Kunstart gerecht zu werden, müssen wir im Auge behal-ten, daß die Motette im gleichen Maße eine literarische wie eine musikalische Angelegenheit ist. Man hat dieses Ausgerichtetsein auf die rhythmische Mes-sung, wie es uns hier und teilweise schon in Notre Dame entgegentritt und wie es sich im 14. Jahrhundert teilweise noch akzentuiert (man denke an die unsinnige Subilität der «isorhythmischen» Motette und die zuneh-mende Kompliziertheit der Mensuralnotation), in nicht unpassender Weise mit der scholastischen Denkweise verglichen; in beiden liegt etwas «Ra-tionalistisches».

Sofern dem Textinhalt nach geistlich, wurden diese Motetten weitgehend in der Kirche aufgeführt. Ja dies müssen wir wahrscheinlich sogar von jenen

188

gemischtsprachigen geistlich-weltlichen Motetten annehmen, da die berühmte päpstliche Bulle von 1324—1325 davon spricht, daß gewisse Jünger der neuen Schule zum kirchlichen Tenor «vulgäre Tripla und Moteti» (Ober- und Mittelstimmen) «hineinzwängen». Im übrigen nimmt die Bulle auch auf die Verwendung kleiner Notenwerte ausdrücklich Bezug. Wir können es verstehen, daß in kirchlichen Kreisen eine solche Kunst Ärgernis erregen mußte. Die «Jünger der neuen Schule» waren, indem sie diesem interessanten Spiel nachgingen — und hiermit führten sie nur Tendenzen der Notre-Dame-Schule weiter —, über eine gewisse Grenze hinausgegangen; hier tat sich eine gewisse Diskrepanz zwischen Geistlich und Weltlich auf, die mit der Lockerung des Glaubenslebens zusammenhängen muß (vgl. unten 282).

c) «Periphere» Mehrstimmigkeit

Angesichts dieser Art «Fortgeschrittenheit» muß man froh sein, daß es daneben einen Komplex von «Zurückgebliebenheit» gibt wie die oben betrachtete italienische Laude; allerdings verläßt auch diese in gewissem Maße die Grundlage der alten kirchlichen Anschauung, indem es ein vorwiegend außerkirchlicher geistlicher Gesang ist (auch die hinter der Laude stehende Bewegung hat ja etwas von ausgesprochener Laienfrömmigkeit, wenn nicht etwas Antiklerikales). Indessen hat es die Musikgeschichte in dieser Zeit auch mit solchen Komplexen zu tun, die wir als intermediär zwischen jener überspannten Motettenkunst und der Einstimmigkeit ansehen können: mit einer verhältnismäßig «z u r ü c k g e b l i e b e n e n» M e h r - s t i m m i g k e i t (vgl. oben 181).

Nennen wir, um zunächst bei N o r d f r a n k r e i c h zu bleiben, einen Ausläufer des Conductus, die dreistimmigen französischen Rondeaux von Adam de la Hale (einem Komponisten, der sich allerdings auch an der Motette versuchte), also Reigenlieder in mehrstimmigem Satz, in denen die drei Stimmen die Textsilben zusammen aussprechen. Es sind musikalisch anspruchslose Gebilde; doch ist wichtig, daß hier in einem Teil der Fälle die Grundmelodie offenbar in der Mittelstimme liegt, nicht, wie es bisher Regel war, in der Unterstimme. Die einen dieser Rondeaux scheinen eine vorgegebene, also wohl der volkstümlichen Musik entlehnte Melodie in der Unterstimme zu haben, die anderen dagegen eine vom Komponisten selbst stammende Melodie in der Mittelstimme. Dem schließt sich ein dreistimmiges Rondeau des, wie ich seinerzeit festgestellt habe, wegen böser Streiche 1303 gehängten Jehannot de l'Escurel an, das gleichfalls die vom Komponisten selbst stammende Melodie in der Mittelstimme haben dürfte (eben diese Mittelstimme figuriert auch unter Jehannots einstimmigen Rondeaux). Hier ist die Rhythmik bereits entsprechend reicher als bei Adam; besonders aber interessiert uns, daß die Terz (und die Sext) praktisch als Konsonanz behandelt ist, da sie mehrfach am Anfang und Ende von Teilen steht (wenn auch nicht am Anfang und Ende des Stücks). Auf diesen Zusammenhang werden wir noch zurückkommen.

Auf dem Gebiet der liturgischen Musik kommt hier die Handschrift Paris lat. 15129 in Frage, die an mehrstimmigen Stücken eine Antiphone, ein *Sanctus*, ein *Benedicamus* und ein Alleluja enthält. Diese Kompositionen stehen in ihrer schlichten Faktur denen aus dem 11. Faszikel von W_1, die wir sogleich erwähnen, nahe. Sie könnten zwar englischer Herkunft sein, doch müssen wir jedenfalls annehmen, daß diese Geschmacksrichtung auch in Frankreich vertreten war.

So wird in «provinziellen» Kreisen Frankreichs eine Art der Mehrstimmigkeit gepflegt, die uns nach der Notre-Dame-Entwicklung und neben jener Motettenentwicklung «altfränkisch» erscheint; ja es kommen Stücke von noch schlichterer Art als die in Paris 15129 vor. LR. 12 f. verzeichnet einige französische Handschriften mit Sequenzen «in primitivem Stil». Vereinzelt begegnen uns auch zweistimmige Hymnen in schlichter Form (s. LR. 14 f.). Ja solche Hymnen begegneten mir sogar in P a r i s e r Handschriften aus der Zeit um 1300, wie in der Brevierhandschrift Paris lat. 15163. Falls, was durchaus möglich ist, die letztere in der Notre Dame verwendet wurde, wäre dort neben der so anspruchsvollen «eigentlichen» Notre-Dame-Mehrstimmigkeit auch eine primitive Form gepflegt worden; ja im Grunde wäre dies nicht so verwunderlich, wenn wir uns vergegenwärtigen, daß jene mehrstimmigen Allelujas, Gradualien und Responsorien von Solisten, diese einfach gesetzten Hymnen dagegen vom Chor gesungen wurden. Hier würde wieder einmal zutage treten, daß Stilfragen immer im Zusammenhang mit Besetzungsfragen erörtert werden müssen.

* *

Indessen müssen wir hier hauptsächlich nach anderen Ländern hinüberblicken.

Wie wir sahen (oben 166), drang die Musik der Notre-Dame-Schule auch nach E n g l a n d. Die dort geschriebene H a n d s c h r i f t W_1, aus dem Anfang des 14. Jahrhunderts, enthält sowohl den Notre-Dame-Zyklus — «Magnus liber», drei- und vierstimmige Choralbearbeitungen, Conductus, Motetten, aber in geringerem Bestande als in *F,* besonders was die Motetten

190

betrifft — als auch Kompositionen örtlicher Herkunft. Die letzteren gehören teilweise in die genannten Kategorien, teilweise aber zu zwei anderen: einerseits sind es zwei- und dreistimmige Fassungen von Tropen zum *Sanctus* und *Agnus*, also zum Ordinarium der Messe, anderseits aber enthält die Handschrift in ihrem 11. Faszikel — der nicht von der gleichen Hand geschrieben ist wie das übrige — eine Sammlung zweistimmiger Kompositionen für Marienmessen (genauer: für die samstäglichen marianischen Votivmessen, nicht für die großen Marienfeste), welche eine Gruppe für sich bilden. Wir dürfen wohl annehmen, daß jene Tropen im gleichen Kreis komponiert wurden, der das Notre-Dame-Repertoire aufnahm; vom Inhalt des 11. Faszikels wollen wir dies nicht behaupten, immerhin ist es naheliegend anzunehmen, daß er wenigstens im gleichen Kreis wie der Hauptteil der Handschrift zur Verwendung gelangte. Die relative «Bescheidenheit» der Faktur dieser Stücke erklärt sich also nicht, wie F. Ludwig gedacht hatte, dadurch, daß sie älter sein müssen wie die Notre-Dame-Kompositionen oder daß sie in den St.-Martial-Zusammenhang gehören, sondern dadurch, daß sie für eine wochentägliche Spezialmesse geschaffen wurden, die nicht den Glanz der Sonntags- oder Festmessen aufweist.

Von den Tropen im Hauptteil der Handschrift müssen wir sagen, daß sie ein sehr interessantes Mittelding zwischen der Faktur einer Notre-Dame-Choralbearbeitung und eines Conductus darstellen; dabei sind es jedenfalls anspruchsvollere Gebilde als die Stücke im 11. Faszikel.

Die letzteren zerfallen in drei Hauptgruppen: Choralbearbeitungen (und zwar hauptsächlich solche von Allelujas), Bearbeitungen von Sequenzen und solche von Tropen zum Meßordinarium. Sie sind alle zweistimmig, nur daß gelegentlich am Schluß unvermittelt eine dritte Stimme dazutritt, um die Kadenz zu bereichern. Die Choralbearbeitungen verzichten weitgehend auf die großen Orgelpunkte und die starren rhythmischen Formeln und begnügen sich in der Hauptsache damit, die liturgische Melodie in Longae durchzuführen, neben denen einerseits kleinere Dehnungen, anderseits auch Teilwerte stehen — so daß die Oberstimme nur noch ein relatives Übergewicht in bezug auf Belebung hat. Eine solche Rhythmisierung der gegebenen Melodie erscheint im Vergleich zu Notre Dame ausgesprochen «zwanglos». Offenbar wird bei solcher Rhythmisierung der konstruktive Unterschied zwischen Choralbearbeitung und Conductus weitgehend gemildert; oder wir könnten es vielleicht auch umgekehrt so ansehen, daß eher diese bescheidenere Stilrichtung den «Normalfall» darstellt und daß der konstruktive Gegensatz zwischen «Choralbearbeitung» und Conductus erst dort in seiner vollen Schärfe ins Licht treten muß, wo sich die Faktur so exorbitant entfaltet wie in Notre Dame. Nach dem Gesagten wird man sich leicht vorstellen können, daß die Sequenzen dieser Sammlung in ihrer Faktur einem nichtmelismatischen oder nur mit Schlußmelisma versehenen Notre-Dame-Conductus nahestehen; es sind «Kompositionen mit rhythmischem Text», zumal es in der Hauptsache Bearbeitungen von Sequenzen neueren Stils, d. h. Sequenzen in Versform sind — nur daß hier die Grundmelodie, anders als im «Conductus», eine vorgegebene ist. Die Tropenbearbeitungen sind erst recht ein Mittelding zwischen Choralbearbeitung und Conductus, da die Melodie zwar vorgegeben und sogar der Text meist in Prosa ist, es aber anderseits weitgehend syllabische, also vom Textrhythmus beherrschte Melodien sind, denen auch nicht die «Ehrwürdigkeit» des eigentlichen Chorals zukommt. Beiläufig gesagt, ist in einigen Fällen nicht nur der Tropus, sondern auch die Ordinariumsmelodie selbst in die zweistimmige Komposition einbezogen. Jedenfalls ist diese Hinwendung zum Ordinarium, wie wir gleich sehen werden, historisch bedeutsam.

Ein anderes englisches Denkmal sind die «W o r c e s t e r - F r a g - m e n t e» aus dem Ende des 13. und der ersten Hälfte des 14. Jahrhunderts. Darin liegen Notre-Dame-Kompositionen nur vereinzelt vor, das meiste ist eigene Produktion. Die Stücke sind zwar weniger anspruchslos als die des 11. Faszikels von W_1, und auch die Motette fehlt in diesem Repertoire nicht. Immerhin treten darin genügend «periphere» Züge hervor, insbesondere ein Verwischen der Grenzen zwischen den Gattungen, indem z. B. eine Choralbearbeitung in einem Teil die Oberstimmen mit neuem syllabischem Text ausstattet, also teilweise Motette ist (allerdings erinnert dies wieder an die älteste Praxis von Notre Dame, derzufolge die Motette als Ersatzteil in die Choralbearbeitung gefügt wurde). Auch hier tritt, und sogar noch ausgesprochener, die Hinwendung zum Ordinarium der Messe zutage. Und da hierbei nicht nur Tropen zu den Ordinariumsteilen, sondern auch diese selbst mehrstimmig bearbeitet sind, müssen wir annehmen, daß in dieser Stilrichtung nun auch eine chorische Mehrstimmigkeit in Frage kommt (und nach anderen englischen Quellen wurde damals auch das *Magnificat,* das gleichfalls chorisch ist, manchmal mehrstimmig gesungen). Dabei aber zeigt sich — wir sind beinahe enttäuscht darüber — in bezug auf die Faktur kein Unterschied zwischen dem, was wir als chorisch, und dem, was wir als solistisch ansehen müssen. Freilich ist hier nicht irgendein, sondern ein gutgeschulter Chor vorausgesetzt, denn primitiv sind die Stücke aus den Worcester-Fragmenten nicht.

* *
*

Wie wir schon anläßlich des 11. Faszikels von W_1 vermerkten, ergibt sich eine Milderung des Gegensatzes zwischen Choralbearbeitung und Conductus, wenn innerhalb des letzteren hauptsächlich die einfache, nichtmelismatische Abart gepflegt wird und sich die erstere einer Kompositionsweise befleißigt, welche auf die großen Orgelpunkte und die starren rhythmischen Formeln im Tenor verzichtet, also eine Choralmelodie nicht viel anders behandelt als eine Conductusgrundstimme. Es verbleibt der Unterschied, daß eine Choralmelodie vorgegeben ist und die Grundmelodie des Conductus frei erfunden. Indessen beginnt sich auch dieser Unterschied bereits zu verwischen, denn in zunächst vereinzelten Fällen (wie in einem dreistimmigen *Gloria* aus Worcester) scheinen Ordinariumsteile ohne vorgegebene Grundmelodie vorzuliegen. Dasselbe sehen wir in der ungefähr aus derselben Zeit stammenden «Messe von Tournai», die wir unten 210 erwähnen, ja dies wird in der späteren Ordinariumskomposition zur Regel, nur daß dabei, wie wir sehen werden, teilweise die freie «Paraphrasierung» der liturgischen Ordinariumsmelodie eingreift. Um uns die Möglichkeit und die Voraussetzungen eines solchen Abstrahierens von der gegebenen Melodie (oder die Möglichkeit einer so freien Behandlung derselben) zu vergegenwärtigen, müssen wir wohl daran denken, daß der Ordinariumsmelodie nie eine solche Ehrwürdigkeit und Fixität zugekommen ist wie einer Propriumsmelodie; die Ordinariumsmelodien sind ja zum größten Teil erst mittelalterlicher Herkunft, und was die Hauptsache ist: es gab für einen und denselben Ordinariumsteil immer eine Anzahl von Melodien zur Auswahl. So hat die Hinwendung zum Ordinarium in ihrer Weise dazu beigetragen, die «Choralbearbeitung» dem Conductus anzunähern.

Wir sehen schon hieran, daß diese Stilrichtung, obgleich bescheidener und in gewissem Sinne «konservativer», in ihrer Art nicht weniger «in die Zukunft weist» als die exuberante Notre-Dame-Kunst. Doch können wir dies auch von der bloßen Bevorzugung des Ordinariums vor dem Proprium sagen, wird doch in der liturgischen Mehrstimmigkeit vom 14. Jahrhundert an das Proprium allgemein durch das Ordinarium in den Schatten gestellt; und so ist, wie man weiß, das mehrstimmige Ordinarium zur musikalischen «Messe» schlechthin geworden. Allerdings ist dieser Prozeß aber auch als ein Verlust zu werten; er deutet auf eine Reduktion der Leistung der kirchlichen Sängerkörperschaften: das Ordinarium stellt an diese ja geringere Anforderungen als ein Propriumszyklus, weil die Ordinariumskomposition nicht nur bei einem bestimmten Fest, sondern bei verschiedenen Gelegenheiten erklingen kann.   *   *
      *

Das für uns Wichtigste ist aber, daß sich bei dieser Faktur und in diesen Kreisen melodische und rhythmische Energien, wie sie in Frankreich durch den einseitigen Kult des Rhythmischen zurückgedrängt wurden, lebenskräftig entfalteten; und auch in diesem Betracht wird sich die «Zurückgebliebenheit» als «fortschrittlich» erweisen. So erfüllte England um 1300 bereits, wenn auch in bescheidenerer Weise, die Funktion, die dann im 14. Jahrhundert die italienische Mehrstimmigkeit neben der französischen erfüllen sollte.

In diesem Zusammenhang haben wir ein überraschendes Faktum zu erwähnen: Motetten englischer Herkunft, die diese Geschmacksrichtung ausprägen, sind sogar in die nordfranzösische Motettensammlung in der Handschrift Montpellier aufgenommen worden. Dies zeigt, daß man sich auch in Nordfrankreich anderen Geschmacksrichtungen gegenüber nicht verschloß. Den Beweis liefert die Motette Mo 8, 339 (also aus dem letzten Faszikel der Handschrift Montpellier), die gleichzeitig, und zwar in ursprünglicherer Version, in den Worcester-Fragmenten überliefert ist. Hier der Anfang dieser Motette:

Daran ist manches bemerkenswert. Zunächst rein eindrucksmäßig eine gewisse Frische und ein Anflug von Primitivität; der Rhythmus hat mehr Schwere als in den französischen Kompositionen. In Einzelheiten berührt sich das Stück mit dem sogleich zu erwähnenden «Sommerkanon», der aber geistloser ist. Das Stück ist durchsichtig, insofern als bald die eine, bald die andere der Oberstimmen in den Vordergrund tritt. Dieselben sind nach dem Prinzip des «Stimmtausches» (= Wiederholung durch die andere Stimme, s. oben 165) gebildet — ein Verfahren, das in der englischen Mehrstimmigkeit sehr beliebt war, aber auch in der Notre-Dame-Musik angewandt wurde. In jeder Hinsicht sind die beiden Oberstimmen enger miteinander verknüpft als in der typischen französischen Kunst der Zeit, man möchte sagen: sie duettieren, ja sogar den Text haben sie gemeinsam, obgleich sie nicht Note

194

gegen Note gesetzt sind. Ferner ist bemerkenswert, daß die Choralmelodie im Tenor nicht notengetreu beibehalten ist, sondern «paraphrasiert» wird (im Grund ist es das Anfangsmotiv des *Alleluja Post partum,* das vom einen Absatz der Motette zum anderen länger ausgearbeitet wird), sowie daß statt der starren rhythmischen Formeln eine freiere Art der «Zubereitung» vorliegt, indem die rhythmische Gruppe vom einen Absatz zum anderen erweitert wird (und dies parallel mit der melodischen Phrase, nicht unter gegenseitiger Durchkreuzung des Rhythmischen und Melodischen, wie in der Notre-Dame-Motette).

So sehen wir in dem Teil der Handschrift Montpellier, der das Schaffen der Zeit um die Jahrhundertwende repräsentiert, neben jener typisch französischen Motettenart, die auf eine ausgeprägte Differenzierung der Stimmen ausgeht und sich auf das Rhythmische konzentriert, auch diese Art vertreten, welche die Stimmen stärker aneinander bindet und in selbstverständlicher Weise am Melodischen festhält. Die Repräsentanten dieses Typus sind wenigstens zum Teil englisch; doch wird, wie uns die Geschichte der ersten Hälfte des 14. Jahrhunderts zeigen wird, das französische Schaffen diese Richtung auf seine Weise fruktifizieren.

*   *
*

In unsere Periode gehört wohl auch jener vielberufene «S o m m e r - k a n o n», der zu einem weltlichen englischen Text vier Oberstimmen kanonisch führt und darunter einen nach dem Prinzip des Stimmtausches (also
$\left. \begin{array}{l} a \ b \\ b \ a \end{array} \right|$ gebildeten, gleichfalls textierten zweistimmigen Ostinato setzt; es ist gleichsam eine Verdoppelung des vorhin angeführten Motettentypus: Verdoppelung des Oberstimmenduetts, wiederum mit gleichem Text für die Oberstimmen, und Verdoppelung des Tenorfundaments, wobei hier zwar immer der gleiche Rhythmus wiederholt wird, aber wiederum die rhythmische und die melodische Wiederholung zusammenfällt und nicht auseinander geht. Die Verdoppelung führt, wie nicht anders zu erwarten, zur Plumpheit. Das Stück ist charakteristisch für eine auch sonst in England zutage tretende Freude an der massiven Klanglichkeit; es pendelt ständig zwischen zwei Harmonien hin und her, deren Kern dieser ist:

195

Jedenfalls ist es das älteste erhaltene Stück, das über die Vierstimmigkeit hinausgeht. Daß es reines Dur ist (vgl. unten 213), dürfen wir wohl in dem Sinne auslegen, daß es der volkstümlichen Musik nahesteht.

Beiläufig gesagt, scheint mir, daß wenn wir diesen Kanon mit Stimmtauschmotetten vergleichen, Motetten wie die oben genannte ihrer ganzen Art nach näher liegen als etwa die in H. Besselers «Musik des Mittelalters und der Renaissance» S. 122 angeführte, die noch in die Notre-Dame-Atmosphäre gehört.

* * *

Doch müssen wir, bevor wir England verlassen, noch einen Fragenkomplex berühren. Sowohl in den wahrscheinlich englischen Kompositionen aus W_1 (aber nicht im 11. Faszikel!), wie in den Worcester-Kompositionen und sonst in englischem Material der Zeit, tritt relativ mehr als sonst die Neigung hervor, die Terz und die Sext als Konsonanzen zu behandeln, also nicht nur Quarte, Quinte und Oktave, wie es der alten Konsonanzlehre entsprach. Auch vom «Sommerkanon» kann man dies sagen, in dem sich außerdem schon das muntere neuzeitliche Dur bemerkbar macht. Unter den Worcester-Stücken finden sich solche, die schon weitgehend der Technik des «Fauxbourdon» (Übereinanderschichtung von Terz und Sext über der Unterstimme, vgl. unten 213) folgen, dieser Technik, die später auch auf dem Kontinent so beliebt werden sollte.

Über die psychologische Grundlage der Auffassung der Terz (und Sext) als Konsonanz sehe man unten 222. Hier sei nur erwähnt, daß auch englische Theoretiker für diese Auffassung zeugen. Waren die Terzen in der Mensuraltheorie des 13. Jahrhunderts zunächst nur als «unvollkommene Konsonanzen», also etwas in der Mitte zwischen Konsonanz und Dissonanz Stehendes, anerkannt worden, so bemerkt der gegen Ende des Jahrhunderts schreibende Anonymus IV (CS. I 358), daß sie bei gewissen Organummeistern in Westengland geradezu als beste (sehr gute) Konsonanzen gelten; und um 1300 führt der Engländer Walter Odington (CS. I 199) die Tatsache, daß die Terzen von den meisten als Konsonanzen angesehen werden, darauf zurück, daß sie, obgleich offiziell als 64 : 81 und 27 : 32 berechnet, den Verhältnissen 4 : 5 und 5 : 6 nahekommen. Auf das manchmal in diesem Zusammenhang angeführte Zeugnis des Giraldus Cambrensis, vom Ende des 12. Jahrhunderts, über volkstümliche Mehrstimmigkeit in England wollen wir nicht zurückkommen, da dort die Terz gar nicht erwähnt ist.

Es sei allerdings nicht verschwiegen, daß uns eine verhältnismäßige Terzenfreundlichkeit gelegentlich auch in solchen Kompositionen in F begegnet,

196

bei denen wir zunächst keinen Grund haben, an englische Herkunft zu denken, wie denn anderseits der aus England stammende 11. Faszikel von W_1 diese Terzenfreundlichkeit nicht aufweist. Hier bietet sich der Anlaß zu weiteren Untersuchungen.

* *
*

In S p a n i e n stellt wie die Handschrift *Ma* das Gegenstück zu W_1, so die Handschrift von Las Huelgas ungefähr das Gegenstück zu den Worcester-Fragmenten dar. Die letztere hat im Verhältnis zu jenen Fragmenten den Vorzug, daß sie ein vollständig erhaltenes Repertoire, das eines spanischen Frauenklosters, darstellt; sie liegt außerdem in einer schönen und gründlichen Neuausgabe von H. Anglès vor (bei der ich den Vorzug hatte, für die Entzifferung des *Catholicorum contio* konsultiert zu werden). Auch hier zeigt sich im Verhältnis zu Notre Dame eine größere liturgische Vielseitigkeit und das Überwiegen des — zunächst noch meist in tropischer Form auftretenden — Ordinariums über das Proprium. Mehr und mehr zeichnet sich die Tatsache ab, daß das Proprium, d. h. die auf das gegebene Fest bezogenen Kompositionen, nicht Choralbearbeitungen sind, sondern Conductus und Motetten, also Kompositionen mit zumeist nichtliturgischen Texten — wobei aber die Conductus bald aus dem kontinentalen Repertoire verschwinden und jene Rolle in der Hauptsache der Motette zufällt. Ein vergleichendes Studium des Las-Huelgas-Repertoires mit dem von Worcester wäre eine der anziehendsten Aufgaben aus dem Kreise der mittelalterlichen Musikgeschichte.

* *
*

Was I t a l i e n betrifft, so sind wir in dieser Zeit immer noch ohne Denkmäler, abgesehen von vereinzelten Stücken wie jene von LR. 14 behandelte scherzhafte zweistimmige «Sequenz», die einen Text in Sequenzform musikalisch in die Form der «Ballata» zwingt. Doch ist noch eine interessante Nachricht von F. Villani (Samm. III 609 und Rivista musicale italiana XLIX 142) zu erwähnen, die, wie ich nach wie vor glaube (s. ZM. X 558), nur besagen kann, daß vor dem von Villani genannten Komponisten im Dom zu Florenz das Credo alternierend vom Chor und der Orgel wiedergegeben wurde, während jener Komponist den durchweg vokalen mehrstimmigen Vortrag einführte. Die Notiz gehört also in den Zusammenhang der Geschichte des Aufkommens eines mehrstimmigen Meßordinariums im 14. Jahrhundert, worauf wir noch zurückkommen. Jedenfalls war es eine uralte Gepflogenheit, gewisse kirchliche Chorgesänge in jener Weise zwischen Chor und Orgel aufzuteilen.

197

d) Die Instrumentalmusik

Schließlich ist das 13. Jahrhundert und der Anfang des 14. die Zeit, in der uns zum erstenmal Denkmäler reiner Instrumentalmusik entgegentreten: also Denkmäler aus einem Bereich, der mehr als alle von der Improvisation und der mündlichen Überlieferung beherrscht war. Wir begegnen zunächst in demjenigen Kreis, der sich voll und ganz der Motette in die Arme geworfen hatte, einem instrumentalen Gegenstück zu dieser Gesangsgattung. In der zweitgrößten unserer Motettenhandschriften, der wohl aus dem östlichen Frankreich stammenden Bamberger, finden sich am Schluß dreistimmige Kompositionen, die wie Motetten gebaut, d. h. über ein liturgisches Choralbruchstück gesetzt, aber offenkundig instrumental sind. Die eine von ihnen ist direkt als «In saeculum des Viellators» (Fiedlers) bezeichnet (hier wird die Herkunftsangabe für die Grundmelodie also zur substantivischen Bezeichnung des Stücks). Ja vielleicht liegen schon in einer früheren Handschrift analoge zweistimmige Kompositionen vor. Im Prinzip verhalten sich derartige Stücke zur Motette des 13. Jahrhunderts wie das Ricercar des 16. Jahrhunderts zur Motette jener Zeit.

Doch ist auch die ältere Tradition der Spielmannsmusik, diejenige, welche sich mit der Sequenz berührt, nunmehr schriftlich belegt. In einer nordfranzösischen Trouvèrehandschrift stehen als Nachtrag aus dem Anfang des 14. Jahrhunderts einstimmige «Estampies» in der klassischen Form: progressive Wiederholung mit gemeinsamer Schlußpartie der Teile, welche beim erstenmal immer anders kadenziert als beim zweiten (s. oben 151). In Handschriften aus England haben wir zweistimmige Stücke sowie ein einstimmiges, aber stellenweise dreistimmiges, die alle die Estampieform in origineller Abwandlung zeigen; das letztgenannte Stück fällt außerdem durch den fröhlich-trivialen Durcharakter auf (vgl. unten 213 f.).

* *
*

Zwar können wir uns hier nicht mit historischer Instrumentenkunde beschäftigen, aber eine wichtige Tatsache ist doch hervorzuheben: die Verbreitung der Streichinstrumente im Mittelalter im Gegensatz zum Zustand der Dinge im Altertum, wo, soviel wir wissen, Saiteninstrumente nur als Zupfinstrumente vorkamen. Die Herkunft des Streichens ist noch umstritten, nach den einen wäre sie «orientalisch», nach den anderen «nordisch». Die Typen von Streichinstrumenten, denen wir im Mittelalter begegnen — selbstverständlich sind hier bildliche Darstellungen unsere Hauptquelle —, sind sehr verschieden. Man kann sie etwa auf zwei Grundtypen reduzieren: beim einen verjüngt sich der Schallkörper in den Hals hinein, so daß die Form birnenähnlich ist, beim anderen ist der Schallkörper eher ein oben und unten gleiches Oval, der Hals (Griffbrett) dagegen angesetzt. Die erstere Form ist also der Laute oder Mandoline ähnlich, die letztere dagegen hat etwas mit der keltischen und germanischen «Chrotta» gemein, die ihrerseits ein Abkömmling der antiken Leier ist. Als Namen für die verschiedenen Formen von Streichinstrumenten kommen vor: Rebec, Rubeba, Fiedel, Vielle, Viola und andere; offenbar hängen die beiden ersteren Namen miteinander zusammen, und die drei letzten sind etymologisch identisch. Von jenen beiden Grundtypen könnten wir etwa den ersteren mit den Namen Rebec und Rubeba verknüpfen, den letzteren mit den anderen Namen; doch geht im Mittelalter die Terminologie sehr durcheinander. Die von uns oben angeführten Kompositionen sind gewiß in erster Linie für Streichinstrumente bestimmt.

a) Einleitendes

Die von uns soeben überblickte Periode verdient in vollem Maße die Bezeichnung als «Übergangszeit»: die Modegattung der Motette ist das Sammelbecken, innerhalb dessen alles mögliche Neue ausgeprobt wird, und gleichzeitig ist sie ein Ausläufer der vorausgegangenen Entwicklung. In dieser Periode tritt ferner die Abstufung zwischen vorwärtsdrängenden und beschaulichen schöpferischen Kräften besonders deutlich zutage. So ist das Bild der Epoche ein recht vielgestaltiges.

Was uns im 14. Jahrhundert zunächst auffällt, ist, daß die Einstimmigkeit als Kunstproduktion beinahe aufgehört hat; es beginnt schon die Ära, in der nur der Autor mehrstimmiger Musik als Komponist im vollen Sinne gilt (eine Anschauung, deren Grundlage wohl in der Notre-Dame-Zeit gelegt wurde). Eine andere auffallende Verschiebung ist, daß im 14. Jahrhundert die weltliche Musik mit einemmal nicht nur die Gleichberechtigung, sondern das Übergewicht über die geistliche erlangt, wenigstens in den beiden hauptsächlich beteiligten Ländern, Frankreich und Italien; und dies deutet darauf oder bestätigt, daß jetzt die Kirche an innerer Kraft verloren hat; nur für die beiden folgenden Jahrhunderte, das 15. und 16., vermag die geistliche Musik neben der weltlichen wieder die Gleichberechtigung zu gewinnen. Führend ist im 14. Jahrhundert nach wie vor Frankreich, doch tritt neben die französische Musik jetzt die italienische, welche in diesem Jahrhundert gleichsam eine Vorblüte ihrer großen Zeit, des 16.—17. Jahrhunderts, erlebt; sie ergänzt die französische Musik in ähnlichem Sinne, aber in wirksamerer Weise, als wie es die englische um 1300 getan hatte.

Die Musikgeschichten brauchen in bezug auf die französische und die italienische Musik des 14. Jahrhunderts den Ausdruck «A r s   n o v a» (= neue Kunst), doch fürchte ich, daß dies nicht historisch ist. Denn «Ars nova» ist im Sinne der ersten Hälfte des 14. Jahrhunderts nicht eine neue Musik, sondern eine neue Art Mensural n o t a t i o n, welche mit Wandlungen der Rhythmik zusammenhängt. Das Neue ist hier einerseits die Verselbständigung der «Minima», des Teilwerts der Semibrevis, der jetzt seine eigene

Notenform erhält (historisch-formal entspricht diese «kleinste» Note unserer Halben, woraus man sieht, wie sich die Entwicklung immer mehr den kleinen Notenwerten zugewandt hat); und an die Minima schließt sich bald ihre Teilung, die «Semiminima». Hauptsächlich aber ist es dies, daß jetzt neben die ternäre Teilung die binäre tritt, und zwar für alle Notenwerte (Longa, Brevis und Semibrevis); und dies zieht sodann als Konsequenz nach sich, daß durch Taktzeichen angegeben werden muß, ob die Teilungen (insbesondere die der Brevis und der Semibrevis) binär oder ternär sind. So erscheint die Rhythmik im Verhältnis zu der des 13. Jahrhunderts mit einem Schlage bereichert oder vielmehr von jener selbstgewählten Beschränkung befreit.

Es ist interessant, daß die binäre Teilung von den großen Notenwerten ausgegangen zu sein scheint. Als der Longa übergeordneten Wert kennen schon die ältesten Mensuraltheoretiker im 13. Jahrhundert die Doppellonga, n i c h t die dreifache Longa. In Motetten in den späteren Teilen der Handschrift Montpellier begegnen wir gelegentlich der binären Longateilung (s. oben 188). Die binäre Brevisteilung begegnet uns dann bei Philippe de Vitry am Anfang des 14. Jahrhunderts, die binäre Semibrevisteilung bei G. de Machaut (zu letzterem vgl. G. de Van in «Sources» I, 1943, 24 ff.). Selbstverständlich bedeutet dies nicht, daß man den zweiteiligen Rhythmus erst jetzt hätte «entdecken» oder «erfinden» müssen; es bedeutet nur das Sichdurchsetzen desselben in der Hand in Hand mit der Theorie gehenden Kunstmusik.

b) Die Motette

Wir betrachten zunächst das Gebiet der Motette. Hier betätigt sich am Anfang des 14. Jahrhunderts der bedeutende, auch als Dichter bekannte und als Bischof gestorbene P h i l i p p e d e V i t r y (1291—1361). Ich denke z. B. an seine Motette *Tribum quem — Quoniam secta* (GM. N. 78), die ausnahmsweise den Tenor als Mittelstimme hat. So wie hier dem Melodischen sein Recht wird, so wie die Stimmen sich glücklich ergänzen und dem Ganzen eine große Durchsichtigkeit eigen ist, könnte man glauben, daß hier direkt oder indirekt das Vorbild jener englischen Motetten in der Art unseres Beispiels N. 22 wirksam geworden ist; auch die Terz und die Sext macht sich in dieser Motette einigermaßen (und in anderen Motetten Philippes noch mehr) als Konsonanz geltend. Auf der anderen Seite tritt aber doch auch ein Element rhythmischer «Recherche» oder Gesuchtheit in die Erscheinung — aber nun in ganz anderer Weise als in jenen Motetten des Petrus-de-Cruce-Stils (oben 187 f.): hier liegt «I s o p e r i o d i k» vor, das Vorstadium dessen, was wir als «Isorhythmie» zu bezeichnen haben; wir haben das Gefühl, daß es gleichsam einen Ersatz darstellt für die in jener englischen Motettenart zutage tretenden eigentlichen, d. h. unmittelbar anschaulich zur Geltung kommenden Formkräfte.

Um deutlich zu machen, worum es sich handelt, setze ich zwei einander entsprechende Partien aus der genannten Motette nebeneinander:

Wie gesagt, liegt hier der Tenor ausnahmsweise in der Mittelstimme (was uns an die eine Kategorie der oben 189 erwähnten Rondeaux von Adam erinnert). Indessen kommt es hier nicht auf den Tenor an, sondern die anderen Stimmen, die wir trotz jenes Umstandes «Oberstimmen» nennen wollen. Das Wesentliche ist, daß die Periodenbildung, d. h. die Einschnittsetzung in ihnen gleich bleibt bei v e r s c h i e d e n e m melodischem Material. Vom Eintritt des Tenors an (am Anfang unseres ersten Bruchstücks) besteht die Motette aus drei Großabschnitten zu 24 Takten (im obigen Beispiel sehen wir je die ersten sechs Takte des 1. und des 3. Abschnitts); und jeder der Abschnitte läßt sich, wenn wir den Tenor nach unten legen, so darstellen:

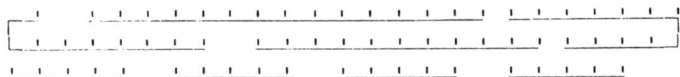

Es ist, wie wenn sich darin das Bestreben ausdrücken würde, den unregelmäßigen Periodenbau der Oberstimmen des 13. Jahrhunderts zu einer höheren Einheit zu bringen. Was das Verhältnis dieser isoperiodischen Groß-

202

abschnitte zu den in der Motette von altersher gleichrhythmischen Tenor-perioden betrifft, so sehen wir im gegebenen Fall, daß mehrere der letzteren auf einen Oberstimmenabschnitt treffen — während im folgenden Stadium, bei der durchgeführten «Isorhythmie» der Oberstimmen, gewöhnlich ein Oberstimmenabschnitt mit einer Tenorperiode zusammenfällt; die rhythmi-schen Perioden des Tenors sind hier denn auch im allgemeinen länger und komplizierter als ehedem.

* * *

Wie gesagt, ist dies nur eine Vorstufe zur eigentlichen «Isorhyth-mie», der wir dann in den Motetten von Guillaume de Machaut begegnen: hier wird innerhalb des obigen Periodenschemas vielfach die Verteilung der rhythmischen Werte im einzelnen reproduziert, und dies immer bei wechselnder melodischer Materie. Allerdings zeigt sich, wenn wir genauer zusehen, bei Machaut die «Isorhythmie» nicht ganz so streng durch-geführt wie die «Isoperiodik»: ein deutliches Zeichen dafür, daß die erstere eine Steigerung der letzteren ist. Nun ist es bei Guillaume de Machaut die Regel, daß die ganze Tenormelodie in verändertem (verkleinertem) Rhyth-mus wiederholt wird, was eine Zweiteilung der ganzen Motette bedeutet; hier wird dann die Gliederung in isorhythmische Oberstimmenabschnitte erst innerhalb der ersten Tenordurchführung und dann innerhalb der zweiten verwirklicht, so daß jeder der beiden Teile der Motette in sich isorhythmisch ist; wie gesagt, fällt nunmehr in der Regel ein rhythmisch gleichgebauter Oberstimmenabschnitt mit einer rhythmischen Tenorperiode zusammen.

Wir empfinden dies als eine unsere Fassungskraft übersteigende Schema-tisierung. Doch überlegen wir, was eigentlich der Ausgangspunkt für diese Art des Aufbaus ist. «Isorhythmisch», gleichrhythmisch sind ja die Tenor-perioden der Motette schon von Anfang an. Was sich ereignet hat, ist also, daß das distanzierte Verhalten, welches der Komponist ursprünglich nur der gegebenen gregorianischen Melodie gegenüber bekundete, von ihm jetzt auch den von ihm selbst geschaffenen Oberstimmen gegenüber bekundet wird. Es ist wie ein um das ganze Werk gelegter eiserner Gürtel — was aber nicht ausschließt, daß die melodische Erfindung im konkreten Fall das Merkmal der Frische aufweisen kann.

Leider muß ich hier wiederum die Fachleute der terminologischen Laxheit zeihen. Ich meine nicht nur, daß «Isoperiodik» und «Isorhythmie» nicht genau auseinander ge-halten werden (tatsächlich geht das eine oft in das andere über), sondern hauptsächlich die Verwässerung des Begriffs der «isorhythmischen Motette», die darin liegt, daß man hierbei auf den Tenor blickt: denn von diesem aus gesehen, ist ja schon im 13. Jahrhundert beinahe jede Motette «isorhythmisch». Hier meine ich nicht F. Ludwig, der m. W. die Bezeichnung «Isorhythmie» aufbrachte — denn AdlH. 273 definiert er die isorhythmische Motette richtig als eine solche, bei der jede Tenordurchführung in Perioden zerfällt, die n i c h t   n u r im Tenor, sondern auch in den Oberstimmen rhythmisch analog gegliedert bzw. rhythmisch gleich sind —, sondern eher Ludwigs Schüler, den hochgeschätzten H. Besseler (Musik des Mittelalters und der Renaissance 129 f.); bei diesem klingt es manchmal sogar, wie wenn solche Tenores als «isorhythmisch» zu gelten hätten, bei denen sich nicht kleinere, sondern größere rhythmische Perioden wiederholen (AM. VIII 167).

Die Motetten von Guillaume de Machaut sind in manchen Fällen vierstimmig (was bei Philippe de Vitry nur vereinzelt vorkam). Zum Unterschied von der vierstimmigen Motette des 13. Jahrhunderts ist die 4. Stimme hier aber nicht eine über die zwei Textstimmen gesetzte weitere, sondern sie verstärkt das instrumentale Fundament, sie ist ein den Tenor ergänzender «Contratenor», der sich gleichfalls in längeren Noten bewegt und mit dem Tenor (ihn ergänzend) die rhythmischen Perioden bildet, aber naturgemäß sprunghafter ist als er.

c) Das Diskantlied (Cantilene)

Wir müssen nunmehr zur Hauptleistung von G. de Machaut übergehen, diesem um 1300 geborenen und wahrscheinlich 1377 verstorbenen Dichterkomponisten. Diese Leistung liegt auf dem Gebiet einer neuen Kompositionsgattung, des «D i s k a n t l i e d e s» oder der «Cantilene»; diese hat Machaut, wenn auch nicht aufgebracht, so doch mit besonderem Glanz gepflegt. Hier bildet den melodischen Ausgangspunkt nicht mehr eine gegebene Unterstimmenweise, sondern die Hauptmelodie ist vom Komponisten selbst geschaffen, und sie liegt nicht in der Unterstimme, wie im alten Conductus, sondern in der Oberstimme. Der darunter gesetzte «Tenor» hat also seine Rolle grundlegend verändert, er ist frei hinzugesetzt; eine allfällige dritte Stimme ist ein den Tenor als Fundament ergänzender, meist lebhafterer und melodisch weniger glatt verlaufender «Contratenor». Die Hierarchie der Stimmen ist klar ausgeprägt: 1. Oberstimme (= «cantus»), 2. Tenor, 3. Contratenor; mehr oder weniger entspricht dies auch der Reihenfolge der Herstellung, obgleich ein wirklicher Komponist gewiß mit der Oberstimme auch den Tenor schon einigermaßen vor sich gesehen haben wird. Die Vorherrschaft der Oberstimme äußert sich auch darin, daß sie die gesungene Stimme ist, während Tenor und Contratenor, wie in der Motette, instrumental sind.

F. Ludwig hat diese Kompositionsgattung mit deplorabler Unlogik als «Balladen-form» oder «Balladenstil» bezeichnet, obgleich die Ballade nur e i n e der musikalisch-poetischen Formen ist, die innerhalb dieser Gattung angewandt werden, und obgleich die Balladenform auch einstimmig belegt ist.

Die Bezeichnung dieser Gattung als «Diskantlied», d. h. Oberstimmenlied, wurde von A. Schering aufgebracht («Studien zur Musikgeschichte der Frührenaissance») und von Ludwig wohl deswegen verworfen, weil Schering sie nicht immer auf Komposi-tionen angewandt hatte, die zu dieser Gattung gehören, und weil er dem «Diskantlied» ein ziemlich problematisches «Tenorlied» gegenübergestellt hatte. Dies scheint mir aber kein genügender Grund zur Verwerfung des Terminus zu sein. Eher könnte man gegen ihn einwenden, daß er nicht auf die romanischen Sprachen übertragbar ist, da dort «Diskant» («déchant» usw.) nicht die Oberstimme, sondern die Gesamtheit der Stimmen bezeichnet.

Doch sehen wir, ob diese Gattung bereits in jener Epoche eine Benennung hatte. Wir finden CS. III 93 die Bezeichnung «carmen» (buchstäblich = Gedicht) sowie CS. II 428 f. «cantilena», welch letztere Bezeichnung den Vorzug hat, daß sie in das Fran-zösische, wie in das Deutsche übertragen werden kann. An der letztgenannten Stelle be-klagt sich ein Theoretiker des frühen 14. Jahrhunderts, daß die «Modernen» beinahe nur noch zwei Gattungen, die Motette und die Cantilene pflegen und daß sie das Or-ganum und den Conductus aufgegeben haben. Allerdings scheint sich aus CS. I 130 zu ergeben, daß mit «cantilena» ehedem Rondeaux mit drei gesungenen Stimmen wie die von Adam de la Hale bezeichnet wurden; ja ursprünglich muß das Wort das ein-stimmige profane Lied und insbesondere das Refrain-Reigenlied bezeichnet haben. Wir müssen also annehmen, daß, indem jenes Lied in die Mehrstimmigkeit einging und zum Gegenstand jener Kompositionsgattung wurde, sein Name auf diese übertragen wurde.

Noch Joh. Tinctoris kennt (CS. IV 152) die «Cantilene» als polyphone Gattung neben der Motette und der Messe. Mag auch die historische Perspektive hier schon verändert sein, mag jetzt auch (wie wir sehen werden) diese Gattung, die mit der «Chanson» zusammenfällt, schon in allen Stimmen vokal sein, so ist es historisch doch die Fortsetzung jenes Diskantliedes des 14. Jahrhunderts. Beiläufig gesagt, finden wir bei demselben Autor (CS. IV 29) auch wieder «carmen» als mit «cantilena» gleich-bedeutend.

Vergegenwärtigen wir uns die F o r m e n , welche bei Machaut innerhalb dieser Gattung zur Verwendung kommen. Es sind die Ballade, das Virelai (dessen Entsprechung uns bereits in der Laude und in der Cantiga begegnete) und das Rondeau: wie schon angedeutet, Refrainformen des volkstümlichen Reigenliedes im 13. Jahrhundert. Diese Verpflanzung scheint auf eine ge-wisse Preziosität oder künstliche Naivität zu deuten (das 14. Jahrhundert zeigt ja eine gewisse Preziosität auch im Zurückgreifen der Dichter auf die antike Mythologie); denn das eigentliche Wesen dieser Formen, der dem Refrain entsprechende Wechsel von Solo- und Chorgesang, konnte bei die-ser Kompositionsart nicht mehr in die Erscheinung treten.

Fragen wir nach dem S t i l dieser Kompositionen, so können wir ihn wohl nicht anders als verfeinert in melodischer Beziehung und kraus, kapriziös in bezug auf den Rhythmus nennen. Als Beispiel folge der Anfang der Ballade *Je puis trop bien ma dame comparer* (Ballade N. 28 in der Machaut-Gesamtausgabe von F. Ludwig):

Die Frage, wo die Antezedentien dieser Kompositionsgattung zu suchen sind, können wir vielleicht mit der Vermutung beantworten, daß das Trouvèrelied gewiß in vielen Fällen mit einer improvisierten Violenbegleitung vorgetragen wurde (in einem Fall ist eine solche Stützstimme zu einem Trouvèrelied sogar aufgezeichnet worden, s. SJb. II 32). Außerdem liegen Antezedentien auf dem Gebiet der Motette vor (die zweistimmige französische Motette mit ihrem instrumentalen Tenor).

Bevor wir Frankreich verlassen, müssen wir noch einige Stücke erwähnen, die eine Gattung für sich bilden: die K a n o n s, die H. Besseler, AM. VII 193 f. besprach und die, wie neuerdings N. Pirrotta (Rivista musicale italiana XLVIII 318) gezeigt hat, nicht zwei-, sondern dreistimmig sind. Sie sind immerhin dem englischen «Sommerkanon» an Stimmenzahl unterlegen, dabei aber weit kunstvoller. Solche Stücke werden in Frankreich als «chace» (buchstäblich: Jagd) bezeichnet, doch wird in der Musiktheorie des 14. Jahrhunderts auch das Wort «fuga» (Flucht) auf den Kanon angewendet. Dem entspricht es, daß die weltlichen, französischen Texte solcher Stücke gern eine Jagd oder sonst eine belebte Szene darstellen, wobei auch von der Wortmalerei Gebrauch gemacht wird. Als Gattung scheint die französische Chace auf eine ältere Schicht zurückzudeuten als die «Cantilene».

d) Italien

Betrachten wir nunmehr die Vorgänge in Italien. In Oberitalien und besonders in Florenz erblüht im 14. Jahrhundert eine mehrstimmige Liedkunst, die bereits in vollem Maße als italienisch angesehen werden kann, sofern wir als Charakteristika der italienischen Musik die melodische Rundung und die sanfte Rhythmik betrachten.

In der ersten Jahrhunderthälfte handelt es sich um das zweistimmige Madrigal: eine Kategorie, die wir nicht nur als musikalisch-poetische Form, sondern auch als Kompositionsgattung anzusehen haben, da innerhalb dieser Gattung sekundär auch die Form der «Ballata», die dem französischen «Virelai» entspricht, zur Geltung kommt. Als Kompositionsgattung schließt sich das Madrigal dem alten Conductus an, insofern als keine vorgegebene Melodie dem Stück zugrunde liegt und beide Stimmen denselben Text singen; allerdings liegt die Hauptmelodie eher in der Oberstimme, und die Silbenaussprache ist nicht immer streng gleichzeitig, sondern sie läßt eine kleinere zeitliche Verschiebung zu; ein anderer Unterschied ist, daß das Madrigal ausschließlich weltliche und italienische Texte hat. Als Form besteht das Madrigal aus drei (oder zwei) Teilen, die meist zu derselben Musik gesungen werden, worauf ein sich abhebender Schlußteil folgt. Hervorragende Vertreter dieser Kunst sind Jacopo da Bologna und Giovanni da Cascia (= Johannes de Florentia).

Man hat den Namen «Madrigal» in verschiedener Weise erklärt: als *mandrialis* (von *mandra* = Herde, also «pastoral»), als *matricalis* (mütterlich, heimatlich) und als *materialis*. Sprachlich scheint die letztere Abteilung am meisten für sich zu haben, doch bliebe noch die begriffliche Brücke festzustellen. Man hat hier neuerdings an die Gegenüberstellung von *materia* und *species* gedacht (so E. Li Gotti: etwas, das noch nicht Form hat), oder an die von *materialis* und *moralis* als weltlich und geistlich (so N. Pirrotta) — was mir zu wenig belegt erscheint. Vielleicht haben wir an die naheliegende Gegenüberstellung von *materialis* und *formalis* zu denken, was im Sinne der Zeit nicht das Fehlen oder Vorhandensein einer musikalischen Form, sondern die Abwesenheit der höheren Vollendung bedeuten und also das Madrigal als aus einer tieferen Sphäre stammend charakterisieren würde (und so ergäbe sich s a c h l i c h doch wieder die Berührung mit *mandrialis* und *matricalis*). Die Beziehung zum alten Conductus, von der ich sprach, könnte mehr als eine nur theoretische sein: die Neigung, den Tenor in längeren Noten und die Oberstimme belebter zu führen, erinnert an den St.-Martial-Stil, und so könnte man finden, hier liege eine «Mensuralisierung» jener Art Mehrstimmigkeit vor, wie sie in anderer Weise in der Notre-Dame-Schule verwirklicht wurde (dies wäre die Verbindungslinie, welche etwa gleichzeitig vom Kollegen H. Besseler, Musik des Mittelalters und der Renaissance, 157, und von mir SJb. V 27 gezogen wurde); ich füge noch bei, daß ein italienischer Theoretiker vor der Mitte des 14. Jahrhunderts hervorhebt, von den Oberstimmen des Madrigals, die sich in kleinen Notenwerten bewegen, zeichne sich die eine speziell durch «ire melodiando», d. h. durch einen prägnanten Bewegungszug, aus. Daß in demselben theoretischen Zeugnis das Madrigal charakterisiert wird als ein Stück, in dem «die Textworte auf mehrere Stimmen angewandt werden» (SJb. V 27), könnte seinerseits darauf deuten, daß im Madrigal die Silbenaussprache ursprünglich gleichzeitig war. Fügen wir noch bei, daß sich das Madrigal in der Überlieferung ganz überwiegend als zweistimmig und selten als dreistimmig präsentiert, was eine gewisse Diskrepanz gegen die theoretischen Zeugnisse

(SJb. V 28 f.) bedeutet. Zur Frage, ob es ein einstimmiges Madrigal als Vorstadium des mehrstimmigen gegeben habe, kann man sich wohl noch nicht definitiv äußern. — Und nun in diesem Zusammenhang eine allgemeinere Bemerkung. Es ist bedeutsam, daß uns wie im italienischen Madrigal, bei vokalem Charakter aller Stimmen, so im französischen «Diskantlied», wo der Tenor instrumental ist, jetzt diese Neigung begegnet, das melodische Hauptgewicht in die Oberstimme zu legen. Hier prägt sich der Gegensatz zweier Musikauffassungen aus: die eine verlegt das Gewicht auf den tieferen Ton als den logisch wichtigeren, die andere auf den höheren als den wahrnehmungsmäßig aufdringlicheren oder einprägsameren (vgl. «Der Toncharakter», S. 95, und unten 232).

Indessen gibt es in Italien noch den Kanon, der als «caccia» eine Gattung für sich bildet. Es ist dies offenbar ein Gegenstück zur französischen «chace». Auch hier malt der Text gern Jagd- und andere belebte Szenen aus. Der Unterschied gegen die französische Chace ist, daß es nicht drei kanonische Stimmen sind, sondern zwei, unter die eine instrumentale Stützstimme gesetzt ist, was in der Klanglichkeit an die Motette erinnert. Das historische Verhältnis zwischen Chace und Caccia ist noch nicht geklärt; das eine der für die Priorität der Chace angeführten Argumente wurde bereits ZM. X 558 entkräftet. Übrigens ergibt sich hier wieder, und erst recht, eine Diskrepanz, da die theoretischen Zeugnisse in Italien (s. SJb. V 29) von größeren Stimmenzahlen sprechen: die eine Quelle beschreibt als «collatio» einen mindestens dreistimmigen Kreiskanon, die andere als «cacia sive incalço» einen, der gar fünf Stimmen haben soll — ohne daß einer außerhalb des Kanons stehenden Stützstimme Erwähnung geschähe.

In der zweiten Hälfte des 14. Jahrhunderts wirkt in Florenz Machauts jüngerer Zeitgenosse, der blinde Organist Francesco Landini († 1397), der nun auch die Gattung des «Diskantliedes» oder der «Cantilene» übernimmt. Hier herrscht die Form der «Ballata», das Äquivalent des französischen «Virelais». Aber der Stil ist italienisch. Landini kennt ferner eine Mischgattung: gesungene Oberstimme, gesungener Tenor und instrumentaler Contratenor; hier bilden Oberstimme und Tenor gewissermaßen ein Stück der Madrigalgattung, während, wenn wir im Tenor den Text wegließen (was im Sinne der Zeit kein Verbrechen war), ein reines «Diskantlied» vor uns stehen würde. Als Beispiel folge (nach F. Ludwig in der ZM. V 459) der Anfang eines solchen Stückes von Landini:

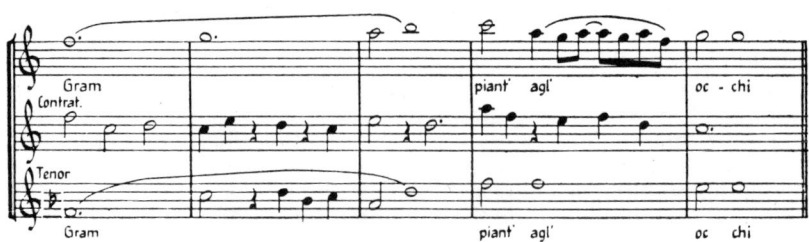

Indessen haben wir es außer mit dem französischen und dem italienischen noch mit einem italienisch-französischen Mischbereich zu tun. Ihn repräsentiert die Handschrift Chantilly, die notorisch in Italien geschrieben ist, aber keine Stücke mit italienischen Texten, sondern neben Motetten hauptsächlich französische «Cantilenen» enthält. Diese Handschrift könnte, wie mir der Baron G. de Van freundlichst mitteilt, am Hofe der Anjou in Neapel geschrieben sein und auch dort entstandene Kompositionen außer den aus Frankreich übernommenen enthalten. Wie bekannt, steigert sich in gewissen Kompositionen dieser Sammlung der Rhythmus (und die Mensuralnotation) zu einer beinahe befremdenden Kompliziertheit. Und dasselbe gilt auch von gewissen notorisch italienischen Beispielen der «Cantilenen»-Gattung aus italienischen Handschriften, wie sie GM. N. 68 und N. 70 mitgeteilt sind (diese beiden mit lateinischem Text). Sehr verzwickt sind ferner einige der Stücke aus der Handschrift Turin, deren Repertoire am Anfang des 15. Jahrhunderts am Hofe der Lusignan auf Zypern entstanden sein muß (vgl. die Stücke HdbN. 268 und 273). Wie mir wiederum der Baron de Van mitteilt, durchdringen sich im Repertoire dieser Handschrift italienische und französische Stilelemente, ja sogar orientalische machen sich bemerkbar (und so hätten wir hier eine Art Gegenstück zu den «Dysika» und «Phrangika», d. h. den «westlichen« oder «fränkischen» Melodien, die im spätmittelalterlichen einstimmigen Kirchengesang der Griechen als Exotika auftreten). Es ist eigentümlich, daß also die französische Tendenz zur rhythmischen Komplikation anscheinend gerade von Italienern über-steigert wurde (immerhin handelt es sich hier um etwas anderes als die Abstraktheit der isorhythmischen Motette). Hierauf erfolgt aber, wie wir sehen werden, gerade von Italien, allerdings auch von England aus, der Rückschlag zugunsten übersichtlicherer rhythmischer Verhältnisse, wie er für die Musik des 15. Jahrhunderts charakteristisch ist (vgl. unten 221).

e) Die Kirchenmusik

Die Kirchenmusik steht im 14. Jahrhundert auffallend im Hintergrund. Wie schon angedeutet, verlegt man sich jetzt nicht mehr auf die mehrstim-mige Komposition der Propriumsteile von Messe und Offizium, sondern auf die 5 Ordinariumsteile der Messe, was quantitativ eine starke Re-duktion des von den Sängern zu bewältigenden Pensums bedeutete. Damit tritt grundsätzlich die chorische Mehrstimmigkeit anstelle der solistischen; immerhin dürfen wir uns den Chor in dieser Zeit nicht anders als in der

Form eines kleinen Ensembles auserlesener Sänger vorstellen. Im allgemeinen stehen im 14. Jahrhundert nicht mehr die Sängerkörperschaften der Kathedralen an erster Stelle, sondern die Hofkapellen. Es ist das Jahrhundert, in dem diese aufkommen; und eine solche Kapelle hat neben der Hofkirchenmusik auch die weltliche Hofmusik zu besorgen. Allerdings hat auch die päpstliche Kapelle, die im 14. Jahrhundert in Avignon errichtet wurde (während in Rom selbst die «Schola cantorum» weiterbestand), eine erhebliche Rolle gespielt; doch dürfen wir wohl sagen, daß sie einigermaßen den Charakter einer Hofkapelle hatte.

Die Kompositionen, die für die Messe geschaffen werden, sind entweder einzelne Ordinariumsätze oder Sätze, die zum Ordinariumzyklus zusammengestellt sind; letzteres sehen wir besonders in der dreistimmigen «Messe von Tournai» aus dem frühen 14. Jahrhundert und in der vierstimmigen Messe von G. de Machaut. Die Frage einer musikalisch-thematischen Verknüpfung zwischen den Sätzen stellt sich hier noch nicht; wir müssen eigentlich auch sagen, daß sie nicht sehr aktuell ist, da die fünf Sätze (ausgenommen *Kyrie* und *Gloria*) liturgisch durch weite Zwischenräume voneinander getrennt sind.

*   *
*

Das Verfahren, das bei der Komposition dieser Sätze eingeschlagen wird, ist verschieden. Ein solcher Satz kann entweder wie eine Motette aufgebaut sein (so das *Kyrie* und das *Agnus* in der Messe von Machaut, wo eine liturgische Melodie im Tenor liegt; von einer Motette unterscheidet sich ein solcher Satz freilich insofern, als den Oberstimmen ein motettischer, d. h. neugedichteter, mehr oder weniger syllabischer Text fehlt; in der Messe von Tournai steht als Schlußgesang über dem *Ite missa est* eine wirkliche Motette, deren eine Oberstimme lateinisch und geistlich, deren andere französisch und weltlich ist). Oder aber — und dies ist häufiger der Fall — es wird auf eine Cantus-firmus-Stimme verzichtet, und alle Stimmen singen den liturgischen Text unter gleichzeitiger Silbenaussprache wie in der alten Mehrstimmigkeit, wobei dann naturgemäß die Faktur bei den silbenreicheren Teilen des Ordinariums (*Credo* und *Sanctus*) syllabischer ist als bei den silbenärmeren (*Kyrie, Sanctus, Agnus*); in diesem Fall entspräche die Faktur der von Choralbearbeitungen einfacheren Stils, aber mit dem Unterschied, daß die Melodie nicht eine vorgegebene ist, oder der des alten Conductus, aber mit dem Unterschied, daß der Text nicht die rhythmische Versform hat; zu dieser Kategorie gehören die Sätze der Messe von Tournai und derjenigen von Machaut, soweit sie nicht Motettenfaktur aufweisen.

210

Leider kann ich mich wiederum nicht einverstanden erklären, wenn in der Fachliteratur im Zusammenhang mit solchen Stücken von «Conductusstil» gesprochen wird. Der alte Conductus war ein fest umrissenes Wesen (eine Komposition mit rhythmischem strophischem Text, also ein «Lied»), mit dem diese Stücke nur gewisse Merkmale gemeinsam haben, während sie historisch eher die alte Choralbearbeitung fortsetzen. Außerdem fällt auf, daß der Ausdruck «Conductusstil» in der Literatur in undeutlich-vieldeutiger Weise gebraucht wird: bald will man damit sagen, daß alle Stimmen gesungen sind, bald, daß sie den gleichen Text singen (Merkmale, die indessen auch für die alte Choralbearbeitung gelten), bald, daß die Stimmen rhythmisch aneinander gebunden sind, d. h. quasi akkordisch fortschreiten (was im alten Conductus nur für die syllabischen Teile gilt), bald meint man sogar die syllabische Faktur (während doch für den alten Conductus eher das Nebeneinander syllabischer und melismatischer Teile charakteristisch war), bald, daß keine der Stimmen einen Cantus firmus durchführt (in welchem Fall man Choralbearbeitungen schlichter Art wie die oben 191 und unten 212 erwähnten ausschließen muß, welche aber sachlich schwer von «Choralbearbeitungen ohne Choral», vgl. oben 193, zu trennen sind), ja wir finden sogar den Conductusstil als kontrapunktischen Begriff der Fauxbourdon-Setzweise gegenübergestellt. Das Beste ist entschieden, wenn man in solchen Fällen, statt mit gelehrt sein wollenden Termini zu operieren, genau das Merkmal bezeichnet, welches man meint. «Conductus» ist essentiell eine Kategorie des 13. Jahrhunderts und in der Musik des 14. nur in gezwungener Weise anwendbar.

Zu diesen beiden auf den Messensatz angewandten Methoden gesellt sich — aber anscheinend erst nach G. de Machaut — noch die Diskantlied- oder Cantilenenmethode («Balladenmesse» nach F. Ludwig!). Ferner gibt es Mischgattungen, so wenn z. B. der liturgische Text von zwei Oberstimmen duettierend über einem Tenor gesungen wird, welcher k e i n e n Cantus firmus darstellt.

Was jedoch die Cantus-firmus-Losigkeit der meisten dieser Sätze — d. h. der nicht Motettenfaktur aufweisenden — betrifft, so scheint sie nicht vollständig zu sein. Es hat sich an einer Anzahl solcher Ordinariumsätze des 14. Jahrhunderts gezeigt, daß eine der choralen Melodien des betreffenden Messenteils in eigentümlich verhüllender Form «paraphrasiert» ist, und zwar am ehesten in den Oberstimmen; doch ist erst noch zu untersuchen, in welchem Umfang dies geübt wurde. So scheint jene Paraphrasierungskunst, der wir in Messensätzen des 15. Jahrhunderts, aber auch noch bei Palestrina begegnen, schon hier vorgebildet zu sein.

Diese liturgische Kunst ist außer durch die erwähnten beiden Ordinariumszyklen in erster Linie durch die Handschriften Ivrea und Apt vertreten, welche, einer akkreditierten Meinung zufolge, das Repertoire der päpstlichen Kapelle in Avignon enthalten (Avignon war von 1309 bis 1377 Sitz des päpstlichen Hofes), aber zum Teil doch auch schon in das 15. Jahrhundert gehören. Hier finden wir zur Hauptsache Messensätze und Motetten, in Apt außerdem eine bemerkenswerte Sammlung von Hymnen in anspruchlosem dreistimmigem Satz, in denen die liturgische Melodie meist in der O b e r s t i m m e steht, und zwar in kaum verzierter Form — ein Vorläufer der Hymnen von Dufay, in denen die Choralmelodie in der Oberstimme bereits verzierter ist (vgl. auch unten 213); wir fühlen uns hier an die «Diskantlied»-Gattung erinnert, obgleich die meisten dieser Hymnen in allen Stimmen textiert zu sein scheinen und obgleich es sonst nicht die Art des Diskantliedes ist, einen Cantus firmus durchzuführen.

Dazu kommen schließlich einige Ordinariumssätze aus italienischen Quellen. In Entsprechung zu dem, was oben über die Messensätze aus Frankreich gesagt wurde, können wir hier von «madrigalesker» Gestaltung sprechen, doch macht sich gegen Ende des Jahrhunderts auch die «Cantilenen»-Methode geltend (man sehe G. de Vans «Monuments de l'Ars nova, Fascicule I»); ja es finden sich Messensätze, die der Caccia entsprechen, und solche, die der Motette ähnlich sind, insofern als sie nur die zwei Oberstimmen den Text singen lassen (ich verweise, aber abgesehen von der Terminologie, auf F. Ludwigs Aufsatz über die mehrstimmige Messe des 14. Jahrhunderts im AM. VII).

f) England (und Deutschland usw.)

England nimmt jetzt wiederum eine Sonderstellung ein, und zwar ist diese Stellung eher noch «provinzieller», als wie sie es am Anfang des Jahrhunderts war. Die Diskantliedgattung scheint in England erst im 15. Jahrhundert Aufnahme zu finden; auch die Motette spielt dort nicht eine solche Rolle wie in Frankreich (immerhin kennt England auch die isorhythmische Motette). Dies alles deutet darauf, daß man dort mehr an einer in allen Stimmen gesungenen Mehrstimmigkeit hing, daß man weniger auf ausgeprägte Differenzierung der Stimmen aus war.

Hier herrscht also, abgesehen von der Motette, die alte Methode, den gleichen Text in allen Stimmen gleichzeitig aussprechen zu lassen. Zum Unterschied von den französischen Ordinariumsätzen derselben Zeit ist meist die liturgische Melodie, genauer: eine der Melodien des betreffenden Ordinariumteils, in der einen Stimme durchgeführt: meist im Tenor, auch in der Mittelstimme, seltener in der Oberstimme; hier läge also noch die eigentliche «Choralbearbeitung», und zwar in der schlichten Form, vor.

Bemerkenswert ist, daß England im 14. Jahrhundert auch schon mehrstimmige Magnificatkompositionen (also Kompositionen des Vespercanti-

212

cums) liefert, wie sie auf dem Kontinent im 15. Jahrhundert in Aufnahme kamen. Auch mehrstimmigen Hymnen begegnen wir in England, die in ihrer Weise auf diejenigen von Dufay vorausdeuten (vgl. oben 212). Wäre es möglich, hier den dreistimmigen Hymnus *O lux beata trinitas* aus der Handschrift Br. Mus. Sloane 1210 anzuführen, so böte sich die Möglichkeit zu einem interessanten Vergleich mit der Dufayschen Komposition, die gleichfalls diese Melodie in verzierter Form in der Oberstimme hat (DTO. VII 164): wir empfinden die englische Komposition als rhythmisch schwerfälliger; und daß gelegentlich doch ein Ton der Melodie in die Unterstimme verlegt ist, zeigt, daß wir es nicht mit reiner «Auszierung» zu tun haben, sondern daß auch die versteckende «Paraphrasierung» im Sinne des 14. Jahrhunderts ihre Rolle spielt.

Daß England im 14. Jahrhundert als «Randgebiet» dasteht, sehen wir auch daraus, daß damals dort noch der Conductus als Komposition mit rhythmischem Text weiterlebte — selbstverständlich in schlichter, nicht in hochmelismatischer Form. Im 15. Jahrhundert wird der Conductus dann in volkstümlicherer Wendung zum «Carol», dem meist zu Weihnachten gesungenen geistlichen Refrainlied mit englischem Text.

So ist, soweit wir sehen können, das gesamte Repertoire englischer Mehrstimmigkeit in dieser Zeit, zum Unterschied vom französischen und italienischen, geistlich.

* * *

In ihrem Klangaufbau weisen diese englischen Kompositionen vielfach diejenige Disposition auf, welche man später in Frankreich «Fauxbourdon» genannt hat und welcher wir auch schon in Worcester-Kompositionen begegneten (s. oben 196): es handelt sich um Klänge, welche über dem Tenor die Terz und die Sexte setzen (Terz-Sexten-Klänge) und dabei die Tendenz haben, kettenweise aufeinanderzufolgen, während aber am Anfang und Ende des Absatzes doch der («vollkommenere») Klang aus Quinte und Oktav steht (vgl. auch oben 196 über die in England verhältnismäßig früh auftretende Neigung, Terz und Sext als Konsonanzen zu behandeln).

Doch wie die Terz, so tritt in England auch das neuzeitliche D u r verhältnismäßig früh in die Erscheinung (vgl. oben 196 und 198). Hier folge aus der Handschrift Cambridge, Gonville College 512, der Anfang eines längeren Stücks, das dort als Nachtrag des 14. Jahrhunderts hinter einer größeren Sammlung von wohl noch im 13. Jahrhundert aufgezeichneten Kompositionen steht.

Gem - ma ni - tens, so - le splen - di - di - or cla - ri - or - que di - e, sub re - gis im - pe - ri -

o   cun - cti po - ten - - ti - ae.   Omni - um praecel - len - tis - si - ma gra - ti - a.

Ob dies das älteste Exemplar jener uns innerhalb der Mehrstimmigkeit des späten 14. und des 15. Jahrhunderts (besonders im Rahmen des «Diskantliedes») begegnenden fanfarenähnlichen, manchmal «Tuba» betitelten Kompositionen ist? Man möchte sich hier dessen erinnern, daß, wie der Chronist des Konzils von Konstanz, Ulrich von Richental erzählt, beim Einzug der Engländer in Konstanz deren «Posauner» «übereinander mit drei Stimmen» posaunten, wie «man sonst gewöhnlich singt».

*　*
*

Der Zusammenhang zwischen Dur und Bläserspiel, der sich hier abzeichnet, dokumentiert sich auch in Deutschland. Hier finden wir in der Mondsee-Wiener Liederhandschrift (aus dem 15. Jahrhundert, mit Material aus dem späteren 14.) diskantliedähnliche Kompositionen, deren Tenor viele Quintsprünge enthält und die «Das nachthorn» oder «Dy trumpet» überschrieben sind. Und daß diese Naturbläsermelodik in Frankreich als deutsche Spezialität angesehen wurde, zeigt uns die reizende Huldigung, die Guillaume de Machaut diesem für ihn exotischen Stil dargebracht hat. Er sagt selbst von einer seiner dreistimmigen Balladen (N. 33 in Ludwigs Ausgabe), er habe sie nach der Art eines «Rés (Reihen = Melodie) d'Alemaigne» komponiert; in der Tat weist das Stück eine ausgesprochene Dur-Tonalität auf, und der Tenor, den Machaut «süß wie salzloses Mus» findet, enthält viele Quinten- und Quartenschritte (wir denken hier zum voraus an die sprunghafte Bläsermelodik gewisser Contratenores im 15. Jahrhundert).

Erheblich zahlreichere mehrstimmige Kompositionen als die Mondsee-Wiener enthielt die 1870 verbrannte Straßburger Handschrift (aus dem 15. Jahrhundert, mit Material aus dem 14. und dem frühen 15. Jahrhundert), die wir indessen angesichts

214

ihrer starken Anlehnung an das französische Repertoire geradezu als eine periphere Quelle der französischen Musik ansehen müssen (obgleich sie auch Kompositionen aus dem alemannischen Bereich enthält). Der Tiroler Oswald von Wolkenstein (1377 bis 1445), der als einer der letzten Minnesänger gilt, hat neben einstimmigen eine ganze Anzahl zwei- und dreistimmiger Lieder hinterlassen; darunter sind ein paar solche, die nur Bearbeitungen von französischen Stücken mit Unterlegung eines deutschen Textes darstellen. Eine Handschrift des British Museum, die sich ehemals in St. Blasien im Schwarzwald befand und gleichfalls aus dem 15. Jahrhundert stammt, überliefert neben zweistimmigen Sätzen im primitiven Stil Motetten französischer Herkunft aus dem 13. Jahrhundert (wobei aber die dreistimmigen Originale meist durch Weglassung einer Stimme reduziert sind) und Motetten des (sogleich zu erwähnenden) «Engelberger Stils».

In die deutsche Schweiz führt uns jene um 1372 geschriebene Engelberger Handschrift, die neben einem großen Repertoire von Sequenzen, Tropen und Cantionen (geistlichen Liedern) auch Mehrstimmiges enthält: sowohl Stücke im primitiven Stil als zweistimmige Motetten. Die letzteren stellen aber einen eigenartigen Seitenzweig in der Geschichte dieser Gattung dar, da ihre Tenores frei erfunden und mit einem Text versehen sind, der sich bei der mehrfachen Durchführung der Tenormelodie ostinato-mäßig wiederholt. Die Oberstimme bringt zu den verschiedenen Tenordurchführungen weitgehend dasselbe melodische Material, sie bestrebt sich also weniger als die alte französische Motette, ihre melodische Unabhängigkeit vom Tenor zu bekunden (freilich ist auch in jener die Unabhängigkeit der Oberstimme von der Wiederkehr des gleichen Materials im Tenor nicht immer vollständig: die Möglichkeit eines «Herabsinkens» in diesem Sinne liegt ja im Wesen der Sache). So verkörpert dieser Motettentypus in seiner Weise die Verschiedentextigkeit der alten Motette, und dabei berührt er sich auch mit dem Conductus.

g) Die Instrumentalmusik

Was die Instrumentalmusik betrifft, so weisen die Denkmäler England einen ehrenvollen Platz zu. England liefert uns im 14. Jahrhundert die erste «Tabulatur» (wir verstehen darunter eine spezifisch instrumentale Notenschrift, besonders eine solche für ein der Mehrstimmigkeit fähiges Instrument, wobei nur teilweise Mensuralnoten und daneben Tonbuchstaben oder sogar Ziffern verwendet werden). Man hat darin eine Orgeltabulatur gesehen, weil die Notierungsweise der der späteren deutschen Orgeltabulatur entspricht, doch könnte es mindestens ebenso gut eine Klaviertabulatur sein. Wir sehen hier einerseits dreistimmige Motetten französischer Herkunft aus dem frühen 14. Jahrhundert, welche «tabulaturmäßig», wie man es aus späterer Zeit kennt, auf das Tasteninstrument übertragen sind: also mit figurativer Auszierung der Oberstimme und griffmäßiger Zusammenziehung der Unterstimmen. Anderseits aber sind es echt klaviermäßige (also nicht ein-

215

stimmige, sondern mehrstimmige bzw. griffmäßige), in ihrem Charakter durchaus fortreißende Vertreter der klassischen Estampieform (s. oben 198; ein Beispiel ZM. XII 14).

Daneben bietet uns eine italienische Handschrift aus dem 14. oder dem Anfang des 15. Jahrhunderts eine Anzahl von Estampien (italienisch «Istampite»), welche einstimmig wie die aus jener Trouvèrehandschrift (s. oben 198), aber ausführlicher und rhythmisch mannigfaltiger sind.

Indessen ist hier auch Guillaume de Machaut mit seinem dreistimmigen Hoketus *David* zu nennen, der sich über einem nach Motettenart künstlich hergerichteten Tenor-Cantus-firmus, der Melodie zum Schlußwort des *Alleluja Nativitas,* erhebt. In diesem Sinne führt das Stück die Traditionen jener dreistimmigen Instrumentalstücke aus der Bamberger Handschrift (s. oben 198) weiter. Wir wollen beifügen, daß auch von jenen Stücken einige «hoketierend» sind, d. h. ein dichtes Ineinandergreifen von Pausen in der einen Stimme und Noten in der anderen zeigen — aber nicht so das oben genannte «In saeculum viellatoris».

216

a) Überblick

Man wird sich vielleicht wundern, daß ich das 15. und 16. Jahrhundert in einem Kapitel zusammenfasse; doch erscheint mir der Verlauf hier verhältnismäßig einheitlich. Wir können den Prozeß, der sich hier abspielt, unter zwei Losungen zusammenfassen: 1. allmähliche, wenn auch in verschiedenen Wellen verlaufende Ausgleichung und Glättung der polyphonen Satzweise; 2. selbständigere Entfaltung der Spielmusik.

* * *

In dieser Zeit ist die e i n s t i m m i g e M u s i k als Kunstmusik sogut wie abgestorben. Eine erhebliche einstimmige Liedkunst lebt im 15. Jahrhundert noch in Deutschland, aber sie steht mehr und mehr als «volkstümliche» Kunst da; an sie lehnt sich dann im 16. Jahrhundert der «protestantische Choral». Ja im 16. Jahrhundert steht in Deutschland noch der «Meistergesang» vor uns, der im Kreise der städtischen Handwerker ein Gegenstück zum alten Minnesang des Ritterstandes darstellen will; doch erscheint diese Art, die unbegleitete Einstimmigkeit nach Kunstregeln zu pflegen, sogar in der Perspektive Deutschlands barock und antiquiert. Im vollen Maße lebendig ist die einstimmige Melodik noch im Osten, von dem wir hier indessen nicht zu sprechen haben. Es mutet wie ein Überbleibsel der alten Auffassung an, wenn der Musiktheoretiker Glarean (1547) den Wert der melodischen Erfindung verficht und wenn er der Zeitanschauung zuwider betont, für einen «phonascus» (so will Glarean in gelehrt-pedantischer Weise den Erfinder einer Melodie bezeichnen) bedürfe es nicht weniger an Fähigkeiten als für den «symphoneta» (den Verfasser mehrstimmiger Sätze). Glarean erlabt sich noch an der melodischen Kraft der alten Sequenz. Dies hindert freilich nicht, daß er auch die kontrapunktische Kunst seiner Zeit hoch bewundert, doch möchte er nicht, daß sie allzu künstlich wird. Den Strom der Zeitgeschichte vermochte Glarean aber nicht aufzuhalten. Als sich dann, ein halbes Jahrhundert später, die Übersättigung an

217

der Polyphonie und die Hinwendung zur Melodie Bahn brach, war es nunmehr eine Melodie, die einen harmonischen Hintergrund als etwas nicht Wegzudenkendes mit sich führte; ja sie ist sogar teilweise zu einer Funktion dieses Hintergrundes geworden.

* *
*

Unverkennbar weist diese Zeit, das 15. und 16. Jahrhundert, auch g e i - s t i g, d. h. ihrem Gesamtcharakter nach, ein anderes Antlitz auf als das 14. — obgleich man finden könnte, daß sich dieser Charakter im 14. schon ankündigt.

Man nennt diese Epoche «Renaissance», was eine Wiedergeburt, und zwar die der Antike bedeuten würde. Doch liegt hierin eine Übertreibung, insofern als auch während des Mittelalters der Zusammenhang mit der Antike nicht abgerissen war. Man hat ja auch von «karolingischer Renaissance» gesprochen, von einer «Renaissance des 12. Jahrhunderts» sowie von «Frührenaissance» im 14. Jahrhundert (in welch letzterer Zeit z. B. die antike Mythologie in der Literatur wieder Mode wird). Dies würde, wenn wörtlich genommen, bedeuten, daß man immer wieder von der Quelle der Kultur, der Antike, abgefallen und zu ihr zurückgekehrt wäre. In Wirklichkeit aber war der selbstverständliche Zusammenhang mit der Antike, wenigstens bis auf die Zeit der Gotik, tiefergehend als jene Schwankungen. Im Grunde bedeutet die «Renaissance» des 15. und 16. Jahrhunderts eher dies, daß nunmehr anstelle eines selbstverständlichen, lebendigen Zusammenhangs mit der Antike, der allmählich verblaßt war, der künstliche, durch den Humanisten vermittelte trat; und wie eine letzte Etappe auf diesem Wege erscheint es, daß man in allerneuester Zeit die uns durch das Mittelalter tradierte Aussprache des Lateinischen durch eine rein philologische ersetzt hat (Caesar als Kaesar statt als Zaesar gesprochen): eine Ohrfeige des überheblich gewordenen Schulmeisters an das vielgeschmähte Mittelalter, dem er doch die Überlieferung seiner «Klassiker» verdankt.

Im Aspekt der Kunstgeschichte wollen wir das Wort «Renaissance» freilich nicht anfechten. Es handelt sich um jene Stilart, die die Gotik ablöst und, indem sie tatsächlich teilweise an die Antike anknüpft, die Klarheit, das Ebenmaß und die Natürlichkeit der Formung betont. Nur müssen wir im Auge behalten, daß hier die «Renaissance» ebenso gut auch als eine Revanche italienischen Geistes am «transalpinen» angesehen werden kann; denn in Italien hatte die Gotik verhältnismäßig wenig Fuß gefaßt, und die antiken Vorbilder waren den Menschen immer vor Augen geblieben; so steht denn auch der Renaissancestil der Romanik wieder näher als die Gotik.

Wollen wir jedoch das geistige Bild der Epoche bezeichnen, so ist eigentlich das Wort «Humanismus» zweckmäßiger. Nur müssen wir uns darüber klar sein, daß dieser Begriff zwei Nuancen hat. Entweder ist es wiederum die Anlehnung an das klassische Altertum, aber dies eher im Sinne von Philologie und Schulmeisterei (Leibniz hat in einem nachdenklich gestimmten Fragment gesagt, es sei die Zeit gewesen, wo man um eine Silbe bei Plautus stritt mit einem Getöse, wie in der Zeit der Scholastik um die Universalien, heute aber — Anfang des 18. Jahrhunderts — sei man einer noch schlimmeren Krankheit verfallen, da der Menschengeist, durch den Ausbau von Mechanik, Physik und Mathematik hochmütig geworden, der darüber stehenden Dinge vergesse: auch ein Beitrag zum «Renaissance-Barock-Problem»!). Die andere Seite des «Humanismus» ist aber (um es mit den Worten eines unpersönlichen Zeugen, eines französischen Lexikons zu sagen) «le culte, la déification de l'humanité»; das, wonach man sich jetzt ausrichtet, ist also nicht mehr ein Höheres, sondern das höchsteigene Selbst (ein Standpunkt, der in der letzten Konsequenz gerade zum Gegenteil des Eingebildeten, nämlich zum Herabsinken und zur Vertierung des Menschen führt, da offenbar die Höherorientierung nötig ist, um seine Natur auch nur im Gleichgewicht zu erhalten). Allerdings könnte man sagen, daß diese beiden Nuancen des Begriffes «Humanismus», die klassizistische und die den Menschen vergötternde, miteinander zusammenhängen, insofern als man mit der Vorstellung des antiken Menschen die einer Absolutheit des Menschen verbindet. Doch wäre dies nicht ganz historisch gedacht; denn wenn es auch in der Antike eine Doktrin gab, die den Menschen als Maß aller Dinge hinstellte, so haben gerade die größten Denker der Antike, Plato und Aristoteles, den entgegengesetzten Standpunkt eingenommen.

Indessen ist es nicht ein grundlegender Unterschied, ob wir, um die geistige Haltung der Zeit zu bezeichnen, dem Wort «Renaissance» das Wort «Humanismus» vorziehen oder ob wir, wie man es oft tut, in das Wort «Renaissance» die Nebenbedeutung von «Humanismus» hineinlegen. Wie es scheint, geht die Verwandlung des kunstgeschichtlichen Begriffes «Renaissance» in eine geistesgeschichtliche Etikette auf J. Burckhardt zurück. Jedenfalls ist jetzt das Gefühl des Verwurzeltseins des Menschen in einer höheren Sphäre in weitgehendem Maße geschwunden; zwar bleibt die Religion und der Glaube auch weiterhin eine Macht, an der sich zahllose Menschen ausrichten, aber jenes Gefühl ist nunmehr für die «Zeit» im Sinne der «an der Spitze stehenden Kreise» nicht mehr charakteristisch.

Hier begegnet uns ein weiteres Charakteristikum der Epoche (wir sprechen immer nur vom Abendland), die kirchlichen Wirren. Schwächen der Kirche, dieser irdischen Darstellung des Leibes Christi, waren offenkundig geworden, und damit hing in gewissem Maße der Auftrieb des Humanismus zusammen. Auch Päpste waren Humanisten wie jener, der im Jahre 1586 den Platz vor der Peterskirche mit einem antiken Obelisken schmückte und dies in der Aufschrift in etwas gezwungener Weise als Triumph des Christentums hinstellte: der Stein, der einst dem heidnischen Aberglauben gedient habe, sei jetzt unter das Kreuzeszeichen gestellt. Angesichts gewisser kirchlicher Mißstände, die schon im 14. Jahrhundert die allgemeine Aufmerksamkeit auf sich zogen, gab es Reformversuche wie die Konzilien des 15. Jahrhunderts, dann erfolgte jene kirchliche Umwälzung, welche in kühner Weise versuchte, der Frömmigkeit im menschlichen Einzelwesen eine neue Grundlage zu finden — worauf wiederum eine machtvolle restaurative Bewegung einsetzte (das Konzil von Trient 1545—1563, das auch in der Geschichte der Kirchenmusik eine große Rolle gespielt hat); seither gibt es im Abendland eine «protestantische» Kirchlichkeit neben der «katholischen». Im Grunde waren nur zwei Tendenzen feindlich auseinander getreten, die im Rahmen der alten Kirchlichkeit in selbstverständlicher Weise nebeneinander bestanden hatten; was verlorengegangen war, war die selbstverständliche Verbindung zwischen dem Transzendenten und dem Natürlichen durch das Symbolhafte. Hierbei könnte man die katholische Richtung als die humanistischere ansehen, insofern als sie dem menschlichen Symbolbedürfnis entgegenkommt, und als die weniger humanistische, da sie an der Objektivität des Kirchlichen festhält; die protestantische als die weniger humanistische, insofern sie auf religiöser Grundlage Bilder stürmt, und als die humanistischere, da sie die Religion auf der menschlichen Persönlichkeit begründen will.

Wir müssen indessen auch hier feststellen, daß wir mit solchen «geistesgeschichtlichen» Betrachtungen nicht zu präzisen zeitlichen Abgrenzungen gelangen. Auf der einen Seite ist der «Humanismus» als Abkehr vom Übermenschlichen schon im 14. Jahrhundert verbreitet (auch ein kirchliches Schisma gab es schon im 14. Jahrhundert), anderseits wird ja, wie wir aus der Musikgeschichte wissen, gerade am Ende des 16. Jahrhunderts und am Anfang des 17. besonders eifrig antikisierenden Tendenzen gehuldigt. Man könnte sagen, daß, wenn das 15. und 16. Jahrhundert humanistisch ist im Sinne des Kultus eines schon zum Menschen herabsteigenden gefälligen Ebenmaßes, das 17. dann «ultrahumanistisch» ist, indem es die menschlichen Affekte in den Vordergrund stellt.

Wie weit fügt sich nun die M u s i k in diese Situation? Es ist zweifellos, daß die Musik dieser Zeit in ihrem melodisch-harmonischen Verlauf und im rhythmischen immer glatter, «angenehmer» wird. Der Höhepunkt, den sie in diesem Sinne erreicht, ist der vollendet ausgewogene, gleichmäßig dahinfließende Satz Palestrinas; und diese Kunst verhält sich ebenso zur mittelalterlichen Musik wie ein Gemälde von Rafael mit seiner vollendet ausgeglichenen Form und dem menschlich naheliegenden Inhalt zu einem mittelalterlichen Bildwerk, welches in seinen Formen verhältnismäßig unnatürlich, unwirklich, starr und eckig erscheint — was aber nur das Korrelat einer stark betonten Transzendenz bedeutet. So müssen wir also von dem Musikstil, in den die hier betrachtete Entwicklung einmündet — aber auch schon von dieser Entwicklung selbst — sagen, daß er dazu tendiert, eben im «humanistischen» Sinne zum Menschen h i n a b z u s t e i g e n.

Indessen ist die Rundung, Glätte und Weichheit, die wir an der Musik des 15. und 16. Jahrhunderts im Verhältnis zu der des Mittelalters empfinden, gleichzeitig in hohem Maße eine Spiegelung i t a l i e n i s c h e r Musikanschauung, und in diesem Sinne weist sie auf das italienische Trecento zurück: schon im florentinischen «Madrigal» und in Landinis «Ballata» tritt uns, im Vergleich zu Machauts Motette und Diskantlied, etwas rhythmisch Fließenderes, melodisch und harmonisch Gerundeteres, im ganzen etwas Näherliegendes und eine gewisse «Süße» entgegen.

Wir dürfen hier nicht vergessen, daß die großen nördlichen Meister der ersten Hälfte des 15. Jahrhunderts, Dufay und Dunstable, in Italien gewesen sind und hier wichtige Anregungen empfangen haben, daß sie dort zu anderen geworden sind, als wie sie hingekommen waren; und mehr oder weniger kann man dies auch von späteren Meistern wie Obrecht, Isaac, Josquin, Willaert und Lassus sagen. Und doch hat Italien im 15., ja noch im früheren 16. Jahrhundert unendlich viel von den «oltramontani» gelernt, welche sich dort an Fürstenhöfen und in der päpstlichen Kapelle betätigten. Es war ein Geben und Nehmen, ein Anregen und ein Lernen, wobei das Nehmen und Lernen für Italien die Voraussetzung war, auf daß es dereinst Frankreich als die erste Musiknation in Europa ablösen konnte.

Denken wir an die großartige Starrheit der französischen «isorhythmischen» Motette (siehe oben 203), denken wir an die außerordentliche rhythmische Komplikation, die sich innerhalb des «Diskantliedes» um 1400 bemerkbar machte (auf dem letzteren Gebiet haben freilich, wie es scheint, die italienischen Schüler die französischen Lehrer noch übertrumpft, s. oben 209). Hier mußte ein Umschlag erfolgen: die Rhythmik von Dufay und Dunstable ist in der Tat mit einemmal weniger kraus, ruhiger und einfacher.

Unwillkürlich denken wir hier an einen Prozeß, der sich etwa hundert Jahre vorher abgespielt hatte (siehe oben 194 und 201): die rhythmische Komplikation der Motette des späten 13. Jahrhunderts, die Philippe de Vitry in eine ausgeglichenere Rhythmik auflöste, womit auch eine gewisse melodisch-harmonische Glättung verbunden war — und dies anscheinend nicht ohne die Einwirkung englischer Vorbilder (Guillaume de Machaut brachte dann wieder eine gekräuseltere Rhythmik und Melodik zur Geltung, immerhin im Rahmen eines gewissen Maßes an «Süße», das bei Guillaumes Nachfolgern wieder weitgehend schwand). Hier, im frühen 15. Jahrhundert, sind offenkundig italienische Einflüsse im Spiel — und doch auch wieder englische! Wir vermögen das italienische und das englische Element noch nicht säuberlich voneinander zu scheiden, doch werden wir gewiß mit der Zeit hierin klarer sehen; vermerken wir nur, daß Dunstable, der Engländer, zu Italien in einer engen Beziehung gestanden haben muß, da Werke von ihm mehr in italienischen als in englischen Handschriften erhalten sind.

*   *
*

Der Punkt, der jedenfalls in besonderem Maße als Einbruchstelle für e n g l i s c h e n   E i n f l u ß in Frage kommt, ist die Harmonik, insbesondere die Harmonik der Zusammenklänge. Es handelt sich um die Frage der praktischen Anerkennung von Terz und Sext als Konsonanzen. Dies ist ein sehr interessanter Prozeß, den wir mißverstehen würden, wenn wir ihn so deuten würden, wie man im 19. Jahrhundert gern jede Kunstentwicklung betrachtet hat: es habe sich einfach immer die folgende Generation in der Satzlehre die «Freiheit» genommen, für erlaubt zu erklären, was vorher verboten war. Anderseits ist auch die historische Deutung H. Riemanns abzulehnen: die Terz und die Sext seien von jeher die «natürlichen» Zusammenklänge der mehrstimmigen Musik gewesen, die Bevorzugung der Quarte und Quinte dagegen nur Sache einer schulmäßigen (antikisierenden) Theorie.

Wenn wir ein Stück mittelalterlicher Mehrstimmigkeit hören, in dem Terzen zwar vorkommen, aber die Hauptrolle den Quinten und Quarten zufällt, und danach etwas aus dem 16. Jahrhundert, wo die Terz (wenigstens abgesehen von den Schlüssen) als jenen Intervallen gleichberechtigt dasteht, dann ist uns, wie wenn wir dort vor etwas Rauhem, Unnahbarem ständen, hier dagegen vor etwas, das in weicher Weise «à la portée de nous-même» ist: dort mehr «Geist», hier mehr «Klang»; dort die Stimmen eher nebeneinander stehend, einander beleuchtend, hier dieselben miteinander verkittet; dort eher etwas Räumliches, hier etwas Körperliches. Selbstverständlich kommt dieser Eindruck nicht nur durch die Terz zustande, sondern durch den ganzen Habitus der Musik; aber die Terz fügt sich wesentlich in ihn.

Dies ist eigentümlich, denn rein psychologisch, d. h. wahrnehmungsmäßig verschmelzen zwei Töne im Quintabstand eher als zwei Töne im Terzabstand; und so ergäbe sich ein Auseinandergehen von ästhetischer und psychologischer Auffassung. Wir kommen hier nicht um die «pythagoreische» Erklärung herum, daß die Terz ein komplizierteres Zahlenverhältnis darstellt als die Quinte, ist doch bei der Terz als Quintenteilung $(4:5:6)$ die charakteristische Zahl die 5, und bei der Quinte als Oktavteilung $(2:3:4)$ die Zahl 3. Indem also die Mehrstimmigkeit mehr und mehr zur Selbstverständlichkeit wurde und andere Seiten der Musik in das Hintertreffen gerieten, dehnte die Mehrstimmigkeit den Bereich der Zusammenklänge (der als Konsonanz aufgefaßten Zusammenklänge) auf die Terz aus: diese, die an sich «fetter, gewürzter und süßer» ist als die Quint, trat in den Bereich des «Normalen»; man könnte auch sagen: ein relativ «sinnlicheres» Element — womit aber nicht gesagt sein soll, daß nicht jede Art Kunst auf der Sinnlichkeit beruht.

Und nun die historische Frage nach der Herkunft dieses Elements, genauer: die Frage, wo es zuerst auftritt. Wie schon erwähnt, scheint hier England an erster Stelle zu stehen (s. oben 196 und 213); und ferner ist bemerkenswert, daß die Terz (und Sext) aus der nichtgelehrten, der umgangsmäßigen oder «Volks»-Musik gekommen zu sein scheint. So stehen wir vor einer neuen harmonikalen Strömung, die auf dem Kontinent zwar schon am Anfang des 14. Jahrhunderts wirksam wurde, aber jetzt, am Anfang des 15., besonderen Einfluß gewann; man könnte sagen, daß die französische Kunst des späten 14. Jahrhunderts, in der sich vielfach eine überspitzte Konstruktivität geltend machte, diese Anleihe aus einer primitiveren Schicht wohl brauchen konnte, welche gleichzeitig eine Art melodischer Regeneration bedeutete. Anscheinend hat man es im 15. Jahrhundert schon ähnlich empfunden; denn im «Champion des dames» des Martin Le Franc heißt es von Dufay und Binchois: sie besäßen eine neue Art, frische Konsonanz zu machen («frisque concordance»), sie hätten englische Art angenommen und wären Dunstable gefolgt, was auch ihre Musik so genußreich mache. Ein weiteres Zeugnis steht bei dem in der zweiten Hälfte des 15. Jahrhunderts schreibenden Theoretiker Johannes Tinctoris, der (CS. IV 154) von einer «neuen Kunst» spricht, deren Ursprung auf die Engländer — deren Haupt Dunstable sei — zurückgeführt werde (allerdings, fügt Tinctoris hinzu, sei diese Kunst, die auf dem Kontinent eine große Entfaltung genommen habe, in England selbst nach Dunstable sehr zurückgegangen).

Im speziellen denken wir hier an die Setzweise des «F a u x b o u r d o n», die wir bereits anläßlich des 14. Jahrhunderts berührten (oben 213).

Der Name «Fauxbourdon» ist offenkundig französisch, was aber nicht ausschließt, daß die Sache von England entlehnt wäre: daß sie auf dem Kontinent ihren Namen erhielt, deutet sogar eher darauf, daß sie den Franzosen seltsamer und den Engländern selbstverständlicher erschien. Buchstäblich bedeutet «Fauxbourdon» den falschen Baß; dies setzt voraus, daß man dort, wo der Name entstand, einen Baß, der grundsätzlich Untersexten zur Oberstimme bildete, als nichtnormal ansah, und dies trifft eben auf den Kontinent eher zu als auf England. Daß man sagte: «falscher Baß», nicht «falscher Diskant» (Diskant im Sinne von Oberstimme), deutet darauf, daß man im betreffenden Kreis bereits die Oberstimme als die Melodiestimme ansah, zu der der Tenor gesetzt wurde, und dies trifft wiederum eher auf den Kontinent zu (wo Guillaume de Machaut, Landini und der frühe Dufay das Diskantlied vertraten). Doch ist dies selbstverständlich nicht ein Grund, warum wir nur kontinentale Fauxbourdon-Sätze oder nur solche, die die Oberstimme zur Hauptmelodie haben, Fauxbourdon nennen dürften; übrigens liegt auch in den englischen Sätzen die Melodie nicht immer im Tenor. Guilelmus Monachus, der italienische Theoretiker der zweiten Hälfte des 15. Jahrhunderts, der von unserem kontinentalen Standort aus die wichtigste Quelle ist, verwendet den Namen unabhängig von jener Unterscheidung. Wir sehen also keinen Grund dafür, ja es bestehen sogar schwerwiegende Bedenken dagegen (wie man es vorgeschlagen hat), einen Fauxbourdon mit Melodie in der Oberstimme und einen solchen mit Melodie in der Unterstimme terminologisch als «Fauxbourdon» und «englischen Diskant» zu sondern — wenn wir auch mit Interesse vermerken, daß die Engländer diese Satzweise zunächst unter der allgemeinen alten Rubrik «Diskant» subsumierten und die Bezeichnung «Fauxbourdon» nur teilweise später aufnahmen.

Dem geneigten Leser mag wenig daran gelegen sein, in eine Diskussion über Prioritätsrechte hineingezogen zu werden. Immerhin muß ich den von mir Acta XV 14 gemachten Bemerkungen etwas hinzufügen. Dort wurde zu denjenigen, welche den Namen «Fauxbourdon» in der a l t e n Weise erklären (als einen Baß, der nicht Melodiestimme ist), auch der Kollege M. Bukofzer gezählt. Zur Bekräftigung führe ich an: Mitteilungen der Schweizerischen Musikforschenden Gesellschaft 1935, 66,

sowie S. 10 seiner Abhandlung «Geschichte des englischen Diskants und des Fauxbourdons» (auf die Gestaltung der letzteren, die mir als Dissertation vorgelegt wurde,
habe ich zwar eingewirkt, aber nur in freundschaftlicher Weise, ohne dem Herrn
Verfasser meine Meinungen aufzuzwingen). Gleichzeitig sei mir noch ein psychologischer Seitenblick gestattet: der Schluß einer Melodie (genauer: der Moment vor dem
Eintritt des Schlußtons) ist wie die einprägsamste Stelle, so die für intensive harmonische Wirkungen anfälligste, indem die letzteren hier gewissermaßen in eine «ben-
galische Beleuchtung» gerückt sind. Demgemäß dürfte eine Sichtung des Materials
wohl ergeben, daß wie der Terzzusammenklang zunächst bei Schlüssen dieser Art:

$\left. \begin{matrix} e\ d \\ c\ d \end{matrix} \right\}$ seinen bevorzugten Sitz hatte, so auch die Fauxbourdonfolgen in weitem Maße

$ c\ d$

von Schlüssen wie $g\ a$ ausgegangen sind (übrigens ließe sich, was von der «vertikalen»

$ e\ d$

Dimension gilt, auch auf die «horizontale» übertragen: mir scheint, daß das im
15. Jahrhundert so wichtige Verzierungswesen, d. h. die Auszierung eines Melodieoriginals, ursprünglich hauptsächlich bei Abschlüssen seinen Platz hatte und von da
nach «hinten» übergegriffen hat; auch der großen, auf die vorletzten Silben treffenden
Melismen des alten Conductus wäre in diesem Zusammenhang zu gedenken).

Doch wie die Beschränkung der Fauxbourdonbezeichnung auf Sätze, die die
Melodiegrundlage in der Oberstimme haben, so scheint mir auch ihre Beschränkung
auf solche Sätze, die das Prinzip schematisch durchführen, nicht zweckmäßig: ich
meine Sätze, bei denen nur die Oberstimme und der Tenor aufgezeichnet ist, während
man die Ausführung des Contratenors als Unterquart zur Oberstimme dem Praktiker
überläßt und diesem etwa durch Beifügung des Vermerks «a fauxbourdon» einen
Wink gibt (auch hier gilt, bzw. hier gilt in vollem Maße, daß uns so aufgezeichnete
Sätze nur auf dem Kontinent begegnen; in England fiel eine systematisch durchgeführte
Fauxbourdon-Satzweise in den Bereich der Improvisation). Dies wäre etwa die Tendenz
einer demnächst in den Acta mus. erscheinenden Abhandlung des Herrn Kollegen
H. Besseler, die Dufay zum Vater des Fauxbourdon macht und dabei eben jenen
schriftlich aufgezeichneten kontinentalen Typus des schematischen Fauxbourdons
meint. Immerhin geht der Herr Verfasser nicht so weit, uns den Gebrauch der Bezeichnung im weiteren Sinne direkt verwehren zu wollen, und er erkennt das Vorliegen einer von England ausgehenden Einwirkung an. Seine Erklärung des Faux-
bourdonnamens ist wieder eine andere: er möchte eher an den Contratenor denken,
wenn er auch die Möglichkeit nicht ausschließt, es könne sich um den Tenor handeln;
jedenfalls meint er, in der Bezeichnung drücke sich das Gefühl aus, daß die betreffende Stimme, da durch Parallelfortschreitungen an die Oberstimme gebunden, kein
eigentlicher Grundbaß im harmonikalen Sinne sein kann (zum Unterschied vom
späteren «Contratenor bassus»). Im Prinzip käme diese Erklärung wieder der meinen
näher, nur scheint sie mir von einer allzu neuzeitlichen Konzeption des Wesens
einer Grundstimme auszugehen.

Jedenfalls konstatieren wir, daß das Fauxbourdonprinzip — d. h. die Verwendung von Folgen von «Sextakkorden», die zwischen zwei Quint-Oktav-
Akkorden stehen — sich in schematischer oder in freier Weise ausprägen
kann: schematisch im kontinentalen «Fauxbourden»-Satz und in der engli-

224

schen (vielleicht nicht nur englischen!) Improvisation, freier in allgemeineren Bereichen der Kunstmusik: sei es, daß in jene Folgen andere Zusammenklänge eingestreut sind, oder daß dem Satz durch mannigfache rhythmische Auszierung und Synkopierung das Schematische genommen wird (eine Lockerung, die bis zur Anwendung der Imitation gehen kann). Selbstverständlich ist auf diesem Gebiet, wo es sich um die rhythmische Eleganz handelt, der Kontinent England voraus.

* *
*

Indessen bedeutet die Anwendung dieser Setzweise in der Dreistimmigkeit (und die Dreistimmigkeit ist in der ersten Hälfte des 15. Jahrhunderts immer noch vorherrschend) nur die eine Seite des harmonikalen Umgestaltungsprozesses. Die andere ist das allmähliche Hervortreten der D u r - T o n a l i t ä t . Hierfür lagen uns bereits markante Beispiele volkstümlichen Charakters aus England vor (besonders oben 213 f.). Und zur Ausprägung der Dur-Tonalität gehört auch das «Funktionale» der Harmoniefolgen, besonders das Hervortreten des Tonika-Dominanten-Verhältnisses, welches schon bei Dufay und bei Dunstable deutlich wird, aber auch schon in der italienischen Trecentomusik anklingt. Besonders interessant ist es, hier die Arten der K a d e n z b i l d u n g zu beobachten. Schon in der Dreistimmigkeit begegnet uns manchmal statt der normalen fauxbourdonmäßigen Kadenz

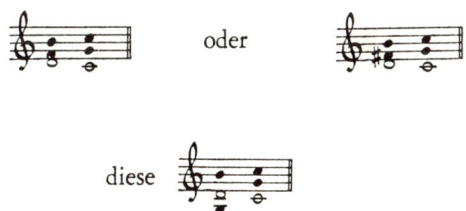

in welcher der «Contratenor» um eine Oktav heraufspringt und welche schon ausgeprägt «dominantischen» Charakter hat (eine Variante dieser Form besteht darin, daß der Contratenor am Schluß den Tenor nicht kreuzt, sondern um eine Quinte absteigt, so daß der letzte Akkord ein Einklang durch drei Oktaven ist). In der Vierstimmigkeit, die in der zweiten Hälfte des 15. Jahrhunderts zur vorherrschenden Setzweise wird, wird dies zu

(wir können dies gerade an Dufay beobachten, dessen Wirksamkeit sich bis tief in die zweite Jahrhunderthälfte erstreckt). Hiermit scheidet sich gleichzeitig die (dem Rang nach) 3. Stimme, der Contratenor, als ein hoher, = «Contratenor altus» (die 2. Stimme von oben) und ein tiefer, = «Contratenor bassus» (die unterste Stimme), woraus dann die Namen «Alt» und «Baß» entstanden sind; der Tenor, der im dreistimmigen Satz die unterste Stimme war (was aber vielfache Kreuzungen mit dem «Gegentenor» nicht ausschloß), ist jetzt die zweitunterste; die oberste heißt entweder nach wie vor «Discantus» oder «Sopranus» = die oberste. Übrigens müssen wir vermerken, daß trotz dem Einfluß des «Diskantliedes», trotz der kontinentalen Neigung, die Melodiestimme nach oben zu setzen, und obgleich der Tenor nun in der Regel die zweitunterste Stimme ist, diesem doch noch in hohem Maße die Bedeutung einer kontrapunktischen Satzgrundlage verbleibt; zwar legt man eine neu erfundene Melodie vorzugsweise in die Oberstimme, aber einen gegebenen Cantus firmus in erster Linie in den Tenor.

Die eben angegebene vierstimmige Kadenz ist schon beinahe unsere schulmäßige Kadenz; jedenfalls hat sie bereits die insipide Tonwiederholung im Alt. Es fehlt nur noch, daß die Terz in den Schlußakkord kommt, und zwar geschieht dies entweder in dieser Weise:

wodurch die Tonwiederholung wieder beseitigt wird, oder so:

in welch letzterem Fall der Abstieg zum Grundton im Tenor beseitigt ist, also auch der letzte Rest der «Kadenz» im alten Sinne (= melodischer «Fall»). Diese beiden uns normal erscheinenden Kadenzformen begegnen uns schon im 16. Jahrhundert. Beiläufig gesagt, war die Terz im Schlußakkord schon früher aufgetreten, aber nicht innerhalb dieser dominantischen Kadenz. Die Tatsache, daß aber doch auch im 16. Jahrhundert noch die Kadenz ohne Terz im Schlußklang die häufigere ist, zeigt, daß die Terz immer noch nicht als vollständig «befriedigend», d. h. Frieden bringend empfunden wurde.

Zum Wesen der «dominantischen» Kadenz gehört bekanntlich die Führung des «Leittons» (in unseren obigen Beispielen *h*) in den Grundton. Wir wollen hier vermerken, daß in der Schreibweise des 15. und 16. Jahrhunderts, wenn eine solche Kadenz z. B. auf *g* trifft, das *f* gewöhnlich nicht mit einem Kreuz versehen, aber doch als *fis* gesungen wurde: die «Akzidentien» sind zu einem großen Teil «subintellekt». So zeigt sich die Notierung, wenigstens in der Vokalmusik, diatonischer und kirchentonartlicher, als wie die Musik ist. In Wirklichkeit herrscht eine Art Schwebezustand zwischen den Kirchentonarten und dem Dur (und Moll): ein Absatz kann im *g*-Modus stehen («Mixolydisch»), aber wenn dann die Melodiekadenz *a g* kommt (sei es im Tenor oder in der Oberstimme), wird das das *a* begleitende, zum *g* aufsteigende *f* unweigerlich in *fis* verwandelt.

Nun müssen wir noch einige Eigenheiten der Kompositionsweise des 15. Jahrhunderts erwähnen, bevor wir zu einem Überblick über das Material übergehen. Zunächst ist es dasjenige, was ich als (melodische) P a r a - p h r a s i e r u n g bezeichnen möchte und was gleichfalls seine Antezedentien schon im 14. Jahrhundert hat. Es handelt sich besonders um Messen- (Meßordinariums-) Sätze. Hier wird nicht nur diejenige Art Cantus-firmus-Durchführung geübt, die die vorgegebene Melodie in einer Stimme, vorwiegend im Tenor, in großen Noten — wie man es später genannt hat, in «Pfundnoten» — durchführt, jene Art der Durchführung, welche auf die Motette des 14. und 13. Jahrhunderts und die Choralbearbeitung von Notre Dame zurückgeht, sondern es tritt auch eine sehr freie Melodiebehandlung in die Erscheinung. An Beispielen aus dem 14. Jahrhundert (vgl. oben 211) können wir sehen, wie wenig sinnfällig die Melodiezitierung hier oft ist, treffen doch die Noten der gegebenen Melodie häufig nicht auf den guten Taktteil und wandern sie aus einer Stimme in die andere hinüber; sie erscheinen manchmal geradezu hineingeheimnißt, wie wenn der Komponist sich nur einer moralischen Verpflichtung hätte entledigen wollen, und so erscheint das auf dieser Grundlage erwachsene melodische Gebilde dadurch zunächst kaum in seinem Wesen bestimmt. Jetzt, im 15. Jahrhundert, zeigt sich der Melodiecharakter doch in höherem Maße durch die dahinter stehende Tonreihe beeinflußt, er erhält gewissermaßen einen «gregorianischen» Anflug — und dies paradoxerweise gerade in dem Moment, wo die Harmonik einen deutlichen Schritt in der Richtung vom Kirchentonartlichen auf das Moll-Dur hin vollzieht. (Dabei ist das Eigenartige, noch nicht genügend Erklärte, daß, während die «offene» Cantus-firmus-Durchführung in Form von langen Noten im Tenor fast immer «fremde» Melodien betrifft, d. h. nicht eine derjenigen, die dem betreffenden Messentext im gregorianischen Repertoire angehören, ja meist sogar weltliche Melodien — daß im Gegensatz hierzu jene abwandelnde Art der Durchführung überwiegend gerade jene gregorianischen Ordinariumsmelodien zum Ausgangspunkt hat.) Doch auch innerhalb der Motette finden wir diese Art der Melodiebehandlung.

Das Ideal im Sinne des 16. Jahrhunderts ist dort erreicht, wo einerseits das Choralfragment zum frei geformten Melodiemotiv wird und anderseits diese aufeinander folgenden Motive mit Hilfe der Imitation gleichmäßig alle Stimmen durchdringen. Man vergleiche die Motette *Ave regina* von Palestrina, RiBe. 43, mit der Antiphonenmelodie. Aber schon der Messensatz von Brumel, RiBe. 21, aus dem Anfang des 16. Jahrhunderts, kann als Beispiel dienen. Man sehe ferner die 1540 gedruckte Messe des Spaniers Morales, die P. Wagner im Anhang seiner «Geschichte der Messe» bietet (vgl. ebenda 419): hier sind die aufeinander folgenden Phrasen der gregorianischen Ordinariumsmelodie verhältnismäßig greifbar, doch bestreiten sie nicht die ganze Imitation, indem ihnen auch imitatorische Gegenmotive beigesellt werden. In der Motette von Morales, RiBe. 35, können wir die Grundzüge der Melodie des Introitus *Puer natus* wiedererkennen, soweit der Introitustext verwendet ist. In der Motette von Willaert, EBe. 16, gedruckt 1539, sind die Anklänge an die Melodie des Responsoriums nur partiell und leicht.

Zur Vollständigkeit vermerken wir, daß die Hymnenkomposition hier eine Gruppe für sich bildet. Wie in den dreistimmigen Hymnen der Handschrift Apt, aus der Zeit um 1400, die liturgische Melodie meist, nur wenig verziert, in der Oberstimme liegt (vgl. oben 212), so ist auch in den dreistimmigen Hymnen Dufays die Originalmelodie in der Oberstimme, wenn auch eleganter, aber nicht so stark verziert, daß man sie nicht leicht wiedererkennen würde (diese verhältnismäßig bescheidenen Hymnenkompositionen waren dazu bestimmt, strophenweise mit dem einstimmigen chorischen Vortrag der Hymnusmelodie zu alternieren).

Einen interessanten Sonderfall stellen die etwa aus der Mitte des 16. Jahrhunderts stammenden Hymnen von Fr. Corteccia dar, die in der Handschrift Florenz Laur. Pal. 7 stehen: hier wird für jeden Hymnus nicht nur eine mehrstimmige Komposition geboten, die für alle ungeraden Strophen wiederholt wird, sondern jede der mehrstimmig zu singenden Strophen ist neu komponiert. In der Vorrede motiviert Corteccia dieses Verfahren mit dem Bedürfnis nach Abwechslung. Ferner erklärt er sein Verhalten zur liturgischen Melodie, die er manchmal aus einer Stimme in die andere übergehen läßt; und er zeigt sich in humanistischer Weise besorgt, eine bessere Übereinstimmung zwischen Musik und Wortbetonung zu erreichen, als wie er sie im Original zu finden glaubt; er will ferner «presentar . . . et le note et l'aria accommodate alle parole, et in un certo modo espressive de lor concetti, fine principalissimo di tutti gli artefici nostri in tutte le musiche».

Im ganzen trägt dieses «Durchscheinen» gregorianischer Tonreihen, das alle möglichen Zwischenglieder von der offensichtlichen Verzierung bis zum Hineinverstecken umfaßt, aber im 15. und 16. Jahrhundert betonter ist als früher, dazu bei, daß die Musik dieser Zeit wieder einen «geistlicheren» Charakter gewinnt.

Doch haben wir es, wenigstens im 16. Jahrhundert, noch mit einem Verfahren zu tun, das uns recht eigenartig erscheint: der «P a r o d i e», wie sie uns in erster Linie gerade in der liturgischesten der Kategorien, der Messenkomposition entgegentritt. Es handelt sich darum, daß irgendeine Motette, Chanson oder Madrigal, also ein mehrstimmiges Stück, als Vorlage und Anknüpfungspunkt für die Sätze einer Messe benützt wird — bald in offener, bald in verhüllter Weise. Es ist nicht zu verkennen, daß dies für die Kirchenmusik als solche kompromittierender ist als die bloße Verarbeitung eines weltlichen Cantus firmus. Mit der eben berührten «Paraphrasierung» hängt die «Parodie» insofern zusammen, als die Anknüpfung an das Original (welches hier ein mehrstimmiges ist) auch eine freiere sein kann. Anderseits liegt hier eine Affinität mit der weiterhin zu erwähnenden Cantus-firmus-Messe vor, die in allen Sätzen im Tenor eine gegebene Melodie durchführt, ist doch diese gegebene Melodie oft die Stimme eines vorgegebenen mehrstimmigen Ganzen, z. B. der Tenor einer Chanson. So haben wir es also mit den verschiedensten Formen und Abstufungen des Ausgehens von einem Vorgegebenen zu tun.

Und nun jenes vielberufene Kunstmittel der Musik unserer Epoche, die I m i t a t i o n. Man hat eine Zeitlang sogar gedacht, sie als das eigentliche Entwicklungs- oder Fortgeschrittenheitsmerkmal für den Verlauf der Dinge im 15. und 16. Jahrhundert anzusehen. Doch hat sich gezeigt, daß z. B. ein so bedeutender Meister wie Ockeghem in dieser Hinsicht die Erwartungen etwas «enttäuscht». Es ist eher Ockeghems Zeitgenosse in der zweiten Hälfte des 15. Jahrhunderts, Busnois, der hier das Zwischenglied zwischen dem späten Dufay und (Obrecht und) Josquin darstellt; Busnois aber ist in erster Linie ein Meister der Chanson, nicht der kirchlichen Musik. Wir können etwa sagen, daß Obrecht beinahe bis zur Durchimitation und Josquin ganz zu ihr vorgedrungen ist, immerhin macht auch Josquin von ihr noch nicht einen so systematischen Gebrauch wie Palestrina.

*   *
*

Was schließlich die S t i m m e n z a h l betrifft, so sahen wir bereits, wie sich zu der in der ersten Hälfte des 15. Jahrhunderts vorwaltenden Dreistimmigkeit von Tenor, Diskant und Contratenor in der 2. Jahrhunderthälfte eine 4. Stimme mit eigener Funktion gesellt, der unter den Tenor gesetzte «Contratenor bassus», welcher immer mehr dazu tendiert, zur Baßstimme im neuzeitlichen Sinn mit den für eine solche charakteristischen Quinten- und Quartenschritten zu werden, während der alte Contratenor sich als «Contratenor altus» spezialisiert und zum Vorläufer unseres Altes wird, aber zunächst immer noch vom alten Contratenor die Sprunghaftigkeit und die Neigung, sich mit dem Tenor zu kreuzen, bewahrt — bis dann in der zweiten Hälfte des 16. Jahrhunderts der Stimmenausgleich voll erreicht ist.

Die Vierstimmigkeit herrscht schon beim späten Dufay in der zweiten Hälfte des 15. Jahrhunderts vor, dann aber hauptsächlich bei den übrigen Meistern des späteren 15. Jahrhunderts und beim Hauptmeister vom Anfang des 16. Jahrhunderts, Josquin. Der letztere geht freilich über die Vierstimmigkeit vielfach hinaus; und bei den Meistern der Zeit zwischen Josquin und Palestrina (Gombert, Willaert usw.) liegt der Durchschnitt der Stimmenzahl schon entschieden über der Vier, in der Palestrina-Zeit (zweite Hälfte des 16. Jahrhunderts) wohl schon über der Fünf. Palestrina hat bereits einige achtstimmige, d. h. zweichörige Messen und eine größere Zahl solcher Motetten, ja sogar 12stimmige Motetten. Die Venezianer, die dann die Mehrstimmigkeit besonders pflegen, gehen bis zu 16 und 22 Stimmen; allerdings hatte ihnen — s. unten 254 — bereits der Engländer Tallis mit einer 40stimmigen (achtchörigen) Motette vorgegriffen.

Immerhin sieht die Theorie auch noch in der zweiten Hälfte des 16. Jahrhunderts die V i e r s t i m m i g k e i t als Norm an, und dies ist die Stellung der Vierstimmigkeit auch in der Theorie des 17. und 18. Jahrhunderts geblieben. Zarlino vergleicht (1558 und später), wie schon Glarean (Dodekachordon, 1547), die 4 Stimmen mit den 4 Elementen, also den Baß mit der Erde und den Sopran mit dem Feuer (Istituzioni harmoniche III 58) (man fühlt sich an Schopenhauer erinnert, der im 19. Jahrhundert den Vergleich der 4 Stimmen mit dem Mineralreich, Pflanzenreich, Tierreich und dem Menschen durchführt).

Zur Charakterisierung des Basses als Stützstimme bei Zarlino vgl. unten 243. Vom Sopran heißt es an der genannten Stelle, daß er einen «schönen, geschmückten und eleganten Gang haben muß, so daß er den Geist des Hörers nährt», wie denn auch das Feuer alle Naturdinge nährt und hervorbringt, welche zum Schmuck und zur Erhaltung der Welt dienen. Vom Tenor, der dem Wasser entspricht, wird gesagt, daß er die Tonart aufrechterhält — ein Widerschein der traditionellen Anschauung vom Tenor als Träger der Hauptmelodie (s. oben 226); immerhin macht Zarlino, III 59, der neuzeitlichen Auffassung das Zugeständnis, daß es nur für den Baß, nicht mehr für den Tenor obligatorisch sein soll, auf dem Tonartgrundton zu schließen. Vom Alt sagt Zarlino an jener Stelle (III 58), daß, wie in der durch die Sonne bestrahlten Luft alles heiter erscheint, so er wohlgeordnet und mit schönen und eleganten Läufen geschmückt sein müsse.

An der angeführten Stelle zitiert Zarlino noch ein Gedicht, von dem er findet, daß es das Verhältnis der Stimmen sehr gut charakterisiert. Dies möge uns der Anlaß sein, um eine noch nicht ausgeschöpfte Quelle zur Musikgeschichte des 16. Jahrhunderts ins Auge zu fassen. Es handelt sich um ein Werk von Teofilo Folengo (1496 bis 1544), den man als den größten realistischen Dichter Italiens bezeichnet hat und der jedenfalls vom Franzosen Rabelais als Vorbild benützt wurde: eine erzählende Dichtung unter dem Titel «Baldus» in makaronischen Versen (d. h. lateinisch mit italienischen Brocken; vielleicht ist gerade dies der Grund dafür, daß die Literaturgeschichte dem Werk wenig gerecht geworden ist, und doch hat diese Verbindung des Lateinischen mit dem ihm verwandten Italienischen etwas durchaus Lebendiges). So, wie Zarlino das Gedicht zitiert, würde man allerdings nicht leicht auf den Verfasser geraten, da er als Referenz angibt «Merlinus Stryacis Lb. I» und den Verfasser nur als den «scherzliebenden mantuanischen Dichter» anführt. Man hat daher unter dem Verfasser einen gewissen Stryacis vermutet, während es sich in Wirklichkeit um das 21. Buch des «Baldus» handelt, welches in einer oder mehreren der vielen Ausgaben (so in der von 1555) den Titel führt «Grugnae Stryacis (Genitiv von Stryax) Carcossae Macaronicorum Lb. I» (und Merlinus ist der Vorname des vom Verfasser adoptierten Pseudonyms, Merlin Cocai). Auf der anderen Seite hat A. Pirro — wohl der belesenste unter den neueren Musikhistorikern — gelegentlich auf unsern Autor Bezug genommen und ihn richtig als Folengo zitiert, aber keine Stellen angegeben und offenbar das Zitat bei Zarlino übersehen (Revue de musicologie 1922, 5 und 1924, 10; Histoire de la musique de la fin du 14me s. à la fin du 16me, 160). Eine Neuausgabe der makaronischen Dichtungen von Folengo (Cocai) besorgte 1911 A. Luzio.

Die Partie, aus der Zarlino vier Verse zitiert, steht also im 21. Buch des «Baldus» (V. 52 ff. der Neuausgabe), wo geschildert wird, wie Baldus und seine Gefährten auf einer ihrer abenteuerlichen Fahrten durch eine dunkle Höhle schreiten und, um sich bei gutem Mut zu erhalten, zu vieren vierstimmig Motetten singen. Der eine singt den Sopran, wobei der Dichter nicht unterläßt, den Tonumfang desselben mit c'—e'' anzugeben, und dies bestätigt die Tatsache, daß, sofern der Sopran damals nicht von Knabenstimmen ausgeführt wurde, er Männern mit ausgebildeter Falsettstimme zufiel (eine Gesangsweise, die ja noch zu Bachs Zeit und in Bachs Umkreis gepflegt wurde); ferner wird am Sopran die Verwendung kleiner Notenwerte hervorgehoben. Der Alt wird gleichfalls als beweglich charakterisiert (vgl. oben 231): aber weniger nicht nur in rhythmischer Beziehung, sondern auch in tonräumlicher, da er sich bald in die Tonlage des Soprans hinaufschwingt, bald zum großen A hinabsteigt (diese Eigenheit des Alts, die in der Tat in der Musik vom Anfang des 16. Jahrhunderts mehrfach zu beobachten ist, z. B. in Liedern von Senfl, hat anderwärts dem Alt den Vergleich mit einem ohne Ruhe auf und ab laufenden Junggesellen eingetragen; man hat daraus sogar auf instrumentale Ausführung der Altstimme schließen wollen, doch ist sie im Sinn jener Zeit eher als die gesangsvirtuoseste anzusehen). Der Tenor schreitet nach Folengo fest in großen Notenwerten einher und streut größere Pausenperioden ein — woraus wir schließen müssen, daß ein Cantus-firmus-Tenor der alten Art vorausgesetzt ist. Die Stimme des Baßsängers, der bis zum *G* herabzusteigen eine Kleinigkeit sei, wird mit großen Orgelpfeifen verglichen. Folengo resümiert die Beschreibung mit den vier von Zarlino angeführten Versen:

> «Der Sopran fesselt besonders das Ohr der Hörenden;
> Der Tenor regiert die Stimmen und leitet die Sänger;
> Der Alt malt das schöne Stück aus und schmückt es;
> Der Baß nährt, fettet, fundiert und mehrt die Stimmen.»

(Den letzteren Vers zitiert auch Praetorius, Syntagma, III, anscheinend nach Artusi.)

An weiteren Einzelheiten aus dieser Dichtung erwähne ich die (bereits von Pirro vermerkte) Nennung mehrstimmiger Chansons, welche in dem 1501 in Venedig gedruckten «Odhecaton» stehen (Buch XXIII V. 166 ff.); die Erwähnung berühmter Meister der Musik, unter denen Josquin an erster Stelle steht (IX 31—38 und XXI 115, besonders aber in Buch XX nach der einen Version, siehe Neuausgabe, Band II, S. 308; hier wird eine ganze Reihe berühmter Messen angeführt). Auch zahlreiche Tanzformen werden genannt (in der «Zanitonella» V. 229, 377, 400; «Baldus» I 554, III 197, VII 22 ff., IX 48 und 67, XIV 105 und 293, XXII 88, XXIII 563, sowie unter den Varianten, Neuausgabe Band II S. 246); auch kriegerische Klänge werden häufig beschrieben; im «Baldus» I 526 ff. wird eine üppige Tafelmusik geschildert. Da aber die Atmosphäre dieser makaronischen Dichtungen eine weitgehend rustikale ist, ist der Dudelsack («piva») das von Folengo am häufigsten erwähnte Instrument; zu seinen Klängen wird sowohl getanzt als insbesondere gesungen, und hier ist manchmal der Dudelsackbläser ein anderer als der Sänger, manchmal aber derselbe (also Zwischenspiele!) Anderseits gehört es wieder eher in den Bereich der höheren Musik, wenn ein kunstfertiger Sänger sich auf der Streichlyra begleitet (Baldus XIII 371 ff. und XV 6 ff.; mit Beschreibung des Stimmens XVIII 363 ff.) — eine damals beliebte Art des Musizierens, in der sich schon Leonardo da Vinci ausgezeichnet haben soll und die in ihrer Weise Praktiken der Troubadourzeit (s. oben 206) fortsetzt.

b) Gliederung des Materials

Indem wir unser Material überblicken, stellen wir zunächst fest, daß im 15. und 16. Jahrhundert nicht mehr das Übergewicht der weltlichen Kunst besteht, welches uns am Ausgang des Mittelalters überraschte, sondern daß Weltlich und Geistlich einander ungefähr die Wage halten.

Auf der geistlichen Seite sind es in erster Linie Meßordinariumsätze und Messen (d. h. Ordinariumszyklen), die jetzt in viel größeren Mengen auftreten als im 14. Jahrhundert. Dieses Messenschaffen nimmt jetzt nicht nur innerhalb des kirchlichen, sondern des musikalischen überhaupt den ersten Rang ein. Die technisch kompliziertesten, die «entwickeltsten» Gebilde, die die Zeit schuf, finden sich eben hier. Dabei tritt schon im 15. Jahrhundert das Komponieren einzelner Messensätze gegen die Komposition des ganzen Ordinariumszyklus zurück. Es zeigt sich ferner die Tendenz, die Teile eines solchen Zyklus musikalisch zu vereinheitlichen: zunächst in der Weise, daß alle fünf Messensätze im Tenor denselben Cantus firmus durchführen (und zwar meist den eines weltlichen Liedes!), dann aber so, daß sie miteinander durch gemeinsame (imitatorisch durchgeführte) «Kopfmotive» verbunden werden — oder aber im Sinne der «Parodiemesse» (s. oben 229). Immerhin wollen wir die Bedeutung dieser thematischen Verknüpfung nicht übertreiben, da ja in der kirchenmusikalischen Praxis die Messensätze teilweise durch lange Zwischenräume voneinander getrennt sind.

Eine weitere Kategorie kirchlicher Werke stellen die Kompositionen für das Meßproprium dar, welche jetzt immerhin wieder auftreten, obgleich sie von denen des Ordinariums überschattet werden. Ferner sind es Kompositionen für das Offizium: das Magnificat (dieses Canticum, das gewissermaßen das Ordinarium der Vesper darstellt), Antiphonen (gewissermaßen das Proprium des Offiziums) und die Hymnenkompositionen, welch letztere strophisch mit den einstimmig gesungenen Hymnenstrophen alternieren. Schließlich stehen in diesem Bereich noch Kompositionen, die liturgisch nicht zu einer dieser Kategorien gehören und am ehesten am Schluß des Gottesdienstes, oder auch bei der Wandlung gesungen werden konnten: dies sind die geistlichen unter den Motetten (und hier vermerken wir, daß die Motette im Lauf des 15. Jahrhunderts wieder vorwiegend geistlich wird). Nachdem aber, wie wir gleich sehen werden, die Motette als kompositionstechnisch definierte Gattung sich aufgelöst haben wird, wird man so ziemlich alle kirchlich verwendbaren Kompositionen außerhalb des Meßordinariums als Motetten rubrizieren können.

Das Gebiet des geistlichen Außerkirchlichen in volkstümlicherer Nuance vertritt der englische Carol (s. oben 213) und die italienische (nunmehr mehrstimmige) Laude.

Daß in diesem Kreise die Laude mehrstimmig wird, ist ein geschichtlich bezeichnender Vorgang. K. Jeppesen in seiner Laudenpublikation bemerkt (S. XXI), im 15. Jahrhundert komme die einstimmige Laude zwar noch vor, aber die mehrstimmige stehe im Vordergrund des Interesses (und dies gilt erst recht für das 16.). Ein interessantes Dokument, das diesen Übergang beleuchtet, stellt die Erzählung des Florentiner «Cantors» Andrea Stefani dar, die in der Handschrift Florenz Maruc.

C 152 steht (f. 58=54; ediert bei G. Volpi, Una lauda di A. St., und bei U. Scoti-Bertinelli, Note e documenti). Demnach hätte im August 1399 beinahe die ganze Bevölkerung von Florenz in weißen Gewändern mit Crucifixen an neun Tagen eine Bußprozession unternommen. Die Oberleitung derselben hatte eben Andrea Stefani inne, unter ihm Schulmeister, die von ihren Knaben und Mädchen begleitet waren. Die ungeheure Menschenmenge war in «brigate» geteilt, und innerhalb jeder «brigata» schritten sie zu vieren einher. In der Mitte jeder «brigata» befanden sich zwei «cantatori di laude», sei es Priester oder Nonnen oder Laien. Es sei herrlich gewesen, wie die eine «brigata» auf der einen Seite der Straße nach oben ging und die andere sich auf der anderen Seite abwärts wandte, es habe einen geradezu an Jakobs Himmelsleiter erinnert. Da es je zwei Laudensänger waren, kann man sich die hierbei gesungenen Lauden (bzw. die solistischen Teile der Lauden) wohl als zweistimmig vorstellen. Doch deutet unser Gewährsmann in noch speziellerer Weise auf die Mehrstimmigkeit, da er erzählt, jene Prozession von 1399 habe ihm den Gedanken eingegeben, für die Fastenprozession von 1400 außer fünf Lauden, die er bereits gedichtet und mit dreistimmiger Musik versehen hatte, eigens noch eine *(Su, tutti peccatori)* zu schaffen (leider ist die Musik zu diesen Lauden nicht erhalten).

Dem stehen auf der w e l t l i c h e n Seite gegenüber: der weltliche Anteil an der Motette, der aber im Verhältnis zum geistlichen allmählich verschwindet, das Diskantlied, das immer mehr zur «Chanson» wird, und das italienische Madrigal neuer Prägung. Die volkstümlichere Nuance vertreten hier in Italien: im 15. Jahrhundert und am Anfang des 16. die Frottola, dann die Villanella (auch Villota genannt) und schließlich im späten 16. Jahrhundert die «Canzonetta» und das «Balletto» (Tanzlied); in Spanien: das Villancico.

*   *
*

Historisch müssen wir zunächst fragen, was aus den im 14. Jahrhundert so deutlich geschiedenen K o m p o s i t i o n s g a t t u n g e n wird; und dies wird uns von selbst zur Frage der zur Geltung kommenden stilistischen Tendenzen überleiten.

Wir fassen zunächst das D i s k a n t l i e d   u n d   d i e   K o m p o s i t i o n mit gleichem Text in allen Stimmen ins Auge.

Die Komposition mit einer gesungenen Oberstimme, die zugleich Hauptmelodie ist, und zwei untereinander abgestuften instrumentalen Stützstimmen lebt in der ersten Hälfte des 15. Jahrhunderts noch deutlich weiter; es handelt sich nach wie vor um weltliche Texte in Versform, und es sind auch dieselben poetisch-musikalischen Formen wie bei Machaut (Refrainformen, die aber ohne Eingreifen eines Chors gesungen werden). Daneben begegnen wir dieser Kompositionsweise, wie schon im späteren 14. Jahrhundert, in Messensätzen, wo sie besonders von Binchois gepflegt wird. Bei alledem ist

234

aber die Gesamttendenz der Entwicklung unzweideutig: die funktionelle Scheidung zwischen gesungenen und instrumentalen Stimmen, die schon im 14. Jahrhundert nicht absolut war, wird mehr und mehr ausgeglichen, und zwar im Sinne der Vokalisierung, nicht der Instrumentalisierung. Der (von K. Jeppesen herausgegebene) Kopenhagener Chansonnier mit seinen Kompositionen aus dem späteren 15. Jahrhundert zeigt dies sehr deutlich, doch macht sich dieser Prozeß auch schon in der ersten Hälfte des Jahrhunderts fühlbar. Es ist, wie wenn die Tendenz dahin ginge, alle Stimmen gleichmäßig mit vokalem Geist zu durchdringen. Dabei wird aber eigentümlicherweise die Textlegung im 15. Jahrhundert immer laxer, werden die zum Singen und die zum Spielen bestimmten Stimmen in dieser Hinsicht weniger sorgfältig unterschieden als im 14. Jahrhundert: der Komponist konzipiert im wesentlichen S t i m m e n. Er wird zwar von Hause aus entweder eher an gesungene oder an instrumentale Ausführung denken, aber nicht protestieren, wenn eine «primär vokale» Stimme «sekundär instrumental» ausgeführt wird oder umgekehrt. Allerdings könnte, was sich uns als «Durchvokalisierung» des mehrstimmigen Ganzen darstellt, auch nur das inzidentelle Resultat eines kontrapunktischen Glättungsprozesses sein; es wird Sache der Zukunft sein zu bestimmen, wieweit das Streben nach Glättung zur Sangbarkeit oder umgekehrt das Streben nach Sangbarkeit zur Glättung führte.

So könnte man sagen, daß mit dem «Diskantlied» als Ausgangspunkt wieder eine allmähliche Annäherung an jene alte Kompositionsmethode stattfindet, die alle Stimmen denselben Text singen ließ: an das italienische Madrigal des 14. Jahrhunderts oder jene englischen Kompositionen, die, sei es Choralbearbeitungen oder Conductus, den gleichen Text in allen Stimmen sogar gleichzeitig aussprechen ließen. Es ist wie die Rückkehr zu einem Zustand, der durch das Diskantlied gestört worden war. Immerhin vergessen wir nicht: jene alte Methode, den gleichen Text — sogar unter gleichzeitiger Silbenaussprache — in allen Stimmen singen zu lassen, hat ja noch im 15. Jahrhundert ihre direkten Ausläufer in Gattungen, die den alten Conductus in der volkstümlicheren Sphäre weiterführen: so der Carol, die Laude, die Frottola, das Villancico. Zwar ist in der Laude, der Frottola und im Villancico oft bloß die Oberstimme mit Text versehen, und so stehen sie unverkennbar unter Diskantliedeinfluß; aber darum werden diese Stücke doch mindestens ebensooft durchweg vokal, wie als Diskantlied vorgetragen worden sein; hier herrschte jene vokal-instrumentale Freizügigkeit, auf deren Existenz so vieles deutet; und jedenfalls machte innerhalb jener Gattungen der weitgehende rhythmische Parallelismus der Stimmen eine solche Ausführung leicht möglich und naheliegend. So stand diese volkstümlichere Abart der Mehrstimmigkeit, in der die Stimmen rhythmisch aneinander gebunden waren, vor der Kunstmusik wie ein Leitstern auf dem Wege zur Durchvokalisierung; wie eine Brücke verbindet sie Uraltes mit der Chanson und dem Madrigal des 16. Jahrhunderts. Indessen kehrt die Geschichte nie zur gleichen Stelle zurück: was aus dem Diskantlied im Prozeß der Durchvokalisierung hervorging, eben die Chanson und das Madrigal des 16. Jahrhunderts, ist etwas wesentlich anderes als jene volkstümlicheren Gattungen und als die in allen Stimmen textierten Stücke des 13. Jahrhunderts — schon in rein technischer Hinsicht, da hier der gleiche Text in allen Stimmen mit freier Verschiebung vorgetragen wird, während dort dem weitgehenden rhythmischen Aneinandergebundensein der Stimmen auch eine gleichzeitige Silbendeklamation entsprach (was die im 16. Jahrhundert die Frottola ablösende Villanella, die Canzonetta und den Balletto betrifft, welche nunmehr n e b e n dem ausgesprochenen A-cappella-Madrigal stehen, so ist auch hier noch der Satz sehr weitgehend in jenem Sinne «akkordisch», wenn sie sich auch einiges aus dem Rüstzeug des polyphonischen Stils nutzbar machen).

Was uns jedoch in erster Linie interessiert, ist das Resultat, das im 16. Jahrhundert aus diesem Schmelztiegel hervorging. Es sind zwei neue Kategorien der Kunstmusik: eben die französische Chanson des durch Janequin vertretenen Typus und das neue italienische Madrigal. Das Madrigal wird jetzt zu einem ebensolchen Gipfelpunkt innerhalb der weltlichen Musik, wie in der kirchlichen Komposition die Messe; hier ist die Durchvokalisierung der Stimmen bis zum Ende geführt, dabei verbindet sich hohe kontrapunktische Kunst mit ausdruckshaften Elementen, wie sie in der bescheideneren Sphäre der Laude und der Frottola heimisch waren; auch die Texte der Madrigale stehen auf einer literarisch hohen Stufe — wie seinerzeit die des Trecentomadrigals. Das fünfstimmige Madrigal ist in der zweiten Hälfte des 16. Jahrhunderts ein klassischer Repräsentant des Zeitgeschmacks.

* *
*

Wir sehen schon aus dem bisher Gesagten, wie sich die alten Kompositionsgattungen des 14. Jahrhunderts, welche sich noch bis in das 15. hinein fortsetzen, auflösen und wie an ihrer Stelle neue Kompositionskategorien erstehen. In noch höherem Maße zeigt sich dies aber, wenn wir die alte Kompositionsgattung der M o t e t t e ins Auge fassen.

Die Motette steht zunächst im früheren 15. Jahrhundert noch als Kompositionsgattung im technischen Sinne da, und sie kann weltlich wie geistlich sein; immerhin kommen jetzt im Rahmen des Weltlichen nur noch seriösere Texte vor, entsprechend etwa wie im alten Conductus. Aber weiterhin verschwindet die Motette in diesem Sinne, d. h. als Komposition mit zwei gesungenen Oberstimmen, welche verschiedene, dabei neugedichtete Texte über einem Tenor- (oder Tenor- und Contratenor-) Gerüst vortragen. Es bleibt nur das Kontrapunktische der Motette übrig: Stimmen, die sich über einem Tenorgerüst (bzw. um ein solches) erheben; a b e r hierbei singen die Stimmen denselben Text, und außerdem ist es nicht mehr ein eigens verfaßter Text in poetischer Form, sondern zumeist ein liturgischer, denn diese Kompositionsweise — also die der Motette im konstruktiven Sinn — begegnet uns jetzt vor allem in M e s s e n s ä t z e n. Es kann indessen nicht die Rede davon sein, solche Sätze als Motetten zu bezeichnen; es ist der Charakter dieser Stücke als Ordinariumsatz, welcher vordringlich geworden ist und ihre Einreihung bestimmt.

So verschwindet die Motette im alten Sinn, und dies hängt gewiß auch damit zusammen, daß jetzt die lateinische Dichtung abstirbt. Es ist eigenartig und muß uns in bezug auf jenen «Renaissance»-Begriff (oben 218) nachdenklich stimmen: eine lateinische Dichtung im lebendigen Sinne, wie im Mittelalter, gibt es jetzt nicht mehr, nur humanistische Schuldichtung; die eigentliche dichterische Kraft hat sich nicht, wie man gewöhnlich denkt, im Mittelalter, sondern in der «Renaissance»-Zeit von der klassischen Sprache abgewendet.

Und doch bleibt die Motette als K a t e g o r i e erhalten, indem sie eine Verschiebung durchmacht. Sie tendiert mehr und mehr darauf hin, alle geistlichen Kompositionen zu umfassen, die nicht Meßordinariumsätze sind, also auch die des Meßpropriums; immerhin können daneben gewisse Kategorien wie die Magnificat- und die Hymnenkomposition einen gewissen Anspruch auf Sonderstellung erheben. Die Motette im neuen Sinn umfaßt also zu einem erheblichen Teil Antiphonentexte und Texte des Meßpropriums (teilweise werden solche Kompositionen freilich doch nach dem liturgischen Merkmal und nicht in die Motettenkategorie eingereiht, wie wir z. B. aus dem Titel von W. Byrds Sammlung «Gradualia» sehen); daneben sind es biblische Texte (genauer: solche biblische Texte, die nicht bereits als Antiphonentexte in der Liturgie stehen), sowie in einigen wenigen Fällen neugedichtete. Dabei kommt, wie bereits vermerkt, das, was wir als Motette im kompositionstechnischen Sinn ansehen, d. h. die Komposition über einem Tenor-Cantus-firmus, innerhalb dieser Kategorie viel weniger zur Geltung als im Meßsatz. Es sind vorwiegend Kompositionen, die in einer oder in mehreren Stimmen eine Choralmelodie verzieren oder paraphrasieren, oder aber Kompositionen ohne jede choralische Grundlage. So ist die Motette in diesem Sinn in ihrem Aufbau «freier» als der Messensatz; und damit wiederum hängt es zusammen, daß sie in höherem Maße dem Ausdrucksgehalt des Textes nachgeht. Wir sehen also: während im 14. Jahrhundert die Motette die für das formale Können der Zeit eigentlich repräsentative Kategorie war, ist es jetzt der Messensatz.

Liturgisch unterscheidet sich die Motette vom Messensatz dadurch, daß sie zwar zu bestimmten Festen (oder zu bestimmten Festkategorien wie Marienfeste oder zu Marienkommemorationen, usw.) gehört, dabei aber doch einen weniger festen Platz in der Liturgie hat. Motetten mit Meßpropriums- und Antiphonentexten werden zwar vermutlich teilweise am entsprechenden liturgischen Ort zum Vortrag gelangt sein, daneben aber war der Platz der Motette wohl die Wandlung in der Messe und besonders der Schluß des Gottesdienstes.

Können wir also nicht mehr von der Motette als Kompositionsgattung im technischen Sinn sprechen, so bildet sich doch im 16. Jahrhundert etwas wie eine Motetten f o r m heraus: die typische Form der Palestrina-Motette besteht aus Teilen, die entsprechend den aufeinander folgenden Sätzen des Textes über verschiedenen Motiven gebildet sind und jeweilen imitatorisch einsetzen — jene Form, die dann als «Ricercar» auf die Orgel übertragen wurde.

c) Stilfragen

So stehen die Begriffe «Madrigal» und «Motette» im 16. Jahrhundert in anderer Bedeutung vor uns als im 14., und doch hängen die verschiedenen Bedeutungen miteinander zusammen. Die alte strenge Gliederung nach Kompositionsgattungen ist aufgelöst, alles bewegt sich auf den «A - c a p - p e l l a - S t i l» zu, bei dem alle Stimmen den gleichen Text singen und ihrer Formung nach auf dem gleichen Fuß stehen. Die alte Kompositionsweise, welche einen Cantus firmus im Tenor durchführt — womit sich diese Stimme auch rhythmisch von den übrigen absondert —, hält sich, wie gesagt, am längsten im Messensatz; aber auch hier verschwindet sie im 16. Jahrhundert; von Palestrina sind nur noch einige Jugendwerke in dieser Art komponiert. Da in dieser neuen Stilrichtung das Ideal darin gesehen wird, die Stimmen auf gleichen Fuß zu setzen, ist es verständlich, daß nunmehr das Absingen von mehreren Texten gleichzeitig, wie in der alten Motette, als etwas Veraltetes oder eine Kuriosität erscheinen mußte. Selbstverständlich ist die «Durchimitation» (oben 229) ein Mittel, um die Stimmen auf gleichen Fuß zu setzen. Rhythmisch verwirklicht sich die gleiche Absicht dort, wo die Stimmen sich unabhängig voneinander ergehen, in der «komplementären Rhythmik», vermöge deren sich die eine Stimme bewegt, während die andere auf einer Note verweilt — was gleichzeitig psychologisch zur besseren Übersichtlichkeit des Gewebes dient.

Dem geneigten Leser ist vielleicht bekannt, daß in der heutigen k a t h o l i s c h e n Kirche nicht nur der «gregorianische» Gesang die einzige Musikform ist, die offizielle Geltung hat, sondern auch der A-cappella-Stil als Ideal der kirchlichen Mehrstimmigkeit hingestellt wird. Diese Stilart ist tatsächlich in der päpstlichen Kapelle ohne Unterbruch bis in unsere Zeit gepflegt worden. Ihre literarische Verherrlichung unternahm schon 1825 der Heidelberger Professor A. F. Thibaut in seinem Büchlein «Über Reinheit der Tonkunst», dann — mit größerer Sachkenntnis — der Musikgelehrte und päpstliche Kämmerer Baini in seinem 1828 erschienen Werk über Palestrina. Man wird sich erinnern, welches Prestige die Musikaufführungen der päpstlichen Kapelle unter Italienreisenden in der romantischen Zeit hatten; man mußte schon ein Berlioz sein, um sich über die Palestrinaschen «Improperien» respektlos zu äußern. Thibaut, obgleich Protestant, und mit ihm die katholische süddeutsche Romantik sah in Palestrinas Musik den Inbegriff des Religiösen — eine Anschauung, der ich mich nicht so unbedingt anschließen würde. Wir können den Prozeß, der zum A-cappella-Stil führte, nur als eine ausgesprochene Vermenschlichung der Musik auffassen, ja es war bei dem «Geist jener Zeit» auch nichts anderes zu erwarten — womit aber keineswegs ausgeschlossen wird, daß Palestrina selbst fromm war und seine Musik als Gottesdienst auffassen konnte, wie sie denn auch selbstverständlich in einem Verhältnis zu ihren kirchlichen Texten steht (wir wissen, daß Palestrina als Kirchenmusiker einmal Reue darüber bekundete, in seiner Jugend Madrigale komponiert zu haben; anderseits wissen wir, daß er das Komponieren als eine in sehr hohem Maße fachmännische Angelegenheit angesehen hat). Man sieht ja auch am Fall Bachs, daß die Romantik in alte Kunsterscheinungen etwas hineingelegt hat, das sie ihrem eigenen Wunschtraum entnahm. Im Falle Palestrinas mochte sie inneres Gleichgewicht und Abgeklärtheit für eigentlichen religiösen Impuls nehmen.

Wir wollen indessen den Prozeß, der zum durchorganisierten, voll ausgeglichenen A-cappella-Stil der zweiten Hälfte des 16. Jahrhunderts führte, nicht als einheitlicher hinstellen, als wie er ist. Es liegen hier vielleicht zwei verschiedene Ausprägungen oder eine Abstufung vor, der Prozeß scheint in W e l l e n f o r m zu verlaufen. Dufay bekundet bei aller Kunst der Polyphonie einen ausgesprochenen Willen zur Durchsichtigkeit der Faktur. Bei Ockeghem wird die Satzform dichter und kompakter. Hierauf sehen wir bei Obrecht neben liebenswürdigen altfränkisch-mittelalterlichen Zügen eine ausgesprochene Neigung zur Uebersichtlichkeit und Symmetrie, insbesondere aber bekundet sich bei Josquin die Neigung zur Gliederung und Auflockerung; eigentlich finden wir schon bei ihm, was dann später den Palestrina-Stil charakterisiert: daß neben kontrapunktischen Partien, in denen die Stimmen dicht ineinandergreifen, einfach akkordisch gesetzte Stellen stehen, in denen von der Gegenüberstellung hoher und tiefer Klanggruppen Gebrauch gemacht wird — nur daß bei alledem die Satzweise Josquins noch nicht zu der abgeschliffenen Gleichmäßigkeit Palestrinas gediehen ist. Nach Josquin repräsentiert Gombert wieder die dichtere Schreibweise, worauf mit Lassus und Palestrina wieder das Durchsichtigkeits- und Gegliedertheitsideal zur Geltung kommt. Würden wir nicht eine gewisse Abneigung gegen allzu klangvolle Worte empfinden, so würden wir diese beiden Richtungen als «mittelmeerisch» und «nordisch» einander gegenüberstellen. Jedenfalls können wir vermerken, daß die Vertreter der ersteren in engen Beziehungen zu Italien standen, die der anderen nicht. Aber auch, daß im Schaffen der ersteren das weltliche Lied (Chanson usw.) eine große Rolle spielt, während sie bei Ockeghem zurücktritt, ist nicht zu übersehen; denn die Chanson bringt ein Element klarer Gliederung mit sich.

* *
*

Nun ist klar, daß mit der dichteren polyphonen Schreibweise und bei kompliziertem rhythmischem Ineinandergreifen der Stimmen der T e x t kaum noch zu verstehen ist. Diese Gefährdung der Verständlichkeit war um so größer, je mehr die Stimmen ineinander verschlungen waren und je mehr die Klangfülle zunahm (s. oben 230). Und gleichzeitig tritt, wie bemerkt (oben 235), auch eine gewisse Vernachlässigung der Textlegung in der handschriftlichen Überlieferung zutage: o b g l e i c h die Stimmen allmählich gesanglicher zu werden scheinen und tatsächlich wohl in weitergehendem Maße gesungen wurden als im 14. Jahrhundert, wird die Textlegung immer laxer, d. h. sie wird mehr als vorher den Sängern überlassen; auch wo die Silben deutlich unter die Noten gelegt sind, vermag die «Deklamation» oft nur wenig zu befriedigen. Damit bekundet sich deutlich ein Überwiegen der rein musikalischen Auffassung über die textgebundene.

Doch nun regt sich demgegenüber im 16. Jahrhundert das Textgewissen. Wir können hier von einer humanistischen Tendenz im engeren Sinne, also einer schulmeisterlich-philologischen sprechen, welche energisch für die Verständlichkeit des Textes eintrat und daher den kontrapunktischen Künsten, wie sie die Meister entfalteten, kritisch gegenüberstand.

Eben im Sinne dieser Tendenz wurden in der ersten Hälfte des 16. Jahrhunderts, besonders in Deutschland, dann auch in Frankreich Vertonungen antiker Gedichte, speziell horazischer, im einfachen Satz Note gegen Note, unter Respektierung der vermeintlichen antiken Metrik angefertigt — ein Unternehmen, das freilich künstlerisch unfruchtbar blieb, obgleich sich daran Komponisten wie Senfl, Hofhaymer und Goudimel beteiligten. Etwas mehr Bedeutung gewann im späteren 16. Jahrhundert die «Chanson mesurée», in der französische Hofdichter und Hofmusiker (so Le Jeune, 1528—1600) f r a n z ö s i s c h e Verse in antikisierender Weise, d. h. mit Unterscheidung von Längen und Kürzen in einfachem akkordischem Satz zur Geltung brachten. Zwar ist für die französische Dichtkunst dieser Versuch, die Versbildung unter antike Regeln zu stellen, ohne Folgen geblieben; doch entstand auf dieser künstlichen Grundlage durch die vereinte Bemühung von Dichter und Musiker manches geistreiche Gebilde. Dieser Versuch entspringt der gleichen antikisierenden Tendenz wie das 1581 in Paris aufgeführte Ballett «Circe» (s. unten 301).

Doch fand diese «humanistische» Tendenz im 16. Jahrhundert auch in rein kirchlichen Beweggründen ihre Stütze. Von kirchlicher Seite wurde gegen die Unverständlichkeit des Textes in der «Figuralmusik» opponiert, und dies können wir leicht verstehen, da für die Kirche (laut Augustin, *Confessiones* X 33) das Wesentliche dasjenige ist, «was» gesungen wird. Und solche kirchliche Tendenzen mußten sich mit besonderer Strenge in einer Zeit bemerkbar machen, als die katholische Kirche unter dem Eindruck des von ihr erlittenen Schlages eine Periode der Selbstbesinnung durchmachte. Gerade damit hängt die bekannte musikgeschichtliche Legende vom Konzil von Trient (1545—1563) zusammen. Man hat sie bestreiten wollen, aber ein wahrer Kern ist jedenfalls daran: die versammelten Häupter der katholischen Kirche wären daran gewesen, die kunstmäßige Musik (also im Sinne der Zeit die mehrstimmige, die «Figuralmusik») aus der Kirche zu vertreiben (Zwingli war demnach nicht der einzige, der gegen die Musik eiferte!); da sei es Palestrina gelungen, durch seine dem Papst Marcellus gewidmete Messe die Kirchenobersten davon zu überzeugen, daß eine Messenkomposition kunstvoll und doch in bezug auf den Text verständlich, schön und doch kirchlich würdig sein könne. Gerade in der Zeit jenes Konzils sehen wir auch den Musiktheoretiker Zarlino (1558) zum erstenmal den Komponisten ausführliche Regeln für die Textlegung geben (Istituzioni IV 33).

*   *
*

In der Tat zeigt sich in der genannten Messe eine besondere Rücksichtnahme auf das Verständlichwerden des Textes, ohne daß sich aber die Musik deswegen ihres Schmuckes begeben würde. Mag die Marcellus-Messe auch im Schaffen Palestrinas etwas für sich stehen, so können wir doch allgemein beobachten, daß seine späteren Werke nicht so stark nach der Seite des polyphonen Ideals orientiert sind wie die früheren. Sie prägen in klassischer Weise das Kunstideal aus, das sich bei ihm früher, das sich schon bei seinen Vorgängern ankündigte, indem sie die zwei Elemente der Satzweise harmonisch nebeneinander stellen: eine reiche kontrapunktische Kunst, die die Stimmen unabhängig führt, hauptsächlich nach dem Prinzip der «komplementären Rhythmik» (Bewegung der einen Stimme bei Stillstehen der anderen), und daneben Stellen, wo die Stimmen aneinander gebunden sind und akkordmäßig einherschreiten. Dabei sind letzteres meist gerade die Stellen, denen textlich eine besondere Bedeutung zukommt; und Palestrina verleiht ihnen Mannigfaltigkeit, indem er gern Klanggruppen gegeneinander stellt, z. B. hohe und tiefe Stimmen. So ist die Verständlichkeit des Textes zwar nicht vollständig, aber weitgehend gewahrt.

Im Resultat ergibt sich für uns der Eindruck, daß in Palestrinas Schreibweise die innere Bewegtheit zu größerer innerer Ruhe a b g e k l ä r t ist als bei seinen «niederländischen» Vorgängern. Auch auf die Kanon-«Künste» verzichtet er öfter als sie. Rein satzmäßig tritt bei ihm die «Glättung» darin zutage, daß in großem Umfang Dinge «verboten» sind, die z. B. bei Josquin «erlaubt» waren — und doch war auch schon Josquin nicht ein reiner «Oltramontano», hatte schon er neben der Kunst des kontrapunktischen Gewebes den Sinn für melodische Rundung und für Proportioniertheit in der horizontalen Gliederung bewährt.

* * *

Doch nun ist noch eine Seite dieses Prozesses ins Auge zu fassen, die h a r m o n i k a l e. Indem das Stimmengewebe zu größerer Ruhe übergeht, schreitet die Harmonik der Komplexhaftigkeit und der Schematik, also der Typisierung der Klangform entgegen. Und unvermeidlich führt auch die gesteigerte Stimmenzahl, welche schon erwähnt wurde, in derselben Richtung, nämlich zur strengeren Normiertheit des Klanges. Bei Palestrina ist schon ausgesprochen der D r e i k l a n g die normale Klangform, und in der ihm vorausgehenden Entwicklung zeichnet sich dies mindestens in der Tendenz klar ab. Wir erinnern hier an das, was oben 221 ff. anläßlich der Frage des englischen Einflusses vom Gebrauch der Terz und Sexte, vom «Fauxbourdon» und von der dominantischen Kadenz gesagt wurde: die Typisierung der Klangform als Dreiklang ist die Krönung dieser Tendenzen.

Wir denken hier daran, daß der repräsentative Theoretiker des 16. Jahrhunderts, Zarlino, in seinen «Istituzioni harmoniche» (1558) als erster die Mannigfaltigkeit der Harmonie auf zwei Grundformen, den Dur- und den Molldreiklang, ich würde nicht sagen: zurückführt, sondern verengert. Er tut es freilich nicht, ohne diese «Entdeckung» in antikisierender Weise mit alten pythagoreischen Termini herauszuputzen: der Dreiklang *c e g* vertritt ihm (sofern wir von den Saitenlängen ausgehen) die «harmonische

Proportion» (15 : 12 : 10), der Dreiklang *d f a* die «arithmetische» (6 : 5 : 4, s. Istituzioni III 31). Bezeichnend ist auch, daß bei Zarlino (in dem vorhin zitierten Kapitel III 58 der Istituzioni) der Baß als Stütze und Grundlage der Harmonie herausgehoben ist: diejenige Stimme, welche (s. oben 226) im 15. Jahrhundert als «Contratenor bassus» unter den Tenor des dreistimmigen Gefüges gesetzt worden war und schon damals die Tendenz bekundete, Grundton des Dreiklangs und leitender Ton der harmonikalen Fortschreitung zu werden; Zarlino betont, daß der Baß, wie unter den vier Elementen die Erde, die übrigen Stimmen «stützt, befestigt, verstärkt und ihnen Mehrung gibt», sowie daß beim Wegfallen desselben das ganze Stimmengebäude zerstört würde (übrigens finden wir einen ähnlichen Ausspruch schon 1547 bei Glarean, III 13; ja schon Ganassi sieht 1542—1543 den Baß als die «Form» — d. h. wohl aristotelisch verstanden als «Prinzip» oder «Wesen» — des Akkordes an, s. ZM. X 177). Wie wir oben 231 sahen, verlangt Zarlino (III 59) nur für den Baß, nicht mehr für den Tenor, den Abschluß auf dem Tonartgrundton. Immerhin geht H. Riemann in seiner «Geschichte der Musiktheorie» [2] 391 f. wohl etwas zu weit, wenn er Zarlino nun auch schon die Lehre von den Dreiklangsumkehrungen zuschreibt, also die Lehre, derzufolge der Zusammenklang *e g c'* mit *c e g*, da auf denselben Grundton zu beziehen, gleichbedeutend wäre. Dies finden wir erst bei Rameau (vgl. L. Laloy, Rameau, 109).

Und doch besteht in dieser Hinsicht noch eine deutliche Abstufung zwischen Palestrina und den «V e n e z i a n e r n», insbesondere G. Gabrieli. Sie gehen einen Schritt über Palestrina zu einer ausgesprochen «flächigen» Satzweise über. Die Dreiklangsmäßigkeit ist in G. Gabrielis Harmonik noch ausgeprägter als bei Palestrina; sie könnte uns geradezu dürftig erscheinen, doch wird sie durch die Klangpracht, wird das Zurücktreten einer linearen Gliederung durch die klangliche Gliederung kompensiert. Die Venezianer machen ja die Gegen- und Mehrchörigkeit zu ihrer Spezialität: diese Verbindung von flächig behandelten Gruppen, welche uns wie eine Superposition mehrerer Frottolen erscheint. Die Klangpracht wird hier durch die Heranziehung instrumentaler neben den vokalen Gruppen noch erhöht.

Man nimmt gewöhnlich an, es sei die Architektonik der Markuskirche in Venedig, nämlich das Vorhandensein zweier Emporen oder Sängertribünen, welches A. Willaert dazu angeregt habe, Ansätze zur Mehrchörigkeit, wie sie schon in der Gegenüberstellung von Klanggruppen bei Josquin gegeben sind, nunmehr in das räumlich Reale zu übertragen. Doch darf nicht übersehen werden, daß die Kirche schon von alters her in der Psalmodie, im Hymnen- und im Sequenzengesang das Auseinander zweier Chöre kannte: und waren diese Gesänge auch überwiegend einstimmig, so ist doch schon im Mittelalter auch die mehrstimmige Ausführung belegt (vgl. oben 190 und 192 über Hymnen und das Magnificat).

Aber auch die bei den Venezianern über Palestrina hinaus gesteigerte Stimmenzahl (s. oben 230) ist ein Moment, das die Komplexhaftigkeit und Konzentration der Harmonik fördert; jeder Musiker weiß ja, daß je mehr die Stimmenzahl anwächst, um so mehr die Bewegungsfreiheit der Stimmen abnimmt. Immerhin ist auch hier, ist auch bei dem am meisten zum 17. Jahrhundert hinüber leitenden G. Gabrieli die Flächigkeit nicht ausschließliches Prinzip der Satzweise, sondern es bekundet sich das starke Verwurzeltsein in der traditionellen Polyphonie.

*   *
*

Erst wenn in dieser Weise gegen die Venezianer gestellt, erscheint uns Palestrina in seiner wirklichen historischen Stellung; im ganzen ist er wohl mehr mit seinen Vorgängern als mit jenen verwandt. Aus dem «A-cappella-Stil», wie er sich im Laufe unserer zwei Jahrhunderte herauskristallisierte, ist die Polyphonie als wesentliches Merkmal nicht wegzudenken; ein akkordischer Satz, wie er daneben in der Laude, der Frottola und der Villanella herrscht, ist doch eher ein Merkmal «volkstümlicherer» Gestaltung — bis ihn die Venezianer durch Vervielfältigung kunstmäßig machen; bei Palestrina sind die akkordischen Stellen in bezug auf Stimmführung jedenfalls durchgebildeter als in jener volkstümlicheren Sphäre. Da sein Stil außerdem restriktiver, weniger «frei» ist als der Josquins, könnte man versucht sein, ihn als einen «rückschrittlichen» Komponisten anzusehen; doch dürfte dies wiederum nicht ganz zutreffen, da seine sorgfältige Selbstbeschränkung in keiner Weise den Zustand wiederherstellt, wie er vor Josquin war. Palestrina ist im vollen Sinne der Mann des goldenen Mittelwegs. Bezeichnend im Sinne der Abstufung zwischen ihm und den Venezianern ist auch, daß in den Sammlungen, die die Werke der beiden Gabrieli enthalten, Messensätze nur vereinzelt stehen, dagegen überwiegend Kompositionen, die wir als Motetten zu rubrizieren haben und die also die «freiere» Nuance innerhalb der Kirchenmusik vertreten.

Zur Definition von Palestrinas Stellung ist es aber ebenso dienlich, wenn wir ihn mit seinem Zeitgenossen, dem weitgereisten Lassus (italianisiert Orlando di Lasso), dem «belgischen Orpheus», in Beziehung setzen, der innerhalb der großen Stileinheit der Zeit wieder eine andere Nuance verkörpert. Beeindruckt uns an Palestrina die Ausgewogenheit der Tonsprache, so erscheint uns diese bei Lassus gedrungener, energischer. Man könnte finden, daß sich Lassus zu Palestrina verhält wie Michel Angelo zu Rafael. Charakteristisch ist wohl auch, daß bei Lassus der Schwerpunkt nicht, wie bei Palestrina, in der Messenkomposition, sondern auf dem Gebiet der Motette liegt (daneben hat Lassus auch weltliche Stücke in großer Zahl geschaffen, Chansons, italienische Madrigale und sogar deutsche Lieder). Lassus huldigt manchmal einer etwas barock anmutenden Illustrierung von Textwörtern (man sehe die Floskeln über «tuba», «cithara», «risus» = Lachen, «saltus» = Sprünge, in der Motette *In hora ultima,* SBe. 127 — eine Tonmalerei, die um so grimmiger wirkt, da es sich hier um die Todesstunde handelt, in der alle diese Dinge verschwinden werden). Überhaupt ist Lassus weniger als Palestrina auf die Ausprägung eines idealen «Normalstils» und mehr auf das Zurgeltungbringen verschiedenartiger Ausdrucks- und Stilmittel (so auch der Chromatik) aus. Freilich kann auch bei Palestrina die illustrative Nachzeichnung eines einzelnen Wortes vorkommen, doch ist dies bei ihm eher nur Tonsymbolik, wie sie schon im Mittelalter angewandt wurde.

Im allgemeinen ist es am ehesten das w e l t l i c h e   L i e d, das jenen deskriptiven Tendenzen huldigt. Janequin bringt in der Chanson sogar ein Element grotesker Milieuschilderung zur Geltung («Le caquet des femmes» usw.; übrigens hatte sich dieses Element schon im 14. Jahrhundert in einer bestimmten Gattung der Gesangsmusik, der französischen «chace» und der italienischen «caccia» geltend gemacht). Deskriptiv in seiner Weise ist dann das italienische Madrigal des Cyprian de Rore. Der hervorragendste unter den Madrigalisten, L. Marenzio, bietet uns geradezu Stimmungsbilder, indem er dieser Tendenz die Harmonik, speziell als Chromatik, dienstbar macht.

*   *   *

Wir berühren somit wiederum die Frage nach dem V e r h ä l t n i s z w i s c h e n   M u s i k   u n d   T e x t, diesmal von der ästhetischen Seite. Hier ist zu erwähnen, daß die Forderung, die Musik müsse mit dem Textinhalt einig gehen, im 16. Jahrhundert vielfach erhoben worden ist. In der Erklärung zu den Miniaturen einer Prachthandschrift, die Lassos um 1560 geschaffene Bußpsalmen enthält, wird hervorgehoben, daß der Komponist sich «in höchst angemessener Weise mit klagendem und jammerndem Tonfall nach Bedarf dem Gegenstand und den Worten anpaßte, indem er die Kraft der einzelnen Affekte ausdrückte und den Gegenstand so, wie wenn er sich wirklich abspielte, vor die Augen stellte, so daß man im Zweifel sein kann, ob eher die Süße der Affekte den klagenden Tönen zum Schmuck gereicht oder die klagenden Töne der Süße der Affekte»; ebenda wird eine solche Art Musik mit dem (noch nicht genügend geklärten) Namen «musica reservata» belegt. Wie man sieht, ist das Ideal: Ausdruck und Veranschaulichung.

Eine andere Losung, in der sich diese Tendenz des Musikdenkens im 16. Jahrhundert ausprägt, ist: die N a t u r als Vorbild für die Musik — ein aristotelischer Gedanke, der schon bei Glarean (III 13) anklingt und hierauf von Zarlino ausgebaut wird (s. H. Zenck, ZM. XII 543 und 569, sowie besonders L. Schrade, ZW. XVI 9 ff., und speziell A. Carapetyan im «Journal of Renaissance and Baroque Music» I 47 ff.). Bei Zarlino wird der Begriff der Natur identifiziert mit dem des objektiv gegebenen Anknüpfungs- oder Ausgangspunktes, des Gegenstandes («soggetto»), der im musikalischen Kunstwerk zwar auch ein rein musikalischer sein kann (etwa = das musikalische Motiv), sich aber in spezieller Weise als der Text des Stückes darstellt; und hier lautet die Forderung: die Worte seien mit der wohl gewobenen Harmonie n a c h z u a h m e n. Allerdings sehen wir im 16. Jahrhundert die Losung der «Nachahmung der Natur» manchmal recht weit gefaßt, indem sie teilweise nicht mehr bedeutet als die Naturgemäßheit der Musik, die Entsprechung zu gewissen als natürlich gesetzten Regeln — während auf der anderen Seite dieselbe Losung im Munde eines Verfechters des kommenden Stils, d. h. der Monodie, wie V. Galilei, eine viel radikalere Bedeutung erlangt (s. unten 277). Jedenfalls erinnert uns der Nachdruck, der von den Theoretikern auf die Naturnachahmung gelegt wird, daran, daß das 16. Jahrhundert ja das Jahrhundert der Malerei ist; in einem Jahrhundert wie dem 19., wo die Musik etwas tyrannisch mit den ihr eigenen Unterscheidungsmerkmalen in den Vordergrund trat (vgl. unten 371), hat sich eher die umgekehrte Tendenz bemerkbar gemacht, die anderen Künste in das Schlepptau der Musik zu nehmen.

Wir müssen gestehen, daß wir etwas erstaunt sind, daß das theoretische Bewußtsein des 16. Jahrhunderts auf diese Dinge einen solchen Nachdruck legt, da u n s die Musik jener Zeit im allgemeinen nicht so affekthaft oder textnachahmend erscheint. Wir müssen uns sagen: entweder ist hier eine weit objektivere Art Ausdruckshaftigkeit gemeint, als wie wir sie voraussetzen, oder wir sind durch die spätere Entwicklung in dieser Hinsicht an «stärkeren Tabak» gewöhnt, oder aber wir müssen für das 16. Jahrhundert eine gewisse Diskrepanz zwischen dem Kunstideal der Theorie und der praktischen Kunst annehmen, wobei sich das erstere eher in der Musik des 17. Jahrhunderts als in der des 16. spiegeln würde. Vielleicht gilt jeder dieser Erklärungsversuche in beschränktem Maße. Zu unserer Verwunderung bezeichnet V. Galilei, dessen Ideal ausgeprägt nach der Monodie ausgerichtet ist, sogar Palestrina als «großen Naturnachahmer», was uns die Frage nahelegt, ob etwa für Galilei «Komponist» schon *eo ipso* mit «Naturnachahmer» gleichbedeutend ist, oder ob er sich hier einfach vor der anerkannten Berühmtheit Palestrinas beugt (wir sahen ja oben 241, daß sich bei Palestrina die Frage des Verhältnisses zum Text eher vom Standpunkt der Verständlichkeit aus stellte; dabei wollen wir von seiner Musik gewiß nicht sagen, daß sie ausdruckslos wäre, doch scheint uns ihr Ausdrucksgehalt von einer recht allgemeinen Art zu sein). Es ist, wie wenn man damals die Naturnachahmung zum Schlagwort gemacht und sich also gefürchtet hätte, ihm nicht zu huldigen, wie im 19. Jahrhundert dem sogenannten Fortschritt.

* *
*

Im ganzen empfinden wir, trotz den von uns vermerkten Abstufungen, die Schreibweise der zweiten Hälfte des 16. Jahrhunderts als in hohem Maße einheitlich; und auch der Prozeß, der im Laufe des 15. und 16. Jahrhunderts auf diese Stilart hinführt, hat einen einheitlichen Grundcharakter. Als einigermaßen für sich stehend und zum 17. Jahrhundert überleitend würden wir am ehesten die Musik G. Gabrielis mit ihrer «Komplexhaftigkeit» und farbigen Klanglichkeit aussondern sowie das Madrigal Marenzios, das die Harmonik in den Dienst des Ausdrucks stellt; diese beiden Künstler stehen schon Monteverdi nahe.

Jene Schreibweise nennen wir den «A-cappella-Stil», insofern als man annehmen kann, daß diese Werke im Idealfall in allen Stimmen nur gesungen wurden (Zarlino findet ein Gesangsensemble genußreicher als jedes beliebige Instrumentenspiel, und er fordert, daß hierbei die Stimmen im Sinne des ausgeglichenen Klanges gut zueinander passen, Istituzioni II 45 und III 46). Die Praxis entsprach dem freilich nicht immer. Wenn die Sixtinische Kapelle in Rom bis heute keine Instrumente zugelassen hat, so verhielt es sich an manchen Orten anders. In Wirklichkeit war die Klanggebung sehr mannigfaltig. Es galt weitgehend jene vokal-instrumentale Freizügigkeit, kraft deren eine mehrstimmige Vokalkomposition in allen ihren Stimmen oder nur in einigen auf Instrumente übertragen werden konnte (ein Prinzip, das uns fremdartig erscheint, das wir aber vielleicht leichter verstehen, wenn wir uns vergegenwärtigen, daß in der alten Zeit die Klanggebung beim Singen selbst einen «instrumentaleren» Charakter hatte als heute).

Sogar innerhalb der rein vokalen Wiedergabe gab es noch mancherlei «Freiheiten», konnten doch einzelne Stimmen von den Sängern mit Verzierungen (Läufen, Koloraturen) ausgeschmückt sein — womit nun allerdings die Ausgeglichenheit der Stimmen wenigstens in melodisch-rhythmischer Hinsicht aufgehoben war und worin sich schon ein Element solistischen «Konzertierens» geltend machte. Wir besitzen ja die merkwürdige Sammlung von G. Bassani (1597) unter dem Titel «Motetti, madrigali e canzoni francese di diversi» (= von verschiedenen Autoren), wo Einzelstimmen aus solchen Kompositionen in verzierter Form geboten werden; eine solche Stimme konnte sich innerhalb des mehrstimmig gesungenen Ganzen hervortun (oder es konnten, was in diesem Falle sachgemäßer erscheint, die übrigen Stimmen instrumental wiedergegeben werden, vgl. unten 268 f.). Doch schon Hermann Finck behandelt die Gesangsverzierungen ausführlich unter dem Namen «Coloraturae» (= Färbungen) im letzten Teil seiner «Practica musicae» (1556; ebenda wird verlangt, daß die Stimme, wie eine Orgel, gleichmäßig klingen soll); und auch Petit Coclicus, der Schüler Josquins, empfiehlt das Verfahren 1552 in einem «De elegantia sive ornatu» überschriebenen Kapitel.

Innerhalb der A-cappella-Wiedergabe ist, wie es verschiedene Umstände uns nahelegen, noch eine Abstufung ins Auge zu fassen, insofern als die Kirchenmusik eher chorisch und die weltliche eher solistisch ausgeführt wurde. Immerhin: große Chormassen hat man damals in der Mehrstimmigkeit noch nicht gekannt.

d) Die historische Schichtung des Hauptverlaufes

Indem wir die Frage nach der zeitlich-örtlichen Schichtung des Geschehens im überblickten Zeitabschnitt aufwerfen, geraten wir wiederum in Sachen der Terminologie in Konflikt mit den so gefürchteten Fachleuten. Es ist anfänglich von einer «1., 2. und 3. niederländischen Schule» gesprochen worden, deren Tätigkeit den Zeitraum vom Anfang des 15. bis in die erste Hälfte des 16. Jahrhunderts ausfüllen würde. Man muß sich fragen, ob diese Terminologie nicht durch einen gewissen niederländischen, speziell holländischen Nationalismus inspiriert ist, der es sich von 1829 an angelegen sein ließ, immer wieder durch vom holländischen Tonkünstlerverein veranstaltete Preisausschreiben von europäischen Gelehrten «die Verdienste der Niederländer um die Tonkunst» feststellen zu lassen. Daß man das heutige Holland, Belgien und Nordwestfrankreich zusammen als «Niederlande» bezeichnet, datiert doch wohl erst aus dem 16. Jahrhundert und bedeutet offenbar eher einen geographischen als einen nationalen oder kulturhistorischen Begriff. Dufay, Binchois, Josquin und Lassus stammten aus dem Hainaut, dieser französischsprachigen Provinz, die sich quer über die heutige belgisch-französische Grenze legt: sie können historisch nicht anders wie als Franzosen bezeichnet werden; unter ihnen ist Lassus, was die Orte seiner Tätigkeit betrifft, eine besonders «internationale» Erscheinung. Dunstable war Engländer. Flamen sind unter den Hauptmeistern unseres Wissens nur H. Isaac, wiederum eine sehr internationale Erscheinung, Willaert, der besonders eng mit Italien verknüpft war und sogar als Begründer der «venetianischen Schule» gilt, ferner Ockeghem, der aber seine Tätigkeit in Frankreich ausübte, und N. Gombert. Holländer ist nur Obrecht (abgesehen von dem in das 17. Jahrhundert übergreifenden Sweelinck). Wichtig ist ferner festzuhalten, daß manche der Hauptmeister in Italien waren, wo sie wichtige Anregungen empfingen: Dunstable, Dufay, Isaac, Obrecht, Josquin, Willaert, Lassus und wahrscheinlich Binchois. Was sich hier im ganzen abspielt, können wir historisch kaum anders ansehen als einen allmählichen Übergang der musikalischen Weltherrschaft von Frankreich, das sie im Mittelalter innehatte, an Italien — wobei allerdings der kulturgeschichtliche Begriff des Französischen durch das Flandrische erweitert ist (dies ist aber für die damalige Zeit durchaus in Ordnung) und sogar einen holländischen Fortsatz erfährt. Wir müssen hier im Auge behalten, daß im Sinne der damaligen Zeit «französisch» immer noch einigermaßen mit «n o r d französisch» zusammenfällt. So ist es ein analoger Prozeß wie der, der sich im 18. Jahrhundert abspielte, als die musikalische Vorherrschaft von Italien auf Deutschland überging. Ich empfehle also statt «niederländisch» die Bezeichnung «französisch» oder, wenn man will, «franko-flämisch» (beiläufig: ein Reisender aus der Schweiz, der 1474 in der Provence kunstvoll vierstimmig singen hörte, charakterisierte dies mit «auf französisch», nicht mit «auf niederländische Art», s. «Neue Zürcher Zeitung», 1934, Nr. 2376).

Die zeitliche Schichtung ist folgende.

1. Gruppe (erste Hälfte des 15. Jahrhunderts): John Dunstable (ca. 1370—1453) — Guillaume Dufay (1400—1474) — Gilles Binchois (ca. 1400—1460).

2. Gruppe (zweite Hälfte des 15. Jahrhunderts): immer noch Dufay — Johannes Ockeghem (ca. 1430—1495) — Antoine Busnois († 1492).

Zur 3. Gruppe (Ende des 15. Jahrhunderts und Anfang des 16.) wird gewöhnlich Jakob Obrecht gezählt (ca. 1430—1505), dessen Tätigkeit sich aber eher zwischen unsere 2. und 3. Gruppe schiebt; dann aber H. Isaac († 1517) und hauptsächlich der von seiner Zeit so bewunderte Josquin Despres (ca. 1450—1521).

Neuerdings hat man wieder eine andere Terminologie proponiert: jene erste Gruppe wäre als «burgundisch» zu bezeichnen, desgleichen diejenige Richtung innerhalb der 2. Gruppe, die durch Busnois vertreten ist; ja man hat von einem «burgundischen Stil» gesprochen. Ich kann darin nichts anderes sehen als eines jener durch eine gewisse moderne Richtung aufgebrachten Schlagwörter, welche, da sie zum Stil unserer Zeit zu passen scheinen, um so leichter Schule machen. Es schiene, daß man es z. B. in Amerika nicht unbedingt nötig hat, diese in der Hauptsache neudeutschen Schlagwörter zu übernehmen — und doch figurieren in einer dort erschienenen mittelalterlichen Musikgeschichte Dufay und Binchois tatsächlich schon als «Burgundians» (was soll sich nur der amerikanische Leser darunter vorstellen?). In Wirklichkeit stammte, soviel wir wissen, keiner der Hauptmeister aus dem Burgund, d. h. dem Teil Ostfrankreichs zwischen Lothringen und der Provence, und es haben nur einige von ihnen am burgundischen Hof Dienste getan, wobei, wie wir uns erinnern, die burgundische Monarchie im 15. Jahrhundert auf dem Höhepunkt ihrer Macht stand und auch über die «Niederlande» herrschte.

Die 4. Gruppe entfaltet verhältnismäßig geringeren Glanz. Sie ist u. a. durch Adrian Willaert († 1562) und Clément Janequin (ca. 1485 bis ca. 1559) vertreten. Zu ihr gehört auch der Flame N. Gombert, der Josquins Schüler war.

Es folgt die 5. Gruppe, die in gewissem Sinne als «Stilvollenderin» angesehen werden kann. Neben Giovanni Pierluigi da Palestrina (1525 bis 1594) stehen hier: sein älterer Zeitgenosse Andrea Gabrieli (ca. 1510 bis 1586) und als jüngerer Orlandus Lassus (1532—1594). Zu dieser Generation gehören ferner: der in bezug auf Gediegenheit der Faktur mit Palestrina und Lassus vergleichbare, aus Mecheln, also von der flämisch-französischen Sprachgrenze stammende, weitgereiste Philipp de Monte (1521—1603), Cyprian de Rore (1516—1565), der aus Antwerpen oder Mecheln stammte, aber bei Willaert in Venedig studierte und hauptsächlich in Italien tätig war, und manche andere.

Am Ende steht die Generation, die bereits in das 17. Jahrhundert hinüberleitet. Sie ist in erster Linie durch den jung verstorbenen Luca Marenzio (ca. 1560—1599) und durch Giovanni Gabrieli (1557—1612), den Neffen des Andrea, vertreten. Als Meister der leichteren Muse können wir ihnen noch G. G. Gastoldi (ca. 1556—1622) beigesellen, der neben Madrigalen «Canzonetten» und «Balletti» (Tanzlieder) schuf: eine Stilrichtung, die sowohl bei den englischen Madrigalisten wie in Deutschland (Haßler) ihren Widerhall fand. Schließlich gehört hierher Jan Pieters Sweelinck (1562 bis 1621): bezeichnenderweise der erste unter den genannten «oltramontani», der nach Italien gegangen war, um dort zu s t u d i e r e n; daß er an der Grenze der Epochen steht, zeigt sich auch darin, daß seine 1619 erschienene Sammlung von fünfstimmigen Motetten «cum basso continuo ad organum», d. h. mit einem auf der Orgel zu spielenden Continuo versehen ist.

* *
*

Wir nennen hier einige B e i s p i e l e, die man sich zur Veranschaulichung vorlegen möge.

1. Dunstables Schaffen vergegenwärtige man sich einerseits an der vierstimmigen Motette *Veni sancte spiritus* (DTO. VII 203), anderseits an der berühmten Chanson *O rosa bella* (ebenda 229). In ersterem Werk sehen wir, wie Dunstable noch die «Iso-

rhythmie» der französischen Motette weitergeführt (vgl. oben 203); an ihm wies Riemann (Handbuch II 1, 111 ff.) die Isorhythmie sogar zum erstenmal nach (ohne sie aber so zu benennen). Gleichzeitig tritt aber etwas in die Erscheinung, das man «Isomelodik» genannt hat: das, was zu den drei Durchführungen der *Veni-creator*-Melodie im Tenor in der Oberstimme erklingt, ist nicht nur rhythmisch *aa bb cc,* sondern es könnte melodisch etwa als *A A1 A2* bezeichnet werden, es liegt ein Aneinanderanklingen der drei Teile vor (Riemann stellt das Verhältnis etwas anders dar). Man hat gedacht, den drei Teilen könnte ein und derselbe Melodie-«Kern» zugrunde liegen, oder aber der zweite und dritte Teil wäre je eine Variation des ersten; doch wäre immerhin in Erwägung zu ziehen, wieweit eine gewisse Übereinstimmung nicht schon dadurch begründet ist, daß die drei Teile zu derselben Tenormelodie gesetzt sind (vgl. oben 215) (man sehe auch den übersichtlichen Abdruck RiBe. 7, wo aber in willkürlicher Weise der Text nur unter der Oberstimme belassen ist; in Wirklichkeit scheint nicht nur die zweite Oberstimme, sondern auch der Contratenor textiert zu sein). «Isomelodik» möchte ich dies eigentlich nicht nennen. Riemann hat ferner bemerkt, daß die Oberstimme mehrfach jenen Anfang der *Veni-creator*-Melodie paraphrasiert, der im Tenor fehlt, und zwar am ehesten da, wo der Tenor vor seinen Durchführungen pausiert, so daß sie ihn gewissermaßen paraphrasierend ergänzt. Wenn diejenigen Recht haben, welche in der Oberstimme einen variierten Melodie-«Kern» voraussetzen, läge hier eine gleichzeitige Durchführung zweier vorgegebenen Melodien vor (dies kannte in gewissem Maße schon die Motette des 13. Jahrhunderts, in der bei liturgischer Melodie im Tenor in der Oberstimme manchmal Refrains volkstümlicher Lieder zitiert wurden). In einer anderen Motette von Dunstable (dem dreistimmigen *Ascendit Christus*) stellte ich tatsächlich «Doppelparaphrasierung» fest, doch handelt es sich hier nicht um eine variierende mehrmalige Durchführung (das Stück erschien hierauf in DTO. XL; zu dieser Frage ferner A. Orel in «Studien zur Musikwissenschaft» VII 69). — Was jene Chanson betrifft, so hätte Dunstable sie nicht komponieren können, wenn er nicht den Reiz der Kunst Landinis an sich erfahren hätte. Der Tenor ist eigentlich melodisch ebenso schön wie der Diskant, obgleich dieser als Hauptstimme und als die einzig gesungene anzusehen ist.

2. Von Dufay nehme man eines der zahlreichen Diskantlieder in DTO. VII und XI 1 oder bei Stainer; in einigen Fällen sehen wir hier nicht nur die Oberstimme, sondern auch den Tenor textiert, was uns an Landini erinnert, vereinzelt sogar alle drei Stimmen (in SBe. 40 sind die Schlußfloskeln der Oberstimme ohne weiteres als instrumentale Zwischenspiele angesehen, was zweifelhaft oder zum mindesten ungewiß ist; übrigens steht im Original die Schlußsilbe des ersten Teils nicht vor der Floskel, sondern unter der letzten Note). Als Beispiel einer Motette aus Dufays früherer Periode diene jene, welche 1436 bei der Einweihung des Domes in Florenz aufgeführt wurde *(Nuper rosarum flores,* DTO. XXVII 1, 25). Sie ist immer noch eine Motette im alten, konstruktiven Sinn, mit Cantus-firmus-Tenor und diesen ergänzendem «2. Tenor», weist aber doch «modernere» Züge auf als Dunstables *Veni sancte spiritus:* die beiden Oberstimmen singen den gleichen Text, und die «Isorhythmie» ist dahingefallen; zu den vier Tenordurchführungen bringen die Oberstimmen Teile, die (mehr oder weniger) sei es den ersten, sei es in uns unbekanntes Melodieoriginal variieren (was man «Isomelodik» genannt hat). Sodann ein Spätwerk Dufays: die gleichfalls vierstimmige Motette *Ave regina caelorum* — dasjenige Werk, welches laut Testament des Komponisten an seinem Sterbebett gesungen werden sollte (veröffentlicht von Haberl in der Vierteljahrs-

schrift für Musikwissenschaft I). Satztechnisch betrachtet, ist es: ein Tenor, der die Melodie der Antiphone in figurierter Weise durchführt, unter besonders weitgehender Auszierung der Kadenzen; eine Oberstimme in der Art einer Motetten- oder Diskantliedoberstimme; und dazu zwei Contratenores: der eine höher als der Tenor stehend, aber sich häufig mit ihm kreuzend, der andere unter dem Tenor, das Harmoniefundament bildend (vgl. oben 225 f.). Obgleich der Name «Tenor» und «Contratenor» im Sinne der alten Motette eher an instrumentale Ausführung denken ließe, ergibt sich aus Dufays Testament klar, daß alle Stimmen gesungen werden sollen: die Oberstimme von Knaben, die drei Unterstimmen je von einem Sänger; und doch ist die Textlegung (wenigstens nach der von Haberl benützten Handschrift) sehr fragmentarisch, sogar in der Oberstimme. Ch. van den Borren in seinem Dufay-Buch 202 hat beobachtet, daß an den Stellen, wo der Tenor pausiert, die übrigen Stimmen vielfach melodisch durch die Cantus-firmus-Melodie des Tenors inspiriert sind; hier liegt also ein Zwischenstadium vor, in dem der Tenor sich einerseits noch von den anderen Stimmen abhebt und doch auch diese das melodische Material desselben in sich aufzunehmen beginnen.

3. Von Ockeghem sehe man einen Satz aus der Messe «Mi — mi» («Das Chorwerk», Heft 4; Zitat bei Besseler, Musik des Mittelalters und der Renaissance, 235), um sich den Strom eines irgendwie «organisch» belebten und doch nicht «rational» gegliederten Geschehens zu vergegenwärtigen. (Allerdings höre ich von Fachgenossen, daß sich das Bild Ockeghems, wie es von H. Besseler auf Grund von Werken wie jenes gezeichnet wurde, durch den kürzlich in Amerika erschienenen neuen Band seiner Messen modifiziert, insofern als darunter solche sind, die schon dem Stil Josquins nahekommen und weitgehend imitatorisch sind).

4. Von Josquin möge man die sechsstimmige Motette *Benedicta es caelorum regina* (veröffentlicht in H. Besselers Sammlung «Altniederländische Motetten») anstaunen: hier ist in zweien der Stimmen ein Cantus firmus (eine alte Sequenzmelodie) imitatorisch durchgeführt, während im übrigen Klanggruppen bald einander gegenübergestellt, bald ineinander geschoben werden, und dies bei teilweise recht krauser Rhythmik.

5. An einem sechsstimmigen Messensatz von Palestrina (etwa aus der Messe *Assumpta est Maria*, im 23. Band der Gesamtausgabe) veranschauliche man sich im Vergleich zu Josquin das gleichmäßiger Fließende des Satzes in melodischer wie in rhythmischer Beziehung. Auch das Nebeneinander der kontrapunktischen und der akkordischen Partien erscheint ausgewogener als bei Josquin. Die Kunst als solche ist, indem sie sich konzentriert, noch größer geworden; aber das Element der Phantasie tritt schwächer in die Erscheinung.

6. Für Orlandus Lassus verweisen wir auf die oben 245 erwähnte Motette. In seinen berühmten «Bußpsalmen» dagegen zeigt sich seine Kunst ausdrucksvoll nicht sosehr im Sinne barocker Einzelheiten als der allgemeinen Haltung.

7. Von Marenzio steht ein schönes fünfstimmiges Madrigal *(Io piango)* bei EBe. als N. 19. Die Chromatik beschränkt sich hier auf den Schritt *g gis* zu den Worten *Io piango* und *sospira*, wobei diese Noten in dasjenige eingebettet sind, was man später «terzverwandte Dreiklänge» genannt hat. Dieses Werk erschien im Druck, als Marenzio erst etwa 20 Jahre alt war. Harmonisch und kontrapunktisch anspruchsvoller ist das Madrigal *Solo e pensieroso,* dessen erster Teil bei SBe. als N. 165 steht (leider unter willkürlicher Weglassung des Textes in vier von den fünf Stimmen).

8. Nennen wir schließlich noch Beispiele einer bescheideneren Faktur: a) die oben 233 erwähnte Art der Hymnenkomposition mögen die Nummern 11—13 von J. Wolfs «Sing- und Spielmusik» veranschaulichen (in N. 13, wo die liturgische Melodie in verzierter Form nicht in der Ober-, sondern in der Mittelstimme liegt, ist die Oberstimme nach «Fauxbourdon»-Art zu ergänzen, indem sie mehr oder weniger Quartenparallelen über der Mittelstimme bildet); b) die oben 234 genannte Frottola ist durch SBe. N. 69—72 und N. 20—23 in J. Wolfs Sammlung vertreten; c) ein Balletto von Gastoldi findet man bei Wolf N. 47.

e) Das peripherere Geschehen

Indem wir uns im Bereich der übrigen Länder außer Frankreich und Italien umsehen, wenden wir uns in erster Linie S p a n i e n zu, das in dieser Zeit geradezu eine Parallele zu Italien darstellt. T. L. da Victoria (ca. 1540—1611), der einen großen Teil seines Lebens in Rom verbrachte, erscheint wie ein Zwillingsbruder Palestrinas in der Ausprägung des A-cappella-Stils. Vielleicht kann man sagen, daß Victoria im Vergleich zu Palestrina die dunkleren Bereiche des Gefühlslebens, d. h. die Trauer erweckenden religiösen Gegenstände bevorzugt. Jedenfalls bedarf es eines eindringenden Studiums, bis man satztechnisch feststellen kann, daß sich Victoria gelegentlich etwas erlaubt, das Palestrina sich nicht erlauben würde. Vor Victoria besaß Spanien schon in C. Morales (ca. 1500—1553), der in seiner Tätigkeit gleichfalls mit Rom verknüpft war, einen Meister des polyphonen kirchlichen Stils (vgl. oben 228). Dieses Land geht mit Italien auch insofern parallel, als es in dem (von Barbieri neu herausgegebenen) «Cancionero musical» eine Sammlung von Kompositionen des späteren 15. und des früheren 16. Jahrhunderts besitzt, die in ihrer schlichten Art ein Gegenstück zur italienischen Frottola bilden. Sie heißen «Villancico», und insofern sie auch geistlich sein können, bilden sie gleichzeitig das Gegenstück zur Lauda. Wie bei der Frottola, besteht auch beim Villancico ein Schwebezustand zwischen dem «Diskantlied» und einer in allen Stimmen vokalen Ausführung (s. oben 235 f.). Wir werden unten 262 sehen, daß auch innerhalb der Orgelmusik das Geschehen in Spanien eine bedeutsame Parallele zu demjenigen in Italien darstellt.

*   *
*

E n g l a n d ist, wie wir sahen, am Anfang der überblickten Periode mit Italien verknüpft, ebenso, wie wir gleich sehen werden, wieder am Ende — aber doch nicht so eng wie Spanien.

Dunstable weist (s. oben 221 und 250 f.) sowohl italienische als französische Affinitäten auf. Daneben betätigen sich in England andere Komponisten, die verhältnismäßig «konservativer» oder «insularer» erscheinen, obgleich auch bei ihnen Merkmale französischen Einflusses zutage treten. Ich denke insbesondere an die große Sammlung von kirchlichen Kompositionen in der Old-Hall-Handschrift, von denen zahlreiche den Text noch in allen Stimmen gleichzeitig aussprechen lassen, während andere den isorhythmischen Motettentypus und weitere bereits den nur in der Oberstimme textierten Messensatz (also den «Diskantlied»- oder «Cantilenen»-Typus) vertreten. Die Stücke dieser Sammlung stammen teilweise aus der Zeit Dunstables, teilweise werden sie älter sein und zu einem kleinen Teil noch in das 14. Jahrhundert zurückreichen.

Nach Dunstable wurde es, wie die Zeitgenossen selbst konstatierten, in England für längere Zeit recht windstill. In das spätere 15. Jahrhundert fällt z. B. die eigenartige, liturgisch außerordentlich vielseitige Sammlung von Kurzkompositionen in Cambridge, Magd. Coll., Pepys 1236. In das frühe 16. Jahrhundert gehört die bemerkenswerte, klanglich massive, harmonikal ziemlich neuzeitlich anmutende, aber noch Kanons (Rätselsprüche) im Tenor verwendende fünfstimmige Messe «O quam suavis» (d. h. eine Messe über der Melodie der Antiphone «O quam suavis» als Cantus firmus) in einer Handschrift der Cambridger Universitätsbibliothek. Einen größeren Aufschwung bringt erst die Mitte des 16. Jahrhunderts. Hier ist besonders der 1585 verstorbene Th. Tallis als Kirchenkomponist zu beachten; wir erwähnten schon die 40stimmige Motette *Spem in alium* (neu gedruckt im 6. Band von «Tudor Church Music»), mit der er im voraus die Vielstimmigkeit der Venezianer übertrumpft.

Die Hauptblütezeit der englischen Musik legt sich jedoch über unsere Abschnittsgrenze, das Jahr 1600 (man könnte dies als Argument gegen das Prinzip der Periodengrenzen anführen, oder man könnte es damit in Einklang bringen, indem man von einer relativen «Zurückgebliebenheit» Englands spricht). Das Wahrzeichen des Geschehens in England in dieser Zeit ist das Nebeneinander von italienischen Einflüssen und einer ausgesprochenen einheimischen Tradition.

Es sind zwei Generationen von Komponisten, die an dieser englischen Blütezeit beteiligt sind, eine ältere, durch W. Byrd (1543—1623) vertretene, und eine jüngere, die der O. Gibbons (1583—1625), Th. Weelkes (ca. 1575 bis 1623) und J. Wilbye (1574—1638); zwischen den beiden Generationen steht Byrds Schüler Th. Morley (1557—1603). Byrd ist gleich bedeutend in der Kirchenmusik wie im englischen Lied, das bei ihm zwar noch nicht

Madrigal heißt, aber bereits Merkmale italienischen Einflusses verrät, und in der Klaviermusik. In seiner Satzweise zeigt Byrd nicht die volle Glätte des in Italien herangereiften A-cappella-Stils, er erscheint hier altertümlicher, obgleich er jünger als Palestrina ist; anderseits ist es aber auch nicht das gekräuselt Fließende wie bei Josquin; sondern es bekundet sich im Gang des Stimmenkomplexes eine gewisse Steifheit, eben im Sinne älterer heimischer Traditionen. Byrds Nachfolger verlegen das Hauptgewicht ihres Schaffens zumeist auf das Madrigal, nur Gibbons ist ähnlich vielseitig wie er. Der italienische Einfluß hat jetzt progressiert, und doch vermag das englische Madrigal seinen Charakter, seine eigene ästhetische Atmosphäre zu wahren.

* * *

Indem wir uns D e u t s c h l a n d zuwenden, müssen wir zunächst hervorheben, daß die langjährige Tätigkeit von Meistern wie Isaac und Lassus an deutschen Fürstenhöfen für das Land von großer Bedeutung wurde. Aber schon vorher waren Einflüsse aus dem Westen wirksam.

Als erstes haben wir hier einige Sätze deutscher Herkunft in der wohl aus Regensburg stammenden, von K. Dèzes in der ZM. X behandelten Münchener Handschrift zu erwähnen. Diese überliefert im übrigen ein recht internationales Repertoire, in dem Franzosen und Engländer obenan stehen. Weit zahlreicher sind die deutschen Sätze in den «Trienter Codices», dieser um die Mitte des 15. Jahrhunderts zusammengestellten, fast 1600 Kompositionen umfassenden Sammlung, deren Hauptbestand wiederum französisch, englisch und italienisch ist. Das um 1455 geschriebene «Lochamer Liederbuch» enthält nur wenige mehrstimmige Sätze, größer dagegen ist der Bestand in dem um 1480 zusammengestellten «Glogauer Liederbuch» und in der um 1500 angefertigten Sammlung einer Handschrift in Breslau. Zu den anspruchsvollsten Kompositionen gehören selbstverständlich die Messen, deren einige mit deutschen Liedern als Tenores in Trient stehen, während in der Breslauer Handschrift bereits der Typus der Messe ohne Cantus firmus vertreten ist. Im ganzen ist ein «physiognomischer» Unterschied zwischen diesen Werken und den gleichzeitigen westeuropäischen zweifellos vorhanden, auch schon mehrfach vermerkt worden; doch wäre das eigentlich konstruktive und historische Verhältnis der einen zu den anderen noch genauer abzugrenzen.

Sind diese Werke vorwiegend anonym, so treten uns allmählich doch auch autoritative Komponistenpersönlichkeiten entgegen. Auch sie stammen, wie jene Sammlungen, meist aus dem deutschen Süden, oder sie sind wenigstens dort tätig. Als ersten haben wir Adam von Fulda zu nennen, von dem wir auch einen 1490 teilweise in Passau geschriebenen Musiktraktat besitzen. Er ist ein Bewunderer von Dufay und hat u. a. eine vierstimmige Messe hinterlassen, die den Cantus firmus nach alter Art in langen Noten durchführt, aber nicht im Tenor, sondern im Sopran (übrigens begegnet uns die Neigung, die Grundmelodie in langen Noten in der Oberstimme durchzuführen, auch sonst in Sätzen deutscher Herkunft). Der wohl etwas jüngere Zeitgenosse Adams, Alexander Agricola (1446—1506), ist insofern eine exzeptionelle Erscheinung, als er, obgleich deutscher Herkunft, vollständig in die Kunst des Westens hineinwuchs und, nicht anders als irgendein Nordfranzose oder «Niederländer», in Italien und am burgundischen Hofe tätig war; man hat daher mit Recht gesagt, daß der Flame H. Isaac in weit höherem Maße in die deutsche Musikgeschichte hineingehört als Agricola.

Zu derselben Generation gehören noch: Heinrich Finck (1445—1527), dessen Herkunft zwar unbekannt ist, der aber in Krakau, Stuttgart, Augsburg und Wien tätig war, der Schlesier Thomas Stoltzer (mit Finck ungefähr gleichen Alters, † 1526), welcher am ungarischen Hof wirkte, der Österreicher Paul Hofhaymer (1459—1537); die folgende Generation vertreten: der Schweizer Ludwig Senfl (ca. 1492—1542 oder 1543), der als Nachfolger von Isaac Hofkapellmeister Maximilians I. war und dann die gleiche Stellung in München bekleidete, der in Konstanz wirkende Sixt Dietrich (etwa gleichen Alters wie Senfl, † 1548) und der in Straßburg tätige Thomas Sporer. Die Genannten sind vor allem Meister des mehrstimmigen deutschen Liedes — ein Gebiet, auf dem sich aber auch Auswärtige wie Isaac und Lassus betätigten. Daneben wirkte Hofhaymer als Organist, Finck, Stoltzer, Senfl und Dietrich im Rahmen der kirchlichen Kunstmusik. Im allgemeinen kann man die erste Hälfte des 16. Jahrhunderts als die Zeit ansehen, in der die deutsche Musik «mündig» wird. Doch ist von da bis zu ihrem «besten Mannesalter» noch ein guter Weg.

Weiterhin ist ein spezieller Kirchenmusiker zu nennen, Jacobus Gallus (Handl, 1550—1591), der «deutsche Venezianer», der die traditionelle Verbundenheit Österreichs mit Italien versinnbildlicht. Selbstverständlich kommt uns hier ferner der Name von Handls jüngerem Zeitgenossen, dem Protestanten H. L. Haßler, auf die Lippen; doch müssen wir, bevor wir ihn erwähnen, gewisser Ereignisse auf dem kirchlichen Gebiet gedenken.

Das 16. Jahrhundert bringt ja im deutschen Sprachgebiet jene U m w ä l z u n g d e r k i r c h l i c h e n V e r h ä l t n i s s e mit sich, die in mancher Hinsicht so folgenreich war. Sie wurde, was für ihre Grundlagen bezeichnend ist, durch einen ehemaligen Augustiner, also einen in der Gedankenwelt des hl. Augustin lebenden, aber freilich in seinen Konsequenzen weit über Augustin hinausgehenden ehemaligen Mönch durchgeführt (vgl. oben 105). Für die kirchenmusikalischen Zustände wirkte sich aber diese Bewegung nicht so umstürzend aus, wie man hätte annehmen können. Dies war vielleicht der Musikliebe Martin Luthers zu verdanken, der nur gegen das allzu viele «Orgeln» auftrat (wobei aber zu bemerken ist, daß auch innerhalb der katholischen Kirche im 16. Jahrhundert mehrfach Synodalbeschlüsse gegen das übermäßige Abwälzen gesungener Bestandteile der Liturgie auf die Orgel gefaßt wurden). Sogar vom gregorianischen Choral blieben noch manche Bestandteile im protestantischen Gottesdienst erhalten. Daneben führte Luther das deutsche geistliche Volkslied als Gemeindelied in die Kirche ein, oder genauer gesagt: er räumte ihm eine offizielle Stellung ein, denn inoffiziell war es schon im Mittelalter in der Kirche zugelassen worden. Da dasselbe aber nicht nur einstimmig von der Gemeinde, sondern auch mehrstimmig vom Chor gesungen wurde, gab dies Anlaß zu mehrstimmigen Bearbeitungen, die von der einfacheren bis zur Motettenart gingen. So wurde in der lutherischen Kirche der «protestantische Choral» zu einer ähnlichen Grundlage für «Choralbearbeitungen», wie es in der mittelalterlichen der «gregorianische Choral» gewesen war. Und da die Orgel sowohl vor dem Gemeindelied zu präludieren, als auch im Wechsel mit Chor und Gemeinde Strophen des Chorals wiederzugeben hatte, ergab sich außerdem die organistische «Choralbearbeitung»: diejenige, welche später von Meistern wie Pachelbel, Buxtehude und Bach gepflegt wurde.

Unter denjenigen, welche die Melodien dieser Gemeindelieder mehrstimmig für Chor bearbeiteten, ist in erster Linie H. L. Haßler (1564—1612) zu nennen. Den einfachen Typus der Bearbeitung vertreten seine «Kirchengesänge, Psalmen und geistliche Lieder, auf die gemeinen Melodeien simpliciter mit vier Stimmen gesetzet» (1608), den motettenähnlichen die «Psalmen und christliche Gesäng, mit vier Stimmen auf die Melodeien fugweis komponiert» (1607). Indessen ist Haßler, der erst unter Lassos Einfluß gestanden und dann in Venedig studiert hatte, auch sonst ein vollgültiger Komponist und nicht einer, der sich nur mit geistlicher Musik befaßt hat. Er veröffentlichte italienische Madrigale und italienische Kanzonetten, sowie «Neue teutsche Gesang nach Art der welschen Madrigalien und Canzonetten 4—8 vocum» (1596). In seinem «Lustgarten neuer teutscher Gesäng, Balletti, Gaillarden und Intraden» (1601) steht als weltliches Gesellschaftslied jenes «Mein Gmüth ist mir verwirret», das schon kurz danach mit geistlichem Text als «Herzlich tut mich verlangen» gesungen und dann zum Gemeindelied gemacht wurde (in letzterer Rolle auch mit dem Text «O Haupt voll Blut und Wunden»).

Wir werfen, da wir auf die kirchlichen Umwälzungen dieser Zeit zu sprechen gekommen sind, noch einen Blick auf das, was sich in F r a n k r e i c h im Kreise der Hugenotten abspielte. Hier hatte bereits Cl. Goudimel — im übrigen ein vollgültiger Vertreter der A-cappella-Polyphonie seiner Zeit — die Hugenottenpsalmen, d. h. die durch Cl. Marot in Versform umgedichteten Psalmtexte in nicht weniger als drei Fassungen vertont: die erste (1551) war rein motettisch, d. h. sie benützte nur die Texte; die zweite (1564), in einfacherem imitierendem Stil, basierte bereits auf den Melodien im Volkston, die jenen Texten im hugenottischen Brauch untergelegt waren, und eine dritte (1565) war, wiederum auf Grund jener Melodien, in ganz einfachem Satz gehalten. Indessen war der protestantischen Kirchenmusik in Frankreich weiterhin keine ähnliche Entwicklung beschieden wie in Deutschland, was sich durch die Verschiedenheit der kirchlichen Verhältnisse erklärt.

Der Protestantismus in der S c h w e i z nahm bekanntlich der Kirchenmusik gegenüber eine besonders kritische Stellung ein, doch wurde auch hier die Suppe nicht
immer so heiß gegessen, wie sie gekocht war, und vor allem kamen hierbei doch auch
örtliche Unterschiede weitgehend zur Geltung. Allmählich gelangte man hier zu einer
Synthese von lutherischem Gemeindelied und hugenottischer Psalmenparaphrase.

f) Die Instrumentalmusik

Die leidige «I n s t r u m e n t a l f r a g e», d. h. die Frage, wie bei den vielfach zerfließenden Grenzen die Gesangs- und die Instrumentalmusik zu
sondern ist, hat den Musikhistorikern viel zu schaffen gemacht und sie oft
in die Irre geführt, besonders insofern als sie sich ihr Urteil über das, was
«instrumental» und «vokal» wäre, auf Grund von Anschauungen des
19. Jahrhunderts bildeten (Riemann, Schering). In Riemanns Lexikon ist
noch in der Ausgabe von 1929 zu lesen, daß Ockeghem und Josquin zwar
in der Kirchenmusik schon den durchimitierten Vokalstil gepflegt hätten
(«durchimitiert» ist übrigens für Ockeghem zu viel gesagt), daß ihre Chansons aber noch als instrumentalbegleitet aufzufassen wären; Riemann meint,
daß hier nur die Oberstimme als gesungen zu gelten hat, und auch diese
nur, sofern man die Melismen daraus entfernt und sie als «Zwischenspiele»
den Instrumenten zuweist. Dann kam Scherings Abhandlung über «Die
niederländische Orgelmesse im Zeitalter des Josquin» (1912): anregend,
aber ein Fehlschluß (Schering hat dies nie zugegeben, aber dann gleichwohl
mit der ihm eigenen Inkonsequenz einmal als Orgelmesse bezeichnet, was
wirklich eine solche im Sinne der alten Zeit — aber in der Überlieferung
nur selten vertreten — ist: eine Messe, deren Teile alternierend vom Chor
einstimmig, gregorianisch, und von der Orgel als Choralbearbeitung ausgeführt werden, s. SBe. 92, sowie J. A. de Lafage, Diphthérographie 261 ff.). Und
dasselbe gilt von der in Scherings «Studien zur Musikgeschichte der Frührenaissance» (1914) in bezug auf das 14. Jahrhundert durchgeführten
Theorie. Sofern Schering doch Gesang gelten läßt, denkt er nicht, wie Riemann, an eine ihrer Melismen entkleidete Oberstimme, sondern in erster
Linie an einen «dekolorierten» Tenor (vgl. oben 205; ich bekenne, daß ich
einst im Banne dieser Theorie stand, bis ich merkte, daß sich die von
Schering betonte Diskrepanz zwischen der spärlichen Überlieferung der
Instrumentalmusik und dem Reichtum an sonstigen Hinweisen auf Instrumentenspiel auch anders erklären läßt, u. a. durch die Annahme einer «sekundär instrumentalen» Wiedergabe oder einer instrumentalen Bearbeitung
vokaler Originale). Demgegenüber hatte P. Wagner schon 1913 in seiner

258

«Geschichte der Messe» (S. 85) mit Recht betont, daß, wenn schon, gerade die Cantus-firmus-Tenores von Messensätzen am ehesten als instrumental anzusehen wären, da sie der Nachfolger des instrumentalen Tenors der Motette des 13. Jahrhunderts sind (hier spielte bei Schering, wie bei Riemann, die vorgefaßte Meinung mit, gesanglich sei, was in längeren Notenwerten einherschreitet). Der Prozeß, den wir oben gekennzeichnet haben und der die rhythmische und melodische Abgesondertheit des Tenors auflöst, läuft also auf eine Vokalisierung hinaus — wobei wir uns aber wiederum (vgl. oben 235) fragen dürfen, ob nicht die kompositionstechnisch-stilistische Seite der Sache das Primäre und die «Vokalisierung» das Sekundäre war.

* * *

Hier richten wir unseren Blick indessen auf Dinge, die zweifellos als Instrumentalmusik anzusehen sind. Es ist bedeutsam, daß in dieser Zeit, in der sich ein besonders geglätteter Vokalstil herausbildet, gleichzeitig die Spielmusik eine s e l b s t ä n d i g e r e E n t f a l t u n g nimmt.

Wir erwähnten bereits (oben 215) jene südenglische Tabulatur des 14. Jahrhunderts für ein Tasteninstrument, in der wir sowohl rein instrumentale Stücke von einigermaßen improvisatorischem Charakter, als spielgerecht zubereitete Bearbeitungen von Motetten finden — beides zweifellos Dinge, wie sie auch ohne Aufzeichnung längst gepflegt worden waren. Aus dem 15. Jahrhundert besitzen wir bereits eine ganze Anzahl solcher Tabulaturen (Orgel und Klavier sind damals nicht immer deutlich zu scheiden); und im 16. Jahrhundert gesellen sich dazu die Tabulaturen für die Laute, gleichfalls ein akkordisches Instrument, das aber in seinen mehrstimmigen Möglichkeiten beschränkter ist als die Orgel oder das Klavier. Auch jetzt sehen wir, daß sich die Literatur dieser Instrumente zu einem erheblichen Teil über vokalen Originalen (Motetten, Chansons) aufbaut (vgl. SBe. 35—36 und 62—63), während die rein instrumentalen Stücke zum einen Teil präludien- oder tokkatenähnlichen Charakter haben; zum anderen Teil sind es Tanzstücke. Doch ist zu vermerken, daß uns Tanzmelodien außerdem in normaler Aufzeichnung, d. h. nicht in Tabulaturform, im Rahmen von Abhandlungen über die Tanzkunst erhalten sind (in diesem Fall sind es freilich nicht sosehr spielfertige Tanzstücke als Skelette zu solchen). So haftet der Instrumentalmusik auch im 15. und 16. Jahrhundert noch viel «Umgangsmäßiges» an (charakteristisch ist auch, daß in bildlichen Darstellungen dieser Zeit Instrumentisten immer noch in der Regel ohne Noten spielen); und doch wächst sie mehr und mehr in den Bereich der Kunstmusik hinein.

Wir haben bereits vermerkt, daß der S p i e l m a n n des Mittelalters mit seinen teilweise von der Antike geerbten Traditionen zwar professionell ein hohes Niveau verkörpern konnte, aber irgendwie außerhalb der höheren geistigen, damals geistlich orientierten Bildung stand (oben 116); die Spielmanns-Bruderschaften des späteren Mittelalters waren ein Versuch, diese Kluft zu überbrücken. Nun, wo sich die höhere Bildung mehr und mehr verweltlichte, schwand auch der innere Grund zur geistigen Diskriminierung. Der Spielmann konnte seine «Revanche» nehmen; oder, was dasselbe bedeutet: er verlor seinen spezifischen Spielmannscharakter und wurde als Musiker zu einem Berufstätigen neben anderen Berufstätigen — obgleich etwas von jener Abgesondertheit doch noch übrig blieb. Nur einer unter den Instrumentisten nahm in dieser Hinsicht von vornherein eine bevorzugte Stellung ein, der O r g a n i s t, hatte doch die Orgel schon seit dem 9. Jahrhundert begonnen, in die Kirche einzudringen; im 15. Jahrhundert war sie schon weit verbreitet, wenn auch noch lange nicht in allen Kirchen vorhanden. Immerhin war auch die Orgel nicht nur kirchliches, sondern außerdem Hausinstrument, und in dieser Funktion läßt sie sich, wie gesagt, vom Klavier nicht streng scheiden; kein Wunder also, daß uns in den damaligen Orgeltabulaturen, die sich weitgehend mit den Klaviertabulaturen konfundieren, Profanes und sogar Tänze neben Kirchlichem begegnen.

* * *

Das Material, das wir zu überblicken haben, gliedert sich in z w e i H a u p t g r u p p e n: die eine stellen die Werke für ein Instrument dar, und hier stehen die Tasteninstrumente an erster Stelle; dabei handelt es sich hauptsächlich um Tabulaturen; das andere ist Ensemblemusik, die in der Form mensural notierter Stimmen überliefert ist.

Wenden wir uns zunächst zur O r g e l. Wir wollen uns erinnern, daß schon im 15. Jahrhundert viele der großen Kirchen über zwei Orgeln verfügten: eine kleine im Chor zur Unterstützung der Sänger und zum Gebrauch bei gewöhnlichen Gottesdiensten, und eine große im Schiff (später über dem Kircheneingang) zur selbständigen Betätigung. Besonders nördlich der Alpen, in D e u t s c h l a n d u n d F r a n k r e i c h, nahmen Orgelbau und Orgelspiel im 15. Jahrhundert und am Anfang des 16. einen großen Aufschwung. Die ersten berühmten Kirchenorganisten, deren Kompositionen uns überliefert sind, sind Deutsche bzw. Süddeutsche: Paumann (in Nürnberg), Hofhaymer (in Salzburg), Schlick (in Heidelberg) und Buchner (in Konstanz); der Erstgenannte wirkte um die Mitte des 15. Jahrhunderts, die anderen am

Anfang des 16.; Paumann, von dem wir nur Stücke pädagogischen Charakters besitzen, vertritt wohl noch in der Hauptsache das improvisatorische Stadium dieser Kunst; man sagte von ihm, er habe in seinem Kopf ein ganzes Gradualbuch. Zu diesen deutschen Orgeltabulaturen gesellen sich dann die französischen, die, von Attaignant 1531 gedruckt, nur anonyme Stücke enthalten.

Die Kompositionen, die in diesen Tabulaturen enthalten sind, scheiden sich, wie angedeutet, in folgende Kategorien: 1. präludien- oder tokkatenähnliche Stücke, die wohl als Vorspiele dienten, 2. Tanzstücke, 3. Transkriptionen vokaler Werke, in erster Linie von Motetten, aber auch von weltlichen Liedern (Chansons), 4. eigens für die Orgel geschriebene Choralbearbeitungen, d. h. über einen liturgischem Tenor gesetzte Stücke. Die letzteren sind vorläufig an Zahl gering, doch hatte die Gattung eine große Zukunft, seitdem die lutherische Kirche sie in ihren Dienst stellte und am «protestantischen Choral» ausrichtete (s. oben 257). Diese Kompositionsgattung ist offenbar eine Nachbildung der gesungenen Cantus-firmus-Motette: wie man im 13. Jahrhundert, nachdem man aus Ersatzteilen vokaler Choralbearbeitungen durch Neutextierung Motetten gemacht hatte, Motetten nach derselben Technik neu zu komponieren begann, so ging man jetzt, nachdem man erst nur vokale Stücke über Cantus firmi auf die Orgel übertragen hatte, dazu über, Stücke über einem Cantus firmus eigens für die Orgel zu schreiben.

Und doch tritt die Orgel erst im weiteren Verlauf des 16. Jahrhunderts und in I t a l i e n eigentlich in den Bereich der Kunstmusik. Hier war nicht die Motette des alten Stils Gegenstand der Anknüpfung, sondern die des neuen Stils, d. h. die Motette ohne Cantus-firmus-Stimme und mit gleichmäßiger Durchbildung aller Stimmen. Auch hier war der Prozeß ein zwiefacher: es wurden entweder solche Motetten auf die Orgel übertragen, oder es wurde diese Kompositionsweise auf die Orgel angewendet. Motetten dieses Stils zerfallen, wie wir sahen, gern in eine Reihe von imitatorisch und mit verschiedenen Themen einsetzenden Teilen: diese Form, wenn auf die Orgel angewendet, ist das R i c e r c a r. Um die Ausbildung desselben machten sich schon um die Mitte des 16. Jahrhunderts Cavazzoni und Willaert, dann in der zweiten Jahrhunderthälfte Claudio Merulo verdient. Im Ricercar — das auch als «Fantasia» bezeichnet wird — liegen offenbar die Wurzeln der späteren Orgelfuge, die mehr und mehr zur thematischen Vereinheitlichung überging. Anderseits pflegen diese Meister aber auch die «T o c c a t a» — buchstäblich eine «Berührung», also etwas Vorspielähnliches. Und indem die Toccata eine breitere Entfaltung nimmt, bezieht sie in ihr angestammtes

Laufwerk das imitatorische Element des Ricercars ein, wie das Ricercar seinerseits etwas vom Laufwerk der Toccata.

Das s p a n i s c h e Gegenstück zum italienischen Ricercar und zur Toccata liefert A. de Cabezon (1510—1566) mit seinen Orgel-«Tientos» («Tiento» bedeutet buchstäblich wiederum «Berührung»). Man sehe das Beispiel SBe. 113. Wir müssen allerdings gegen die dort vom Herausgeber gesetzte Überschrift einen Einwand erheben. So wie das Stück dort als «Fuga al contrario» überschrieben ist, könnte es den irrtümlichen Eindruck erwecken, wie wenn Cabezon das Wort «fuga» bereits als Bezeichnung eines Stücks brauchen würde. In Wirklichkeit bezeichnet «fuga» zunächst die Imitation als Kunstmittel, als Methode, und zwar zunächst die kanonische, dann auch die freie; und so steht das Wort bei Cabezon nur als Beifügung zum Haupttitel «Tiento», um die Art der angewandten Imitation zu charakterisieren, also: «Tiento de 3. tono, fuga al contrario» = Toccata im 3. Kirchenton, Imitation in der Gegenbewegung. Wir werden bis zum 17. Jahrhundert warten müssen, bis wir ein ricercarähnliches Stück als Fuga bezeichnet finden.

Einem Spanier, dem Klosterbruder und Organisten Th. de Sancta Maria, verdanken wir auch eine wichtige Abhandlung über die Kunst des Orgelspiels (welche ebenso auch für den angehenden Klavierspieler bestimmt ist): die «Arte de tañer fantasia» von 1565 — ein Werk, das der Verfasser von keinem Geringeren als Cabezon prüfen und begutachten ließ. Schon der Titel zeigt, eine wie große Bedeutung damals auf diesem Gebiet der Improvisation zukam.

Zum Interessantesten in diesem Traktat gehört, daß als Übergang zum Improvisieren das Studium, die Analyse und das Einüben mehrstimmiger Kompositionen, d. h. von Gesangwerken, empfohlen wird (man sehe im einschlägigen Werk von Kinkeldey S. 47 f.). Wir denken hier einerseits daran, daß C. Franck gern etwas von Schumann spielte, um sich zum Schaffen zu stimulieren, anderseits und hauptsächlich aber daran, daß im Schlußkapitel des 1553 erschienenen «Bellum musicale» von Cl. Sebastiani dem, der als Improvisator auf der Orgel und dem Klavier glänzen will, geraten wird, er möge seinem Gedächtnis möglichst viel Kompositionen einprägen, damit er im Notfall seiner Improvisation durch Reminiszenzen nachhelfen könne; ebenda wird auch empfohlen, man möge sich darin üben, an existierenden Werken alle möglichen Variationen durchzuführen: das Hinzufügen von Stimmen, das Versetzen in eine andere Tonart oder in ein anderes Taktmaß. Kurz, jenes Prinzip, das uns in der mehrstimmigen Vokalmusik als «Parodie» entgegentritt, hat in dieser Zeit eine sehr allgemeine Geltung. Selbstverständlich spielt bei alledem auch das Verzierungswesen eine große Rolle.

Auch der Holl ä n d e r Sweelinck ist hier anzuführen — sofern er (vgl. oben 250) nicht eher zur folgenden Epoche gehört. Als Schüler der

262

Italiener pflegt er wie die freier und passagenmäßiger verlaufende Toccata (RiBe. 78), so das vorwiegend imitatorische Ricercar (s. die «Fantasia chromatica» SBe. 158), wobei er sich innerhalb des letzteren bereits der thematischen Vereinheitlichung zuwendet.

*　*
*

Von der Orgel gehen wir naturgemäß zum K l a v i e r über, das, wie gesagt, in dieser Zeit mit der Orgel noch weitgehend gemeinsame Sache macht. Wollen wir einen relativ selbständigen Komplex von Klaviermusik herausheben, so müssen wir unseren Blick in erster Linie auf E n g l a n d richten. Die Klaviermusik dieses Landes nimmt, was Mannigfaltigkeit und Reichtum der Gestaltung betrifft, unter den hier betrachteten Komplexen instrumentaler Musik wohl den höchsten Rang ein; es ist gleichzeitig der gewichtigste Beitrag Englands zur neueren Musikgeschichte.

Man spricht in England von «Virginal-Musik»: Virginal ist dasselbe wie Spinett, also eine kleinere Form des Cembalo. Wir vermerkten schon (oben 254), daß England mit seiner musikalischen Blütezeit rittlings über unserer Periodengrenze sitzt, und so umfassen auch die englischen Virginalbücher Kompositionen wie aus dem 16., so aus dem früheren 17. Jahrhundert. Man könnte schwanken, welchem unter diesen Meistern des Klaviers man die Palme reichen soll; vielleicht entscheiden wir uns doch für Byrd. Interessant ist, daß auch auf diesem Höhepunkt der Instrumentalkunst Zusammenhänge mit der mittelalterlichen instrumentalen Grundform, der «Estampie», gewahrt bleiben (vgl. oben 151): die typische Form der Pavanen und Gaillarden in diesen Sammlungen entspricht dem Schema $a\ a_1\ b\ b_1\ c\ c_1$, wobei hier aber die Veränderung bei der Wiederholung nicht eine Abwandlung des Schlusses bedeutet, sondern eine Auszierung oder Figuration des ganzen Absatzes; man sehe RiBe. 75 und 76 (Riemanns Bezeichnung «mit veränderten Reprisen» ist allerdings nicht glücklich, da eine Reprise nicht eine Wiederholung schlechthin ist, sondern die Wiederkehr des Gleichen nach einem abweichenden Zwischenteil). Dies erinnert uns daran, daß noch im französischen Suitensatz des 17. und 18. Jahrhunderts das «Double» eine auszierende Wiederholung bedeutet — allerdings nun eine solche, die sich auf das ganze Stück und nicht dessen Teile erstreckt (vgl. unten 301). In unseren englischen Sätzen kommt die Wiederholung indessen auch unverziert vor. Die bescheidenste Form, die innerhalb des Schemas der «progressiven Wiederholung» denkbar ist, ist offenbar $a\ a\ b\ b$ — die Form, welche eine berühmte Pavane von Byrd aufweist und welche dann den Aufbau des

Suitensatzes im 17. und 18. Jahrhundert bestimmt. Beiläufig gesagt, erinnert eines der Klavierstücke von Byrd, das als «Die Glocken» betitelte (Fitzwilliam Virginal-Book I 274), auffallend an jenen alten «Sommerkanon» (oben 195), da es (in C-dur stehend) stetsfort im Baß die Töne c und d als Träger der entsprechenden Harmonien abwechseln läßt.

In diesem Zusammenhang ist aber auch wieder der H o l l ä n d e r Sweelinck zu nennen, dessen Klavierschaffen nicht weniger bemerkenswert ist wie sein Orgelschaffen. Wir besitzen von ihm köstliche Variationenreihen, die neben die der Engländer gestellt werden können und vielleicht auf eine gemeinsame nordwesteuropäische Tradition zurückdeuten.

*   *
*

Indem wir nunmehr die Tasteninstrumente verlassen, haben wir zunächst eine wichtige Abhandlung zu erwähnen, die wiederum von einem Spanier stammt und das V i o l e n s p i e l betrifft: Diego Ortiz' «Tratado de glosas. . . en la musica de violones» (1553). Der Verfasser zeigt einerseits, wie eine mehrstimmige Vokalkomposition für die Violenmusik nutzbar gemacht werden kann: entweder wird sie durch ein Violenensemble wiedergegeben, mit Figuration in den Einzelstimmen, oder aber eine tiefe Viola greift für sich eine der Stimmen heraus (sie kann auch von der einen Stimme zur anderen hinübergleiten, je nachdem welche Stimme mehr Interesse bietet), und die übrigen fallen dem Klavier zu (vgl. oben 247 und unten 268 f.). Anderseits aber, und hauptsächlich, lehrt Ortiz die Kunst des gemeinsamen Improvisierens auf Viola und Klavier: entweder trägt das Klavier ein mehrstimmiges Stück Gesangsmusik vor, indem die Viola einen Kontrapunkt dazu setzt; oder man geht frei vor, indem das Klavier der Improvisation eine Reihe von Harmonien zugrunde legt und der Violist sich dazu in Laufwerk ergeht (nicht ohne daß hierbei auch wechselseitig imitiert würde); oder das Klavier führt einen immer wiederkehrenden Grundbaß durch. Hier liegt bereits der Ausgangspunkt des im 17. Jahrhundert eine so große Rolle spielenden «Basso ostinato» («hartnäckiger Baß», Variationen über einer Baßlinie), der in so hervorragender Weise durch Corellis «Folia» für Violine mit Continuo vertreten ist (indessen ist der «Basso ostinato» auch in die Gesangsmusik eingedrungen: wir denken an Arien über einem wiederholten Baß wie Didos Trauergesang aus Purcells «Dido und Äneas» oder einen Chor wie das «Crucifixus» aus Bachs großer Messe). Historisch wichtig ist, daß das Prinzip der Baßvariation dann bald in die Chaconne und die Passacaglia eindrang, zwei Formen, die ursprünglich Tänze waren und bereits als solche die Wiederholung, aber in einer primitiveren Form pflegten — so daß sich aus der Synthese eines tanzmäßigen und eines improvisatorischen Elements eine höhere Kunstform ergab.

Selbstverständlich spielt auch bei Ortiz wieder die Lehre von den Verzierungen eine große Rolle. In demselben Zusammenhang seien noch zwei ältere Traktate angeführt: die gleichfalls für die Viola bestimmte «Regola Rubertina» von S. Ganassi (1542—1543) und der von Ganassi für die Blockflöte bestimmte, «La Fontegara» betitelte Traktat (1535). Wir müssen uns hier im Sinne der Selbsteinkehr darauf besinnen, daß unsere Fähigkeit, in einer ausgeschmückten Melodiefassung das Original wiederzuerkennen, äußerst begrenzt ist (vgl. oben 32, 61 und 76). Wenn wir es bei Variationen von Mozart oder Beethoven fertigbringen, so liegt es daran, daß wir uns auf das tragende Gerüst der Harmonik stützen.

* * *

Doch nun sehen wir in unserer Epoche auch eine selbständige i n s t r u - m e n t a l e E n s e m b l e m u s i k auftreten. Es werden Kompositionen für verschiedene Instrumente in Stimmen geschrieben und gedruckt — obgleich nach wie vor auch die Stimmen von Gesangskompositionen auf Instrumente übertragen werden konnten.

Halten wir uns zunächst an die Vorgänge in I t a l i e n, so sehen wir, daß sich diese Instrumentalstücke in ihrem Bau wiederum jener typischen Motettenform der zweiten Hälfte des 16. Jahrhunderts anschließen (s. oben 238); aber mit dem zunehmenden Einfluß der venezianischen Schule und ihrer Mehrchörigkeit tritt neben dem imitatorischen Element mehr und mehr die Gliederung nach Klanggruppen hervor. Der Name für solche instrumentale Ensemblestücke ist «Canzone», aber auch «Sonata» (buchstäblich «Klangstück»), später auch «Fantasia».

Die Terminologie der Zeit ist recht lax. So wird der Name «Canzone» auf dem instrumentalen Gebiet zuerst für Orgelübertragungen französischer Chansons gebraucht. Ja der Name «Canzone alla Francese» erhält sich in der italienischen Orgelmusik bis in das 17. Jahrhundert, wo er eine imitatorische Komposition von besonderem Charakter bezeichnet: eine, die weniger als das Ricercar mit Laufwerk geschmückt ist und die gern mit Tonwiederholung beginnt (so bei Frescobaldi). Gerade in der relativen Unverziertheit aber berührt sich die Orgelkanzone wieder mit der Kanzone als Ensemblestück, welche naturgemäß auf jenes Laufwerk verzichtet.

Wie schon erwähnt (oben 243), sind die mehrchörigen Werke der v e n e z i a n i s c h e n Schule entweder rein vokal oder, wie wir noch sehen werden, gemischt vokal-instrumental, oder aber rein instrumental. Ein berühmtes Werk der letzteren Kategorie ist die «Sonata pian e forte» von G.

Gabrieli, die für zwei vierstimmige Gruppen bestimmt ist; sogar die Instrumente (meist Bläser) sind genau angegeben (s. SBe. 148); dieses Stück stammt aus der «Symphoniae sacrae» überschriebenen Sammlung von 1597, die 6- bis 16stimmige Kompositionen «sowohl für Stimmen wie für Instrumente» enthält. Beruht der Eindruck eines solchen Stücks auf der feierlich-kompakten Klanglichkeit, so finden sich in derselben Sammlung doch auch Stücke beweglicherer Art, wo sich z. B. die zwei Oberstimmen als besonders belebt von den übrigen abheben und so bereits etwas dem solistischen Konzertieren Ähnliches darstellen (s. unten 266). Interessant ist, was schon der Titel der genannten Sammlung sagt: es sind Instrumentalkompositionen für die Kirche. Jetzt ist die Invasion der Kirche durch die Instrumente vollständig; und zwar handelt es sich überwiegend um Zinken («cornetti»), Posaunen («tromboni») und Violinen. Wir haben Gründe genug anzunehmen, daß auf diesem Weg die Bläser den Streichern vorangegangen, d. h. als erste der Orgel gefolgt waren. Kein Wunder, daß Andrea Gabrieli, der Oheim des Giovanni, indem er den erstaunlichen Versuch unternahm, sogar Bußpsalmen zur Ausführung «bald mit Instrumenten aller Art, bald mit den Stimmen» zu komponieren (s. unten 270), sich auf den königlichen Harfner David berief — denjenigen, welcher in allen auf diese Frage bezüglichen kirchlichen Polemiken eine Hauptrolle spielte. Immerhin sind die instrumentalen Ensemblewerke von G. Gabrieli nicht nur für die Kirche bestimmt, und sie sind auch nicht alle mehrchörig. U. a. gibt es von ihm eine Sonate für drei Violinen mit Ad-libitum-Baß, die nicht weniger Aufsehen erregte als jene «Sonata pian e forte».

Es ist bemerkenswert, daß uns in jenen vollstimmigen Sonaten von G. Gabrieli teilweise bereits ein Element begegnet, das in besonderem Maße auf das «Konzertieren» des 17. Jahrhunderts vorausdeutet: ein Sichherausheben von unserem Gefühl nach eher «solistischen» Stimmen oder Partien. So fällt in einer zehnstimmigen (einchörigen) Instrumentalkanzone aus der Sammlung von 1597 (s. G. Cesaris Neuausgabe in den «Istituzioni e monumenti», N. 9 und S. LXXXI des Vorworts) auf, daß die zwei obersten Stimmen viel lebhafter geführt sind als die übrigen. Man denke auch an das unten 271 zu erwähnende Kyrie mit dem solistisch-koloraturmäßigen Charakter der Gesangstimme. In einer anderen, zehnstimmigen und zweichörigen Canzone von G. Gabrieli (N. 11 und 12 der genannten Ausgabe, vgl. S. LXXXIII f.) erfahren die Oberstimmen der beiden Chöre in anderer Weise eine Sonderbehandlung: von dieser Canzone steht nämlich eine Bearbeitung da, welche als «Canzon in echo» bezeichnet ist und in welcher gewisse Teile dünner gesetzt sind, insofern als nur jene beiden Oberstimmen über einer oder zwei Baßstimmen spielen, die übrigen Stimmen dagegen weggelassen und durch eine begleitende Orgel ersetzt sind (in solchen Fällen kann man in der Tat mit dem Herausgeber schon einen Keim des «Concerto grosso» sehen, wenn es sich wohl auch noch nicht um die Gegenüberstellung von solistischer und mehrfacher Besetzung handelt; indessen bin ich durchaus nicht der Meinung des Herausgebers, wenn er diese Orgel als «organo in concerto», wie er sie bezeichnet, passagenmäßig ausstattet und daneben noch zwei Begleitorgeln annimmt). Doch lassen sich Stellen, in denen dünner lebhafter Satz mit breiten, vollstimmigen Akkorden kontrastiert, bei Gabrieli auch sonst finden.

In F r a n k r e i c h und D e u t s c h l a n d erscheinen im 16. Jahrhundert bereits Sammlungen von T ä n z e n für ein mehrstimmiges Ensemble — der Vorläufer der Orchestersuite des 17. Jahrhunderts. Hier ist wohl ein Zusammenhang mit den Tänzen der Klavier- und Lautentabulaturen (s. oben 259) anzunehmen.

E n g l a n d scheint sich, was Ensemblemusik betrifft, an der Grenze unserer Zeitperiode besonders im Rahmen der Phantasie für ein Violenensemble betätigt zu haben, speziell in der Person der beiden vielseitigen Meister Byrd und Gibbons; die typische Besetzungsart war die für sechs Streicher.

* * *

Obgleich wir uns hier mit I n s t r u m e n t e n k u n d e nicht befassen können, wollen wir doch zweier wichtiger Tatsachen gedenken. Die eine betrifft die Entwicklung der Streichinstrumente: jetzt treten am Körper derselben jene seitlichen Ausschnitte auf, die wir wohl als eine Konsequenz der allmählichen Zunahme der Saitenzahl aufzufassen haben. Dank diesen Einschnitten scheidet sich nunmehr die Form der Streichinstrumente endgültig von der der Zupfinstrumente, während ihnen im Mittelalter die Formen der Resonanzkörper noch weitgehend gemeinsam waren (vgl. oben 199). Innerhalb der neuen Form aber stehen sich wiederum zwei Typen gegenüber, die man als den Violen- und den Violinentypus bezeichnen kann: beim ersteren läuft der Körper gegen den Hals spitz zu, und die hintere (untere) Decke des Körpers ist flach; beim anderen ist der Körper oben wie unten gerundet und die hintere Decke gewölbt, wenn auch nicht so stark wie bei der Laute oder Mandoline; die Schallöcher sind bei ersterem sichelförmig, bei letzterem f-ähnlich. Es ist bekannt, daß in der Folgezeit der Violinentypus den Violentypus mehr und mehr verdrängt hat — in Frankreich konstatierten manche dies nicht ohne Bedauern, da sie den ersteren für plebejisch und den letzteren für vornehm ansahen —; bekannt ist auch, daß der Violinentypus mehr und mehr vom kleinen Instrument hoher Tonlage auf die mittleren und großen Streichinstrumente übergegriffen hat (am längsten ist der Kontrabaß bei der Violenform geblieben). Heute, wo der Violentypus (abgesehen vom Kontrabaß) unbeschränkt herrscht, braucht man die Namen «Viola» und «Violine» beide für Instrumente des Violinentypus, die nur ihrer Größe nach verschieden sind.

Das andere betrifft die Geschichte des Klaviers. Wie wir sahen (oben 215), existierte dieses, d. h. die Verbindung eines Saitenbezugs mit einem Tasten-mechanismus, schon im 14. Jahrhundert. Durch einen Traktat des 15. Jahr-hunderts erfahren wir nunmehr Genaueres über die Konstruktion dieser Tasteninstrumente. Demnach kannte man schon verschiedene Typen des Klaviers: das Cembalo (Clavecin, deutsch «Flügel»), bei dem die Saiten durch einen Federkiel angerissen werden, das Klavikord, bei dem sie durch eine «Tangente» angeschlagen und zugleich abgeteilt werden, sowie — man höre und staune — das Hammerklavier. Das letztere geriet freilich hierauf in Vergessenheit, so daß es am Anfang des 18. Jahrhunderts neu erfunden werden mußte.

g) Gesang mit Instrumenten

Neben den beiden Bereichen der Gesangs- und der Instrumentalmusik — die indessen durch jene oben 247 erwähnte Freizügigkeit verbunden wa-ren — begegnet uns in dieser Zeitperiode aber auch eine ausdrücklich vor-geschriebene Verbindung von Gesang und Instrumenten in verschiedener Form.

Fassen wir zunächst den S o l o g e s a n g m i t I n s t r u m e n t a l b e - g l e i t u n g ins Auge. Wir wollen hier nicht wieder von der Chanson der Dufay-Zeit sprechen, welche die Machauts fortsetzt; sie ist ja zur durchweg vokalen Chanson geworden in der Weise, wie wir es sahen, und wir können sie bis zu einem gewissen Grade als Komposition für drei Stimmen «schlecht-hin» ansehen (vgl. oben 235), wie denn auch die Stimmen hier hinterein-ander aufgezeichnet waren. Wir sprechen auch nicht von der Frottola (s. oben 235), die sehr oft nur in der Oberstimme gesungen wurde, aber auch ganz gesungen werden konnte und wiederum in aufeinander folgenden Stimmen aufgezeichnet ist. Hier haben wir im Auge, daß sich im 16. Jahrhundert in Tabulaturen für Laute und für Orgel, also innerhalb ausgesprochener Instru-mental-Tonschriften, gelegentlich Sologesänge mit einer auf dem betref-fenden Instrument auszuführenden Begleitung finden: so beim spanischen Lautenmeister L. Milan (1535, s. SBe. 96). Eine eigene Sammlung von Lau-tenliedern stellt dann diejenige dar, welche 1571 in Paris bei A. Le Roy unter dem Titel «Airs de cour mis sur le luth» erschien. Auf der anderen Seite bezeugen Lautentabulaturen des 16. Jahrhunderts aber noch, daß mehrstimmige Gesangsstücke durch Herausnahme einer Stimme zu Sologesängen mit Instrumentalbegleitung umgestaltet wurden; hierher gehört die Bearbeitung von Madrigalen Verdelots durch Willaert für eine Stimme mit Laute (vgl. oben 247). Die literarischen Quellen ihrerseits verzeichnen für das 16. Jahrhundert mehrfach Sologesang über der Begleitung eines oder mehrerer Instrumente.

Weiterhin wird das eigentliche Sololied mit Laute besonders in England gepflegt, wo es eine eigene Bezeichnung erhält: es heißt «Ayre» (= französisch «Air»). Die erste dieser Sammlungen ist die von J. Dowland, erschienen 1597 unter dem Titel «The first booke of songes or ayres». Und doch tritt auch in dieser Sammlung, wie in weiteren analogen, noch jene Freizügigkeit zwischen Vokal und Instrumental, zwischen mehrstimmigem und begleitetem Lied wieder in die Erscheinung; denn obgleich diese Sammlungen eigentlich als solche von Sololiedern zur Laute gemeint sind, sind ihnen manchmal ad libitum zu singende Mittelstimmen beigegeben, wozu der Verfasser in der Vorrede erklärt, er habe auch für den Fall Vorsorge tragen wollen, daß etwa beim Vortrag dieser Lieder andere sangeskundige Liebhaber «daneben stehen» und daran teilzunehmen wünschen.

So ergibt sich das eigenartige Verhältnis, daß das alte «Diskantlied», obgleich durch Vokalisierung in der Chanson und im Madrigal aufgegangen, doch im Hintergrund weiterlebte und sich als Gesang zur Laute bis in das 17. Jahrhundert, die klassische Zeit der «begleiteten Monodie», fortsetzte. Doch illustriert diesen «unterirdischen Zusammenhang» noch eine andere Tatsache, die uns gleichfalls nach England weist. In der Vorrede seiner Sammlung mehrstimmiger englischer Lieder von 1588 (vgl. oben 254 f.) berichtet Byrd nämlich, die betreffenden Gesänge seien von ihm ursprünglich für eine Stimme mit Instrumenten gesetzt worden, dann aber habe er auch die übrigen Stimmen zum Singen eingerichtet; in der Tat erweist sich hier die Oberstimme melodisch als Hauptstimme. So geht Byrd, der diese Werke aus dem Diskantliedzustand in den Madrigalzustand überführte, von jener alten Diskantliedtradition aus, die sich in England später als in Frankreich verbreitet, aber auch länger erhalten hatte; und gleichzeitig folgt er jener Tendenz zur Vokalisierung des mehrstimmigen Ganzen, die sich im 15. Jahrhundert auf dem Kontinent im Schaffen von Dufay, Ockeghem und anderen ausgesprochen hatte; doch indem Byrd sich als ein Spätling dieser Tendenz anschloß, folgte er, wenigstens zum Teil, bereits einem anderen Vorbild, dem des italienischen Madrigals.   *
                                                    *   *

Doch die pompöseste Verbindung zwischen Gesang und Instrumenten finden wir bei den Venezianern, insbesondere bei dem 1612 verstorbenen G. Gabrieli. Hier handelt es sich indessen nicht um das Sololied mit Begleitung, sondern um die Verbindung von Gesangs- und Instrumentalgruppen.

G. Gabrielis Mehrchörigkeit ist teilweise rein vokal (s. oben 243), teilweise rein instrumental (s. oben 265 f.), teilweise aber sieht sie instrumentale Chöre vor, die mit den vokalen zusammenwirken, und zwar abwechselnd und ineinander greifend (das Vorbild für Schütz' «Symphoniae sacrae»). Wahrscheinlich ist aber das, was hier mehr oder weniger klar heraustritt, die Scheidung der Stimmen als gesungene und gespielte, dasselbe, was bei Andrea Gabrieli nur durch allgemeine Angaben normiert, also im wesentlichen den Ausführenden überlassen war. Ich denke an die (schon erwähnten) Bußpsalmen von A. Gabrieli (1587), die, dem Titel zufolge, aufgeführt werden sollen «bald mit Instrumenten aller Art, bald mit den Stimmen», wozu wir in der Widmung noch die Angabe finden: der Komponist habe das bußfertige Gemüt darstellen wollen «durch die Melodie der Stimmen und der Instrumente, die sich bald vereinigen und bald trennen» — eben wie der König David, dem bisher noch niemand darin gefolgt sei. Hier denke ich ferner an die 1590 erschienene, anscheinend verlorene Sammlung von achtstimmigen Gesängen eines Sizilianers, Maurus Chiaula, die im Titel die interessante Angabe enthält, wonach die Stücke «mit acht, bald Stimmen, bald verschiedenen Chorinstrumenten, die sich verbinden und trennen» gesungen werden können — wobei uns am Anfang des 18. Jahrhunderts über diesen Komponisten berichtet wird, er sei ein Meister gewesen in der Kunst, «symphonische Tonwerke aus vielen Stimmen und Instrumenten, welche im vollen Chor einander proportioniert antworten, anzuordnen». Ob in den Werken des Sizilianers, wie in denen von G. Gabrieli, der Wechsel und das Ineinandergreifen der vokalen und instrumentalen Gruppen ausdrücklich bezeichnet war? Es wäre denkbar, daß es sich noch um durchweg textierte Stimmen handelte. Und ebenso ist denkbar, daß wir es im 16. und schon im 15. Jahrhundert nicht nur mit jener Art Freizügigkeit zwischen Vokal und Instrumental zu tun haben, bei der die Gesangsstimmen allenfalls gespielt werden konnten, sondern daß die gesungene Komposition auch instrumental wiederholt werden konnte, vielleicht sogar absatzweise. Wenn der Komponist in erster Linie «Stimmen» komponierte, mußte er das «Arrangement» auch in dieser Hinsicht den Ausführenden überlassen. Wir wollen übrigens nicht vergessen, daß schon bei einer Aufführung, die 1568 in München unter Lassus stattfand, sowohl instrumentale Gruppen mit ebensolchen, wie instrumentale mit vokalen kombiniert wurden (O. Kinkeldey, Orgel und Klavier in der Musik des 16. Jahrhunderts, 180).

270

So könnte die venezianische vokal-instrumentale Gegenchörigkeit in einer schon vorher geübten, aber nicht ausdrücklich normierten Praxis wurzeln (ein Vorgang, der sich in der Musikgeschichte oft wiederholt hat). Wir wollen beifügen, daß uns bei den Venezianern ein Zusammenwirken von vokalen und instrumentalen Gruppen aber nicht nur im kirchlichen Rahmen, sondern auch in der weltlichen Musik begegnet, da z. B. ein zweichöriges (achtstimmiges) Madrigal von G. Gabrieli (1587) mit der Bezeichnung «per cantar e sonar» bezeichnet ist, was in unserem Zusammenhang wohl nicht an eine bloß ersatzmäßige instrumentale Ausführung, sondern an irgendeine Art Zusammenwirken denken läßt. Und von hier spinnen sich Fäden zum konzertierenden Madrigal Monteverdis (s. unten 280), wie denn solche auch die gemischt vokal-instrumentalen Kirchenstücke der Venezianer mit der Kirchenmusik von Monteverdi verbinden.

Wenn auch die Venezianer im allgemeinen die Feierlichkeit des Tons wahren, wie sie dem Charakter der Kirchenmusik angemessen ist, so kann es doch bei G. Gabrieli manchmal etwas leichtsinnig klingen. Man sehe das Musikbeispiel bei C. von Winterfeld, G. Gabrieli, III 108 (und dazu im Text I 187 f.): ein *Kyrie* aus der 1615 erschienenen Sammlung, in welchem sich eine gesungene Oberstimme über vier nach Winterfelds Auffassung instrumentalen Stimmen in Echowirkungen und Rouladen ergeht (die Stelle wird auch von P. Wagner, Geschichte der Messe, 414, zitiert, aber irrtümlich der Sammlung von 1597 zugeschrieben; auch die Setzung der Akzidentalen bei Wagner erscheint weniger plausibel als bei Winterfeld). Solche Stellen haben einen solistischen Charakter.

h) Rückblick

Überschauen wir die Musik des 15. und 16. Jahrhunderts mit einem zusammenfassenden Blick, so müssen wir sagen, daß die Glättung und Rationalisierung der mehrstimmigen Setzweise, wie sie in dieser Zeit durchgeführt wurde, eine gewaltige Leistung darstellt. Im Resultat besaß nunmehr Europa (Westeuropa) eine einheitlich durchgebildete, in ihrem Charakter weitgehend internationale Tonsprache, deren Beherrschung oder Nichtbeherrschung bzw. deren größere oder geringere Beherrschung sofort abgeschätzt werden konnte. Das Verfügen über die so erwachsene Setzweise kann noch heute von Kontrapunktjüngern mit Nutzen angestrebt werden. Doch ist anderseits nicht zu übersehen, daß bei einer so ganz auf Ausgewogenheit gerichteten Setzweise wie die des klassischen «A-cappella-Stils» die Gefahr eines weitgehenden Zusammenfallens von Ästhetischem und Technischem gegeben ist.

Bei einer so hoch ausgebildeten Kompositionskunst und bei der Leichtigkeit, mit der jetzt dank dem Druck schriftliche Aufzeichnungen musikalischer Werke verbreitet werden konnten, sind wir erstaunt darüber, und doch ist es Tatsache, daß auch jetzt noch mehrstimmige Gesangsleistungen vielfach improvisiert wurden. Zwar ist von nun an die Instrumentalmusik in speziellerer Weise der Anwendungsbereich der Improvisation (wir haben hier besonders an Orgel und Klavier zu denken), doch wissen wir, daß sogar noch Josquin auf die Improvisationskunst des Sängers großen Wert legte, ja diejenigen geradezu verachtete, welche Komponisten sein wollten, ohne die Kunst des «chant sur le livre», des Improvisierens einer Gegenstimme zu einer vorgelegten Melodie, zu beherrschen.

Man sehe Acta musicologica XV 5 ff. über verschiedene Methoden, nach denen man im 15. Jahrhundert die Sänger schematisch lehrte, zu einer gegebenen Melodie eine Gegenstimme zu singen. Auch Zarlino befaßt sich mit der Frage; er sieht es als selbstverständlich an, daß man zu einem zweistimmigen Satz eine dritte Stimme zu improvisieren vermag (Istituzioni III 64). Den letzten Ausläufer dieser Praxis bedeutet der «Falso bordone», der sich in der päpstlichen Kapelle bis in das 19. Jahrhundert erhielt.

a) Voraussetzungen

Indem wir an unser nächstes Kapitel herantreten, müssen wir einen Augenblick über die beiden Einschnitte nachdenken, welche man gewöhnlich in der Musikgeschichte um 1600 und um 1750 ansetzt.

Der Einschnitt um 1600 ist in plausibler Weise gegeben, insofern als hier die Oper einsetzt und auch jene Zeit selbst in sehr ausgeprägter Weise das Gefühl eines Wechsels hatte. Es ist, wie wenn die Musik des 15. und 16. Jahrhunderts vermöge ihrer Schönheit (Schönheit im Sinne der Rundung und Annehmlichkeit) zum Menschen herabgestiegen wäre und sich nunmehr diejenige des 17. und 18. Jahrhunderts ganz auf den Boden des menschlichen Fühlens stellen würde. Falls wir, wie es so beliebt ist, geistesgeschichtliche Etiketten brauchen wollen, können wir etwa sagen: Humanismus dort, Ultrahumanismus hier.

Etwas problematischer erscheint mir der um 1750 angesetzte Einschnitt. Er besteht zwar als ein relativer, als ein grundlegender läßt er sich aber nur halten, wenn wir die Tätigkeit Bachs als zeitbestimmend ansehen. Sobald wir Bach aber in seiner relativen Isolierung sehen, müssen wir sagen, daß der Verlauf von der ersten Hälfte des 18. Jahrhunderts zur zweiten nicht weniger kontinuierlich ist als der zwischen den beiden Hälften des 16. Jahrhunderts. Wenn schon, dann gilt der große Einschnitt um 1750 wohl eher vom speziellen Standpunkt der deutschen Musikgeschichte als dem der europäischen. Ähnlich wie seinerzeit der Italiener Palestrina die transalpinen Traditionen der Polyphonie zusammenfaßte und dann Monteverdi ein Neues auf italienischer Grundlage schuf, faßte der Deutsche Mozart die Traditionen der Italiener zusammen, worauf mit Beethoven etwas Neues auf deutscher Grundlage einsetzte.

Wir haben bereits an der Musik des 16. Jahrhunderts Elemente vermerkt, welche auf die des 17. vorausdeuten: die Mehrchörigkeit der Venezianer, die in pompöser Weise auch Instrumentalchöre einbezieht (oben 270), die besondere Art Ausdruckskunst, die sich teilweise im Madrigal bemerkbar macht (oben 247), das Auftreten von Sololiedern zur Laute, welches allerdings auch

mit dem alten «Diskantlied» zusammenhängt (oben 268 f. und unten 276),
das in die A-cappella-Musik ein Element solistischen «Konzertierens» hin-
eintragende Verzierungswesen der Sänger (oben 247 f.), sowie innerhalb der
Instrumentalmusik die Pflege der Variationen über einen Basso ostinato
(oben 264). Auch auf dem Gebiet der Harmonik hat das 16. Jahrhundert
dem 17. weitgehend vorgegriffen: wir denken an die Zusammenfassung der
Mehrstimmigkeit zu Komplexen und das Emporwachsen des Dreiklangs als
Komplexgrundform (oben 242 f.), an die bereits einsetzende Verwendung der
Harmonik im Dienste der Ausdruckshaftigkeit (oben 245).

* *

Aber auch ein wichtiger «Begleitumstand» der Musik des 17. und der
ersten Hälfte des 18. Jahrhunderts, der eben mit dieser die Harmonik betreffenden Wandlung zusammenhängt, läßt sich bis in das 16. Jahrhundert zu-
rückverfolgen: der «B a s s o c o n t i n u o». Wenn, wie wir schon erwähnten,
die mehrstimmige Gesangsmusik von Instrumenten begleitet sein konnte,
so kommt doch hierbei den Akkordinstrumenten eine besondere Stellung zu:
der Orgel, dem Klavier, auch der Laute. Denn ein solches Instrument kann
m e h r e r e Stimmen mitspielen. An sich setzt dies voraus, daß das mehrstimmige Ensemble entweder in Partitur oder in Tabulatur (über letztere
s. oben 215) gebracht wird. Doch wurde dies bald als für eine bloße Begleitung zu weitläufig angesehen; man ging also zu einer abgekürzten Formulierung über, indem man den Organisten nach der jeweilen tiefsten
Stimme spielen ließ, dem «Basso seguente», welcher zu diesem Zweck aus
dem mehrstimmigen Ganzen ausgezogen wurde. Dies setzt offenbar zwei
Dinge voraus: 1. daß der Begleiter nicht genau den Gang der Stimmen der
Komposition wiedergeben muß, sondern daß als hinter den Stimmen stehend
eine Akkordfolge, ein Harmoniesubstrat empfunden wird, 2. daß die jeweilig tiefste Stimme des Ganzen die Stütze der Harmonie ist. So wurde es
im 16. Jahrhundert bereits weitgehend aufgefaßt. Und schon damals griff
man, um die Zusammenklangsformen zu unterscheiden, zu Ziffern, die man
über den Baß setzte und die die charakteristischen Intervalle vom Baß aus
angaben. So konnte man unterscheiden, ob die im Sinne der neuen Auffassung normale Dreiklangsform, d. h. die mit Terz und Quint über dem Baß,
gemeint war — diese ließ man ohne Bezifferung — oder ein Sextakkord oder
ein Quartakkord usw. Es ist dies, mit anderen Worten, eine vom Organisten
oder für den Organisten angefertigte praktische Beigabe zu einer mehrstimmigen Gesangskomposition, ein Ad libitum; analog werden sich auch die
Klaviere und Lauten betätigt haben, deren oft mehrere mitgingen.

Im 17. Jahrhundert heißt das Ding «Basso continuo». Es ist im Grunde dasselbe wie vorher, aber seine Bedeutung hat sich geändert: es ist nicht eine lediglich praktischen Zwecken dienende, nach Belieben wegzulassende Beigabe, sondern der Basso continuo ist vom Komponisten vorgesehen als konstitutiver Bestandteil des Ganzen, als ein in die Rechnung eingestellter klanglicher Hintergrund für die im Vordergrund stehenden, sich davon abhebenden, konzertierenden Stimmen. Nehmen wir an, es sei ein Sologesang: hier übt der Basso continuo die Funktion eines Fundaments aus, und die über ihm zu greifenden Akkorde füllen die Lücke zwischen ihm und der Stimme; bei einer Violinsolosonate verhält es sich ebenso; beim Gesangsensemble tritt der Basso continuo in ein mehr oder weniger enges Verhältnis zur gesungenen Baßstimme; beim mehrstimmigen Instrumentalensemble fällt er geradezu mit der untersten Stimme zusammen (jetzt nicht mehr, wie ehemals, mit der in jedem Moment untersten, sondern mit der eigentlichen Baßstimme), oder er kann sich, falls der Instrumentalbaß sehr belebt ist, auf Hauptnoten beschränken.

Das Wesentliche ist, daß hier, vom Komponisten selbst vorgesehen, eine Scheidung zwischen agierenden, konzertierenden Stimmen (sagen wir: Protagonisten) und einem neutralen Hintergrund gegeben ist (vgl. unten 286). So liegt eine eigenartige Doppelung vor: das in einem mehrstimmigen Ganzen schon ohnehin gegebene harmonikale Substrat ist außerdem noch körperlich dargestellt. Rein harmonietechnisch möchte man es beinahe ansehen wie eine vorsorgliche Maßregel, auf daß die gemeinten Harmonien ja nicht falsch aufgefaßt werden. Aber wir haben es jedenfalls auch vom Aspekt der Instrumentation aus anzusehen, wonach das begleitende Instrument, insbesondere die Orgel, ein Moment der Klangfülle hineinträgt. Und ebenso bemerkenswert ist, daß man es dann etwa von der Mitte des 18. Jahrhunderts an allmählich wieder als überflüssig ansieht, solche «Hintergründe» darzustellen: vielleicht deswegen, weil die konzertierenden Stimmen nunmehr selbst so sehr von diesem harmonikalen Substrat durchdrungen sind, daß eine weitergehende Präzisierung überflüssig erscheint (verhältnismäßig lange erhielt sich der Basso continuo in der Kirchenmusik, ja hier ist eine Ausfüllung durch die Orgel im Sinne s t e l l e n w e i s e r Untermalung noch im 19. Jahrhundert üblich; auch in der Oper sehen wir das Klavier mit dem Cello teilweise noch nach 1800 für die Begleitung des Secco-Rezitativs verwendet).

Man hat nach dem «Basso continuo» oder «Basso generale» den ganzen Abschnitt der Musikgeschichte von etwa 1600 bis 1750 das «Generalbaßzeitalter» genannt. Dies ist vielleicht etwas zu sehr «musiktheoretisch», d. h.

vom technischen Aspekt aus gedacht. Immerhin läßt dieses technische Merkmal einen Schluß auf die Auffassung der Harmonik zu. Als Bezeichnung des Zeitalters dagegen würden wir lieber wählen: «die Zeit des konzertierenden Stils» (vgl. unten 286) — eine Bezeichnung, die einigermaßen auch noch auf die zweite Hälfte des 18. Jahrhunderts angewendet werden kann.

b) Die erste Hälfte des 17. Jahrhunderts in Italien

Wie bekannt, verkörpert sich das neue Kunstideal des 17. Jahrhunderts besonders eindrücklich in der Oper. Indem wir das Aufkommen dieser neuen Kunstgattung betrachten, konstatieren wir mit Überraschung, daß dieser bedeutsame Vorgang nicht sosehr im Kreise der zünftigen Komponisten seinen Anfang nahm, sondern in der Sphäre eines humanistischen Dilettantismus. Gegen Ende des 16. Jahrhunderts fanden in den Häusern florentinischer Aristokraten ästhetische Besprechungen statt, die sich um die antike Musik drehten. Schon der Musiker und Musikgelehrte Vincenzo Galilei (der Vater des Physikers) hatte den Gegenstand zur Diskussion gestellt in seinem «Dialogo della musica antica e della moderna» (1581). Man vernahm, wie starke Wirkungen die antike Musik erzielt haben sollte, und dem wollte man es wieder gleichtun. Dabei wußte man bereits, daß die antike Musik nicht mehrstimmig, sondern überwiegend einstimmig war. So ergab sich die Konsequenz, daß sich viel stärkere Wirkungen sollten erzielen lassen mit einem viel geringeren Aufwand an technischen Mitteln. Und damit konvergierte der Umstand, daß man damals vielfach die A-cappella-Kunst — gerade weil sie auf dem Gipfelpunkt angelangt war — weniger interessant und aktuell zu finden begann, wie denn überhaupt nach einem Entwicklungsverlauf, der zu einer großen Steigerung des Könnens in einer Richtung geführt hat, regelmäßig eine Tendenz zur Vereinfachung und Primitivisierung einzusetzen pflegt; damit aber macht sich für eine Zeitlang statt eines gepflegten Geschmacks, wie er engeren Kreisen eigen ist, der Geschmack eines breiteren Kreises geltend. Hatte nicht schon Zarlino, der gewiß genügend Kontrapunktbegeisterte, konstatiert, daß im breiteren Kreis («universalmente») eine instrumentenbegleitete Monodie gefälliger wirkt als ein Gesangsensemble, und im Rahmen des letzteren wiederum akkordische Partien, bei denen die Stimmen die Worte gleichzeitig aussprechen, gefälliger als die eigentlich polyphonen (Istituzioni II, 9, vgl. A. Carapetyan im «Journal of Renaissance and Baroque Music» I 64)? Wir erwähnten auch (oben 246), daß Galilei die alte Losung des 16. Jahrhunderts von der «Naturnachahmung» in einem energischeren Sinn umbiegt und auf die Monodie bezieht.

Die ersten Versuche einer eindrucksvollen, also ausdrucksvollen Monodie (Monodie = einstimmige solistische Melodik) scheint derselbe V. G a l i - l e i unternommen zu haben, wenn auch noch nicht auf dem eigentlich dramatischen Gebiet. G. B. Doni erzählt von ihm: er war der erste, der Melodien für eine Stimme allein komponierte, indem er jenen leidenschaftlichen Klagegesang des Grafen Ugolino (aus Dante) in Musik gesetzt hatte, den er in sehr süßer Weise über einem Violenkonzert (d. h. Violenensemble) vortrug (vgl. oben 269); ebenso komponierte Galilei auch die Klagegesänge des Jeremias (erhalten sind diese Kompositionen nicht, wir besitzen von ihm nur vier- und fünfstimmige Madrigale, sowie Lautenmusik: Bearbeitungen und Originalstücke). Es ist übrigens interessant, daß ähnliche Tendenzen literarisch schon für die erste Hälfte des 15. Jahrhunderts bezeugt sind (vgl. das Zitat aus G. Anselmi in «Musica disciplina», 1948, Seite 137: wenn die Worte von Liebe und Todessehnsucht handeln und klagend, elegisch sind, sollen die gesungenen Töne möglichst jammernd sein; Gafurius, der sich diesen Satz aneignet, fügt in bezeichnender Weise hinzu, daß es so die Venezianer tun).

Und nun der Übergang in das dramatische Gebiet, welcher von der Literatur aus vorbereitet wird. Man wußte ja, daß die antike Musik ihre größten Triumphe in der Tragödie gefeiert hatte. So dichtete Rinuccini eine «Dafne», die, wie es scheint, mit Musik von verschiedenen Autoren ausgestattet, 1595 im Hause des Grafen Corsi in Florenz aufgeführt wurde. Dieses Stück enthielt wahrscheinlich neben den in Musik gesetzten noch gesprochene Teile; von der Musik sind nur Fragmente auf uns gekommen, welche vom Grafen Corsi und von Jacopo P e r i stammen. Wie man sich denken kann, erregte die Aufführung größtes Aufsehen. Einige Jahre später folgten dann zwei eigentliche Opern: zwei Kompositionen der gleichfalls von Rinuccini gedichteten «Euridice», die eine von Peri (aufgeführt 1600), die andere von Giulio C a c c i n i (aufgeführt 1602).

Nach dem Gesagten ist es verständlich, daß in der Oper antike Sujets so beliebt wurden. Die Oper ist in ihrer Weise ein Ergebnis der Hinwendung zur Antike. Und wie immer, geht bei solchen «Renaissance»-Bestrebungen ein Element des Mißverständnisses mit: man glaubt, das sehnsüchtig gesuchte Alte wiedergefunden zu haben, und hat doch nur einen Ausdruck von sich selbst gefunden. Doch wie als Hinwendung zur Antike, so ist die Oper «Humanismus» auch als «Hinwendung zum Menschlichen», will sie doch den Menschen in seiner ganzen Leidenschaftlichkeit darstellen. Und schließlich ist sie «Humanismus» im Sinne einer betonten Rücksichtnahme der Musik auf den Text. Genauer gesagt, wird jetzt in allen diesen Hinsichten der «Humanismus» des 16. Jahrhunderts g e s t e i g e r t; insbesondere geht man, was den Text betrifft, jetzt geradezu darauf aus, in der Melodie den Tonfall der leidenschaftlich erregten Sprache nachzuahmen.

Es ist also ein dramatischer Stil, den man anstrebt: der, den man «stile rappresentativo» (darstellend) oder auch «stile recitativo» (rezitierend) genannt hat. Er hat in der Tat etwas auch in unserem Sinn «Rezitativisches»; und wir wollen nicht übersehen, daß er sich in der häufigen Tonwiederholung mit der kirchlichen Psalmodie und dem «liturgischen Rezitativ» berührt. Wir verstehen auch, daß in der Oper das meiste Sologesang ist. Immerhin konnte der Chor nicht ausgeschaltet werden, sei es auch nur, weil man wußte, daß er in der antiken Tragödie eine wichtige Rolle gespielt hatte. Selbstverständlich unterschied sich der neue Sologesang vom antiken durch die komplexhaft-harmonische Begleitung, die gewissermaßen das weitergeschleppte Erbe und das Abstraktum der vorangegangenen Epoche der Mehrstimmigkeit darstellte; die Chöre wiederum konnten als neuzeitliche nicht ohne die Mehrstimmigkeit auskommen, doch wurde hier auf die eigentliche Polyphonie verzichtet. (Beispiele aus Peris «Euridice» SBe. 171 und RiBe. 56; aus Caccinis «Euridice» RiBe. 57—58).

Als V o r l ä u f e r dieser neuen Musikgattung, der Oper, könnte man wie die florentinischen «Intermedien» des 16. Jahrhunderts — in der Hauptsache musikalische Zwischenakteinlagen zur Aufführung von Schauspielen — so das geistliche Drama des späten Mittelalters mit seinen Gesangsteilen und Instrumentaleinlagen ansehen, im entfernteren Sinne sogar das kirchlich-liturgische Drama, welches im frühen Mittelalter in der Liturgie als ein «tropisch» angehängter Bestandteil figurierte (s. oben 152 f.). Und doch hebt sich die neue Gattung von alledem deutlich ab durch die, man möchte sagen, grundsätzlich erregte, das Wort in besonderer Weise berücksichtigende Tonsprache. Einen anderen Vorläufer stellt der «Amfiparnasso», diese musikalische Komödie des Or. Vecchi (1594), dar, doch wurde hier der Dialog nicht von Einzelsängern, sondern vom Chor, also in madrigalischer Form gesungen.

* * *

Alsbald wurde die Stilart jener ersten Opern auch auf dem g e i s t - l i c h e n Gebiet angewandt. In Rom, wo nun einmal die geistlichen Dinge im Vordergrund standen, tritt uns eine Art geistlicher Oper entgegen in der allegorischen «Rappresentazione di anima e di corpo» von E. de' Cavalieri (1600). Damit steht bereits das O r a t o r i u m vor uns, sofern wir das Oratorium eben als das geistliche Gegenstück zur Oper ansehen; und zwar bedeutet «geistlich» hier nicht dasselbe wie «kirchlich» oder «gottesdienstlich». Der Name «Oratio» (= Betsaal) kommt ursprünglich dem durch Filippo Neri in Rom begründeten Haus für religiöse Versammlungen zu und wurde dann, wie es scheint, auf die darin aufgeführten allegorisch-dramatischen Werke übertragen. Um die Mitte des 17. Jahrhunderts war dann Carissimi der Meister auf diesem Gebiet, der aber wieder zum Lateinischen als Textsprache zurückkehrte (vgl. unten 289).

Neben die rezitativische, dramatische Ausprägung des neuen monodischen Stils tritt aber auch eine l y r i s c h e, und diese ist musikalisch sogar anziehender. Derselbe Caccini, der in seiner «Euridice» jenen deklamatorischen Stil mit den reichlichen Tonwiederholungen pflegte, schuf eine Sammlung lyrischer Sologesänge unter dem Titel «Nuove Musiche» (1602). Diese Gesänge sind als Arien und Madrigale bezeichnet, was bemerkenswert ist, da das Madrigal bisher ein mehrstimmiges Gesangsstück war (den Zusammenhang vermittelt selbstverständlich die Dichtung). Da es hier nicht auf dramatischen, sondern auf lyrischen Ausdruck ankommt, nähern wir uns hier der Sphäre des Liedmäßigen, nur ist es nicht ein Liedmäßiges im Sinne der Frottola oder des Lauten-«Air», wo die formale Symmetrie der Musik der Symmetrie des Textes entsprach, sondern es wird hauptsächlich dem Ausdruckswert der Worte und dem inneren Verlauf der Dichtung nachgegangen. Eine andere Eigentümlichkeit von Caccinis lyrischem Stil bilden die stellenweise eingefügten Koloraturen. (Beispiel: SBe. 172.) Ungefähr im Stil von Caccini komponiert ist eine Sammlung einstimmiger geistlicher Gesänge von O. Durante (1608), die wir ihres bezeichnenden Titels wegen anführen: «Fromme Arien, in sich enthaltend die Manier, anmutig die Nachahmung der Worte zu singen, sowie die Art, Passagen und andere Verzierungen zu schreiben.»

In gewissem Sinne ein Vorläufer von Caccinis «Nuove musiche» — und gleichzeitig auch ein Übergangsglied zwischen dem A-cappella-Madrigal und dem konzertierenden Madrigal im Stil Monteverdis — stellen die Madrigale von L. Luzzaschi (1601) dar, die für 1, 2 oder 3 Sopranstimmen mit a u s g e s c h r i e b e n e r Klavierbegleitung komponiert sind (ein zweistimmiges Stück aus dieser Sammlung bei J. Wolf, Sing- und Spielmusik, N. 48, ein einstimmiges — SBe. 166). In den einstimmigen Stücken treten die Verzierungen (Koloraturen) sogar mehr hervor als bei Caccini; in den mehrstimmigen spielt die Imitation noch eine große Rolle. Wir können in diesen Madrigalen eine Parallelerscheinung zu den (unten zu erwähnenden) «Concerti ecclesiastici» von Viadana sehen.

Und nun tritt derjenige Meister auf, welcher das Deklamatorische jener Frühoper mit dem Ariosen dieser Gesänge in machtvoller Weise verbindet: Claudio M o n t e v e r d i (1567—1643), der vorwiegend in Venedig wirkte. Die von Monteverdi in seinen Opern bevorzugte Gesangsart ist das Arioso — ein Typus der Melodiebildung, der sowohl kantabel-lyrisch als rezitativisch-dramatisch ist, oder eher: der sich ständig vom einen zum anderen dieser Pole bewegt. Gleichzeitig gewinnt auch der Instrumentalkörper in der Oper eine erhöhte Bedeutung. Im Vorwort zu seiner Erstlingsoper, dem «Orfeo» (aufgeführt 1607), gibt Monteverdi genau an, aus welchen Instrumenten sich das Orchester zusammensetzen soll. Allerdings sind die Stimmen des Instrumentalparts nicht auf die einzelnen Instrumente verteilt — dies ist also den Ausführenden überlassen, nur daß gelegentlich angedeutet ist, welche Instrumente eintreten sollen. So ergibt sich schon hier eine weite Skala von den bloßen Generalbaßinstrumenten (d. h. Akkordinstrumenten wie Orgel, Klavier, Laute) bis zum belebten Glanz der Melodieinstrumente. Als Beispiel diene der berühmte — nur generalbaßbegleitete — Klagegesang der Ariadne, das einzige erhaltene Stück aus der Oper «Arianna» (1608), SBe. 177.

Doch wie Caccini, betätigte sich Monteverdi auch auf dem Gebiet der L y r i k — mit dem Unterschied aber, daß während Caccini den Namen «Madrigal» ohne weiteres auf die Monodie anwandte, Monteverdi zunächst innerhalb der im Madrigal des 16. Jahrhunderts so beliebten Fünfstimmigkeit blieb und erst in seinen letzten Madrigalsammlungen die Stimmenzahl, teilweise bis zur Einstimmigkeit, reduzierte. Das Wesentliche ist der von Monteverdi in diesem Rahmen vollzogene Stilwandel: Monteverdi geht hier vom klassischen, dem A-cappella-Stil, zum «konzertierenden» Stil über. Er k ö n n t e also, wenn er wollte, auch die Mittel der alten Kunst anwenden.

Jener Übergang vollzieht sich bei Monteverdi in verschiedenen Stufen. Seine ersten Madrigalbücher sehen noch keine Begleitung vor, dann wird ein Basso continuo beigegeben, der nur ein Ad-Libitum darstellt und den Stil nicht wesentlich verändert (so im Hauptteil der Sammlung von 1605), dann wird auf dem Hintergrund des Basso continuo der ganze Duktus der Stimmen konzertierend und — wir können es nicht anders sagen — solistisch (so schon in den letzten Stücken der Sammlung von 1605), und schließlich treten außer dem Continuo die konzertierenden Instrumente auf den Plan: so in der Sammlung von 1619, welche denn auch ausdrücklich den Obertitel «Concerto» führt. Den Basso continuo bezeichnet Monteverdi entweder als solchen (Sammlung von 1614), oder er sagt: «per il Clavicembalo, Chitarrone ed altre simile istromento» (Sammlung von 1605); Stücke (oder

Partien) mit Basso continuo, die den n e u e n Stil ausprägen, sind etwa auch herausgehoben als «concertati nel cembalo».

Daß Monteverdi bei alledem ein Künstler war, der sich Rechenschaft über seine Absichten gab, sehen wir daraus, daß er (s. das Vorwort zur Madrigalsammlung von 1605) eine Abhandlung plante, deren Titel «Melodia, ovvero Seconda pratica musicale» oder «Seconda pratica, overo Perfettione della moderna musica» lauten sollte (unter «Seconda pratica» ist selbstverständlich die neue Musikart zu verstehen); und in der Madrigalsammlung von 1638 (der letzten zu seinen Lebzeiten erschienenen) nennt Monteverdi als sein Ziel den «stile concitato» (den erregten Stil). Bei alledem beherrscht Monteverdi doch auch die Mittel der polyphonen Satzweise, was sich nicht nur in seinen A-cappella-, sondern auch in den instrumentalbegleiteten Madrigalen zeigt. Hier aber vermerken wir, daß sein Kontrapunkt nicht die Palestrinasche Glätte aufweist, sondern «spannungsreicher» ist; durch seine «Kühnheiten» scheint er uns einerseits näher zu Josquin zu stehen, anderseits auf Purcell hinzudeuten.

* *
*

Und nun die eigentliche K i r c h e n m u s i k: auch sie zeigt Wandlungen im Sinne der neuen Zeit, aber zunächst in vorsichtigerer Weise. Wir denken an die 1602 erschienenen «Cento concerti ecclesiastici a 1, 2, 3 e 4 voci con il basso continuo per sonar nell' organo» des Mantuaners Lodovico Viadana: also Stücke für 1 bis 4 Stimmen mit Continuo. Hier tritt uns zwar nicht die ausdrucksvolle Melodik des eigentlichen monodischen Stils entgegen, aber genügend neue Stilelemente: die Anwendung des Basso continuo, die schematische Dreiklangsharmonik, die Verringerung der Stimmenzahl — und sogar innerhalb der reduzierten Stimmenzahl ist der Satz noch weitgehend aufgelockert, da die Stimmen gern dialogisieren und sich gegenseitig mehr zur Geltung bringen als im A-cappella-Stil: sie «konzertieren» und haben einen ziemlich «solistischen» Charakter. Dies sind die Vorläufer der «Kleinen geistlichen Konzerte» von Schütz, welche aber in ihrer Melodik erheblich monodischer und dramatischer sind. Als Beispiel sehe man SBe. 168.

Aber neben solchen wenigstimmigen Werken (die moderne Musikwissenschaft, die mit der Sprache immer «souveräner» umgeht, nennt sie «geringstimmig»!) stehen auch solche vor uns, in denen die Vielstimmigkeit und Mehrchörigkeit der Venezianer fortgeführt wird. Einen Höhepunkt in dieser Richtung bedeutet die von Or. Benevoli für die Einweihung des Salzburger Doms (1628) komponierte Messe für zwei achtstimmige Vokalchöre und eine ganze Anzahl Instrumentenchöre mit zwei Orgeln und Basso continuo (eigentümlicherweise wird diese Messe gewöhnlich als 48stimmig und 12-chörig erwähnt, was nicht richtig ist; die Partitur enthält 54 Liniensysteme).

Und nun der Mann des ausgesprochenen neuen Stils in der Kirchenmusik: Monteverdi. Er scheut sich nicht, hier dieselbe Tonsprache wie in der Oper und im Madrigal anzuwenden. Wir sehen dies in seiner Marienvesper von 1610, die im Untertitel «da concerto» bezeichnet ist. In der von Monteverdi 1640 unter dem sehr humanistischen Titel «Moralischer und geistlicher Hain» herausgegebenen Sammlung findet sich gar die Ariadnenklage aus der entsprechenden Oper mit lateinischem Text als Marienklage travestiert. Dies hindert nicht, daß Monteverdi persönlich fromm sein konnte (er hatte 1632 oder 1633 die Priesterweihe empfangen); und wer wird es einem Künstler verwehren wollen, so zu singen, wie ihm «der Schnabel gewachsen» ist! Immerhin müssen wir konstatieren, daß sich im Verhalten der Zeit zu den geistlichen Dingen etwas geändert hat, daß die Zeitsituation hier nunmehr eine andere ist als früher: hat sich der Mensch nun einmal in den Mittelpunkt der Welt gestellt, ist er insofern «abgefallen», so bedeutet ihm die Kirche nicht mehr den selbstverständlichen Bereich des höheren Seins; jetzt wird ihm die Hinwendung zur Kirche eine «Heimkehr», wird ihm die «Distanz» zwischen den beiden Bereichen bewußter (vgl. oben 106 f.). Dies ist wohl der Grund, warum von nun an Grenzüberschreitungen zwischen den beiden Gebieten peinlicher auffallen als ehedem.

Doch, was soll man von Monteverdi sagen, wenn sich schon bei G. Gabrieli Stellen finden wie die oben 271 erwähnte! Wir müssen allerdings beifügen, daß sich Monteverdi in seiner Kirchenmusik anderwärts — besonders in der Messenkomposition — strenger gibt und die Polyphonie im Sinne des 16. Jahrhunderts pflegt. Aber dadurch wird jene Diskrepanz nur um so offenkundiger. Die eine seiner Messen im polyphonen Stil hat übrigens im *Credo* drei «Concertato»-Partien mit Begleitung von Instrumenten, als ad libitum zu verwendende Einlagen bzw. Ersatzteile. Wir müssen sagen, daß in der Kirchenmusik von H. Schütz die verschiedenen Elemente einheitlicher, verschmolzener vor uns stehen.

Indessen müssen wir, um die Perspektive nicht zu verlieren, uns vergegenwärtigen, daß Viadana, Benevoli und Monteverdi innerhalb der Kirchenmusik ihrer Zeit eher Extremfälle als den Durchschnitt repräsentieren. Diesen stellt eher ein Komponist wie der seit 1601 in Brescia wirkende P. Lappi dar. Von ihm haben wir einerseits Motetten mit Orchestereinleitungen (diese ausdrücklich als «Sinfonia» bezeichnet) und Basso continuo (1614), anderseits zweichörige Messen, in denen innerhalb jedes Chors

Partien für die Solisten ausgesondert sind (1608) — also gewissermaßen zwei Abstufungen in der Anwendung des «konzertierenden» Prinzips. Charakteristisch ist, daß die Orchestermitwirkung der Motette eher als der Messe zufällt; auch die Wenigstimmigkeit, die bis zur Einstimmigkeit geht, wird (wie in Viadanas «Cento concerti») im Rahmen der Motette angewendet: 1623 in Motetten mit Basso continuo und 1614 in solchen mit Orchestereinleitungen.

Bei anderen Messenkomponisten dieser Zeit beobachten wir, daß nicht sosehr innerhalb zweier gleichberechtigter Chöre solistische Teile ausgeschieden werden, sondern es ist der eine Chor, der sich vom anderen durch eine geringere Stimmenzahl und gleichzeitig durch seine Faktur abhebt, indem er imitierend, der andere dagegen massiv akkordisch gehalten ist. Und hierauf — etwa von 1630 an — wird es allgemein üblich, die beiden Gruppen als Solo- und Tuttichor einander gegenüberzustellen.

* *
*

Im Bereich der selbständigen Instrumentalmusik haben wir es in der ersten Hälfte des 17. Jahrhunderts im wesentlichen mit drei Komplexen zu tun.

1. G. Frescobaldi (1583—1643), der als Organist der St.-Peters-Kirche in Rom Aufsehen erregte, führt die Toccaten-, Ricercar- und Kanzonenkunst seiner venezianischen Vorgänger (s. oben 265 und 261) zu einem neuen Höhepunkt.

2. Ihre weitere Entwicklung nimmt auch die Kanzone oder Sonate für mehrere Instrumente (vgl. oben 265). Auf der einen Seite setzt sich die vollstimmige Sonate im venezianischen Sinn fort, und hierbei scheint sich die Tendenz zum Herausheben von wenigstimmigen Partien «solistischen» Charakters zu verstärken: man sehe das von A. Einstein in der Kretzschmar-Festschrift behandelte, «Sinfonia» überschriebene Stück aus einer 1619 erschienenen Sammlung von F. Spongia mit dem Beinamen Usper, wo die massive Partie nicht nur ausdrücklich als «Tutti» bezeichnet ist, sondern als Ritornell gleichbleibend hinter den solistischen Partien wiederkehrt — was bereits an das «Concerto grosso» als Satzform erinnert, wie sie sich eigentlich erst bei Corellis Fortsetzern ausprägt. Auf der anderen Seite aber entwächst der Sonate oder Kanzone für ein Instrumentenensemble jetzt die Triosonate für zwei duettierende Instrumente, in erster Linie Violinen, und Baß, welche dann in der zweiten Jahrhunderthälfte eine so große Rolle spielen sollte. Und wie es scheint, war es besonders die Triosonate, auf deren Boden jene

zwei Typen der zyklischen Form erwuchsen, welche dann längere Zeit maß-gebend waren. Der eine, der im Wechsel von lebhaften imitatorischen mit langsamen kantablen Sätzen verläuft (so schon T. Merulas Kanzone von 1637, s. SBe. 184), ist der eigentliche Fortsetzer der Kanzone oder Sonate des 16. Jahrhunderts. Der andere (vertreten durch G. B. Buonamente) be-deutet für uns eine Überraschung, insofern als hier tanzmäßige Stücke zu einem suitenähnlichen Gebilde verbunden sind; wahrscheinlich wird hier an Traditionen der italienischen Lautenmusik des 16. Jahrhunderts angeknüpft. Dies bedeutet gleichzeitig, daß die erstere Abart kirchlich und die zweite kammermusikalisch ist; und ferner scheint für die erstere eher mehrfache, für die letztere eher einfache Besetzung in Frage zu kommen.

3. Jetzt kommt die V i o l i n s o l o s o n a t e auf (genauer zu definieren als Duo für Violine mit Basso continuo). Und diese bietet ein besonderes Interesse, denn sie ist der eigentliche Anwendungsbereich für den monodi-schen Stil, jenen «stile concitato», in der Instrumentalmusik. Dies erscheint um so bedeutsamer, wenn wir sehen, mit welcher Überzeugungskraft diese Stilrichtung hier schon bei dem vor 1600 geborenen, 1665 verstorbenen Biagio M a r i n i auftritt. Ich denke besonders an die «Sonata quarta» aus der Sammlung von 1626 (SBe. 183 — leider sind in der Continuoausar-beitung charaktervolle harmonische Härten ausgeglättet). Wir sehen hier die affektuöse Haltung des Opernstils und gleichzeitig echt violinistische Faktur. Die freie, stolze Haltung erinnert an jenes erstaunliche Denkmal der Spiel-mannskunst aus dem 14. Jahrhundert (oben 216). Was aber besonders unsere Bewunderung erweckt, ist, daß bei diesem dramatischen Faltenwurf die Form eine vollendete ist: die Form nicht als Schema oder gedankliche Kon-struktion, sondern als innere Harmonie aufeinander abgestimmter Teile. Dabei handelt es sich noch nicht um das Schema der «Sonata da chiesa» oder das der «Sonata da camera», wenn auch gewisse Ausblicke nach beiden Seiten da sind. Marinis Ausgangspunkt war vielleicht jene improvisatorische Variationskunst, wie sie im 16. Jahrhundert gepflegt wurde (s. oben 264).

c) Zur Terminologie

Dies wären die Voraussetzungen, wie sie in der ersten Hälfte des 17. Jahrhunderts in Italien gegeben sind und von denen aus wir das Geschehen auf den verschiedenen Gebieten weiterverfolgen wollen. Indessen halten wir hier inne, um uns bezüglich der T e r m i n o l o g i e zu besinnen.

Wir können sagen, daß die Namen «Kanzone» und «Sonate» in dieser Zeit noch ziemlich unterschiedslos gebraucht werden; immerhin besteht eine gewisse Neigung, das Solostück (d. h. das Stück für ein Soloinstrument mit Baß) eher als Sonate und die mehrstimmige Komposition (also auch das Trio für zwei Violinen und Baß) eher als Kanzone zu bezeichnen — während anderseits die «Canzone alla francese» auf dem Gebiet der Orgel weiterbesteht. Später wird aber doch auch die Triosonate den Sonatennamen annehmen.

Doch nun der Name «C o n c e r t o». Wir können nicht sagen, daß diese Bezeichnung auf gleichem Fuße steht wie «Kanzone» oder «Sonate». Die Sammlung der beiden Gabrieli von 1587 trägt als Obertitel «Concerti» und umfaßt darunter «musica da chiesa, madrigali, et altro» (Kirchenmusik, Madrigale und anderes); offenbar ist hier «Concerto» ebenso allgemein genommen wie «Symphonia» in der Sammlung von 1597 («Sacrae symphoniae»), welche Motetten, Canzoni per sonar (= Instrumentalkanzonen) und Sonaten umfaßt. Die «Concerti ecclesiastici» von Banchieri (1595) und Viadana (1602) sind Gesangsensemblemusik mit Basso seguente bzw. Basso continuo, und wiederum sehen wir bei Banchieri der Bezeichnung «Concerto» die allgemeine Bezeichnung «Sinfonie» entsprechen (seine «Ecclesiastiche sinfonie» von 1607).

Bedeutet «Symphonia» den Zusammenklang, so ist auch «Concerto» seiner Wortbedeutung nach nichts anderes als «Übereinstimmung, Eintracht», also ein mehrstimmiges Ensemble oder aber die für ein solches bestimmte Komposition. Wie wir dem neuen «Vocabolario» der Italienischen Akademie entnehmen, geht das Hauptwort «concerto» auf das Zeitwort «concertare» (= in Übereinstimmung bringen) zurück, letzteres aber wohl auf das lateinische Eigenschaftswort «certus» = gewiß: also nichts vom Wettstreit, vom «Scharmützeln», wie es die Deutschen von M. Praetorius (in seinem «Syntagma») an aufgefaßt haben, welche auf das l a t e i n i s c h e Wort «concertare» = «sich im Wettstreit messen» abstellen! Auch eine adverbiale Wendung wie «in concerto» und das Zeitwort «concertare» mit dem Partizipium «concertato» hat z u n ä c h s t diese allgemeine Bedeutung.

Und doch sehen wir «(in)concerto» und «concertato» sehr bald, schon im frühen 17. Jahrhundert, in einem spezifischen Sinn angewandt. Es scheint, daß solche Ausdrücke, obgleich zunächst in einem allgemeinen Sinn gemeint, da aber praktisch im Zusammenhang mit einer neuen Art Musik angewandt, auf Grund davon eine speziellere Bedeutung erlangten. Die Musik, die bei den Venezianern unter einer solchen Bezeichnung steht, spielt Chöre, vokale wie instrumentale, gegeneinander aus; bei anderen ist es dann im 17. Jahrhundert eine Musik, die Gesang mit Instrumenten (sei es nur mit Basso continuo oder außerdem mit Melodieinstrumenten) verbindet und teilweise bereits solistischen Charakter aufweist. In dieser Weise könnte «(in)concerto» und «concertato» zur charakterisierenden Bezeichnung für die neue Musikart aufgerückt sein, einfach weil die neuaufgekommene Musikart mit dem neu aufgekommenen Terminus zusammenwuchs (vgl. oben 172 zum Terminus «Diskant», der ja gleichfalls an sich nicht einen spezifischen Sinn hatte).

Als aber dieser Sprachgebrauch zu den Deutschen drang, erklärten sie sich denselben in irregehendem Humanismus aus dem l a t e i n i s c h e n Wort «concertare», das auf den Wettstreit deutet. Außer den Stellen bei M. Praetorius (Syntagma III) ist hierfür besonders bezeichnend, was 1644 bei der Neubestallung des Organisten in Wittenberg bestimmt wurde (s. A. Werner in den Samm. IX 311 f.): «Weil nunmehro

iziger Zeit die Concert Music übe (üblich) und gebreuchlichen, worinnen sich oft-
mals nebenst und ohne (außer) den Symphonien und Ritournellen (den rein instrumentalen Partien) nur eine einzige, zwo, drey, auch vier Vocalstimmen alleine hören
lassen und gegen einander certieren (streiten!), (weil) ermelte (die gemeldeten) Con-
certen aber ohne einen Organisten . . . nicht können in der Kirchen musiciret . . .
werden», soll der genannte Organist «vor oder nach gehaltener Predigt» eine solche
Musik anordnen. Gleichzeitig wurde vorgesehen, daß etwa am einen Sonntag diese
neue Art Musik, am anderen die «alte volstimmige Moteten Music» unter Leitung
des Cantors aufgeführt werden sollte. Immerhin sollte gelegentlich auch (an hohen
Festen) die Konzertmusik «mit u n t e r m e n g u n g . . . (der) gutten, alten gebräuchlichen Orlandischen (Lassusschen), Josquinschen oder sonsten von anderen
altten vornehmen, andächtigen und gravitätischen autoribus componirten Moteten
musiciret» werden.

Nach allem Gesagten werden wir wohl von «konzertierendem Stil» sprechen dürfen — nur daß wir nicht an die lateinische Etymologie (Wettstreit),
sondern an die italienische (Zusammenwirken) denken müssen: und zwar
nun an ein Zusammenwirken im neuen Sinne, eines, bei dem die koordinier-
ten Kräfte mit besonderem Glanz zur Geltung kommen, sich besonders voneinander abheben; und so hat die irrtümliche lateinische Ableitung der
Deutschen doch etwas Verführerisches. «Zusammenwirken mit gleichzeiti-
gem Sichabheben», so würden wir es etwa fassen, und in diesem Sinne
könnte man eben — wenn man schon eine Etikette braucht — das 17. und
18. Jahrhundert die Zeit des «konzertierenden Stils» nennen. Unter diesem
Generalnenner können wir eigentlich alles unterbringen: die Monodie (die
vokale und die instrumentale), bei der sich die Solostimme vorteilhaft von
der Begleitung abhebt; den mehrstimmigen instrumentalbegleiteten Gesang,
den vielstimmigen, mehrchörigen, wie den wenigstimmigen — da sich im
ersteren die Gruppen und im letzteren die Einzelstimmen vorteilhaft ins
Licht setzen, abgesehen von dem in beiden Fällen gegebenen Sichabheben
zwischen Stimmen und Instrumenten; und auch beim Zusammenwirken
mehrerer Instrumente auf dem Hintergrund eines Continuo (die Triosonate,
Orchestermusik) setzen sich die Elemente mehr ins Licht als früher. Dabei
tritt eine gewisse Abstufung zutage, indem die Begleitung des Gesanges
durch bloßen Basso continuo als weniger «konzertierend» erscheint wie die
durch melodieführende Instrumente; verhältnismäßig wenig «konzertierend»
erscheint etwa auch eine Orchestersuite, da hier die Stimmen vor dem
Hintergrund des Continuo verhältnismäßig kompakt zusammenstehen, desgleichen eine chorische, sei es kompakt oder polyphon verlaufende Motette
mit Continuo oder ein Messensatz mit Continuo (in diesem letzteren Umkreis geht übrigens die alte Art ganz unmerklich in die neue über: es gibt

z. B. einen Messendruck von 1628, die «Corolla musica», in dem alte Messen der A-cappella-Zeit mit Generalbaß versehen sind). Man könnte auch sagen, daß etwas Solistisches (Monodisches) eher «konzertierend» ist als ein Ensemblestück, besonders wenn in letzterem die agierenden Stimmen auf gleichem Fuß stehen. Der neuen Art ist, mit einem Wort, ein Glanz und eine Beweglichkeit eigen, die im Klanglichen zur Geltung kommt.

Aber auch diejenige Art der Gegenüberstellung, die später für den Konzertbegriff in besonderer Weise charakteristisch wurde, nämlich die Aussonderung einer solistischen Gruppe aus der chorisch-orchestralen Masse, ist von Anfang an in den neuen Stiltendenzen eingeschlossen. Sie kündigt sich schon im frühen 17. Jahrhundert, ja schon bei G. Gabrieli an (s. oben 266). Wie wir andeuteten, handelt es sich darum, daß sowohl im Nebeneinander wenigstimmige Partien mit belebterer Führung neben massiven, wuchtig gesetzten stehen können, als auch in der Gleichzeitigkeit «exzellierende» Stimmen sich von einem kompakteren Stimmenhintergrund abheben (hiermit hätte die Mehrstimmigkeit wieder eine Rückwendung zum Prinzip der Stimmendifferenzierung vollzogen, nachdem sie zwei Jahrhunderte lang vorwiegend einer ausgleichenden Art der Stimmenbehandlung nachgestrebt hatte; allerdings war es im 14. Jahrhundert eine Differenzierung anderer Art gewesen, eine, die im wesentlichen Solistisch-Vokales und Solistisch-Instrumentales einander gegenüberstellte).

Selbstverständlich bedeutete es auch schon eine Art «Solistisierung», wenn im 16. Jahrhundert einem mehrstimmigen Gesangswerk eine Stimme entnommen wurde, die in v e r z i e r t e r Form sei es gesungen oder gespielt wurde, während die übrigen einem Akkordinstrument zufielen (vgl. oben 268 f. und 264 f.); desgleichen war es eine «Solistisierung», wenn sich auch nur innerhalb des A-cappella-Ensembles eine Stimme in Verzierungen erging (s. oben 247 f.).

Wir sahen anderseits, wie sich die Mehrchörigkeit in der Messe des 17. Jahrhunderts «solistisiert», indem bald innerhalb jedes Chores Soli und Tutti auseinandergehalten werden, bald der eine Chor im Verhältnis zum anderen quasi-solistisch, d. h. wenigerstimmig, belebter und polyphoner gehalten ist, und indem es dann, von etwa 1630 an, üblich wurde, die zwei Chöre einander ausdrücklich als solistisch und tuttimäßig gegenüberzustellen. Hierbei wird das erstere Ensemble als «concertato», das letztere als «ripieni» (ripieno = voll) bezeichnet; doch kann für letzteren Ausdruck auch «cappella» stehen, denn wenn dieses Wort ursprünglich die Sängerkapelle überhaupt bezeichnete, hat es jetzt einen neuen, speziellen Sinn gewonnen als der jenem ausgezeichneten Ensemble gegenübergestellte Tuttichor. Später, am Ende des 17. Jahrhunderts, geht die Mehrchörigkeit wieder mehr und mehr zurück; was aber bleibt, ist der klangliche Wechsel zwischen Soli, Ripieni und Instrumenten innerhalb des einzigen Chors. Dabei werden bestimmte Teile des Messetextes gewissermaßen traditionell den Solisten zugewiesen, z. B. innerhalb des *Sanctus* das *Benedictus qui venit in nomine Domini* (wie wir es ja noch im 18. Jahrhundert bei Bach und Mozart wiederfinden).

Wir möchten bei diesem Anlaß eine Verbindungslinie andeuten, die von den Spezialisten anscheinend noch nicht ausgezogen worden ist. Schon bei Palestrina, dessen Messen vorwiegend einchörig sind, und bei seinen Vorgängern, die die Mehrchörigkeit kaum kennen, beobachten wir, daß gewisse Teile der Messensätze (u. a. wieder das *Benedictus*) zwar nicht direkt den Solisten zugewiesen werden, aber eine im Verhältnis zu den übrigen Teilen der Messe kleinere Stimmenzahl aufweisen (sie sind z. B. dreistimmig in einer vier- oder fünfstimmigen Messe), wobei sie gleichzeitig kontrapunktisch verschlungen erscheinen, d. h. kaum akkordische Partien enthalten wie die übrigen Sätze. Es wäre wohl der Untersuchung wert, ob man Hinweise auf schwächere (oder gar solistische) Besetzung solcher Teile finden könnte — in welchem Fall das Konzertieren als Gegenüberstellung von Soli und Chor schon in der A-cappella-Messe festzustellen wäre; im anderen Fall bliebe es bei der Annäherung, die durch den Wechsel zur geringeren Stimmenzahl gegeben ist. Ja unser Ausblick könnte noch weiter gehen, denn wir finden schon in Messen der ersten Hälfte des 15. Jahrhunderts, die vorwiegend dreistimmig sind, Teile, die sich durch Zweistimmigkeit herausheben und dabei manchmal in den Stimmen den Vermerk «unus» oder «duo» tragen, was nun ausgesprochen auf solistische Besetzung deuten würde. Mit einiger Neigung zur historischen Konstruktion könnte man etwa diesen «Entwicklungs»-Verlauf unterstellen:

1. gregorianische Ordinariumteile einstimmig chorisch — tropische Teile einstimmig solistisch;
2. gregorianische Teile einstimmig chorisch — tropische Teile mehrstimmig solistisch;
3. Ordinariumteile mehrstimmig chorisch — tropische Teile mehrstimmig solistisch;
4. Ordinariumteile mehrstimmig chorisch — Ordinariumteile mehrstimmig solistisch (oder wenigstimmig).

Zu alledem wäre noch zu vermerken, daß, wie Schering im Bach-Jahrbuch 1920 in plausibler Weise hervorhebt, noch in Bachs Kantaten — und in der *h*-moll-Messe — nicht nur ausgesprochene Solostücke (Arien und Duette) vorliegen, sondern auch innerhalb der Chorsätze gewisse Teile von den «Concertisten», d. h. solistisch gesungen wurden.

d) Die italienische Oper
von der Mitte des 17. Jahrhunderts bis zur Mitte des 18.;
das Oratorium; Kirchenmusik;

G. F. Händel

Von der gewonnenen Basis aus verfolgen wir nunmehr — immer noch auf italienischem Boden bleibend — die Geschichte der O p e r. Wir können es historisch nicht anders sagen, als daß die Oper in diesen zwei Jahrhunderten, oder wenigstens bis zur Mitte des 18. Jahrhunderts, die maßgebende Gattung der europäischen Musik ist. Schon daß das italienische Wort «opera» das Werk schlechthin bedeutet, ist für die damalige Auffassung bezeichnend.

Bei Monteverdis unmittelbaren Nachfolgern auf diesem Gebiet, den Vertretern der «venezianischen» Oper (F. Cavalli, 1602—1676, M. A. Cesti, 1623—1669), wird die Scheidung zwischen solchen Sologesängen, die nur vom Continuo begleitet werden, und solchen, bei denen die Orchesterinstrumente mitwirken, deutlicher durchgeführt. Auch macht sich die Tendenz bemerkbar, von dem bei Monteverdi vorwaltenden Arioso aus nach zwei Seiten auseinander zu gehen, d. h. Rezitativ und Arie voneinander abzuheben; so kommt die Arie als solistisch-gesangliches Gebilde von geschlossener Form auf. Dabei wird die Scheidung zwischen nur vom Continuo und vom Orchester begleiteten Gesängen auf beides, das Rezitativ wie die Arie, ausgedehnt: die beiden Arten des Rezitativs sind demgemäß das «Secco» (= trocken) und das «Accompagnato» (= begleitet) — wobei naturgemäß das letztere, da es sich deklamatorisch doch nicht so ganz frei ergehen kann, wieder dem Arioso nahekommt.

Gleichzeitig mit diesen Venezianern wirkte in Rom wiederum ein Meister des Oratoriums, G. Carissimi (1605—1674), der im Gegensatz zu Cavalieri zur lateinischen Sprache zurückkehrte. Man sieht ihm an, daß er von Monteverdi gelernt hat, indessen zeigt er sich bemüht, den neuen Stil zu «mäßigen» und dem geistlichen Rahmen anzupassen. Unter anderem pflegt Carissimi mit besonderer Liebe den Chorpart (der aber auch in der venezianischen Oper noch eine erhebliche Rolle spielte), und hier verwertet er auch Stilelemente der älteren Kunst. So ist Carissimi einerseits ein Gegenstück zu seinem deutschen Zeitgenossen H. Schütz, anderseits ein Vorläufer Stradellas und Scarlattis und damit Händels. Daneben pflegte er die weltliche Kantate für eine oder zwei Solostimmen, hier wiederum an Monteverdi (den Monteverdi der Madrigale) anknüpfend.

* * *

Doch kehren wir zur Oper zurück. Diese prägt weiterhin die bereits bei Monteverdis venezianischen Nachfolgern vorliegende Tendenz zur Scheidung zwischen Rezitativ und Arie konsequenter aus. Der nächste Großmeister auf diesem Gebiet nach Monteverdi ist A. Scarlatti, und mit ihm verlagert sich der Schwerpunkt des Geschehens aus dem italienischen Norden in den Süden.

Bevor wir uns Scarlatti und den anderen «Neapolitanern» zuwenden, wollen wir indessen einen Künstler ins Auge fassen, der ein Mittelglied zwischen den venezianischen Opernmeistern — aber auch dem Oratorienmeister Carissimi — und Scarlatti darstellt: Alessandro Stradella (ca. 1645—1682; er stammte nicht, wie es gewöhnlich heißt, aus Neapel, sondern aus der Gegend von Modena, und er hat jedenfalls längere Zeit in Venedig gelebt. Dieser früh verstorbene Komponist (er wurde im Zusammenhang mit Liebesabenteuern ermordet) hat sich sehr vielseitig betätigt: auf dem Gebiet der Oper, des Oratoriums (sein «San Giovanni Battista» ist ein nobleres Johannes-Drama als R. Strauß' «Salome»!), der Kantate und (worauf wir noch zurückkommen) der Instrumentalmusik. Er verbindet lebendige Ausdruckskraft mit Formgefühl und glänzt besonders in der orchesterbegleiteten Arie, in der er, ähnlich wie dann Scarlatti und auch Händel, die Melodieinstrumente gern mit der Singstimme dialogisieren läßt. (Wir brauchen wohl nicht zu erwähnen, daß die Stradella zugeschriebene, seinerzeit sehr beliebte «Kirchenarie» nicht von ihm, sondern ein Erzeugnis des 19. Jahrhunderts ist).

Mit Alessandro Scarlatti (1659—1725) beginnt die Epoche der «neapolitanischen» Oper, in deren Geschichte wir allerdings zwei Stadien unterscheiden müssen, das ältere, durch Scarlatti vertretene, und das jüngere, das L. Vinci (1690—1730), N. Porpora (1686—1766, der Lehrer Haydns), L. Leo (1694—1744), G. F. Händel, sowie besonders typisch anscheinend J. A. Hasse verkörperte. In diesem zweiten Stadium ist die gegensätzliche Stilisierung der Oper als Folge von Rezitativen und Arien, wobei jede Szene aus einem Rezitativ und einer Arie besteht und der Gegensatz zwischen beiden um so mehr hervortritt, da die Arien fast nur mehr instrumentalbegleitet und das Rezitativ fast nur «Secco» ist, streng durchgeführt — während Scarlatti noch wechselvollere Schemata anwendet und auch das Arioso, wie das Accompagnato, nicht verschmäht. Eine andere Abstufung zwischen Scarlatti und den späteren «Neapolitanern» ist, daß der erstere stärker in der kontrapunktischen Schreibweise verwurzelt ist (man sieht dies an seinen stets charaktervollen Bässen, während diese Stimme bei den späteren oft zur Bedeutungslosigkeit herabsinkt) — was ihn indessen nicht hindert, in der Gesangstimme eine edle und ausdrucksvolle Melodik zur Geltung zu bringen. Auf der anderen Seite ist aber die für die Spätneapolitaner typische symmetrische Da-capo-Form der Arie auch schon bei Scarlatti zur Regel geworden (vereinzelt war sie sogar schon bei den «Venezianern», dann bei Stradella aufgetreten): diese Da-capo-Form, bei der die Reprise durch den kunstbegabten Sänger im Sinne der Auszierung variiert wurde. Auch beschneidet schon Scarlatti die Rolle des Chors.

Neben seinen mehr als 100 Opern schuf Scarlatti auch eine Anzahl von Oratorien (er war ein Schüler von Carissimi) sowie Hunderte von Kantaten für eine Solostimme: von den letzteren die meisten nur mit Basso continuo, eine Minderzahl mit Orchesterinstrumenten. Das Oratorium ist, wie gesagt, eine Art geistliches Gegenstück zur Oper, die Kantate aber gleichsam ein Ableger der Oper in kleinerem Maßstab. Ist die Oper, wie hier, auf dem

Wechsel von Rezitativ und Arie aufgebaut, so ist es auch die Kantate; vorher aber stand die Kantate, wie die Oper, dem Arioso näher.

Das folgende Stadium der neapolitanischen Oper ergibt also eine Art Kristallisierung. Es ist durch einen bedeutenden Textdichter, Pietro Metastasio, beherrscht. Würde, Haltung und Symmetrie werden hier angestrebt. Eigenartig ist, daß ein Deutscher, der jedoch als Schüler von Porpora und Scarlatti und sonst mit Italien verknüpft war, J. A. H a s s e (1699—1783), zu einem markanten Vertreter dieses Operntypus wurde; freilich hat er doch wieder etwas Weicheres, Gemütvolles, das ihn von den Italienern abhebt. Angesichts der von Hasse erzielten Wirkungen meinte sogar Bachs Sohn Philipp Emanuel, daß es einem Komponisten «ganz und gar an Genie fehlen» müsse, wenn er sich mit Kanonkünsten abgebe, erreiche doch Hasse als «listigster Betrüger», «ohne auf die obligate Führung der Stimmen zu sehen, so himmlische Wirkungen, wie man sie niemals von einer vollgepfropften Partitur erwarten dürfte».

Zu diesen «Neapolitanern» ist nun historisch auch Georg Friedrich H ä n d e l (1685—1759) zu zählen, der aber etwas abseits steht: ihm steckt, wie Scarlatti, der Kontrapunkt in den Gliedern. Wir müssen also zu dem bekannten Streit, ob Händel musikgeschichtlich ein Deutscher oder ein Engländer sei, in dem Sinne Stellung nehmen, daß er, was die Hauptgrundlage seiner Kunst betrifft, auf italienischem Boden steht. Seine eigentliche Komponistenweihe erfolgte in Italien, wo der «caro Sassone» sowohl viel lernte als großen Anklang fand; und auch nach London kam er als Vertreter der italienischen Oper.

* *
*

Nun macht aber die italienische Oper selbst eine Krise durch. Die klassizistische Gravität, zu der sich ihr Stil entwickelt hatte, erschien manchen unnatürlich, ferner machte sich die Eitelkeit der Gesangsvirtuosen unliebsam bemerkbar, und so erhob sich eine Opposition, zunächst auf literarischem Gebiet: so in der 1722 erschienenen satirischen Schrift «Il teatro alla moda» des Venezianers B. Marcello, die sich, wie man neuerdings wahrscheinlich gemacht hat, speziell gegen Vivaldi als Opernkomponisten und -unternehmer richtet (Marcello war auch ein vielseitiger, besonders auf dem Gebiet der Kirchenmusik geschätzter Komponist). Die schöpferische Phase dieser Oppositionsbewegung aber verkörpert sich in der «Opera buffa» (= komischen Oper).

Wir müssen uns hier vergegenwärtigen, daß Scarlattis Opern teilweise noch, wie die der Venezianer, komische Szenen enthalten hatten, bei denen das menschliche Bedürfnis nach gegensätzlicher Ergänzung zu seinem Recht kam, daß dieses Element aber bei den späteren Neapolitanern verschwand. Wie eine Kompensation hierfür entstand nun die «Opera buffa». Das Musterstück dieser neuen Gattung ist das 1733 geschaffene Intermezzo «La serva padrona» von G. B. Pergolesi (1710—1736), mit dem die Buffo- oper die Welt eroberte.

Hier entluden sich Kräfte, die durch die Entwicklung der «Opera seria» gebunden gewesen waren. Eigentümlich ist aber, daß, wenigstens in diesem Werk Pergolesis, die neue Gattung trotz ihrem heiter-volkstümlichen Charakter keineswegs zur musikalischen Primitivität herabsank, sondern in gewissem Sinne sogar etwas von der alten Vokalpolyphonie wiederbelebte: hier werden nämlich im Gesangsensemble in munterer Weise musikalische Motive durcheinander geworfen, die für die handelnden Personen (oder die Situation) charakteristisch sind, und solche Motive greifen auch auf die Orchesterbegleitung über. Gleichzeitig kommt in der Opera buffa aber ein deutlicher Zug der Persiflage zum Ausdruck, welcher gegen die Opera seria mit ihrer Würde und ihrer Formelhaftigkeit gerichtet ist.

Mit der «Serva padrona» errang dann 1752 eine italienische Truppe in Paris einen aufsehenerregenden Erfolg, der allgemein als Sieg der italienischen Musik über die französische (Rameau!) aufgefaßt wurde. Allerdings war damit das Problem der Opera seria nicht gelöst; es folgte der Reformversuch Glucks. Indessen wollen wir diesen Faden erst wieder aufgreifen, nachdem wir gesehen haben, was inzwischen auf französischem Boden vor sich gegangen war.

So rief die Starrheit jenes Operntypus in Italien eine schöpferische Reaktion hervor. Und nun dazu eine Parallelerscheinung: in London, diesem Außenposten der italienischen Oper, kam es zu einer Gegenwirkung von zweifelhafterem Geschmack, wobei auch nationale, soziale und moralische Tendenzen eine Rolle spielten, insofern als man die italienische Oper als Angelegenheit der «korrupten Hofgesellschaft» ansah. Ich meine die sogenannte «Bettler-Oper» von 1728, die gleichfalls persiflierend und volkstümlich auftrat, aber künstlerisch viel weniger bedeutete (die Musik war in der Hauptsache nach Volksliedern arrangiert). Sie erreichte nur das Negative: eine zeitweilige Schwächung der Stellung der italienischen Oper in London; und das Positive dieses Negativen war, daß es für Händel ein Anlaß mehr wurde, sich dem Oratorium zuzuwenden.

*   *
*

Indessen haben wir noch die Tätigkeit der Italiener auf dem Gebiet der Kirchenmusik zu erwähnen. Die letztere steht jetzt in erheblichem Maße im Schatten der weltlichen Musik und ist durch sie beeinflußt. Immerhin wahrt sie teilweise in überraschender Weise den Zusammenhang mit dem alten A-cappella-Stil (so in Messen von A. Lotti, ca. 1667—1740; ja auch vom Opernmeister A. Scarlatti gibt es eine große Zahl Messen im Palestrina-Stil neben einigen Orchestermessen). Am bemerkenswertesten ist wohl das «Stabat mater» des frühverstorbenen G. B. Pergolesi für Sopran und Alt (teils chorisch und teils solistisch), Continuo und Streichinstrumente. Hier schlägt dieses Weltkind, der Autor einer umwälzenden Opera buffa, schmerzlich-süße Töne an, die keineswegs unkirchlich klingen. Man fühlt sich an Mozarts «Requiem» erinnert; denn auch in diesem Fall war es ein Schwanengesang. Auch andere Opernkomponisten, wie Porpora und Leo, haben daneben die Kirchenmusik wie auch das Oratorium gepflegt.

* *
*

Doch kehren wir zu unserem «Neapolitaner» Händel zurück. Im gleichen Jahr 1728, da mit der «Bettler-Oper» gegen die Machtstellung der italienischen Oper Sturm gelaufen wurde, trat Händel seine zweite Italienreise an. Hierbei lernte er die Neuerungen des spätneapolitanischen Opernstils kennen, dem er sich in manchem anschloß, wie man aus seinem zu einem Text von Metastasio komponierten «Ezio» (1732) sehen kann. Doch beginnt Händel schon, sich von diesem Gebiet zu lösen und sozusagen unmerklich zum Oratorium überzugehen. Persönliche wie sachliche, innere und äußere Gründe mögen hierbei zusammengewirkt haben. Den Übergang vermittelt ein Werk, das Händel 1720 als «Masque», d. h. als Spieloper im englischen Sinn und mit englischem Text, komponiert hatte: die «Esther», welche er jetzt (1732) wieder aufnahm — zwar wiederum auf der Bühne, aber ohne szenische Aktion, also als ein Mittelding zwischen Oper und Oratorium. Die eigentliche Reihe von Händels Oratorien beginnt 1733 mit der «Deborah», was aber nicht hindert, daß er es bis 1740 doch immer wieder mit Opern versuchte.

Im ganzen ist das Oratorium Händels eine große Synthese zwischen der Rezitativ- und Arienkunst, die er in seiner Opernzeit betätigt hatte, und einer Chorkunst, in der nun seine angestammten polyphonen Neigungen wieder auflebten. Die Mannigfaltigkeit von Händels Chorsatz ist erstaunlich: da sind Fugen, machtvolle Doppelchöre und schlichter akkordisch gesetzter Stücke.

Wir brauchen uns hier nicht über so allgemein bekannte Werke wie den «Messias» (1742) zu verbreiten. Wir möchten nur unser Bedauern darüber ausdrücken, daß dasjenige unter Händels Oratorien, welches der Meister selbst am höchsten schätzte, die «Theodora» (1749), kaum je aufgeführt wird. Der Grund ist eine gewisse Klippe im Sujet, die besonders in England Anstoß erregte, aber sich wohl irgendwie umschiffen ließe. Beiläufig sei noch erwähnt, daß die so beliebte, Händel zugeschriebene Arie «Dank sei dir» nicht von ihm, sondern eine Händel-Imitation aus neuerer Zeit ist (ihre Vorlagen sind wohl in erster Linie: das bekannte «Largo», in Wirklichkeit eine Arie aus «Xerxes», und das erste Arioso aus «Atalanta»).

e) Die italienische Instrumentalmusik
von der Mitte des 17. bis zur Mitte des 18. Jahrhunderts

(Sonate, Concerto, Sinfonia, Klaviermusik)

In der Instrumentalmusik ist im späteren 17. Jahrhundert Arcangelo Corelli (1653—1713) der Herrscher. Seine Werke zerfallen in folgende Hauptgruppen: a) Triosonaten für zwei Violinen mit Continuo, b) Violinsonaten mit Continuo, c) Concerti grossi für Orchester (gleichfalls mit begleitendem Continuo).

Was die zyklische Form innerhalb der Trio- und der Violinsonaten betrifft, so folgt Corelli bald dem Typus der «Kirchensonate», bald dem der «Kammersonate» (s. oben 284). Die Form der Kirchensonate erfuhr eben durch ihn ihre endgültige Prägung als eine viersätzige in dieser Folge: 1. langsam, 2. lebhaft und fugiert, 3. langsam (dabei weniger ausgearbeitet und zeremoniell, aber lyrischer als der 1. Satz), 4. lebhaft mit diskret tanzmäßigem Charakter. Es liegt auf der Hand, daß dieser Formtypus dem Komponisten in besonderem Maße Gelegenheit bietet, neben den Eigenschaften des neuen Stils — dem Ausdrucksvoll-Kantablen und dem Virtuosen — auch die alte Kunst des Kontrapunkts zu entfalten, und dies in einer Weise, die ihn nicht überbetont, sondern im Rahmen des Leichtauffaßbaren hält.

Auf dem Gebiet der Triosonate und der Violin-(eigentlich Duo-)Sonate sind G. Legrenzi (1626—1690) und G. B. Vitali (ca. 1644—1692, der Vater des Tommaso) die unmittelbaren Vorläufer Corellis. Man könnte sie als «reaktionär» bezeichnen, insofern als sie — und besonders Vitali — wieder viel stärker kontrapunktisch orientiert sind als die Komponisten der ersten Jahrhunderthälfte (was sich selbstverständlich mehr in der Trio- als in der Duosonate zeigt, aber nicht hindert, daß die

Schreibweise dieser Komponisten echt violinmäßig ist); den Ausgleich schuf eben Corelli. In der formalen Anlage stellen die Sonaten Legrenzis noch ein Übergangsstadium zwischen der alten Kanzone mit der improvisatorischen Anordnung ihrer — meist zahlreichen und kurzen — Teile und der «Sonata da chiesa» dar. Bei Vitali ist der letztere Formtypus bereits deutlich ausgeprägt, obgleich er bei ihm noch häufig fünf- statt viersätzig ist. Daneben pflegte Vitali weitgehend den Suitentypus.

Historisch interessiert uns jedoch besonders Corellis «C o n c e r t o g r o s s o». Darunter verstehen wir ein mehrsätziges Orchesterwerk, das dadurch charakterisiert ist, daß innerhalb der Sätze zwischen vollem Orchester und einer Gruppe von Solisten (meist 2 oder 3 Streicher) abgewechselt wird. Die zyklische Form bleibt auch hier zunächst noch offen: in den einen von Corellis Concerti grossi schält sich aus der freien Vielseitigkeit der Kanzone die Sonata-da-chiesa-Form heraus, in den anderen (und wie es scheint, den späteren) ist es die Suitenform der Sonata da camera.

In dieser Gattung ist S t r a d e l l a Corellis Vorläufer, wie er auf dem Gebiet der Vokalmusik derjenige Scarlattis war. Er hat die Gegenüberstellung von «Concerto grosso» (hier im Sinne von Tutti) und «Concertino» auf die Sinfonia da chiesa angewendet (unter letzterer verstehen wir hier das mehr als dreistimmige Gegenstück der Sonata da chiesa — indessen war in jener Zeit die Terminologie noch weitgehend ungeschieden), und damit schuf er das, was später als «Concerto grosso» bezeichnet worden ist (ich stelle hier auf Angaben von A. Gentili über unveröffentlichte Werke Stradellas ab, nicht auf die weniger vollständigen, unklaren Angaben in Scherings Geschichte des Instrumentalkonzerts). In der Sinfonia (Einleitung) zu Stradellas «Accademia d'amore» (einer Art Kantate oder Serenata) begegnen wir einer Klangverstärkung, die vom Piano bis zum Fortissimo gehen und dabei drei Abteilungen des Streicherkörpers im Taktabstand «unmerklich» hintereinander einführen soll (also eine Kombination der alten Art Verstärkung durch Zuziehen von Stimmen oder Registern mit der neuen, dynamischen; um die Jahrhundertwende ist dann das Crescendo in Italien mehrfach bezeugt, s. G. Schünemann, Geschichte des Dirigierens, 216 f.). In einer anderen «Accademia» stellt Stradella dem Concerto grosso sogar zwei Concertini gegenüber. Aber von ferne erinnert es auch an das Concerto grosso, wenn Stradella in einer Sonate für Violine mit Streichbaß (vgl. unten 395) bei den einen Teilen den Continuo mitgehen läßt und bei den anderen nicht. Was die zyklische Form betrifft, so überwiegt bei ihm wie in Kirchensymphonien, so in Sonaten die Viersätzigkeit.

Auf der anderen Seite gehen Corelli die Kirchensymphonien des bereits erwähnten G. B. V i t a l i voraus — nicht in dieser luxurianten Weise den Klang abstufend, aber interessant in anderer Hinsicht: sie verkörpern zu einem erheblichen Teil jene Dreisätzigkeit als Rasch — Langsam — Rasch, die dann Scarlatti in seine Opernsinfonia (Ouverture) übertrug. Darin ist nun freilich Corelli Vitali nicht gefolgt, und so ist, wenn nach ihm das Concerto diese Dreisätzigkeit übernahm, eher das Vorbild der Opernsinfonia wirksam gewesen. Offenbar ist dieses Formschema, wie es uns bei Vitali entgegentritt, gleichfalls ein Abkömmling der alten Kanzone, wie das der «Sonata da chiesa».

Bevor wir nun, von Corelli ausgehend, die weitere Geschichte von Concerto und Sonata verfolgen, müssen wir einer anderen, sich jetzt absondernden Gattung gedenken, der S y m p h o n i e. Was war die Symphonie ursprünglich? Abgesehen von einem ganz allgemeinen Sprachgebrauch, wonach «Symphonie» den Zusammenklang, also ein mehrstimmiges Ganzes bedeutet (s. oben 285), begegnet uns das Wort (italienisch: Sinfonia) zunächst als Bezeichnung für die in eine Oper eingelegten Instrumentalstücke. Solche kommen wie bei Monteverdi, so bei seinen venezianischen Nachfolgern reichlich vor; sie heißen teilweise auch «Ritornello», sofern sie mit den Gesangsstücken enger verbunden sind (noch in Purcells Kirchenmusik heißen die instrumentalen Einleitungen und Ritornelle «Symphony»). In Monteverdis «Orfeo» handelt es sich um eine große Zahl kleinerer Stücke; aber bei Monteverdis Nachfolgern «konzentriert sich der Anteil der selbständigen Instrumentalmusik . . . immer mehr auf die Sinfonia am Eingang der Oper» (A. Heuß in den Samm. IV 405); und so versteht man unter «Sinfonia» immer mehr das Einleitungsstück, dasjenige, welches wir mit dem französischen Namen «Ouverture» bezeichnen.

Man hat nicht mit Unrecht gesagt, die O p e r n s i n f o n i a sei die Mutter der Symphonie des 18. und 19. Jahrhunderts. Dies gilt besonders von der dreisätzigen Form als Rasch — Langsam — Rasch, die wahrscheinlich aus der Opernsinfonia übernommen ist. Schon Scarlatti behandelt die letztere mit erheblicher Sorgfalt. Er wendet hier verschiedene Anordnungsweisen an, bis er schließlich eben bei der Folge: Rasch — Langsam — Tanzsatz (Menuett) stehen bleibt; es ist, wie wir vorhin sahen, möglich, daß Scarlatti dabei die «Kirchensymphonie» zum Vorbild nahm. Dies ist von nun an die typische Form der italienischen Ouverture. In ihrem ersten Teil zeigt sich bei Scarlatti manchmal schon im Keim die spätere Form des Sonatensatzes mit den zwei Themen (Händel dagegen als ein Deutscher, der außer italienischen auch französischen Einflüssen zugänglich war, folgte in seinen Opern- und Oratorienouverturen vorwiegend dem gravitätischen französischen Typus: Langsam — Rasch — Langsam, dem wir noch begegnen werden, s. unten 302 f.).

Nun ist weiterhin wichtig, daß in Italien die Opernsinfonia oft auch im Konzertsaal aufgeführt wurde (in «Akademien»), was für die Komponisten ein Ansporn war, sie liebevoller auszugestalten; und von hier war nur ein Schritt zur Komposition von Symphonien, die speziell für den Konzertsaal bestimmt waren: die «K a m m e r - S y m p h o n i e». Diese Art der Symphonie führte G. B. Sammartini auf den Höhepunkt; dies geschah aber schon näher zur Mitte des 18. Jahrhunderts; und hier schiebt sich zunächst noch die Entfaltung des C o n c e r t o dazwischen.

Wie wir sahen, schufen ungefähr gleichzeitig Corelli Concerti grossi, welche die Gegenüberstellung einer großen und einer kleinen Klanggruppe, aber nicht eine bestimmte zyklische Form aufwiesen, und Scarlatti Opernouverturen, die eine feste Form der Dreisätzigkeit ausprägen. Und nun betätigen sich auch andere Meister auf dem Gebiet des Concerto: Corellis Zeitgenosse G. T o r e l l i (1650—1708) und der bereits zur Generation Bachs überleitende T. A l b i n o n i (1671—1750). Sie erwarben sich neue Verdienste um die Concertoform, indem sie einerseits neben das Konzert für mehrere Solisten mit Orchester das Konzert für ein Soloinstrument (zunächst die Violine, dann auch die Oboe) mit Orchester stellten, anderseits indem sie die dreiteilige Form der Scarlattischen Opernsinfonia auf das Concerto übertrugen: Torelli erst zum Teil, Albinoni in konsequenter Weise (ein Concerto mit Violinsolo von Torelli SBe. 257; wir sehen es als dreisätzig, mit dreiteiligem Mittelsatz, an). Dies hindert freilich nicht, daß Händel in seinen Konzerten — wie den Concerti grossi, so den Orgelkonzerten — noch weitgehend der viersätzigen Form der «Kirchensonate» folgt. Aber Bachs Konzerte (wie die «Brandenburgischen», die dem Concerto grosso entsprechen, so die Solokonzerte) sind dreisätzig. Indessen folgt Bach hier in der Hauptsache bereits einem anderen Vorbild: Vivaldi, dem Hauptvertreter dieser Gattung.

Antonio V i v a l d i (geboren 1669 oder 1675, gestorben 1743) hält sich, wie Albinoni, an die Dreisätzigkeit und schreibt neben Concerti grossi Solokonzerte. Von der Mannigfaltigkeit seiner Instrumentenzusammenstellungen mag es einen Begriff geben, daß sich darunter Konzerte für Mandoline, für Violine und Orgel, für Fagott, für Oboe, sowie für 2 Trompeten befinden. Was Vivaldi besonders ausbildet, ist das Concerto als Satzform, wie sie speziell im ersten Satz in die Erscheinung tritt, und zwar gerade im Zusammenhang mit dem für die Gattung grundlegenden Alternieren von Tutti und Soli. Vielleicht ist die Faszination dieser Vivaldischen Satzform daran schuld, daß die Ansätze zur Ausprägung der Sonate als Satzform, wie sie schon bei Scarlatti (Opernsymphonie) und Pergolesi (Triosonate, s. unten 299) vorliegen, zunächst keine weitere Ausbildung erfuhren. Das Rückgrat der Vivaldischen Concertoform (als Satzform) bildet ein melodisch markantes Tutti, das wie ein Refrain oder ein Ritornell immer wiederkehrt: in andere Tonarten versetzt, gern auch in Teile zerlegt; die dazwischen stehenden Solostellen, die zunächst einmal in klanglicher Hinsicht damit kontrastieren, ergeben auch melodisch manchmal einen Gegensatz, manchmal bieten sie eine figurative Ausspinnung der Tuttigedanken; hier ist unverkennbar eine gewisse Analogie zur Opernarie mit ihren Ritornellen gegeben.

Im Vergleich zu Albinoni ist Vivaldi der inspiriertere, aber auch der ungleichmäßigere; Albinoni versteht es, mit dem konzertierenden Stil eine gediegene Kontrapunktik zu verbinden, während Vivaldi eher dem Al-fresco-Maler zu vergleichen ist. Bach hat vielleicht Albinoni höher geschätzt, aber sich jedenfalls durch Vivaldi stärker beeindrucken lassen, wie bereits aus seinen zahlreichen Bearbeitungen Vivaldischer Konzerte für Klavier und für Orgel zu entnehmen ist.

So drängt das Concerto in der ersten Hälfte des 18. Jahrhunderts die Sinfonia im Konzertsaal zurück. Dann aber wendet sich das Blatt doch wieder zugunsten der S y m p h o n i e. Oder es vollzieht sich vielmehr ein Ausgleich: das Concerto tritt beinahe nur noch als Solokonzert auf (der Hauptmeister des Violinkonzerts um die Zeit von 1730 bis 1750 ist G. T a r t i n i, dem wir auch zahlreiche Violinsonaten mit Basso continuo verdanken), die Stelle des eigentlichen Orchesterstücks dagegen nimmt nunmehr die Symphonie ein.

Die italienische Kammersymphonie vertritt in erster Linie G. B. S a m - m a r t i n i (1701, oder nach anderen 1698, bis 1775), dessen Tätigkeit im Jahrzehnt vor der Jahrhundertmitte ihren Höhepunkt gefunden zu haben scheint. Aus seiner Musik klingt uns bereits jener neue Ton entgegen, den wir dann bei Mozart hören und der für uns mit der Vorstellung des «klassischen Stils» verbunden ist: jener natürliche, frische, liebenswürdige, menschliche und sogar kindliche Ton. Der Triumph der italienischen Kammersymphonie war jedoch von kurzer Dauer, denn die deutsche Symphonie lief ihr den Rang ab. Die Schwäche von Sammartinis Symphonie liegt im dünnen Orchestersatz, der den ansprechenden Gesang der 1. Violine — oder der beiden ersten — nicht recht zu unterbauen weiß; es fehlt ihr auch am vorwärtsdrängenden inneren Fluß, den die klassische Symphonie bei aller Formplastik fühlen läßt.

Die schönsten Werke Sammartinis dürften indessen auf dem Gebiet der Kammermusik liegen (wobei wir allerdings im Auge behalten müssen, daß damals Orchester- und Kammermusik noch nicht scharf geschieden sind und es nicht immer leicht ist zu entscheiden, ob eine Trio-«Sonate» orchestral oder solistisch ist). In den «Sonate notturne» (Nachtsonaten) überschriebenen Triosonaten Opus 7 — diesem Spätwerk, das von Spezialisten auf die Zeit um 1760 datiert wird — werden jene Mängel nicht fühlbar; diese Musik erscheint uns in besonderem Maße «mozartisch», obgleich sie in alter Weise den Basso continuo als Begleitung hat. Wenn Haydn einmal Sammartini als

«Schmierer» bezeichnet hat, so müssen wir dies zum mindesten in bezug auf Werke solcher Art unbedingt zurückweisen.

Doch etwas von jenem Ton hören wir auch schon aus den Triosonaten von P e r g o l e s i heraus. Und hier können wir nicht umhin daran zu denken, daß Pergolesi gleichzeitig der Begründer der Opera buffa ist: denn der neue Ton in der Instrumentalmusik hat entschieden etwas mit dem heiteren Wesen der Opera buffa zu tun. Auch von der formalen Seite gilt die Verbindungslinie Pergolesi—Sammartini: denn wenn, wie wir sahen, Scarlattis Ouverturen bereits im Keim die Form des ersten Sonatensatzes mit den zwei Themen aufweisen, so bedeuten Pergolesis Triosonaten hier eine zweite und Sammartinis Sonaten und Symphonien eine dritte Etappe. Es fehlte noch, daß die Nebeneinanderstellung der beiden Elemente (Themen) im Sonatensatz mit dynamischer Triebkraft erfüllt wurde; dies geschah ungefähr gleichzeitig mit Sammartini in Deutschland durch die «Mannheimer», die es aber wieder am «klassischen» Formgefühl fehlen ließen.

Was die z y k l i s c h e Form der Sonate betrifft, so können wir beobachten, daß von etwa 1740 an der Gegensatz zwischen der viersätzigen «Kirchensonate» und der suitenmäßigen «Kammersonate» verschwindet und auch hier dieselbe Dreisätzigkeit herrschend wird wie in der Symphonie. Ganz streng ist diese Dreisätzigkeit aber nicht angewendet worden (Sammartini z. B. wendet gern die Zweisätzigkeit an). Die Klassiker greifen, wie bekannt, besonders in der Symphonie gern zur Viersätzigkeit, indem sie an dritter Stelle ein Menuett bringen (dasselbe Menuett, das früher als Schlußsatz beliebt gewesen war) — und dieses wurde dann zum «Scherzo».

Und nun der K l a n g c h a r a k t e r dieser Instrumentalmusik: wie auf dem Gebiet der Solosonate und der Triosonate die Violine führend ist (vgl. oben 294), so bilden auch im Orchester die Streicher durchaus den Normalbestand oder die Grundmasse, neben der die Bläser ähnlich einer «konzertierenden» Gruppe erscheinen — ein Verhältnis, wie es auch für das Orchester der Oper gilt und wie es sich schon bei Monteverdi ankündigte.

* * *

Schließlich ein Wort über die K l a v i e r m u s i k in Italien. Hier handelt es sich in erster Linie um das Schaffen von Domenico S c a r l a t t i (1685 bis 1757), dem Sohn des Opernkomponisten. Scarlattis Klavierstücke sind in ihrer instrumentalen Haltung sehr glänzend; es ist, wie wenn der Klaviermeister auf seinem Instrument etwas ebenso Virtuoses hätte schaffen wollen, wie es die italienischen Geigenmeister auf dem ihren verwirklicht hatten.

In ihrer ganz anderen Art ist Scarlattis Klaviermusik der der Franzosen und Deutschen (auf die wir noch zu sprechen kommen) gleichwertig. Sie ist «freistimmig», d. h. sie hält sich viel weniger an eine bestimmte Stimmenzahl, womit sie eigentlich dem Wesen des Klavierklanges näherkommt.

Eine gewisse Annäherung an den «neuen Ton» können wir auch hier konstatieren; derselbe schwingt allerdings noch nicht frei aus, sondern erscheint eher dadurch bedingt, daß sich Scarlatti in seiner Thematik teilweise an die Art des italienischen Volksliedes lehnt. Diese Stücke sind einsätzig; im Titel der ersten, 30 Nummern umfassenden Sammlung sind sie als «Essercizi (Übungen) per gravicembalo», aber in der Sammlung selbst als Sonaten bezeichnet. Man könnte sich wundern, daß Scarlatti nicht eigentliche, mehrsätzige Sonaten für das Klavier geschrieben hat, da bereits B. Pasquini (und in Deutschland J. Kuhnau) die Form der Streichersonate auf das Klavier übertragen hatte; vielleicht hatte er das richtige Gefühl, daß langsame Sätze dem Wesen des Cembalos nicht ganz gemäß sind. Als Satzform kommen diese Stücke aber der klassischen Sonate schon einigermaßen nahe.

Noch deutlicher tritt uns dann der «neue Ton» in den (mehrsätzigen) Klaviersonaten der vor und nach der Jahrhundertmitte wirkenden D. Alberti (ca. 1717—1740) und B. Galuppi (1706—1785) entgegen. Damit ist bei diesen Komponisten auch die weitergehende Annäherung an die Sonatenform verbunden, indem sich jetzt in höherem Maße «Themen» als Rückgrat der Satzform herausheben und die liedmäßige Periodisierung mehr zur Geltung kommt (vgl. unten 330). So tritt jene «populäre» Haltung, die bei Scarlatti gewissermaßen aus der Perspektive des «Aristokraten» ins Auge gefaßt war, nunmehr körperlich auf den Plan. Nach Alberti sind die «Albertischen Bässe» benannt: eine anspruchslose Art der Begleitung in der linken Hand durch Akkordbrechung.

f) Die Musik in Frankreich von etwa 1600 bis zur Mitte des 18. Jahrhunderts

(Lautenlied; Oper; Kirchenmusik; Instrumentalmusik)

Das Geschehen in Frankreich zeigt sich im 17. Jahrhundert und in der ersten Hälfte des 18. in eigenartiger Weise mit dem Geschehen in Italien verknüpft. Ein Italiener wird zum Begründer der französischen Oper; das Land, das einst die musikalische Vorherrschaft ausgeübt hatte, muß sich ständig mit italienischen Einflüssen auseinandersetzen — bis die deutschen an ihre Stelle treten.

Im Gegensatz zu Italien ist Frankreich zentralistisch organisiert, und so ist hier das Geschehen in Paris, genauer: das am königlichen Hof maßgebend.

Zunächst wird hier das «A i r d e c o u r» als Lautenlied, dem wir schon im 16. Jahrhundert begegneten (oben 268), weitergepflegt. Ich meine die von 1608 an durch Bataille und andere herausgegebene Sammlung «Airs en tablature de luth». An dieser Musikgattung interessiert uns besonders, daß die zweite Strophe und die folgenden als «Double» vom Sänger mit Auszierungen versehen, also variiert wurde. Dieses Formprinzip war in etwas anderer Weise schon in den Pavanen und Gaillarden der englischen Virginalisten zur Geltung gekommen (s. oben 263). Anderseits findet sich das «Double» als variierte Wiederholung auch bei französischen Tanzsätzen für Klavier im 17. und 18. Jahrhundert. Als Sängerimprovisation aber gemahnt es uns an die Art, wie die Reprise in der Da-capo-Arie der «neapolitanischen» Oper ausgestaltet wurde.

* * *

Im Vordergrund steht indessen auch in Frankreich das m u s i k d r a m a - t i s c h e Gebiet. Auch hier war der erste Versuch schon im 16. Jahrhundert erfolgt: die 1581 bei einer Hochzeit im Königshaus aufgeführte «Circe» («Ballet comique de la Reine»). Dieses Werk, das man gleichfalls als eine Rekonstitution des antiken Dramas ansah, enthielt Sologesänge, Chöre, Tänze, aber auch gesprochene Partien.

So ist das Ballett der Ausgangspunkt der französischen Oper. Im 17. Jahrhundert spinnt sich dieser Ansatz fort in der Gestalt des sogenannten «Ballet de cour», welches nunmehr die gesprochenen Partien ausscheidet. Und hier setzt die Tätigkeit von Jean-Baptiste L u l l y (geboren 1632 in Florenz, seit 1646 in Paris, † 1687) ein.

Zunächst komponierte Lully Ballette, in welchen er die Gesangsteile stärker entwickelte. Doch bevor die eigentliche französische Oper entstand, wurde das Vorbild der Italiener wirksam: der Kardinal Mazarin ließ mehrmals italienische Operntruppen und Komponisten, darunter den Venezianer Cavalli, nach Paris kommen, welche großes Aufsehen erregten. Es war klar: die französische Oper würde erstehen. Lully pflegte zunächst noch gemeinsam mit Molière eine Zwischengattung, das «Comédie-Ballet». Gleichzeitig steuerte ein französischer Rivale Lullys, R. Cambert, von anderer Seite auf das Ziel zu. Er brachte 1659 eine Art Singspiel unter dem Titel «La Pastorale» heraus, und es schien, daß er das Rennen gewinnen würde, denn mit seinem Textdichter erhielt er das königliche Patent zur Veranstaltung ständiger Opernaufführungen unter dem Namen einer «Académie royale de musique»; dieses Institut wurde 1671 mit Camberts «Pomone», der ersten eigentlichen französischen Oper, in vielversprechender Weise eröffnet. Aber Lully wußte Schwierigkeiten, in denen sich Camberts Textdichter befand, auszunützen und erreichte, daß das Monopol auf ihn übertragen wurde. Hier brachte er 1673 «Cadmus et Hermione» zur Aufführung, ein Werk, mit dem er seinen Typus der französischen Oper, die «tragédie en musique», begründete.

Die Grundlage der Sologesänge in Lullys Opern bildet des Rezitativ — teilweise nur vom Basso continuo, teilweise vom Orchester begleitet —, welches in skrupulöser Weise der französischen Deklamation angepaßt ist; Lully geht hier sogar über die italienische Oper hinaus, indem er häufigen Taktwechsel vorschreibt. Daneben stehen «airs», die aber nicht die entwickelte Form der italienischen Arien, sondern etwas Liedmäßiges haben. Und doch sind auch sie gewissermaßen von rezitativischem Geiste erfüllt. Sie weisen insofern eine Analogie zum italienischen Arioso auf, sind aber in ihrer Form geschlossener. Sehr stark zieht Lully den Chor heran; er ist ein Meister der festlichen Massenszene. Auch das Orchester ist bei ihm reicher bedacht als in der italienischen Oper. Er versteht es, der Situation gemäße stimmungmalende Zwischenspiele einzuschalten. Außerdem bilden einen nicht wegzudenkenden Bestandteil seiner Oper — entsprechend ihren Antezedentien — die Tänze (Gavotten, Bourréen, Menuette usw.), die er in reicher Mannigfaltigkeit ausstreut. Interessant ist, daß Lully hier in seiner Weise das «konzertierende» Prinzip der Gegenüberstellung einer kleinen und einer großen Klanggruppe verwirklicht, das damals offenbar in der Luft lag: er liebt es, seinen Tanzsätzen Triostellen für 2 Oboen und Fagott einzufügen (darauf ist es zurückzuführen, wenn noch im Menuett der klassischen Symphonie und Sonate, ja sogar im Scherzo der zartere Mittelteil als Trio bezeichnet wird; hier ist es nicht mehr eine Dreiheit von Instrumenten, und doch ist auch das klassische Menuett-«Trio» noch oft solistisch behandelnden Bläsern zugewiesen). Teilweise sind die Tänze in Lullys Opern jedoch — wie schon im Hofballett — nicht instrumental, sondern von gesungenen Melodien begleitet. Ein typischer Zug an Lullys Opern ist ferner die Ouverture französischen Stils (welche Lully gleichfalls schon in Balletten angewendet hatte); sie besteht aus einem gravitätischen ersten Teil in punktiertem Rhythmus und einem fugierten Teil in lebhaftem Tempo, wonach am Ende meist (oder genauer: bei Lully manchmal, bei den Späteren in der Regel) eine Rückwendung zum Rhythmus des Anfangs erfolgt. Insofern wäre diese Ouverturenform dreiteilig, dabei aber in bezug auf die Aufeinanderfolge der Teile das Umgekehrte der italienischen Opernouverture oder -sinfonia, wie sie Scarlatti zu Ende des Jahrhunderts ausbildete (s. oben 296). Es ist bekannt, daß dieser Ouverturentypus auch außerhalb Frankreichs sehr beliebt war (vgl. oben 296 und unten 307). Deutschland hat ihn gewiß aus Frankreich bezogen, wie auch wichtige Anregungen für seine Suitenmusik; was aber Italien betrifft, so wäre erst noch zu untersuchen, wieweit es diesen Ouverturentypus nicht schon vor Lully gekannt hat.

So sind die Hauptunterscheidungsmerkmale der «tragédie en musique» im Verhältnis zur italienischen Oper: das Vorhandensein der Balletteinlagen und das Fehlen der großen Arie, die je länger, je mehr zum Charakteristikum der italienischen Oper wurde.

Der bedeutende Nachfolger Lullys ist Jean Philippe R a m e a u (1683 bis 1764), der sich erst in reifem Alter und als berühmter Musiktheoretiker (wir denken an seinen 1722 erschienenen ‹Traité de l'harmonie réduite à ses principes naturels») der Bühne zuwandte. Die erste seiner Opern, welche aufgeführt wurde, war «Hippolyte et Aricie» (1733). Auf diesem Gebiet hält sich Rameau in dem durch Lully vorgezeichneten Rahmen, aber er füllt ihn viel reicher aus. Insbesondere erweitert er die Form der Sologesänge. In der Ouverture gibt er die Lullysche Form auf, um sich der gegebenen Situation und Stimmung anzupassen: es gibt Ouverturen von ihm, die man mit Recht als Vorläufer der «symphonischen Dichtung» bezeichnet hat. Ein gewisser herb-leidenschaftlicher Grundton verbindet Rameau, durch die französische Revolutionsmusik hindurch, mit Beethoven. Dies hindert aber nicht, daß auch bei Rameau, wie bei Lully, das ballettmäßige Element reich vertreten ist; einige von Rameaus Werken sind geradezu «Opéra-ballets» (d. h. aus Ballettszenen zusammengesetzt; diese Gattung hatte A. Campra, der bedeutendste der Mittelmänner zwischen Lully und Rameau, aufgebracht).

Wenn diesen großen Leistungen der äußere Erfolg schließlich doch nicht entsprach, wenn Rameaus letzte Jahre verbittert waren, so lag es wohl daran, daß er den einen nicht «konservativ» genug, den anderen nicht «fortschritt-lich» genug war. Die «Fortschrittlichen» wollten sich damals nicht mehr mit einer bloßen Bereicherung der traditionellen französischen Oper begnügen; sie tendierten zu einer durchgreifenden Umgestaltung im Sinne der neuen italienischen Geschmacksrichtung.

Dieser Konflikt kam zum Austrag, als 1752 eine italienische Buffonistentruppe in Paris Pergolesis «Serva padrona» zur Aufführung brachte. Es bildeten sich die Parteien der «Buffonisten» und «Antibuffonisten» (Anhänger der traditionellen französischen Oper). Es war wiederum die Idee der Natürlichkeit und Leichtigkeit, die man der Starrheit und Schwerfälligkeit des Alten gegenüberstellte. Sogar Philosophen nahmen an diesem Meinungsstreit teil: Grimm und Diderot, und zwar beide auf der Seite der Buffonisten (das Natürlichkeitsideal der Enzyklopädisten!). Selbstverständlich schloß sich auch J. J. Rousseau dieser Partei an, der außerdem als Komponist mit der heiteren kleinen Oper «Le devin du village» (1752) in dieselbe Kerbe schlug.

* * *

Auf dem Gebiet der Kirchenmusik betätigte sich in Frankreich hauptsächlich Marc-Antoine C h a r p e n t i e r (1634—1704), der ein Schüler von Carissimi war. Außer Oratorien haben wir von ihm rein liturgische Musik, unter anderem eine interessante «Messe pour les instruments au lieu des orgues»: eine Alternativmesse, in der mit den einstimmig vom Chor gesungenen gregorianischen Melodieteilen nicht, wie es sonst praktiziert wurde, die Orgel unter polyphoner Verarbeitung der übrigen Melodieteile abwechselte (vgl. oben 258), sondern verschiedene Klanggruppen des Orchesters (also Übertragung der «Choralbearbeitung» auf dieses!). In einer «Symphonie pour un reposoir», die eine Gründonnerstagszeremonie begleitet, wird ebenso das «Tantum ergo» einstimmig chorisch mit dem Orchester alterniert, wobei es nicht an einer «Alemande grave» fehlt.

* * *

Im Bereich des I n s t r u m e n t a l e n gewinnt in Frankreich im 17. Jahrhundert die Lautenmusik, im 18. das Cembalo (Clavecin) eine überragende Bedeutung. Die wichtigsten Lautenmeister sind zwei G a u l t i e r: ein Ennemond, † 1651, und ein Denis, † 1672. Ihre Stücke stellen das dar, was wir als Suitensätze bezeichnen würden; indessen ist von kompetenter Seite bezweifelt worden, ob die französischen Komponisten — auch die Klavierkomponisten — ihre Stücke zu eigentlichen Suiten geordnet haben. Jedenfalls sind es Tanzstücke (Couranten usw.), die jetzt nicht mehr dem Tanz dienen, sondern dem Vortrag; die Tanzart, von der sie ausgehen, bestimmt ihren Rhythmus und allgemeinen Charakter.

Um einem Mißverständnis zu begegnen, müssen wir vermerken, daß die unter dem Titel «La rhétorique des dieux» gehende Sammlung nicht von Denis Gaultier, sondern von einem Liebhaber aus Stücken dieses Komponisten zusammengestellt wurde; hierbei erhielten die Stücke auch ihre mythologischen Bezeichnungen, während sie vom Komponisten mit den üblichen Tanznamen bezeichnet waren.

Doch begegnet uns im 17. Jahrhundert auch schon der erste bedeutende französische Klaviermeister in der Person von J. Ch. de C h a m b o n n i è r e s († 1672). Immerhin zeigen seine Stücke noch den Einfluß des Lautenstils. Dann entfaltet sich die klavieristische Kunst der Franzosen zur vollen Blüte im Schaffen von François C o u p e r i n (1668—1733) (man nannte ihn «le Grand», um ihn von den übrigen Gliedern dieser Musikerdynastie zu unterscheiden).

Die Klaviermusik Couperins ist eines derjenigen Dinge, die zur musikalischen Charakterisierung des 18. Jahrhunderts am wesentlichsten sind; schon der Einfluß, den sie durch Gottlieb Muffat auf Händel sowie anderseits auf Bach ausgeübt hat, zeugt von ihrer Bedeutung. Im Vergleich zu Scarlattis Sonaten erscheinen diese Stücke Couperins intimer, verschlossener, arabeskenhafter. Meist handelt es sich um die bekannten, nicht zum Tanzen bestimmten Tanzsätze. Ein wesentliches Moment ist dabei — wie übrigens schon bei Chambonnières und den Lautenmeistern — das poetische. Ein pittoresker, manchmal geheimnisvoll klingender Titel regt die Phantasie des Hörers an. Auch musikalisch ist bemerkenswert, wie Couperin manchmal mit bloßen Andeutungen viel zu sagen weiß.

Auch R a m e a u pflegt diese Art Klavierkunst (seine «Pièces de chavecin»), aber in weniger minutiöser Weise. Außerdem haben wir von Rameau die glänzenden «Pièces de clavecin en concert» für Cembalo mit Violine und Viola, die den Einfluß der italienischen Concertform erkennen lassen.

* *
*

Ist Frankreich in jener intimen Klavierkunst autonom, so gerät es auf dem Gebiet der S o n a t e naturgemäß unter den Einfluß der Italiener. Dies gilt besonders von der Violinsonate mit Continuo, die hier durch J. M. L e c l a i r (1697—1764) in gediegener Weise vertreten ist (aber auch von den Violinkonzerten desselben Komponisten). Sogar C o u p e r i n hatte sich auf diesem Gebiet mit der italienischen Musik auseinandersetzen müssen. Seine Triosonaten von 1726 («Les Nations, Suites et Sonades en trio») sind zum einen Teil von französischer Art (die als Suiten bezeichneten Werke), zum anderen nach Corellis Muster gearbeitet (hier suchte Couperin wenigstens die französische Namensform «sonade» durchzusetzen). Seiner Überzeugung gab Couperin ferner Ausdruck, indem er je eine Apotheose für Corelli und für Lully komponierte; in der letzteren trat er ausdrücklich für eine Verbindung der beiden Geschmacksarten ein.

Am meisten stand Frankreich Italien gegenüber aber auf dem Gebiet der eigentlichen O r c h e s t e r m u s i k zurück. Hier vermissen wir ein Gegenstück zur Übertragung der italienischen Opernsymphonie in den Konzertsaal. Auch die Form des Konzertes für mehrere oder ein Instrument mit Orchester wurde nur wenig gepflegt. Es gibt in Frankreich zunächst auch keine Konzertinstitute wie die italienischen «Akademien» und die deutschen «Collegia musica» (es war ja die Oper, welche «Académie royale de musique» hieß); dann wurden 1725 in Paris die «Concerts spirituels» gegründet, die zunächst für geistliche Musik bestimmt waren, aber bald darüber hinausgingen. Eine französische Symphonie ersteht erst nach der Jahrhundertmitte (F. J. Gossec), nachdem nicht nur Sammartini, sondern auch schon Stamitz sein Wort gesagt hat.

g) Die englische Musik vom Anfang des 17. bis zur Mitte des 18. Jahrhunderts

Das 17. Jahrhundert ist (abgesehen von seinen Anfängen) nicht eine Blüteperiode der englischen Musik. Einen Aufschwung bringt hier erst gegen Ende des Jahrhunderts die Wirksamkeit von Henry P u r c e l l (1658—1695), der zum großen Schaden der englischen Musik früh verstarb. Purcell kann als der englische Mozart gelten, insofern als er in der Melodik den Italienern nachstrebte, und als der englische Bach, insofern als er noch in selbstverständlicher Weise in der alten Kontrapunktik verwurzelt ist. Vom kontinentalen Standpunkt aus ist er immerhin anzuerkennen als ein Komponist, der auf verschiedenen Gebieten Bedeutendes geleistet hat: in der Kirchenmusik, der Oper, der instrumentalen Ensemblemusik sowie der Klavier- und Orgelmusik.

Man hat oft vermerkt, daß der Kontrapunkt Purcells in der Dissonanzbehandlung ungebundener ist als der Händels oder Bachs. Er hat etwas Herbes, Ungeglättetes, das ihn durch Byrd hindurch mit Josquin und dem Mittelalter verbindet. Übrigens beobachteten wir etwas Ähnliches auch an Monteverdi, wo dieser die polyphone Schreibweise anwendet. Es ist also, wie wenn die vollkommene Ausglättung des Kontrapunkts im Palestrina-Stil nicht überall rezipiert worden wäre. Ihre Rezeption in Deutschland scheint treuer gewesen zu sein als in England.

Es war für England tragisch, daß Purcell nicht dazu gelangte, das durchschlagende Kunstwerk auf dem Gebiet der Oper zu schaffen, welches die englische Oper auf feste Füße gestellt hätte. «Dido und Aeneas» (1688) ist zwar Purcells durchaus würdig, aber es ist nur eine kurze Kammeroper, welche (die Tradition der alten «School Masque» weiterführend) zur Aufführung in einer Schule bestimmt war. In den Rezitativen und Arien folgt Purcell hier eher dem italienischen, in den Tänzen dem französischen Vorbild. Die darauf folgende große Oper «King Arthur» (1691) erfüllte noch nicht die Erwartungen, die man auf Grund von «Dido und Aeneas» hegen durfte.

Die Folge war, daß in London doch die italienische Oper das Feld behauptete — diejenige, in deren Dienst Händel stand; auch die etwas animose nationale Reaktion, die sich in der «Bettler-Oper» ausdrückte (s. oben 292), vermochte diese Stellung nur zeitweilig zu erschüttern. Zum Ersatz — und zum Trost — hatten die Engländer das Händelsche Oratorium.

h) Die deutsche Musik von etwa 1600 bis zur Mitte des 18. Jahrhunderts

Auch Deutschland vermag sich auf dem Gebiet der Oper den Italienern gegenüber nicht zu behaupten. Vom ersten Versuch einer deutschen Oper, H. Schützens «Daphne» (1627), ist die Musik leider nicht erhalten; als Text diente ihr die in das Deutsche übersetzte Dichtung Rinuccinis, welche auch der ersten italienischen Oper als Grundlage gedient hatte.

Es waren die Italiener, die das Feld der Oper in Deutschland beherrschten, unter ihnen an erster Stelle der in München und in Hannover wirkende Agostino S t e f f a n i (1654—1728) — eine glänzende Parallelerscheinung zu A. Scarlatti, gleichzeitig aber ein Komponist, der nicht ausschließlich die italienische Geschmacksrichtung vertrat, sondern auch französische Einwirkungen erfahren hatte und unter anderem die französische Ouverturenform pflegte (ein Beispiel: EBe. 31; vgl. oben 303).

Gegen Ende des Jahrhunderts haben wir es wieder mit dem Versuch einer deutschen Oper zu tun. Ihn unternahm Reinhold K e i s e r in Hamburg, dessen Haupttätigkeit in die Jahre 1695 bis 1706 fällt: ein liebenswürdiges Talent, aber eigentlich mehr dem Lyrischen und Liedmäßigen als dem Opernmäßigen zuneigend. Von der Macht des italienischen Vorbildes zeugt der Umstand, daß Keiser in seine Opern auch italienische Arien einstreute. Daneben lehnte er sich auch an Lully. Für dieses Hamburger Opernunternehmen haben ferner Händel und Telemann deutsche Opern geliefert, ersterer nur in seiner Jugend (die «Almira», 1705). Dann ging das Unternehmen ein (1738), und die Herrschaft der italienischen Oper (aber mit teilweise deutschen Komponisten!) war wieder beinahe unumschränkt.

Die bedeutendste Figur in der deutschen Musik des 17. Jahrhunderts ist unbestritten Heinrich S c h ü t z (1585—1672). Schütz war in den Jahren 1609—1612 Schüler von Giovanni Gabrieli und reiste 1628—1629 wieder nach Italien, um die neue, von Monteverdi ausgehende Entwicklung zu studieren. Auf diese Weise eignete er sich wie die Kunst der Gegenüberstellung vokaler und instrumentaler Komplexe, so die des mit Instrumenten verbundenen Sologesanges an der Quelle an. Dabei gab er dieser Melodik aber doch wieder eine andere Prägung, wie es seiner Blickrichtung auf die geistliche Musik entsprach. Ferner betont Schütz gern die Kontinuität zur Polyphonie des 16. Jahrhunderts. So bietet uns seine Musik das Schauspiel eines freien Wechselspiels zwischen monodischen und kontrapunktischen Elementen.

Auf dieser Grundlage wurde Schütz vor allem zum Meister der gesungenen K i r c h e n m u s i k. Wir haben von ihm oratorienähnliche Werke («Die sieben Worte Jesu Christi am Kreuz», die Historien) sowie Passionen. Besonders zu bewundern ist er aber in den kleineren Werken: einerseits den «Kleinen geistlichen Konzerten» für eine bis fünf Solostimmen mit Basso continuo (1636 und 1639), anderseits den «Symphoniae sacrae» (1629, 1647, 1650), die man als konzertierende Motetten mit Instrumenten bezeichnen kann (sie haben freilich teilweise auch solistischen Charakter und kommen insofern der Kantate näher). Im Glanz der letzteren, wie in der Schlichtheit der ersteren prägt sich die gleiche religiöse Haltung aus. Auf diesem Gebiet hat Schütz verwirklicht, was Monteverdi versagt war. Dies hängt vielleicht damit zusammen, daß damals in Deutschland Glaube und Religion doch noch stärker mit dem Lebensstil verknüpft war als in Italien. Jedenfalls scheint es ein Charakteristikum der neuen Zeit zu sein, daß jemand ganz nur entweder in der weltlichen oder in der geistlichen Musik leben kann (ob diese Kluft sich nicht etwa in Liszt wieder geschlossen hat?). Die Gesangsart, die Schütz in seinen Sologesängen anwendet, ist ein freies Arioso mit gelegentlichem Übergang in das Rezitativische.

* * *

Doch seien neben Schütz seine Zeitgenossen nicht vergessen. Da ist ein älterer, M. P r a e t o r i u s (1571—1621), der bereits in seiner Weise italienische Stilelemente, insbesondere die venezianische Mehrchörigkeit, verarbeitet; der mit Schütz in hohem Maße parallel gehende, aber nicht die gleiche im neuen Sinn ausdrucksvolle Melodik aufweisende S. S c h e i d t (1587—1654); J. H. S c h e i n (1586—1630), der indessen das Schwergewicht seines Schaffens auf das weltliche Gebiet verlegt; und der erheblich jüngere, in seinen Tendenzen, wenn auch nicht in der Inspiriertheit, Schütz am nächsten kommende A. H a m m e r s c h m i d t (1611 oder 1612—1675). Ihnen allen ist mit Schütz gemeinsam, daß sie die Aufgeschlossenheit gegen die neuen Stilelemente mit einer gewissen Besinnlichkeit verbinden, die sie auch das Gute am Alten schätzen läßt. Schein ist z. B. noch weitgehend dem Madrigal (und der Villanella) des 16. Jahrhunderts verpflichtet.

Scheins Zwischenstellung erhellt auch aus der für uns interessanten Vorbemerkung zu seiner dreistimmigen Sammlung «Musica boscareccia (Waldliederlein)» (1621), wo von den möglichen Arten der Wiedergabe dieser Gesänge die Rede ist. Er bemerkt: wie solche «Villanellen» am besten auszuführen seien, wisse jeder erfahrene Musiker zwar von selbst; für die unerfahrenen dagegen bemerke er, daß sie in folgender Weise musiziert werden können: 1. indem alle Stimmen — die beiden Soprane und der Baß — a cappella oder «in ein Corpus», d. h. mit Begleitung von Akkordinstrumenten, gesungen werden; 2. und 3. unter Oktavversetzung der beiden Oberstimmen oder nur der obersten, so daß sie von Tenören gesungen werden; 4. indem die beiden Soprane gesungen, der Baß dagegen einem Blas- oder Streichinstrument übertragen wird (wahrscheinlich gilt hier, wie unter 1, daß Akkordinstrumente nach Belieben mitgehen können); 5. indem nur die oberste Stimme gesungen, die zweite dagegen auf Violine oder Flöte und der Baß wie unter 4 gespielt wird; 6. indem man die beiden Oberstimmen — oder auch nur die erste! — über einem «Corpus» (Akkordinstrumenten) singt (diese Art, bei der Stimmen geradezu weggelassen und nur durch das «Corpus» ersetzt werden, ist für Schein «Concertenart»). Jedenfalls ist der Baß mit Bezifferung versehen.

Wir müssen uns darüber klar sein, daß wir uns mit dem geistlichen Schaffen dieser Meister im Zwischengebiet zwischen M o t e t t e und K a n t a t e, aber noch nicht auf dem Boden der letzteren befinden (zur Definition der Kantate vgl. oben 290 f.). Da sind einchörige Werke mit Continuo, die in vollem Maße als Motetten gelten können. Doch auch die mehrchörigen Werke mit Continuo müssen wir als solche rubrizieren und ebenso die einchörigen und die mehrchörigen Gesänge mit Instrumenten; immerhin wären dies bereits «konzertierende» Motetten. Der Kantate näher stehen die solistischen Werke für eine oder mehrere Stimmen mit Continuo oder mit Instrumenten; doch werden auch solche Werke im kirchlichen Rahmen noch nicht als Kantaten bezeichnet, und auch in uns widersetzt sich etwas dieser Bezeichnung, da unser Begriff der Kirchenkantate nun einmal nach dem der Bach-Zeit geformt ist: als eines ausgedehnteren mehrteiligen Ganzen, das sich im wesentlichen auf dem Wechsel von Rezitativ und Arie gründet (der in Bachs Kantate eine so große Rolle spielende Chor ist ja «historisch» nicht konstitutiv, ja auch bei Bach bekanntlich nicht immer vorhanden).

* *
*

Es gibt indessen eine Gruppe von Werken, die der Kirchenkantate noch näher kommen: die in den DDT. III und VI veröffentlichten «Solokantaten und Chorwerke mit Instrumenten» (der Titel stammt vom Herausgeber M. Seiffert) von F. T u n d e r (1614—1667), M. W e c k m a n n (1621—1674) und C. B e r n h a r d (1627—1692) (die beiden letzteren waren Schüler von Schütz). Hier gliedert sich das Ganze schon deutlicher nach Teilen, indem es gleichzeitig einen größeren Umfang annimmt. Eine ausgesprochene Gliederung der Sologesänge als Rezitative und Arien fehlt zwar noch. In einem «Motetto concertato» überschriebenen Stück von Weckmann alternieren Solo- mit Chorpartien.

Und nun die Kantaten von Dietrich B u x t e h u d e (1637—1707). Auch sie scheinen noch nicht als Kantaten bezeichnet zu sein, doch müssen wir sie als solche ansehen. Beiläufig gesagt, hat man diese Werke von jeher mit den berühmten «Abendmusiken» Buxtehudes in Zusammenhang gebracht, zu denen Bach gepilgert ist, indem man annahm, eine derartige «Abendmusik» habe sich aus mehreren Kantaten zusammengesetzt; anderen zufolge aber scheinen die «Abendmusiken» etwas anderes gewesen zu sein und dramatischen, oratorienhaften Charakter gehabt zu haben; immerhin ist die Frage des Verhältnisses zwischen Buxtehudes Kantaten und den «Abendmusiken» noch nicht ganz geklärt. Die Sologesänge in Buxtehudes Kantaten sind arienähnlich, aber noch nicht im ausgesprochenen Arienstil gehalten, sondern ariosomäßig, obgleich auch größere Gesänge darunter sind; anderseits spielt das ausgesprochene Rezitativ nur eine geringe Rolle (eher träte die Sonderung von Rezitativ und Arie in den «Abendmusiken» in die Erscheinung, sofern wir solche von Buxtehude wirklich besitzen). Diese Kantaten enthalten ferner Chöre, die das Bindeglied zwischen dieser Gattung und der Motette darstellen.

Mit der Herausbildung dieses Kantatentypus ist nunmehr die Sonderung zwischen Kirchenkantate und Motette eindeutig: die Motette als Chorstück mit Instrumenten ist weggefallen, desgleichen die Stücke vom Typus der «Kleinen geistlichen Konzerte» mit oder ohne Instrumente, und so steht neben der ausgesprochenen Kantate nur die ausgesprochene Motette mit Continuo, wie sie auch Bach pflegt.

* * *

Ein n e u e r — in gewissem Sinne der eigentliche, jedenfalls der ausgeprägteste — Kantatentypus kommt dann um 1700 auf, und zwar ist ein kirchlicher Dichter der Mittelpunkt dieser Umwälzung: E. Neumeister, der von 1700 an mehrere Jahreszyklen von Kantatentexten herausgab. Hier ist das Wesentliche die systematische Sonderung von Rezitativ und Arie; damit steht die Kantate nun auf dem Boden des neuen, des neapolitanischen Opernstils. Wie es Neumeister selbst ausdrückte, «siehet eine Cantata nicht anders aus als ein Stück aus einer Opera, von Stylo recitativo und Arien zusammengesetzt» (hier ist die Bezeichnung «Kantate» also belegt; Bach scheut sich indessen immer noch, diese ursprünglich dem weltlichen Gebiet entstammende Bezeichnung eigentlichen Kirchenkantaten beizulegen; er überschreibt diese seine Werke häufig als «Concerto», auch als «Concerto da chiesa»). Konsequenterweise verbannte Neumeister den Chor aus der Kantate, doch führte er ihn in späteren Textdichtungen wieder ein. Bald wurde die neue Art Anordnung in Deutschland die vorherrschende (zwar hieß es im Revers, den der Thomaskantor in Leipzig zu unterzeichnen hatte, die von diesem zu beschaffende Musik solle «nicht zu lang währen» und «nicht opernhafftig herauskommen», doch ist eine solche kirchliche Abwehrstellung immer ein Beweis dafür, daß das Übel schon eingerissen ist, und dann kann es sich nur noch um ein Weniger oder Mehr davon handeln).

Bach folgte, wie man weiß, ursprünglich dem Buxtehudeschen Kantatentypus, aber um 1713 (in seiner Weimarer Zeit) adoptierte er den neuen, wobei er sich allerdings vorwiegend an die temperierte Form desselben, die mit Chor, hielt; und wenn er sich auch in seiner Leipziger Zeit, wie Spitta und Schweitzer hervorgehoben haben, wieder vielfach mit Texten von Kirchenliedern (bzw. mit teilweise umgedichteten Texten solcher Lieder) begnügte, so hat er darum doch an jener Gegenüberstellung von Rezitativ und Arie festgehalten (man lasse sich dadurch nicht irreführen, daß Schweitzer hier von «Arioso» spricht! dies ist laxe Terminologie). Telemann und andere stellten sich noch entschlossener auf den Boden des neuen Typus. Beiläufig gesagt, soll Telemann 12 Jahrgänge Kirchenkantaten komponiert haben (der Jahrgang zu gegen 60 Stück), Bach dagegen 5 (ungefähr zwei Drittel des letzteren Materials sind erhalten).

* * *

Auf dem Gebiet des O r a t o r i u m s haben wir es in Deutschland neben Bach wiederum in erster Linie mit G. Ph. Telemann zu tun. Dieser, der nicht nur der fruchtbarste, sondern auch der beliebteste deutsche Komponist seiner Zeit war, hat die verschiedensten Gebiete mit Grazie und Erfolg gepflegt. Er lebte von 1681 bis 1767. Im Rahmen des Oratoriums brachte es jedoch ein anderer zu einer Spezialbeliebtheit, die über die Telemanns hinausging: K. H. Graun (1704—1759), der erst Opern im italienischen Geschmack im Dienste

Friedrichs des Großen komponierte und dann mit dem wohlklingenden, zart empfundenen Oratorium «Der Tod Jesu» (1755) sein Bestes gab.

* *
*

Doch ist es jetzt die O r g e l, die innerhalb der Kirchenmusik ein besonderes Prestige gewinnt. Samuel S c h e i d t (1587—1654), der Schüler Sweelincks, ist der erste bedeutende Vertreter der norddeutschen Organistenschule. In seiner «Tabulatura nova» (1624) bewährt er eine hohe Kunst der Choralverarbeitung. T u n d e r, der Vorgänger von Buxtehude in Lübeck, scheint bei Frescobaldi in Rom studiert, also die Fäden, welche die norddeutsche Organistenschule durch Sweelinck hindurch mit Italien verbanden, verstärkt zu haben. B u x t e h u d e, der auf Bach so stark einwirkte, ist besonders bedeutend in seinen Präludien und Fugen, die in ihrer freien Nebeneinanderstellung von passagenmäßigen und fugierten Partien noch an die alte Toccata und an das Ricercar erinnern; sie haben für uns gleichzeitig etwas «n o r d i s c h Phantastisches», was aber eine Illusion sein könnte. Interessant ist, daß Buxtehude es liebt, den fugierten Teilen eines solchen Ganzen Themen zu geben, von denen das eine wie eine Abwandlung des anderen erscheint (vgl. das unten über die deutsche Orchestersuite Gesagte).

Uns weiter nach Süden wendend, begegnen wir dem aus Nürnberg stammenden, aber einen Teil seines Lebens in Thüringen zubringenden Johann P a c h e l b e l (1653—1706). Seine Spezialität ist wieder die Choralbearbeitung, und auf diesem Gebiet hat er Bach einen von diesem vielfach verwendeten Typus geliefert (vgl. unten 322). Vom Thüringer Georg B ö h m (1661—1733) läßt sich das Analoge sagen.

Und nun die eigentlichen Süddeutschen, deren Stil farbiger ist, die aber das Orgelpedal weniger obligat behandeln. Johann Jakob F r o b e r g e r (1616—1667), der bei Frescobaldi studiert hatte, schrieb, wie dieser, Kanzonen, Toccaten und Ricercare. Georg M u f f a t (ca. 1645—1704) war nicht bei Orgelmeistern, sondern bei Lully, Pasquini und Corelli in die Schule gegangen; vielleicht hängt es damit zusammen, daß die Toccaten seines «Apparatus musico-organisticus» (1690) in ihrer Art schon beinahe etwas Orchestrales haben; jedenfalls enthalten sie weniger Läufe und mehr kantable Partien, als es in dieser Gattung üblich ist.

Wie man weiß, hat Bach diese ganze Entwicklung in sich zusammengefaßt und gewissermaßen epilogisiert.

* *
*

Auf dem weltlichen Gebiet ist das Bemerkenswerteste, was Deutschland im 17. Jahrhundert hervorbrachte, die O r c h e s t e r s u i t e, die sich aus Tanzstücken zusammensetzt. P. Peuerl und J. H. Schein pflegten diese Gattung schon in der ersten Hälfte des 17. Jahrhunderts. Wir müssen uns erinnern, daß schon in Lauten- und Klaviertabulaturen des 16. Jahrhunderts Tanzstücke reichlich vertreten waren, ja daß damals auch schon Tanzstücke für ein Instrumentalensemble geschrieben wurden (vgl. oben 267). Der Unterschied ist, daß, was im 16. Jahrhundert Gebrauchstanz gewesen war, jetzt mehr und mehr zum idealen Tanzstück wird, wobei der Name (Pavane, Gaillarde usw.) nur einen bestimmten Rhythmus und Charakter bezeichnet. Ferner werden jetzt die Tanzstücke — wenigstens in Deutschland — zu Suiten, d. h. Zyklen mit mehr oder weniger feststehender Anordnung zusammengeschlossen.

Eine Eigentümlichkeit dieser deutschen Meister ist ferner, daß sie eine solche Suite oft ganz auf dem Prinzip der Variation aufbauen, wobei die aufeinanderfolgenden Sätze mehr oder weniger dasselbe melodisch-harmonische Material in verschiedenem Rhythmus bringen. Diese Übung wurzelt wohl darin, daß sich schon im 16. Jahrhundert die Tanzstücke gern zu Paaren verbanden, indem das eine Stück im geraden Takt stand und das zweite dasselbe Material im ungeraden Takt wiederholte (Tanz und «Nachtanz»).

Um die Mitte des 17. Jahrhunderts und später betätigte sich auf diesem Gebiet J. Rosenmüller († 1684). Er verlegte den Nachdruck von den alten Tanztypen Pavane und Gaillarde auf die Allemande, Courante und Sarabande, und hierauf ersetzte er die traditionell am Anfang stehende Pavane durch eine Sinfonia. In der Hand anderer Komponisten geriet die deutsche Orchestersuite am Ende des Jahrhunderts noch stärker in die französische Einflußsphäre. Lully hatte ja mit den Tanzstücken seiner Opern und Ballette Europa stark beeindruckt. Jetzt dringen weitere neue Tanztypen in die Suite (Gavotte, Menuett usw.), und als Eingang wird ihr eine Ouverture des Lullyschen Typus (vgl. oben 302 f.) vorangestellt. Diese Suitenart vertritt neben anderen der Elsässer Georg Muffat, dem wir bereits als Orgelmeister begegneten, dann im 18. Jahrhundert der fruchtbare Telemann sowie J. S. Bach (man hat sie die «Ouverturensuite» genannt, ja sie wird von den Zeitgenossen manchmal direkt als «Ouverture» bezeichnet).

Indessen fand auch das italienische C o n c e r t o in Deutschland Aufnahme, und zwar als Concerto grosso durch Georg Muffat, Telemann und Bach, als Solokonzert durch J. J. Quantz (1697—1773), den Flötisten Friedrichs des Großen, sowie wiederum durch Telemann und Bach.

Auch die deutsche Violinkunst sei nicht vergessen, die dann in Bachs Solosonaten und -partiten einen so anspruchsvollen Höhepunkt erklomm. H. J. F. Biber (1644—1704) und andere bildeten besonders das (freilich auch den Italienern nicht unbekannte) Doppelgriff- und Akkordspiel aus; und hierbei wurde manchmal, wie um den Klangreichtum der Violine besonders herauszustellen, sogar der Basso continuo weggelassen — eine für die damalige Zeit exzeptionelle Erscheinung. In anderer Weise drückte sich das Hochgefühl über die Virtuosität im Doppelgriff- und Akkordspiel bei N. Bruhns, einem Schüler Buxtehudes, aus, der Violinsonaten zum Vortrag brachte, indem er gleichzeitig den Baß auf dem Orgelpedal spielte.

*　*　*

Unter den deutschen Klaviermeistern figuriert an erster Stelle J. J. Froberger (1616—1667). Wir erwähnten ihn bereits als Organisten und Schüler Frescobaldis. Sein eigenlichstes Gebiet ist indessen das Klavier, für welches er, durch die französischen Lautenmeister angeregt, Tanzstücksuiten von bedeutendem Gehalt schuf. Von Froberger scheint auch diejenige Reihenfolge der Sätze zu stammen, welche sich von da an als Gerüste der Suitenform behauptet hat (Allemande — Courante — Sarabande — Gigue). So spielte sich auf dem Gebiet der deutschen Klaviersuite die Auseinandersetzung mit französischen Vorbildern nicht später ab als in der Orchestersuite (vgl. oben 313).

Weitere hervorragende Meister der Klaviersuite sind G. F. Händel (sofern wir diesen doch als Deutschen hier einordnen), J. S. Bach und Gottlieb Muffat (1690—1770, der Sohn des Georg). Lehnt sich Muffat speziell an das Vorbild Couperins, so verbindet Händel in seinem Klavierstil Anregungen von verschiedenen Seiten: deutsche, italienische, französische und englische; die französischen scheint er nicht direkt, sondern durch Vermittlung von Gottlieb Muffat empfangen zu haben. Mit Bach verglichen, hat der Klavierstil von Händel etwas glänzend Improvisatorisches.

*　*　*

Wir haben noch des einstimmigen deutschen Liedes mit Basso continuo zu gedenken, dieses relativ bescheidenen Gegenstücks zur italienischen Solokantate des 17. und des früheren 18. Jahrhunderts. Seine ersten Vertreter sind Heinrich Albert (1604—1651) und Adam Krieger (1634 bis 1666). Diese Lieder, die als «Arien» bezeichnet werden, haben meist strophische Form und sind von leichter, gefälliger Gestaltung; Krieger stattet sie mit Ritornellen für Instrumente aus. Dann haben wir von Johann Theile (1646—1724) Lieder, die durchweg mit Instrumenten begleitet sind, und von dessen Zeitgenossen J. W. Franck neben weltlichen Liedern mit Basso continuo geistliche. Theile war ein sehr vielseitig gebildeter Musiker, der auch Kirchenmusik im strengen Stil, sowie zur Eröffnung der oben erwähnten Hamburger Oper (1678) einige deutsche Singspiele komponierte (Franck hat für Hamburg sogar eine ganze Anzahl deutscher Opern geschrieben). Dieser etwas magere deutsche Liederfrühling setzt sich in den Liedern Bachs im Notenbüchlein für seine zweite Frau Anna Magdalena, in Telemanns «Sing-, Spiel- und Generalbaßübungen» sowie in Händels «Deutschen Arien» fort.

i) *Johann Sebastian Bach (1685—1750)*

Wir sind an dem Punkt angelangt, wo wir Bachs speziell gedenken müssen. Für viele ist Bach der Inbegriff der Musik; und doch ist seine Stellung in der Musikgeschichte eine recht widerspruchsvolle.

Ein hervorragender deutscher Musiker pflegte zu sagen: wir Deutsche können den größten Musiker, Bach, und den größten Staatsmann, Bismarck, unser eigen nennen. Bach der größte der Musiker: viele werden diesem Urteil zustimmen. Aber worauf beruht eigentlich dieses Urteil, worauf können sich solche Urteile überhaupt stützen? Haben wir einen Maßstab, um die «Größe» von Bach mit der von Palestrina, Dufay oder G. de Machaut zu vergleichen? Ist nicht der Standpunkt, auf den wir uns stellen müssen, um jedem von ihnen gerecht zu werden, zu verschieden, als daß wir sie als Größen nebeneinander stellen könnten?

Es würde mir eher einleuchten, wenn man innerhalb des gegebenen Kreises der unseren Anschauungen nahestehenden Musik, d. h. innerhalb des von der Klassik beherrschten, sagen würde: Mozart sei der größte. Ein solches Werturteil hat eine Basis, die in einem realen Zusammenhang steht. Um aber zu sagen, Bach sei «größer» als Mozart, muß man, wie ich glaube, auf einem anderen Standpunkt stehen als auf dem, von welchem aus man Mozart gerecht werden könnte. Die Ideale, die die beiden vertreten, sind so verschieden, daß man nur eines konstatieren kann: daß vom einen Standpunkt aus der eine unaktuell wird und vom anderen der andere.

Allerdings könnte man die beiderseitigen I d e a l e zueinander ins Verhältnis setzen. Hier läßt sich z. B. konstatieren, daß Mozart in dem Umkreis steht, mit dem wir in einer gewissermaßen selbstverständlichen Weise verknüpft sind, während Bach nachträglich im 19. Jahrhundert eine solche Stellung erlangt hat, a l s w e n n wir mit ihm in jener Weise verknüpft wären. Wir können uns auch die Frage vorlegen, welcher Typus von Menschen im 19. Jahrhundert und im unseren vorwiegend zu den Bach-Verehrern und welcher zu den Mozart-Verehrern gehörte. Hier wird sich wohl ergeben, daß sich die Bach-Verehrer besonders aus intellektuellen Kreisen rekrutierten (man denke an den Bach-Kultus gewisser Professorenkreise!), während zu den Mozart-Verehrern eher die ästhetisch veranlagten Menschen gehörten.

Doch müssen wir uns in diesem Zusammenhang auch die Frage vorlegen, welches die Wurzeln der «Bach-Bewegung» im 19. Jahrhundert gewesen sind. Dieselbe setzt zwei Strömungen voraus, die im frühen 19. Jahrhundert intensiv zur Geltung kamen: 1. eine d e u t s c h - n a t i o n a l e Strömung, 2. die r o m a n t i s c h e — wobei die beiden vielfach ineinandergreifen.

Für die Anhänger der ersteren Strömung war Bach der Repräsentant des Deutschen in der Musik im Gegensatz zur Wiener Klassik, deren Verknüpftheit mit der «welschen», d. h. der italienischen Kunst den Zeitgenossen nicht verborgen war. Will man sich über diese Anschauung orientieren, so greife man zu J. N. Forkels Buch über Bach, das sich in seinem Untertitel an «patriotische Verehrer» echter musikalischer Kunst wendet (1802; mit plötzlich erwachtem «Feingefühl» hat man es kürzlich für nötig gefunden, in einer in Basel erschienenen Neuausgabe des Buches einige kräftige Äußerungen nationaler Bedingtheit auszumerzen). Für den Romantiker dagegen bedeutete Bach einerseits etwas wie eine Befreiung vom Joch der klassischen Sonatenform, anderseits die Rückwendung zur Vergangenheit. Wie ein romantischer, also poetisch orientierter Musiker über Bach dachte, kann man bei Robert Schumann nachlesen.

Indessen ging es wie bei den Deutsch-Nationalen, so bei den Romantikern nicht ohne ein Maß von Illusionen ab. Ein tiefer dringendes Studium mußte unvermeidlicherweise auch bei Bach ein erhebliches Maß an «welschem Tand und Flitter» enthüllen. Allerdings meinte Ph. Spitta — als Bach-Forscher bedeutend, aber als Bach-Ästhetiker ein Kind seiner Zeit und seines Volkes —, das Verhältnis so präsentieren zu können, als habe Bach jene welschen Elemente durch die keuschen Fluten seiner deutschen, kontrapunktisch veranlagten Natur gereinigt und auf eine höhere Stufe erhoben, und auch Bachs Orgelnatur zog er in diesem Sinne heran. Indessen muß man sich fragen, warum die Orgel und der Kontrapunkt etwas Reineres, Keuscheres darstellen soll als die Melodie und Sanglichkeit (Spittas Bach-Werk erschien 1873—1880). Was dagegen die romantische Sehnsucht nach dem Sich-Lösen von der klassischen Form (an die man aber doch historisch ge-

316

bunden war) betrifft, so wurde hierbei übersehen, daß Bachs Musik zwar nicht diese Art Bindung, aber dafür um so mehr andere Bindungen mit sich bringt; man übersah auch, daß sich die klassische Form über einer ganz anders gearteten musikalischen Materie als der Bachschen erhebt, daß es also auch deswegen nicht angeht, sie als Bindung und Bach als Freiheitszustand einander gegenüber zu stellen.

Doch wollen wir uns vergegenwärtigen, daß Bachs Natur noch andere Seiten hatte, durch die sich der Mensch des 19. Jahrhunderts angesprochen fühlen konnte — und jetzt meine ich besonders den Menschen der zweiten Hälfte des Jahrhunderts —: hier scheint mir Bachs Hang zur Systematik in Frage zu kommen. Es ist ja Bachs Art, die in einem gegebenen musikalischen Material liegenden Möglichkeiten zu erschöpfen; eine Kunst, die etwas nur andeuten würde, kennt er nicht. Man nehme jedes beliebige Gebiet von Bachs Schaffen, und vergleicht man, wie er sich zu seinen Vorgängern verhält, so wird sich immer zeigen, daß er zum System ausgebaut hat, was bei jenen wie etwas (verhältnismäßig) Wildgewachsenes dastand (also gerade die Beschneidung einer relativen «Freiheit»!). Man wird auch sehen, wie Bach mit systematischem Geist Kreuzungen musikalischer Arten und Gattungen vornimmt, die mitunter geradezu etwas Experimentelles an sich haben.

Schon die Übertragung des Pachelbelschen Typus der Orgelchoralbearbeitung (s. unten 322) auf den Chor, wie Bach sie in vielen Kantateneinleitungschören übt, erscheint wie ein Experiment, da im Gesang das klanglich Einleuchtende, welches bei der Orgel in der Gegenüberstellung langer Cantus-firmus-Töne in der einen Stimme und bewegter Figuration in den anderen liegt, verschwindet; in solchen Stücken ist die auf den Chor übertragene Choralbearbeitung außerdem mit Ritornellen des Orchesters verbrämt, wie eine Arie. Es kommt auch vor, daß Bach der Begleitung einer Arie die Gestalt der Fuge gibt, oder daß ein Kantatenchor die Form einer «französischen Ouverture» erhält, unter Übertragung des ersten Teils dieser Form an das Orchester und des zweiten an den Chor — oder daß ein Kantatenchor den Charakter des ersten Teils einer solchen Ouverture hat und dabei eine Choralmelodie als Cantus firmus durchführt. Nicht weniger häufig tritt der Einfluß der Concertoform auf Chöre und Sologesänge zutage; er äußert sich unter anderem darin, daß das Ritornell eine dominierende Stellung erhält.

Was die Übertragung der Pachelbelschen Art Choralbearbeitung auf den Chor betrifft, so wollen wir es allerdings nicht als ausgeschlossen ansehen, daß hier auch «natürlichere» Zusammenhänge mit im Spiel waren. Man hat beobachtet, daß in der deutschen mehrstimmigen Vokalmusik schon am Ende des 15. Jahrhunderts die Neigung bemerkbar wird, Cantus firmi in längeren Noten im Sopran durchzuführen (vgl. oben 256). Es wäre also zu untersuchen, wieweit von da bis auf Bach eine historische Kontinuität existiert hat; und von der klanglichen Seite stellt sich die Frage, wieweit hier etwa die Cantus-firmus-haltige Oberstimme durch die Orgel verdoppelt wurde, wie wir es für den alten Cantus-firmus-Tenor vielleicht anzunehmen haben (man könnte hier sogar an eine gewisse Vorschrift Bachs im Einleitungschor der «Matthäuspassion» denken).

Wir können uns dem Eindruck nicht entziehen, daß hier ein großartig kombinatorischer Geist mehr, als wie es sonst geschieht, in das künstlerische Gestalten eingreift. Allerdings könnte man bemerken, daß ja die alten Meister der Polyphonie im 16. und im 15. Jahrhundert geradezu wesensmäßig zum «Kombinieren» neigen. Aber dort handelt es sich um etwas anderes: sie standen i n n e r h a l b einer Kunstrichtung, zu der das kontrapunktische Kombinieren gehört, Bach dagegen kombiniert Formen aus verschiedenen Künstrichtungen. So haben wir bei Bach weniger als bei anderen das Gefühl des aus historischem Boden Gewachsenen.

In alledem liegt zweifellos eine starke Dosis persönlicher Eigenwilligkeit (obgleich anderseits die Neigung zur Kreuzung und Kombinierung von Gattungen auch, wie es sich in der Musikgeschichte mehrfach zeigt, das Charakteristikum eines verhältnismäßig «peripheren» Kreises als solchen ist — und Bach vertritt ja eben einen derartigen Kreis). Hierin beruht die Eigenart von Bachs historischer Stellung, genauer: die Eigenart seines Verhaltens zum historischen Prozeß, und hier verstehen wir Bachs relative Isoliertheit innerhalb des Zeitgeschehens. Diese Isoliertheit war indessen schon Bachs Zeitgenossen aufgefallen. Aus allen Zeugnissen zusammengenommen ergibt sich, daß man Bach zu seiner Zeit in Deutschland als Meister des Kontrapunkts und der Orgel volle Gerechtigkeit widerfahren ließ, daß die Anerkennung aber auch nicht weiter ging. Im übrigen, d. h. ihrem eigentlichen Kunstideal nach, hat Bachs Zeit etwas anderes gewollt als er. Bachs Zeitgenossen sind hierfür von den Bach-Biographen abgekanzelt worden (wobei in nicht ganz sachgemäßer Weise die romantische Vorstellung vom Zerfallensein zwischen Künstler und Welt in das Feld geführt wurde); aber historisch können wir nur sagen, daß das eine Kunstideal das andere wert ist, und daß jedes Kunstideal den ihm von der Geschichte zugewiesenen Zeitort, seinen «Kairos» hat (der Franzose spricht hier von «A propos»).

So ist denn der angeblich so tiefe musikgeschichtliche Einschnitt um Bachs Todesjahr 1750 mehr oder weniger ein Mythus; denn es hat sich in Wirklichkeit nicht ein Umschwung von Bach zur Klassik abgespielt, sondern es haben nur Dinge, die schon zu Bachs Lebzeiten vorhanden waren, unabhängig von Bach ihre weitere Entfaltung genommen.

Wir müssen hier wieder vermerken, wie wenig damit geleistet ist, wenn man, sich mit erborgten Federn schmückend, von der Ablösung des musikalischen «Barocks» durch das «Rokoko» oder eine andere assoziativ herangezogene Rubrik spricht. Einer solchen Rubrizierung gemäß wäre Bach mitsamt seinen Zeitgenossen zum «Barock» zu rechnen; und doch stehen diese Zeitgenossen der musikalischen Klassik viel näher als er.

Ist aber Bach ein Meister, der sich innerhalb seiner Zeit in eigenwilliger Art eine Welt zimmert (wofür ihn dann das 19. Jahrhundert belohnt hat), so müssen wir weiter schließen, daß Bach nicht nur mit Mozart, sondern überhaupt mit einem anderen Künstler der Vergangenheit nicht leicht zu vergleichen ist, insofern sie eben alle normalerweise stärker in ihrer Zeit, also im historischen Prozeß eingebettet sind. Wir wollen freilich auch nicht übertreiben: Bach bleibt bei alledem ein Kind seiner Epoche, seine Ausdrucksmittel sind zeitbedingt, er vertritt den Typus des deutschen Kantors dieser Zeit (indem er gleichzeitig die Leistung dieses Kantors zu einzigartiger Höhe erhebt). Aber 1. ist der deutsche Kantor für jene Zeit nicht mehr repräsentativ, 2. ist bei Bach der historischen «Abseitigkeit» des deutschen Kantors noch ein starkes persönliches Eigenwilligkeitsmoment beigemischt. Bach entwickelt ein musikalisches Weltbild, ohne im Mittelpunkt der musikalischen Welt zu stehen; sich in seine eigene Welt einschließend, ist er nicht in die freiströmende Atmosphäre gelangt, in der seine Zeit atmen wollte.

Ein kleines Beispiel mag uns zeigen, wie unbedacht man Bach in das im 19. Jahrhundert so beliebte Fortschritts- und Entwicklungsschema eingespannt hat. Wie bekannt, hat er die alte Violinsonate mit Basso continuo weitgehend durch die Sonate für «obligates» Klavier mit Violine ersetzt: im Grunde eine Anwendung des Prinzips der Triosonate auf das Ensemble von Klavier und Violine — wie denn Bach die Triosonate auch auf die Orgel (oder das Pedalklavier) angewendet hat. Der Grund war wohl einerseits Bachs Neigung zur Polyphonie, anderseits die Tendenz, die Freiheit des begleitenden Klavieristen einzudämmen. Und nun hat man Bach daraufhin die Begründung der späteren (klassischen) Sonate für Klavier und Violine zuschreiben wollen. In Wirklichkeit hat derjenige, den wir als den eigentlichen Vorläufer der klassischen Klavier-Violin-Sonate ansehen müssen, Schobert (siehe unten 333), mit Bach nichts zu tun. Und das gleiche gilt von Schoberts Zeitgenossen, den «Mannheimern», sofern sie diese Gattung gepflegt haben. Höchstens könnte man sagen, daß die französischen Vorgänger Schoberts (Mondonville usw.) mit ihren Klavier-Violin-Sonaten von der vorklassischen Triosonate ausgegangen sind und insofern eine Parallelerscheinung zu Bach darstellen. Doch ist noch etwas zu bemerken. In diesem Umkreis wird so oft die Violinpartie als begleitend (manchmal sogar als Ad libitum) bezeichnet, daß wir als einen der Ausgangspunkte der Klavier-Violin-Sonate die reine Klaviermusik ansehen müssen.

Bei dem Eindruck, den Bach auf das 19. Jahrhundert gemacht hat, müssen wir aber noch etwas im Auge behalten. Bach begegnete dem musikalischen Menschen des 19. Jahrhunderts nicht nur als er selbst, sondern als Vertreter der ganzen dahingeschwundenen Welt der alten P o l y p h o n i e. Ihr gegenüber verhielt er sich aber wie ein später Ausläufer. Hierbei verkörperte er eine für den Menschen des 19. Jahrhunderts besonders einleuchtende Fassung des polyphonen Ideals, nämlich eine solche, bei der sich jenes Ideal schon weitgehend mit der neuzeitlichen, so eingänglichen Harmonik verbindet. Historisch gesprochen, erscheint indessen jene Verbindung des Kontrapunkts mit dem Dur-Moll als etwas Hybrides. Und noch etwas: wahrscheinlich mußte Bach, bei dem das Moll im Verhältnis zum Dur stärker hervortritt als in der Klassik, dem in dieser aufgewachsenen Menschen des 19. Jahrhunderts gefühlserfüllter erscheinen, als er ist; in Wirklichkeit hängt das Moll bei ihm noch einigermaßen mit der Kirchentonart-Tradition zusammen.

Doch hat Bach den alten Kontrapunkt nicht nur in das Dur-Moll einbezogen, sondern er hat ihn gleichzeitig als etwas, das auf vokalem Boden herangewachsen war (eben das, was wir im 15. und 16. Jahrhundert heranwachsen sahen), in den i n s t r u m e n t a l e n Bereich hinübergetragen. Sein Kontrapunkt ist im Grunde der imitierende, auf der komplementären Rhythmik basierende des A-cappella-Stils (siehe oben 238 f.), der nunmehr mit instrumentalen Spielfiguren (hauptsächlich organistischen!) ausgestattet ist (wir wollen uns erinnern, daß Bachs Kantorei in Leipzig jeden Sonntag nicht nur eine Kantate, sondern auch lateinische Motetten aufzuführen hatte, daß das in jener Zeit in Leipzig, wie in vielen deutschen Kirchen gebrauchte Bodenschatzsche «Florilegium Portense» solche Motetten von Handl, Haßler, den beiden Gabrieli und anderen enthielt, sowie daß Bach in einzelnen Orgel- und Chorstücken bewußt eine Annäherung an den A-cappella-Stil suchte, ja daß er eine Messe Palestrinas mit Begleitung von Blasinstrumenten und Continuo eingerichtet hat). Wenn Bach jenen Stil im allgemeinen durch Spielfiguren instrumentalisiert hat, könnte man sich freilich auch dessen erinnern, daß schon zu Palestrinas Zeit die Sänger einzelne der vom Komponisten niedergeschriebenen Stimmen mit Verzierungen im Sinne eines solistischen «Exzellierens» versahen; doch waren dies spezifische Sängerfiguren, und außerdem erstreckten sie sich eher über einzelne Stimmen als über das ganze Gewebe.

Übrigens könnte man fragen, ob eine Sache dadurch wesentlich instrumental wird, daß man sie nur mit instrumentalen Spielfiguren ausstattet. Auf der Orgel freilich wirkt diese Instrumentalisierung des A-cappella-Stils schlechthin überzeugend; hier erhält die imitatorische Polyphonie durch das Absolute des Orgelklangs (und durch das Moll-Dur!) etwas intensiv Vorwärtsdrängendes, vital Strömendes. Zur spezifischen Spielfreudigkeit der Orchesterinstrumente dagegen paßt dieser Stil wenig; und so hat sich denn auch Bach seiner Anwendung auf dieses Gebiet ziemlich weitgehend enthalten. Anderseits aber hat er sich nicht gescheut, diesen Stil in seiner organistischen Fassung öfters auf den Chorgesang zu übertragen; hier wird ihm nicht jedes Ohr willig folgen.

So ergäbe sich, daß Bach die Eigenart der anderen Instrumente außer der Orgel eher respektiert als die der menschlichen Stimme. Gehen wir zu Bachs Sologesängen über, so zeigt sich bei ihm in Arien mit obligaten Instrumenten sehr oft, daß die Stimme im Duettieren mit dem Instrument den kürzeren zieht und daß in der Aufeinanderfolge das Ritornell den Vorrang hat; freilich können solche Ritornelle auch hervorragend schön sein (man sehe jenes zum Duett in der Kantate N. 13, welches M. Reger zum Thema seiner Bach-Variationen für Klavier gemacht hat). Auch in der sonst schön geführten Melodie eines schlichten Liedes mit Continuo («Bist du bei mir») kann es vorkommen, daß der Singstimme gelegentlich eine bloße aus dem Akkord gebildete Floskel zufällt.

Vielleicht war auch diese «Instrumentalität» Bachs etwas, das der Musikanschauung des 19. Jahrhunderts, besonders der deutschen, einleuchten mußte — obgleich die Instrumentalität des 19. Jahrhunderts auf einer anderen Grundlage erwachsen ist, nämlich der der klassischen Symphonie.

Aussprüche aus dem Anfang des 19. Jahrhunderts zeigen, wie sehr Bach durch das «kosmische» Gefüge seiner Polyphonie nachdenkliche Geister beeindrucken konnte: sei es nun das Wort Beethovens, der Bach den «unsterblichen Gott der Harmonie» nannte und ein anderes Mal meinte, er müßte nicht Bach, sondern Meer heißen, oder Goethes Ausspruch, man vermeine hier die Harmonie selbst zu hören, wie sie vor der Weltschöpfung im Busen des Schöpfers mit sich rede. Das letztere Wort möchte ich insofern präzisieren, als hier, vielleicht unbewußt, zum Ausdruck kommt, daß die Musik Bachs, eben als etwas Vorschöpfungsmäßiges, die Äußerung einer relativ reinen, außerhalb des Lebens stehenden, nicht im menschlichen Herzen verwurzelten Vernunft ist. Vulgärer hat eine gute Hausfrau einmal denselben Tatbestand ausgedrückt, indem sie meinte, ihr sei, wenn sie Bach höre, zumute, wie wenn sie in ihren Schubladen Ordnung mache.

* *
*

Nach dem Gesagten wird es keinen wesentlichen Unterschied ausmachen, welches Gebiet des Bachschen Schaffens wir herausgreifen, um uns zu vergegenwärtigen, wie Bach darauf aus ist — und wie er es vermag —, gegebene Möglichkeiten bis zum Höchstmaß auszunützen, «verstreute Glieder» in einem System zusammenzuschließen.

Am glänzendsten und überzeugendsten tritt diese Eigenheit Bachs jedenfalls in seinem Orgelschaffen in die Erscheinung (in dessen Bewertung wir mit seinen Zeitgenossen nur einig gehen können). Es ist bekannt, wie Bach hier die auf die italienische Toccata und das Ricercar zurückgehende freie Aufeinanderfolge von passagenmäßigen (rezitativähnlichen) und fugierten Teilen, wie sie uns noch in Buxtehudes «Präludien und Fugen» entgegentritt, endgültig zusammenzieht und scheidet, so daß daraus die streng gesonderte Zweiheit von Präludium und Fuge wird; ein Prozeß, den man mit dem Übergang vom Arioso zur Zweiheit von Rezitativ und Arie in der Kantate und der Oper vergleichen kann. Es ist auch bekannt, wie Bach auf dem Gebiet des Choralvorspiels (bzw. der Choralbearbeitung) die verschiedenen Typen, die er bei seinen Vorgängern fand, übernahm: den Pachelbelschen, der die Töne der Choralmelodie in gedehnter Form in die Oberstimme legt und die übrigen Stimmen sich in Imitationen ergehen läßt, den Böhmschen, der die Melodie in reich verzierter, «kolorierter» Form über einem einfacheren Begleitfundament durchführt, und den Buxtehudeschen der freien Phantasie.

Am fünfstimmigen «Vater unser im Himmelreich» aus dem 3. Teil der «Clavierübung» kann man sehen, wie Bach den Pachelbelschen Typus der Choralbearbeitung auf den Gipfel führt. Es ist ein Stück philosophisch-kontemplativer Musik und doch echt instrumentengerecht im Sinne der Orgel. Der Cantus firmus wird kanonisch durchgeführt, dabei ist aber — und dies ist für Bachs Tendenzen bezeichnend — das belebte Gegenmotiv hier durch das ganze Stück einheitlich festgehalten und dabei seiner Substanz nach durch Kolorierung aus der 1. Choralzeile gewonnen: wir sehen Bach hier wirklich «zwischen den Zeiten» stehen (da wir hier nicht Rhetorik treiben, sagen wir nicht «über den Zeiten»; doch dürfen wir vielleicht sagen, daß dieses melancholische Stück das vollendetste ist, das Bach geschaffen hat).

Bei alledem ist eigenartig, wie Bach sogar auf diesem Gebiet, wo er sich am ehesten in seinem Mittelpunkt befindet und mit wesensverwandten Vorgängern verknüpft ist, doch unter den Einfluß eines Elements gerät, das ihm auf einem anderen Gebiet begegnet war und ihn unendlich beeindruckt hatte: der Vivaldischen Concertoform (ich meine hier die Concertoform als Satzform — obgleich Bach gelegentlich durch Einfügung eines langsamen Satzes zwischen Präludium und Fuge auch der Concertoform als Zyklus gehuldigt hat). Dies ist geradezu der Grundpfeiler, auf dem in Bachs späterer Periode die feste Organisation des von der Fuge geschiedenen Präludiums beruht; ja auch in Bachs größte Orgelfuge, die in e-moll, ist diese Form eingedrungen (wir wollen hier vermerken, daß sich jene Form, wie mit der Ritornellform der Arie, so auch mit dem Wechsel zwischen Durchführung und Zwischenspiel in der Fuge berührt). Im großen c-moll-Präludium befolgt Bach speziell das Vivaldische Verfahren, die Tuttistellen nur partiell zu wiederholen, aber in ganz systematischer Weise: die erste Wiederkehr des Tutti bringt von dessen 24 Takten die ersten vier, die zweite Takt 5 bis 12, die dritte Takt 13 bis 24, womit das Tutti aufgebraucht ist, und am Schluß kehrt es als Ganzes wieder. Hier verblaßt die Plastik der Concertoform zur Schematik, und dies gerade in der Zeit, als sie sich anderwärts zur Plastik der klassischen Symphonieform abzuklären und zu steigern begann.

Nun ein Blick auf das, was in Bachs Schaffen quantitativ an erster Stelle steht, die K i r c h e n k a n t a t e n.

Als liturgischer Hintergrund steht hinter der Bachschen Kantate die Einrichtung, daß im Zyklus des lutherischen Kirchenjahres jedes Fest, jeder Sonntag seinen Evangelienabschnitt hatte (ein Brauch, der aus der mittelalterlichen Kirche stammt); desgleichen war jedem dieser Tage ein oder mehrere Choräle (Gemeindelieder) zugewiesen (in diesem Sinne ist auch Bachs «Orgelbüchlein», jene Sammlung kleinerer Choralbearbeitungen, ein liturgischer Jahreszyklus).

Wir sahen oben 309 f., wie im 17. Jahrhundert in Deutschland das musikalische Glanzstück des Gottesdienstes entweder die Form der Chorkomposition mit Continuo, also der Motette, oder eine der Zwischenformen zwischen Motette und Kirchenkantate aufwies, wobei Buxtehunde die letztere bereits in ausgesprochener Art verkörpert. Was uns hier als Kirchenkantate begegnet, ist im Grunde die letzte Verwirklichung des Begriffes der «Concertenmusik», die, wie wir sahen (oben 286), im 17. Jahrhundert in der Schloßkirche in Wittenberg allsonntäglich mit der «Motettenmusik» alternierte. Liturgisch wesentlich ist jedenfalls, daß dieses musikalische Hauptstück des Gottesdienstes seinen Platz zwischen Evangelium und Predigt, also unmittelbar nach der Evangelienverlesung hatte, wodurch es zu einer der wirklichen Predigt vorgreifenden musikalischen Predigt wurde.

Wir sahen auch, wie Bach nach einigem Zögern jenem neuen Kantatentypus folgte, den wir nach dem Textdichter den Neumeisterschen nennen wollen. Hier war es nicht mehr der Komponist, der sich den Text aus Bibelsprüchen und Choralstrophen zusammenstellte (wobei er allenfalls auch einen Dichter beizog), sondern es handelte sich um die ausgesprochene Schöpfung des Dichters — der freilich später wieder Wasser in seinen Wein goß und sich zur Verwertung von Bibelsprüchen oder Choralstrophen herbeiließ. In musikalisch-formaler Hinsicht war das Charakteristikum der neuen Kantatenart die scharfe Scheidung der Sologesänge als Rezitative und Arien, entsprechend dem neuen «neapolitanischen» Operntypus. Wir sahen ferner, daß Bach an dieser Sonderung festgehalten hat, auch als er später textlich die Neumeisterschen Bahnen wieder verließ.

Nun hat man es höchlich bedauert, daß Bach nicht fortfuhr, sich an jenen norddeutschen Kantatentypus zu halten, da er so schon damals zum Richard Wagner der deutschen Musik hätte werden können. Die Frage ist aber, wo denn damals die Elemente zu finden waren, aus denen sich eine echt deutsche konzertierende Gesangsmusik hätte zusammensetzen können. Die Kantate war nun einmal ein Satellit der Oper und mußte den Peripetien dieser folgen. Bach hat sich vor der Tatsache gebeugt, wobei wir annehmen dürfen, daß seiner Natur die feste Scheidung zwischen Rezitativ und Arie sowie die feste, etwas schematische Arienform der neapolitanischen Oper eher zusagte als das freie Arioso der älteren Oper und der älteren deutschen Kirchenmusik. Hier tritt für einmal — und es ist selbstverständlich nicht das einzige Mal — ein Parallelismus zwischen Bach und der Zeitentwicklung zutage.

Der Stil Bachs in seinen O r a t o r i e n ist derselbe wie in den Kantaten, ja einige seiner Oratorien setzen sich aus Kantaten zusammen. Die berühmtesten Oratorien Bachs sind indessen die Passionsoratorien (ich brauche wohl nicht zu erklären, was ich unter einem Passionsoratorium verstehe: es ist eine Passion in Oratorienform oder ein Oratorium, das die Passion zum Gegenstand hat). Hier macht sich dank den Wechselreden des biblischen Textes, besonders dank dem Eingreifen des Volkes, ein dramatisches Element geltend, das den Kantaten fehlt; und daß das Rezitativ hier die Evangelistenerzählung ist, gibt dem Ganzen einen einheitlicheren Zug.

Insbesondere die «Matthäus-Passion» gilt schon seit langem als ein Hauptwerk Bachs; sie ist zu dem wohl am meisten aufgeführten Repertoirestück der Gesangvereine des deutschen Sprachkreises geworden. Ihre erste Neuaufführung seit Bach fand 1829 unter Felix Mendelssohn in Berlin statt, der damals scherzhaft bemerkte, es habe ausgerechnet eines Komödianten und eines Judenjungen bedurft, um das schönste Stück christlicher Kirchenmusik wieder aufleben zu lassen (mit dem Komödianten meinte er einen Schauspieler, der ihn auf dem entscheidenden Gang zum Direktor der Singakademie begleitet hatte, mit dem Judenjungen sich selbst, obgleich er selbstverständlich getauft war). Diese Tat war übrigens auch ein Beweis für die Leistungsfähigkeit des deutschen Gesangvereins, der nunmehr (wenn auch unter Aufwendung größerer Klangmassen) zu pflegen unternahm, was ursprünglich dem kirchlichen Sängerchor oder dem Schülerchor zugefallen war.

Andere mögen die h - m o l l - M e s s e als das Hauptwerk Bachs ansehen: in dieser Meinungsverschiedenheit wollen wir nicht Partei ergreifen. Eben als eine Messe, d. h. als eine Komposition mit festgelegtem liturgischem Text, hat die h-moll-Messe einen monumentaleren Charakter als die Passionsoratorien (und damit liegt sie der Art Bachs im Grunde vielleicht doch näher als jene Passionen). Sie läßt die Rezitative weg, welche die Brücke zur Oper bilden, und beschränkt sich auf den Wechsel von Chor und Sologesang, letzterem in der Form von Arie und Duett — wie denn schon die konzertierende Messe vom Anfang des 17. Jahrhunderts (s. oben 282 f.) den Text auf Chor und Solostimmen verteilte; der Unterschied ist selbstverständlich, daß bei Bach die Chöre und die Sologesänge Höchstformen in seinem Sinne darstellen. Obgleich eigentlich nicht bekannt ist, daß Bach von Vivaldi auch Gesangsmusik gesehen oder gehört hat, wollen wir doch eine Berührung zwischen dem trompetenbegleiteten *Gloria* dieser Messe und dem gleichfalls trompetenbegleiteten Schlußchor von Vivaldis Oratorium «Judith triumphans» vermerken.

Auch in der K l a v i e r m u s i k nimmt Bach Anregungen von verschiedenen Seiten auf. Wie man neuerdings wahrscheinlich gemacht hat, folgen die drei Suitenzyklen chronologisch in dieser Weise aufeinander: die sogenannten englischen Suiten, die sogenannten französischen, die Partiten. Diese Reihenfolge repräsentiert einen allmählichen Übergang von französischen Vorbildern (Couperin) zu italienischen (Scarlatti) — wenn nicht in bezug auf die Form, so jedenfalls in bezug auf die Satztechnik; es ist der Übergang von der festen Stimmenzahl zur Freistimmigkeit. Die «Partiten», in denen Bach den Rahmen des Suitensatzes (und besonders den der vorangestellten Ouverture oder Sinfonia) stark erweitert, sind eines der wenigen Werke Bachs, die bei seinen Lebzeiten gedruckt wurden; sie konstituieren den ersten Teil der «Klavierübung» (den zweiten bildet in der Hauptsache das «Italienische Konzert», in dem Bach seine Klavierübertragungen Vivaldischer Konzerte glänzend fruktifizierte; im dritten Teil stehen hauptsächlich Orgelwerke, und den vierten bilden die «Goldberg-Variationen» für Klavier).

Das «Wohltemperierte Klavier» als verdoppelte Sammlung von Präludien und Fugen in allen Tonarten (oder Transpositionen) in der damals aufkommenden gleichschwebenden (temperierten) Stimmung belegt wiederum den systematischen Geist Bachs. Doch noch mehr tut dies die «K u n s t d e r F u g e», Bachs letztes, unbeendet gebliebenes und nach seinem Tode erschienenes Werk. In dieser systematischen Sammlung von Beispielen zur

Fugenlehre hat Bach die Höhen reiner, lebensferner Betrachtung ganz erklommen. Hier ist sogar die Concertoform, die ihm so weitgehend als ästhetisches Hilfsschema gedient hatte, aufgegeben.

Es ist eigenartig, wie sich unsere Zeit in den Glauben hineinsteigern konnte, dieses Werk Bachs neu entdeckt zu haben. Eine im Bach-Jahrbuch 1924 erschienene Abhandlung von W. Graeser, in der behauptet wurde, erst der Verfasser habe den wahren Aufbau des Werkes erkannt (und zwar gemäß dem Prinzip der «Symmetrie») sowie die wahre Spielbestimmung desselben (als eines Werkes für Orchester oder ein Instrumentenensemble, nicht für Klavier), rief einen Taumel der Begeisterung hervor, an dessen Echtheit man denn doch einigermaßen zweifeln darf. Daß Bach hier das Prinzip der Fugenkunst zum Gegenstand macht, daß er es von verschiedenen Seiten umfassend beleuchten will, bedeutet nicht, daß das Werk einem kleinlich-äußerlichen Schema entsprechen muß, ja nicht einmal, daß es überhaupt eine zyklische Form darstellen soll wie eine Sonate, Suite oder Variationenreihe. Daß ein Werk dieser Art weder zum Orchesterstil Bachs noch zu seinem Orgelstil paßt, sollte jedem klar sein, der sich mit diesen Dingen beschäftigt hat. Im Klang des Streichorchesters erscheint die *d*-moll-Thematik des Werkes allzu tränenreich — oder aber, wenn der Dirigent eine spezielle Mühe darauf verwendet, die innere Belebtheit des Streicherklanges auszumerzen, unwirklich und unnatürlich; und die Orgel umkleidet es mit einer Schwerewirkung, die wiederum seiner abgeklärten Kontemplativität nicht förderlich ist. Jedenfalls ist erwiesen, daß Vorführungen des Werkes auf dem Klavier dem Hörer viel weniger «lang» vorkommen als solche in massiverer Einkleidung.

Es fehlt übrigens nicht an direkten Hinweisen darauf, daß die «Kunst der Fuge» für das Klavier bestimmt ist. Nun bin ich an sich durchaus nicht gegen Bearbeitungen eingestellt — vorausgesetzt, daß sie mir einem künstlerisch guten Geschmack zu entsprechen scheinen —, doch muß ich mich wundern, daß heute gerade in Kreisen, die eine Bearbeitung an sich wie ein Verbrechen ansehen, immer wieder neue Instrumentierungen der «Kunst der Fuge» versucht werden. Wenn wir uns erinnern, daß dieselbe schon seit etwa hundert Jahren in der verbreitetsten der Musikausgaben in ihrer authentischen Form als Klavierwerk (wenn auch mit einigen Irrtümern im einzelnen) gedruckt ist, sowie daß sie im 19. Jahrhundert und bis in das unsere hinein wenigstens bei Schülerkonzerten in musikalischen Hochschulen aufgeführt worden ist, fällt die angebliche Neuentdeckung in sich zusammen.

In Bachs O r c h e s t e r-Concerti (den bereits oben 297 erwähnten sechs «Brandenburgischen») sehen wir die unmittelbare Berührung mit Vivaldi, aber darum treten auch die Unterschiede um so anschaulicher zutage. Bach enthält sich hier zwar der absoluten Polyphonie, immerhin ist das Formprinzip mit einer kontinuierlichen Belebung aller Stimmen verbunden und so das Moment des einheitlichen Fließens betont. Wir sehen hier mehr an konkret greifbarem logischem Zusammenhang, aber weniger an Formplastik als bei Vivaldi, mehr Methodik, aber weniger Zündendes. Die Besetzung des «Concertino» in den «Brandenburgischen» Konzerten ist ähnlich mannigfaltig wie bei Vivaldi. Außerhalb dieser Serie besitzen wir von Bach Konzerte für Violine, eines für zwei Violinen, Konzerte für Klavier, zwei Klaviere, drei Klaviere und vier Klaviere (letzteres eine Bearbeitung von Vivaldis Konzert für vier Violinen), ein Konzert für Flöte, Violine und Klavier und ein (neuerdings durch M. Schneider rekonstruiertes) für Violine und Oboe. Es sind dies Werke, die teilweise noch höher zu schätzen sind als die «Brandenburgischen» Konzerte. Es wird interessant sein, dieses ganze Material mit den Konzerten von Vivaldi und Albinoni zu vergleichen, wenn diese uns einmal alle vorliegen. — In seinen Orchestersuiten (die nach dem Einleitungssatz «Ouverturen» betitelt sind) folgt Bach französischen Anregungen (vgl. oben 313).

Eine Sonderstellung unter Bachs Werken kommt den drei Sonaten und den drei Partiten für V i o l i n e o h n e B e g l e i t u n g zu, denen sich noch sechs Suiten für Cello ohne Begleitung beigesellen (zum unbegleiteten Violinspiel vgl. oben 314). Da die drei Violinsonaten dem viersätzigen Schema der «Kirchensonate» folgen und da die Partiten Suiten sind, könnte man, sich italienisch ausdrückend, sagen, daß es drei Kirchen- und drei Kammersonaten für Violine sind; es ist auch durchaus der Regel gemäß, daß in den ersteren der zweite Satz jeweilen die fugierte Form hat — nur daß Bach hier, seiner Neigung folgend, der Fuge eine solche Entwicklung gibt, daß sie als zweiter Satz die Form der Sonate zu sprengen droht.

Letzteres gilt erst recht von der berühmten C h a c o n n e , mit der die eine der Partiten für Violine endet. Es ist eine der bedeutendsten Kompositionen Bachs. Analog gebaute, einen ähnlich großartigen Eindruck machende Stücke aus der italienischen Violinmusik sind die «Folia» von Corelli und die Chaconne von Bachs älterem Zeitgenossen Tommaso Vitali, die aber beide vom Continuo begleitet sind. Es kann kein Zweifel sein, daß Bachs Chaconne echt violinmäßig empfunden ist. Und doch hat sie etwas über die Violine Hinausweisendes. Ich meine hier nicht das Technische, d. h. die Tatsache, daß die Akkorde nun einmal nur als Arpeggien erklingen können (die Annahme eines runden Bogens, der es gestattet haben soll, die Akkorde als solche zu greifen, kann wohl für Bachs Zeit nicht mehr gelten). Nein, es ist etwas Aesthetisches, das diese Chaconne mit der Welt der Orgel verbindet, ohne doch ihrer Echtheit als Violinstück Abbruch zu tun. Ich lasse meinen Blick von dieser Violinchaconne zur g-moll-Passacaglia für Orgel aus Georg Muffats «Apparatus musico-organisticus» schweifen: es ist etwas Gemeinsames im Rhythmus da, nämlich das synkopische Hervortreten des zweiten Viertels im Dreitakt (Busoni, der doch ein geschmackvoller Komponist war, hat dies in seiner Klavierbearbeitung von Bachs Chaconne nicht verstanden, da er den charakteristischen Sextakkord über dem Grundton manchmal statt auf dem zweiten Viertel erst auf dem dritten bringt) — ferner der Vorhalt vor dem Leitton am Anfang des zweiten Takts und die innerliche Zusammengehörigkeit je zweier viertaktiger Perioden. Diese Zusammengehörigkeit verwirklicht sich allerdings bei Muffat anders als bei Bach, da Muffat je die erste von zwei Perioden mit Halbschluß enden läßt, während Bach in etwas gewagter Weise sämtliche Viertakter mit Ganzkadenz abschließt. Trotzdem bleibt aber auch bei Bach etwas von der Zusammenfassung je zweier Viertakter übrig, wenn auch nicht mit Kadenzdifferenzierung verbunden und nur teilweise äußerlich feststellbar. Und nun scheint mir, daß diese Gliederung nach zweimal vier einen Vortrag impliziert, bei dem etwas vom Manualwechsel der Orgel nachklingt (dies sind Gedanken, die mir kamen, nachdem ich bereits auf Grund der ihnen entsprechenden Gefühle eine Orgelbearbeitung dieser Chaconne «verbrochen» hatte).

Indessen ist als Vergleichsmaterial außerdem die (musikalisch dürftigere) Passacaglia heranzuziehen, die in einer Violinsonate von H. J. F. Biber steht (DTO. V 2, Seite 50): hier wird eine viertaktige Phrase variiert, die gleichfalls im dreiteiligen Rhythmus den sekundären Nachdruck auf das zweite Viertel verlegt und, wie bei Bach, stets auf der Tonika kadenziert; die «Orgeldynamik» ist hier ausdrücklich vorgeschrieben, da der nachfolgende, wiederholungsmäßige Viertakter oft mit «p» (= piano) bezeichnet ist. Man vergleiche auch die Orchesterchaconne von Lully, SBe. 233, in der allerdings der Wechsel zum Bläsertrio nicht bei der viertaktigen Wiederholungsperiode, sondern über größere Strecken stattzufinden scheint.

*　*
*

Indessen hat Bach als im Verhältnis zum Wollen seiner Zeit «rückschrittlicher» Meister in gewissem Maße ein Gegenstück: Johann Joseph Fux (1660—1741), den man den «österreichischen Palestrina» genannt hat.

Fux war ein eifriger Verfechter des kontrapunktischen Stils und sah die «dermalige Schreibart» als «lizentiös» an. In seinem berühmten Kontrapunktlehrbuch, dem auf lateinisch abgefaßten «Gradus ad Parnassum» (1725), stellt er sogar noch auf die Kirchentonarten ab. Dies hindert nicht, daß er auch Opern komponiert hat — im stark italienisch beeinflußten Wien konnte er wohl nicht anders; doch fanden schon seine Zeitgenossen, daß diese zu sehr wie Kirchenmusik klingen, was nicht zu verwundern ist, stehen doch hier die Chöre manchmal beinahe ebenso im Vordergrund wie in einem Händelschen Oratorium, ja es kommt vor, daß Fux die Begleitung einer Arie als Fuge gestaltet. Selbstverständlich besitzen wir von ihm auch Kirchenmusik. Auf dem instrumentalen Gebiet schuf Fux Triosonaten und die 1701 unter dem Titel «Concentus musico-instrumentalis» erschienenen Orchestersuiten. In diesen zeigt er sich immerhin, bei aller Wahrung der Gediegenheit der Faktur und trotz dem lateinischen Titel, den Zeittendenzen gegenüber recht aufgeschlossen: hier werden sowohl französische Einflüsse wirksam (es sind Ouverturensuiten), wie der des italienischen Concerto.

Wir müssen, indem wir die «Rückschrittlichkeit» von Bach mit der von Fux in Parallele setzen, allerdings berücksichtigen, daß Fux älter als Bach ist: er ist eher Altersgenosse der Italiener Scarlatti und Steffani, die in der Oper noch mehr kontrapunktische Haltung wahrten als die «Neuneapolitaner». Außerdem war der Kontrapunkt des Acappella-Stils, für den Fux eintrat, eben als ein vokaler, italienischer Prägung, also irgendwie mit der Sangesfreudigkeit der Oper verwandt. Vergessen wir nicht, daß auch die italienischen Opernmeister der zweiten Hälfte des 18. Jahrhunderts die solidesten Kontrapunktstudien gemacht hatten, deren Frucht allerdings in ihrem Schaffen wohl nur indirekt nachweisbar wäre — falls sie nicht daneben auch Kirchenmusik geschrieben hätten.

k) Der klassische Stil in der Instrumentalmusik

(Mozart und Haydn)

Nachdem ich, einem mutmaßlichen Wunsch des geneigten Lesers entsprechend, Bach in dieser Darstellung verhältnismäßig viel Raum gewidmet habe, muß ich bekennen, daß ich als Historiker ein schlechtes Gewissen habe: denn nach diesem Unterkapitel habe ich den Faden genau dort wieder aufzugreifen, wo ich ihn liegen ließ.

Es handelt sich darum, daß jetzt aus all den Gegebenheiten, die wir vom Anfang des 17. Jahrhunderts an verfolgten, dasjenige hervorblüht, was wir den k l a s s i s c h e n S t i l oder die musikalische Klassik nennen: eine Bezeichnung, für die wir nicht verantwortlich sind, die aber insofern zu Recht besteht, als hier aus jenen Voraussetzungen heraus — und doch in einem neuen Geiste, und gleichzeitig uns nahestehend — ein Gipfelpunkt künstlerischer Gestaltung erreicht wird; auch insofern, als dem Wort «klassisch» eine innere Ausgewogenheit der musikalischen Seinsweise entspricht, welche den Unterschied zwischen dieser Seinsweise und der desaxierten der «Romantik» bestimmt. (Ich nehme also «Klassik» etwa im Sinne von «vorbildhaft im Rahmen des uns Naheliegenden» und gehe nicht auf die Verengerung dieses Begriffes als «Wiener Klassik» ein.)

Gleichzeitig findet im musikalischen Dominium eine Ablösung der Italiener durch die Deutschen statt, erstaunlicherweise auch ein Übergang des Schwergewichts von der Oper auf die Symphonie. Und doch können wir nicht von einer vollständigen Umwälzung sprechen, denn der größte dieser Deutschen, der Österreicher W o l f g a n g A m a d e u s M o z a r t (1756 bis 1791), ist in hohem Maße mit der italienischen Musik verknüpft; und sogar in seiner Instrumentalmusik lebt viel von der Sanglichkeit und der dramatischen Bewegtheit der Oper fort. Von einer Umwälzung könnte man nur insofern sprechen, als nachdem Monteverdi der Musik einen neuen Zaubergarten eröffnet hatte, teilweise eine gewisse Erstarrung, eine gewisse Formelhaftigkeit der Ausdrucksweise bemerkbar geworden war, welche einer Reaktion rief; und doch ist nicht zu übersehen, daß dabei in jenem Garten immer neue Blüten aufgegangen waren.

Sofern es aber doch eine Wendung ist, betrifft sie am ehesten den «T o n» der Musik. Es ist eine Wendung vom Pathos zur Heiterkeit, vom Gravitätischeren zum Kindlicheren, zur liebenswürdigen Natürlichkeit. Kein Wunder, daß jetzt das Dur so in den Vordergrund vor dem Moll tritt, wie es vorher nicht der Fall gewesen war. Schon in den Anfängen der Buffooper war dieser Ton vernehmbar geworden (vgl. oben 292 und 304).

Doch außer dem Geist und der Haltung dieser Musik kommt es auf ihre F o r m an, und hier müssen wir die Form in zwei Aspekten ins Auge fassen: die Form im allgemeinen Sinne als Formhaftigkeit und das Sich-herauskristallisieren der Sonatenform als Satzform im speziellen Sinne.

Zum Wesen der Klassik gehört zunächst eben dies, daß der Geist (die Haltung) und die Form in vollständiger Harmonie miteinander sind und daß sie sich wechselseitig bedingen. Die Formhaftigkeit tritt uns hier entgegen wie die Gegliedertheit des menschlichen Körpers, die gleichfalls einem Geist und einer inneren Haltung entspricht.

Im speziellen handelt es sich in der klassischen Musik aber um jene als Sonate bezeichnete S a t z f o r m, die dem ersten Thema ein zweites, in einer anderen Tonart stehendes, gegenüberstellt, dann dieser «Exposition» eine «Durchführung» (französisch: développement) folgen läßt und schließlich, als «Reprise», die beiden Themen in der Haupttonart bringt. Wir können diesen Formtypus als zwiespältig-einheitlich bezeichnen, da er ein Element des Gegensatzes in sich enthält. Freilich ist, bevor wir von zwei Themen und ihrem gegensätzlichen Verhältnis sprechen, zunächst dies festzustellen, daß überhaupt ausgesprochene «Themen» als Rückgrat der Satzform hervortreten, sowie ferner: die wesensmäßig mit der neuen Art verbundene liedmäßige — also eingängliche, übersichtliche — Periodisierung bzw. die Geschlossenheit der Periodenbildung.

Den größten Gegensatz dazu verkörpert Bach mit seiner Tendenz zur einheitlichen «Ausspinnung» (die auch rhythmisch ein gleichmäßigeres Fließen bedingt). Und nun ist uns im deutschen Musikschrifttum um 1900 (A. Halm, E. Kurth usw.) immer wieder vorgehalten worden, die eigentliche Form sei die Einheitlichkeit, die sich in der motivischen Verknüpfung äußert; schon Ph. Spitta ermutigte Brahms, seiner Musik durch diese Art gedanklicher Verknüpfung «Festigkeit» zu geben. Aber Form im eigentlichen Sinne ist dies nicht; für diese bedarf es des Eindrucks der gegliederten Gestalt, dieser aber ergibt sich, wenn Dinge, die von einander v e r s c h i e d e n sind, sich irgendwie innerlich zur Einheit zusammenfügen; und so ist wohl die klassische zweiheitlich-einheitliche Form in besonderem Maße Form. Jedenfalls ist die Form eher eine Gnade als ein Zwang, eher eine Sache des Schauens als des Denkens.

Wiederum aber wäre es falsch (d. h. unhistorisch), Bach hier an Mozart stoßen zu lassen und so eine Umwälzung zu konstruieren, die in Wirklichkeit nicht stattgefunden hat. Im Prinzip liegt die Form als ein Mehrheitlich-

330

Einheitliches voll ausgeprägt schon bei Marini vor (ich erinnere an die oben
284 zitierte Violinsonate), der aber selbst wieder hierin keine isolierte Erscheinung darstellt. Der Unterschied ist nur, daß bei Marini ein Zwischenstadium gegeben ist, bei dem sich die einzelnen Bestandteile zueinander verhalten wie Teile i n n e r h a l b der späteren Sonaten-Satzform und gleichzeitig
wie die S ä t z e der späteren Sonate. Von hier ist die Entwicklung (Corelli)
zunächst zur Ausprägung der Satzfolge gegangen — obgleich auch innerhalb
des Satzes das Moment des Sich-voneinander-Abhebens immer irgendwie
zu seinem Recht gekommen ist; so finden wir z. B. schon im Satz der Corelli-
schen Suite (Kammersonate) Ansätze zum Übergang von:

a / a_1 (mit Wiederholung jedes der Teile)
zu:
$a \ b$ (2. Element in der Nebentonart) / $a_1 \ b_1$ (2. Element in der Haupttonart)
oder (mit einem Keim von «Durchführung») zu:
$a \ b$ (2. Element in der Nebentonart) / $c \ a_1 \ b_1$ (2. Element in der Haupttonart)
— wobei immer die beiden Hauptteile des Satzes wiederholt sind.

Hier erscheint tatsächlich die klassische Sonatenform wie der Endpunkt
eines Kristallisationsprozesses. Hierbei ist auch die besondere Art der Formung eines Gegensätzlich-Gegliederten nicht zu übersehen, die Vivaldi in
seinem Concertosatz gegeben hatte (s. oben 297 f.). Wir erinnern ferner an das,
was oben 299 f. anläßlich der Ouverturen Scarlattis und der Klavierstücke des
Sohnes Scarlatti und anderer, sowie anläßlich der Triosonaten Pergolesis und
der hier besonders weit gediehenen Symphonien und Sonaten Sammartinis
gesagt wurde.

Im Zusammenhang mit den leider auseinandergehenden Auffassungen darüber,
was die Form in der Musik sei, bzw. in welchem Fall Formhaftigkeit vorliege, folge
eine kleine Geschichte. Vor einer Reihe von Jahren kam ein junger Musikwissen-
schafter aus Deutschland nach Basel, voll von jenen modischen Anschauungen, wonach
mit Bach das «Barock» ende und hierauf nicht etwa die Klassik, sondern sofort schon
die Romantik einsetze, wonach ferner das Charakteristische des «Barocks» die formale
Geschlossenheit sei (diese gleichgesetzt mit motivischer Gleichförmigkeit), das Charakteristische der (die Klassik mit umfassenden) «Romantik» dagegen der formale Zer-
fall, d. h. das Vorliegen von «Einfällen», die in mehr oder weniger zufälliger Weise an-
einandergereiht wären; ja man könne sogar die Probe auf das Exempel machen, indem
man in einem derartigen «romantischen» Stück Teile umstelle. Die Probe wurde denn
auch an einem Satz aus Sammartinis «Sonate notturne» gemacht, und sie ergab das
Fiasko jener Geistreicheleien: die innere Notwendigkeit in der Aufeinanderfolge behauptete sich; ja es ist im Gegenteil eher zu befürchten, daß man ein derartiges Experiment mit Erfolg bei Bach durchführen könnte.

Bei alledem müssen wir eines hervorheben. Mag uns auch die Ausprägung jenes Formschemas (welches aber für jene Zeit nicht ein Schema war) besonders interessieren, so hat doch die Zeit selbst, wie aus ihrem musikalischen Schrifttum hervorgeht, diesen Prozeß sogut wie nicht beachtet, ihn wie etwas Selbstverständliches hingenommen; um so mehr hat sie aber über Geist und Haltung ihrer Musik nachgedacht. Von der etwas nebelhaften «Affektenlehre» (Entsprechung zwischen musikalischen Ausdrucksweisen und seelischen Haltungen) zur «Nachahmung der Natur» (ein, wie wir oben 245—7 sahen, von der Musikästhetik schon im 16. Jahrhundert verwendeter aristotelischer Gedanke), von hier zum Ausdruck der «Gefühle» und Stimmungen bewegt sich im 18. Jahrhundert das musikästhetische Denken. Und parallel damit geht etwas anderes, sehr Wichtiges: das Nachdenken über die musikalische Eigenart der verschiedenen Völker, besonders der Italiener, Franzosen und Deutschen, und über die Rolle, die jedem von ihnen zukommt.

In letzterer Hinsicht haben wir bedeutsame Aussprüche von J. A. Scheibe, dem durch die Bach-Biographen geächteten Herausgeber des «Kritischen Musicus» (1737—1740), von J. J. Quantz (in seinem «Versuch einer Anweisung, die Flöte traversière zu spielen», 1752) und anderen. Die Grundlinie dieser Ansichten ist, daß während die Franzosen die Abgestimmtheit der Musik auf Textinhalt und Textbetonung zur Geltung bringen, während die Italiener dem schönen Klang und der Sanglichkeit, dem Vor-sich-hin-Musizieren nachgeben, es die Aufgabe der Deutschen ist, von den einen wie den anderen zu l e r n e n und durch die Verbindung der beiden Richtungen sie auf eine höhere Stufe zu führen. Hierin liegt eine tiefe Wahrheit. Wie die Italiener durch Lernen von anderen zur musikalischen Führerschaft aufstiegen, so war es den Deutschen beschieden.

Wäre man auf S o z i o l o g i e erpicht, so könnte man die Nuance zwischen der vorklassischen und der klassischen Musik auch mit der allmählich zunehmenden Geltung des tiers-état, des Bürgerstandes im Verhältnis zur gesellschaftlich führenden Aristokratie in Zusammenhang bringen. Doch wollen wir nicht übertreiben: auch das Bürgertum modelt seine Lebensäußerungen in jener Zeit, besonders was die Kunst betrifft, noch nach dem Vorbild der Aristokratie.

*   *
   *

Doch kehren wir zu M o z a r t zurück. Wollen wir ihn mit Sammartini, der ihm in der Tonsprache so nahekommt, in das richtige Verhältnis setzen, so können wir nur sagen, daß Mozart der auf eine höhere Stufe erhobene Sammartini ist: reicher, was den Umkreis seines Schaffens betrifft, und größer, was den Vorsatz beim Schaffen betrifft; und mehr oder weniger dasselbe wird sich vom Verhältnis Mozarts zu jedem seiner Vorgänger sagen lassen. Hier bewährt sich eben das Lernen von den verschiedenen Stilrichtungen, von dem Scheibe und Quantz in prophetischer Weise gesprochen hatten. Mozart schrieb einmal an seinen Vater, daß er «so ziemlich alle Arten und Stile von Komponisten annehmen und nachahmen» könne; die Mozart-Biographie von T. de Wyzewa und G. de Saint-Foix zeigt uns die Aufeinanderfolge der Vorbilder, die auf ihn eingewirkt haben; und die Begnadung Mozarts lag darin, daß er sich hierbei nicht verloren, sondern bereichert hat.

Außer der italienischen Musik, die Mozart in der Kammersymphonie, der Sonate und der Oper entgegentrat und die damals für Europa eine Art gemeinsamen Kulturbesitzes darstellte, müssen wir noch besonders zweier Meister gedenken, die auf ihn eingewirkt haben. Der eine ist Bachs jüngster Sohn J o h a n n C h r i s t i a n (1735—1782), der in Italien in erstaunlicher Weise zum Italiener geworden war und dann in London wirkte. Bei ihm finden wir, wie vorher bei Sammartini, jene «vormozartschen Mozartismen», jene spezifische Verbindung von Süße und Zierlichkeit. Der andere ist der 1767 verstorbene, aus Schlesien stammende und in Paris tätige Klaviermeister Johann S c h o b e r t. Dieser brachte einen symphonischen Zug in die Klaviersonate (innerhalb deren erst D. Scarlatti die neue Art Klavierstil und dann Alberti und Galuppi die neue, thematisch-liedmäßige Art der Gestaltung eingebürgert hatte). Gleichzeitig ist Schobert einer der Hauptförderer jenes neuen Typus der Klavier-Violin-Sonate, welcher der Violine zunächst eine rein begleitende Rolle zuwies (vgl. oben 319) und dann (teilweise schon bei Schobert) die Gleichberechtigung der beiden Instrumente verwirklichte.

Indessen ist noch von einem Ingrediens des klassischen Stils zu sprechen: ich meine die durch H. Riemann in den Vordergrund gerückte «M a n n - h e i m e r S c h u l e», die besonders auf dem Gebiet der Symphonie Bedeutendes leistete. Der Hauptvertreter dieser Schule, Johann S t a m i t z (1717 bis 1757), stammte aus Böhmen (wenn auch aus einer deutschen Familie); man könnte in der Tat finden, der von ihm aufgebrachte Stil habe etwas «Musikantisches».

Zwei Dinge sind es, die man Stamitz und den Mannheimern als Errungenschaften zuschreibt. Das eine ist das Orchestercrescendo, das sie, wenn auch keineswegs erfunden, aber besonders gern angewendet haben, überhaupt eine äußerst lebensvolle Dynamik (Schubart verglich das Forte des

Mannheimer Hoforchesters mit dem Donner, sein Crescendo mit einem Katarakt). Mozart und Haydn haben sich diese Elemente zu eigen gemacht, aber sie brauchen sie sparsamer, und sie erheben sie über die Sphäre des Musikantischen, denn bei ihnen ist ein Crescendo immer auch formal begründet.

Das andere ist die schärfere Ausprägung des Sondercharakters des zweiten Themas innerhalb der Sonaten-Satzform, welches sich nunmehr in der Regel vom ersten als ein innig singendes abhebt und zu einem gleichberechtigten Element des Satzes neben dem ersten Thema wird. Wir lassen dies gelten, und doch können wir nicht zugeben, daß die Mannheimer der klassischen Sonatenform näherkommen als Sammartini, bei dem sich das zweite Thema charakterlich weniger vom ersten abhebt. Man könnte sogar das Umgekehrte sagen, da bei Stamitz neben dem musikalischen Stürmen und Drängen das Gleichgewicht der formalen Haltung fehlt, wie es zum Wesen des klassischen Stils gehört. So enthüllt z. B. die d-dur-Symphonie (Denkmäler der Tonkunst in Bayern III 1, Seite 56) eine gewisse Ziel- und Planlosigkeit des formalen Aufbaues. Auch hier war es Mozart und Haydn vorbehalten, den Ausgleich zu schaffen.

Trotz einer gewissen Einseitigkeit — oder gerade dank ihr — erregten die Mannheimer großes Aufsehen, sogar außerhalb der Grenzen Deutschlands. Symphonien von Stamitz wurden schon von 1751 an in dem geistig immer noch den Mittelpunkt Europas darstellenden Paris aufgeführt. Diese stürmische, drängende Art erhielt in Paris den Namen der «melodia germanica» (wir schließen dies daraus, daß ein Pariser Verleger eine Sammlung von Werken von Stamitz und anderen unter diesem Titel herausgabe: «Six Sinfonia a più instrumenti intitolate La melodia germanica»). Noch 1772 hob ein Pariser Berichterstatter, indem er eine Ouverture von Rameau mit einer neudeutschen Symphonie verglich, an letzterer die «multitude d'instruments différents» und die «nuances continuellement et graduellement ménagées» hervor.

Diese von allen Seiten kommenden Anregungen hat Mozart verschmolzen: es ist, wie wenn alles dies nur auf eine höhere Stufe gehoben zu werden brauchte, um eben Mozart zu werden, dieser aber zur vollendeten Spiegelung der Bestrebungen seiner Zeit. Was bei seinen Vorgängern zu sehr nur Süße und Zierlichkeit ist, wird bei ihm durch Ernst geadelt, was bei ihnen exzessiv war, bei ihm ausgeglichen. So müssen wir auch jene scheinbare Duplizität verstehen, die man oft (auch der Mozart-Verehrer Tschaikowsky) an Mozart gefühlt hat, den scheinbaren Widerspruch zwischen Kindlichkeit und tiefem Ernst des Ausdrucks (man hat sogar von «Dämonie» gesprochen, was aber wohl als Übertreibung im Sinne neudeutscher Rhetorik zu werten ist). Es handelt sich hier durchaus nicht darum, daß Mozart, wie man es mit der bekannten Schwäche für Schlagworte formuliert hat, den Übergang vom «galanten» zum klassischen Stil vollzieht; nein, es handelt sich einfach darum, daß etwas von der Kindlichkeit und Süße, die nun einmal Zeittendenz war, bei Mozart als Zivilität oder Gesittetheit der Ausdrucksweise bestehen bleibt, auch wo er höhere oder erregendere Dinge im Auge hat. Verfolgt man Mozarts Laufbahn im Detail, so kann man zwar gewiß Fluktuationen feststellen, wie z. B. daß er nach der sehr erregten g-moll-Symphonie von 1774 (K. V. 183) wieder zu einer tändelnderen Ausdrucksweise überging, dann wieder zu einer ernsteren usw., und doch bleibt das Wesentliche, daß bei ihm mit dem Ernst immer das Spiel gegeben ist und umgekehrt.

Doch wie Mozart das europäische Geschehen zusammenfaßt, so verkörpert er auch die Schwergewichtsverschiebung von der italienischen Nation auf die deutsche. Bei aller Aufgeschlossenheit für die Musik der Italiener, teilweise auch die französische, hat sich Mozart doch als Deutscher gefühlt, und auch wir müssen ihn so ansehen. Worin sich dieses Deutschsein ausdrückt, dies zu sagen ist freilich schwieriger. Vielleicht könnte man sagen, daß es sich gerade auch in der Verlagerung des Schwergewichts von der Oper auf die Symphonie, überhaupt auf die (nach Klopstock) «kühne sprachlose Musik» äußert. Dies setzt offenbar eine Art innerer Konzentration voraus; schon rein äußerlich hebt ja Ch. Burney, dieser gut beobachtende englische Reisende und Musikhistoriker, bei den Deutschen jener Zeit die Neigung und Fähigkeit hervor, längere Instrumentalkompositionen in sich aufzunehmen als andere Nationen. Im letzten Grunde ist es wohl die Vitalität eines neu in den Mittelpunkt des musikalischen Geschehens tretenden Volkes, die sich jetzt geltend macht, und als solche bringt sie auch eine neue Färbung mit sich. Daß Mozart dabei aber die Süße und Sanglichkeit der italienischen Musik beibehielt, macht seine Universalität aus. Und doch ist er nie ein Kosmopolit in dem Sinne wie Gluck gewesen, weder menschlich noch musikalisch.

* *
*

Von dem, was wir oben sagten, gilt manches auch für Joseph Haydn (1732—1809), insbesondere was eine kindliche Liebenswürdigkeit der Ausdrucksweise betrifft, die das Bedeutende nicht ausschließt. Von der italienischen Sanglichkeit ist bei Haydn nicht soviel zu fühlen wie bei Mozart, an ihrer Stelle steht eine besondere Art Bonhomie, die man als süddeutsch oder österreichisch bezeichnen könnte; vielleicht liegt auch eine Anknüpfung an das deutsche «Volkslied» (oder wenigstens den Ton desselben) vor. Immerhin ist auch bei Haydn die italienische Schulung nicht wegzudenken.

Die Entwicklung Haydns ist noch nicht so weitgehend klargelegt wie die Mozarts. Immerhin wissen wir, daß hierbei ein anderer von Bachs Söhnen, P h i l i p p E m a n u e l (1714—1788), eine erhebliche Rolle gespielt hat.

Von Philipp Emanuel Bach, dessen Bewertung heute weitgehend schwankt, können wir vielleicht sagen, daß er (auf seine Art selbstverständlich) eine Seitenerscheinung zu den «Mannheimern» darstellt. Auch bei ihm zeigt sich eine Schwäche des Formsinnes, für die anderes kompensierend eintritt: in diesem Fall eine gewisse Nachdenklichkeit und Überschwenglichkeit, ein etwas betontes Streben nach Tiefsinn. Diese Eigenschaften tun sich bei Philipp Emanuel in erster Linie im intimen Rahmen der Klaviersonate kund; doch hat er auch innerhalb der Symphonie und anderer Gebiete Interessantes geschaffen. So konnte er Haydn zwar in manchem fruchtbare Anregung bieten, aber nicht ein Führer auf dem Weg zu jener besonderen Art des Verhältnisses zwischen innerer Regung und formalem Gleichgewicht sein. Die Neigung Philipp Emanuels, in der Sonatenform das zweite Thema irgendwie mit dem ersten zu verknüpfen oder sogar von ihm abzuleiten, ist nicht uninteressant, und sie ist von Haydn manchmal aufgegriffen worden (man vergleiche etwa auch den ersten Satz von Beethovens «Appassionata»!); im Sinne der klassischen Form mochte dies ruhig gelten, solange nur die beiden Elemente sich doch plastisch voneinander abhoben (nicht aber als Ersatz für ein mangelndes inneres Aufeinander-Abgestimmtsein der Elemente!); weniger einleuchtend ist es, wenn Philipp Emanuel z. B. in einer Sonate für Klavier und Violine gelegentlich das bloße Alternieren der beiden Instrumente anstelle jenes Nebeneinanders konstitutiver Elemente setzen will.

Doch kehren wir zu Haydn zurück. Es ist eigenartig, daß Haydn und Mozart ungefähr gleichzeitig, um 1780, die volle Höhe der Meisterschaft erreichten, mit dem Unterschied aber, daß Haydn damals schon beinahe 50 Jahre alt war, Mozart dagegen erst am Anfang der Zwanziger stand, mit dem Unterschied ferner, daß Mozarts Tätigkeit viel früher abbrechen sollte — wobei aber doch Mozart in den auf 1780 folgenden Jahren zu dem bereits Erreichten mehr prinzipiell Neues gefügt hat als Haydn.

Bei Haydn markieren besonders die S t r e i c h q u a r t e t t e v o n 1 7 8 1 — welche dem Großfürsten Paul von Rußland gewidmet sind — einen Einschnitt. Hier hatte er selbst das Gefühl, etwas erreicht zu haben, das ihm schon lange vorgeschwebt hatte. Was man an diesen Quartetten besonders bewundert hat, ist das «obligate Akkompagnement», d. h. die

Kunst, die jeweiligen Begleitstimmen als belebt und am Geschehen teil-
nehmend erscheinen zu lassen, ohne deswegen in die Zwangsläufigkeit des
eigentlichen Kontrapunkts zu verfallen. Man kann auch beobachten, daß bei
Haydn die Führung der Bässe, die in der «spät-neapolitanischen» Zeit oft
eine verblaßte Form annahm (s. oben 290), wieder charaktervoller wird.
(Später wurde jenes «obligate Akkompagnement» eine Spezialität Beethovens, der von sich sagte, er sei damit auf die Welt gekommen — aber
auch Cherubini beherrschte es in vollem Maße). Mozart hat es zwar gepflegt,
aber nicht so systematisch wie Haydn und Beethoven; er sagte selbst, er habe
an jenen sechs Quartetten Haydns gelernt, wie man Quartette schreiben muß
(was nicht hindert, daß anderseits auch Haydn viel von Mozart gelernt hat).
Wir haben das Gefühl, daß Mozart auch ohnedies unerschöpflich reich
war, bzw. daß es ihm gegeben war, auch ohnedies die innere Harmonie und
Geschlossenheit zu verwirklichen. Für Haydn dagegen scheint diese Ge-
staltungsweise eine Art Synthese dargestellt zu haben, in der er eine gewisse
Gegensätzlichkeit überwand, welche sich in seinem Schaffen bemerkbar
gemacht hatte: einerseits die Neigung zur fugierten Schreibweise, anderseits
offenkundige Äußerungen inneren «Sturmes und Dranges». Und die Meisterschaft Haydns zeigt sich darin, daß solche Kunstmittel bei ihm nicht als
Kunstmittel erscheinen, sondern daß alles bei ihm «spricht».

Zum «obligaten Akkompagnement» gehört auch dasjenige, was man neuerdings
die «durchbrochene Arbeit» genannt hat: ein Verfahren, bei dem die Stimmen einander
das Motiv und seine Beantwortung zuwerfen oder sich in der Durchführung des Motivs
ergänzen (wahrscheinlich hängt dieses Kunstmittel irgendwie mit der Gestaltung des
Ensembles in der Opera buffa zusammen, vgl. oben 292). Als Beispiele können
uns etwa Stellen dienen, wie sie E. Bücken, «Musik des Rokokos und der Klassik»,
S. 29 (Sammartini), 39 (Pergolesi), 63 (Keiser), 96 (W. F. Bach), 198 (Haydn), 219
und 222 (Mozart), 225 (Rosetti) zitiert hat. In d i e s e m Betracht dürfte Mozart kaum
hinter Haydn zurückstehen, und es wundert mich eigentlich, daß man dieses Verfahren
speziell mit Beispielen aus dem letzten Beethoven zu belegen pflegt (indirekt hängt es
noch mit der «komplementären Rhythmik» in der A-cappella-Polyphonie zusammen,
vgl. oben 239, ferner könnte man hier an den mittelalterlichen Hoketus denken, siehe
oben 216).

Ein weiterer Unterschied zwischen Haydn und Mozart, den wir oft
beobachten können, tritt in den D u r c h f ü h r u n g s t e i l e n der Sätze in
Sonatenform zutage. Während die «Durchführung» bei Mozart etwas vom
Charakter einer Überleitungs- oder Zwischenpartie im italienischen Sinne
behält, indem das Sichabheben dieses Teils von der «Exposition» und die
Notwendigkeit der «Reprise» eher auf einer «inneren» Vorbestimmtheit,
einem «inneren» Zusammenpassen beruht — wendet Haydn hier gerne

Methoden an, die etwas Logisch-Gedankliches haben, indem er sich mit einer gewissen Konsequenz an die Themen der Exposition hält und diese in ein verändertes Licht rückt, sehr oft unter Aufspaltung derselben in kleinere Bestandteile (letzteres ist ein Verfahren, das wohl irgendwie mit dem von Vivaldi in seiner Concertoform angewandten zusammenhängt, obgleich es dort eine andere Bedeutung hat, s. oben 297 f.). Wie bekannt, ist dieses Verfahren Haydns von Beethoven aufgegriffen worden, der die Themenzerspaltung, wie überhaupt die «Durchführung», mit dramatischer, sogar gewitterhafter Spannung zu erfüllen weiß. Übrigens wendet Haydn derartige Methoden — die sogenannte «thematische Arbeit» — sekundär auch in der Exposition an (so ersetzt er z. B., wie schon angedeutet, das zweite Thema manchmal durch «thematische Arbeit» am ersten); und Beethoven tut es noch häufiger: da bei ihm sogar das erste Thema nicht sosehr «hingestellt» als «gearbeitet», «abgeleitet» oder «entwickelt» ist, wird die Abstufung zwischen Exposition und Durchführung in gewissem Sinne wieder verwischt, vgl. unten 353 und 354.

* * *

Vergleichen wir das Schaffen M o z a r t s in seiner Gesamtheit mit dem H a y d n s, so erweist sich ersteres als das bedeutsamere. Auch jene Zeit selbst zweifelte nicht daran; man denke nur an Goethes Aussprüche über Mozart und daran, daß jene Wiener Mäzene Beethoven nach Wien einluden, um «Mozarts (des Verstorbenen) Geist aus Haydns Händen» entgegenzunehmen. Dieser Vorrang Mozarts bestätigt sich wie auf dem Gebiet der Klaviersonate, so auf dem der Symphonie — was freilich nicht ausschließt, daß die in Mozarts Entwicklung eine wichtige Stellung einnehmende g-moll-Symphonie von 1774 durch Haydns um 1772 komponierte «Trauersymphonie» in e-moll beeinflußt ist. Auf diesem Gebiet fällt den drei letzten Symphonien Mozarts (in es-dur, g-moll und c-dur) aus dem Jahr 1788 ein besonderes Gewicht zu. Demgegenüber bleibt das Streichquartett Haydns Spezialität und das Gebiet, auf dem wir — mit Mozarts Zustimmung — Haydn die Palme reichen müssen.

* * *

Noch ein Wort über den K l a n g c h a r a k t e r der «klassischen» Instrumentalmusik. Im Orchester bilden nach wie vor die Streichinstrumente den Grundbestand (vgl. oben 299). Aber die Bläser stehen dem nicht mehr im gleichen Maße «konzertierend» gegenüber wie ehemals, sondern sie gehören mit zum normalen «Orchestertutti». Immerhin kennt die klassische

Symphonie noch an manchen Stellen eine «konzertierende» Verwendung der Bläser. In der Gruppe der Holzbläser treten nunmehr zu den Flöten und Oboen die Klarinetten. Der füllende Continuo mit den auf dem Cembalo und der Orgel möglichen Oktavverdoppelungen fällt jetzt — wie auch außerhalb des Orchesters — dahin (vgl. oben 275). Diese Fülle müssen die Orchesterinstrumente selbst ersetzen, es beginnen auch schon die Oktavenverdoppelungen in der Oberstimmenmelodie, die dann bei Beethoven als Mittel der Emphase auftreten. Weiter ist hervorzuheben, daß jetzt die Scheidung zwischen Orchestermusik («symphonischer») und Kammermusik schärfer zutage tritt als vorher. Zwar war auch schon vorher ein Concerto grosso oder eine Opern- oder Kammersymphonie ein ausgesprochenes Orchesterstück und eine Violinsonate Kammermusik, aber im Rahmen der Ensemblemusik für mehrere Instrumente bestand eine gewisse Freizügigkeit, da z. B. Triosonaten manchmal auch in mehrfacher Besetzung gespielt wurden (wie schon angedeutet, gibt es Hinweise, wonach die alte Triosonate, sofern «Kammersonate», eher solistisch, und sofern Sonata da chiesa, eher doppelt oder mehrfach besetzt wurde; ja auch von den «Mannheimern» haben wir noch Orchestertrios, die von ihren kammermusikalischen Triosonaten nicht leicht zu scheiden sind). Von jetzt an ist z. B. ein Streichquartett etwas seiner Haltung nach von einem Orchesterstück deutlich Geschiedenes.

Jene systematische Gegenüberstellung von Soloinstrument und Orchester, wie sie für das alte Concerto typisch war, kennt auch noch die klassische Zeit, das «Konzert» gibt es auch jetzt noch, aber mit einigen Unterschieden gegen früher: 1. die Satzform ist hier nicht mehr die des «Concerto grosso», sondern die der Sonate (Symphonie), wobei in der Regel die Exposition zunächst dem Tutti zufällt und das Soloinstrument (oder die Soloinstrumente) erst bei der Wiederholung der Exposition eintritt; 2. hatte einst das «Concerto grosso», bei dem mehrere Einzelinstrumente dem Tutti gegenübertreten, das Übergewicht über das Solokonzert gehabt, so steht jetzt das letztere im Vordergrund (und innerhalb dieses läuft bald das Klavierkonzert dem Violinkonzert den Rang ab); immerhin wird von den jüngeren «Mannheimern» (besonders von Karl Stamitz, dem Sohn des Johann und Zeitgenossen von Haydn und Mozart) auch die erstere Gattung noch eifrig gepflegt, sie heißt in der neuer. Form aber nicht mehr «Concerto grosso», sondern «Symphonie concertante» (in einzelnen Exemplaren tritt sie bekanntlich noch im 19. Jahrhundert auf, hier aber heißt sie wieder «Doppel-» oder «Tripelkonzert»).

* *
*

Wenn auch Haydn und Mozart innerhalb der Instrumentalmusik ihrer Zeit eine beherrschende Stellung einnehmen — und ihre Bedeutung ist sehr bald auch außerhalb Deutschlands erkannt worden —, wollen wir doch nicht vergessen, daß daneben andere Meister dieses Gebiet bereichert haben. Vor allem handelt es sich selbstverständlich um Angehörige derjenigen Nation, der nun, eben durch Mozart und Haydn, die Führerschaft aus der Hand genommen wurde, um Italiener. Da ist G. P u g n a n i (1731—1798), der zwar im allgemeinen eher der älteren Kunst folgt — er schreibt Violinsonaten und Triosonaten mit Continuo und verzichtet auch in seinen Symphonien nicht auf den Continuo —, der aber am Ende seiner Laufbahn, wahrscheinlich bald nach 1790, eine programmatische Orchestersuite unter dem Titel «Werther» komponierte, ohne Continuo, unter sichtlichem Einfluß der Wiener Klassik und geistig angeregt durch den deutschen «Sturm und Drang». Dann ist L. B o c c h e r i n i (1743 bis 1805) zu nennen, der sich besonders in der Kammermusik hervorgetan hat. Dieser talentierte Komponist, der seinem Alter nach zwischen Haydn und Mozart steht, knüpft offenkundig an den liebenswürdigen G. B. Sammartini an und vertritt den «von Mozart unabhängigen Mozartismus» in seiner eigenen Weise. Es hängt vielleicht mit seinem langjährigen Aufenthalt in Spanien zusammen, daß bei ihm dieser Instrumentalstil, der einerseits etwas Süßes, anderseits etwas Dramatisches hat, eine Nuance phantastischer Poesie gewinnt. Universal wie Mozart konnte Boccherini aber nicht werden, hierzu fehlte ihm die breitere Anlage und die Fähigkeit, die verschiedenen Elemente des europäischen Geschehens schöpferisch zu assimilieren.

Der bedeutendste dieser Italiener ist indessen — obgleich er beinahe nur die Klaviersonate pflegte — wohl Muzio C l e m e n t i (1752—1832), der, einige Jahre vor Mozart geboren und einige Jahre nach Beethoven gestorben, seinem Schaffen nach eine Art Zwischenglied zwischen diesen beiden darstellt. Er wandelt die Süße Mozarts bereits fühlbar zur Härte, die kindliche Haltung zur männlich-heroischen, das Feinziselierte zur vereinfachten Linie (man vergleiche, was wir unten 356 f. im Sinne eines Vergleiches mit der Stilentwicklung in der bildenden Kunst bemerken); die poetischen Tendenzen, die sich beim mittleren Beethoven ausprägen, scheinen bei Clementi zwar hinter einem gewissen kühlen Glanz zurückzutreten, immerhin machen auch sie sich geltend, heißt doch eine unter Clementis Sonaten geradezu «Didone abbandonata»; auch ein auf Beethoven vorausdeutender pathetischer Zug klingt uns bei Clementi manchmal entgegen; ja die bei Beethoven gelegentlich als Element der Transzendenz herangezogene Kontrapunktik begegnet uns schon bei Clementi; ferner finden wir bei ihm jene «pochende» Tonwiederholung, für die Beethoven in seiner mittleren Periode eine solche Vorliebe hat («Appassionata» op. 57, 5. Symphonie op. 67). Es ist bekannt, daß Beethoven (anders als Mozart) Clementi hoch geschätzt hat. Bei alledem war ursprünglich D. Scarlatti Clementis Ausgangspunkt (er spielte gern Sonaten von Scarlatti, ja er hat ein Sonatenopus «nello stile di Scarlatti» geschrieben), er führt also die Linie der italienischen Scarlatti-Nachfolger wie Alberti, Galuppi, Platti und Paradisi fort. Das Eigenartige ist aber, daß sich bei ihm teilweise wirklich Vorklassisches mit Romantischem berührt. Gerade in einem Stück wie die f-moll-Sonate op. 14 N. 3 (N. 19 in der Gesamtausgabe von Breitkopf und Härtel), wo die Abwesenheit wohlabgegrenzter, symmetrisch gebauter Themen ausgesprochen «vorklassisch» wirkt, klingen gleichzeitig Töne an, die auf die Romantik vorausdeuten. In seinem Klavierstil greift Clementi weiter aus als Mozart, ohne aber darum das Massive und Wuchtige so zu betonen wie Beethoven; selbstverständlich wird bei Clementi auch nie jene Entfremdung im Verhältnis zum Klavierklang fühlbar, wie teilweise beim späteren Beethoven. In diesem Sinne führt die von ihm ausgehende Linie über Field zu Chopin. Wieweit Clementi bereits durch die deutsche Musik, insbesondere durch Haydn und Mozart, beeinflußt ist, ist eine sehr interessante, behutsam zu prüfende Frage.

Doch wollen wir auch unter den deutschen Zeitgenossen von Haydn und Mozart wenigstens einen erwähnen, den liebenswürdigen Karl D i t t e r s v o n D i t t e r s - d o r f (1739—1799, gleichfalls ein Österreicher). Derselbe steht insofern zwischen Mozart und Haydn etwa in der Mitte, als er nicht in der Art des ersteren auf thematische Arbeit prätendiert und als seine Melodik nicht die innere Spannkraft besitzt wie die des letzteren.

l) Die Vokalmusik im späteren 18. Jahrhundert

(Kirchenmusik; Oper; Lied)

Auf dem Gebiet der K i r c h e n m u s i k besitzen wir von Mozart wie von Haydn Messen, die den lebensfrohen Stil ihrer Zeit hierher übertragen — worin ihnen übrigens Johann Christian Bach und manche Italiener vorausgegangen waren. Dies ist die letzte historische Ausprägung der Idee der «konzertierenden Messe»: konzertierend wie im Sinne des Gebrauches von Instrumenten, so in dem der Gegenüberstellung von Chor und Soli, vgl. oben 288 (allerdings schließt sich hier auch Beethoven mit seiner «Missa solemnis» an, doch ist es hier eher ein Hin- und Herwogen zwischen Chor und Soli als ein Sichabheben, die Instrumente sind nicht sosehr ein Gegenpart der Stimmen wie ein dominierender Bestandteil, und untraditionell ist es auch, wie Beethoven nunmehr einen ganzen Satz wie das Sanctus, nicht nur das Pleni und das Benedictus daraus, den Solisten überbinden will). Auf diesem Gebiet können wir bei Mozart wie bei Haydn eine allmähliche Wendung von der Leichtigkeit jenes Stils zur Besinnlichkeit (oder sagen wir: zur «Kirchlichkeit») feststellen: bei Haydn in den sechs Messen von 1796—1802 (den sogen. «Hochämtern»), bei Mozart in der unvollendet gebliebenen Totenmesse, dem «Requiem» (1791). Bezeichnenderweise ist es (und dies gilt besonders für Mozart) nicht Bachs Chorpolyphonie, welche dabei in die Erscheinung tritt, sondern die Händels, die sanglicher ist und mehr in der italienischen Linie liegt (vgl. unten 359). Haydn hat der Nachwelt ferner mit der «Schöpfung» und den «Jahreszeiten» zwei musikalisch reiche deutsche Oratorien geschenkt, in denen er die Traditionen Telemanns und Grauns neu belebt.

* *
*

Ein Gebiet, das Mozart durch eine Reihe bedeutender Schöpfungen bereicherte, ist ferner das traditionelle, immer noch sehr wichtige der Oper. Zwar hat sich auch Haydn um dasselbe bemüht, aber mit weniger Erfolg — wobei er als Grund für letzteren Umstand in bezeichnender und rührender Weise angab, er habe nicht das Glück gehabt, nach Italien zu kommen. Bevor wir das Schaffen Mozarts auf diesem Gebiet in das Auge fassen, müssen wir jedoch den Faden der Operngeschichte dort aufgreifen, wo wir ihn liegen ließen, um die Mitte des 18. Jahrhunderts.

Wir sahen oben 292, wie die Opera buffa als ausgeprägter Gegensatz zur Gravität und Gemessenheit der spätneapolitanischen Oper in die Erscheinung trat und wie sie es fertig brachte, sogar in der Weltstadt Paris den Sieg über eine hochstehende einheimische Musiktradition (Rameau) davonzutragen.

Die nächste Folge dieses Ereignisses war die Entstehung der französischen Opéra comique, die man immerhin nicht als eine sklavische Nachahmung der Opera buffa, sondern als ein durch diese angeregtes Erzeugnis des französischen Geistes anzusehen hat, knüpfte sie doch anderseits an das französische Singspiel an (das Vaudeville, eine Parallelerscheinung zur neapolitanischen Dialektkomödie, aus der die Opera buffa hervorgegangen war), und führte sie doch ferner auch manches von den Traditionen der französischen ernsten Oper weiter (so z. B. im Tonmalerischen). Die Meister der «Opéra comique» sind: E. R. Duni (1709—1775, ein Italiener), P. A. Monsigny (1729—1817), F. A. Danican-Philidor (1726—1795), A. E. M. Grétry (1742—1813). Indessen sehen wir, daß diese Opernart bald ihrem Namen untreu wird, indem sie neben den komischen auch rührende und zaubermäßige Sujets behandelt — womit sie bereits der (französischen und deutschen) Oper der romantischen Zeit vorgreift. So müssen wir jetzt die Bezeichnung «Opéra comique» mehr im Sinne der Gattung als des Charakters verstehen: es ist ein musikdramatisches Werk, das nicht dem gehobenen Stil nachstrebt, wie ihn die alte «Seria» und die «Opéra-tragédie» verkörperte und wie ihn Gluck erneuert hatte, sie ist gewissermaßen «bürgerlicher» und hat zum äußeren Merkmal, daß anstelle des Rezitativs gesprochene Partien stehen — worin sich diese Gattung mit dem Singspiel berührt. Hier erstand eine Kunstgattung, die nationalen Geist verkörperte und gleichzeitig internationale Geltung gewann: indem im 18. Jahrhundert die westeuropäische Musik in Rußland eindrang, folgte die Opéra comique der italienischen Oper auf dem Fuße; aber auch die deutschen Hoftheater nahmen sie auf, und so hatte Beethoven in seiner Jugendzeit in Bonn Gelegenheit, manches davon zu hören.

342

Doch nun die Rückwirkungen jener Krise auf die O p e r a s e r i a selbst. Die Folge war eine Reihe von Reformversuchen, welche der Opera seria neues Leben einhauchen sollten.

Der wichtigste unter diesen Versuchen ist derjenige, welcher von einem Deutschen ausging: C. W. von G l u c k (1714—1787). Dieser hatte 1737 bis 1741 bei G. B. Sammartini in Mailand studiert und dann zunächst zahlreiche Opern in der Art der neapolitanischen Schule geschrieben, die ihm bereits einen angesehenen Namen eintrugen. Hierauf hatte er sich der französischen Opera comique, dann der Ballett-Pantomime zugewandt (schon in der Vorrede zur Ballett-Pantomime «Don Juan» lesen wir eine Berufung auf «le vraisemblable», das Wahrscheinliche oder Wirklichkeitsähnliche, die, mag sie nun von Gluck formuliert sein oder nicht, für ihn charakteristisch ist). Endlich erfolgte im Bunde mit dem Textdichter R. da Calzabigi der große Wurf: der 1762 in Wien aufgeführte «Orfeo». Calzabigi hatte schon 1755 in einer Schrift über Metastasio an dessen Textbüchern ein Übermaß an Künstlichkeit und einen Mangel an Größe und Kraft beanstandet. Jetzt kam es auf die große Linie an; und diese suchte Calzabigi in einer neuen Art der Anknüpfung an die Antike.

Äußerlich ist der Hauptunterschied von Glucks «Orfeo» gegen die neapolitanische Oper, daß das Secco-Rezitativ, welches einen so ausgeprägten Gegensatz zur Arie bildete (s. oben 290), verschwindet und das Rezitativ nur noch als Accompagnato (orchesterbegleitet) dasteht. Eben im Namen der inneren «Wahrscheinlichkeit» kommt es Gluck auch nicht mehr auf die großen, ausführlichen Arien an. Und so nähert er sich naturgemäß wieder dem Arioso der venezianischen Oper. Denn in der Oper gibt es, wie sonst, nur zwei Haupttendenzen: die zum einheitlichen Fluß und die zur Gliederung.

Nach zwei weiteren Reformopern dieser Art, «Alceste» und «Paride e Elena», versucht es Gluck in Paris. Indem er hier außerdem Traditionen der Lully-Rameauschen «Opéra-tragédie» aufgreift, konstituiert er endgültig seinen internationalen Stil. In Paris kommen «Iphigénie en Aulide», «Armide» und «Iphigénie en Tauride» auf die Bühne (1774, 1777 und 1779). Mit dem letzteren Werk schlug Gluck seinen Rivalen Piccinni aus dem Felde, und so triumphierte hier der synthetisch-internationale Operntypus eines Deutschen über den traditionell-italienischen am gleichen Ort, wo 27 Jahre früher die italienische Buffooper die französische Musiktragödie besiegt hatte.

Uns Heutigen fällt auf, in wie hohem Maße Glucks Oper damals ein Anliegen intellektueller Kreise war, die ihr denn auch zum Siege verhalfen.

343

Man könnte beinahe von einer «ideologischen» Atmosphäre sprechen. Auch Gluck selbst zeigt sich auffallend programmatisch eingestellt. In den Vorreden zu seinen Opern und in Proklamationen in Zeitschriften bemüht er sich, dem Hörer seine Ziele zu erklären (man fühlt sich im voraus an R. Wagner erinnert). Einmal erklärt er es für sein Ziel, eine alle Nationen gleich ansprechende Musik zu schaffen, welche den lächerlichen (!) Unterschied der nationalen Musikarten aufhebt. Oder er bezeichnet die (vielberufene) Nachahmung der Natur als das große Ziel, das dem Künstler vor Augen zu stehen habe, ihm, der sich «einfach und natürlich» geben und in seiner Musik die Dichtung durch den kräftigsten Ausdruck und die angemessenste Deklamation hervorheben müsse (von der letzteren Forderung kann man unmöglich sagen, daß Rameau und Lully sie nicht schon weitgehend verwirklicht hätten). In asketischer Strenge wird eine «Schönheit am unrechten Platz» verurteilt, da sie den Zuhörer hindert, den Gang des Dramas zu verfolgen. Gluck hat gelegentlich selbst auf Finessen seines Rezitativstils hingewiesen (Rameau hatte solche Feinheiten bei Lully, aber nicht bei sich selbst hervorgehoben!).

So ist der Mythus vom «Chevalier Gluck» nicht ein rein musikalischer, sondern gleichzeitig ein literarisch-ideologischer, und charakteristischerweise waren im 19. Jahrhundert besonders Berlioz und Wagner seine Träger. Als rein musikalische Potenz ist Gluck nicht gerade reich (wir erinnern an den bekannten Ausspruch von Händel: Gluck verstehe vom Kontrapunkt soviel wie Händels Koch). Trotzdem — und um so mehr — ist es zu bewundern, wie sehr seine Musik im Bunde mit der poetischen Situation zu ergreifen vermag (ich denke hier besonders an «Iphigénie en Tauride»).

* *
*

Sehen wir, was an Opernkomponisten neben Gluck steht, so sind es auf der einen Seite Italiener, die wir als Nachfahren der neapolitanischen Schule ansehen können und die von der alten Opernherrlichkeit retten, was zu retten war. Da ist Glucks Pariser Rivale N. Piccinni (1728—1800), der neben der Opera seria mit Erfolg die Buffa pflegte («La buona figliuola»); wir ersehen hieraus, daß diese einst gegen die Seria gerichtete Kriegsmaschine nunmehr friedlich neben dieser bestehen konnte, ja bei Piccinni zeigt sich eine gewisse gegenseitige Annäherung der beiden Typen mit dem Ergebnis, daß die Buffa an innerem Gewicht und die Seria an dramatischer Belebung gewinnt. Daneben sind zu nennen: T. Traetta (1727—1779), G. Sarti (1729—1802), B. Galuppi (1706—1785), G. Paesiello (1740—1816),

344

von denen die beiden letzteren sich sogar vorwiegend im Rahmen der Opera buffa betätigten. Zwei andere Meister tanzen in gewissem Sinne aus der Reihe: Glucks Altersgenosse N. Jommelli (1714–1774), der während seiner Tätigkeit in Stuttgart vom Geist der aufsteigenden deutschen Musik «infiziert» und dadurch der italienischen entfremdet wurde, und A. M. G. Sacchini (1730–1786), der sich in späteren Jahren in seinen für Paris geschriebenen französischen Opern zu Gluck und dessen Kombination von durchgehendem Accompagnato mit kürzeren liedähnlichen Arien bekehrte, ohne darum aber musikalisch seine Selbständigkeit aufzugeben (was wir z. B. an den instrumentalen Einlagen seiner Opern sehen). Ja sogar Piccinni zeigt sich in seinen für Paris komponierten französischen Opern («Roland» usw.) in gewissem Maße durch Gluck beeinflußt; dieser war nun einmal ein markanter Vertreter des Zeitgeistes.

Bemerkenswert ist, daß alle diese Komponisten auch Kirchenmusik geschrieben haben und teilweise recht gediegene. Vier von ihnen: Galuppi, Sarti, Traetta und Paesiello, haben am russischen Kaiserhofe gewirkt. Bei dieser Gelegenheit komponierten Galuppi und Sarti sogar für die russische Kirche: «Konzerte», die selbstverständlich rein vokal sein mußten, da die orthodoxe Kirche keine Instrumente zuläßt, und an die später D. Bortnjansky angeknüpft hat (so ist diese Gattung der russischen Kirchenmusik, die in der Beschränkung auf die Stimmen doch etwas vom Glanz der instrumentalbegleiteten Musik wahren will, in ihrer Art ein Ausläufer des «konzertierenden Stils»).

Den anderen Gegenpol zu Gluck verkörpert der aus der Fülle der Musik heraus schaffende M o z a r t. Dieser, der sich in seiner Frühzeit an der italienischen Seria versucht hatte, gab dann seine hervorragendsten musikdramatischen Schöpfungen in der Gestalt dreier italienischer Buffoopern — «Le nozze di Figaro» 1786, «Don Giovanni» 1787, «Così fan tutte» 1790 — und zweier deutscher Singspiele: «Die Entführung» 1781, «Die Zauberflöte» 1791. Es ist bezeichnend: statt Reformprogrammen für die «große» Oper nachzugehen, verwirklicht Mozart das «Große» innerhalb jener weniger angesehenen Gattungen. Auf eine «prinzipielle» Lösung des musikdramatischen Problems setzt er es gar nicht an, wie wenn er in kindlich tiefer Einsicht wüßte, daß es prinzipiell nicht zu lösen ist. Bezeichnend für Mozarts Haltung ist auch, daß, nachdem er sich in Briefen erst zugunsten einer «expressiven» Art Musik aussprach, spätere Äußerungen von ihm eher antigluckisch klingen, so, wenn er betont, der Ausdruck der Leidenschaften dürfe nicht bis zum «Ekel» gehen. Und doch zeigt sich Mozart hier durchaus nicht als «Nur-Musiker».

Auf die viel debattierte Frage, ob der «Don Juan» angesichts seines ernsten Gehalts noch als Opera buffa angesehen werden dürfe, brauchen wir hier nicht einzugehen. Es ist ebenso gewiß, daß er sich historisch dieser Gattung anschließt (Mozart selbst betitelte ihn «Dramma giocoso»), wie daß er innerlich darüber hinauswächst. Es ist ein ähnliches Verhältnis wie bei der «Zauberflöte», die historisch ein Singspiel und doch teilweise auch schon eine «deutsche Oper» ist. Durch Werke wie «Die Entführung» und «Die Zauberflöte» wurde einfach «niedergeschlagen», was sonst an deutschen Singspielen existierte: Werke von J. A. Hiller (1728—1804), K. Ditters von Dittersdorf und dem mit Goethe zusammenarbeitenden J. F. Reichardt (1752—1814).

* *
*

Während Mozart auf dem Gebiet der Oper ohne eigentliche Nachfolger blieb, setzte sich auf der anderen Seite die von Gluck ausgehende Linie fort in Komponisten wie der Franzose E. N. Méhul (1763—1817) und die Italiener Luigi Cherubini (1760—1842) und Gasparo Spontini (1774 bis 1851) (von den letzteren wirkte Cherubini in Paris, Spontini in Paris und dann in Berlin). Diese Meister, deren Tätigkeit sich zur Hauptsache bereits am Anfang des 19. Jahrhunderts abspielt, sind, wie Gluck, auf edle Ausdruckshaftigkeit gerichtet, gleichzeitig aber bereichern sie die Oper von der musikalischen Seite: besonders Cherubini, der seine Satzkunst auf die Höhe der Wiener Klassiker brachte und die Traditionen Haydns mit denen Glucks verband (übrigens hat er auch in der Kirchen- und Kammermusik Bedeutendes geleistet); Spontini wandelt dabei Glucks Monumentalitätsideal nach der Seite des Pomphaften und deutet so auf Meyerbeer voraus.

* *
*

Wir haben schließlich eines neuen deutschen Liederfrühlings im Umkreis der begleiteten Monodie zu gedenken (vgl. oben 314 f.). Hier betätigen sich: J. A. P. Schulz (1747—1800), J. R. Zumsteg (1760—1802), sowie zwei spezielle Mitarbeiter Goethes: der schon als Singspielkomponist genannte J. F. Reichardt und K. F. Zelter (1758—1832). Aber auch Haydn und Mozart trugen Erhebliches dazu bei.

Hier zeigt sich die deutsche Liedkomposition wiederum mit der Singspielkomposition eng verknüpft, und dies gibt uns zu denken. Aus Gründen, denen man nachgehen könnte, ist es nicht zu einer eigentlichen, d. h. einer Arienoper deutscher Sprache gekommen, oder hat sich eine solche vielmehr

346

nicht durchsetzen können, so daß es in der Hauptsache beim deutschen Sing-spiel blieb, welches neben mehr oder weniger arienmäßigen besonders lied-mäßige Bestandteile und anstelle des Rezitativs den gesprochenen Dialog hat. So bildet denn auch das deutsche Lied in seiner Schlichtheit einen Gegensatz zur Opernarie mit ihrer ausführlichen Form und ihrer Gesangsvirtuosität. Dieses Lied ist bis zum Ende des 18. Jahrhunderts immer noch strophisch, d. h. es bietet zu den aufeinander folgenden Strophen eines Gedichts die gleiche Musik — wenn auch einige unter den genannten Vertretern dieser Kunst im Bestreben, den Wandlungen der poetischen Situation gerecht zu werden, doch schon auf verschiedene Art der «durchkomponierten» Form zusteuern.

a) Beethoven

Wir haben es nun mit dem 19. Jahrhundert zu tun, genauer: mit der Zeit vom Anfang des 19. Jahrhunderts bis zum ersten Weltkrieg. Beim letzteren müssen wir als Historiker notgedrungen innehalten. Ja es ist die Frage, ob wir auch nur dem 19. Jahrhundert gegenüber eine eigentlich historische, objektive Grundhaltung wahren können, sind wir doch heute (trotz allem, was gegen dasselbe gesagt werden mag) noch so stark in ihm verwurzelt: im einen Fall stellt die Musik des 19. Jahrhunderts für uns die schlechthin selbstverständliche Art des musikalischen Seins dar, im anderen sehen wir in ihr umgekehrt eine Art Sündenfall, suchen wir «über sie hinauszukommen» — aber letzteres beweist nur wieder die schicksalsmäßige Verknüpfung.

Es ist klar, daß dieser Zeitperiode gegenüber eine andere Art der Darstellung gegeben ist als den eigentlich «historischen» Zeiten gegenüber: man kann hier mehr an Dinge anknüpfen, die allen vertraut sind, muß aber im Umgang mit diesen Dingen um so vorsichtiger sein, weil sie in so hohem Maße kontroversabel sind. An dieser Stelle kann es sich jedenfalls nur um eine abkürzende, zusammenfassende Methode handeln — was aber nicht ausschließt, daß wir dabei auch andere Zusammenhänge als die bekannten ins Auge fassen möchten. Wir gruppieren also die Erscheinungen, wie wir sie sehen, und überlassen es dem Leser, die (ihm ja bekannten) Erscheinungen nach Belieben anders in Beziehung zueinander zu setzen oder sie mit anderen Maßstäben zu messen.

* * *

Am Anfang des 19. Jahrhunderts fühlen wir die Nachwehen der französischen Revolution, die die Geister tief aufgewühlt hatte. Hiermit hängt es gewiß zusammen, daß man im 19. Jahrhundert den Künstler so weitgehend als Revolutionär aufgefaßt, daß man dem Ideal des Künstlers das des Revolutionärs untergeschoben hat: des Mannes, der nicht nur Neues bringt, sondern einen Umsturz herbeiführt. Die Besinnung auf das Gegenteil ist

freilich nicht ausgeblieben. Oben 15 führten wir an, was schon ein Wort-
führer der Romantik wie Victor Hugo gegen den Glauben an ein «Immer
besser» gesagt hat; und in der zweiten Jahrhunderthälfte haben wir es mit
ausgesprochenen klassizistischen Verfestigungstendenzen zu tun. Trotzdem
hat sich etwas von jenem Umstürzlerideal bis in das 20. Jahrhundert erhalten.
Die Lösung dieses Konflikts ergibt sich offenbar nur im Sinne der religiös
begründeten Haltung Liszts.

Musikgeschichtlich haben wir es zunächst mit der gewaltigen Figur
Beethovens zu tun, die das Künstlerideal im 19. Jahrhundert in so hohem
Maße bestimmt hat. Gerade an dieser Persönlichkeit sehen wir, wie gering
der uns vom 19. Jahrhundert scheidende Abstand und wie bedingt also unser
darauf bezügliches Urteil noch ist. Es ist nicht so lange her, da erschien
einem Beethoven als etwas so Exzeptionelles und Dominierendes, daß einem
der Gedanke nicht faßbar war, man könnte ihn wie eine historische Figur
in eine Atmosphäre, ein Milieu einordnen. Erst neuerdings wird einem dieser
Gedanke greifbarer.

*　*
*

Ludwig van Beethoven ist 1770 in Bonn im Rheinland geboren und hat
seit 1792 dauernd in Wien gelebt, wo er 1827 gestorben ist. Es ist zur
Genüge bekannt, in welcher Weise man das Schaffen Beethovens in drei
Perioden eingeteilt hat. Aber man übersehe auch die Geschlossenheit dieser
Persönlichkeit nicht. Schon in den 1796 erschienenen Klaviersonaten Opus 2,
in denen Beethoven den Beweis liefert, daß er von Mozart und Haydn gelernt hat, was er von ihnen lernen konnte, tritt uns seine Haltung als eine
ausgeprägt «Beethovensche» entgegen (ich würde daher nicht in allzu über-
triebener Weise diejenigen «heruntermachen», welche irrtümlicherweise —
d. h. bis die Auffindung des Originalmanuskripts den Sachverhalt aufklärte
— das Rondo «Die Wut über den verlorenen Groschen» für ein Spätwerk
Beethovens angesehen haben). Man sehe nur das feste Zupacken am Anfang
der c-dur-Sonate, das Drängen und Zerren am Anfang derjenigen in f-moll.
Es ist eine ausgesprochen männliche, willensmäßige Haltung; von der
Sanglichkeit Mozarts ist nichts zu fühlen, aber auch die in sich ruhende Ge-
mütlichkeit Haydns ist verschwunden, alles ist angespannt. Und so fühlen wir
hinter allem auch viel mehr den konkreten Menschen Beethoven, als wie es
ehedem bei Künstlern der Fall war. In Beethovens «mittlerer» Periode
gesellt sich dann zum Impetuosen das Poetische, in der «letzten» Periode
etwas abgeklärt Betrachtendes. Und doch bricht die willensmäßige Angespanntheit immer wieder in seiner Musik durch (man sehe nur, wie ähnlich

in dieser Beziehung der Anfang des ersten Satzes von Beethovens letzter Klaviersonate mit dem Anfang jener ersten Sonate in f-moll ist!). Hier ist mir das Energetische in der Musik ein realer, d. h. psychologischer Begriff, während mir die neuere Theorie und Ästhetik, welche soviel vom Energetischen der «Linearität» bei Bach usw. redet, die bei Beethoven vorliegende psychische Spannung allzu unbesehen in das Musikalische schlechthin zu projizieren scheint.

Wenn sich bei solchen Erscheinungen der deutschen Musik des 18. Jahrhunderts, wie die «Mannheimer» und Ph. E. Bach (s. oben 333 f. und 336), eine Überschwenglichkeit, ein Stürmen und Drängen bekundet, bei dem wir die klassische, an den Italienern geschulte Formhaftigkeit vermissen, so könnte man finden, daß jetzt in Beethoven diese Elemente wieder aufleben, wobei es aber die Größe Beethovens ausmacht, daß er doch jene Objektivität des Formhaften im Sinne von Mozart und Haydn besaß; erst dies war die Voraussetzung dafür, daß jener «Sturm und Drang» europäische Bedeutsamkeit erlangen konnte.

* * *

Eine andere Wurzel der inneren Angespanntheit und Erregtheit bei Beethoven ist sein Verknüpftsein mit den Ideen und Stimmungen der französischen Revolution; und es lassen sich auch musikalisch Affinitäten zwischen Beethoven und den Barden der französischen Revolution (Gossec usw.) aufweisen. Diese letzteren strebten den «élan terrible» an; wir denken hier an das besinnliche Wort von Grétry (der immerhin auch Revolutionshymnen komponiert hatte): «Es scheint, daß man seit der Einnahme der Bastille . . . nur noch Musik mit Kanonenschlägen komponieren kann . . .; wenn man nicht vorsichtiger vorgeht, so wird bald Ohr und Geschmack des Volkes verdorben sein, und wir werden . . . nur noch musikalische Lärmmacher haben.» Es handelte sich hier um eine Steigerung von Glucks antikisierender Vereinfachung ins Grandiose, sogar ins Schauerliche.

Manche der musikalischen Gestalten Beethovens scheinen das Bild einer ihre Freiheit bejubelnden Volksmenge vor uns zu stellen, welche von einem Tribunen angeredet und zu noch größerem Jubel angestachelt wird (das g-dur-Konzert! in der Chorphantasie und der 9. Symphonie läßt Beethoven die Volksmasse selbst im gesungenen Wort ihre Freude künden). Auch etwas Kriegerisches tönt uns manchmal aus seiner Musik entgegen.

Daß für Beethoven die Doktrinen der französischen Revolution viel bedeuteten, kann nicht bezweifelt werden, obgleich er anderseits über die Schrecken dieser Revolution entsetzt war. Auch im Leben Beethovens spiegelt sich das Ideal des «tugendhaften Jakobiners» — was nicht hindert, daß er von der Wiener Aristokratie erhalten und gehätschelt wurde. Oder sagen wir statt «französische Revolution» in einem allgemeineren Sinne: «Aufklärung». Vergleichen wir den Tenor von Beethovens Äußerungen über Kunst und Leben mit denen, die sein Jugendlehrer C. G. Neefe in seiner Autobiographie und in seinen 1785 unter dem Titel «Dilettanterien» erschienenen Aufsätzen tut, so erweist sich die Übereinstimmung als sehr eng, nur daß in diesem idealistisch-illusionistischen Vorstellungskreis Neefe noch die mildere Nuance vertritt (außerdem ist er schriftstellerisch der Gebildetere).

Allerdings klingt manches von dem, was Beethoven geäußert hat, recht religiös, doch handelt es sich hier um ein sehr allgemein gehaltenes Streben nach dem Höheren. Für dieses Höhere sind ihm in erster Linie Kunst und Wissenschaft die Repräsentanten («nur die Kunst und die Wissenschaft erhöhen den Menschen bis zur Gottheit», sagt er 1812); sie sind ihm geradezu Religionsersatz, wie denn bei Beethoven auch schon der R. Wagnersche Gedanke anklingt, s e i n e Kunst sei ein Weg zur Erlösung.

Wir können hier nicht umhin, daran zu denken, daß auch Goethe dieser Verabsolutierung der menschlichen Kultur anhing, sagte er doch z. B.: «Wer Kunst und Wissenschaft besitzt, besitzt die Religion» (bei Ranke heißt es dann etwas zweideutiger: «An die Wahrheit der geistigen Welt glauben, das ist Religion») —, während auf der anderen Seite H. Pestalozzi, wenn auch ein Kind des Aufklärungszeitalters wie Goethe, von solchen Illusionen frei war, hat er doch (in seinem «Schwanengesang») betont, daß nur Glaube und Liebe die wahre Bildungsgrundlage seien und «die Geistesbildung und die Kunstbildung» nur, wenn jenen Mächten untergeordnet, das Ihre zur inneren Harmonie des Menschen beitragen können. In unserer Zeit hat bekanntlich I. Strawinsky der R. Wagnerschen Erlösungslehre gegenüber sehr nüchtern bemerkt, daß wenn er sich erbauen wolle, er in die Kirche gehe, gehe er aber in das Theater, so suche er dort etwas anderes.

Nun besitzen wir freilich von Beethoven auch ein aus tiefem Empfinden über einem liturgischen Text geschaffenes Werk wie die «Missa solemnis». Doch ist klar, daß Beethoven vor allem den menschlichen Inhalt dieser Worte herausschält, daß er uns hier eher eine neue, auf rein menschlicher Grundlage beruhende Art Religiosität lehren will als das, was Religion schlechthin und historisch ist.

Doch handelt es sich nicht nur um das spezielle Verhältnis Beethovens zu den Ideologien seiner Zeit. Hier schält sich vielmehr etwas Allgemeineres heraus, und dies ist für uns noch wichtiger: wir haben das Gefühl, daß wir bei Beethoven mit der rein musikalischen, der ästhetischen Anschauung nicht auskommen. Dies ließe sich nach der negativen, wie nach der positiven Seite greifbar machen. Man hat in den letzten Jahren sehr heftig gegen Arnold Schering polemisiert, der eine Reihe gegenständlich-poetischer Deutungen Beethovenscher Werke vorgelegt hatte. Es mag sein, daß Schering in einzelnem daneben gegriffen hat. Und doch können wir, indem wir uns in Beethovens Musik hineinhören, nicht anders als sagen: etwas steckt dahinter, so rein in sich oder aus sich geht die Sache nicht auf. Beiläufig zeigt sich hier wiederum, daß in Deutschland im 19. Jahrhundert das Formgefühl und die rein ästhetische Anschauung teilweise in Verfall geraten war (vgl. oben 330), denn sonst hätte man es nicht unternehmen können, jedes Werk von Beethoven dogmatisch als ein in sich geschlossenes Reinmusikalisches hinzustellen, sonst hätte man gewisse Risse nicht übersehen können. Beethovens 3. Symphonie, die «Eroica» (1806), hat man erst als Verherrlichung Napoleons aufgefaßt, dann hat Schering sie als Illustrierung der Hektor-Episode aus Homers «Ilias» interpretiert, und neuerdings will man, den überlieferten Zeugnissen wieder näher kommend, in ihr die Verherrlichung des Helden und großen Staatsmannes «an sich» sehen (R. Steglich, in «Feldpostbriefe der Philosophischen Fakultät», Friedrich-Alexander-Universität Erlangen, Wintersemester 1944—1945); wir können nur sagen: e t w a s Derartiges muß dahinter stehen — nicht in dem Sinne, daß wir dies zur Hauptsache, d. h. Beethovens Musik zur Programm-Musik machen würden, aber daß wir ein solches Element als Ingrediens setzen.

So müssen wir denn auch die «Entwicklung», die wir in Beethovens Schaffen beobachten und die man als eine allmähliche Läuterung ansehen kann, gleichzeitig als eine menschliche und eine musikalische auffassen. Beim späten Beethoven verliert sich die «Erdenschwere», welche den Kraftausbrüchen des frühen und des mittleren anhaftet. In den belebten Sätzen aus dieser Zeit tritt uns etwas ungemein Geistreiches entgegen, in den langsamen — jener ruhige Ergriffenheitston, wie z. B. im Adagio der Sonate op. 106. Fragen wir nach den rein musikalischen Merkmalen, so ist die Antwort, wie gewöhnlich, nicht leicht zu geben, immerhin würde ich zwei Einzelheiten nennen: a) die Neigung, den Harmoniewechsel nicht, wie «normal», auf dem guten Taktteil eintreten zu lassen, b) die freie Behandlung des Quart-Sext-Akkords, der bekanntlich eben, je nachdem er auf den guten oder schlechten Taktteil fällt, einer verschiedenen «Normierung» unterliegt: diese Dinge tragen wahrscheinlich dazu bei, daß ein gewisser «Aufgelöstheits»-Eindruck entsteht, da sie die regelmäßige Gliederung nach Schwerpunkten umgehen. Auch hier dürften sich Ansätze schon beim früheren Beethoven finden lassen.

352

In diesem Zusammenhang müssen wir uns eines Wortes erinnern, das in der Ästhetik des 19. Jahrhunderts eine ausschlaggebende Rolle gespielt hat, des Wortes «bedeutend». Früher hatte man eine Musik reizvoll oder wohlproportioniert, majestätisch oder rührend finden können, jetzt spitzte sich alles auf den Begriff des «Bedeutenden» zu, der eigentümlicher- und bezeichnenderweise aus dem Deutschen nicht in andere Sprachen übersetzbar ist (denn sowohl «considérable» und «important», wie «significatif» ist etwas anderes). Zu diesem Begriff gehört ein Element des Geheimnisvollen — wie wenn auf hinter der Kunst liegende Bereiche gedeutet würde, die die Kunst nicht voll widerspiegeln kann. Wie es scheint, war Herder (in seiner «Kalligone») derjenige, der aus seiner gefühlsmäßigen Opposition gegen Kant heraus den Begriff des «Bedeutsamen» für eine wesentliche Kunstkategorie erklärte, und in der deutschen Musikästhetik des späteren 18. Jahrhunderts wird mehrfach das Problem des «Bedeutenden» in der Instrumentalmusik erörtert — worauf das 19. Jahrhundert und der Anfang des unseren diesen Begriff übersteigert und, wie manches andere, zu Tode geritten hat. Und gerade Beethoven ist für das 19. Jahrhundert zum Inbegriff des Bedeutenden geworden, indem er gleichzeitig zum Inbegriff des Künstlerideals dieser Zeit wurde — und so ist denn auch die Musik die Musterkunst des 19. Jahrhunderts. Das bekannte Bildwerk von Max Klinger (1901) stellt Beethoven als Gott dar, und schon die enthusiastische Bettina von Arnim sah in ihm einen Zauberer und Priester. Man könnte zwar bei alledem in Frage stellen, wieweit Beethoven selbst für solche Anschauungen des 19. Jahrhunderts «verantwortlich zu machen» ist; in der Tat mag das 19. Jahrhundert einigermaßen übertrieben haben, indem es sich mit Beethoven so weitgehend identifizierte. Aber ganz sondern lassen sich die Dinge nicht, und es ist wiederum eine Übertreibung, wenn man neuerdings den historischen Beethoven so ganz vom «romantischen Beethovenbild» hat trennen wollen (A. Schmitz).

Doch nun gehe ich zu einer Schlußfolgerung über, die dem geneigten Leser vielleicht etwas abrupt erscheinen wird. Eine Kunst, die mit einer gewissen Betonung über sich selbst hinausweist (d. h. mehr, als wie es die Kunst an und für sich tut), bedeutet notwendigerweise rein ästhetisch eine gewisse Verkürzung, Vereinfachung und sogar Primitivisierung. Und in derselben Richtung wirkt auch das rein Psychologische, das oben hervorgehoben wurde, die willensmäßige Anspannung. Eine Melodie, die, sei es das Bedeutsame darstellen will, sei es ein inneres Drängen, Pochen oder Zerren verkörpert, wird nicht so reich gegliedert sein wie eine andere, die zwar auch von Gehalt oder Leidenschaft erfüllt sein kann, aber vor allem auf eine ästhetische Haltung ausgerichtet ist. Gleichzeitig haben wir auch das Gefühl, daß die letztere uns eher für ein «Sein» einsteht, die erstere an ein «Werden» und «Verwehen» erinnert: man sehe, wie das Hauptthema im 1. Satz von Beethovens letzter, 9. Symphonie «wird» bzw. aus einem geheimnisvollen Hintergrund vor uns tritt, wie dasjenige seiner letzten Klaviersonate aus grollendem Donner geboren wird und, kaum vor uns getreten, unaufhaltsam weiterdrängt.

Wir konstatieren also, daß sich das Betonen des inneren Dranges durch eine relative Strukturarmut kompensiert, und hier liegt der Unterschied zwischen der Melodie Beethovens und der Mozarts. Man vergleiche ferner das Finale aus dem c-moll-Trio op. 1 N. 3 mit dem Anfang des Finales von Mozarts großer g-moll-Symphonie, der Beethoven hier vorgeschwebt haben dürfte: bei Beethoven fühlen wir ein wiederholtes Hinstoßen auf die gleiche Stelle, nicht die federnde Elastizität wie dort; oder man denke an das zweite Thema im Finale der f-moll-Sonate für Klavier op. 2 N. 1. Hier müssen wir wieder auf jenes Abspalten von Motiven aus dem Thema (vgl. oben 338) zurückkommen: es dient weitgehend der emphatischen, steigernden Wiederholung (ein Beispiel stellt schon der Anfang der Sonate op. 2 N. 1 dar). Strukturell aber ergibt sich daraus die Asymmetrie des Periodenbaues bei Beethoven (unter musikalischer Symmetrie verstehen wir, wenn einem Glied *a* — meist ist dies ein Takt — ein gleich langes Glied *b* so antwortet, daß sich die beiden gegenseitig bedingen und ein Ganzes bilden): eine Asymmetrie, bei der wir die «eigentlich» zugrunde liegende symmetrische Periode aber doch durchfühlen (im Gegensatz zu der bei Liszt auftretenden Asymmetrie, die uns «originär» erscheint). Dabei erleben wir manchmal, indem ein einzelnes Glied mehrfach wiederholt wird, eine Art «Schwebezustand» in bezug auf den Periodenbau, oder wir erleben eine «Modulation», indem ein *b* plötzlich als *a* dasteht. Unverkennbar verschiebt sich hierbei der Schwerpunkt des Geschehens, wenigstens teilweise, vom Thema in das Motiv (und insofern geht Beethoven über das bloße Haydnsche «Abspalten» hinaus), und der Gesamteindruck ist weniger architektonisch (planvolles Bauen) als improvisatorisch (das «Ergreifen» eines Motivs): psychologisch jedenfalls eine «Verlebendigung» der Musik.

Es gehört gleichfalls in diesen Zusammenhang, daß Beethoven das Überwiegen des Dur über das Moll wieder abschwächt. Dies sehen wir besonders beim jungen Beethoven, wo diese pathetischen Sätze manchmal nicht nur als solche in Moll stehen, sondern das Moll mehr oder weniger auch im zweiten Thema zur Geltung kommt (welches eigentlich die Dur-Ergänzung zum ersten darstellt). Unter allen diesen Voraussetzungen ist es logisch, daß bei Beethoven die rein menschliche Entwicklung (als Läuterung) im Vordergrund steht: von den stürmisch drängenden Frühwerken, die teilweise noch in die Bonner Zeit zurückreichen, geht es über das helle Kraftgefühl der Werke aus der früheren Wiener Zeit zu größerer «Verinnerlichung», wobei uns Beethovens zunehmende Taubheit ein menschliches Symbol dieses Prozesses ist. Gleichzeitig damit geht zweifellos auch eine Läuterung in ästhetischer Hinsicht, doch haben wir nicht den Eindruck, daß das letztere schlechthin bestimmend ist.

Doch wie auf die stärkeren, so geht Beethoven auch auf die breiteren Wirkungen aus, in ihm will die Kunst nicht nur zum Menschen als solchen, sondern zum Menschen als Massenwesen herabsteigen. Hier besteht ein Zusammenhang mit dem weiteren Verlauf der Dinge im 19. Jahrhundert: der Steigerung des Klangvolumens, der zunehmenden Größe der Konzertsäle. Es ist unverkennbar, daß bei Beethoven schon gewisse intensive Lebensgefühle des Menschen der neuen Zeit anklingen; und darauf beruht es, daß seine Symphonien noch heute zum Eindrucksvollsten gehören, was man in Konzertsälen hören kann. Doch zeichnet sich hier wiederum eine Gegenseite ab: die relative stilistische Unbekümmertheit. Hiermit hängt es wohl zusammen, daß, wie man schon mehrfach vermerkt hat, Volksliedmäßiges bei Beethoven in einem neuen Sinn auftritt, sagen wir: in einer verhältnismäßig unstilisierten Weise, wie es bei Mozart nicht der Fall ist, obgleich Mozarts Musik uns in a n d e r e r Hinsicht liedmäßiger erscheinen mag. Wir denken hier an Themen wie das im Rondo der «Waldstein-Sonate» Opus 53, an den Freudenchor der 9. Symphonie oder das erste Thema des Violinkonzerts (dabei handelt es sich, wie man sieht, um ein Volksliedmäßiges nicht im Sinne eines altertümlich Erhabenen, sondern eines neuzeitlich Naheliegenden). Daß hier rein stilistisch eine gewisse Gefahr gegeben ist, enthüllt uns die vielleicht beste und gleichzeitig die grausamste der Musikanekdoten, die es gibt und die wir hier wiedergeben wollen: ein Parvenu von Berliner Kommerzienrat bat einst unter vielen Komplimenten den berühmten Geiger so und so, er möchte ihm die Ehre erweisen und bei ihm auftreten; es wäre so herrlich gewesen, wie der Herr Professor gespielt hätte (und nun trällerte der Kommerzienrat, indem er den mit → bezeichneten Weg der melodischen Verknüpfung einschlug):

Gewiß, eine quasi «volkstümliche» Nuance liegt von Anfang an in der musikalischen Klassik, aber bei Beethoven ist sie nicht mehr im gleichen Maße etwas Selbstverständliches wie bei seinen Vorgängern, sondern sie ist teilweise ein Gegenstand des Kultus. Indem wir nicht umhin können, den hohen moralischen Schwung zu bewundern, der sich in diesem Verbrüderungsideal kundgibt, müssen wir doch auch daran denken, daß das 19. Jahrhundert in der Geschichte Europas eine Ära der Demagogie inauguriert zu haben scheint und daß die Idealisierung des «Volks»-Begriffes in der Romantik ihre Gefahren hat.

* *
*

Ist nun Beethoven zu den Klassikern oder den Romantikern zu zählen? Wir denken hier an die Zweifel, die die Frage der «beiden Beethoven» schon einem Denker wie W. H. Riehl verursachte. Für uns können wir die Frage, wenn sie in dieser Weise scharf gestellt ist, nur beantworten, indem wir sagen: Beethoven ist im Ganzen doch eher Klassiker als Romantiker (dabei verwahren wir uns selbstverständlich dagegen, daß solche Rubrizierungen allzu ernst, d. h. als wissenschaftliche Aussagen genommen werden). Mögen bei Beethoven auch willensmäßige, persönliche Spannungen, Lebensgefühle der Massen und programmatisch-poetische Ideen hineinspielen, welche über die Welt der Klassik hinausweisen, so verkörpert uns seine Musik doch noch die Welt des Objektiven, steht sie als ein festes Gefüge (wenn auch manchmal mit einem Riß) vor uns; und die Sonatenform ist ihm noch etwas durchaus Lebendiges. Allerdings fühlen wir, daß die eigentliche Grundlage dieser Objektivität nun schon vom Boden des rein Musikalischen, Ästhetischen in das Ethische, den Tugendimpuls (als objektive Willensgerichtetheit) verschoben ist. Den eigentlichen Romantikern dagegen ist die überkommene Form bereits etwas innerlich Fremdes; eben das jetzt üblich werdende Auseinanderhalten von Form und Inhalt, unter Verlegung des Nachdrucks auf den Inhalt, zeigt, daß beides jetzt nicht mehr «in einem» ist. Sie empfinden die überkommene Form als Schema —

und doch kommen sie nicht davon los, mögen sie auch teilweise ingeniöse Umstellungen daran vornehmen. Jeder steht jetzt wie ein isoliertes Wesen der Welt gegenüber, von sich singend und auf sich gestellt. Man ist von sich und seiner Sehnsucht erfüllt, die Welt wird zum Traum. Der starke, ethisch bedingte Willensimpuls Beethovens ist nicht mehr da, man ist dem Sein gleichsam passiv ausgeliefert, man steht ihm sogar etwas fremd gegenüber. Anstelle von Beethovens Härte ist Weichheit und Zartheit getreten. Hatte die Musik bei Haydn und Mozart etwas Kindliches, bei Beethoven etwas Männliches, so hat sie jetzt etwas Weibliches.

Und doch bleibt die Tatsache bestehen, daß Beethoven zeitlich vorwiegend in die Epoche der Romantik gehört und daß sich von ihm viele Fäden zu den Romantikern spinnen, den literarischen wie den musikalischen. Es ist etwas Ähnliches wie die Stellung Goethes zur Romantik.

Wie schon angedeutet, gelangen wir erst allmählich dazu, Beethoven als historische Figur (also relativ) zu nehmen. In diesem Sinne möchte ich Beethovens Musik mit dem E m p i r e s t i l in Parallele setzen (welch letzterer in Deutschland als «Klassizismus» bezeichnet wird — eine sein Wesen keineswegs erschöpfende Bezeichnung, im Vergleich zu der die neutralere als «Empire» vorzuziehen sein dürfte). Ich will deswegen nicht in die heute so beliebte Art der Rhetorik verfallen und Beethovens Musik als «Empiremusik» bezeichnen. Doch scheint mir, daß uns jener Begriff im Sinne eines erläuternden Vergleichs dienen kann sowie als ein Mittel, aus der Verabsolutierung Beethovens herauszukommen, ohne darum in das andere Extrem, die teilnahmslose Distanzierung, zu verfallen.

Wir können den Vergleich etwa insofern ausführen, als wie Beethovens Musik, so der Empirestil die Neigung erkennen läßt, stärkere Wirkungen zu erzielen unter gleichzeitiger Vereinfachung der Mittel. Zweifellos liegt hier wie dort eine gewisse Primitivisierung bzw. eine Reduktion der Innengliederung vor. Es dürfte sich wohl nachprüfen lassen, daß Beethoven noch mehr als Mozart auf die beiden Hauptharmonien Tonika und Dominante abstellt und daß er länger auf der gegebenen Harmonie verweilt; man denke ferner an das Insistierende, das sich bei Beethoven manchmal in der Wiederholung der Kadenz oder des Schlußakkordes kundtut. Hier wie dort haben wir das Gefühl, daß mit der Vereinfachung der Linie der heroische Charakter, das Streben nach Weite und Intensität zusammengeht (hierbei kann der stärkere innere Drang Beethoven zwar zu einer größeren Ausdehnung der musikalischen Form führen, als wie wir sie bei seinen Vorgängern beobachteten, doch darf dies nicht unbesehen für Komplikation im Sinne der Struktur genommen werden).

Auch insofern könnte man jenen Vergleich ausführen, als wie das «Empire» in das 19. Jahrhundert mit seinen etwas willkürlichen Formen ausmündet, es sich mit Beethovens Musik ähnlich verhält. Die Hauptsache, die wir aus diesem Vergleich ziehen wollen, ist aber, daß Beethoven innerhalb seiner Zeit nicht allein steht und durch die unmittelbar vorausgegangene vorbereitet wird. Wie vom «Louis XV» durch allmählichen Übergang das «Louis XVI» und das «Directoire» zum «Empire» führt, so sind auch musikalisch Zwischenglieder da. Solche Zwischenglieder treten teilweise schon in der späteren Entwicklung Mozarts in die Erscheinung, dann aber besonders in der Figur des heute allzusehr vergessenen Muzio Clementi: man sehe, was oben 340 zur Charakterisierung dieses Meisters bemerkt wurde.

Indessen haben wir auf der anderen Seite auch Zwischenglieder zwischen G l u c k s c h e r und Beethovenscher Ausdruckshaftigkeit in der Person von Beethovens älteren Zeitgenossen, den oben bereits genannten Méhul und Cherubini (letzteres war der Komponist, den Beethoven unter seinen Zeitgenossen am höchsten stellte). Es kann also keine Rede davon sein, daß (wie man naiverweise manchmal denkt), wenn Beethoven nicht aufgetreten wäre, die Musik im Fahrwasser von Mozart und Haydn geblieben wäre. Ich möchte hier, um das Vorhandensein einer Beethovenschen, aber von Beethoven unabhängigen Atmosphäre zu kennzeichnen, noch einen gänzlich unbekannten Komponisten anführen, der sogar ein Dilettant war: den Cavaliere C o r i g l i a n o di Rignano, der 1814 in Neapel eine Sammlung von Cantatinen, d. h. kleinen Kantaten, für eine Sopranstimme mit Klavierbegleitung erscheinen ließ (beiläufig gesagt, hat man angenommen, daß diese Kleinform der Kantate in Frankreich als «Cantatille» entstanden wäre, doch scheint mir diese These nicht genügend belegt zu sein). Gewiß ist hier nicht alles von Wert — sogar innerhalb der drei ersten Cantatinen, auf die ich hauptsächlich abstellen möchte. Doch handelt es sich nicht darum; mir scheint, daß, wenn wir den G e i s t eines solchen lyrisch-dramatischen Gesangsstücks auf die klassische Klaviersonate anwenden, wir damit grundsätzlich eben die affektuose und poetische Klaviersonate Beethovens, also die seiner «mittleren» Periode, erhalten. Eine Abfolge, wie sie eine solche Cantatine mit ihren zwei mehr oder weniger ariosen Rezitativen und den zwei Arien darstellt, entspricht in ihrem Wesen der poetisch fundierten Abfolge einer solchen Sonate. Hier wird auch besonders deutlich, wie sehr Beethovens Musik in der Richtung des Gesanglich-Dramatischen orientiert ist (obgleich sie nichts von der Kantabilität Mozarts an sich hat!). In jenem poetischen Sonatentypus entspricht ja dem Wechsel von Rezitativ und Arie der zwischen rhythmisch freieren und rhythmisch zusammengehaltenen Partien (gelegentlich ist direkt das Rezitativ nachgebildet). Umgekehrt zeigt aber auch eine Cantatine des Coriglianoschen Typus Berührungen mit der Sonate, da sie besonders in der Arie zur Sonatenform hinüberdeutet und hierbei die Elemente dieser Form in geistvoller Art, wenn auch etwas nonchalant, ohne die gestraffte Konzision Beethovens, zur Geltung bringt.

Es handelt sich hier nicht um Prioritätsfragen. Worauf es uns ankommt, ist die Gemeinschaft der Atmosphäre und die Tatsache, daß Beethoven, dieser spezifische Instrumentalkomponist, Elemente aus der Gesangsmusik, das (unstilisiert) Liedmäßige und das Dramatische, in die Instrumentalmusik einführt. Dabei ist es das Einzigartige seiner Leistung, daß sich solche einem anderen Bereich entlehnte Elemente so rein klaviermäßig — oder auch streichquartettmäßig oder symphonisch — ausnehmen, wie wenn es etwas ursprünglich Instrumentales wäre. Es ist (wir müssen es nochmals sagen) die Übernahme des Geistes der Dichtung in die Musik. Man würde aber irren, wenn man darin einen der Vokalmusik gegenüber «freundlichen Akt» sehen würde. Es ist eher eine Bedrohung ihrer Existenzgrundlage: wozu brauchen wir im Grunde noch eine Oper, wenn das Dramatische in so hohem Maße in die Instrumentalmusik eingegangen ist? Daß Beethoven trotzdem mit seinem «Fidelio» eine Oper geschrieben hat, könnte man demgemäß als «Inkonsequenz» ansehen. Doch ist es ja das Eigene der Kunst, daß sich in ihr die

Forderungen der Logik nicht restlos verwirklichen. Man hat das Gefühl, daß sich Beethoven als geborener Instrumentalkomponist den Gesangstil «abgerungen» hat — und ein solcher Respekt vor dem objektiven Wesen der Gattung würde wiederum eher einer «klassischen» als einer «romantischen» Haltung entsprechen (man denke an Beethovens deferente Haltung gegen Salieri als Meister des Gesangstils).

Wir können nicht umhin, von hier aus zwei historische Parallelen zu ziehen. Einerseits denken wir daran, daß später R. Wagner den Strom der deutschen Symphonik in das Bett der Oper (oder des Musikdramas) hat leiten wollen, womit nun umgekehrt der Instrumentalmusik grundsätzlich die Daseinsberechtigung entzogen wurde; immerhin war Wagner «zum Glück» nicht in solchem Maße Erbe jener Symphonik, daß sich diese hätte resorbiert fühlen können (wir sehen es, Wagner zum Trotz, an den eigentlichen Symphonikern der zweiten Hälfte des 19. Jahrhunderts). Andererseits erinnern wir uns, daß schon der Geist von Mozarts Instrumentalmusik zu einem Teil aus der Oper (und zwar in erster Linie aus der Buffooper) stammt — doch bleibt dort in wunderbarer Weise die Selbständigkeit der Dinge gewahrt, wird der Beraubte dadurch nicht ärmer.

Im weiteren Zusammenhang könnte man hier die Frage stellen, wieweit die gesamte neuere Instrumentalmusik vom Anfang des 17. Jahrhunderts an von der Oper zehrt — indem sie doch wieder anderseits diese speist; ja man könnte vielleicht zum Schluß kommen, daß das Verhältnis zwischen Vokal und Instrumental für die neuere Musik, wenn nicht für die gesamte Musikgeschichte, in besonderem Maße schicksalhaft ist.

Vom nationalen Standpunkt aus ist Beethovens Musik in höherem Maße «d e u t s c h» oder weniger «welsch» als die Mozarts: ich meine dies historisch in dem Sinne, daß Beethoven es von Jugend auf in viel geringerem Maße mit italienischen Vorbildern zu tun hatte als Haydn oder Mozart. Neben italienischen Opern, die er am Bonner Hoftheater hören konnte, waren doch auch schon französische, sowie Opern von Mozart und deutsche Singspiele; in der Instrumentalmusik wurde er durch seinen Lehrer C. G. Neefe (1748—1798) auf Ph. E. Bach gewiesen, er erfuhr den Einfluß des ausgezeichneten Klavierkomponisten J. F. X. Sterkel (1750—1817), sowie den der Mannheimer und der österreichischen Schule. Wesentlich ist auch, daß der seinerzeit durch J. A. Hiller in Leipzig unterwiesene Neefe Beethoven frühzeitig mit dem «Wohltemperierten Klavier» vertraut machte. Man könnte finden, daß Beethovens musikalisches Wesen «norddeutscher» ist als das von Haydn und Mozart — und norddeutsch ist ja in gewissem Sinne spezifischer deutsch als süddeutsch. Beethoven hat einmal als Mozarts größtes Werk «Die Zauberflöte» bezeichnet, «d e n n hier erst zeigt er sich als der deutsche Meister». Immerhin bedeutet dies bei Beethoven keine Enge, hatte er doch in so einzigartiger Weise die Schulung durch Mozart und Haydn in sich aufgenommen; und eigentümlicherweise hindert es nicht, daß Beethoven seinem Ideenkreis nach viel mehr Kosmopolit war als Mozart.

Es ist bezeichnend, daß Beethoven, sofern er die polyphone Schreibweise anwendet, mehr auf dem Boden des instrumentalen Kontrapunkts Bachs als auf dem des alten italienischen, auf den A-cappella-Stil zurückgehenden, steht. Hier befindet er sich wiederum im Gegensatz zu Mozart (vgl. oben 341), dem wir eher in der instrumentalen als in der vokalen Fuge ein gewisse Gezwungenheit anfühlen (so daß wir z. B. froh sein müssen, daß das Finale von Mozarts «Jupiter»-Symphonie nicht, wie manche sagen, eine Fuge ist). Immerhin kann man auch einen Standpunkt einnehmen, von dem aus man hier Mozart und Beethoven (und Clementi, s. oben 340 f., sowie Haydn) in einem großen Zusammenhang sieht: es gehört ja mit zum Wesen der ganzen Stilepoche, die das 17. und 18. Jahrhundert umfaßt, daß man bei aller Freude am Entdecken der neuen Stilelemente doch immer wieder den Ausdruck ernster Besinnlichkeit in einem Zurückgreifen auf den «stile antico» sucht (die bewußte Scheidung der beiden Richtungen tritt, wie wir oben 281 und 282 sahen, schon bei Monteverdi zutage).

So sehen wir wiederum, daß Beethoven in besonderer Art zwischen seinen Vorgängern und seinen Nachfolgern steht. Nach ihm hat sich der deutsche Charakter der deutschen Musik schärfer und bewußter ausgeprägt. Jener ideelle Kosmopolitismus aber hat Schicksale durchgemacht, auf die wir hier nicht einzugehen brauchen.

b) Die musikalische Romantik

Indem wir an die musikalische Romantik herantreten, konstatieren wir zunächst, daß innerhalb derselben recht verschiedene Nuancen und Abstufungen gegeben sind.

Der erste der deutschen Romantiker ist C. M. von Weber (1786 bis 1826), der in vielem noch der Klassik nahesteht. Seine Musik hat nichts Zerfließendes; der feurige Schwung, den sie bekundet, ist ein Gegenstück zur Impetuosität Beethovens, indem er gleichzeitig auf Liszt vorausdeutet. Romantisch im engeren Sinne erscheint uns Weber insofern, als er uns mit seinen Opern in die Welt des Märchens führt und als er hierbei eine besondere Fähigkeit bekundet, seine Musik in die Färbung und Stimmung des gegebenen Sujets zu tauchen (und hierbei spielt bereits die Klangfarbe im modernen Sinn eine große Rolle). Im «Freischütz», dessen dialogische Partien noch gesprochen sind, wie im alten deutschen Singspiel, haben die Gesänge vorwiegend liedmäßigen Charakter; wir denken hier an das oben 346 f. über die Grundvoraussetzungen der deutschen Oper Gesagte. In der musikalisch weiter ausgreifenden «Euryanthe» verwendet Weber bereits vielfach das Leitmotiv, welches dann von R. Wagner zum System erhoben wurde. Es sei jedoch nicht vergessen, daß Weber auch ein Meister der konzertanten Instrumentalmusik ist.

Hauptsächlich aber sind es Franz S c h u b e r t (1797—1828) und Robert S c h u m a n n (1810—1856), die das Bild der deutschen musikalischen Romantik bestimmen. Immerhin sind auch diese beiden recht verschieden. Der erstere vermählt eine Erfindung von ausgesprochen weichem Grundcharakter mit der klassischen Form, die nun eigentlich nicht auf diese Materie eingestellt ist. Im Verhältnis zur willensmäßigen Anspannung von Beethovens Musik ist es wie ein Zurückfallen auf Mozart, und doch müssen wir sagen, daß auch Mozart die innere Spannung nicht fehlte; hier liegt ein anderes Verhältnis zur «gelebten Zeit» vor als bei Mozart und Beethoven. Schuberts Hauptbedeutung liegt indessen — so viel Schönes auch seine letzten Symphonien, die in c-dur und die unvollendete in h-moll, sowie die Klavierwerke und gewisse Streichquartette enthalten mögen — auf dem Gebiet der Gesangsmusik und hier insbesondere auf dem des Liedes. Es ist in erster Linie auf ihn zurückzuführen, wenn in Deutschland der Begriff der musikalischen Lyrik nicht, wie in Frankreich, mit der Oper verknüpft blieb, sondern die Vertonung des lyrischen Gedichts eine selbständige Stellung im Konzertsaal eroberte, neben der Symphonie und der Sonate; so ist denn das deutsche Wort «Lied» auch zu den Franzosen gedrungen. In bemerkenswerter Sonderstellung steht eines der Chorwerke Schuberts da, «Mirjams Siegesgesang», in welchem er sich zu Händelscher Monumentalität erhebt, und auch die «Wanderer»-Phantasie für Klavier gehört teilweise in diese Richtung. — Schumann, eine grüblerisch versonnene Natur, beginnt sich bereits mit der klassischen Form «auseinanderzusetzen»; er steht zu ihr eher im Verhältnis des Ringens als Schubert. Mag er auch gleichfalls Hervorragendes auf dem Gebiet des Liedes geleistet haben, so beruht seine Bedeutung doch hauptsächlich auf seiner Instrumentalmusik. Er ist uns besonders als Klavierpoet ans Herz gewachsen; auch in seiner Kammermusik spielt das Klavier eine bedeutende Rolle, ja wir hören das Akkordische des Klaviers aus seinen Symphonien heraus. Etwas eigenartig Introvertiertes an Schumanns Musik, ihr spezifischer Mollton, hat im 19. Jahrhundert eine sehr weitgehende Resonanz gefunden, nicht nur in Deutschland. Wie Schubert, ist auch Schumann (wenn auch wieder auf seine Art) weitgehend Harmoniker im neuzeitlichen Sinne, d. h. auf das Aufsuchen und Auskosten harmonikaler Wirkungen gerichtet.

Wieder anders ist die Stellung von Felix M e n d e l s s o h n (1809 bis 1847), der es auf seine Weise versucht, neuen Wein in alte Schläuche, romantischen Märchenspuk in klassische Formen zu gießen. Ihm ist eine gewisse kultivierte Zurückhaltung eigen, und daher wird seine Musik nie problematisch. Dies ist einerseits ein Vorzug, andererseits ein Nachteil; erinnern wir uns, was Liszt über Mendelssohns Oratorium «Paulus» sagte: es wäre herrlich, ein solches Werk schreiben zu k ö n n e n, und doch m ö c h t e er es nicht geschrieben haben.

In demselben Umkreis wie die Genannten stehen: Carl L o e w e (1796—1869), der Meister der Ballade; Louis S p o h r (1784—1859), der Violinmeister, der sich auch auf dem Gebiet der Oper und des Oratoriums, wie der Symphonie betätigt hat und durch eine gewisse Vorliebe für Chromatik auf Wagner vorausdeutet.

* *
*

In Frankreich verkörpert Hector B e r l i o z (1803—1869) eine Nuance der Romantik, die wiederum von der eines Schubert oder Schumann sehr verschieden ist: der Konflikt mit dem Leben wird hier sensationell aufgebauscht. Das in die symphonische Musik eingeführte Programm ist einerseits eine Kompensation für das Zurückgehen der eigentlich musikalischen Formkräfte, anderseits ein Symbol für die romantische Verknüpfung von Musik und Literatur; es bietet dem Musiker Gelegenheit, seine Kunst nach der Seite des Pittoresken zu entfalten, die Musik einem gegebenen «Ort und Zeit» anzupassen. — Frédéric C h o p i n (1810—1849), halb Franzose und halb Pole, verbindet mit Gefühlswärme eine bemerkenswerte Plastik und eine gewisse Süße (bitte: nicht Süßlichkeit) der Melodik, was wohl mit seiner Treue und Anhänglichkeit gegen Mozart zusammenhängt (Berlioz ist im Gegenteil Parteigänger von Gluck!). Auch in bezug auf die Form ist Chopin kein Revolutionär. Und doch entblößt sich auch bei ihm das innere Drama des Menschen (man denke an das c-moll-Nocturne!). Gleichzeitig wird das Klanggewand der Musik reicher (wie bei Berlioz das orchestrale, so bei Chopin das pianistische): die Musik gewinnt neue Elemente innerer und äußerer Eindringlichkeit. Wie bekannt, wird die Impressivität von Chopins Kunst auch durch die Übernahme von Zügen aus der polnischen volkstümlichen Tanzmusik gefördert. Immerhin glaube ich, daß die Bedeutung des polnischen Elements bei Chopin überschätzt wird und daß man zu weit geht, indem man ihn zum Begründer der ersten «nationalen Schule» in Europa macht (die Übertreibung geht in die Zeit von Chopin selbst zurück, als sich in Europa Polenbegeisterung mit antirussischer Propaganda verband). Chopin ist vor allem sehr individuell — daneben aber in seiner Eleganz und in seinem Elan echt französisch (man muß sich eigentlich wundern, daß er von französischer Seite so wenig für Frankreich beansprucht worden ist) und in seiner Klarheit mozartisch. Vergleicht man seine Periodenbildung mit der von Liszt, so ist sie im klassischen Sinn symmetrischer, wenn sich auch in ihr unverkennbar ein stärkeres inneres Drängen geltend macht als bei Mozart. Und «last not least»: in seinem Klavierstil ist Chopin in hohem Maße dem bedeutenden Schüler Clementis John Field (1782—1837) verpflichtet.

Die prononcierten Unterschiede zwischen den Genannten zeigen uns, daß sich jetzt jeder Künstler in höherem Maße in die ihm gegebene Individualität «einspinnt», als wie es früher der Fall war. Aber auch die n a t i o n a l e n Unterschiede treten jetzt schärfer zutage als im 18. Jahrhundert. Die romantische Zeit ist ja, wie wir schon anläßlich der Bach-Renaissance hervorhoben, die einer verstärkten Besinnung auf das eigene Volkstum. Man versenkt sich darein und wendet sich den in die Vergangenheit verlegten, mythischen Wurzeln desselben zu. Und zwar scheint hierbei der nördliche Teil Deutschlands führend zu sein. In den ästhetischen Anschauungen, die z. B. Schumann als Musikkritiker bekundet, tritt bereits jene bekannte Abneigung gegen das romanische Wesen zutage, das als äußerlich und nur auf das Sinnliche gerichtet abgestempelt wird. Die Enge dieses Standpunktes zeigt sich etwa darin, daß Schumann sogar Liszt als Komponisten ablehnt und — indem er ihn doch als Deutschen ansieht — ihm die R ü c k k e h r zur deutschen Schlichtheit usw. empfiehlt (ich meine jene Besprechung von Liszts Etuden durch Schumann 1839, die wir in keiner Weise als «Muster einer Musikkritik» ansehen können, gebe aber gern zu, daß Schumann Berlioz und besonders Chopin gegenüber verständnisvoll sein konnte).

* * *

In diese Welt der Romantik ragt nun die O p e r hinein — zum Teil wenigstens als ein Rest der Geisteshaltung des 18. Jahrhunderts. Dies gilt besonders von der italienischen Oper: Rossini ist in höherem Maße Mozartianer als einer seiner deutschen Zeitgenossen. Man könnte sogar finden, daß zwischen der Welt der Oper und der der Romantik von vornherein eine gewisse Spannung gegeben ist, indem die Oper als visuelles Kunstwerk auf Plastik und Gliederung ausgerichtet ist, was gerade nicht zur Eigenart des romantischen Geistes gehört. Hier tut sich eine «Affinität» zwischen klassischer und romanischer, genauer: italienischer Haltung auf, gleichzeitig auch eine solche zwischen Romantik und Instrumentalmusik. Nachdem Deutschland den Italienern in der Instrumentalmusik den Wind aus den Segeln genommen hatte, verblieb ihnen die Oper wie ein Trost, als etwas, das, indem es auf die große Zeit der italienischen Musik zurückdeutete, als ihr eigentlichstes Gut angesehen werden konnte.

362

Der Hauptmeister der italienischen Oper in dieser Zeit ist G. Rossini (1792 bis 1868), seine bekanntesten Werke: «Der Barbier von Sevilla» (1816), eine köstliche Buffooper im rein italienischen Stil, und «Wilhelm Tell» (1829), für Paris geschrieben und bis zu einem gewissen Grade schon eine Konzession an das neue Pariser Ideal der «großen Oper». Neben ihm wirkten zwei Jüngere: V. Bellini (1801—1835), der hier eine weichere lyrische Note zur Geltung brachte (sein Hauptwerk ist die «große Oper» «Norma», 1831), und G. Donizetti (1797—1848), dessen «Lucia di Lammermoor» (1835) schon romantische Töne anschlägt, während «Die Regimentstochter» (1840) eine muntere französische Spieloper und «Don Pasquale» (1843) wieder eine italienische Buffooper ist.

Wenn, wie gesagt, hier in gewissem Sinne eine Perpetuierung von Traditionen des 18. Jahrhunderts vorliegt und dieses keineswegs nationalistisch war, so erscheint doch in der Perspektive der Zeit mit ihrer Einstellung auf das Nationale auch diese Opernkunst als ein spezifisch italienischer Gegenstand. Aber auch historisch genommen, liegt hier bis zu einem gewissen Grade eine Wiederbesinnung auf die Italianität der Oper vor, nachdem die ältere Generation der Italiener in der Person von Cherubini und Spontini — die ihrerseits auf die Sacchini und Piccinni folgten — in das Fahrwasser Glucks geraten war und nachdem Spontini dem pariserisch gefärbten Ideal einer heroischen Prunkoper gehuldigt hatte. Und doch hat sich sogar Rossini teilweise jenem Ideal der «großen Oper» angepaßt, wie es aus der nachgluckschen Oper herausgewachsen war und das alte Ideal der « Seria » in der neuen Situation weiterführte. Hierbei ist die Unterscheidung zwischen « grand opéra » (= Oper mit Rezitativen) und « opéra comique » (= Oper mit gesprochenem Dialog) der ehemaligen Abgrenzung zwischen Seria und Buffa analog.

Deutschland steht hier auf der entgegengesetzten Seite; ihm ist die Oper nicht so selbstverständlich. Demgemäß befinden sich solche Komponisten, die sich speziell der Oper widmen, in Deutschland zunächst eher «am Rande» des Geschehens. Wir haben hier zwei solche zu nennen, die, jeder in seiner Weise, ein Mittelglied zwischen Weber und Wagner darstellen: H. Marschner (1785—1861) und A. Lortzing (1801—1851); von ihnen betont der erstere das Phantastische, sogar Dämonische («Der Vampyr», 1828, «Hans Heiling», 1833), während der letztere in Opern wie «Zar und Zimmermann» (1837) oder «Der Waffenschmied» (1846) bürgerliche Sujets behandelte, aber sich mit seiner «Undine» doch auch an der «romantischen Oper» versuchte; wie Wagner, war Lortzing schon sein eigner Textdichter.

Frankreich steht in diesem Betracht in der Mitte zwischen Italien und Deutschland. Es führt einerseits die Tradition seiner « opéra comique » aus dem 18. Jahrhundert weiter, anderseits betont es, der Zeitströmung entsprechend, innerhalb dieser Gattung die Tendenz zum Märchen- und Zauberhaften. Da ist F. A. Boieldieu (1775 bis 1834), dessen «Weiße Dame» (1825) nicht mit Unrecht als französisches Gegenstück zu Webers «Freischütz» bezeichnet worden ist. D. F. E. Aubers (1782—1871) Meisterstück in diesem Genre ist die graziöse, prickelnde Brigantenoper « Fra Diavolo » (1830); indessen vollzieht Auber auch den Schritt zur «großen Oper» mit seiner «Stummen von Portici» (1828), in der er mit schlagkräftiger Leidenschaftlichkeit das Gebiet des Schauerlichen betritt. L. J. F. Hérold (1791—1833) ist der Autor der «Zampa» (1831) und des Stücks, welches von manchen als die eigentliche Meisterleistung auf dem Gebiet der romantisch gefärbten « Opéra comique » betrachtet wird, « Le pré aux clercs » (1832). Auch Berlioz hat dieses Gebiet mit seinem «Benvenuto

Cellini» (1838) betreten, aber als ein dem Theater Wesensfremder. Man hat nicht mit Unrecht bemerkt, daß das Stärkste an dieser Oper die Schilderung des römischen Maskenfestes, also etwas in der Linie der symphonischen Dichtung Liegendes, ist; der Mißerfolg, den Berlioz mit diesem Werke hatte, bestimmte seine ganze weitere Laufbahn und insbesondere seine langjährige Abwendung vom Theater (nur in einem fremden Milieu, in Weimar unter Liszt, fand das Werk eine freundliche Aufnahme; dort ließ sich Berlioz auch zur Komposition der «Trojaner» ermuntern, die also bereits in die zweite Jahrhunderthälfte gehören: wiederum ein Werk, das außerhalb der eigentlichen französischen Operntradition steht — nur daß es einen idealisierten Gluckismus ausprägt —, eines, das, nicht viel anders als ein Oratorium, im Hinblick auf seine besonderen musikalischen Verdienste ab und zu zur Aufführung gelangt ist).

Daneben ist Paris der Boden, auf dem, wie gesagt, auf nachgluckischer, besonders Spontinischer Grundlage jenes Ideal der «großen Oper» erwuchs. Dieses ist, wie auf Glanz und Prunk, so auch — im Einklang mit einer Richtung innerhalb der «Opéra comique» — auf starke Sensationen ausgerichtet. In dieser sonst so national orientierten Zeit nimmt es sich recht international aus (ob hier noch etwas von den Gluckschen Antezedentien dieses Typus weiterlebt?). Wir sahen, wie diese Art Operngeschmack teilweise sogar auf die Italiener einzuwirken, wie sie den in der «Opéra comique» beheimateten Auber anzulocken vermochte. Doch ist es besonders der auf seine Weise italienische mit deutschen und französischen Stilelementen verknüpfende G. Meyerbeer (1791—1864), der diese Geschmacksrichtung getroffen hat.

Wir müssen bei alledem bedenken, daß die Oper damals immer noch die gesellschaftlich bevorzugte Musikform war, diejenige, welche das «große Publikum» für sich hatte. Und so verstehen wir die Animosität, die ihr in den eher an die «Eingeweihten» appellierenden deutsch-romantischen, oder eher: den der Instrumentalmusik zugewandten romantischen Kreisen entgegengebracht wurde. Im 19. Jahrhundert tritt ja der Konflikt zwischen einer esoterischen Minderheit, welche den Anspruch erhebt, in der «Entwicklung» führend und den anderen voraus zu sein, und einer exoterischen Mehrheit viel schärfer in die Erscheinung als früher, was zum Teil mit dem romantischen Zerfallensein von Ich und Welt zusammenhängt. Gleichzeitig hat die Propaganda gegen die italienische Oper als etwas «Welsches» und die Oper des Pariser Geschmacks als Allerweltskunst auch eine nationale Seite, die dem Zeitgeist entsprechend überbetont wird.

c) Die zweite Hälfte des 19. Jahrhunderts

Die zweite Jahrhunderthälfte bietet ein wesentlich verändertes Bild. Zwar werden teilweise Tendenzen der romantischen Zeit noch gesteigert, aber im ganzen ist der Geist ein anderer; es herrscht nicht mehr der zarte Ton von damals, man packt die Welt wieder viel realer an und versucht es, so oder so die Weltfremdheit zu brechen — was freilich nicht bedeutet, daß man den Gleichgewichtszustand der klassischen Zeit wieder herzustellen in der Lage wäre. Gleichzeitig macht sich ein synthetisch-systematischer Wesenszug bemerkbar: man sucht, mit der Beethoven-Nachfolge — dieser Selbstverständlichkeit des 19. Jahrhunderts — den neu wiedergefundenen Bach zu vermählen und so der Musik die Universalität zu erringen.

Im Sinne der zuletzt genannten Tendenzen sind besonders vier Meister zu nennen, zwei deutsche und zwei französische: Johannes B r a h m s (1833 bis 1897), Anton B r u c k n e r (1824—1896), Camille S a i n t - S a ë n s (1835—1921) und César F r a n c k (1822—1890). Bei ihnen allen liegt das Schwergewicht des Schaffens in der Instrumentalmusik. Es wäre reizvoll, würde uns aber zu weit führen, den Verschiedenheiten und den Berührungspunkten zwischen diesen vier Meistern nachzugehen. Jedenfalls können wir, ohne die Musik zu sehr vom soziologischen Standpunkt aus betrachten zu wollen, sagen, daß ihre Kunst durch eine gewisse Solidität und Gediegenheit an den Geist des kultivierten Bürgertums ihrer Zeit gemahnt — auch die von Franck und Bruckner, obgleich sie in gewissem Betracht weniger festgefügt, schwärmerischer erscheinen mag als die von Brahms und Saint-Saëns.

Es ist interessant, in wie verschiedener Art sich diese vier Meister der Gunst ihrer Zeitgenossen und Nachlebenden erfreut haben. Brahms, als Erbe der deutschen Romantik (und Klassik) durch die einflußreichste Gruppe der musikalischen Meinung auf den Schild erhoben, hat es am leichtesten gehabt; noch heute spielen seine vier Symphonien, seine Kammermusikwerke und sein «Deutsches Requiem» im Musikleben eine große Rolle. An ihm hat man besonders die ausgesprochene Ablehnung alles dessen, was als bloße «Geste» gedeutet werden könnte, die betonte «männliche» Zurückhaltung geschätzt; mir ist er besonders in seinen «nachdenklichen» Momenten sympathisch. Das französische Gegenstück zu ihm ist Saint-Saëns, bei dem sich der Klassizismus mit Eleganz paart; er hatte es indessen weniger leicht als Brahms, da zu seiner Zeit die französische Musik nicht eine solche Machtstellung ausübte wie die deutsche; seine Kammermusikwerke, seine Symphonien (darunter am bemerkenswertesten die dem Gedächtnis Liszts gewidmete in c-moll), seine Opern sind nicht erheblich über Frankreich hinausgedrungen, verhältnismäßig am wenigsten in den deutschen Kulturkreis, obgleich Saint-Saëns auch dort einzelne Bewunderer (wie den schon von Wagner abgefallenen, gealterten Hans von Bülow) zählte. Franck und sein deutscher Gegenpart, Bruckner — übrigens Franck ein Belgier und Bruckner ein Österreicher —, sind bei Lebzeiten nur von einem kleinen Kreis begeisterter Jünger gestützt worden und haben erst nachträglich größere Aktualität erlangt; sie saßen bis zu einem gewissen Grade zwischen zwei Stühlen, dem Lager der Wagner-Anhänger und dem klassizistischen; Bruckner war sogar ein glühender Verehrer Wagners — aber nach der Wagnerschen Doktrin eigentlich von vornherein ohne Existenzberechtigung, da ihr zufolge die Symphonie im Musikdrama aufgegangen war. Von ihm haben wir in der Hauptsache eine imposante Reihe von Symphonien sowie Kirchenmusik, von Franck außer ein paar Oratorien und Opern Orgelmusik und einige erlesene Kammermusik-, Klavier- und Orchesterwerke; sie bringen beide auch in ihrer weltlichen Musik etwas Religiöses zum Ausdruck: man denke an das breit Weihevolle mancher Brucknerschen Adagios oder an den mystischen Zug in Francks «Prélude, choral et fugue».

Daß jetzt der Zeitgeist ein anderer ist, sehen wir aber auch an einem der Überlebenden aus der romantischen Zeit, H. B e r l i o z. Es ist unverkennbar, daß seine (1858 beendeten, oben bereits vorgreifend erwähnten) «Trojaner» eine eigene Art Klassizismus ausprägen und daß das, was er jetzt mit der Berufung auf Gluck deckt, etwas anderes ist als das, was er in seiner Jugend damit deckte; und ich glaube nicht, daß n u r das vorgerückte Lebensalter des Komponisten dafür verantwortlich zu machen ist.

Doch ist vor allem die Tätigkeit von Richard W a g n e r (1813—1883) für die zweite Jahrhunderthälfte bezeichnend. Wagner ist der Deutsche, der nunmehr die Oper ebenso zum nationalen Erbteil machen will, wie es die Symphonie geworden war. Und sein Rezept hierfür ist, den ganzen Strom der deutschen Symphonik in das Bett des Musikdramas zu leiten, wobei dieses durch das Gewicht jener Masse nicht etwa erdrückt, sondern in seinem Wesen als Drama erst recht hervorgehoben werden soll — gewiß ein Plan von universalistischer Weite, wie er dem Charakter der Zeit entsprach. Und daß Wagner auch Dichter war, d. h. daß er seine Texte selbst dichten konnte, gab ihm beim Unternehmen dieses Versuchs eine einzigartige Chance.

Man könnte sagen, daß Wagner die deutsche «Revanche» auf dem Gebiet der Oper verkörpert (daß er hierbei das Wort «Oper» verpönt und von «Musikdrama» spricht, ändert nicht viel an der Sache). Die deutsche Oper, die in Mozarts «Zauberflöte» und in Beethovens «Fidelio» gewissermaßen im Keime enthalten war (auch letzteres Werk enthält ja noch das singspielmäßige Element des gesprochenen Dialogs), die von Weber zur Hälfte errungen worden war, sollte jetzt volle Wirklichkeit werden. (Tragisch war nur, daß in dem Moment, wo dieses gewaltige Vorhaben verwirklicht wurde, die Suprematie der Deutschen auf dem Gebiet, das ihre Ausgangsposition gewesen war, dem der Instrumentalmusik, zu schwinden begann.)

Wir brauchen wohl nicht daran zu erinnern, daß Wagner mit Opern romantischer Art etwa im Sinne Webers (aber nicht ohne Anlehnung an Spontini und Meyerbeer) begonnen hatte, daß er dann um die Jahrhundertmitte jene große Pause eintreten ließ, während deren er einerseits musikalisch die Einflüsse Liszts in sich aufnahm, anderseits programmatisch (und öffentlich) über sein Vorhaben nachdachte. Dann tritt die eigentliche Reihe der Wagnerschen Bühnenwerke auf den Plan. «Rheingold», der erste Teil der «Nibelungen»-Tetralogie, entstand 1853—1854, der letzte Teil derselben, die «Götterdämmerung», ist aber erst 1874 beendet; dazwischen entstanden der «Tristan» und die «Meistersinger», danach «Parsifal». Es ist außerordentlich interessant, den Entwicklungsgang Wagners von den noch in das Jahrzehnt vor 1850 fallenden Werken («Der fliegende Holländer», «Tannhäuser», «Lohengrin») zum «Ring» und zum «Tristan» zu verfolgen.

Bedeutsam ist, wie sich dann die «Erhitztheit» von Wagners Strebigkeits-harmonik im national-restaurativen Stil der «Meistersinger» beruhigt und wie Wagner schließlich im «Parsifal» die Sphäre religiöser Ergriffenheit berührt: man könnte an Liszt denken, doch ist der Erlösungsdrang, der sich bei Wagner im letzteren Werk (und teilweise schon vorher) bekundet, nur halb religiös und halb laizistisch. Im übrigen sind seine Werke ja zur Genüge bekannt. Sie bleiben in jedem Fall ein machtvoller Ausdruck des Wollens ihrer Zeit.

Wenn in den bekannten Büchern von A. Lorenz der Versuch unternommen wird, auf Grund von bloß harmonikalen, tonartlichen Entsprechungen Wagners Werke als Musterbeispiele von Form und Aufbau hinzustellen, so kann ich nur wieder sagen: nicht alles, was euch Form ist, ist mir Form; Wagners Musik ist mir, wie die von Bruckner und Reger, mehr Fluß und Drang als Form.

Trotz dem überwältigenden Einfluß, den so das deutsche «Musikdrama» gewann, hat der im gleichen Jahr wie R. Wagner geborene Giuseppe V e r d i (1813 bis 1901) gezeigt, daß Italien, obgleich auf anderen Gebieten der Musik verarmt, sich in der Oper die Palme nicht ganz aus der Hand reißen ließ. In seinen um die Jahrhundertmitte geschriebenen Opern («Rigoletto», «Trovatore», «Traviata») impft Verdi dem traditionellen Gefüge der italienischen Oper, das er mit Meisterschaft handhabt, ein Element romantischer Gefühlsseligkeit ein — eine Kombination, dank der diese Werke außerordentlich beliebt wurden. In seinem hohen Alter dagegen, schon nach Wagners Tode, brachte Verdi mit «Otello» und «Falstaff» (beide nach Sujets von Shakespeare) noch eine Art Regeneration der italienischen Oper im Sinne der Angleichung an Tendenzen der Zeit zustande: er bietet uns hier mannigfache Feinheiten im vokalen, wie insbesondere im orchestralen Teil, ohne aber darum, wie es bei Wagner manchmal der Fall ist, den traditionellen Vorrang der Singstimme zu zerstören oder die Form zur «unendlichen Melodie» zu zerdehnen.

Auch in Frankreich erwies sich die Oper im traditionellen Sinne noch lebenskräftig. Hier brachte Ch. G o u n o d (der übrigens auch wertvolle Kirchenmusik geschrieben hat) mit «Faust» (1859) und «Roméo et Juliette» (1867) die lyrische Seite, G. B i z e t mit «Carmen» (1875) die dramatische Schlagkraft zur Geltung. Letzterer wurde bekanntlich von Nietzsche bei dessen Abfall von Wagner auf den Schild erhoben. So hat sich auch hier gezeigt, daß die Formel Wagners auf dem musikdramatischen Gebiet nicht die «alleinseligmachende» zu sein braucht.

Sogar in Deutschland selbst folgte nicht alles Wagner nach. So war P. C o r n e - l i u s zwar ein Jünger Liszts, auch war er, wie Wagner, sein eigener Textdichter, und doch war er sich deutlich dessen bewußt, daß sein Weg nicht der Wagners sein konnte. Sein Hauptwerk ist die heitere Spieloper «Der Barbier von Bagdad» (1858), in der sich musikalische Charakteristik mit Formgefühl verbindet. Außer weiteren Opern verdanken wir ihm auch feinsinnige Lieder.

Bei alledem ist auch in der zweiten Hälfte des 19. Jahrhunderts, wie in der ersten, der Einfluß des n a t i o n a l e n Moments stark zu fühlen. Dies zeigt sich an einem Vergleich zwischen Brahms und Saint-Saëns, wie an dem zwischen Bruckner und Franck. R. Wagner ist in bewußt ausgesprochener Weise Deutscher und Verdi Italiener. Und so begegnen uns in dieser Zeit unter den kleineren Völkern Europas einige «nationale Schulen», die eine pittoreske Note in das Konzert der europäischen Musik bringen. Es handelt sich insbesondere um die tschechische Schule mit F. Smetana (1824 bis 1884) und A. Dvorak (1841—1904), sowie die norwegische mit dem feinsinnigen Harmoniker Edvard Grieg (1843—1907).

*   *
*

Doch nun ist noch einer für sich stehenden Gestalt zu gedenken: Franz L i s z t s (1811—1886), der wohl auf alle genannten Komponisten aus der zweiten Jahrhunderthälfte eingewirkt hat (sogar auf Brahms, der Liszt als undeutsch perhorreszierte — man sehe Brahms' Intermezzo Opus 118 N. 6!). Liszt steht in eigenartiger Weise zwischen den Nationen: seiner Mutter nach Deutschösterreicher, dem Vater nach Ungar, aber doch einer ursprünglich deutschen Familie entstammend und jedenfalls deutschsprachig, war er gleichzeitig mit der geistig-literarischen Welt der französischen Romantik eng verknüpft: also ein Ungar, ein Deutscher und gleichzeitig ein Mann von Welt. Liszts Anfänge fallen in die Zeit der Romantik, und sie sind auch romantisch; hier steht Liszt etwa in der Mitte zwischen deutscher und französischer Romantik, indem er das Gemütvolle der einen mit dem Extravaganten der anderen verbindet; dazu fügt seine einzigartige Klaviervirtuosität, die Chopin, aber auch dem Violin-Hexenmeister Paganini manches verdankt, ein Moment des Glanzes. Um die Jahrhundertmitte sehen wir Liszt mit seinen «symphonischen Dichtungen» beschäftigt: Programm-Musik, aber eine solche, die in ihrem Bau doch in hohem Maße aus rein musikalischen Faktoren abzuleiten ist (die Art, wie Liszt manchmal vom Motiv = Teilthema ausgeht, es umbildet und daraus Themen oder Melodien gewinnt, könnte an Beethovens Themenzerspaltung denken lassen; doch erscheint, wenn wir die Wirkung der Melodie als eines in sich geschlossenen Ganzen ins Auge fassen, Liszt im Verhältnis zu Beethoven eher als ein Restaurator). In der zweiten Jahrhunderthälfte endlich wird klar, was der eigentliche Sinn von Liszts Schaffen ist: der «Christus» und manche andere, teilweise fast ganz unbekannt gebliebene Werke offenbaren die Tiefe von Liszts religiöser Natur und gleichzeitig die Objektivität seines Glaubensgrundes. Und von hier fällt ein neues Licht auch auf Liszts Jugendwerke, in denen, obgleich sie weltlich sind, unverkennbar schon etwas von dieser Ergriffenheit zu spüren ist; man sehe insbesondere das «Harmonies poétiques et religieuses» betitelte S t ü c k von 1834, Gesamtausgabe II 5, welches Liszt später in erstaunlichster Weise verballhornt hat, indem er es mit dem Titel «Pensée des morts» in die S a m m l u n g «Harmonies poétiques et religieuses» aufnahm — ja er hat die erste Version sogar öffentlich desavouiert und als «tronquée et fautive» bezeichnet (man möchte sich beinahe fragen, ob man hier «chercher la femme» muß).

So wendet Liszt das Quasi-Religiöse Beethovens in ein positiv Religiöses. Dabei handelt es sich nicht sosehr um ein Ausdrücken religiöser Gefühle im Sinne der Expressivität des 19. Jahrhunderts — dies ist eher der Fall von Bruckner und C. Franck — als darum, daß schon der Schaffensprozeß selbst auf einem derartigen geistigen Urgrund beruht. Ich bin im allgemeinen nicht ein Anhänger der biographisch-ikonographischen Methode in der Musikgeschichte; doch um zu verdeutlichen, was ich meine, empfehle ich dem geneigten Leser, einen Blick auf Liszts Bild zu werfen. Wenn man die Bedeutung von Liszts Persönlichkeit so oft verkannt hat, ist es gewiß, weil man seine Musik zusehr nur für das nahm, was sie äußerlich, konkret gesehen, ist und für die hinter ihr stehende Geistigkeit nicht empfänglich war (die Konkretheitstendenzen der zweiten Hälfte des 19. Jahrhunderts!), ferner wirkte noch die alte, vom Anfang des Jahrhunderts datierende Antithese vom «deutschen Ernst» und «welschem gleißendem Tand» nach, und schließlich kam die «neue Sachlichkeit» dazu, ja — wer weiß — vielleicht sogar die «moderne Wissenschaftlichkeit»?

Wir wollen nicht leugnen, daß Liszts Werke, und besonders die aus der mittleren Periode, manchmal etwas «Überdimensioniertes» haben, äußerlich und innerlich (ich denke gerade an die «Pensée des morts», die aus jener Jugendkomposition entstanden ist, vielleicht auch die *h*-moll-Sonate und Ähnliches) — während uns die Werke aus seiner früheren und späteren Zeit proportionierter anmuten. Immerhin ist auch jene «Überdimensioniertheit» nicht in Bausch und Bogen abzulehnen. Ich erinnere mich, daß ich z. B. die «Danse macabre» für Klavier mit Orchester (dieses 1849 oder vorher beendete, dann noch umgearbeitete Werk) sowohl von F. Busoni in gekürzter, als von A. Siloti in ungekürzter Fassung habe spielen hören, wobei sie einem vielleicht in der gekürzten, aber gewiß nicht in der ungekürzten länglich erscheinen konnte. Es kommt offenbar in erster Linie darauf an, daß der Spieler ganz im Geist der Sache ist. Hier möchte ich ferner daran denken, daß manche aus Unverständnis der Musik von Tschaikowsky mehr Aufdringlichkeit unterschieben, als in ihr ist; so muß man auch in der Musik manchmal sagen: «Honni soit que mal y pense».

Der Ausklang von Liszts Tätigkeit ist besonders bewegend. Die religiöse Note geht hier mit einem Unterton von Resignation zusammen: man sehe die «Via crucis» von 1878—1879, jenen in den äußeren Mitteln so anspruchslosen, in seinem Grundton so weltfremd distanzierten Zyklus (was sollen wir dazu sagen, daß bei Liszts Lebzeiten der «maßgebende» Verlag für katholische Kirchenmusik den Druck des Werkes ablehnte!). Diese weltferne Distanziertheit ist aber gleichzeitig in ihrer musikalischen Ausdrucksweise sehr «modern», d. h. über das 19. Jahrhundert hinausweisend. Und in derselben Zeit, um 1880, wird Liszt auf die neu aufsteigende russische Musik, speziell die «Petersburger Schule», aufmerksam, die gleichfalls — aber nun nicht auf Grund religiöser Weltentrücktheit, sondern auf Grund der Vitalität eines neu in den Mittelpunkt der Entwicklung tretenden Volkes — zu einem über das 19. Jahrhundert hinausweisenden Standpunkt gelangt. Liszt reicht der russischen Musik die Hand, ja er gliedert sich geradezu ihr ein, indem er einen Beitrag zur 2. Auflage der «Paraphrases» liefert — jenes 1880 erschienenen Kollektivwerkes von Petersburger Komponisten, welches er sein «Conservatoire» nannte.

d) Klang und geistige Physionomie

Insgemein ist für die Musik des 19. Jahrhunderts eine Vergrößerung des Klangvolumens festzustellen: besonders für die Zeit nach Beethoven, aber teilweise schon für seine Zeit. Daß der Klang des Hammerklaviers voluminöser wurde, geschah, wie wir wissen, mit Beethovens Billigung. Was den Orchesterklang betrifft, so hat Beethoven zwar den durch seine Vorgänger gegebenen äußeren Rahmen nicht wesentlich erweitert, doch fühlt man ihm ein gewisses Hinausstreben über diesen Rahmen an; jedenfalls verschwindet bei ihm (wie es schon R. Wagner vermerkt hat) die Auffassung des Bläserkörpers als schwächeren Teils des Orchesters, welche bei seinen Vorgängern noch an das «konzertierende» Prinzip der alten Zeit erinnerte.

Im weiteren Verlauf hat das Klavier an Tonfülle noch zugenommen. Besonders aber war es das Orchester, das dank Berlioz und Wagner seine Ressourcen immer mehr ausgedehnt hat. Hier wird jetzt speziell die Familie der Blechblasinstrumente weiter ausgebaut: nicht nur durch Hinzufügung der Tuben, die eine Erweiterung der Hörnerfamilie nach der Tiefe und etwas Einzigartiges an stark-weicher Fülle repräsentieren, sondern auch dank der Erfindung des Ventils, welches den vorher auf die Naturtöne beschränkten, also nur diatonisch verwendbaren Trompeten und Hörnern die chromatische Skala gab und sie damit vielseitiger verwendbar machte. Auch rein zahlenmäßig wächst der Orchesterkörper stark an.

So fügt sich auch das Klangliche dem Bilde des 19. Jahrhunderts als einer Epoche, die auf starke und auf Massenwirkungen ausgeht, ein. Jetzt füllen sich eigens gebaute große Konzertsäle mit Zuhörerschaften, die im «Symphoniekonzert» die Wirkung der Beethovenschen Symphonien und Konzerte über sich ergehen lassen; und das Bayreuther Festspielhaus nimmt wiederum Massen auf, die eigens herströmen, um noch eindringlichere Wirkungen zu erleben. Man sucht an der Musik das unmittelbar Aufwühlende — Wirkungen, die unter den Künsten nur sie ausüben kann kraft ihrer Fähigkeit, den Menschen direkt, ohne die Vermittlung eines Bildes oder einer bildhaften Vorstellung, anzupacken. Damit hängt es eben zusammen, daß die Musik zur bevorzugten Kunst des 19. Jahrhunderts wird, zu derjenigen, welche für diese Zeit in erster Linie den Begriff der Kunst bestimmt.

Eigentümlicher-, aber vielleicht logischerweise ist das Komplement der Intensität und Massenhaftigkeit der Individualismus. Eigentlich sieht man schon in Beethovens Gedankenwelt diese beiden Pole hervortreten: die Idee der Kunst als eines Massenmysteriums und gleichzeitig als einer esoterischen Heilslehre. In der romantischen Ideenwelt finden wir hierauf jene gegensätzlichen Vorstellungen von der Weltfremdheit des Ich und von der Volksgemeinschaft nebeneinander. Dann hat sich, wie bekannt, Richard Wagner in seiner Weise am Problem des Ich und der Welt versucht, und in den ersten Jahren unseres Jahrhunderts hat Skrjabin es in seinen «Prometheischen Phantasien» auf dem Wege ekstatischer Verzückung lösen wollen. Doch bei allem, was sich ideell «einwenden» ließe, offenbart das 19. Jahrhundert rein ästhetisch eine Schöpferkraft, um die man es beneiden möchte; «in der Kunst kann nun einmal, zum Unterschied von Wissenschaft und Moral, und der Logik zuwider, der Weg ins Verderben mit positiv zu wertenden Zwischenstationen besetzt sein». Aber schließlich mußte sich der Konflikt bis zur Unlösbarkeit zuspitzen. Offenbar kann die prinzipielle Lösung der Spannung zwischen Allgemeinheit und Individuum nur in jener religiösen Haltung liegen, für die uns Liszt ein Beispiel ist.

Was die Harmonik betrifft, so beobachten wir im 19. Jahrhundert jene Ausprägung der Leittonstrebigkeit, die, auf der Dur-Moll-, der Tonika-Dominanten- und der Dreiklangsgrundlage beruhend, in die «Erhitztheit» der Agglutinationschromatik hineinwächst. Dies läßt sich besonders an der deutschen Musik verfolgen. Als über das 19. Jahrhundert hinausweisend müssen wir hier ansehen, was eine Loslösung von jener «Leittonstrebigkeit» bedeutet, d. h. eine Begründung der Tongesellschaft auf einer weniger «klebrigen» Grundlage. Wir finden dies teilweise beim späten Liszt, teilweise in der neu aufsteigenden russischen Musik, wobei, wie gesagt, die

Grundlage in diesen beiden Fällen eine verschiedene ist: dort ein religiöses Absterben in bezug auf die Welt, hier eine neue, auf die «unbewußte» Schicht der Musikkultur zurückgehende Vitalität. Hiervon wurde einiges in der Musik des «fin de siècle», dann in der «neuen Musik» unserer Zeit fruktifiziert, anderes ist in diesen stürmischen Entwicklungen vollständig weggespült worden. Und doch wird man auf das Prinzip vielleicht noch zurückgreifen müssen: nämlich auf das einer in sich statischeren, weniger strebigen Tonordnung.

Wir werfen noch einen Blick auf das «fin de siècle» und den Anfang unseres Jahrhunderts. Im deutschen Kreise stehen hier Hugo Wolf (1860 bis 1903), ein Österreicher, und die Bayern Richard Strauß (geb. 1864) und Max Reger (1873—1916) im Vordergrund, in Frankreich Claude Debussy (1862—1918) und Maurice Ravel (1875—1937).

W o l f setzt die Linie von Schubert und Schumann als Meister des Liedes fort, indem er aber den Anteil der Klavierbegleitung noch reicher, symphonischer ausgestaltet und die melodische Linie der Singstimme dem Deklamatorischen weiter annähert. Man könnte sagen, daß er in höherem Maße auf die rein literarische Qualität seiner Liedtexte eingeht als seine Vorgänger, daß er mehr darauf aus ist, die spezifische Atmosphäre eines Gedichts in das Musikalische zu übersetzen. Übrigens besitzen wir von Wolf auch eine musikalisch reiche Oper («Der Corregidor»), in der er in selbständiger Weise Wagnersche Einflüsse verarbeitet. S t r a u ß begann als einer, der Wagner übersteigerte, und endete mit Huldigungen an Haydn und Mozart. Leider hat er durch eine Seite seines Wesens einer gewissen Sensationslust Vorschub geleistet, doch bleibt er ein bedeutender Musiker. In der Reihe seiner Opern findet der Umbruch zwischen der «Elektra» (1909) und dem «Rosenkavalier» (1911) statt. Seine symphonischen Dichtungen gehören hauptsächlich seiner früheren Periode an; er entfaltet hier eine größere Orchestervirtuosität als Liszt und bietet mehr an illustrativen Zügen, doch finden wir darin nicht die poetische Grundstimmung wie bei Liszt. R e g e r , der erst mit machtvollen Orgelphantasien die Aufmerksamkeit auf sich lenkte und sich dann der Kammer- und Orchestermusik zuwandte, erscheint uns wie ein Künstler, der sich bei heißestem Wollen nicht zu der ihm eigentlich vorbestimmten «idée directrice» durchgefunden hat. Von Lehrern und Freunden ist ihm Brahms als Muster vorgehalten worden, und er selbst hat lange Zeit hindurch die vielberufene Kombination von Bach und Beethoven (zwei unvereinbare, heterogene Dinge!) verwirklichen wollen. Die mystische Vertiefung seines Chorwerks «Die Nonnen» zeigt aber, daß er nicht bei Brahms, sondern bei Liszt hätte Anschluß suchen müssen. Ja zu dieser Meinung scheint sich auch Reger selbst bekehrt zu haben, da er kurz vor seinem

Tode schrieb, Musik dürfe nicht konstruiert werden, sie sei im Gegenteil eine zweite Weltschöpfung, «indem aus innerer Bewegtheit ganz organisch selbstständig die entsprechenden Sinnesmerkmale entstehen müssen» (den Hinweis hierauf verdanken wir W. Howard in seiner 1947 leider nur als Manuskript gedruckten Abhandlung «Ästhetik und Musik», die manches Treffende zur Ästhetik von Liszt und überhaupt der neueren Musik enthält). Daß Reger nicht vorher zu jener Einsicht kam, muß man teilweise dadurch erklären, daß Liszt zu seiner Zeit (und noch späterhin) gerade in Deutschland, dem seine Wirksamkeit doch in erster Linie gehörte, weitgehend verkannt war, indem man bei ihm nur das Theatralische, die äußere Geste sehen wollte.

Die weiche Traumwelt D e b u s s y s mit ihren zerfließenden musikalischen Farben (Ganztonfolgen usw.) findet heute überall Verständnis. Man könnte sich darüber wundern, entstand diese Kunst doch in einem recht exklusiven Milieu (die Symbolisten um den Dichter Mallarmé); indessen ist unsere Zeit ja die einer in die Breite getragenen, sogar einer vulgarisierten Exklusivität. Daß ein solcher Künstler auch der Oper huldigen konnte, zeugt von der Vielgestaltigkeit dieses Wesens «Oper». Allerdings brachte er ihr auch nur ein einziges Werk dar («Pelléas et Mélisande», 1902), und ferner ist die Oper hier in einem bisher nicht dagewesenen Maße «lyrisiert», d. h. auf den Ausdruck zartester Empfindungen ausgerichtet. Daneben hat sich die Kunst R a v e l s nicht im gleichen Maße durchsetzen können: vielleicht einfach, weil den Leuten weniger klar wurde, was dieser Komponist eigentlich will. Und doch ist es, wenn man sich die Frage vorlegt, nicht schwer, sie zu beantworten: Ravel will eine ebenso exquisite, aber in ihrer Linienführung härtere Kunst als Debussy.

Es ließe sich gewiß noch manche interessante Erscheinung aus dieser Zeit anführen. Beschränken wir uns auf wenige. In Frankreich hat sich G. Fauré (1845—1924) liebevoll mit dem Klavier, der Kammermusik und dem Lied befaßt (abgesehen von einigen Opern, die er als Franzose nicht umhin konnte zu schreiben). Seiner gewählten Harmonik nach ist Fauré bald als Parallelerscheinung oder als Vorbereiter Debussys, bald als Fortsetzer von C. Franck angesehen worden, doch zeigt sich bei näherem Zusehen, daß seine Harmonik doch in einer anderen Richtung tendiert als die Debussys, auch hat er nichts von dem mystischen Überschwang Francks, sondern es ist eher die Eleganz von Saint-Saëns mit einem Zuschuß von Delikatesse. Der Opernmeister J. Massenet (1842 bis 1912), der mehr von Gounods Lyrik als von Bizets Dramatik ausgeht, war jahrzehntelang der Liebling der Pariser Damenwelt. Im deutschen Kreise wäre des Symphonikers G. Mahler (1860—1911) zu gedenken, der großzügigen Gestaltungswillen mit stilistischer Unbedenklichkeit verbindet und sowohl in der Gefühlswelt des «fin de siècle» wie in Schubertismen schwelgt; auf der anderen Seite des Deutsch-Russen H. Pfitzner (geb. 1869), der, zweifellos anfänglich durch Tschaikowsky inspiriert, es verstand, «Erbe» zu sein und dabei «doch» als charaktervolle Persönlichkeit dazustehen. Dazu zwei Schweizer, die beide in Basel wirkten: der eher farbenfrohe Hans Huber (1852—1921) und der eher besinnliche H. Suter (1870—1926).

In dieser Zeit erblüht ferner etwas, das man als die s p a n i s c h e «nationale Schule» ansehen kann. Hier stehen: der mit der französischen Musik stark verbundene I. Albeniz (1860—1909), M. de Falla (1876—1947) und J. Turina (geb. 1882).

* *
*

Von der k l a n g l i c h e n Seite vermerken wir in dieser Zeit die Tendenz zu erhöhter Farbigkeit. Im modernen Orchester hat es eine Zeitlang so gesprüht und geglitzert, hat sich die Klangfarbe als vitales, beinahe tierisches Element so entfaltet, daß darüber sogar das Melodisch-Harmonische in das Hintertreffen geriet. Neuerdings ist diese Üppigkeit aber wieder beschnitten worden.

Man wird sich vielleicht gewundert haben, daß wir da, wo von den «nationalen Schulen» die Rede war, nicht, wie es üblich ist, die russische Schule angeführt haben. Der Grund ist einfach, daß wir hier mehr sehen als eine nationale Schule; außerdem ist dieser Komplex zu vielgestaltig, umfaßt er in solchem Maße auch grundsätzlich Divergierendes, daß man nicht von einer «Schule» sprechen kann. Hier steht wohl nicht mehr und nicht weniger als der neue Anwärter auf die musikalische Weltgeltung. Vergegenwärtigen wir uns den außerordentlichen Reichtum an gesanglich-musikalischen Gestalten, den M. Glinka (1804—1857) in seiner Märchenoper «Rußlan und Ludmila» zwar auf italienischer Grundlage, aber in eigener Weise erstehen läßt; erinnern wir uns, daß A. Dargomyshsky (1813 bis 1869) in seiner unbeendet hinterlassenen Oper «Der steinerne Gast» eine von der Wagnerschen unabhängige Art des Sprechgesanges verwirklichte; denken wir an den ungewöhnlichen Impuls, den P. Tschaikowsky (1840—1893) der deutschen Symphonieform in einem veränderten Sinn zu geben wußte (was nicht hindert, daß er auch wertvolle Opern schuf); denken wir an das Pittoreske, dem wir bei der eigentlich «russischen», d. h. der Petersburger Schule begegnen: bei A. Borodin (1834—1887), welcher uns in Symphonie und Oper durch die breite epische Gebärde beeindruckt, bei dem zwar etwas engen, aber innerhalb dieser Enge außerordentlich «echten» M. Balakirew (1837—1910), bei dem seine Meisterschaft vielleicht etwas zu bewußt pflegenden N. Rimsky-Korssakow (1844—1908), bei dem der menschlichen Seele im Ausdruck der gesungenen Sprache neue Akzente abgewinnenden M. Mussorgsky (1835—1881); denken wir an einen Meister der musikalischen Miniatur wie A. Ljadow (1855—1914); dann aber an den in Quartetten, Symphoniesätzen und besonders in Präludien und Fugen etwas Einzigartiges an organischem Gewachsensein verwirklichenden A. Glasunow (1865—1935); denken wir an den feinsinnigen Klavierpoeten A. Skrjabin (1872—1915), dem andere wie A. Arensky (1861—1906), S. Ljapunow (1859—1924), S. Rachmaninow (1873 bis 1943) und T. Akimenko (1876—1946) zur Seite stehen — so müssen wir wohl sagen, daß hier bereits eine neue, eigene Spiegelung des europäischen Geistes gegeben ist. Und nicht unwichtig erscheint, daß hier in der Person von S. T a n e j e w (1856—1913) auch ein hervorragender Kontrapunktlehrer steht; nicht unwichtig auch, daß bei Beginn des ersten Weltkrieges, als die Kultur in Rußland auf ihrem Höhepunkt stand, russische Komponisten begannen, das Gebiet der O r g e l zu pflegen, den letzten derjenigen Bereiche, welche bis dahin dem Westen vorbehalten waren — und zwar historisch «sachgemäß» die Orgel als musikalisches, nicht als Kircheninstrument (ist es ferner wohl Zufall, daß ein schon 1909 erschienenes Präludium und Fuge Glasunows für Klavier ganz unbewußt, also ohne jede Absicht, das wohl glänzendste Cembalostück darstellt, das unser Jahrhundert hervorgebracht hat?). Was an den Wurzeln dieser Kunst an auswärtigen Einflüssen wirksam gewesen ist — italienische, deutsche, französische Einflüsse sowie der von Liszt —, dies mag der Spezialhistoriker klarlegen. Sicher und unverkennbar ist jedenfalls die besondere Atmosphäre, in der ihre Früchte gewachsen sind. Und diese Atmosphäre ist nicht etwas Vages, nicht ein bloßer «Volkscharakter», sondern sie ist das Resultat der vorangegangenen tausendjährigen «unbewußten Musikgeschichte» Rußlands: jenes Nebeneinanders von weltlicher Musik ohne schriftliche Überlieferung und Kirchengesang, das wir gekennzeichnet haben (oben 137).

«Wollen Sie nicht doch auch einen Blick auf die neue Musik werfen? Mir scheint, daß diese durch den Aufstieg der Nationen . . . im Laufe des 19. Jahrhunderts vorbereitet wurde. Das eigentlich Neue kommt vom Nichtdeutschen her: Mussorgsky, überhaupt die Russen . . . dann Debussy und Ravel, Strawinsky . . . und nicht zuletzt — der Jazz. Für viele junge Leute ist Musik gleich Jazz, ich meine auch für musikalische; ein Strauß-Walzer ist für sie lächerlich, die Klassik schöngeistig, für ältere Musik sind sie noch eher zu haben, das 19. Jahrhundert kommt für sie gar nicht in Betracht. (Vom Heute aus gesehen, erscheint es so), daß in der Klassik das Humane, meist im Sonntagsgewand, seine musikalische Sprache gefunden hat, die jungen Leute aber wollen das Vitale, (dieses) aber nicht in emphatischem Ton, sondern in sportlicher Frische. Das enthält vielfach Strawinsky . . . und dann Hindemith, soweit seine Töne echt sind. Neue Musik ist nicht zuletzt eine Angelegenheit eines neuen Lebensgefühls . . . Mir scheint, daß sich die neue Musik als Konsequenz aus den Vorgängen im 19. Jahrhundert und dem Umbruch in den letzten Jahrzehnten ergibt.»

Diese Worte des Herrn Herausgebers dieser Sammlung in einem an mich gerichteten Brief scheinen mir besser geeignet, als Gruß an die aktuelle, kochende Gegenwart und auf das strebende Bemühen unserer Zeitgenossen unseren Überblick abzuschließen, als was ich selbst zutage gefördert hätte. Ich würde es zwar für möglich halten, zu untersuchen, worin was wurzelt, doch stelle ich mir nicht vor, wie dies in Kürze geschehen könnte; und wüßten wir sogar, worin die verschiedenen Erscheinungen der «neuen Musik» wurzeln, so wissen wir doch nicht, wohin sie führen. Daraus sehen wir, daß sie am äußersten Rande der Geschichte stehen.

Vor Christus

Ca. 3500 — ca. 2400	Sumerische Periode in Mesopotamien (Funde von Musikinstrumenten, Darstellungen von musikalischen Szenen).
Ca. 3200 — ca. 2270	Altes Reich in Ägypten.
Ca. 2400 — ca. 1600	Babylonische Periode in Mesopotamien.
Ca. 2100 — ca. 1700	Mittleres Reich in Ägypten: Invasion asiatischer Musik.
Ca. 1555 — ca. 1100	Neues Reich in Ägypten: neue Welle asiatischer Einflüsse.
Ca. 1100 — ca. 650	Assyrische Periode in Mesopotamien.
Ca. 800 — ca. 700	Griechenland: musikalischer Vortrag des Epos, eingeleitet durch das Proömium als Götterhymnus.
Anfang des 7. Jahrh.	Griechenland: das Epos wird nur noch rezitiert, aus dem Proömium entsteht der kitharodische Nomos, den erst Terpander, dann (Ende des 7. Jahrh.) Arion pflegt.
663 — 525	Saïtische Dynastie in Ägypten: nationale Reaktion.
Ca. 660	Griechenland: Alkman, Begründer der Chorlyrik.
Ende des 7. Jahrh.	Der andere, lyrische Zweig der griechischen Kitharodie — Alcäus, Sappho.
586	Auletik bei den pythischen Spielen (in der Form des «pythischen Nomos»).
525 — 456	Äschylus.
522 — 442	Pindar, der wichtigste Vertreter der griechischen Chorlyrik.
497 oder 496 bis 406 oder 405	Sophokles.
485 — 406	Euripides.
427 — 347	Plato.
3. Jahrh.	Erfindung der Wasserorgel.
2. Jahrh.	Die delphischen Hymnen.

Nach Christus

Ca. 64	Die Missionstätigkeit des hl. Paulus endet mit dem Märtyrertod in Rom.
2. Jahrh.	Musiktraktat des Ptolemäus.
3. Jahrh.	Papyrus aus Oxyrhynchus mit christlichem Lobgesang (wohl Kitharodie und also zur privaten Andacht bestimmt).
313	Edikt von Mailand: Freiheit der christlichen Kirche.

4. Jahrh. (und wahrscheinlich schon vorher)	Responsorialer und antiphonaler Gesang in der Kirche: Psalmodie (responsorisch und antiphonisch) und Hymnodie (responsorisch, in syrischer Sprache, beim hl. Ephrem, † 373, und antiphonisch, lateinisch, beim hl. Ambrosius, † 397).
354 — 430	Der hl. Augustin, ein wichtiger Zeuge für die Geschichte des Kirchengesanges.
Anfang des 6. Jahrh.	Das griechische Kontakion des hl. Romanus (Solohymnus, responsorisch).
Ca. 525	Hinrichtung des Boetius, der in seinem lateinischen Musiktraktat dem Mittelalter griechisches musiktheoretisches Gut übermittelt.
Ca. 600	Neugründung der päpstlichen «Schola cantorum» durch Gregor I.
1. Hälfte des 8. Jahrh.	Andreas von Kreta und Johannes von Damaskus singen «Kanones».
Bis um 800 (das Jahr der Kaiserkrönung Karls d. Gr.)	Gleichberechtigtes Nebeneinanderbestehen verschiedener Formen des Ritus und des Kirchengesanges im Abendland (gallikanisch, ambrosianisch, römisch, keltisch, mozarabisch); von da an Verstärkung der (bereits unter Pipin zutage getretenen) Vereinheitlichungstendenzen; zunächst Einführung des römischen Ritus und Gesanges in Frankreich; bis heute erhielt sich nur der ambrosianische in Mailand.
1. Hälfte des 9. Jahrh.	Der Tropus in melismatischer Form bezeugt beim Liturgiker Amalar.
9. Jahrh., wahrscheinlich vor 865 — 870	Die «Musica Enchiriadis», ein Traktat, der ausführlich die Mehrstimmigkeit behandelt.
Nach 851	Aus Jumièges kommt nach St. Gallen jener flüchtige Mönch, in dessen Antiphonar Notker Balbulus die Sequenzmelodien mit Text ausgestattet sieht; Notker setzt hierauf eigene Texte zu Sequenzmelodien.
980	Die Kolossalorgel von Winchester.
1. Hälfte des 11. Jahrh.	Die Tätigkeit des Musiktheoretikers Guido von Arezzo.
Ende des 11. Jahrh.	Aufkommen des Conductus (strophisches Reimlied mit liturgischer Bestimmung als Einfügungsgesang) und einer neuen, auszierenden Art Mehrstimmigkeit; beides zuerst bezeugt in St. Martial in Limoges.
Anfang des 12. Jahrh.	Wilhelm IX. von Aquitanien, der erste dem Namen nach bekannte Troubadour.
Ca. 1140	Der Troubadour Marcabru.
2. Hälfte des 12. Jahrh.	Bernart de Ventadorn und weitere Troubadours; Anfänge des Trouvèregesanges und des deutschen Minnesanges.

380

2. Hälfte des 12. Jahrh.	Der erste Hauptvertreter der Pariser Notre-Dame-Schule: Leonin.
Um 1200	Der zweite Hauptvertreter: Perotin (das Schaffen dieser Schule: Conductus, Choralbearbeitungen, Motetten).
Ca. 1230	Anfänge der Mensuralnotation.
2. Hälfte des 13. Jahrh.	Nachblüte der Einstimmigkeit in Italien (die Lauda) und in Spanien (die Cantiga); in Nordfrankreich Weiterentwicklung der Motette unter Voranstellung des rhythmischen Moments; die Rondeaux von Adam de la Hale.
Um 1300	In England teilweise selbständige Entfaltung der Mehrstimmigkeit (die Notre-Dame-Handschrift W_1 und die Worcester-Fragmente); der «Sommerkanon»; beim Musiktheoretiker Walter Odington kündigt sich die Anerkennung der Terz als Konsonanz an.
1. Hälfte des 14. Jahrh.	Die Motette Philippe de Vitrys; das zweistimmige Madrigal in Florenz; in England die älteste Tabulatur (für Orgel oder Klavier), enthaltend Bearbeitungen von Motetten und selbständige Spielstücke in der Form der «Estampie».
Um 1350	Höhepunkt der Tätigkeit von Guillaume de Machaut (Motette; Diskantlied).
2. Hälfte des 14. Jahrh.	Madrigale und Ballaten von Francesco Landini in Florenz.
1. Hälfte des 15. Jahrh.	Tätigkeit von Dunstable († 1453), Binchois († 1460), Dufay († 1474).
Ca. 1455	Das «Lochamer Liederbuch» mit ein- und mehrstimmigen Liedsätzen.
2. Hälfte des 15. Jahrh.	Tätigkeit von Ockeghem († 1495), Busnois († 1492), Obrecht († 1505).
Um 1500	Tätigkeit von Josquin Despres († 1521), H. Isaac († 1517), Heinrich Finck († 1527), P. Hofhaymer († 1537).
1542	Das Ricercar tritt in der «Intavolatura d'organo» von G. Cavazoni auf.
1547	Glareans «Dodekachordon» (Erweiterung der Kirchentonartlehre).
Gegen 1550	Tätigkeit von N. Gombert, A. Willaert († 1562), Cl. Janequin († ca. 1559), L. Senfl († 1542 oder 1543).
1553	D. Ortiz' «Tratado de glosas» (Lehrbuch für das Violenspiel).
1558	G. Zarlinos «Istituzioni harmoniche».
2. Hälfte des 16. Jahrh.	Tätigkeit von Andrea Gabrieli († 1586) in Venedig, G. P. da Palestrina († 1594) in Rom, Orlandus Lassus († 1594) an vielen Orten, J. Gallus († 1591) in Österreich.
1565	«Arte de tañer fantasia» (Lehrbuch des Klavierspiels) von Thomas de Sancta Maria.
1571	«Airs de cour mis sur le luth».
1581	«Ballet comique de la Reine» in Paris; V. Galileis «Dialogo della musica antica e della moderna».
Späteres 16. Jahrh.	Der Madrigalist L. Marenzio († 1599).

381

Vermutlich 1595	Erste Aufführung der «Dafne» (mit Musikstücken von J. Peri und anderen).
1597	J. Dowlands Lautenlieder («The first book of songes or ayres»).
Um 1600	Der Venezianer Giovanni Gabrieli († 1612); der Holländer J. P. Sweelinck († 1621); Höhepunkt der Tätigkeit der englischen Schule: W. Byrd († 1623), O. Gibbons († 1625), Weelkes († 1623), Wilbye († 1638).
1600	J. Peris «Euridice»; E. de' Cavalieris «Rappresentazione di anima e di corpo».
1602	G. Caccinis «Euridice»; Caccinis «Nuove musiche»; Viadanas «Cento concerti ecclesiastici».
1607	Monteverdis «Orfeo».
1617	B. Marinis Opus 1, «Affetti musicali» (enthaltend die vermutlich älteste Violinsonate).
1619	In der «Concerto» überschriebenen Madrigalsammlung von Monteverdi sind konzertierende Instrumente vorgesehen.
1624	S. Scheidts «Tabulatura nova» für Orgel.
1. Hälfte des 17. Jahrh.	G. Frescobaldi als Organist in Rom; aus der mehrstimmigen Kanzone entsteht die Triosonate.
1627	H. Schütz' deutsche Oper «Daphne» (die Musik ist nicht erhalten).
1629	1. Teil von Schütz' «Symphoniae sacrae»
1636	1. Teil von Schütz' «Kleinen geistlichen Konzerten».
1638	1. Teil von H. Alberts «Arien».
Etwa 1640 — 1650	Höhepunkt der Tätigkeit von J. J. Froberger (Orgel und Klavier).
Mitte des 17. Jahrh.	Die «venetianische» Oper: Monteverdis Fortsetzer Cavalli und Cesti; auf dem Gebiet des Oratoriums wirkt G. Carissimi († 1674).
1670	Chambonnières' «Pièces de clavecin».
1671	Eröffnung der «Académie royale de musique» (staatlich konzessioniertes Operntheater) in Paris mit Camberts «Pomone».
1673	Mit «Cadmus et Hermione» prägt Lully, der sich in den Besitz der «Académie» gesetzt hat, den Typus der französischen «tragédie en musique»; Buxtehude in Lübeck beginnt mit seinen «Abendmusiken».
1678	Eröffnung der deutschen Oper in Hamburg.
1682	Georg Muffat hört in Rom Aufführungen von Concerti grossi unter Corelli.
1685	Geburtsjahr von J. S. Bach und G. F. Händel.
1688 oder 1689	H. Purcells «Dido und Äneas».
1690	Muffats «Apparatus musico-organisticus».
Ende des 17. Jahrh.	Höhepunkt des Opernschaffens von A. Scarlatti († 1725).
Ca. 1694	T. Albinonins Opus 2, «Sinfonie e concerti a cinque», darunter bereits Solokonzerte.

382

1695	R. Keiser kommt als Kapellmeister an die deutsche Oper in Hamburg.
1698	G. Torellis Opus 6, «Concerti musicali» (Solokonzerte).
Kurz vor 1700	A. Vivaldis Opus 3, «L'estro armonico» (12 Konzerte für verschiedene Besetzungen).
1706 — 1710	Erste Italienreise Händels.
1711	Händel kommt nach London.
1713	Fr. Couperins erste Sammlung von «Pièces de clavecin».
1722	Rameaus «Traité de l'harmonie réduite à ses principes naturels».
1723	J. S. Bach kommt als Kantor nach Leipzig.
1725	Begründung der «Concerts spirituels» in Paris; J. J. Fux' Kontrapunktlehrbuch «Gradus ad Parnassum».
1728	Die «Bettler-Oper» in London; Händels zweite Italienreise.
1729	J. S. Bachs «Matthäus-Passion».
1732	J. Haydn geboren.
1733	G. B. Pergolesis Intermezzo «La serva padrona» (die erste ausgesprochene Buffo-Oper); Händels erstes eigentliches Oratorium, «Deborah»; «Hippolyte et Aricie», Rameaus erste aufgeführte Oper.
1740	G. B. Sammartinis Triosonaten op. 1.
1742	Händels «Messias» in London.
1745	J. Stamitz Kapellmeister in Mannheim.
1750	J. S. Bach †
1752	Pergolesis «Serva padrona» in Paris (Streit der Buffonisten und Antibuffonisten).
1753	Ph. E. Bachs «Versuch über die wahre Art, das Klavier zu spielen» (1. Teil; der zweite 1762).
1755	K. H. Grauns Passionsoratorium «Der Tod Jesu».
1756	W. A. Mozart geboren.
1759	G. F. Händel †.
Gegen 1760	G. B. Sammartinis «Sonate notturne» op. 7.
1762	Glucks «Orfeo ed Euridice».
1770	L. van Beethoven geboren.
1773	M. Clementis erste Klaviersonaten (op. 2).
1774	Glucks «Iphigénie en Aulide».
1781	J. Haydns 6 Streichquartette op. 33 (sein definitiver Quartettstil).
1786	Mozarts «Le nozze di Figaro».
1787	Mozarts «Don Giovanni».
1788	Mozarts drei große Symphonien (in Es, g und C).
1791	Mozarts «Zauberflöte»; Mozart †.
1792	Beethovens Übersiedelung nach Wien.
1795	Beethovens Opus 1 (3 Klaviertrios).
1797	F. Schubert geboren.
1802	J. N. Forkels «Über J. S. Bachs Leben, Kunst und Kunstwerke».

383

1804	Beethovens 3. Symphonie ('«Eroica») op. 55.
1809	J. Haydn †; F. Mendelssohn geboren.
1810	Fr. Chopin und R. Schumann geboren.
1811	Fr. Liszt geboren.
1813	R. Wagner und G. Verdi geboren.
1816	G. Rossinis «Barbier von Sevilla».
1821	C. M. von Webers «Freischütz» (Berlin); L. Cherubini Direktor des Pariser Conservatoires.
1823	Webers «Euryanthe» (Wien).
1824	Beethovens 9. Symphonie op. 125 mit Schlußchor (Schillers Ode «An die Freude»); C. Loewes Opus 1 (Balladen).
1826	Webers «Oberon» (London).
1826 — 1827	Letzte Quartette Beethovens (op. 127, 132, 130, 133, 131, 135, komponiert 1824—1826).
1827	Beethoven †.
1828	Schubert †.
1829	Berlioz' «Symphonie fantastique»; Rossinis «Wilhelm Tell».
1831	V. Bellinis «Norma».
1833	H. Marschners «Hans Heiling».
1835	G. Donizettis «Lucia di Lammermoor».
1836	M. Glinkas «Iwan Ssussanin».
1837	A. Lortzings «Zar und Zimmermann».
1839	F. Liszts «Grandes études pour le piano» (= 2. Fassung der Etuden von 1826; in 3. Fassung erschienen 1852 als «Etudes d'exécution transcendante»); ungünstig besprochen durch R. Schumann.
1842	Glinkas «Rußlan und Ludmila».
1847	F. Mendelssohn †.
1848	Liszts Übersiedlung nach Weimar.
1849	Chopin †.
1850	R. Wagners «Lohengrin» (Weimar) (komponiert 1847).
1851	Wagners Schrift «Oper und Drama»; G. Verdis «Rigoletto».
1856	R. Schumann †.
1856 und 1857	Die ersten symphonischen Dichtungen von Liszt erscheinen (die erste derselben, «Ce qu'on entend sur la montagne» = Bergsymphonie, war 1847—1848 komponiert und bis 1857 mehrfach umgearbeitet worden).
1858	P. Cornelius' komische Oper «Der Barbier von Bagdad» durch Liszt in Weimar aufgeführt.
1863	Berlioz' «Die Trojaner» (beendet 1858).
1865	Wagners «Tristan» (München) (komponiert 1857—1859).
1868	J. Brahms' «Deutsches Requiem».
1869	M. Balakirews orientalische Phantasie «Islamey» für Klavier.
1871	Verdis «Aida».
1872	Liszts «Christus» (komponiert 1862—1867, einzelne Teile noch früher); A. Dargomyshskys Oper «Der steinerne Gast» (posthum)

1874	M. Mussorgskys Oper «Boris Godunow».
1875	G. Bizets Oper «Carmen».
1876	Wagners Festspielhaus in Bayreuth wird mit der Aufführung der Tetralogie «Der Ring des Nibelungen» eröffnet (Beginn der Komposition 1853).
1877	Brahms' 1. Symphonie in c; Griegs Musik zu Ibsens «Peer Gynt».
1879	P. Tschaikowskys Oper «Eugen Onegin».
1882	Wagners «Parsifal» (Bayreuth); die 1. Symphonie (op. 5) von A. Glasunow.
1883	R. Wagner †.
1884	A. Bruckners 7. Symphonie.
1885	C. Francks «Prélude, choral et fugue» für Klavier.
1886	F. Liszt †; C. Saint-Saëns' Symphonie in c (dem Andenken Liszts).
1887	Verdis «Otello».
1890	Borodins Oper «Fürst Igor» (posthum).
1892	C. Debussys «Prélude à l'après-midi d'un faune».
1893	P. Tschaikowskys 6. (letzte) Symphonie («Pathétique»).
1895	H. Pfitzners Oper «Der arme Heinrich».
1896	A. Bruckner stirbt und hinterläßt die 9. Symphonie unbeendet; H. Wolfs Oper «Der Corregidor».
1897	Rimsky-Korssakows Oper «Ssadko».
1901	S. Rachmaninows 2. Klavierkonzert (in c); M. Regers «Symphonische Phantasie und Fuge» op. 57 für Orgel (in der mündlichen Tradition «Inferno-Phantasie»); G. Verdi †.
1902	Debussys «Pelléas et Mélisande».
1905	M. Regers «Sinfonietta» op. 90.
1908	M. Ravels Suite «Ma mère l'oye».
1909	R. Strauß' «Elektra»; S. Tanejews Lehrbuch «Der bewegliche (d. h. mehrfache) Kontrapunkt strengen Stils».
1910	M. Regers «Die Nonnen» für Chor und Orchester.
1911	R. Strauß' «Rosenkavalier».
1913	A. Skrjabins «Prometheus»-Symphonie.
1916	A. Glasunows 2. Präludium und Fuge für Orgel op. 98.

NACHWORT

Unser Verhältnis zur alten Musik

Nach einem Überblick über die Musikgeschichte wird man wohl die Frage nach unserem Verhältnis zur alten Musik stellen dürfen. Hier aber zeigt sich, daß wir notwendigerweise zwischen einem ästhetischen und einem intellektuellen Verhalten zum Gegenstand, zwischen dem unmittelbaren In-uns-Aufnehmen einer Musik und unserem Wissen um sie zu unterscheiden haben. Unbegrenzt sind unsere Möglichkeiten nur in letzterer Hinsicht, nicht in ersterer; denn wären wir imstande, jegliche Art Musik — Musik aus allen Epochen und Musik von allen Völkern — künstlerisch aufzunehmen, so wären wir nicht Menschen mit einem bestimmten (zeitlichen, nationalen) Standort, sondern wir wären der «Mensch an sich».

Es ist ja klar, daß eine historische Musikart immer mit einer historischen Menschenart in Beziehung steht, daß also die volle ästhetische Verwirklichung einer Musikart an die Voraussetzung gebunden ist, daß sie auf die entsprechende Art Mensch stößt. Stellen wir uns eine Beethoven-Symphonie vor, die auf dem Mond oder unter einer Glasglocke erklingen würde: das akustische Faktum wäre da, aber nicht das musikalische, da eben das musikalische Faktum nicht nur ein akustisches, sondern gleichzeitig ein menschliches ist. Und stellen wir uns vor, dieselbe Symphonie würde unter Arabern erklingen (Napoleon hat ähnliche Experimente in Ägypten durchgeführt), so wäre das musikalisch-menschliche Faktum zwar nicht aufgehoben, aber in seiner Wirklichkeit außerordentlich eingeschränkt, denn der Araber ist darauf «eingestellt», in der Musik Dinge zu unterscheiden, die er bei Beethoven oder in einem europäischen Militärmarsch nicht findet, und nicht darauf «eingestellt», gewisse Dinge wahrzunehmen, die ihm dort geboten werden. Und dasselbe gilt, wenn auch nicht im gleichen Maße, für das Verhältnis zwischen weit auseinander liegenden Epochen im gleichen Kulturkreis: ein Musikstück aus dem x-ten Jahrhundert, das heute genau so erklingen würde wie damals, müßte uns anders berühren als den damaligen Menschen.

Doch was von der Musik selbst gilt, gilt auch von der Vortragsweise. Wenn wir, wie es vernünftig ist, annehmen, daß jeder historischen Musikart ein bestimmter Stil des Vortrags entsprach, so wird wiederum die Vortragsweise einer gegebenen Epoche, wenn wir sie genau rekonstruieren können, uns fremdartig berühren. Wir haben hierfür Beispiele, die sogar recht nahe liegen. Es gibt noch Grammophonplatten (sie dürften zu den ältesten zählen, die es heute gibt), welche festgehalten haben, wie Grieg seine Klavierstücke spielte. Ich habe sie zwar nicht gehört, weiß aber von Kennern, daß hier ein Vortragsstil herrscht, der uns «in seiner Affektation lächerlich» erscheint, also jedenfalls nicht diejenige Resonanz in uns weckt, die Grieg mit beidem, der Musik und der Vortragsweise, in uns wecken wollte. Ich selbst erinnere mich, in der Jugend Konzerte besucht zu haben, in denen mir das fortwährende Rubato der Pianisten übertrieben erschien und ich mehr rhythmische Straffheit gewünscht hätte; und heute muß ich das umgekehrte Extrem feststellen: das Vorwalten eines rein metronomischen Vortragsstils, der die rhythmische Spannkraft aufhebt.

Wir sehen wiederum: eine genaue Wiederherstellung des tönenden Faktums — angenommen, die Wissenschaft sei in der Lage, sie zu geben — ist nicht eine Wiederherstellung des musikalischen Faktums, sofern nicht auch der entsprechende Mensch mit seinem Wahrnehmungsapparat und seiner «Eingestelltheit» rekonstruiert wird. Wir müssen sogar annehmen, daß in einem gegebenen Fall eine bestimmte Änderung der Art, wie das Stück zu seiner Zeit vorgetragen wurde, dazu helfen kann, daß wir e h e r in ein analoges Verhältnis zu ihm treten, wie es der Mensch jener Zeit in selbstverständlicher Weise ihm gegenüber hatte; ja sogar eine Bearbeitung kann diesem Ziel dienen.

Nun will ich selbstverständlich mit solchen grundsätzlichen Feststellungen niemand von dem Versuch abhalten, sich in fremde oder alte Musik «einzuleben», will ich auch nicht jeden mittelmäßigen Musiker eingeladen haben, mit jedem Stück alter Musik nach seinem Belieben zu verfahren. Aber anderseits kann es auch nicht als Dogma aufgestellt werden, daß weil ein Stück damals in einer bestimmten Weise vorgetragen wurde, es auch heute so vorgetragen werden «soll» oder «muß».

Wir sagen es in aller Bestimmtheit: die Musikgeschichte ist nicht dazu da, dem Musiker Vorschriften zu machen. Sie stellt zu seiner Verfügung, was sie historisch ermitteln kann, das weitere aber muß sie seinem Geschmack überlassen (in der Hoffnung, daß er einen solchen habe; hat er ihn aber nicht, so wird ihm alle historische Gelehrsamkeit nichts nützen).

* *
*

Wir haben also deutlich zwischen zwei Arten oder Grundtendenzen bei der Wiedergabe alter Musik zu unterscheiden. Die eine ist experimentell und wissenschaftlich, hier hält man sich streng an das, was historisch feststellbar ist, und man schreckt nicht davor zurück, daß das Resultat, auf den Menschen unserer Zeit bezogen, gegebenenfalls etwas ästhetisch Absurdes sein kann. Die andere Art Vortrag ist die ästhetisch orientierte, der es gegebenenfalls obliegen kann, gerade dank einem Umweg zwischen uns und einem alten Musikdenkmal eine Beziehung herzustellen, die der Beziehung, wie sie damals bestand, ungefähr entspricht. Im letzten Grund mögen diese beiden Konzeptionen irgendwo konvergieren; aber in der Wirklichkeit dürfen wir sie nicht verwechseln.

Man erwarte also nicht zuviel von der Wissenschaft. Sie kann allenfalls durch historische und psychologische Erwägungen feststellen, welches der auf eine gegebene Musikart abgestimmte Wahrnehmungsapparat des Menschen einer gegebenen Zeit war. Aber sie kann diesen Menschen nicht wiederherstellen und muß es dem Zeitgenossen überlassen, ob und wie weit er in sich Affinitäten zum Menschen der Vergangenheit und also zu jener alten Musik zu finden vermag. Obgleich man vielleicht finden wird, daß wir uns damit in das eigene Fleisch schneiden oder die Musikwissenschaft um ihre einleuchtendsten «Erfolge» bringen, empfehlen wir es dem Musiker nicht, sein «Anliegen» auf die Musikwissenschaft zu «werfen». Man wird hier leicht das Opfer des Historismus — einer allzu kurzdenkenden Nutzanwendung der Historie. Es liegt sogar etwas Überhebliches darin, zu glauben, daß, wenn nur das tönende Faktum aus dem x-ten Jahrhundert wiederhergestellt ist, wir, der Mensch von 1948, ohne weiteres an die Stelle unserer Vorfahren treten können. Dem, der solches vermeint, muß man sagen: sei erst einmal du selbst; sei erst einmal e t w a s !

Doch wenn sogar die «historische Wahrheit» das Gesetz für die Ausübung der Kunst wäre, wäre noch an etwas zu erinnern: nämlich an den großen Spielraum und die Freiheit, die gerade die alte Zeit dem Ausführenden ließ. Diese Freiheit betraf nicht nur die sogenannten Vortragsnuancen, sondern auch die sehr weitgehende Auszierung einer Melodie (besonders einer langsamen, getragenen) sowie — wenn wir zeitlich etwas weiter zurückgehen — die Instrumentierung: der Komponist lieferte sein Werk dem Ausführenden geradezu zur Bearbeitung aus. Ferner können wir als Historiker unmöglich die schöpferische Rolle übersehen, welche die a n d e r e Art Bearbeitung, die von Komponist zu Komponist, also die «Transkription», in der Musikgeschichte gespielt hat (Beispiele bieten Bach und Liszt). Auch an eine kleine Illusion wäre zu rühren, nämlich die so verbreitete Meinung, der heutige metronomische Vortragsstil sei authentisch derjenige der so beliebten «Barockzeit»; diese Gleichsetzung ist offenbar der eilfertige Schluß aus zwei anderen: 1. «Barock = Unromantisch», 2. «Romantisch = Unmetronomisch».

Es ist unverkennbar, daß sich in dem, was heute Kunsterziehung genannt wird, ein Element des «Beschwatzens» zu breit macht, sowie die Illusion, daß ein bloßes historisches Wissen um Kunstgegenstände bereits künstlerische Kultur darstelle. Wer könnte im Ernst behaupten, daß z. B. die Musikerziehung in Sachsen zu Bachs Zeit tiefer stand als die unsere? Sie kam aber ohne jene intellektualistische Beimischung aus. Unsere Zeit kann sich brüsten, «Kulturwarte» in großer Zahl zu besitzen, und doch müssen wir uns fragen, ob die Kultur hierbei besser fährt als ehedem. Es ist, wie wenn unserem Mehr an «Gebildetheit» ein Weniger an Produktivität entsprechen würde, wie wenn die Einbildung das wirkliche Verhältnis zur Sache ersetzen wollte. (Übrigens gilt das Gesagte nicht nur von unserem Verhältnis zur alten Musik, sondern — dies nunmehr in paradoxer, nicht in natürlicher Weise — auch von dem zur «modernen»; ich bin Leuten begegnet, die, nachdem sie Vorlesungen über dieses Gebiet gehört hatten, ihrem Enthusiasmus über das gewonnene «Verstehen» Ausdruck gaben mit den Worten: es sei so herrlich, zu wissen, w a r u m es so sei!) Wir müssen ferner im Auge behalten, daß jene Art Historismus nicht nur eine zeitgenössische, sondern in besonderem Maße eine deutsche Erscheinung ist, daß er außerhalb Deutschlands unter einem von dort ausgehenden Einfluß zur Geltung kam. Und zwar müssen wir ihn wohl eher als ein Abfallsprodukt wie als eine Blüte der deutschen Kultur ansehen; oder sagen wir: er ist eine Begleiterscheinung der deutschen K r i s e (womit aber nicht gesagt sein soll, daß es nicht auch anderswo «kriselt»).

Kehren wir indessen zu unserem Gegenstand, dem Verhältnis zwischen Musik und Musikgeschichte, zurück und fassen wir zur Exemplifizierung ein paar konkrete Probleme ins Auge.

a) Die alten Instrumente im allgemeinen

Wir können nach dem Gesagten auch in der Frage der alten Instrumente keine dogmatische Haltung einnehmen, sondern müssen uns den Blick nach beiden Seiten offen halten. Es ist notwendig, daß man die alten Instrumente wieder hervorholt und ihren Klang belauscht, und es ist wichtig, daß alte Musik im Zusammenhang mit der Eigenart der alten Instrumente (z. B. die Präludien und Fugen des «Wohltemperierten Klaviers» im Zusammenhang mit den Eigenheiten des Cembalos) studiert wird; es ist aber anmassend, wenn man dem Künstler vorschreibt, er habe bei der Wiedergabe alter Musik nur alte bzw. nachgeahmte alte Instrumente zu gebrauchen. Denn auch hier ist zwischen dem Experimentellen und dem Ästhetischen zu unterscheiden. Wir müssen es begrüßen, daß man nicht mehr dem Vorurteil huldigt, die neuen Instrumente seien, da spätere «Entwicklungs»-Produkte, *eo ipso* höherstehend, doch ist es ebenso unsachlich, die alten in jeder Hinsicht über die neuen zu stellen. Vergessen wir nicht, daß ein Instrument ein Werkzeug ist, und als solches hat es zwei Seiten: die ästhetische, insofern als es auf den einen oder den anderen Klanggeschmack ausgerichtet ist, und die technische; und nun wird man, auch ohne zu den Lobrednern unserer Zeit zu gehören, zugeben müssen, daß die technischen Werkzeuge unserer Zeit höher stehen als die der alten, d. h. daß sie eine größere Summe von Erfahrungen repräsentieren. Was hingegen das andere, den Unterschied der ästhetischen Zielsetzung, betrifft, so müssen wir nun einmal dem Geschmack sein Recht lassen. Bescheidener geworden, sind wir heute vielleicht bereit, den älteren Geschmack a priori als den höherstehenden gelten zu lassen. Aber eines läßt sich nicht leugnen: die neuen Instrumente sind nun einmal die unseren, und dies muß für uns, sofern wir reale Menschen, d. h. Menschen unserer Zeit sind, doch wieder ein Vorzug sein: sie sind der uns nächstliegende Ausblick auf die Musik.

b) Die «Orgelbewegung»

Wo es sich um die Wiedergabe alter Musik handelt, bedeutet der Historismus etwa dies, daß man ein Stück so vorträgt, wie wenn man eine musikgeschichtliche Lektion aufsagen würde. Doch kann diese Richtung auch unser Verhältnis zum Instrumentenbau beeinflussen.

Ich denke hier an die sogenannte O r g e l b e w e g u n g, die am Anfang unseres Jahrhunderts vom Elsaß ausging und sich am Orgelbau des 18. Jahrhunderts orientierte (A. Schweitzer), dann aber, besonders in Deutschland, die Ausrichtung nach der Orgel des 17. Jahrhunderts proklamierte (selbstverständlich unter dem Schlagwort des «Barocks»).

Die letztere Variante der «Bewegung» hat sich u. a. in einem Versuch ausgedrückt, der das Problematische am Eingreifen der Historie in Fragen des Instrumentenbaues in besonderem Maße zu illustrieren geeignet war. Ich denke an jene Rekonstitution einer «Praetorius-Orgel», d. h. einer deutschen Orgel vom Anfang des 17. Jahrhunderts, um die es jahrzehntelang viel Gerede gegeben hat; und doch entsprach das Versuchsinstrument nicht einmal in technischer Hinsicht (Windladen, Winddruck, Reihenmensur der Pfeifen) einem alten Original. Vom rein Klanglichen wollen wir gar nicht reden, ist es doch bekannt, daß sogar bei günstigen technischen Gegebenheiten der Klang als ein Lebendiges nur zustande kommt, indem ein Künstler, «Intonateur» genannt, durch eingehende Behandlung jeder Pfeife sowohl die Töne innerhalb eines Registers als die Register untereinander in das Verhältnis setzt und so das schönproportionierte Klangganze vollendet. Doch gesetzt sogar, der Versuch wäre gelungen und hätte ein gutes Bild des alten Klanges ergeben, so wäre damit zunächst nur ein wissenschaftliches Resultat erreicht gewesen. Zwar kam er unleugbar auch ästhetischen Bestrebungen entgegen, genauer: einer zunächst unklar empfundenen Reaktion gegen Übertreibungen der — ihrerzeit gleichfalls «neudeutsch» gewesenen — Orgel aus der Jahrhundertwende. Aber eine saubere Scheidung zwischen den beiden Zielsetzungen — Rekonstitution eines alten Tatbestandes und Auseinandersetzung mit den Forderungen der Gegenwart — würde jeder von ihnen besser gedient haben. In ihrem weiteren Verlauf wurde diese Richtung gründlicher ausgebaut, aber ein gewisser Intellektualismus als Erbübel blieb. So kam es denn auch, soweit ich sehe, nicht zu einem irgendwie harmonischen Anschluß an den Orgeltypus des 19. Jahrhunderts. Wir stehen vor einem Bruch, und dieser bietet um so mehr Anlaß zu Bedenken, als die Orgel ja in der Neuzeit ein kirchliches Instrument ist und der Bruch folglich einen kirchlichen Aspekt gewinnt: es ist — sagen wir — die Auffassung des «einfachen» Mannes und die «intellektueller» Kreise, die hier auseinanderklafft.

Selbstverständlich haben diese Bestrebungen auch auf die Schweiz übergegriffen, wobei man hier versuchte, sich nicht sosehr in einer bestimmten Richtung festzulegen, als eine Art Ausgleich zwischen verschiedenen als positiv angesehenen Elementen aus dem älteren deutschen und französischen Orgelbau zu schaffen. In diesem Falle tat sich der Intellektualismus darin kund, daß das Resultat nicht sosehr ein schöpferischer Ausgleich, als ein äußeres Nebeneinander war. Wir müssen also sagen: das eine ist es, Prinzipien der alten Orgelbauer (z. B. Pfeifenbemessungen) in mechanischer Weise anzuwenden; und etwas anderes, ein Künstler des Klanges zu sein wie die alten Orgelbauer; ist man das letztere, so wird man Anregungen der alten Meister entgegennehmen können, sie aber schöpferisch verarbeiten.

So hat in unserer Zeit der Doktrinarismus in höherem Maße in den Orgelbau eingegriffen, als es je der Fall war, und dies mit Resultaten, die, an einem künstlerischen Maßstab gemessen, den «ideologischen» Versprechungen nicht gemäß waren. Eine Zeitlang wurde im betonten Gegensatz zur deutschen Orgel der Zeit um 1900 die weite Pfeifenbemessung («Mensur») als eine Art Allheilmittel angesehen, heute distanziert man sich wieder von dieser Einseitigkeit — aber leider handelt es sich bei alledem um Prozesse, die nicht sosehr einer organischen Entwicklung des Orgelbaus entspringen, als diesem von außen aufgezwungen sind. Damit, daß man lediglich Sentimentalität durch phantasielose Nüchternheit ersetzt, ist grundsätzlich noch nichts gewonnen; und ich muß leider vermerken, daß ich noch keine Frucht dieser «Bewegung» gesehen habe, die ich der wirklichen Klangqualität nach auch nur neben eine der besseren Orgeln aus der Zeit um 1855 stellen würde. Ich erinnere mich des vor einer Anzahl von Jahren mit einem noch nie dagewesenen Kostenaufwand an einer Orgel in der Schweiz durchgeführten Umbaus: jetzt heißt es davon in Fachkreisen (aber gewiß nicht öffentlich!), man mache es «heute nicht mehr so»; damals aber hieß es (und zwar sehr laut!), es wäre ein «Markstein in der G e s c h i c h t e des Orgelbaues». Wenn es ein Markstein war, dann doch wohl nur im Sinne des Eingreifens doktrinärer (pseudo-wissenschaftlicher) Forderungen in die Entwicklung des Instrumentenbaues; ein Gutachten, das demgegenüber Vorbehalte geltend machte, wurde, wie nicht anders zu erwarten, als «Verrat an der Orgelbewegung» hingestellt. So zeigt sich auch hier dasselbe wie bei manchen anderen «Bewegungen»: sie können sympathisch erscheinen, solange sie gegen starke Widerstände zu kämpfen haben, und enttäuschen, nachdem sie durchgedrungen sind. Auch jetzt noch, wo es nicht sosehr eine «Bewegung» wie eine feste, ausgesprochene Richtung ist, liegt in ihr zweifellos ein positiver Kern; aber das Merkmal davon, daß wirkliches geschichtliches Werden durch den Historismus verdrängt wird, ist nun einmal eine gewisse Art Sprunghaftigkeit.

c) Cembalo und Hammerklavier

Gehen wir nunmehr von Fragen des Instrumentenbaues zu solchen der Instrumenten - A n w e n d u n g über.

Hier würde ich z. B. in bezug auf das Cembalo nicht die heute so beliebte «kompromißlose» Haltung einnehmen. Nehmen wir die Frage einmal rein praktisch, indem wir unser Ohr zu Rate ziehen: wir müssen sagen, daß sich das Cembalo als für sich gespieltes Soloinstrument im allgemeinen sehr gut bewährt, daß es aber im Zusammenspiel mit anderen Instrumenten manche Probleme bietet. Heute wird von Konzertinstituten, die «etwas auf sich halten», bei der Aufführung eines alten Ensemblewerks gewöhnlich ein Cembalo verwendet, das wir zwar sehen, aber nicht hören: nur um der (ach! so gefürchteten) Musikwissenschaft eine Reverenz zu erweisen, wo doch einer nicht eingebildeten Musikwissenschaft nichts daran gelegen sein kann. Wie sollte ein einziges Cembalo einem heutigen Ensemble gegenüber zur Geltung kommen, wo doch schon in der alten Zeit, bei erheblich schlankerem Gesamtklangkörper, meist zwei, sogar mehr Cembali mitgingen, auch Lauten oder Theorben, die erheblich fülliger wirken als das Cembalo? (Hierbei ist im allgemeinen zu vermerken, daß, je mehr wir in der Zeit zurückgehen, um so größer das Gewicht der Continuogruppe ist, während man es sich näher zur Mitte des 18. Jahrhunderts öfter an einem einzigen Cembalo genügen ließ; in der Kirchenmusik handelt es sich selbstverständlich in erster Linie um die Orgel.) Da man heute über ein solches «Corpus» (um den Ausdruck von Praetorius und Schein zu brauchen) nicht verfügt, zieht man es also vor, das normale Verhältnis zwischen dem klanglichen Hintergrund und den agierenden, obligaten Stimmen, wie es bei dieser Musik vorausgesetzt ist, zu zerstören, nur damit das Cembalo dabei sei. In solchen Fällen habe ich mich oft gefragt, ob nicht das moderne Klavier die günstigere Lösung wäre — wenigstens als Verstärkung des Continuo bei den massiveren Stellen. Es ist eine durch nichts bewiesene Annahme, daß Bach oder Händel es abgelehnt haben würden, das Hammerklavier seinem «Corpus» einzugliedern (bzw. daß er nicht mehr Bach oder Händel gewesen wäre, wenn er es getan hätte). Bach hat sich notorischerweise über das Hammerklavier, das er nach dessen Wiederaufleben noch kennen lernte und in seiner Entwicklung verfolgte, günstig ausgesprochen. Allerdings klangen die Hammerklaviere, die Bach gespielt hat, wieder anders als die heutigen. Aber wir müssen die Frage stellen, ob überhaupt im Sinne der alten Musik die Klangfarbe im gleichen Sinn wesentlich ist wie für uns, die wir nach einem Jahrhundert ausgesprochener «Instrumentationskunst» der Anschauung huldigen, eine gegebene Musik sei sie selbst nur in einer bestimmten klanglichen Einkleidung. Tragen wir mit diesem so scharfen Distinguierten zwischen Hammerklavier- und Cembaloklangfarbe nicht gerade Anschauungen unserer Zeit in die alte Musik hinein? Daß die Musikanschauung der alten Zeit klangfarblich nicht so gebunden war, zeigt uns wenigstens im Rahmen der Continuobesetzung jenes Fehlen einer genaueren Normierung; und auch sonst begegnen uns Anzeichen, die in dieser Richtung deuten (ich denke, was speziell Bach betrifft, an Bearbeitungen von ihm, die klanglich so spröde sind wie die einer Triosonate mit Continuo als Sonate für Cembalo und Gambe, oder die von Violinkonzert- oder Violinsolo-Sätzen für obligate Orgel mit Orchester). Wir müssen, mit einem Wort, fragen, ob für diese Musik die Wahrung der allgemeinen Relation zwischen Continuo und obligaten Stimmen nicht wichtiger ist als eine besondere Klangfarbe des Continuoinstruments.

An und für sich kann man objektiverweise über den Unterschied zwischen Cembalo- und Hammerklavier-Klang wohl nicht mehr sagen, als daß der erstere, da die Saiten angerissen, nicht angeschlagen werden, viel mehr an «unharmonischen» Obertönen enthält. Dies macht den Cembaloklang geräuschhafter, lebendiger und farbiger — während beim Hammerklavier bekanntlich die Lebendigkeit in der Veränderung des Tons durch den Anschlag liegt. Und während auf dem Cembalo die Geräuschhaftigkeit noch durch die unvollkommene Dämpfung erhöht wird (was technisch zweifellos ein Mangel ist, wenn es auch von einem Standpunkt aus ästhetisch als Plus erscheinen mag), wird auf dem Hammerklavier die Dämpfung auf Wunsch des Spielers in einem bestimmten harmonischen Zusammenhang aufgehoben. Mit alledem hängt es jedenfalls zusammen, daß dem Cembalo eine gewürzte Harmonik weniger «liegt» als dem Hammerklavier.

d) Verstärkung des Continuo durch einen Streichbaß

Nun fassen wir noch eine Besetzungsfrage ins Auge: ob beim Basso continuo immer ein Streichbaß mitgehen muß — wie es z. B. im alten Orchester der Fall ist, wo der Streichbaß grundsätzlich mit der vom Continuo akkordisch auszusetzenden Stimme zusammenfällt.

Auch hier erscheint es mir als ein Anzeichen unverdauten musikgeschichtlichen Wissens — oder als Anzeichen übergroßen Respekts vor einem unvollständigen Wissen —, wenn heute von manchen 1. alle Continuobegleitungen, auch die Violinsolosonaten, durch Cello oder Gambe verstärkt werden, 2. dieses Verfahren sogar auf Sonaten für obligates Klavier mit Violine angewandt wird. Ich denke hier an die Aufführung einer Bachschen Sonate für Cembalo mit Violine, die ich vor einiger Zeit hörte und bei der die Wirkung bedenklich war: der grundsätzlich dreistimmige Satz wurde, da die rechte Hand des Cembalisten gegen die durch eine Gambe verstärkte linke Hand und die Violine nicht aufzukommen vermochte, in einen zweistimmigen, das Trio in ein Duo verwandelt (allerdings wurde hierbei anscheinend ein relativ schwach klingendes Cembalo verwendet, doch hätte dies nur um so mehr zur Vorsicht mahnen müssen). Ich teilte meine Beobachtung einem Mitglied des konzertgebenden Vereins mit, worauf mir die musikgeschichts-begeisterte junge Dame zur Antwort gab: die Gambe sei doch vorgeschrieben. In der Tat war das Stück im Programm als Sonate «für Violine und Cembalo» (warum dann nicht schon nicht Cembalo und Violine?) mit «Viola da Gamba» bezeichnet.

Nun lautet der Titel jener sechs Sonaten für Cembalo und Violine in der Vorlage (mag er nun von Bachs eigener oder einer anderen Hand geschrieben sein): «Sei sonate a cembalo concertato e violino solo, col basso per viola da gamba se piace»: mit Gamba, wenn es beliebt. Man überläßt also die Entscheidung dem Ausführenden und setzt den nun einmal aus der musikalischen Praxis nicht wegzudenkenden Grundsatz voraus, daß es auch auf das musikalische Ohr ankommt.

Ein anderes Moment, das die Veranstalter jener Aufführung wahrscheinlich im Auge hatten, ist die bekannte Stelle in Ph. E. Bachs «Versuch über die wahre Art Klavier zu spielen» (im 2. Teil § 9), wo die Verbindung von Klavier und Cello als die «vollkommenste» Art des Akkompagnements bezeichnet wird. Indessen muß zunächst einmal die Anwendbarkeit dieses Satzes auf unseren Fall bezweifelt werden, da es sich bei Sonaten dieser Art nicht um einen Continuo, d. h. eine durch Harmonien auszufüllende Stimme handelt. Außerdem setzt sogar Ph. E. Bach, indem er jenes die «vollkommenste» Art nennt, gegen die «niemand etwas einwenden kann», offenbar andere Arten als zulässig voraus (in der Tat denkt er, wie sich aus seinen vorausgehenden Worten ergibt, an verschiedene Möglichkeiten, wobei er nur diejenige Besetzung direkt ablehnt, bei der der Continuo bloß durch Bratsche oder gar nur durch Violine dargestellt wird).

Indessen dürfen wir — und dies gehört, wenn wir schon auf wissenschaftlichen Boden treten wollen, zur wissenschaftlichen Haltung — nicht nur einzelne Zeugnisse herausgreifen. Die Erwähnung der Gambe in jenem Titel scheint im Bereich der Sonate für obligates Cembalo mit Violine einen isolierten Fall darzustellen, da solche Kompositionen sonst (auch bei Bach selbst) nur als solche für Klavier mit Violine bezeichnet sind. Und gehen wir zu den (weit zahlreicheren) Sonaten für Violine mit Continuo über, so werden sie wiederum als solche bezeichnet — was gewiß das Mitgehen von Cello oder Gambe nicht ausschließt, aber auch nicht fordert. Indessen gibt es auch ausdrückliche Gegenzeugnisse. So bezeichnet Corelli seine Violinsonaten als « Sonate a violino e violone o (= oder) cimbalo ». Wir können es zwar mit Hilfe des bisher bekannten Materials nicht sicher sagen, doch dürfte die Annahme nicht allzu gewagt sein, daß in der alten Zeit der Streichbaß bei der Sonate für Violine mit Continuo mindestens so oft gefehlt hat, wie er vertreten war; und bei der Sonate für obligates Cembalo mit Violine wird er nur ausnahmsweise aufgetreten sein. (Von der im Vorwort des 9. Bandes der Bach-Gesamtausgabe aufgestellten Hypothese W. Rusts, wonach Bachs Sonaten für Cembalo und Violine zwar nicht eine Gambe, aber ein Continuoklavier als drittes Instrument erheischen, brauchen wir nicht zu sprechen; infolge eines Mißverständnisses wurde sie in A. Schweitzers Bach-Buch, S. 372, übernommen).

Wenn es uns befremdend erscheint, daß die alte Zeit manchmal das Klavier durch den Streichbaß e r s e t z t hat, müssen wir immerhin bedenken, daß dieser, ob es Gambe oder Cello war, oft Akkorde gegriffen hat, er hat auch gebrochene Akkordfiguren improvisiert. Wir freilich verzichten auf das Klavier nicht gern; und daher stellt sich für uns die Frage so, ob wir das Cello bzw. die Gambe zum Klavier hinzufügen oder nicht. Hier muß ich sagen, daß die bisher empirisch geübte Regel durchaus nicht unvernünftig ist, wonach man Cello oder Gambe nur da mitgehen läßt, wo dadurch keine Gefahr für das Gleichgewicht der Stimmen entsteht; letzteres ist aber im allgemeinen eher dort der Fall, wo ein einziges Melodieinstrument spielt, als wo es mehrere sind, und auch bei einer Gesangstimme ist die Gefahr offenbar geringer als bei einem Soloinstrument (traditionell scheint das Mitgehen des Cellos jedenfalls im Opernrezitativ gewesen zu sein — hier war das Instrument im Orchester bereits vorhanden). Besonders vorzusehen ist noch der Fall, daß das Soloinstrument eine Gambe oder ein Cello ist: hier würde ein ebensolcher Baß von vornherein störend wirken. Immerhin soll aus dem obigen Grundsatz nicht gefolgert werden, daß auch nur bei einer Triosonate der Streichbaß neben dem Klavier immer mitgehen m u ß, heißt es doch z. B. bei denjenigen Triosonaten Corellis, die «Kammersonaten» sind (genauer: bei Corellis Opus 2): «Sonata da camera a 3, doi violini e violone o (= oder) cimbalo» — während die Triosonaten Opus 1 und 3, welche «Kirchensonaten» sind, bezeichnet werden als «Sonate a 3, doi violini e violone o arcilauto c o l basso per l'organo» = Streichbaß oder Erzlaute m i t Basso continuo auf der

Orgel (diese Abstufung mag auch damit zusammenhängen, daß, wie oben 339 bemerkt, eher die Kirchen- als die Kammersonate in mehrfacher Besetzung gespielt wurde).

Wieder einen Fall für sich stellt es dar, wenn, wie es in der älteren Zeit manchmal vorkommt, dem Streichbaß und dem Continuobaß eine klar differenzierte Rolle zugewiesen wird: man sehe z. B. die (als «Sinfonia» bezeichnete) Sonate von Stradella (SBe. 229), in der einesteils der Streichbaß eine figurativ belebte Form des Continuobasses darstellt und andernteils der Continuo stellenweise (mit beabsichtigter Wirkung) ganz wegfällt; hier handelt es sich um ein ausgesprochenes Stück für zwei Streichinstrumente mit teilweiser Verstärkung durch das Klavier — während z. B. die noch erheblich ältere Violinsonate von B. Marini, die wir oben 284 besprachen, in viel höherem Maße solistisch, d. h. nicht duettierend ist.

Im allgemeinen wird wohl immer der einzelne Fall und die gegebenen Umstände zu berücksichtigen sein. Wir sagen es nochmals: bei musikalischen Fragen lasse man den musikalischen Geschmack nicht beiseite! Die Musikwissenschaft kann sich zwar sehr geschmeichelt fühlen, aber sie kann auch sehr bedrückt sein, wenn man ihr zuviel zutraut. Sagten nicht schon die mittelalterlichen Musiktheoretiker, es müsse die «Vernunft» u n d das «Gehör» zu Rate gezogen werden? Rein experimentelle, im Interesse der Wissenschaft durchgeführte Versuche sind gewiß in ihrer Weise verdienstlich; aber im Sinne der alten Zeit wurden sie nicht «coram publico» ausgeführt, und dies hatte auch etwas für sich. Mit einer Aufführung, wie ich sie erwähnt habe, wurde Bach bei der besten Absicht mehr Tort angetan, als wenn man ein modernes Klavier herangezogen hätte.

*   *
*

Die «Moral», die wir aus alledem ziehen, ist diese. Wissenschaft und Kunst sind verschiedene Dinge mit verschiedenen Zielsetzungen, mögen sie auch in einer transzendenten Sphäre konvergieren. Die Musikwissenschaft ist nicht dazu da, der Kunst Vorschriften zu machen — es ist aber ebensowenig auch ihr Zweck, ihr Ziel oder ihre Rechtfertigung, daß sie der Kunst dient, indem sie die Bedürfnisse des Praktikers in bezug auf Ausgaben alter Musik oder Daten über die Aufführungspraxis versorgt. Ihre gegenseitige Selbständigkeit aber vorausgesetzt, und vorausgesetzt, daß keine Konfusionen stattfinden, können die beiden sehr gut Hand in Hand gehen und einander fruchtbar ergänzen.

NACHWORT

1947 und im ersten Halbjahr 1948 arbeitete Jacques Handschin gleichzeitig an den Manuskripten seiner beiden großen Bücher, dem «Toncharakter» und der «Musikgeschichte im Überblick». Als seine Basler Studenten 1948 zu den Sommerferien aufbrachen, kündigte er ihnen an, nach ihrer Rückkehr würden bereits Druckfahnen der «Musikgeschichte» vorliegen und damit wäre er dann seiner Pflicht enthoben, Handbuch- oder Überblick-Vorlesungen zu halten. Handschin pflegte auch dann, wenn er allgemeine Themen angekündigt hatte, über spezielle Gegenstände mit je eigener Fragestellung zu lesen, und in seinem regelmäßig durchgeführten «Collegium musicum» durchmaß er im Gespräch mit seinen Studenten den gesamten Arbeitsbereich der Musikwissenschaft, den er in stupender Weise stets präsent hatte. Bei diesen Dialogen zwischen Lehrer und Schülern, die immer wieder das Feld der Musikgeschichte verließen und auch Fragen der Ethnomusikologie und der Systematischen Musikwissenschaft berührten, wurde evident, wie sehr es den Studierenden selbst bei hohem Wissenstand am Verständnis der geschichtlichen Zusammenhänge gebrach. Ein knapp gefaßtes Buch, das zu konsultieren wäre, wußte Handschin seinen Schülern nicht zu nennen, und so schrieb er es eben selber. Primär als flankierendes Hilfsmittel seiner eigenen akademischen Lehrtätigkeit gedacht, ist die in erstaunlich kurzer Zeit verfaßte «Musikgeschichte im Überblick» bis heute, über drei Jahrzehnte danach, ein unentbehrliches Lehrbuch für Studierende wie auch für nicht vorgebildete Leser geblieben, dem kaum ein zweites ähnlichen Umfangs an die Seite gestellt werden kann. Seine Bedeutung verdankt das Buch der Kompetenz des Autors, der originellen Konzeption sowie der Klarheit und Frische der Darstellung.

In den Gesprächen, die Handschin im Wintersemester 1948/49 in Arbeitsgemeinschaften über seine «Musikgeschichte» führte, stand die im Buch ausführlich begründete Idee einer «objektiven» quantitativen Verteilung der geschichtlichen Perioden an erster Stelle. Daß der größte Teil der geschichtlichen Darstellung auf die Zeit vor 1600 fällt, war zumindest ungewöhnlich. Man fragte sich indes, ob der Zuwachs an Wissen über Musik der damals noch verhältnismäßig unbekannten Jahrhunderte vor dem Barockzeitalter unbedingt mit der so auffälligen Relativierung des 19. Jahrhunderts und der mitunter bloß beiläufigen Nennung bekannter Erscheinungen der neueren Musikgeschichte kompensiert werden müsse. Handschin wies auf die Problematik von Kanons hin; es sei keine Frage, daß manche Dinge in Frankreich oder Italien anders bewertet würden als im deutschen Kulturgebiet, und als Historiker habe er keine Verpflichtung, sich einem dieser Kanons anzuschließen. Er verstand seine «Musikgeschichte» auch insofern als Kontrapunkt zur landläufigen Musikgeschichtsschreibung, als er insbesondere auf Phänomene hinzuweisen habe, die von anderen nicht genügend zur Geltung gebracht wurden; das 19. Jahrhundert habe er zu relativieren im Gegensatz zu denen, die gerade dieses verabsolutierten.

Mit einiger Verwunderung bemerkten die Studierenden, daß ihr Lehrer sich ausgerechnet zu Gelehrten in Gegensatz stellte, denen er besonders hohe Achtung zollte. So kritisierte er Carl Stumpf im Zusammenhang mit dem Begriff der Heterophonie und Friedrich Ludwig anläßlich der Auseinandersetzung mit dem Balladenstil. Handschin antwortete, daß jedem auch nur einigermaßen aufmerksamen Leser seine Achtung vor diesen beiden Wissenschaftern nicht zweifelhaft bleiben könne, daß sich seine Einwände vor allem auf terminologische Fragen beziehen würden – und gerade hier rechtfertige sich eine gewisse Schärfe der Formulierung («deplorable Unlogik»), zumal es sich um ein Lehrbuch handle, bei dem in terminologischer Hinsicht besondere Klarheit angebracht sei.

Daß sich Handschin, der ja bereits 1933 eine bis auf den heutigen Tag gültige Einführung ins Schaffen Igor Strawinskys geschrieben und sich auch sonst zu Musik der Gegenwart geäußert hatte, sich auf bloß einer knappen Seite nur zu einem Ausblick auf die «Neue Musik» entschließen konnte, lag in seiner Überzeugung begründet, daß «aktuelle, kochende Gegenwart» noch keine Domäne der Geschichtsschreibung darstellen kann, da wir zwar wissen können, worin die verschiedenen Erscheinungen wurzeln, nicht aber, wohin sie führen. Hier, wie auch bei seinem Nachwort «Unser Verhältnis zur alten Musik» offenbart sich Handschins Auffassung von der gegenseitigen Selbständigkeit von Musik und Musikwissenschaft: Erkennen ist eine ganz andere Funktion des menschlichen Geistes als künstlerisches Schaffen und Reproduzieren. Da Handschin nicht nur Musikwissenschaftler, sondern auch Organist war und in seinen russischen Jahren mit Erfindern neuer Musik in engem

Kontakt stand, erlebte er die Spannung zwischen Können und Erkennen anders als jemand, der nur über Musik schreibt. Um keine Konfusion zwischen Wissenschaft und Kunst herbeizuführen – «mögen sie auch in einer transzendenten Sphäre konvergieren» –, besann sich Handschin als Historiker stets auf das eigentlich Geschichtliche und die je adäquaten Methoden seiner Erforschung.

Hans Oesch

ANHANG ZUR BIBLIOGRAPHIE[1]

Es ist selbstverständlich, daß wir hier nicht Vollständigkeit anstreben. Wir geben diejenigen Werke an, in denen wir an der Stelle des geneigten Lesers, unserer unmaßgeblichen Meinung nach, in erster Linie nachschlagen würden, um einem der Spezialgebiete näher zu treten. Wir wiederholen, daß unsere Arbeit weder ein Musiklexikon, noch eine ausführliche Musikgeschichte ersetzen soll. Wenn der Verfasser verhältnismäßig zuviel an eigenen Abhandlungen genannt hat, so möge man sich im Sinne der Entschuldigung vergegenwärtigen, daß diese gewissermaßen automatisch vor ihm stehen, wenn er an ein darin behandeltes Thema denkt.

Dem nach Zeitabschnitten geordneten Literaturverzeichnis schicken wir voraus:
a) die Aufzählung einiger Musiklexika;
b) die einiger Zeitschriften; hier müssen wir uns mit den Titeln begnügen und können nicht die einzelnen Aufsätze nach den Gegenständen oder Zeitabschnitten anführen;
c) einige allgemeine musikgeschichtliche Darstellungen, einschließlich solcher, die die Musikgeschichte eines Landes behandeln; wir fügen ihnen eine Übersicht über die von H. Kretzschmar herausgegebenen «Handbücher der Musikgeschichte nach Gattungen» an, die ja gleichfalls – wenn auch jetzt im Rahmen einer musikalischen Gattung – über die Periodengrenzen hinausgreifen; der geneigte Leser muß sich vergegenwärtigen, daß er wie für ein einzelnes Land in der Geschichte dieses Landes, so für eine musikalische Gattung in der dieser Gattung gewidmeten Darstellung nähere Angaben findet;
d) Neuausgaben alter Musik in Serien, die v e r s c h i e d e n e Komponisten umfassen; hier bieten wir von jeder der angeführten Sammlungen nicht einen vollständigen Überblick, sondern wir nennen nur, was im Zusammenhang der obigen Darstellung in erster Linie in Frage kommt; dabei aber können wir wiederum nicht ins einzelne gehen und angeben, welcher Art Werke in einem Denkmälerband stehen, sondern wir beschränken uns auf die Nennung des Komponisten;
e) Gesamtausgaben einzelner Komponisten, die für sich erschienen sind; und zwar gehen wir hier bis zum Ende des 18. Jahrhunderts.

Ergänzende Angaben zu d) und e) findet man in W. L o t t s Verzeichnis der Neudrucke alter Musik, das von 1937 an in mehreren Heften erschienen ist.

Schließlich noch eine Bemerkung bezüglich der Rubriken c), d), e) und ihres Verhältnisses zu dem darauf folgenden, nach Zeitabschnitten gegliederten Verzeichnis. Im letzteren werden Publikationen nicht nochmals angeführt, die bereits unter c), d) und e) stehen; es wird also vorausgesetzt, daß der geneigte Leser jenes durch diese ergänzt und uns nicht gram ist, wenn er z. B. Ausgaben von Kompositionen von Fux nicht unter G, sondern unter d) genannt findet; ebenso wird er z. B. H. Besselers «Musik des Mittelalters und der Renaissance» nicht unter E und F, sondern als Bestandteil einer allgemeinen musikgeschichtlichen Gesamtdarstellung unter c) finden; auf der anderen Seite aber können im Literaturverzeichnis nach Zeitabschnitten Abhandlungen aus solchen Zeitschriften angeführt sein, die unter b) schon genannt wurden, weil unter b) kein Versuch zur Zerlegung des Inhalts der Zeitschriften gemacht wurde.

Das folgende Literaturverzeichnis stellt insofern etwas bodenlos Trauriges dar, als die meisten der darin aufgezählten Publikationen infolge der Zerstörungen dieses barbarischsten der Kriege nicht mehr «zu haben», d. h. im Buchhandel erhältlich sind. Wir befinden uns offenbar an einem Wendepunkt, an dem es sich entscheiden muß, wie, wo und in welchem Umfange Neuauflagen dieser Veröffentlichungen hergestellt werden können. Es ist dies einerseits eine materielle Frage, aber anderseits hängt sie auch mit der Frage zusammen, wie, wo und in welchem Umfange in Zukunft die musikwissenschaftliche Arbeit sich entfalten wird.

NB. Abkürzungen siehe Seite 10.

[1] Das Werkverzeichnis, das in der Erstauflage nur bis 1946/47 reichen konnte, wurde von den Unterzeichneten auf den Stand des Erscheinungsjahres der Neuauflage gebracht. Zu den Beifügungen wäre folgendes zu bemerken:
1. Irrtümer der Erstauflage (meist bei den Jahreszahlen) wurden, soweit feststellbar, stillschweigend verbessert. Ebenso wurden inzwischen erschienene Neuauflagen und Neuausgaben, bzw. grundsätzlich «neue» Ausgaben, sowie Neudrucke ohne besondere Kennzeichnung beigefügt.
2. Neue Titel, durch ein Sternchen (*) als solche gekennzeichnet, wurden mit ganz wenig Ausnahmen nur aus den Jahren nach der Erstauflage aufgenommen. Die von Handschin († 1955) befolgten Prinzipien wurden, wie es sich für eine im Text unveränderte Zweitauflage geziemt, auch bei diesem Materialzuwachs nach Möglichkeit befolgt. Nur im Anschluß an die Rubrik b) Zeitschriften (im Abschnitt vor dem eigentlichen, nach Zeitepochen geordneten Literaturverzeichnis) wurden zwei Verzeichnisse eingeschaltet: eines von einschlägigen Kongreßberichten (chronologisch geordnet) und eines von Fest- bzw. Gedenkschriften (in alphabetischer Reihenfolge), in der Annahme, daß beide inhaltlich den angeführten Periodica als gleichwertig gelten dürfen.
Während das Literaturverzeichnis von 1947 nach den Worten Handschins insofern «etwas bodenlos Trauriges» darstellt, als die meisten der darin aufgezählten Publikationen durch die Zerstörung von zahlreichen öffentlichen und privaten Bibliotheken sowie von Verlagshäusern in den Kriegsjahren 1939–1945 vernichtet worden sind, darf siebzehn Jahre später freudig konstatiert werden, daß nicht nur die enstandenen Verluste zu einem Teil durch Neuauflagen oder Nachdrucke wieder behoben sind, sondern auch, daß die Editionstätigkeit einen in der bisherigen Forschung noch nicht dagewesenen Umfang erreicht hat. So tauchen besonders in den Rubriken d (Neuausgaben alter Musik) und e (Gesamtausgaben einzelner Meister) mehrere Namen auf, die zwar in der musikgeschichtlichen Darstellung nicht genannt sind, die aber ihrer Bedeutung wegen nicht verschwiegen werden sollten und von denen angenommen werden darf, daß sie Handschin genannt haben würde, wenn sie in Ausgaben zugänglich gewesen wären.
Erlangen, März 1964.

Hanna Stäblein-Harder
Bruno Stäblein

Als ebenso bedeutendes wie persönlichkeitsgeprägtes Werk widersetzt sich Jacques Handschins *Musikgeschichte im Überblick* (1948) Eingriffen oder Ergänzungen von fremder Hand. Eine Spur von Unantastbarkeit durchzieht selbst das Literaturverzeichnis, in dem der Autor mehr sah als eine konventionelle Beigabe, wenn er sich hier ausdrücklich an die Stelle «des geneigten Lesers» versetzte und den bibliographischen Anhang betont umfangreich, doch knapp abgefaßt und äußerst überschaubar gegliedert anlegte.
Als bei der Neuauflage von 1964 ein zusätzlicher Nachweis der mittlerweile – in erfreulich veränderter Situation – vorliegenden Literatur wünschenswert erschien, bearbeitete das Ehepaar Stäblein in vorbildlicher Dezenz Handschins Verzeichnis so, daß die ursprüngliche Gestalt klar erkennbar blieb, obwohl der Umfang nun das Anderthalbfache erreichte.
Im Blick auf diese Vorgeschichte, aber auch angesichts der seither ungemein expandierten (zudem polyglott publizierten) Fachliteratur und verbesserter bibliographischer Hilfsmittel hielt der Unterzeichnete, der auf Bitten von Frau Dr. Hanna Stäblein hin die ehemalige Ergänzung vornahm, zweierlei für geboten: 1. die Fassung von 1964 für sämtliche Titel bis zu jener Zeit unverändert beizubehalten, 2. in strenger Auswahl nur wesentliche Quelleneditionen und wichtige, zusammenfassende oder weiterführende selbständige Schriften seit 1963/64 hinzuzufügen, die auf die Themenkreise des Buches zielen und – vorwiegend in dessen Sprache – dem Leser als unmittelbare Hinweise auf maßgebende neue Ausgaben und Sachdarstellungen dienen können; diese Titel wurden durch zwei Sternchen (**) gekennzeichnet. Die Anzahl der Rubriken mit Komponistennamen blieb unverändert, obwohl dies dem Forschungsstand nicht mehr gerecht wird; doch hätte der Vorsatz umfassender Aktualität das Literaturver-

zeichnis allzu weit von der Basis Handschins entfernt. Für detailliertere Bibliographien wie für Neuauflagen oder Übersetzungen älterer Titel seien die Literaturangaben in Sach- und Personenartikeln der modernen Musiklexika sowie die Jahresverzeichnisse von *The Music Index* (seit 1949) oder RILM (seit 1967, mit Abstracts, siehe S. 401, unten) empfohlen.

Der skeptischen Frage, ob ein Anreichern des Literaturverzeichnisses von Auflage zu Auflage sinnvoll sei bei einem Werk, das – als Markstein musikhistorischer Betrachtungsweise – selbst schon Geschichte geworden ist, ließe sich entgegnen, daß nicht zuletzt an den verschiedenen Schichten des hier nachgewiesenen Materials deutlich wird, wie – mit Handschins Worten – «das Gebiet der Wissenschaft immer im Flusse begriffen, nie endgültig auskristallisiert ist».

Erlangen, September 1980

Klaus-Jürgen Sachs

a) Musiklexika

W. Apel, Harvard Dictionary of Music, 1945, 5. A. 1947 (12th printing 1960).

* F. Blume, Die Musik in Geschichte und Gegenwart (MGG). Allgemeine Enzyklopädie der Musik, 1949/1951ff.

M. Brenet, Dictionnaire pratique et historique de la musique, 1926.

** B. S. Brook, Thematic Catalogues in Music, 1972.

R. Eitner, Quellenlexikon der Musiker und Musikgelehrten, 1900 (Neuausgabe seit 1960 in Vorbereitung).

* Encyclopédie de la musique, 1958–1961.

* Enciclopedia della musica, 1964ff.

** Das Große Lexikon der Musik, hg. von M. Honegger und G. Massenkeil, 1978ff.

G. Grove, A Dictionary of Music and Musicians, 3rd edition by H. C. Colles, 1927, dazu American Supplement (by Pratt and Noyd); Neuauflage 1944–1952, dazu Supplementary Volume, 1945; 5th edition by E. Blom, 1954, Supplementary Volume 1961.

** Handwörterbuch der musikalischen Terminologie, hg. von H. H. Eggebrecht, 1972ff.

* Internationales Quellenlexikon der Musik (RISM): Recueils imprimés, XVIe–XVIIe siècles, 1960; The Theory of Music from the Carolingian Era up to 1400, seit 1961.

** Internationales Repertorium der Musikliteratur (RILM), seit 1967.

H. J. Moser, Musiklexikon, 1935, 4. A. 1955 (Nachtrag 1958, Ergänzungsband 1963).

E. Refardt, Historisch-Biographisches Musiklexikon der Schweiz, 1928.

H. Riemann, Musiklexikon, 11. A. hg. von A. Einstein, 1929, 12. A. hg. von W. Gurlitt, 1959ff.

** Brockhaus-Riemann-Musiklexikon, hg. von C. Dahlhaus und H. H. Eggebrecht, 1978/79.

C. Sachs, Reallexikon der Musikinstrumente, 1913.

O. Thompson, The International Cyclopedia of Music and Musicians, 4th edition by N. Slonimsky, 1946, 7. A. 1956.

b) Zeitschriften

Acta musicologica, seit 1931 (vorher, 1928–1930, «Mitteilungen der Internationalen Gesellschaft für Musikwissenschaft»).

* Analecta musicologica, seit 1963.

* Annales musicologiques, seit 1953.

* Anuario musical, seit 1946.

Archiv für Musikforschung, 1936–1943.
Archiv für Musikwissenschaft, 1918–1926 (Neudruck 1964) und seit 1952.
* Collectanea Historiae Musicae, seit 1953.
* Études grégoriennes, seit 1954.
Gregoriusblatt, 1875–1938.
Jahrbuch der Musikbibliothek Peters, 1895–1940, seit 1956 als «Deutsches Jahrbuch der Musikwissenschaft».
** Jahrbuch des Staatlichen Instituts für Musikforschung Preußischer Kulturbesitz, seit 1968.
* Journal of the American Musicological Society (JAMS), seit 1948.
Kirchenmusikalisches Jahrbuch, seit 1886 (vorher, 1876–1885, «Caecilien-Kalender»).
Monatshefte für Musikgeschichte, 1869–1904, Neudruck 1960–1962.
Music and Letters, seit 1920.
Musica Disciplina, seit 1948 (vorher: Journal of Renaissance and Baroque Music, 1946/47).
The Musical Quarterly, seit 1915.
* Die Musikforschung, seit 1948.
Rassegna gregoriana, 1902–1914.
* Revue belge de musicologie, seit 1946/47.
Revue de musicologie, seit 1922 (vorher, 1917–1921, «Bulletin de la Société française de musicologie»).
Revue du chant grégorien, 1892–1940.
Revue grégorienne, seit 1911.
Rivista musicale italiana, 1894–1954.
Sammelbände der Internat. Musikgesellschaft, 1899–1914.
Tribune de St. Gervais, 1895–1929.
Vierteljahrsschrift für Musikwissenschaft, 1885–1894, Neudruck 1965.
Zeitschrift der Internat. Musikgesellschaft, 1899–1914.
Zeitschrift für Musikwissenschaft, 1918–1935.

* Kongreßberichte

Paris 1900, Basel 1906, Wien 1909, London 1911, Basel 1924, Leipzig 1925, Wien 1927, Lüttich 1930, New York 1939, Basel 1949, Rom 1950, Lüneburg 1950, Utrecht 1952, Wien 1952, Bern 1952, Bamberg 1953, Palermo 1954, Wien 1954, Wégimont 1955, Hamburg 1956, Paris 1957, Köln 1958, Certaldo 1959, New York 1961, Kassel 1962, Bern 1962.
** Salzburg 1964, Leipzig 1966, Ljubljana 1967, Bonn 1970, Wien 1970, Kopenhagen 1972, Berlin 1974.

* Fest- und Gedenkschriften

H. Abert 1928, G. Adler 1930, H. Albrecht 1962, H. Anglès 1958–1961, B. Bartók 1956, H. Besseler 1961, F. Blume 1962, Ch. van den Borren 1945, O. E. Deutsch 1963, H. Engel 1964, K. G. Fellerer 1962, W. Fischer 1956, J. Handschin 1957 und 1962,

K. Jeppesen 1962, A. van Hoboken 1962, K. Jeppesen 1962, O. Kinkeldey 1960, J. Kodály 1962, H. Kretzschmar 1918, Th. Kroyer 1923, R. von Liliencron 1910, P.-M. Masson 1955, C. A. Moberg 1961, H. J. Moser 1954, J. Müller-Blattau, K. Nef 1933, H. Osthoff 1961, H. Riemann 1909, A. Sandberger 1918, E. Schenk 1962, A. Schering 1937, D. F. Scheurleer 1925, L. Schiedermair 1937 und 1956, J. Schmidt-Görg 1957, M. Schneider 1935 und 1955, M. Seiffert 1938, J. Smits van Waesberghe 1963, P. Wagner 1926, J. Wolf 1929.
** A. A. Abert 1975, W. Apel 1968, K. Blaukopf 1975, W. Boetticher 1974, G. von Dadelsen 1978, H. Federhofer 1971, K. von Fischer 1973, A. Geering 1972, K. Geiringer 1970, W. Gerstenberg 1964, F. Grasberger 1975, H. Husmann 1970, J. P. Larsen 1972, R. B. Lenaerts 1969, A. Mendel 1974, J. Müller-Blattau 1966, H. Osthoff 1969 und 1979, D. Plamenac 1969, G. Reese 1966, E. Schenk 1975, J. Schmidt-Görg 1967, W. Schmieder 1972, W. Senn 1975, B. Stäblein 1967, O. Strunk 1968, B. Szabolcsi 1969, W. Vetter 1969, K. Vötterle 1968, A. Volk 1974, E. Wellesz 1966, W. Wiora 1967 und 1979.

c) *Ausführliche Darstellungen der Musikgeschichte*

Allgemeine Darstellungen

A. W. Ambros, Geschichte der Musik, 1862–1878 (unbeendet, bis zum Anfang des 17. Jahrhunderts).
Encyclopédie de la musique et dictionnaire du Conservatoire, hg. von A. Lavignac, 1. Teil: Histoire de la musique, 1913–1922, 2. Teil: Technique, esthétique, pédagogie, 1917–1931.
Handbuch der Musikgeschichte, hg. von G. Adler, 2. A. 1930.
Handbuch der Musikwissenschaft, hg. von E. Bücken (hier kommen für uns besonders in Frage: H. Besseler, Die Musik des Mittelalters und der Renaissance, 1931; R. Haas, Die Musik des Barocks, 1928; E. Bücken, Die Musik des Rokokos und der Klassik, 1927; E. Bücken, Die Musik des 19. Jahrhunderts bis zur Moderne, 1929; R. Haas, Aufführungspraxis der Musik, 1931; O. Ursprung, Die katholische Kirchenmusik, 1931; F. Blume, Die evangelische Kirchenmusik, 1931).
** Neues Handbuch der Musikwissenschaft, hg. von C. Dahlhaus, 1980ff.
The Oxford History of Music (1. A. hg. von W. H. Hadow, 2. A. hg. von P. C. Buck 1929ff.).
* The New Oxford History of Music, 1957ff.
H. Riemann, Handbuch der Musikgeschichte, 1904–1913 (2. A. 1919–1922, 3. A. von I 1 1922).
* L. Schiedermair, Deutsche Musik im europäischen Raum. Geschichtliche Grundlagen, 1954.
* J. A. Westrup, An Introduction to Musical History, 1955.

Darstellungen nach Ländern und Orten

* J. de F. Branco, História da música portuguesa, 1959.
F. Caffi, Storia della musica sacra nella già Cappella ducale di S. Marco in Venezia dal 1318 al 1797, 1854–1855.

A. E. Cherbuliez, Die Schweiz in der deutschen Musikgeschichte, 1932.
* D. Cvetko, Histoire de la musique en Slovénie (slowenisch), 1958ff.
H. Davey, History of English Music, 2. A. 1921.
** H. Engel, Musik in Thüringen, 1966.
* R. Giazotto, La musica a Genova, 1951.
* P. Gradenwitz, Die Musikgeschichte Israels von den biblischen Anfängen bis zum modernen Staat, 1961.
* F. L. Harrison, Music in Medieval Britain, 1958.
** P. Le Huray, Music and the Reformation in England 1549–1660, 1967.
* J. Keldysch, Geschichte der russischen Musik, deutsch 1956ff.
L. von Köchel, Die kaiserliche Hofmusikkapelle zu Wien 1543–1867, 1869.
H. J. Moser, Geschichte der deutschen Musik (I, 5. A. 1930; II, 5. A. 1930; III, 2. A. 1928).
** Musikgeschichte Österreichs, hg. von R. Flotzinger und G. Gruber, 1977ff.
* La musique en Belgique du Moyen Age à nos jours, publié sous la direction de E. Closson et Ch. van den Borren, 1950.
* Z. Nejedly, Dejiny husitského zpevu, 1954–1956.
* A. M. Rothmüller, Die Musik der Juden, 1951; erweiterte englische Fassung: The Music of the Jews, 1954.
Schweizer Musikbuch, hg. von W. Schuh, 1. Band, 1939 (hier historische Darstellung von J. Handschin – A. Geering – E. Refardt).
* J. Subirà, Historia de la música española e hispanoamericana, 1953 (deutsch 1957).
* J. Subirà, La musique espanole, 1959.
** B. Szabolcsi, Geschichte der ungarischen Musik, 1964.
* Ch. van den Borren, Geschiedenis van de Muziek in de Nederlanden, 1948 und 1951.
* E. Walker, Music in England, 3. A. von Westrup, 1952.
R. Wustmann und A. Schering, Musikgeschichte Leipzigs (bis 1800), 1909–1941.

Darstellungen nach sachlichen Kategorien

** W. Apel, Geschichte der Orgel- und Klaviermusik bis 1700, 1967.
* G. S. Bedbrook, Keyboard Music from the Middle Ages to the Beginnings of the Baroque, 1949.
** F. Blume, Geschichte der evangelischen Kirchenmusik, 1965.
** R. Brockpähler, Handbuch zur Geschichte der Barockoper in Deutschland, 1964.
** R. Donington, The Interpretation of Early Music, 1963, ²1965.
* H. Engel, Musik und Gesellschaft. Bausteine zu einer Musiksoziologie, 1960.
E. Ferand, Die Improvisation in der Musik, 1938.
** C. Floros, Universale Neumenkunde, 1970.
* G. Frotscher, Geschichte des Orgelspiels und der Orgelkomposition, 2. A. 1959.
** Gattungen der Musik in Einzeldarstellungen, hg. von W. Arlt, E. Lichtenhahn und H. Oesch, 1973.
* T. Georgiades, Musik und Sprache. Das Werden der abendländischen Musik, dargestellt an der Vertonung der Messe, 1954.
** Geschichte der katholischen Kirchenmusik, hg. von K. G. Fellerer, 1972/76.
** T. Göllner, Die mehrstimmigen liturgischen Lesungen, 1969.

** P. Gülke, Mönche, Bürger, Minnesänger. Musik in der Gesellschaft des europäischen Mittelalters. 1975.

* D. J. Grout, A Short History of Opera, 1947, Neuauflage 1951.

Handbücher der Musikgeschichte nach Gattungen, hg. von H. Kretzschmar (I A. Schering, Geschichte des Instrumentalkonzerts, 1905, 2. A. 1927; II H. Leichtentritt, Geschichte der Motette, 1908: III A. Schering, Geschichte des Oratoriums, 1911; IV H. Kretzschmar, Geschichte des neuen deutschen Liedes, 1. Teil, 1911, Neudruck 1964; V E. Schmitz, Geschichte der Kantate und des geistlichen Konzerts, 1. Teil, 1914; VI H. Kretzschmar, Geschichte der Oper, 1919; VII H. Kretzschmar, Einführung in die Musikgeschichte, 1920; VIII J. Wolf, Handbuch der Notationskunde, 1. Teil 1913, 2. Teil 1919, Neudruck 1963; IX H. Botstiber, Geschichte der Ouverture und der freien Orchesterformen, 1913; X G.Schünemann, Geschichte des Dirigierens, 1913, Neudruck 1965; XI P. Wagner, Geschichte der Messe, 1. Teil, 1913, Neudruck 1963; XII C. Sachs, Handbuch der Musikinstrumentenkunde, 1920; XIII A. Aber, Handbuch der Musikliteratur, 1922; XIV K. Nef, Geschichte der Symphonie und Suite für Orchester, 1921).

* J. Handschin, Der Toncharakter, eine Einführung in die Tonpsychologie, 1948.

G. Kinsky (unter Mitw. von K. Haas und H. Schnoor), Geschichte der Musik in Bildern, 1929.

** W. Kirkendale, Fuge und Fugato in der Kammermusik des Rokoko und der Klassik, 1966.

* A. Loewenberg, Annals of Opera 1597–1940, 1943, 2. A. 1955.

** Meisterwerke der Musik. Werkmonographien zur Musikgeschichte, hg. von E. L. Waeltner (bis 1975) und S. Kunze, seit 1965.

J. Müller-Blattau, Grundzüge einer Geschichte der Fuge, 2. A. 1930.

** Musikalische Edition im Wandel des historischen Bewußtseins, hg. von T. G. Georgiades, 1971.

* Musikgeschichte in Bildern, hg. von H. Besseler und Max Schneider, 1961ff.

* Das Musikwerk, eine Beispielsammlung zur Musikgeschichte, hg. von K. G. Fellerer, seit 1951.

* R. Nettl, The Orchestra in England. A social history, 1956.

** K. W. Niemöller, Untersuchungen zu Musikpflege und Musikunterricht an den deutschen Lateinschulen vom ausgehenden Mittelalter bis um 1600, 1969.

L. Nowak, Grundzüge einer Geschichte des Basso ostinato, 1932.

* H. Pohlmann, Die Frühgeschichte des musikalischen Urheberrechts (ca. 1400–1800), 1962.

H. Riemann, Geschichte der Musiktheorie, 2. A. 1920, Neudruck 1962.

* W. Salmen, Der fahrende Musiker im europäischen Mittelalter, 1960.

** A. Seay, Music in the Medieval World, 1965, ²1975.

** H. Unverricht, Geschichte des Streichtrios, 1969.

d) Neuausgaben alter Musik: Serien mit Werken verschiedener Komponisten

** Antiquitates Musicae in Polonia, seit 1963.

* Archivium Musices Metropolitanum Mediolanense, hg. von L. Migliavacca, seit 1958 (Werke von Gaffurio in I–V, Isaac in X).

L'arte musicale in Italia, hg. von L. Torchi (1897), Neudruck 1959.
* Capella, hg. von H. Besseler, seit 1950 (Werke von Dufay in 1, 2, Dunstable, Finck, Josquin, Obrecht in 2).
* Capolavori polifonici del secolo XVI, hg. von B. Somma, seit 1942 (Werke von Banchieri in 1, 6, Orazio Vecchi in 2, 5, Giov. Croce in 3, Aless. Striggio in 4).
Chefs d'œuvre classiques de l'opéra français (hier das «Ballet comique de la Reine», sowie Werke von Cambert, Campra, Grétry, Lully, Philidor, Piccinni, Rameau, Sacchini u. a.).
Das Chorwerk, hg. von F. Blume, seit 1929, z. T. in Neudrucken (Werke von Binchois in H. 22, Brumel in H. 68, Clemens non papa in H. 72, Dufay in H. 19, 49, Finck in H. 9, 21, 32, M. Franck in H. 53, G. Gabrieli in H. 10, 67, Isaac in H. 7, 81, Josquin in H. 1, 3, 18, 20, 23, 30, 33, 42, 57, 64, Lassus in H. 13, 14, 34, 37, 41, Ockeghem in H. 4, Purcell in H. 17, Schein in H. 12, 14, 36, Senfl in H. 62, Stoltzer in H. 6, 74, Striggio in H. 80, Sweelinck in H. 14, J. de Wert in H. 80. Willaert in H. 5, 8, 59, Zarlino in H. 77, Vergil-Motetten von Arcadelt, Cyprian de Rore, Josquin, Willaert in H. 54).
I Classici della musica italiana (1919; Werke von Caccini in H. 4, Carissimi in 5, Cavalieri in 10, Cavazzoni in 6, Cherubini in 7, Clementi in 8, Corelli in 9, Frescobaldi in 12, Galuppi in 13, Marcello in 17, Monteverdi in 19, Palestrina in 21, Paradisi in 22, Pergolesi in 23, Peri in 24, Porpora in 25, Sammartini in 28, A. Scarlatti in 30, D. Scarlatti in 31, Tartini in 32, Vivaldi in 35).
Classici musicali italiani, seit 1941 (Cavazzoni in Bd. I, A. Gabrieli in V, Marcello in II und VIII, Piccinni in VII).
** Concentus musicus. Veröffentlichungen der musikgeschichtlichen Abteilung des Deutschen Historischen Instituts in Rom, seit 1973.
* Corpus of Early Keyboard Music, hg. von W. Apel, seit 1963.
* Corpus Mensurabilis Musicae (CMM) hg. von A. Carapetyan, seit 1947 (Werke von Agricola in 22, Barbireau in 7, Brumel in 5, Clemens non papa in 4, Loyset Compère in 15, Dufay in 1, Robert Fairfax in 17, Costanzo Festa in 25, Walter Frye in 19, G. Gabrieli in 12, Gafurius in 10, Gombert in 6, G. de Machaut in 2, J. Regis in 9, Cyprian de Rore in 14, Tinctoris in 18, J. de Wert in 24, Willaert in 3, die Messe von Tournai in 13, Fourteenth-Century Mass Music in France in 29, The Music of Fourteenth-Century Italy in 8, Early Fifteenth-Century Music in 11, The Cypriot-French Repertory (aus der Handschrift Turin J. II. 9) in 21, Orgel-Tabulaturen aus der Werkstatt von Attaignant, meist Chansons von Claudin de Sermisy, in 20).
* Musikalische Denkmäler, hg. von der Mainzer Akademie, seit 1955 (Werke von Binchois in 2, Frescobaldi in 4, Sweelinck in 3, Passionen in 1).
** Denkmäler norddeutscher Musik, seit 1965.
Denkmäler der Tonkunst hg. von F. Chrysander, 1869 (Carissimi in Bd. II, Corelli in III, Couperin in IV, Palestrina in I).
Denkmäler der Tonkunst in Bayern (=Denkmäler deutscher Tonkunst, Zweite Folge), 1900–1931 und seit 1961 (Werke von Gluck in XIV 2, Haßler in IV 2, V 1, V 2, XI 1, Pachelbel in II 1, IV 1, VI 1, Senfl in III 2, J. Stamitz in III 1, VII 2, XVI, K. Stamitz in VIII 2, XV, XVI, Steffani in VI 2, XI 2, XII 2, Sterkel in XVI, Traetta in XIV 1, XVII).
Denkmäler der Tonkunst in Österreich, 1894–1938, z. T. in Neudrucken, und seit 1947 (Werke von Arnold von Bruck in Band 72 [Jahrgang XXXVII, Teil 2], 99, Benevoli in

20 [X 1], Biber in 11 [V 2], 25 [XII 2], 49 [XXV 1], 59 [XXX 1], 92, 96,97, Cesti in 6 [III 2], 9 [IV 2], Finck in 72 [XXXVII 2], Froberger in 8 [IV 1], 13 [VI 2], 21 [X 2], Fux in 1 [I 1], 3 [II 1], 19 [IX 2], 34/35 [XVII], 47 [XXIII 2], 85, 101/102, Gluck in 44a [XXI 2], 60 [XXX 2], 82 [XLIV], Hammerschmidt in 16 [VIII 1], Handl in 12 [VI 1], 24 [XII 1], 30 [XV 1], 40 [XX 1], 48 [XXIV], 51/52 [XXVI], 78 [XLII 1], 94/95, Hofhaymer in 72 [XXXVII 2], Isaac in 10 [V 1], 28 [XIV 1], 32 [XVI 1], Monteverdi in 57 [XXIX 1], Gg. Muffat d. Ä. in 2 [I 2], 4 [II 2], 23 [XI 2], 58 [XXIX 2], 89, Gottl. Muffat d. J. in 7 [III 3], 58 [XXIX 2], Pachelbel in 17 [VIII 2], Peuerl in 70 [XXXVI 2], Stoltzer in 72 [XXXVII], Jacobus Vaet in 98, 100,103/104ff. [=Gesamtausgabe], ferner Lautenmusik in 37 [XVIII 2], 50 [XXV 2], 84, eine Auswahl aus den «Trienter Codices» [einer der wichtigsten Quellen aus dem 15. Jahrhundert] in 14/15 [VII], 22 [XI 1], 38 [XIX 1], 53 [XXVII 1], 61 [XXXI], 76 [XL], sowie Minnesänger in 41 [XX 2], 71 [XXXVII 1 = Neidhardt von Reuenthal] und Oswald von Wolkenstein in 18 [IX 1]).

Denkmäler deutscher Tonkunst, 1892–1931, z. T. in Neudrucken (H. Albert in 12–13, Ph. E. Bach in 29–30, Buxtehude in 11, 14, Hammerschmidt in 40, Hasse in 20, 29, 30, Haßler in 2, 7, 24, 25, Keiser in 37–38, Krieger in 19, das von Rhau 1544 hg. Liederbuch [u. a. Dietrich, Senfl, Stoltzer] in 34, Lotti in 60, Rosenmüller in 18, Scheidt in 1, Schobert in 39, Stoltzer in 65, Telemann in 28–30, 57, 61–62, Tunder in 3, Weckmann in 6).

* Documenta liturgiae polychoralis, hg. von L. Feininger, seit 1957 (Werke von Benevoli in 1–5, Pitoni in 6–9).

* Documenta majora liturgiae polychoralis sanctae ecclesiae Romanae, hg. von L. Feininger, seit 1958 (Werke von Pitoni in 1–5).

* Documenta Polyphoniae Liturgicae Sanctae Ecclesiae Romanae, hg. von L. Feininger, seit 1947; Serie I. A. (Werke von Binchois in 5, Dufay in 1, 3, 4, 7, 10, Dunstable in 8, Leonel Power in 2, 9), Serie I. B (Werke von Pierre de la Rue in 1).

** Early English Church Music, hg. von F. L. Harrison, seit 1963.

Das Erbe deutscher Musik, 1935ff., z. T. in Neudrucken; 1. Abteilung: Reichsdenkmale (Altbachisches Archiv = Werke von Angehörigen der Familie Bach in 1–2, Joh. Chr. Bach in 3, 30, Ph. E. Bach in 18, das Buxheimer Orgelbuch in 37–39, Coclico in 42, Finck in 57, der 1. Teil der Forsterschen Liedersammlung aus dem 16. Jahrhundert in 20, das Glogauer Liederbuch in 4 und 8, Hammerschmidt in 49, Hasse in 27, Holzbauer in 24, Lüneburger Orgeltabulaturen in 36, Othmayr in 16, 26, der 1. Teil der Rhauschen Sammlung Sacrorum Hymnorum in 21, Senfl in 5, 10, 13, 15, Stoltzer in 22, Telemann in 6); 2. Abteilung: Landschaftdenkmale (hier in der Gruppe «Bayern» Werke von J. W. Franck, in der Gruppe «Schleswig-Holstein und Hansestädte» Bruhns und Weckmann).

* Flores Musicales Belgicae, hg. von van den Borren, seit 1950.

Hispaniae Scholae Musica Sacra, hg. von F. Pedrell, 1894–1898 (Werke von Cabezon in III, IV, VII, VIII).

* Instituta et monumenta, hg. von G. Cesari, R. Monterosso, B. Disertori, seit 1954 (Die ersten drei Frottolendrucke von Petrucci aus den Jahren 1504 und 1505 in I).

Istituzioni e monumenti dell'arte musicale italiana, hg. von G. Cesari und anderen, 1931–1941 und wieder seit 1956 (Werke von A. und G. Gabrieli in I–II, V. Galilei in IV, Monteverdi in VI).

The English Madrigal School, hg. von E. H. Fellowes, 1921ff. (Werke von Byrd in 14–16, Gibbons in 5, Morley in 1–4 und 32, Weelkes in 9–13, Wilbye in 6–7).

* Madrigalisti Italiani, seit 1952 (Werke von Marenzio in 1).

Les Maîtres Musiciens de la Renaissance française, hg. von H. Expert, 1894–1908 (Goudimel in 2, 4, 6, Janequin in 5, 7, Lassus in 1).

* Monumenta Liturgiae Polychoralis, hg. von L. Feininger, seit 1950 (Werke von Benevoli und Pitoni).

* Monumenta Musicae Belgicae, seit 1932 (Werke von Pierre de la Rue in 8).

Monumenta musicae byzantinae, hg. von Hoeg, Tillyard und Wellesz, seit 1935 (gern sähe man einmal eine umfassende Begründung der auf diesem Gebiet angewandten Übertragungsmethoden).

* Monumenta Musicae Neerlandica, seit 1959 (Werke von Locatelli in 4).

* Monumenta Musicae Svecicae, seit 1958.

* Monumenta Polyphoniae Italicae, seit 1930 (Werke von C. Festa in 2, 3, Palestrina in 1, Suriano in 1).

* Monumenta Polyphoniae Liturgicae, hg. von L. Feininger, seit 1947; Serie I (Messen über L'homme armé von 10 Komponisten, darunter Busnois, Dufay, Ockeghem, Johannes Regis, Tinctoris in I; andere Messen, darunter von Dufay in II), Serie II (Proprien aus den Trienter Codices, darunter von Dufay, in I).

* Monumenti di Musica Italiana, hg. von O. Mischiati, G. Scarpat, L. F. Tagliavini, seit 1961 (Werke von Frescobaldi in 1, Merula in 1).

* Monumentos de la música española, seit 1941 (Werke von Morales in 11, 13, 14, 17, 20ff. [= Gesamtausgabe]).

Les monuments de l'Ars nova. La musique polyphonique de 1320 à 1400 environ. Fascicule I, Morceaux liturgiques, I, hg. von G. de Van (mehr nicht erschienen), 1938.

Monuments de la musique française au temps de la Renaissance, hg. von H. Expert, 1924–1929 (Goudimel in 9).

** Monuments of Renaissance Music, hg. von E. E. Lowinsky, seit 1964.

* Musica Britannica, seit 1951 (Werke von John Bull in 14, Dowland in 6, Dunstable in 8 [= Gesamtausgabe], O. Gibbons in 20, ferner das Eton-Chorbuch in 10–12, die Mulliner-Orgeltabulatur in 1).

* Musica Divina, hg. von B. Stäblein, seit 1950 (Werke von Anerio in H. 11, Cavalli in 1–4, Fux in 12, Lassus in 9, Costanzo Porta in 5, Viadana in 10, Victoria in 15).

* Musiche vocali e strumentali sacre e profane, hg. von B. Somma, seit 1956 (Werke des 17.–19. Jahrhunderts von Albinoni in 24, Monteverdi in 6, 9, Pergolesi in 7, 8, A. Scarlatti in 2, D. Scarlatti in 1, 3, Torelli in 23, Vivaldi in 10).

** Die Oper. Kritische Ausgabe von Denkmälern der Operngeschichte, hg. von H. Bekker, seit 1978.

* Polifonia vocale sacra e profana sec. XVI., hg. von B. Somma, seit 1940 (Werke von Animuccia in 1, Nanino in 2, Palestrina in 3,6).

* Portugaliae Musica, seit 1959.

* Pubblicazioni dell'istituto italiano per la storia della musica, seit 1941 (seit 1945: Istituto italiano ...): Antologie e Raccolte (Villanellen in 1), Monumenti (Carissimi in III 1–6, IIIa 1, III b 1ff. [= Gesamtausgabe], Gesualdo di Venosa in I, 1 und 3ff. [= Gesamtausgabe]).

Publications de la Société française de Musicologie, 1925ff., Série I (hier Orgeltabulaturen aus der Werkstatt von Attaignant in 1 und 5, Chansons au luth in 3–4, Beethoven iné-

dit in 2, D. Gaultier in 6–7, Chansons à la vierge von Gaultier de Coini [1177/78–1236] in 15).
Publikation älterer praktischer und theoretischer Musikwerke, hg. von der Gesellschaft für Musikforschung (R. Eitner), 1873–1905 (hier in 1–4 das Ottsche Liederbuch mit Werken von Dietrich, Gombert, Isaac, Senfl, Stoltzer u. a., in 9 das Oeglinsche Liederbuch von 1512, in 23 Chansons aus der ersten Hälfte des 16. Jahrhunderts, ferner Werke von: Caccini in 10, Cavalli und Cesti in 12, Finck in 8, Hasse in 15, Josquin in 6, Keiser in 18, Leclair in 27, Lully in 14, Monteverdi in 10, A. Scarlatti in 14, Vecchi in 26, auch Theoretiker: der zweite Teil von Praetorius' «Syntagma» in 13 und eine – nicht gute – Übersetzung von Glareans «Dodekachordon» in 16).
Publikationen älterer Musik, veröffentlicht von der Deutschen Musikgesellschaft unter Leitung von Th. Kroyer, 1926–1940 (hier Frottolen in VIII, Marenzio in IV 1 und VI, Lautenmusik von L. Milan in II, Ockeghem in I 2, Willaert in IX, sowie Mittelalterliches: die drei ersten Bände der Guillaume-de-Machaut-Gesamtausgabe in I 1, III 1, IV 2 und die 3- und 4stimmigen Notre-Dame-«Organa» in XI [da in letzterem Fall die Vorlage nicht mensural notiert ist, stellt sich die Frage nach der Begründung der angewandten Übertragungsmethode; man erinnert sich, daß der Herr Herausgeber diese Frage in seiner Dissertation behandelt hatte, doch nimmt er hier nicht Bezug darauf; eigentümlicherweise wird auch in zwei ausführlichen Besprechungen dieser Ausgabe, Acta mus. XVIII und «Les cahiers techniques de l'art» I, 1947, nicht auf jene Dissertation Bezug genommen]).
* G. Rhau, Musikdrucke aus den Jahren 1538–1545, hg. von H. Albrecht, seit 1955 (Werke von H. Isaac in 3 und 4, Brumel, Fevin, Lapicida, Mahu, Pierre de la Rue, Senfl in 3, Th. Stoltzer, J. Walther in 4).
* Schweizerische Musikdenkmäler, seit 1954.
** Thesauri Musici. Musik des 15., 16. und beginnenden 17. Jahrhunderts, hg. von W. Pass, seit 1971.
Tudor Church Music, 1923–1929 (Byrd in VII, IX, Gibbons in IV, Tallis in VI).

e) Gesamtausgaben einzelner Meister

* A. Agricola, seit 1961 (in CMM 22).
** J. Arcadelt, seit 1965 (in CMM 31).
J. S. Bach, 1852–1910; neue Ausgabe seit 1954.
* Barbireau, seit 1954 (in CMM 7).
G. Böhm, seit 1927.
** J. Brassard, seit 1965 (in CMM 35).
* Brumel, seit 1956 (in CMM 5).
D. Buxtehude, seit 1925.
* J. Cabanilles, seit 1927.
* G. Carissimi, seit 1951 (in: Istituto italiano ..., Monumenti III).
J. Ch. de Chambonnières, seit 1925.
* M.-A. Charpentier, seit 1948.
* J. Ciconia, 1960.
* Clemens non papa, seit 1951 (in CMM 4).
* Loyset Compère, seit 1958 (in CMM 15).

* A. Corelli, 1888–1891.
F. Couperin, seit 1932.
Josquin Despres, seit 1921.
G. Dufay, seit 1947 (in CMM 1).
* Dunstable, 1953 (in Musica Britannia VIII).
* Costanzo Festa, seit 1962 (in CMM 25).
* J. J. Fux, seit 1959.
* G. Gabrieli, seit 1956 (in CMM 12).
* C. Gesualdo di Venosa, seit 1957 (in: Istituto italiano ..., Monumenti I).
* J. Ghiselin-Verbonnet, seit 1961 (in CMM 23).
* Ch. W. Gluck, seit 1951.
* N. Gombert, seit 1951 (in CMM 6).
A. E. M. Grétry, 1883–1936 (unvollendet).
* Guerrero, seit 1955.
G. F. Händel, 1858–1903 (in den Supplementen dieser Ausgabe Werke anderer Komponisten, die H. benützt hat: u. a. eine Serenata von Stradella und Klavierwerke von Gottl. Muffat); neue Ausgabe seit 1955.
* H. L. Haßler, seit 1961.
* J. Haydn, 1908–1933 und seit 1950.
F. Landini, 1939; Neuausgabe 1958.
Orl. Lassus, 1894–1927 und seit 1956.
* L. Lechner, seit 1954.
** J. Lhéritier, seit 1969 (in CMM 48).
* Nicolas Ludford, seit 1963 (in CMM 27).
J. B. Lully, seit 1930.
* G. de Machaut, 1926–1943, Neudruck, 1954.
* L. Marenzio, 1929–1931.
Philipp de Monte, seit 1927.
C. Monteverdi, 1926–1932.
* C. Morales, seit 1952 (in: Monumentos 11ff.).
** J. Mouton, seit 1967 (in CMM 43).
W. A. Mozart, 1876–1907; neue Ausgabe seit 1955.
J. Obrecht, 1908–1921; verbesserte Neuauflage seit 1951.
J. Ockeghem (Fortsetzung der Ausgabe der «Publikationen älterer Musik»).
*A. Pacelli, seit 1947.
G. P. da Palestrina, 1862–1907; neue A. seit 1939.
** P. Passereau, 1967 (in CMM 45).
G. B. Pergolesi, 1939–1942.
** M. Pipelare, seit 1966 (in CMM 34).
** L. Power, seit 1969 (in CMM 50).
M. Praetorius, 1928–1960.
* J. Pujol, 1926–1932.
H. Purcell, 1878–1928 und seit 1957.
J. Ph. Rameau, 1896–1924.
* Joh. Regis, 1956 (in CMM 9).
* Cyprian de Rore, seit 1961 (in CMM 14).
S. Scheidt, seit 1923.

J. H. Schein, seit 1901.
H. Schütz, 1885–1927.
L. Senfl, seit 1937 (1–4 einbezogen in «Das Erbe deutscher Musik»).
** A. de Silva, seit 1970 (in CMM 49).
J. P. Sweelinck, 1895–1901 (davon der 1. Bd. enthaltend die Orgel- und Klavierwerke, in erweiterter Neuauflage 1934).
* J. de Vaet, seit 1961 (in DTO 98ff.).
** P. Verdelot, seit 1966 (in CMM 28).
** N. Vicentino, 1963 (in CMM 26).
T. L. de Victoria, 1902–1913.
A. Vivaldi, seit 1947.
* J. Walther, seit 1943.
* A. Willaert, seit 1950 (in CMM 3).

A. Die «Anfänge der Musik»; exotische Musik
(entsprechend oben Kapitel II, V und VI)

In der oben angeführten Encyclopédie, hg. von Lavignac: verschiedene Abhandlungen im 1. und 5. Band.
* F. Bose, Musikalische Völkerkunde, 1953.
M. Bukofzer, Kann die «Blasquinten-Theorie» zur Erklärung exotischer Tonsysteme beitragen? (in: Anthropos XXXII, 1937).
· * R. d'Erlanger, La musique arabe, 1930–1959.
* J. Handschin, Exotische Musik (in: Musica Aeterna, 1948).
* E. Harich-Schneider, Roei, the Medieval Songs of Japan, 1958–1960.
* H. Hickmann, Musicologie pharaonique, 1956.
E. M. von Hornbostel, Musikalische Tonsysteme (in: Handbuch der Physik, hg. von H. Geiger und K. Scheel, VIII, 1927), dazu Acta musicologica XXII, 156ff.
* H. Husmann, Grundlagen der antiken und orientalischen Musikkultur, 1961.
* J. Kunst, De toonkunst van Java, 1934 (erweiterte Neuauflage in Englisch, 1949).
* J. Kunst, Ethno-Musicology, 1955 (3. A. 1959), Supplement 1960.
R. Lachmann, Musik des Orients, 1929.
* P. Nettl, Music in Primitive Culture, 1956.
** Orientalische Musik (in: Handbuch der Orientalistik, Erste Abt., Ergänzungsband 4), 1970.
* K. Reinhard, Die Musik exotischer Völker, 1951.
* K. Reinhard, Chinesische Musik, 1956.
* C. Sachs, The Rise of Music in the Ancient World East and West, 1943.
Sammelbände für vergleichende Musikwissenschaft, Bd. 1 (1922).
** A. Sendrey, Musik in Alt-Israel, 1970.
** R. Stevenson, Music in Aztec and Inca Territory, 1968.
C. Stumpf, Die Anfänge der Musik, 1911.
* W. Wiora, Europäische Volksmusik und abendländische Tonkunst, 1957.
* Zeitschrift für vergleichende Musikwissenschaft, 1933–1935.
** Siehe auch die bisher erschienenen Lieferungen der Bände I und II aus der Musikgeschichte in Bildern.

B. Die griechisch-römische Antike
(entsprechend oben Kapitel IV und VII)

H. Abert, Die Lehre vom Ethos in der griechischen Musik, 1899.

H. Abert, Die Musik (in den späteren Auflagen von L. Friedländers «Darstellungen aus der Sittengeschichte Roms», z. B. in der 10. Auflage im 2. Band, 1922).

Aristoxenus von Tarent, Melik und Rhythmik des klassischen Hellenentums, übersetzt und erläutert von R. Westphal, 1883; 2. Band: Berichtigter Originaltext nebst Prolegomena von R. Westphal, hg. von F. Saran, 1893.

* F. Behn, Musikleben im Altertum und frühen Mittelalter, 1954.

* Th. Georgiades, Der griechische Rhythmus. Musik, Reigen, Vers und Sprache, 1949.

F. A. Gevaert, Histoire et théorie de la musique de l'antiquité, 1875–1881.

* O. F. Gombosi, Tonarten und Stimmungen der antiken Musik, 1939 (Neuauflage 1951) (dazu Die Musikforschung VI).

* Husmann (wie unter A).

** H. Koller, Musik und Dichtung im alten Griechenland, 1963.

Musici scriptores graeci, hg, von C. von Jan, 1895 (der Melodien-Anhang daraus erschien in Neuausgabe separat 1899), Neudrucke 1962.

** D. Najock, Drei anonyme griechische Traktate über die Musik, 1972.

** E. Pöhlmann, Denkmäler altgriechischer Musik. Sammlung, Übertragung und Erläuterung aller Fragmente und Fälschungen, 1970.

Die Harmonielehre des Kl. Ptolemaios, hg. von I. Düring, 1930.

Porphyrios' Kommentar zur Harmonielehre des Ptolemaios, hg. von I. Düring, 1932.

Ptolemaios und Porphyrios über die Musik, von I. Düring, 1934.

J. Quasten, Musik und Gesang in den Kulten der heidnischen Antike und christlichen Frühzeit, 1930.

T. Reinach, La musique grecque, 1926.

* M. Wegner, Das Musikleben der Griechen, 1949.

* G. Wille, Zur Musikalität der alten Römer (in AM. XI, 71ff.).

** G. Wille, Musica Romana. Die Bedeutung der Musik im Leben der Römer, 1967.

C. Der abendländische Kirchengesang bis zur Karolingerzeit
(entsprechend oben Kapitel VIII und X)

1. Quellenwerke

* Antifonario Visigotico Mazarabe de la Catedral de León, Facsimile-Ausgabe 1953, Textausgabe (von Brou und Vives) 1959.

Antiphonale Sarisburiense, hg. von W. H. Frere, 1900–1924.

* Corpus Scriptorum de Musica, hg. vom American Institute of Musicology, seit 1950 (Traktate von Aribo in 2, Guido von Arezzo in 4, Johannes Affligemensis [Cotto] in 1, Jakob von Lüttich in 3, Marchettus de Padua in 6, Ugolino von Orvieto in 7).

Graduale Sarisburiense, hg. von W. H. Frere, 1897.

* Monumenta Monodica Medii Aevi, hg. von B. Stäblein, seit 1956.

* Monumenta Musicae Sacrae (Facsimile-Ausgaben), hg. von Hesbert, seit 1952.

Monumenti Vaticani di Paleografia Musicale Latina, hg. von H. M. Bannister, 1913.

Paléographie musicale (Facsimile-Ausgaben alter Handschriften mit einleitenden Abhandlungen, hg. von den Benediktinern von Solesmes), von 1889 an.

Scriptores ecclesiastici de musica sacra potissimum, hg. von M. Gerbert, 1784 (seither Neudrucke).

2. Choralbücher des heutigen Gebrauchs

Für den römischen Gesang hauptsächlich:
Graduale (enthaltend die Gesänge der Messe);
* hierzu eine Art «Kritischer Bericht»: Le Graduel Romain. Édition critique, hg. von den Benediktinern von Solesmes, seit 1957;
Antiphonale (enthaltend die Gesänge der Nebengottesdienste);
Liber usualis (eine neuzeitliche Zusammenstellung, die beides in Auswahl enthält);
(diesen Büchern liegt die auf eingehendem Handschriftenstudium beruhende, 1907 für allgemeinverbindlich erklärte «Editio Vaticana» zugrunde).
Für den ambrosianischen Gesang:
Antiphonale missarum juxta ritum sanctae ecclesiae Mediolanensis, 1935;
Liber vesperalis juxta ritum sanctae ecclesiae Mediolanensis.

3. Sonstige Literatur

P. Alfonzo, L'Antifonario dell'Ufficio Romano, 1935.
* W. Apel, Gregorian chant, 1957.
Dictionnaire d'Archéologie chrétienne (zahlreiche Artikel, z. B. «Antienne», «Antiphone»).
A. Gastoué, Le Graduel et l'Antiphonaire romain, 1913.
A. Gastoué, Les origines du chant romain, 1907.
F. A. Gevaert, La mélopée antique dans le chant de l'église latine, 1895.
J. Handschin, «Antiochien, jene herrliche Griechenstadt» (in: Archiv für Musikforschung 1942).
* J. Handschin, Sur quelques tropaires grecs traduits en latin (in Annales musicologiques II).
G. Morin, Les véritables origines du chant grégorien, 3. A. 1912.
Dom J. Pothier, Les mélodies grégoriennes d'après la tradition, 1880.
A. Schubiger, Die Sängerschule St. Gallens, 1858.
G. M. Suñol, Introduction à la paléographie musicale grégorienne, 1935 (war 1925 unter dem Namen Sunyol in katalanischer Sprache erschienen).
P. Wagner, Einführung in die gregorianischen Melodien (I. Ursprung und Entwicklung der liturgischen Gesangsformen, 3. A. 1911, II. Neumenkunde, 2. A. 1912, III. Gregorianische Formenlehre, 1921); Neudruck 1962.
E. Wellesz, Eastern elements in Western chant, 1947.
* E. Wellesz, A History of Byzantine Music and Hymnography, 2. A. 1961.
* E. Wellesz, The «Akathistos», a Study in Byzantine Hymnography, 1956.
* E. Werner, The Sacred Bridge. The Interdependence of Liturgy and Music in Synagogue and Church During the First Millenium, 1959.

413

D. Der einstimmige Gesang des Mittelalters
(entsprechend oben Kapitel XII a, XIII a und c, XIV a, XV a)

1. Q u e l l e n w e r k e

Œuvres complètes du trouvère Adam de la Halle, hg. von E. de Coussemaker, 1872.

Les Proses d'Adam de Saint-Victor, hg. von E. Misset und P. Aubry, 1900.

H. Anglès, La música de las cantigas de Santa Maria del rey Alfonso el Sabio, II (Transcripción musical), 1943.

C. Appel, Die Singweisen Bernarts von Ventadorn, 1934 (dazu Medium Aevum IV 69ff.).

Le chansonnier de L'Arsenal, hg. von P. Aubry und A. Jeanroy, 1911 (unbeendet).

Le chansonnier Cangé, hg. von J. Beck, 1927.

Le manuscrit du Roi, hg. von J. Beck, 1938 (dazu «Romanische Forschungen» LVII, 38ff.).

Early Bodleian Music (I und II, hg. von J. Stainer 1901, betrifft hauptsächlich die mehrstimmige Musik, III, hg. von E. W. B. Nicholson 1913, die einstimmige).

F. Gennrich, Rondeaux, Virelais und Balladen, 1921–1927.

* F. Gennrich, Der musikalische Nachlaß der Troubadours, 1958–1960.

* F. Gennrich, Die Jenaer Liederhandschrift, Facsimile-Ausgabe, 1963.

** Hildegard von Bingen: Lieder, hg. von P. Barth, M. I. Ritscher und J. Schmidt-Görg, 1969.

Die Jenaer Liederhandschrift, hg. von G. Holz, F. Saran, E. Bernoulli, 1901.

Liber Sancti Jacobi. Codex Calixtinus, 1944 (die Handschrift von Santiago de Compostela).

F. Liuzzi, La Lauda e i primordi della melodia italiana, 1934 (dazu Acta musicologica X 14ff.).

F. A. Mayer und H. Rietsch, Die Mondsee-Wiener Liederhandschrift (in «Acta Germanica» III 4 und IV, 1894–1896).

C. A. Moberg, Über die schwedischen Sequenzen, 1927.

* Monumenta Lyrica Italiae Medii Aevi (Facsimile-Ausgaben), hg. von G. Vecchi, seit 1955 (I. Das Tropar-Sequenziar von Nonantola).

* Monumenta Monodica Medii Aevi (wie oben unter C).

* Monumenta musicae sacrae (wie oben unter C).

Monumenti Vaticani (wie oben unter C).

* Musicologica medii aevi, seit 1957, hg. von J. Smits van Waesberghe.

Das Singebuch des Adam Puschmann, hg. von G. Münzer, 1907 (zur Geschichte des Meistergesanges).

* B. Rajeczky, Melodiarum Hungariae Medii Aevi I. Hymnen und Sequenzen, 1956.

G. Raynaud, Bibliographie des chansonniers français des 13^e et 14^e s., 1884; neu bearbeitet und ergänzt von H. Spanke, 1955 (dazu: Die Musikforschung X, 151ff.).

P. Runge, Die Sangesweisen der Colmarer Handschrift und der Liederhandschrift Donaueschingen, 1896.

A. Schubinger (wie oben unter C).

Scriptores ... (wie oben unter C).

U. Sesini, Le melodie trobadoriche nel canzoniere provenzale della Biblioteca Ambrosiana (1942, Separatabdruck aus «Studi medievali» XII–XVI; dazu: Acta musicologica XX).

** R. J. Taylor, Die Melodien der weltlichen Lieder des Mittelalters, 1964.

P. Wagner, Die Gesänge der Jakobusliturgie zu Santiago de Compostela, 1931.

2. Literatur

H. Anglès, La música a Catalunya fins al segle XIII, 1935.

* H. Anglès, La musica de las cantigas de Santa Maria del rey Alfonso el Sabio, III (estudio critico) 1958.

** W. Arlt, Ein Festoffizium des Mittelalters aus Beauvais, 1970.

** T. Bailey, The Processions of Sarum and the Western Church, 1971.

J. Beck, Die Melodien der Troubadours, 1908.

J. Beck, La musique des troubadours, 1910.

** K. H. Bertau, Sangverslyrik. Über Gestalt und Geschichtlichkeit mittelhochdeutscher Lyrik am Beispiel des Leichs, 1964.

** R. L. Crocker, The Early Medieval Sequence, 1977.

** Divitiae Musicae Artis, hg. von J. Smits van Waesberghe, seit 1975.

** P. Evans, The Early Trope Repertory of Saint Martial de Limoges, 1970.

L. Gautier, Histoire de la poésie liturgique au moyen âge: Les tropes, I, 1886.

F. Gennrich, Grundriß einer Formenlehre des mittelalterlichen Liedes, 1932.

T. Gérold, La musique au moyen âge, 1932.

J. Handschin, Über Estampie und Sequenz (ZM, 1929 und 1930).

J. Handschin, The two Winchester Tropers (The Journal of Theological Studies, 1936).

J. Handschin, Über mittelalterliche Cantionen aus schweiz. Handschriften (in: Festschrift für K. Nef, 1933).

* J. Handschin, Trope, Sequence and Conductus (The New Oxford History of Music II).

** M. Huglo, Les Tonaires. Inventaire, Analyse, Comparaison, 1971.

* H. Husmann, Das System der modalen Rhythmik (in AM XI, 1 ff.).

* C.-A. Moberg, Die liturgischen Hymnen in Schweden, I, 1947.

** A. E. Planchart, The Repertory of Tropes at Winchester, 1977.

** H.-H. S. Räkel, Die musikalische Erscheinungsform der Trouvèrepoesie, 1977.

G. Reese, Music in the Middle Ages, 1940 (mehrere Neudrucke).

J. Smits van Waesberghe, Muziekgeschiedenis der middeleeuwen, 1936ff.

H. Spanke, Beziehungen zwischen romanischer und mittellateinischer Lyrik, 1936.

H. Spanke, Deutsche und französische Dichtung des Mittelalters, 1943.

H. Spanke, St.-Martial-Studien (in: Zeitschrift für französische Sprache und Literatur LIV und LVI, 1930–1931 und 1932).

H. Spanke, Untersuchungen über die Ursprünge des romanischen Minnesangs, 1940.

H. Spanke, Aus der Vorgeschichte und Frühgeschichte der Sequenz (in: Zeitschrift für deutsches Altertum 1934).

** H. van der Werf, The Chansons of the Troubadours und Trouvères, 1972.

E. Mehrstimmige Musik und Instrumentalmusik des Mittelalters

(entsprechend oben Kapitel XII a, XIII b, XIV b–e, XV b–d, XVI)

1. Quellenwerke

H. Anglès, El codex musical de Las Huelgas (Introduccio, facsimil i transcripcio), 1931.

P. Aubry, Cents motets du 13ᵐᵉ siècle, 1908 (die Handschrift Bamberg).

*Les chansons à la vierge de Gautier de Coinci (1177[78]–1236), hg. von J. Chailley, 1959.

* Corpus Scriptorum de Musica (wie unter D).

* L. A. Dittmer, The Worcester Fragments (catalogue raisonné, transcription), 1957.

Early Bodleian Music (wie oben unter D).

Early English Harmony, I, hg. von H. E. Wooldridge, 1897 (der 2. Band, den nicht W. besorgte, ist wertlos).

* F. Gennrich, Ein altfranzösischer Motettenkodex (Facsimile-Ausgabe der HS La Clayette), 1958.

Liber Sancti Jacobi (wie unter D).

* W. T. Marocco, The Music of Jacopo da Bologna, 1954.

* Polyphonic Music of the Fourteenth Century, hg. von L. Schrade, seit 1956 (Werke von Landini in IV, G. de Machaut in II, III, Philippe de Vitry in I, Meßordinariums-Zyklen in I, Roman de Fauvel in I).

Y. Rokseth, Polyphonies du moyen âge, 1935–1936 (die Handschrift Montpellier).

Scriptorum de musica medii aevi nova series, hg. von E. de Coussemaker, 1864–1876 (seither Neudrucke).

* Der Squarcialupi-Codex, hg. von J. Wolf, 1955.

* Veröffentlichungen mittelalterlicher Musikhandschriften, hg. vom Institute of Mediaeval Music Brooklyn, New York, seit 1957 (Die Notre-Dame-Handschriften W² und Ma und andere in Facsimile oder Übertragung).

P. Wagner (wie unter D).

* W. Waite, The Rhythm of Twelfth-Century Polyphony, 1954.

2. Literatur

* W. Apel, French secular music of the late 14th century, 1950.

* W. Apel. The notation of polyphonic music 900–1600, 1942, 4. A. 1953; deutsch (Die Notation der polyphonen Musik 900–1600) 1962.

* E. Apfel, Studien zur Satztechnik der mittelalterlichen englischen Musik, 1959.

P. Aubry, Estampies et danses royales, 1907.

H. Besseler, Studien zur Musik des Mittelalters (in AM. VII und VIII).

E. Buhle, Die musikalischen Instrumente in den Miniaturen des frühen Mittelalters, I. Die Blasinstrumente, 1903.

M. Bukofzer, Geschichte des englischen Diskants und des Fauxbourdons nach den theoretischen Quellen, 1937.

M. Bukofzer, «Sumer is icumen in» (in: University of California Publications in Music, II, 1944).

* S. Clercx, J. Ciconia, un musicien liégeois et son temps (vers 1335–1411), 1960.

E. de Coussemaker, Histoire de l'harmonie au moyen âge, 1852, Neudruck 1965.

E. de Coussemaker, L'art harmonique aux 12ᵉ et 13ᵉ s., 1865, Neudruck 1965.

** W. Dömling, Die mehrstimmigen Balladen, Rondeaux und Virelais von Guillaume de Machaut, 1970.

** H. H. Eggebrecht und F. Zaminer, Ad organum faciendum. Lehrschriften der Mehrstimmigkeit in nachguidonischer Zeit, 1970.

E. Faral, Les jongleurs en France, 1910.

* K. von Fischer, Studien zur italienischen Musik des Trecento und frühen Quattrocento, 1956.

** R. Flotzinger, Der Discantussatz im Magnus liber und seiner Nachfolge, 1969.
* A. Geering, Die Organa und mehrstimmigen Conductus in den Handschriften des deutschen Sprachgebietes vom 13. bis 16. Jahrhundert, 1952.
* F. Gennrich, Bibliographie der ältesten französischen und lateinischen Motetten, 1957.
T. Gérold, (wie unter D).
J. Handschin, Über den Ursprung der Motette (in: Bericht über den musikw. Kongreß in Basel 1924), 1925.
J. Handschin, Notizen über die Notre-Dame-Conductus (in: Bericht über den 1. musikw. Kongreß der deutschen Musikgesellschaft in Leipzig 1925), 1926 (stillschweigend ausgenützt in einem Aufsatz des «Musical Quarterly» 1941!).
J. Handschin, Zur Geschichte der Lehre vom Organum (ZM. VIII) (dazu Acta musicologica XIV 19ff.).
J. Handschin, Zur Frage der melodischen Paraphrasierung im Mittelalter (ZM. X.)
J. Handschin, Angelomontana polyphonia (SJb. III).
J. Handschin, Gregorianisch-Polyphones aus der Handschrift Paris lat. 15129 (in: Kirchenmus. Jahrbuch XXV).
J. Handschin, Der Organum-Traktat von Montpellier (in: Festschrift für G. Adler, 1930).
J. Handschin, Die Rolle der Nationen in der mittelalterlichen Musikgeschichte (SJb. V).
J. Handschin, Zur Geschichte von Notre Dame (Acta mus. IV).
J. Handschin, A Monument of English Mediaeval Polyphony, the ms. Wolfenbüttel 677 (in: The Musical Times, Juni 1932 und August 1933).
J. Handschin, The two Winchester Tropers (wie unter D).
J. Handschin, L'Organum à l'église (Revue du chant grégorien 1936 und 1937).
* J. Handschin, Conductus-Spicilegien (AM. IX).
* J. Handschin, The Summer Canon and its Background (Musica Disciplina III uns V).
* J. Handschin, Zur Frage der Conductus-Rhythmik (Acta mus. XXIV).
** K. Hofmann, Untersuchungen zur Kompositionstechnik der Motette im 13. Jahrhundert, durchgeführt an den Motetten mit dem Tenor in saeculum, 1972.
** A. Holschneider, Die Organa von Winchester, 1968.
** M. Kugler, Die Tastenmusik im Codex Faenza, 1972.
F. Ludwig, Repertorium organorum recentioris et motetorum vetustissimi stili, Bd. I: Catalogue raisonné der Quellen, Abt. 1: Handschriften in Quadrat-Notation, 1910.
* Abt. 2: Handschriften in Mensuralnotation. Die Quellen der Motetten ältesten Stils, besorgt von F. Gennrich, 1961.
F. Ludwig, Die mehrstimmige Musik des 14. Jahrhunderts (Samm. IV).
F. Ludwig, Die 50 Beispiele Coussemakers aus der Handschrift von Montpellier (Samm. V).
F. Ludwig, Über die Entstehung und die erste Entwicklung der Motette (Samm. VII).
F. Ludwig, Die Quellen der Motetten ältesten Stils (in AM. V); Neudruck bei LR. Bd. I, Abt. 2 (siehe oben).
F. Ludwig, Die mehrstimmige Messe des 14. Jahrhunderts (in AM. VII).
F. Ludwig, Über den Entstehungsort der großen Notre-Dame-Handschriften (in: Festschrift für G. Adler, 1930).
** M. Lütolf, Die mehrstimmigen Ordinarium Missae-Sätze vom ausgehenden 11. bis zur Wende des 13. zum 14. Jahrhundert, 1970.
H. J. Moser, Die Musikergenossenschaften im deutschen Mittelalter, 1910.
** F. Reckow, Die Copula. Über einige Zusammenhänge zwischen Setzweise, Formbildung, Rhythmus und Vortragsstil in der Mehrstimmigkeit von Notre-Dame, 1972.

** F. Reckow, Der Musiktraktat des Anonymus 4, 1967.
G. Reese (wie unter D).
** E. Reimer, Johannes de Garlandia: de mensurabili musica, 1972.
* Y. Rokseth, La polyphonie parisienne du treizième siècle, 1947.
* W. Salmen, Die Schichtung der mittelalterlichen Musikkultur in der ostdeutschen Grenzlage, 1954.
J. Smits van Waesberghe (wie unter D).
C. van den Borren, Le manuscrit musical ... de la bibliothèque de Strasbourg, 1924, Separatdruck aus «Annales de l'Académie Royale de Belgique», 1923.
** E. L. Waeltner, Die Lehre vom Organum bis zur Mitte des 11. Jahrhunderts, 1975.
J. Wolf, Geschichte der Mensuralnotation von 1250–1460, 1904 (dazu Samm. VI. 597ff.); Neudruck 1964.
J. Wolf, Die Tänze des Mittelalters (in AM.I.).

F. Das 15. und 16. Jahrhundert
(entsprechend oben Kapitel XVII)

1. Quellenwerke

Das Liederbuch des Arnt von Aich (um 1510), hg. von H. J. Moser und E. Bernoulli, 1930.
W. Bäumker, Das katholische deutsche Kirchenlied in seinen Singweisen von den frühesten Zeiten bis gegen Ende des 17. Jahrhunderts, 1883–1911, Neudruck 1962.
W. Byrd, The collected vocal works, hg. von E. H. Fellowes, 1937ff.
Cancionero musical de los siglos XV y XVI, hg. von F. A. Barbieri, 1890.
Cancionero de Upsala, hg. von J. Bal y Gay, R. Mitjana und I. Pope, 1944 (Mexico).
A. Petit Coclicus, Compendium musices, 1552, Neudruck 1954.
Missa «O quam suavis» for 5 voices, edited by H. B. Collins, 1927.
* Corpus Scriptorum de Musica (wie unter D).
* Documenta Musicologica. Erste Reihe, 1951ff. (Facsimiles gedruckter theoretischer Werke von Adlung, Bermudo, Bovicelli, Bourgeois, Burmeister, Burney, Coclicoei L'Estocart, Mattheson, Pontio, Praetorius, Quantz, Rhau, Salinas, Türk, Vicentino, Walther, Weigel).
* Documenta Musicologica. Zweite Reihe: Handschriften-Facsimiles, seit 1955; Buxheimer Liederbuch in 1, Escorial-Chansonnier in 2.
Poètes et musiciens du 15e s., hg. von E. Droz und G. Thibault, 1924.
Trois chansonniers français du 15e s., hg, von E. Droz, G. Thibault und Y. Rokseth, I, 1927 (die Handschrift Dijon).
Gassenhawerlin und Reutterliedlin, nach der Ausgabe von C. Egenolf (1535), hg. von H. J. Moser, 1927.
Herm. Finck, Practica musica, 1556.
Fitzwilliam Virginal Book, hg. von J. A. F. Maitland und W. B. Squire, 1894ff.
F. Gafurius, Theorica musicae, prefazione a cura di G. Cesari, 1934.
F. Gafurius, Practica musicae, 1496.
V. Galilei, Dialogo della musica antica e della moderna, 1581.
S. Ganassi, La Fontegara, 1535 (Neudruck 1934).

S. Ganassi, Regola Rubertina, 1542–1543 (Neudruck 1924).

* Ein New Gesengbuchlen (= 1. Gesangbuch der böhmischen Brüder), hg. von K. Ameln, 1957.

H. Glareanus, Dodekachordon, 1547 (die im Rahmen der «Publikation älterer praktischer und theoretischer Musikwerke» erschienene deutsche Übersetzung ist nicht zu empfehlen).

Les psaumes ... mis en musique à 4 parties par C. Goudimel (1565), hg. von P. Pidoux und K. Ameln, 1935.

Handbuch der deutschen evangelischen Kirchenmusik, hg. von K. Ameln, C. Mahrenholz, W. Thomas, 1935ff.

C. Janequin, 30 chansons, hg. von M.Cauchie, 1928.

** W. Kirsch, Die Quellen der mehrstimmigen Magnificat- und Te Deum-Vertonungen bis zur Mitte des 16. Jahrhunderts, 1966.

Der Kopenhagener Chansonnier, eingeleitet und hg. von K. Jeppesen und V. Brondal, 1927.

Locheimer Liederbuch und Fundamentum organisandi von Conrad Paumann, hg. von F. W. Arnold in Chrysanders «Jahrbüchern für Musikwissenschaft» II, 1867, dann von K. Ameln, 1925.

M. Luther, Geystliche Lieder (= das Babstsche Gesangsbuch 1545), hg. von K. Ameln, 1929.

M. Luthers Kirchenlieder in Tonsätzen seiner Zeit, hg. von K. Ameln, 1934.

Die mehrstimmige italienische Laude um 1500, eingeleitet und hg. von K. Jeppesen und V. Brondal, 1935.

Les musiciens de la cour de Bourgogne au 15ᵉ s., hg. von J. Marix, 1937.

W. Merian, Der Tanz in den deutschen Tabulaturbüchern, 1927.

Les luthistes espagnols du 16ᵉ s., hg. von G. Morphy, 1902.

D. Ortiz, Tratado de glosas ... 1553 (Neudruck mit Übersetzung von M. Schneider 1913, 2. A. 1936, 3. A. 1961).

Polyphonia sacra, ed. by Ch. van den Borren, 1932 (Musik des früheren 15. Jahrhunderts).

Le psautier huguenot du 16ᵉ s., hg. von H. Expert, 1902.

* Le psautier huguenot du XVIᵉ siècle. Mélodies et documents, recueillis par P. Pidoux, 1962.

The Old Hall Manuscript, transcribed and edited by A. Ramsbotham, 1933–1938.

* C. Sartori, Bibliografia della musica strumentale italiana stampata in Italia fino al 1700, 1952.

A. Schlick, Tabulaturen etlicher Lobgesang und Lidlein uff die Orgeln und Lauten (1512), hg. von G. Harms, 1924.

C. Sebastini, Bellum musicale, 1553 (deutsche Übersetzung von R. Schlecht in der Zeitschrift «Cäcilia» 1875–1878, auch separat erschienen).

Ausgewählte Madrigale des 16. und 17. Jahrhunderts, hg. von W. B. Squire.

J. Stainer, Dufay and his contempraries, 1898.

* Johannes Tinctoris (c. 1435–1511), The Art of Counterpoint (Liber de arte contrapuncti), hg. von A. Seay, 1961.

P. Wackernagel, Das deutsche Kirchenlied von den ältesten Zeiten bis zum Anfang des 17. Jahrhunderts, 1863–1877, Neudruck 1964.

J. Zahn, Die Melodien der deutschen evangelischen Kirchenlieder, 1888–1893, Neudruck 1963.

G. Zarlino, Istitutioni harmoniche, 1558 und später; Tutte l'opere, 1589.

2. Literatur

NB. Von hier an wird als Gruppe zusammengefaßt, was sich auf denselben Komponisten bezieht.

Adam von Fulda: W. Ehmann, A. von F., 1936.

H. Anglès, El «Chansonnier français» de la Colombina de Sevilla (in: Estudis Universitaris Catalans XIV, 1929).

* W. Apel (wie unter E).

* E. Apfel (wie unter E).

* H. Bellermann, Die Mensuralnoten und Taktzeichen des 15. und 16. Jahrhunderts, 4., erweiterte A. von Husmann, 1963.

M. C. Boyd, Elizabethan Music an Musical Criticism, 1940.

** W. Braun, Britannia abundans. Deutsch-englische Musikbeziehungen zur Shakespearezeit, 1977.

* W. Brennecke, Die Handschrift A. R. 940/41 der Proske-Bibliothek zu Regensburg. Ein Beitrag zur Musikgeschichte im zweiten Drittel des 16. Jahrhunderts, 1953.

* M. F. Bukofzer, Studies in Medieval and Renaissance Music, 1950.

W. Byrd: E. H. Fellowes, W. B., 1936, 2. A. 1948 und 1953 (mit Werkverzeichnis).

J. Handschin, Über W. B. und den Begriff der Fortgeschrittenheit (Schweizerische Musikzeitung 1945, 453ff.).

** H. K. Andrews, The Technique of B.-s Vocal Polyphony, 1966.

** C. Dahlhaus, Untersuchungen über die Entstehung der harmonischen Tonalität, 1968.

* *Josquin Despres:* H. Osthoff, J. D., 1962ff.

S. Dietrich: H. Zenck, S. D., 1928.

Dufay: F. X. Haberl, Bausteine zur Musikgeschichte, I. Wilhelm D., 1885.

Ch. van den Borren, G. D., 1926.

* H. Besseler, Neue Dokumente zum Leben und Schaffen D.-s (in AM. IX, 159ff.).

** C. E. Hamm, A Chronology of the Works of G. D., 1964.

** W. Nitschke, Studien zu den Cantus-firmus-Messen G. D.-s, 1968.

E. Duncan, The Story of the Carol, 1911.

**A. Dunning, Die Staatsmotette 1480–1555, 1970.

Dunstable: C. Stainer (in Samm. II 1ff.).

M. Bukofzer (in Acta mus. VIII 102ff.).

* A. Einstein, The Italian Madrigal, 1949.

R. Eitner, Bibliographie der Musiksammelwerke des 16. und 17. Jahrhunderts, 1877.

** W. Elders, Studien zur Symbolik in der Musik der alten Niederländer, 1968.

F. Feldmann, Der Codex Mf. 2016 des mus. Instituts bei der Un. Breslau, 1932.

H. Fellowes, The English Madrigal Composers, 1921, 2. A. 1948 (Neudruck 1958).

H. Fellowes, The English Madrigal, 1925.

* G. Frotscher, Aufführungspraxis alter Musik, 1963.

G. Gabrieli: C. von Winterfeld, Johannes G. und sein Zeitalter, 1834.

** S. Kunze, Die Instrumentalmusik G. G.-s, 1963.

** E. F. Kenton, Life and Works of G. G., 1967.

** W. Müller-Blattau, Tonsatz und Klanggestaltung bei G. G., 1975.

T. Georgiades, Englische Diskanttraktate aus der ersten Hälfte des 15. Jahrhunderts, 1937.

* C. Gerhardt, Die Torgauer Walther-Handschriften. Eine Studie zur Quellenkunde der deutschen Reformations-Zeit, 1949.

O. Gibbons: E. H. Fellowes, O. G., 1925; dasselbe erweitert (O. G. and his family), 2. A. 1951 (mit Werkverzeichnis).

Gombert: H. Eppstein, N. G. als Motettenkomponist, 1935.

J. Schmidt-Görg, N. G., 1938.

W. Gurlitt, Burgundische Chanson- und deutsche Liedkunst des 15. Jahrhunderts (in: Bericht über den musikwissenschaftlichen Kongreß in Basel 1924), 1925.

Hofhaymer: H. J. Moser, Paul H., 1929.

K. Jeppesen, Die italienische Orgelmusik am Anfang des Cinquecento, 1943, Neuauflage 1960.

* K. Jeppesen, Kontrapunkt. Lehrbuch der klassischen Vokalpolyphonie, 2. A. 1956.

H. Isaac: P. Blaschke, Der Choralis Constantinus (in: Kirchenmusikalisches Jahrbuch 1931).

** M. Staehelin, Die Messen H. I.-s, 1977.

*** D. Kämper, Studien zur instrumentalen Ensemblemusik des 16. Jahrhunderts in Italien, 1970.

O. Kinkeldey, Orgel und Klavier in der Musik des 16. Jahrhunderts, 1910.

O. Körte, Laute und Lautenmusik bis zur Mitte des 16. Jahrhunderts, 1901.

W. Korte, Die Harmonik des frühen 15. Jahrhundert, 1928.

W. Korte, Studie zur Geschichte der Musik in Italien im ersten Viertel des 15. Jahrhunderts, 1933.

O. Lassus: A. Sandberger, Beiträge zur Geschichte der Hofkapelle in München unter O. di Lasso, 1894–1895.

E. Schmitz, O. di L., 1914.

Ch. van den Borren, O. de L., 1920.

* W. Boetticher, O. di L. und seine Zeit, 1958ff.

** H. Leuchtmann, O. di L. (I.: Sein Leben, II: Briefe), 1976/77.

L. de la Laurencie, Les luthistes, 1928.

G. Le Cerf et E. R. Labande, Instruments de musique du 15ᵉ s., 1932.

* R. B. Lenaerts, De Nederlandse muziek uit de vijftiende eeuw, 1959.

** C. J. Maas, Geschiedenis van het meerstemmig Magnificat tot omstreeks 1525, 1967.

* *Marenzio:* H. Engel, L. M. (italienisch), 1956.

** D. Arnold, M., 1965.

J. Marix, Histoire de la musique et des musiciens de la cour de Bourgogne sous le règne de Philippe le Bon, 1939.

** B. Meier, Die Tonarten der klassischen Vokalpolyphonie, 1974.

E. H. Meyer, English Chamber Music, 1946.

** R. Meylan, L'énigme de la musique des basses danses du quinzième siècle, 1968.

Ph. de Monte: G. van Doorslaer, La vie et les œuvres de Ph. de M., 1921.

* P. Nuten, De «Madrigali Spirituali» van F. de M., 1958.

Th. Morley: E. H. Fellowes, T. M., 1937.

Obrecht: J. Gombosi, J. O., 1925.

* M. Kyriazis, Die C.f.-Technik in den Messen J. O.-s, 1952.

Ockeghem: M. Brenet, J. de O., 1893.

H. Osthoff, Die Niederländer und das deutsche Lied, 1938.

** W. Osthoff, Theatergesang und darstellende Musik in der italienischen Renaissance, 1969.

* *Othmayr:* H. Albrecht, C. O., 1950.

Palestrina: G. Baini, Memorie storiche-critiche della vita e dell'opere di G. P. da P., 1828.

M. Brenet, P., 1905, 2. A. 1908.

R. Casimiri, G. P. da P., Nuovi documenti biografici, 1918.

K. Weinmann, Das Konzil von Trient und die Kirchenmusik, 1919.

K. Jeppesen, Der Palestrina-Stil und die Dissonanz, 1925 (english 1927, 2. A. 1946).

K. Jeppesen, a) Das isometrische Moment in der Vokalpolyphonie,
    b) Ein Brief Palestrinas (in: Festschrift für P. Wagner 1926).

K. Jeppesen, Marcellus-Probleme (in: Acta mus. XVI–XVII).

* H. K. Andrews, An Introduction to the Technique of P., 1956.

* K. G. Fellerer, P., Neuauflage 1960.

* S. Hermelink, Dispositiones modorum. Die Tonarten in der Musik P.-s und seiner Zeitgenossen, 1960.

A. Pirro, Histoire de la musique de la fin du 14e s. à la fin du 16e, 1940.

A. Pirro, Les frottoles et la musique instrumentale (in Revue de musicologie 1922).

** N. Pirrotta, Li due Orfei. Da Poliziano a Monteverdi. Studi sul teatro e la musica del Rinascimento, 1969.

* G. Reese, Music in the Renaissance, 1954; Neuauflage 1959.

Y. Rokseth, La musique d'orgue au 15e s. et au début du 16e, 1930.

* Cyprian de Rore: J. Musiol, C. de R., 1933.

* Pierre de la Rue: J. Jobijns, P. de la R., 1954.

* W. Salmen, Die Schichtung ... (wie oben unter E).

R. Schwartz, Die Frottole im 15. Jahrhundert (in: Viertelj. für Musikwissenschaft II 427ff.).

Senfl: E. Löhrer, Die Messen von L. S., 1938.

A. Geering, Textierung und Besetzung in L. Senfls Liedern (Archiv für Musikforschung IV 1ff.).

H. Birtner, 7 Messen von L. S. (ebenda VII 40ff.).

** W. Seidel, Die Lieder L. S.-s, 1969.

* W. Senn, Musik und Theater am Hof zu Innsbruck. Geschichte der Hofkapelle vom 15. Jahrhundert bis zu deren Auflösung im Jahre 1748, 1954.

W. B. Squire, Notes on an Undescribed Collection of English 15th Cent. Music (in Samm. II; über die Old-Hall-Handschrift).

W. Stephan, Die burgundisch-niederländische Motette zur Zeit Ockeghems, 1937.

Studien zur Musikwissenschaft (Beihefte der DTO.) VII: R. Ficker, Die Kolorierungstechnik der Trienter Messen; A. Orel, Einige Grundformen der Motettkomposition im 15. Jahrhundert; ebenda XI: R. Ficker, Die frühen Messenkompositionen der Trienter Codices.

* Vaet: M. Steinhardt, J. V. and his motets, 1951.

M. van Crevel, Adrianus Petit Coclico, 1940.

Ch. van den Borren, Les origines de la musique de clavier en Angleterre, 1914.

Ch. van den Borren, Etudes sur le 15^e s. musical, 1941.

Victoria: H. Collet, V., 1914.

E. Vogel, Bibliothek der gedruckten weltlichen Vokalmusik Italiens aus den Jahren 1500–1700, 1892, Neudruck 1962.

* D. P. Walker, Der musikalische Humanismus im 16. und frühen 17. Jahrhundert, 1949.

W. J. von Wasiliewski, Geschichte der Instrumentalmusik im 16. Jahrhundert, 1878.

Willaert: E. Hertzmann, W. in der weltlichen Vokalmusik, 1931.

C. von Winterfeld, Der evangelische Kirchengesang, 1843–1847, Neudruck 1965.

* H. Ch. Wolff, Die Musik der alten Niederländer. 1956.

G. Das 17. und 18. Jahrhundert bis zur Klassik
(entsprechend oben Kapitel XVIII a–i)

1. Quellenwerke

E. de' Cavalieri, Rappresentazione di anima e di corpo, hg. von F. Mantica, 1912.
A. Corelli, 48 Triosonaten, hg. von W. Wöhl, 1939.
* Corpus Scriptorum de Musica (wie unter D).
F. Couperin, L'Art de toucher le clavecin, hg. von A. Linde (mit deutscher Übersetzung), 1933.
* Documenta Musicologica. Erste Reihe: Druckschriften (wie unter F).
Alte Meister des Belcanto, hg. von L. Landshoff, 1912–1927, Neudruck 1954.
M. Mersenne, Harmonie universelle, 1636–1637.
Arie antiche, hg. von A. Parisotti.
M. Praetorius, Syntagma musicum, 1615–1620, Neudruck 1958–1959.
* F. W. Riedel, Quellenkundliche Beiträge zur Geschichte der Musik für Tasteninstrumente in der 2. Hälfte des 17. Jahrhunderts, 1960.
* Sartori (wie unter F).
* D. Scarlatti, Opere complete per clavicembalo, hg. von A. Longo, 1906–1937.
* G. Ph. Telemann, Musikalische Werke, seit 1953.
Eleganti canzoni ed Arie italiane del secolo XVII, hg. von L. Torchi.

2. Literatur

D. Alaleona, Studi sulla storia dell'oratorio musicale in Italia, 1908, 2. A. 1945.
Albinoni: R. Giazotto, T. A., 1945.
N. d'Arienzo, Le origini dell'opera comica (in: Rivista mus. italiana 1899ff., auch separat; deutsch 1902).
F. T. Arnold, The Art of Accompaniment from a Thorough-Bass, 1931.
J. S. Bach: * W. Schmieder, Thematisch-systematisches Verzeichnis der musikalischen Werke von J. S. B., 1950.
** Bach-Dokumente, hg. von W. Neumann und H.-J. Schulze, 1963–72.
Bach-Jahrbuch, seit 1904.
Ph. Spitta, J.S.B., 1873–1880, 4. A. 1961.
A. Schweitzer, J.S.B., le musicien poète, 1905 (erweiterte deutsche Ausgabe 1908 und später).
A. Pirro, L'esthétique de J.S.B., 1907.
E. Kurth, Grundlagen des linearen Kontrapunktes, Einführung in Stil und Technik von Bachs melodischer Polyphonie, 2. A. 1922.
W. Fischer, Zur Chronologie der Klaviersuiten J.S.Bachs (in: Bericht über den musikwissenschaftlichen Kongreß in Basel 1924), 1925.
C. S. Terry, B., 1928, Neuauflagen seit 1934 (deutsch 1929).
R. Steglich, J.S.B., 1935.
A. Schering, J. S. Bachs Leipziger Kirchenmusik, 1936, 2. A. 1954.
J. Handschin, De différentes conceptions de Bach (SJb. IV).
J. Handschin, Bachs «Kunst der Fuge» und die Frage ihrer «Wiederbelebung» (Schweizerische Musikzeitung 1937).

* A. Schering, Über Kantaten J.S.B.-s, 1942.
* A. Schmitz, Die Bildlichkeit der wortgebundenen Musik J.S.B.-s, 1950.
* F. Smend, B. in Köthen, 1950.
* W. Neumann, Handbuch der Kantaten J.S.B.-s., 1947, 2., wesentlich erweiterte A. 1953.
* G. von Dadelsen, Beiträge zur Chronologie der Werke J.S.B.-s, 1958.
* A. Dürr, Zur Chronologie der Leipziger Vokalwerke J.S.B.-s., 1958.
* K. Geiringer, The B. Family, 1954 (deutsch 1958).
** C. Wolff, Der Stile Antico in der Musik J.S.B.-s, 1968.
** B.-Interpretationen, hg. von M. Geck, 1969.
** A. Dürr, Die Kantaten von J.S.B., 1971.
** R. L. Marshall, The Compositional Process of J.S.B., 1972.
G. Beckmann, Das Violinspiel in Deutschland vor 1700, 1918.
F. Blume, Das monodische Prinzip in der protestantischen Kirchenmusik, 1925.
M. Brenet, Les concerts en France sous l'ancien régime, 1900.
M. Bukofzer, Music in the Baroque era, 1947.
Buxtehude: A. Pirro, D. B., 1913.
F. Blume, Das Kantatenwerk D.B.-s (in: Jahrbuch der Musikbibl. Peters für 1940).
* J. Hedar, D. B.-s Orgelwerke, Zur Geschichte des norddeutschen Orgelstils, 1950 (auch 1951).
* S. Sörensen, D. B.-s vokale Kirkemusik, 1958.
** Thematisch-systematisches Verzeichnis der musikalischen Werke von D. B. (Bux WV), hg. von G. Karstädt, 1974.
** M. Geck, Die Vokalmusik D. B.-s und der frühe Pietismus, 1965.
** G. Karstädt, Der Lübecker Kantatenband D. B.-s, 1971.
Carissimi: E. Vogel, Die Oratorientechnik G. C.-s, 1928.
Cavalli: H. Prunières, F. C. et l'opéra vénitien au 17ᵉ s., 1931.
Charpentier: C. Crussard, M. A. Ch., 1945.
E. Closson, Basses-Dances de Marguerite d'Autriche, 1912.
Corelli: M. Pincherle, C., 1933.
   Siehe auch unter Vatielli.
Couperin: * M. Cauchie, Thematic Index of the Works of F. C., 1949.
J. Tiersot, Les C., 1926.
A. Tessier, C., 1926.
* W. Mellers, F. C. and the French Classical Tradition, 1950.
** Mélanges F. C. Publiés à l'occasion du Tricentenaire de sa Naissance, 1968.
G. Cucuel, La Pouplinière et la musique de chambre au 18ᵉ s., 1913.
** R. Dammann, Der Musikbegriff im deutschen Barock, 1967.
W. Danckert, Geschichte der Gigue, 1924.
E. J. Dent, Foundations of English Opera, 1928.
R. Eitner (wie unter F).
F. Florimo, La scuola musicale di Napoli, 1880–1884.
J. W. Franck: R. Klages, J. W. F., 1937.
Frescobaldi: L. Ronga, G. F., 1930.
   F. Morel, G. F., 1945.
Froberger: K. Seidler, Untersuchungen über Biographie und Klavierstil J. J. F.-s, 1930.
** H. Siedentopf, J. J. F., Leben und Werk, 1977.
* G.Frotscher, Aufführungspraxis (wie unter F).

Fux: L. von Köchel, J. J. F., 1872 (mit thematischem Katalog und Werkverzeichnis).
A. Ließ, Die Triosonaten von J. J. F., 1940.
* A. Ließ, J. J. F., 1948.
* J. H. van der Meer, J. J. F. als Opernkomponist, 1961.
** E. Wellesz, F., 1965.
D. Gaultier: O. Fleischer, D. G. (in: Vierteljahrsschrift für Musikwissenschaft II 1ff.).
H. Goldschmidt, Studien zur Geschichte der italienischen Oper im 17. Jahrhundert,
1901–1904.
** H. Haack, Anfänge des Generalbaß-Satzes, 1974.
Händel: F. Chrysander, G. F. H., 1858–1867 (unbeendet).
W. N. Flower, G. F. H., 1922, Neuauflage 1959 (englisch; deutsche Ausgabe 1925,
2. A. 1934).
H. Leichtentritt, H., 1924.
J. Müller-Blattau, H., 1933, Neuauflage 1959.
* O. E. Deutsch, H., a Documentary Biography, 1954.
* W. Serauky, G. F. H., 1956–1958 (nur Band 3–5 erschienen).
* P. Nettl, G. F. H., 1958.
* W. Dean, H.-s Dramatic Oratorios and Masques, 1959.
** P. H. Lang, G. F. H., 1966 (deutsch 1979).
** W. Dean, H. and the Opera Seria, 1970.
** H.-Handbuch (mit thematisch-systematischem Werkverzeichnis), 1978ff.
Hasse: O. Mennicke, Hasse und die Brüder Graun als Symphoniker, 1906.
Walter Müller, J. A. Hasse als Kirchenkomponist, 1911.
R. Gerber, Der Operntypus Hasses und seine textlichen Grundlagen, 1925.
** H. Hell, Die neapolitanische Opernsinfonie in der ersten Hälfte des 18. Jahrhunderts,
1971.
Jommelli: H. Albert, N. J. als Opernkomponist, 1908.
W. Krüger, Das Concerto grosso in Deutschland, 1932.
** F. Krummacher, Die Choralbearbeitung in der protestantischen Figuralmusik zwi-
schen Praetorius und Bach, 1978.
** S. Kunze, Don Giovanni vor Mozart. Die Tradition der Don-Giovanni-Opern im ita-
lienischen Buffo-Theater des 18. Jahrhunderts, 1972.
L. de la Laurencie, L'école française de violon de Lully à Viotti, 1922.
* *Locatelli:* A. Koole, Leven en werken van P. A. L., 1949.
Lully und seine Vorläufer: H. Prunières, L., 1910.
H. Prunières, L'opéra italien en France avant L., 1913.
H. Prunières, Le ballet de cour avant Benserade et L., 1914.
L. de la Laurencie, Les créateurs de l'opéra français, 1921, 2. A. 1930.
F. Böttger, Die Comédies-Ballets von Molière und L., 1931.
* E. Bottel, L., 1949.
* J. Eppelsheim, Das Orchester in den Werken J. -B. L.-s, 1961.
Marcello: A. d'Angeli, B. M., vita e opere, 1940.
Marini: D. J. Iselin, B. M., 1930.
E. H. Meyer, Die mehrstimmige Spielmusik des 17. Jahrhunderts in Nord- und Mitteleu-
ropa, 1934.
E. H. Meyer (siehe unter F).
E. Mohr, Die Allemande, 1932.

425

Monteverdi: A. Heuß, Die Instrumentalstücke des Orfeo: die venetianischen Opernsinfonien (in: Samm. IV).

H. Prunières, La vie et l'œuvre de C. M., 2. A. 1931.

F. G. Malipiero, M., 1929.

H. Redlich, C. M., I: Das Madrigal, 1932.

D. de'Paoli, C. M., 1945.

* H. F. Redlich, C. M. Leben und Werk, 1949 (englische Neuausgabe 1952).

* L. Schrade, M. Creator of Modern Music, 1950.

* A. A. Abert, C. M. und das musikalische Drama, 1954.

* W. Osthoff, Das dramatische Spätwerk M.-s, 1960.

* D. Arnold, M., 1963.

** The M.-Companion, hg. von D. Arnold und N. Fortune, 1968.

** A. A. Abert, C. M.-s Bedeutung für die Entstehung des musikalischen Dramas, 1979.

** F. Neumann, Ornamentation in Baroque and Post-Baroque Music. With Special Emphasis on J. S. Bach, 1978.

* W. S. Newman, The Sonata in the Baroque Era, 1959.

Pachelbel: E. Born, Die Variation als Grundlage handwerklicher Gestaltung im mus. Schaffen J. P.-s, 1941.

G. Pasquetti, L'Oratorio musicale in Italia, 1906.

Pergolesi: G. Radiciotti, G. B. P., 1910, Neuauflage 1935, deutsche erweiterte und umgearbeitete Ausgabe 1954.

** M. E. Paymer, G. B. P., A Thematic Catalogue of the Opera Omnia, 1977.

M. Praetorius: W. Gurlitt, Leben und Werke des M. P., 1915.

R. Unger, Die mehrchörige Aufführungspraxis bei P., 1941.

* A. Forchert, Das Spätwerk des M. P., 1959.

* L. U. Abraham, Der Generalbaß im Schaffen des M. P. und seine harmonischen Voraussetzungen, 1961.

Purcell: * F. B. Zimmermann, H. P. (Thematischer Katalog), 1963.

J. A. Westrup P., 1937, 4. A. 1960.

* R. Sietz, H. P., 1955.

** F. B. Zimmermann, The Anthems of H. P., 1971.

Rameau: L. Laloy, R., 1908, 3. A. 1919.

P.-M. Masson, L'opera de R., 1930, 2. A. 1943.

* C. Girdlestone, J.-Ph. R., His Life and Work, 1957.

** Complete Theoretical Writings, hg. von E. R. Jacobi, 1967–72.

Rosenmüller: A. Horneffer, J. R., 1898.

K. Nef, Zur Geschichte der deutschen Instrumentalmusik in der 2. Hälfte des 17. Jahrhunderts, 1902.

F. Hamel, Die Psalmenkompositionen J. R.-s, 1933.

A. Scarlatti: E. J. Dent, A. S., His Life and Work, 1905, Neuauflage 1960.

C. van den Borren, A. S. et l'esthétique de l'opéra napolitain, 1921.

A. Lorenz, A. S.-s Jugendoper, 1927.

** R. Pagano und L. Bianchi, A. S., 1972.

** Colloquium A. S. Würzburg 1975, hg. von W. Osthoff und J. Ruile-Dronke, 1979.

D. Scarlatti: W. Gerstenberg, Die Klavierkompositionen D. S.-s, 1933.

* R. Kirkpatrick, D. S., 1953, 2. A. 1955, 3. A. 1962.

Scheidt: C. Mahrenholz, S. S., 1924.

Schein: A. Prüfer, J. H. S., 1908.

L. Schiedermair, Die deutsche Oper, 2. A 1940.

** H. Schneider, Die französische Kompositionslehre in der ersten Hälfte des 17. Jahrhunderts, 1972.

Max Schneider: Die Anfänge des Basso continuo, 1918.

Schütz: Gesammelte Briefe und Schriften, 1931.

* H. Bittinger, H. S., Werke-Verzeichnis, 1960.

J. M. Müller-Blattau, Die Kompositionslehre H. Schützens in der Fassung seines Schülers C. Bernhard, 1926.

R. Gerber, Das Passionsrezitativ bei H. S., 1929.

A. A. Abert, Die stilistischen Voraussetzungen der «Cantiones sacrae» von H. S., 1935.

H. J. Moser, H. S., 1936, 2. A. 1954 (englisch 1959).

* H. H. Eggebrecht, H. S. Musicus poeticus, 1959.

** S.-Jahrbuch, hg. von W. Breig, seit 1979.

* W. Senn (wie unter F).

A. Solerti, Le origini del melodramma, 1903.

Stradella: H. Heß, Die Opern A. S.-s, 1906.

A. Gentili, A. S. (in: Miscellanea della facoltà di lettere e filosofia, Torino, 1936, 155ff.) (Auszug daraus in: Enciclopedia italiana, s. v. Stradella).

** R. Strohm, Italienische Opernarien des frühen Settecento (1720–1730), 1976.

Sweelinck: M. Seiffert, J. P. S. und seine deutschen Schüler (in: Vierteljahrsschrift für Musikw. VII 145ff.).

* B. van den Sigtenhorst Meyer, J. P. S. en zijn instrumentale muziek, 2. A. 1946.

* R. L. Tusler, The organ music of S., 1958.

** A. Curtis, S.-s Keyboard Music, 1969.

Tartini: * Traité des agréments de la musique (italienisch-deutsch-englisch), 1961.

M. Dounias, Die Violinkonzerte G. T.-s, 1935.

** P. Pietrobelli, G. T. Le fonti biografiche, 1968.

Telemann: E. Valentin, G. P. T., 1931, 3. A. 1952.

W. Menke, Das Vokalwerk G. P. T.-s, 1942.

** S. Kross, Das Instrumentalkonzert bei G. P.T., 1969.

** Briefwechsel, hg. von H. Grosse und H. R. Jung, 1972.

* *Torelli:* F. Giegling, G. T., ein Beitrag zur Entwicklungsgeschichte des italienischen Konzertes, 1949.

F. Vatielli, Arte e vita musicale a Bologna, 1927 (verschiedene Aufsätze; im 1. Bd. u. a. über Corelli und über die Anfänge des Instrumentalkonzerts).

Vivaldi: M. Pincherle, A. V. et la musique instrumentale, 1948 (mit thematischem Katalog der Instrumentalwerke), ergänzt 1955 (englisch 1957).

M. Rinaldi, Catalogo numerico tematico delle composizioni di A. V., 1946 (nicht zuverlässig).

* W. Kolneder, Die Solokonzertform bei V., 1961.

** W. Kolneder, A. V. Leben und Werk, 1965.

** P. Ryom, Verzeichnis der Werke A. V.-s, 1974.

E. Vogel (wie unter F).

Weckmann: G. Ilgner, M. W., sein Leben und seine Werke, 1939.

H. Ch. Wolff, Die venezianische Oper in der 2. Hälfte des 17. Jahrhunderts, 1937.
* H. Ch. Wolff, Die Barockoper in Hamburg 1957.
* S. T. Worsthorne, Venetian Opera, 1954.

H. Die zweite Hälfte des 18. Jahrhunderts
(entsprechend oben Kapitel XVIII, k und l)

NB. Von hier an sondern wir die Quellenwerke nicht mehr aus.

C. Ph. E. Bach: A Wotquenne, Thematisches Verzeichnis der Werke von C. P. E.B., 1905.

E. F. Schmid, C. Ph. E. B. und seine Kammermusik, 1931.

* G. Busch, C. Ph. E. B. und seine Lieder, 1957.

** E. Suchalla, Die Orchestersinfonien C. P. E. B.-s nebst einem thematischen Verzeichnis seiner Orchesterwerke, 1968.

J. Chr. Bach: H. P. Schökel, J. C. B. und die Instrumentalmusik seiner Zeit, 1922.

F. Tutenberg, Die Sinfonik J. C. B.-s. 1926.

C. S. Terry, J. C. B., 1929 (mit Werkverzeichnis).

** I. S. Baierle, Die Klavierwerke von J. C. B., 1974.

Boccherini: L. Picquot, Note sur la vie et les œuvres de L. B., 1851, Neuausgabe von G. de Saint-Foix, 1930.

A. Bonaventura, B., 1931.

** Y. Gérard, Thematic Bibliography and Critical Catalogue of Works of L. B., 1969.

Ch. Burney, The Present State of Music in France and Italy, 1771, Neuausgabe 1959; deutsch 1772 (Facsimile-Ausgabe 1959).

Ch. Burney, The Present of Music in Germany etc., 1773, Neuausgabe 1959; deutsch 1773 (Facsimile-Ausgabe 1959).

Cherubini: R. Hohenemser, L. C., sein Leben und seine Werke, 1913.

L. Schemann, L. C., 1925.

** B. Deane, C., 1965.

** L. C. Leben und Werk in Zeugnissen seiner Zeitgenossen, hg. von H. J. Irmen, 1972.

Clementi: M. Unger, M. C.-s Leben, 1914.

G. C. Paribeni, M. C. nella vita e nell'arte, 1921.

** A. Tyson, Thematic Catalogue of the Works of M .C., 1967.

G. Cucuel, Les créateurs de l'opéra-comique français, 1914.

Dittersdorf: C. Krebs, Dittersdorfiana, 1900.

** Lebensbeschreibung, hg. von N. Miller, 1967.

** L. Finscher, Studien zur Geschichte des Streichquartetts, Bd. I, 1974.

M. Friedländer, Das deutsche Lied im 18. Jahrhundert, 1902, Neudruck 1962.

Galuppi: W. Bollert, Die Buffooper B. G.-s, 1935.

Gluck: A. B. Marx, G. und die Oper, 1863.

J. Tiersot, G., 1910, 4. A. 1919.

A. Einstein, G., 1937 (englisch; deutsche Übersetzung 1954).

H. J. Moser, C. W. G., 1940.

R. Gerber, C. W. Ritter von Gluck, 1941, 2. A. 1950.

* A. A. Abert, C. W. G., 1959.

** K. Hortschansky, Parodie und Entlehnung im Schaffen C. W. G.-s, 1973.

Graun: siehe *Hasse,* unter G.

Grétry: A. E. M. G., Mémoires ou essais sur la musique, 1789 (2. A. 1795 und öfter), Neuausgabe 1924–1925 und öfter (zuletzt 1948); deutsch 1800 (gekürzt).

* G., Réflexions d'un solitaire, 1919–1922.
* La correspondance génerale de G., 1962.

H. de Curzon, G., 1907.

P. Long, La jeunesse de G., 1921.

H. Wichmann, G. und das musikalische Theater in Frankreich, 1929.

J. E. Bruyr, G., 1931.

* S. Clercx, G., 1944.

Haydn: * A. van Hoboken, J. H., thematisch-bibliographisches Werkverzeichnis, 1957ff.

C. F. Pohl, J. H., 1875–1882 (unbeendet); Schlußband von H. Botstiber, 1927.

A. Schnerich: Der Messetypus von H. bis Schubert, 1892.

A. Sandberger, Zur Geschichte des Haydnschen Streichquartetts (in: Altbayrische Monatsschrift 1899).

K. Geiringer, J. H. 1932, Neufassung (= H., a Creative Life in Music) 1946 (deutsch = J. H., der schöpferische Werdegang eines Meisters der Klassik, 1959).

B. Rywosch, Beiträge zur Entwicklung in J. H.-s Symphonik, 1934.

J. P. Larsen, Die H.-Überlieferung, 1939.

* H. C. R. Landon, The Symphonies of J. H., 1955.
* R. Hughes, H., 1956.
** Gesammelte Briefe und Aufzeichnungen, hg. von D. Bartha, 1965.
** H.-Studien, hg. von G. Feder, seit 1965.
** B. Wackernagel, J. H.-s frühe Klaviersonaten, 1975.
** H. C. R. Landon, H.: Chronicle and Works, 1976ff.

* D. Lehmann, Rußlands Oper und Singspiel in der zweiten Hälfte des 18. Jahrhunderts, 1958.

Mehul: R. Brancour, M., 1912.

* P.-M. Masson, L'œuvre dramatique de M., 1937 (in: Annales de l'Université de Paris).

Mozart: * Briefe und Aufzeichnungen, Gesamtausgabe, 1962ff.

* Mozart-Jahrbuch, seit 1941.

O. Jahn, W. A. M., 1856–1859; Neuausgabe von H. Deiters, 1905–1907; Neubearbeitung von H. Abert, 1919–1921, 7. A. 1955–1956.

L. von Köchel, Chronologisch-thematisches Verzeichnis sämtlicher Tonwerke W. A. M.-s, 3. A. bearbeitet von A. Einstein, 1937, Neudruck mit Ergänzungen 1947, 6. A. bearbeitet von F. Giegling, A. Weinmann und G. Sievers, 1964.

L. Schiedermair, M., 1922, 2. A. 1948.

T. de Wyzewa et G. de Saint-Foix, W. A. M., 1936–1946 (fünf Bände, von denen die zwei ersten schon als Werk für sich erschienen waren).

B. Paumgartner, M., 1940, 4. A. 1950.

A. Einstein, M., 1947, 3. A. 1956.

* E. Schenk, W. A. M., 1955.
* A. Greither, Die sieben großen Opern M.-s. Versuche über das Verhältnis der Texte zur Musik, 1956.
** L. Schrade, W. A. M., 1964.
** M. H. Schmid, M. und die Salzburger Tradition, 1976.

Paesiello: A. della Corte, P., 1922.
Philidor: G. E. Bonnet, P. et l'évolution de la mus. française au 18ᵉ s., 1921.
 * C. Carroll, F.-A. D. Ph., 1960.
Piccinni: A. della Corte, P., 1928.
 M. Pincherle, Les violinistes, 1922.
Pugnani: E. von Zschinsky-Troxler, G. P. 1939 (mit thematischem Werkverzeichnis).
 A. Müry, Die Instrumentalwerke G. P.-s, 1941.
 H. E. Reeser, Die Klaviersonate mit Violinbegleitung in Paris zur Zeit von Mozart, 1939.
Reichardt: Selbstbiographie (in der Berlinischen Musikalischen Zeitung 1805); Neuausgabe 1940.
 P. Sieber, R. als Musikästhetiker, 1930.
 F. Flößner, Beiträge zur R.-Forschung, 1933.
 * W. Salmen, J. F. R., Komponist, Schriftsteller, Kapellmeister und Verwaltungsbeamter der Goethezeit, 1963.
 ** R. Pröpper, Die Bühnenwerke J. F. R.-s (mit Werkverzeichnis), 1965.
** F. Ritzel, Die Entwicklung der «Sonatenform» im musiktheoretischen Schrifttum des 18. und 19. Jahrhunderts, 1968.
Rousseau: J. Tiersot, J. J. R., 2. A., 1920.
 A. Pochon, J. J. R. musicien et la critique, 1940.
 ** Correspondance complète de J. J. R., hg. von R. A. Leigh, seit 1965.
Spontini: C. Bouvet, S., 1930.
 K. Schubert, S.-s italienische Schule, 1932.
 F. Waldkirch, Die konzertante Sinfonie der Mannheimer, 1934.
Zumsteeg: L. Landshoff, J. R. Z., 1902.
 F. Szymichowski, Z. als Komponist von Balladen und Monodien, 1932.
 ** G. Maier, Die Lieder J. R. Z.-s und ihr Verhältnis zu Schubert, 1971.

I. Das 19. Jahrhundert und der Anfang des 20.

(entsprechend oben Kapitel XIX, XX, XXI)

** G. Abraham, Slavonic and Romantic Music, 1968.
Auber: C. Malherbe, A., 1911.
* *Bartók:* Briefe, 1948–1955 (Auswahl in deutscher Sprache 1960).
 The Letters of B., hg. von E. Anderson, 1961.
 B. sa vie et son œuvre, hg. von B. Szabolcsi, 1956, deutsch 1958.
 H. Stevens, The Life and Music of B. B., 1953.
 ** Documenta Bartókiana, hg. von D. Dille, seit 1964.
 ** Thematisches Verzeichnis der Jugendwerke B. B.-s 1890–1904, hg. von D. Dille, 1974.
 ** T. A. Zieliński, B., (deutsche Ausgabe) 1973.
Beethoven: Beethovens Briefe wurden hg. durch A. Kalischer 1906–1908 (2. A. 1909 bis 1911) und F. Prelinger 1907–1911.
 ** L. v. B.-s Konversationshefte, hg. von K.-H. Köhler und G. Herre, 1968ff.
 * G. Kinsky, Das Werk B.-s. Thematisch-bibliographisches Verzeichnis, vollendet und hg. von H. Halm, 1955.
 Beethoven-Jahrbuch, hg. von T. von Frimmel, 1908–1909 und 1953/1954ff.

Neues Beethoven-Jahrbuch, hg. von A. Sandberger, 1924ff.
* P. Nettl, B. Encyclopedia, 1956.
A. W. Thayer, L. van B.-s Leben (zuerst erschienen in deutscher Übersetzung bzw. Bearbeitung, von H. Deiters und H. Riemann, 1866–1908).
G. Nottebohm, Thematisches Verzeichnis der Werke B.-s, 2. A. 1868, 3. A. 1925.
G. Nottebohm, Beethoveniana, 1872.
* G. Nottebohm, Zweite Beethoveniana, 1887.
G. Nottebohm, Neue Beethoveniana, 1888.
V. d'Indy, B., 1911.
G. Ernest, B., 3. A. 1926.
G. Becking, Studien zu B.-s Personalstil, I: Das Scherzothema, 1921.
A. Schmitz, B.-s zwei Prinzipe, 1923.
L. Schiedermair, Der junge B., 1925, 3. A. 1951.
T. von Frimmel, B.-Handbuch, 1926.
A. Schmitz, Das romantische Beethoven-Bild, 1927.
K. Nef, Die neun Sinfonien B.-s, 1928.
R. Rolland, B., Les grandes époques créatrices, 1928–1945.
A. Schering, B. und die Dichtung, 1936.
L. Schrade, B. in France, the Growth of an Idea, 1942.
* K. v. Fischer, Die Beziehungen von Form und Motiv in B.-s Instrumentalwerken, 1949.
** J. Schmidt-Görg, B. Die Geschichte seiner Familie, 1964.
** J. Kerman, The B. Quartets, 1967.
** H. H. Eggebrecht, Zur Geschichte der B.-Rezeption, 1972.
** Beiträge zur B.-Bibliographie, hg. von K. Dorfmüller, 1978.
* *A. Berg:* H. F. Redlich, A. B., 1957.
** T. W. Adorno, B., der Meister des kleinsten Übergangs, 1968.
Berlioz: Schriften (deutsche Gesamtausgaben 1864 und 1903ff.).
** H. B., Œuvres littéraires, hg. von L. Guichard, 1968ff.
* C. Hopkins, A Bibliography of the Musical and Literary Works of H. B., 1803–1869, 1951.
A. Jullien, H. B., 1888.
A. Boschot, Histoire d'un romantique, 3. A. 1906–1913, Neuauflage 1948–1949.
J. Kapp, B., 1917.
* J. Barzun, B. and the Romantic Century 1950, auch 1951.
** R. Bockholdt, B.-Studien, 1979.
Bizet: C. Bellaigue, B., 1891.
P. Landormy, B., 1924, 2. A. 1951.
M. Delmas, B., 1930.
* W. Dean, B., 1948.
Boieldieu: A. Pougin, B., 1875.
F. Augé de Lassus, B., 1927.
* G. Favre, B., sa vie, son œuvre, 1944–1945.
Borodin: W. Stassow, A. B., 1889 (französisch von A. Habets, 1893).
Brahms: M. Kalbeck, J. B., 1904–1914.
F. May, The Life of J. B., 1905, 2. A. 1948 (deutsche A. 1912 und 1925).
A. von Ehrmann, J. B., 1933.
K. Geiringer, J. B., 1935, 2. A. 1947 (englisch; deutsch 1955).

* S. Kross, Die Chorwerke von J. B., 1958.
** B.-Studien, hg. von C. Floros, seit 1974.
** C. Jacobsen, Das Verhältnis von Sprache und Musik in Liedern von J. B., 1975.
Bruckner: A. Göllerich, A. B., 1922–1937, 2. A. 1938.
E. Kurth, A. B., 1925.
M. Auer, A. B., 3. A. 1941, 6. A. 1949.
R. Haas, A. B., 1934.
* H. F. Redlich, B. and Mahler, 1955.
** W. Korte, B. und Brahms. Die spätromantische Lösung der autonomen Konzeption, 1963.
** B.-Studien, hg. von O. Wessely, 1975.
** R. Grasberger, Werkverzeichnis A. B. (WAB), 1977.
Chopin: Lettres de Chopin, rec. par H. Opienski et trad. par S. Danysz (1933).
* Correspondance de F. C. (französisch), 1953–1960.
* Selected Correspondence (engl. Übersetzung), 1962.
* M. I. E. Brown, Ch., an Index of His Works in Chronological Order, 1960.
* Chopin. Jahrbuch, seit 1956.
F. Liszt, F. C., 1852 (französisch; seither Neuausgaben und Übersetzungen).
F. Niecks, F. C. as a Man and Musician, 1888 (deutsch 1890).
L. Bronarski, Etudes sur Chopin, 1944–1946.
* G. Abraham, C.-s Musical Style, Neudruck 1960.
** K. Kobylańska, F. C. Thematisch-bibliographisches Werkverzeichnis, (deutsche Ausgabe) 1979.
Cornelius: Literarische Werke (Gesamtausgabe 1904–1905).
M. Hasse, Der Dichtermusiker P. C., 1923.
C. M. Cornelius, P. C., der Wort- und Tondichter, 1925.
** P. C. als Komponist, Dichter, Kritiker und Essayist, hg. von H. Federhofer und K. Oehl, 1977.
** C. Dahlhaus, Die Idee der absoluten Musik, 1978.
Debussy: Aufsätze gesammelt unter dem Titel: Mr. Croche anti-dilettante, 1923.
L. Vallas, C. D. et son temps, 1932; 1958 (deutsch mit Werkverzeichnis 1961).
H. Strobel, C. D., 3. A. 1944.
* W. Danckert, C. D., 1950.
** E. Lockspeiser, D., His Life and Mind, 1962–65.
** E. Hardeck, Untersuchungen zu den Klavierliedern C. D.-s, 1967.
Dvořák: * Thematisches Verzeichnis, 1960.
O. Sourek und P. Stefan, D., 1935.
H. Sirp, A. D., 1939.
* J. Handschin, D., 1946.
** J. Clapham, A. D. Musician and Craftsman, 1966.
* A. Einstein, Music in the Romantic Era, 1947; in deutscher Übersetzung (Die Romantik in der Musik) 1950.
Fauré: R. Koechlin, G. F., 1927, 2. A. 1949.
* M. Favre, G. F.-s Kammermusik, 1949.
** J. M. Nectoux, G. F., 1972.
C. Franck: V. d'Indy, C. F., 16. A. 1930.
M. Emmanuel, C. F., 1930.
P. Kreutzer, Die symphonische Form C. F.-s. 1939.

** W. Mohr, C. F., (erweiterte Auflage) 1969.
** L. Davies, C. F. and His Circle, 1970.
* *Glinka:* Aufzeichnungen aus meinem Leben, Neuauflage 1961.
* J. Handschin, G., 1946.
** D. Brown, M. G. A Biographical and Critical Study, 1974.
Gounod: Autobiographie, 1875.
Mémoires d'un artiste, 1896.
C. Bellaigue, G., 3. A. 1919.
J. G. Prod'homme et A. Dandelot, G., 1911.
Grieg: G. Schjelderup und W. Niemann, E. G., 1908.
Y. Rokseth, G., 1933.
** D. Schjelderup-Ebbe, E. G. 1858–1867, 1964.
H. Huber: E. Refardt, H. H., 1944.
Liszt: Gesammelte Schriften, in deutscher Übersetzung hg. von L. Ramann, 1880 bis 1883.
Briefe, hg. von La Mara, 1893–1905.
Briefwechsel zwischen Wagner und L., 3. A., 1910, 4. A. 1919.
D. Ollivier, Correspondance de L. et de la comtesse d'Agoult, 5e édition, 1933 bis 1934.
** Briefe aus ungarischen Sammlungen 1835–1886, hg. von M. Prahács, 1966.
L. Ramann, F. L., 1880–1894.
J. Kapp, F. L., 1909, 20. A. 1924.
P. Raabe, F. L., 1931.
* H. Searle, The Music of L., 1954.
** L.-Studien, seit 1977.
** S. Gut, F. L. Les Éléments du langage musical, 1975.
Loewe: R. Bulthaupt, C. L., 1898.
M. Runze, C. L., 1903.
Lortzing: E. Killer, A. L., 1938.
Mahler: P. Bekker, G. M.-s Sinfonien, 1921.
* H. F. Redlich, Bruckner and M., 1955.
** K. Blaukopf, G. M. oder der Zeitgenosse der Zukunft, 1969.
** C. Floros, G. M., 1977.
Marschner: G. Münzer, H. M., 1901.
H. Gaartz, Die Opern H. M.-s, 1912.
Massenet: Mes souvenirs, 1912.
L. Schneider, M., 1908, Neuauflage 1926.
** J. Harding, M., 1970.
Mendelssohn: Reisebriefe, 5. A. 1882, Neuauflage 1958.
W. Dahms, M., 1919.
** E. Werner, M. A new image of the composer and his age, 1963.
** Briefe, seit 1968.
** S. Großmann-Vendrey, F. M. B. und die Musik der Vergangenheit, 1969.
** Das Problem M., hg. von C. Dahlhaus, 1974.
** F. Krummacher, M. – der Komponist. Studien zur Kammermusik für Streicher, 1978.
Meyerbeer: * Briefwechsel und Tagebücher, hg. von H. Becker, seit 1960.
L. Dauriac, M., 2. A. 1930.

J. Kapp, M., 1920, 8. A. 1932.

Mussorgsky: M. Olénine d'Alheim, Le legs de M., 1908.
J. Handschin, M., 1924, Versuch einer Einführung.
O. von Riesemann, M., 1926.
K. von Wolfurt, M., 1927.
R. Godet, En marge de Boris Godounof, 1926.
* J. Handschin, M., 1946.
* M. D. Calvocoressi, M. M., 3. A., 1956.
** W. S. Newmann, The Sonata since Beethoven, 1969.
H. Opienski et G. Koeckert, La musique polonaise, 1918.

Pfitzner: * Gesammelte Schriften, 1926–1929.
W. Abendroth, H. P., 1936.
* W. Abendroth, H. P., Reden, Schriften, Briefe, 1955.
* H. Lindlar, H. P.-s Klavierlied, 1940.
** H. Rectanus, Leitmotivik und Form in den musikdramatischen Werken H. P.-s, 1967.
** W. Diez, H. P.-s Lieder, Versuch einer Stilbetrachtung, 1968.
** J. Müller-Blattau, H. P. Lebensweg und Schaffensernte, (erweiterte Fassung von H. P., 1940) 1969.

* *Puccini:* M. Carner, P., 1958.

Ravel: M. Roland-Manuel, R., 1938 (deutsche 1951), 5. A. 1958.
* W. Tappolet, M. R., 1950.
** H. H. Stuckenschmidt, M.R. Variationen über Person und Werk, 1966.
** A. Orenstein, R. Man and Musician, 1975 (deutsch 1978).

Reger: * F. Stein, Thematisches Verzeichnis, 1953 (mit Bibliographie).
K. Hasse, M. R., 1921.
G. Bagier, M. R., 1923.
A. Lindner, M. R., ein Bild seines Jugendlebens, 3. A. 1938.
F. Stein, M. R., 1939.

Rimsky-Korssakow: N. R.-K., Chronik meines mus. Lebens (1908, deutsch 1927).
* R.-M. Hofmann, R. K., 1958.

Rossini: G. Radiciotti, R., 1927–1929.
* G. Roncaglia, R., 2. A. 1953.
** P. Gosset, The Operas of R., 1970.

Saint-Saëns: J. Bonnerot, C. S.-S., 2. A. 1923.
J. Handschin, S.-S., 1930 (Versuch einer Standpunktnahme).
**J. Harding, S.-S. and His Circle, 1965.
** Correspondance S.-S.. – Fauré, hg. von J. M. Nectoux, 1973.

* *A. Schönberg:* J. Rufer, Das Werk A. S.-s, 1959 (Werkverzeichnis).
** Gesammelte Schriften, seit 1976.
** W. Reich, A. S. oder der konservative Revolutionär, 1968.

Schubert: W. Dahms, S., 1912.
* Briefe und Schriften, 4. A. 1954.
* E. Deutsch und D. R. Wakeling, F. S., Thematic Catalogue of all his Works in Chronological Order, 1951.
O. E. Deutsch, F. S., Die Dokumente seines Lebens und Schaffens, 1913–1957.
H. Költzsch, F. S.-s Klaviersonaten, 1927.
B. Paumgartner, F. S., 1943, 2. A. 1947.

* A. Einstein, Sch., 1951 englisch (deutsch 1952).

** A. Feil, Studien zu S.-s Rhythmik, 1966.

** T. G. Geogiades, S., Musik und Lyrik, 1967.

** M. J. E. Brown, S.-Symphonies, 1970.

Schumann: Schriften, 5. A. 1914.

** Tagebücher 1827–1838, 1971.

J. von Wasiliewski, S., 4. A. 1906.

H. Abert, R. S., 4. A. 1920.

W. Dahms, S., 1916, 16. A. 1925.

Eugenie Schumann, R. S., 1931.

W. Boetticher, R. S., 1941.

* G. Eismann, R. S., eine Biographie in Wort und Bild, 1956.

** L. B. Platinga, S. as Critic, 1967.

Smetana: Z. Nejedly, F. S., 2. A. 1962 (deutsch 1924).

E. Rychnovsky, S., 1924.

J. Tiersot, S., 1926.

** J. Clapham, S., 1972.

Spohr: Selbstbiographie, 1860–1861, Neudruck 1954/55.

** (als : Lebenserinnerungen, ungekürzte Erstausgabe nach den autographen Quellen hg. von F. Göthel, 1968.)

* Briefwechsel mit seiner Frau Dorette, 1957.

R. Wassermann, L. S., als Opernkomponist, 1910.

R. Strauß: * Thematisches Verzeichnis, 1959.

Briefwechsel mit H. von Hofmannsthal, 1926; Neuauflage 1952, 2. A. 1955.

* F. Trenner, R. S., Dokumente seines Lebens und Schaffens, 1954.

R. Specht, R. S. und sein Werk, 1921.

J. Gregor, R. S., der Meister der Oper, 1939.

F. Gysi, R. S., 1934.

* Betrachtungen und Erinnerungen, hg. von W. Schuh, 2. A., 1957.

* N. Del Mar, R. S., 1962ff.

** R. Gerlach, Don Juan und Rosenkavalier. Studien zu Idee und Gestalt einer tonalen Evolution im Werk R. S.', 1966.

** W. Schuh, R. S. Jugend und frühe Meisterjahre. Lebenschronik 1864–1898, 1976.

H. Suter: W. Merian, H. S., 1936.

Tschaikowsky: M. J. Tschaikowsky, Das Leben P. J. T.-s (russisch, 1900–1902; auch in deutscher und englischer Fassung erschienen).

R. Stein, P. J. T., 1927.

** Systematisches Verzeichnis der Werke von P. I. T., 1973.

C. D. Bowen und K. von Meck, Geliebte Freundin, T.-s Leben und sein Briefwechsel mit N. von Meck, 1940.

* F. Zagiba, T., 1953.

Verdi: Briefe, hg. von G. Cesari und A. Luzio 1913 (deutsch 1926).

C. Gatti, V., 1931.

H. Gerigk, G. V., 1932.

K. Holl, V., 2. A. 1943, Neudruck 1948.

** L. K. Gerhartz, Die Auseinandersetzungen des jungen G. V. mit dem literarischen Drama, 1968.

** Colloquium «V.-Wagner» Rom 1969, hg. von F. Lippmann, 1972.
** M. Chusid, A Catalogue of V.-s Operas, 1974.

Wagner: Schriften (1871–1883, sowie spätere A.).
** Sämtliche Briefe, seit 1967.
K. F. Glasenapp, R. W.-s Leben und Wirken, 1876–1911, 5. A. 1923.
M. Koch, R. W., 1907–1918.
M. Fehr, R. W.-s Schweizer Zeit, 1934–1953.
** C. v. Westernhagen, W., 1968.
** Das Drama R. W.-s als musikalisches Kunstwerk, hg. von C. Dahlhaus, 1970.
** C. Dahlhaus, R. W.-s Musikdramen, 1971.

Weber: Schriften (Neuauflage 1908).
* H. Dünnebeil. C. M. v. W., Verzeichnis seiner Kompositionen, 2. A. 1947.
* H. Dünnebeil, Schrifttum über C. M. v. W., 4. A. 1957.
M. M. von Weber , C. M. von W., 1864–1866 (gekürzte Neuauflage 1912).
F. W. Jähns, C. M. von W. in seinen Werken, vollst. chronologisch-thematisches Verzeichnis, 1871.
E. Kroll, C. M. von W., 1934.
** J. Warrack, C. M. von W., 1968 (deutsch 1972).

H. Wolf: E. Decsey, 1903–1906 (Neuauflage 1919).
* F. Walker, H. W., 1953 (mit Werkverzeichnis).
** Briefe an Melanie Köchert, hg. von F. Grasberger, 1964.

ALPHABETISCHES REGISTER

(NB. Dieses Register umfaßt den Text mit Vorwort und Nachwort, aber nicht die Zeittafel und die Bibliographie, aus der sich der geneigte Leser das Nötige selbst zusammensuchen möge.)

A. Gegenstände
(einschließlich der Musiker und der historischen Zeugen)

439

443

447

B. Zitate aus der einschlägigen Literatur

NACHTRAG

Zu Seite 285 (zur Ableitung des Wortes *Concerto*).

In willkommener Weise erinnert mich Herr Kollege F. Brenn daran, daß man in England nicht darauf verfallen ist, das entsprechende englische Wort, «Consort», als Wettstreit zu erklären. Wie ich dem Lexikon «A new English Dictionary on historical principles» entnehme, ist «Consort» ein ursprünglich englisches Wort von vorläufig nicht bestimmter Herkunft, das dann mit dem italienischen Wort «Concerto» konfundiert worden ist. Besonders interessant erscheint mir eine in diesem Lexikon zitierte Stelle aus Bacon (1626): «In the music that we call broken-music or consort-music, some consorts of instruments are sweeter than others». Unter «broken- or consort-music» wird Bacon kaum etwas anderes verstehen als die neue Musik der konzertierenden Art — und doch verwendet er im gleichen Satz das Wort «consort» im alten, allgemeinen Sinn als «harmonische Zusammenfügung».